Heinz Märtin

Über die Entwicklung des Planeten und deren Auswirkung auf die Menschheit in Vorbereitung der Energiewende

Teil I

Heinz Märtin

geboren 1948 in Friedrichroda (Thüringen), Berufsabschluss: Diplom-Ingenieurökonom.

Ich bin seit 2003 als freiberuflicher Unternehmens- und Existenzgründerberater sowie als Dozent in Vollzeit und wegen den inzwischen in den Vorjahren eingetretenen gesundheitlichen Gründen nur noch auf geringfügiger Basis selbständig tätig.

2013 wurde der Verlag Gesellschaft, Wirtschaft und Leben als Selbstverlag auf nebenberuflicher Basis gegründet. Seit 2017 bin ich in diesem Verlag auch als Autor tätig.

Vor 2003 war ich nach meiner Schul- bzw. Berufsausbildung in verschiedenen Tätigkeiten mit betriebswirtschaftlicher Ausrichtung und als Dozent und von 2000 bis 2003 auch als angestellter Dozent bzw. Lehrbeauftragter in Sachsen-Anhalt und Thüringen tätig.

ISBN 978-3-944965-10-9
2. aktualisierte Auflage: Januar 2023
Verlag für Gesellschaft, Wirtschaft und Leben Bad Doberan
Herstellung: BoD - Books on Demand, Norderstedt

Teil I

1. Einleitung und Aussagen zur aktuellen Situation

Zur Sicherung einer weitgehenden möglichen Aktualität der Darstellung zu diesem Thema im Buch und weil aktuelle Zeiterscheinungen viele sich neu ereignende Aspekte gerade in den Bereichen Ökologie und Nachhaltigkeit zu den Belangen des Klimawandels erfordern, hat sich der Verfasser dazu entschlossen, in einem ersten Teil dieses Buches mit den Gliederungspunkten 1, 2 und 3 nur auf einige aktuelle Probleme der Energiewende und des gesellschaftlichen Umfelds einzugehen.

Die übrigen Aspekte des Themas werden in einem zu einem späteren Zeitpunkt zu veröffentlichenden zweiten Teil des Buches beschrieben.

Für die Genehmigung der Aufnahme mancher Aussagen im Teil I dieses Buches möchte ich besonders dem Wissenschaftsphilosophen und ehemaligen Direktor der Sektion Philosophie an der Humboldt-Universität Berlin, früheren stellvertretenden Direktor für Forschung des Philosophischen Instituts der Akademie der Wissenschaften der DDR, damaligen Präsidenten und späteren Ehrenpräsidenten der Leibniz-Sozietät der Wissenschaften, Herrn Prof. Dr. Herbert Hörz, sehr danken.

„Eine Vielzahl ökologischer Probleme sind gegenwärtig von der Menschheit zu lösen, wenn sie nicht untergehen will. Das Menschenrecht auf einen hohen Lebensstandard gilt nicht nur für die Besitzer von Produktions-, Finanz- und Informationsmitteln, sondern für alle Menschen. Das erfordert den Kampf gegen die Verletzung von Menschenrechten durch soziale Ungerechtigkeit und Geschlechterdiffamierung. Frieden ist zu sichern, da Kriege unermessliches Leid für die betreffenden Menschen mit sich bringen.

Militärische Auseinandersetzungen richten sehr hohen Schaden an. Das betrifft Natur, Nahrung, Menschenleben. Es gibt warnende Stimmen, die nicht unbedingt Gehör erhalten. Sie sind jedoch ernst zu nehmen.“ (H. Hörz)

„In der Enzyklika „Laudato Si“ von Papst Franziskus „Über die Sorge für das gemeinsame Haus“ wird hervorgehoben, dass der heilige Franziskus von Assisi uns in seinem Lobgesang „Laudati Si“ daran erinnerte," (H. Hörz) „dass unser gemeinsames Haus wie eine Schwester ist, mit der wir das Leben teilen“. Unsere Schwester sei die Mutter Erde, die uns erhält und lenkt und vielfältige Früchte hervorbringt und bunte Blumen und Kräuter.“ Weiter heißt es: „Diese Schwester schreit wegen des Schadens, den wir ihr aufgrund des unverantwortlichen Gebrauchs und des Missbrauchs der Güter zufügen, die Gott in sie hineingelegt hat. Wir sind in dem Gedanken aufgewachsen, dass wir ihre Eigentümer und Herrscher seien, berechtigt, sie auszuplündern. Die Gewalt des von der Sünde verletzten menschlichen Herzens wird auch in den Krankheitssymptomen deutlich, die wir im Boden, im Wasser, in der Luft und in den Lebewesen bemerken. Darum befindet sich unter den im meisten verwahrlosten und misshandelten Armen diese, unsere unterdrückte und verwüstete Erde.“ Mit Hinweis auf Genesis 2.7 wird betont, dass wir selbst Erde seien. „Unser eigener Körper ist aus den Elementen des Planeten gebildet, seine Luft ist es, die uns den Atem gibt, und sein Wasser belebt und erquickt uns.“ (Laudato Si, S. 3f.). Es werden Päpste und alle die gewürdigt, die ökologische Probleme erkannten und Lösungen forderten.“ (H. Hörz)

„Die Enzyklika stellt klar, dass es keine einseitige Auslegung des Buches Genesis geben darf. Dort heißt es über die Menschen (H. Hörz): „Gott segnete sie und Gott sprach zu ihnen: Seid fruchtbar und vermehrt euch, bevölkert die Erde, unterwerft sie euch und herrscht über die Fische des Meeres, über die Vögel des Himmels und über alle Tiere, die sich auf dem Land regen. (Genesis 1.28). „Herrschaft über die Natur ist nur die eine Seite, die andere steckt in der Feststellung: „Gott, der Herr, nahm also den Menschen und setzte ihn in den Garten von Eden, damit er ihn bebaue und hüte.“ (Genesis 2.15.). Zu Adam heißt es nach dem Sündenfall: „Im Schweiße deines Angesichts / sollst du denn Brot essen, / bis zu zurückkehrst zum Ackerboden, / von ihm bist du ja genommen. / Denn Staub bist du, zum Staub musst du zurück.“ (Genesis 3.19).

„Die Enzyklika greift die verschiedenen Aspekte des Mensch-Natur-Verhältnisses und der Beziehung zur Schwester Erde auf, die sowohl die Beherrschung der Natur durch Kenntnis ihrer Gesetze umfasst, um Bedürfnisse aller Menschen zu befriedigen, als auch die Forderung, die Natur zu behüten, denn" (H. Hörz): „Die Umwelt ist ein kollektives Gut, ein Erbe der gesamten Menschheit und eine Verantwortung für alle. Wenn sich jemand etwas aneignet, dann nur, um es zum Wohl Aller zu verwalten. Wenn wir das nicht tun, belasten wir unser Gewissen damit, die Existenz der Anderen zu leugnen.“ („Laudatio Si“, S. 87).

„Es geht also nicht nur darum, sich auf das Gebot, die Erde zu bewahren, zu berufen. Dazu wird im Zusammenhang mit der Frage: „Hat der ‚Mensch‘ wirklich nach Gen. 2.15 den biblischen Auftrag, ‚die Erde zu bebauen und zu bewahren‘? festgestellt: „Mit der isoliert vorgetragenen Aussage von Gen. 2.15 sollte meines Erachtens NICHT begründet werden, dass ‚der Mensch‘ von Anfang an bis heute den Auftrag habe, ‚die Erde (oder gar die ganze Schöpfung) zu bebauen und zu bewahren‘! Der Bezug auf diese Bibelstelle könnte aber durchaus so verstanden werden, dass ein ‚paradiesischer Zustand‘ beschrieben wird, wie das Verhältnis des Menschen zur Schöpfung ‚eigentlich gemeint‘ war/ist.“ (Krause-Schoenberg 2018). "Man kann, entsprechend der Verantwortung, die Papst Franziskus in der Enzyklika betont, doch auch im Zusammenhang mit der Lebenswirklichkeit, die uns mit ökologischen Problemen konfrontiert und unabhängig von einer theoretischen Interpretation, den „paradiesischen Zustand“ der Mensch-Natur-Beziehung als Forderung verstehen, die Natur human zu gestalten. Zugleich gilt es, Kriege zu verhindern und die Lebensbedingungen aller Menschen zu verbessern.“ (H. Hörz)

Aus dem 2021 erschienenen Buch „Wir müssen für die Menschheit auf unserem Planeten Vieles ändern. Bemerkungen zur gegenwärtigen Situation auf unserer Erde bezogen auf die Klimakrise und den Corona-Virus und Vorschläge zu einer Änderung des Herrschafts- und Gesellschaftssystems“ (Heinz Märtin) werden auszugsweise einige damalige Äußerungen zu manchen Problemen zitiert, die auch noch heute weiterhin Gültigkeit haben:

„Die aktuelle gegenwärtige Situation ist – bezogen auf unser Klima und die entstehende Erderwärmung – bereits zunehmend so schlimm geworden, dass im Interesse des Erhalts der Menschheit die notwendigen Sofortmaßnahmen dringend eingeleitet werden müssen. Es ist nicht ausreichend, die Maßnahmen nur auf dem Papier zu nennen, diese aber nicht oder nur unzureichend zu realisieren. Die gegenwärtigen .... auf der ganzen Welt beschlossenen Vorschläge sowie (die) Maßnahmen zum Schutz des Klimas sind in keiner Weise als ausreichend anzusehen. Sie beachten die dringenden zeitlichen Erfordernisse in völlig unzureichender Art und Weise. Wir stehen, wie allgemein bekannt ist, vor einer für die Menschheit wichtigen Situation, dass wir uns ein "Weiter so" in keiner Weise mehr erlauben können. Es bestehen eine Reihe von Kipppunkten, die, wenn wir jetzt nicht ausreichend handeln, nicht mehr zu beheben sind. Die Erderwärmung wird sich dann um über 2 Grad Celsius entwickeln. Wegen den immer noch ansteigenden Temperaturen auf der Erde kann eine Nichtbeachtung sowie ein nicht gemeinsames Handeln zu einer dann kaum noch zu verhindernden negativen Spirale führen. Die dadurch entstehenden Auswirkungen können die Menschen und auch die Tiere wahrscheinlich nicht mehr (ausreichend) bewältigen. Sie werden auf der Erde unter solchen sich dann entwickelnden Temperaturen wohl kaum mehr auf Dauer alle leben können. Die Lebewesen sind auf solche sich entwickelnde Temperaturen nicht eingerichtet. (Auch die dann unter diesen Temperaturbedingungen mögliche zu schaffende Ernährung reicht auf der Erde höchstwahrscheinlich nur noch für eine Milliarde Menschen aus.)

Eine höhere Erderwärmung und die dadurch hervorgerufenen Lebensbedingungen führen zu diesem erheblichen Problem für die Menschheit.

....

Da zur Rettung des Klimas eine dringende Notwendigkeit zu einem nicht weiteren Anstieg der Erderwärmung über die wahrscheinlich objektiv unvermeidbare Größe von 1,5 bis 2,0 Grad Celsius besteht und die erforderlichen Maßnahmen relativ schnell eingeleitet werden müssen, sollte man jetzt nicht nur die angezeigten teilweisen Verzichtsmaßnahmen, sondern auch Verbotsmaßnahmen durchführen. Es wird aber für die Klimaerfordernisse nicht ausreichen, dass wir nur .... einen Konsumverzicht durchführen. ....

Ein weiteres aktives Wirksamwerden der Kipppunkte muss verhindert werden. Um dies zu erreichen, müssen wir unbedingt unsere gegenwärtige Lebensweise ändern. ....

Der aktuelle Stand der Kipppunkte auf unserem Planeten ist insbesondere durch die zunehmende Wirkung der steigenden Erderwärmung äußerst besorgniserregend.

Wir können auf den Zuwachs der weiteren Erderwärmung nur den möglichen Einfluss nehmen, wenn wir sofort handeln und alles noch Menschenmögliche unternehmen, um das weitere Anwachsen der Erderwärmung (möglichst) zu verringern.

Leider haben viele Menschen auf unserem Planeten noch nicht ausreichend die sehr hohe Dringlichkeit der Verhinderung des weiteren beträchtlichen Anstiegs der Erderwärmung verinnerlicht. In unser Aller Interesse muss unser Ziel die Verringerung der Beeinflussung der Kippunkte auf unserer Erde und die Beseitigung der Klimaprobleme sein.

Nur so können wir dazu beitragen, dass nicht solch eine hohe Übersäuerung unserer Meere, das damit verbundene Korallenschrumpfen, die erhebliche Erhöhung des Meeresspiegels mit gravierenden Auswirkungen für die davon betroffenen Menschen, das erhebliche Ansteigen extremer Wetterereignisse, verbunden mit gewaltigen Stürmen und Überschwemmungen, Trockenheit und Dürre mit schwerwiegenden Auswirkungen auf unsere Versorgung, eine wesentliche Verknappung des uns zur Verfügung stehenden Wassers, eine Zunahme von Bränden und das Übertragen von Krankheiten verursachende Virus durch Insekten und das damit verbundene Entstehen von Seuchen und Pandemien eintritt.

Es werden noch mehr der bisherigen bestehenden Arten auf dem gesamten Globus verschwinden, was gewaltige negative Auswirkungen auf die Biodiversität und unser planetares Gleichgewicht mit der Natur und für uns Menschen hat.

Durch die zunehmende Erderwärmung besteht die erhebliche Gefahr des weiteren Abschmelzens des Polareises, was in einem relativ hohen

Maße schon eingetreten ist und der Auflösung des ebenfalls sehr wichtigen Permafrostes unseres Planeten, die ebenfalls leider schon begonnen hat. Dadurch werden nicht nur unvorstellbare Mengen des Treibhausgases Methan in die Atmosphäre gelangen, was auch zu erheblichen negativen Auswirkungen auf unsere Umwelt und die sehr wichtigen Ökosysteme führen würde. Die Höhe des Meeresspiegels würde durch die auf Grund der Abschmelzung des Eises entstehenden sehr hohen Wassermengen massiv ansteigen. Von der Erhöhung des Meeresspiegels wären viele am Wasser liegende Landstriche der Erde und somit wir Menschen erheblich betroffen. Tiere, die derzeit das Eis als wichtige Lebensgrundlage haben und auch brauchen, wie u. a. Eisbären, können ebenfalls kaum noch existieren und würden zunehmend aussterben.

Auch die zunehmende Verbrennung des Urwaldes, die leider besonders im Amazonas-Gebiet in Brasilien und vom bis zum 31.12.2022 amtierenden Präsidenten Jair Bolsonaro negiert wurde, hat erhebliche negative Auswirkungen auf unsere Atmosphäre und die Ökosysteme auf der Welt.

Bei allen zu bewältigenden Herausforderungen in Deutschland und weltweit muss die Lösung der Klimaprobleme deshalb bei allen erforderlichen Handlungen (eine besonders vorrangige) Beachtung besitzen. Wenn wir zur Sicherung der weiteren Existenz der Menschheit die Klimaproblematik nicht als dringend ansehen, wären alle Handlungen und Maßnahmen, die wir weiter einleiten, auf Dauer sinnlos. Deshalb ist die Bewältigung der Klimakrise eine (nicht aufschiebbare) Handlung für uns. Darauf müssen wir uns in allen Ländern der Welt einstellen und danach mit aller Konsequenz handeln.“ (H. Märtin, Seiten 14, 15)

Wir haben gegenwärtig nicht nur die Klimakrise, sondern auch die kriegerische Auseinandersetzung des Ukraine-Russland-Konflikts mit allen ihren Auswirkungen und manche andere Probleme auf dieser Welt, die uns emotional sehr stark belasten und uns kaum noch unseren üblichen geplanten Handlungen nachkommen lassen. Zum Zeitpunkt der Erstellung dieses Buches ist noch nicht abzusehen, ob durch diplomatische Verhandlungen der wichtige Frieden zwischen den Parteien, die diesen Konflikt derzeit führen, baldmöglichst erreicht wird. Es besteht die Gefahr, dass sich dieser begrenzte Krieg in Mitteleuropa zu einem Dritten Weltkrieg entwickeln kann, da leider auch andere Länder in diese kriegerische Auseinandersetzung durch Waffen eingreifen und somit ggf. Kriegspartei werden können.

Die gegenwärtigen kriegerischen Handlungen zwischen Russland und der Ukraine werden jedoch zu wenig nach dem Kausalitätsprinzip – bezogen auf Ursache und Wirkung – gesehen, sondern in erster Linie mit festgesetzten Narrativen bezüglich „Gut“ und „Böse“ bzw. im Rahmen eines Schwarz-Weiß-Denkens vorrangig aus emotionaler Sicht betrachtet.

Das erforderliche dialektische logische Denken wird dabei oftmals außer Kraft gesetzt. Das Vernunftdenken, das eigentlich noch vor dem emotionalen Empfinden vorherrschen muss, kommt aber leider vielfach beim derzeitigen Narrativdenken viel zu kurz. Viele Menschen wollen bei diesem komplizierten Prozess nur einfache Antworten haben.

Die Auswirkungen der kriegerischen Auseinandersetzung und auch die Sanktionspolitik, an der auch Deutschland und manche andere Länder, vorrangig der westlichen Welt, beteiligt sind, tragen leider auch mit dazu bei, dass wir derzeit in vielen anderen Ländern der Welt, besonders in Europa und speziell in Deutschland, unvorstellbar hohe Energiepreise haben. Weil Energie für die Herstellung fast aller Erzeugnisse gebraucht wird, wird die weitere Erhöhung der Preise für Treibstoffe, Lebensmittel und manche andere Konsum- und Industriegüter sowie Dienstleistungen auch in Deutschland mit beeinflusst. Bereits ohne die gegenwärtigen kriegerischen Auseinandersetzungen trägt insbesondere auch die nicht geringe Inflation in vielen Ländern der Welt und speziell auch in Deutschland zu dieser hohen Preisentwicklung besonders mit bei. Die Mehrheit der Menschen sieht die Auswirkungen der Inflation bzw. der steigenden Energiepreise als wichtiges stark belastendes aktuelles Problem, auch speziell in Deutschland, an. Trotz einiger viel zu geringer Ausgleichszahlungen bzw. Entlastungen, die im Ergebnis des gegenwärtigen Standes gezahlt wurden oder noch erfolgen, sind die daraus entstehenden Kosten und für Manche die Höhe der Abschlagszahlungen trotz Gas- und Strompreisbremse bereits so hoch, dass sie nur schwer noch zu begleichen sind. In manchen Ländern kann sogar eine Hungersnot noch zusätzlich zur vorrangig im globalen Süden bestehenden Armut und durch den Hunger mögliches Sterben eintreten. Die notwendigen benötigten Lebensmittel bzw. die erforderlichen Warenlieferungen für die Bevölkerung vieler Länder sind auch durch manche Inflationsauswirkungen und deren Folgen nicht im ausreichenden Maße in manchen Ländern zu bekommen. Vielfach können sie von großen Teilen der Bevölkerung nicht mehr bezahlt werden.

Speziell auch in Deutschland hat ein nicht geringer Teil der Bevölkerung regelrechte Existenzangst. Die ehrenamtlichen Helferinnen und Helfer in über 300 „Tafeln" arbeiten in Deutschland daran, das Schlimmste in der Versorgung der Bevölkerung mit geringem Einkommen mit Lebensmitteln zu verhindern. Der bis zum jetzigen Zeitpunkt erfolgte Preisanstieg bei Lebensmittelpreisen macht sich besonders in diesem Zusammenhang bemerkbar. Wir müssen jedoch damit rechnen, dass die Preise für Lebensmittel noch weiter steigen. Deshalb sollten wir bedenken, dass die „Tafeln" keine staatlichen Versorgungseinrichtungen sind und nur durch Privatinitiative von willigen, uneigennützig tätigen Menschen, die anderen sehr bedürftigen Menschen helfen, ent- bzw. bestehen können. Für die Errichtung von „Tafeln" gilt keine gesetzliche Arbeitsgrundlage für deren Tätigkeit. Auch die Arbeit für die „Tafeln" wird auf ehrenamtlicher Basis durchgeführt.

Diese Aufgabe müsste eigentlich vom Sozialstaat in Deutschland erfüllt werden, solange so eine erhebliche Polarität zwischen Arm und Reich besteht und es auch dadurch noch arme Menschen und Obdachlose in Deutschland gibt.

Wegen den ständig steigenden Preisen ergibt sich ein immer höherer Bedarf, dass Menschen die „Tafeln" nutzen müssen, der durch den Strom der aus der Ukraine in Deutschland eintreffenden Flüchtlinge noch verstärkt wird. Die Vorräte der „Tafeln", die erforderlich sind, steigen jedoch nicht, wie es notwendig wäre, sondern sie sinken noch erheblich, weil manche Supermärkte oder Andere im Interesse der Erhöhung ihres Verkaufs eigentlich schon fast verderbliche Ware noch für ihre Kunden derzeit verwenden. Da viel weniger an die „Tafeln" zur Zeit gegeben wird, kommt die Verringerung der Vorräte zustande. Auch die Spenden sind um ca. 30 Prozent zurück gegangen. Deshalb sind die „Tafeln“ zur Zeit in großen Schwierigkeiten und können den Bedarf im Regelfall nicht mehr im ausreichenden Maße decken, trotz dem über 300 „Tafeln“ in Deutschland derzeit noch für die bedürftigen Menschen tätig sind.

Besonders die Energiepreissteigerung und deren Höhe belasten trotz der zwischenzeitlichen Regelungen der Gas- und Strompreisbremse viele Menschen in sehr hohem Maße. Das Vertrauen auf die Politik ist auch durch die Inflation sehr gestört, und Menschen aus vielen Ländern der Welt haben große Sorgen wegen den gegenwärtigen Problemen und der entstehenden weiteren Entwicklung.

Leider hat man Vieles, auch bezogen auf den Tankrabatt und das vorerst von Juni 2022 bis August 2022 gegoltene monatliche 9-Euro-Ticket in Deutschland nicht genügend sozial erhoben. Beide Maßnahmen galten für Alle in Deutschland, und man hat nicht genügend die Vermögens- und Einkommensverhältnisse bzw. die auch in Deutschland besonders hohe Polarität zwischen Arm und Reich zu wenig oder kaum beachtet. Das wäre jedoch auch ein wichtiges Erfordernis bei den gegebenen Umständen in Deutschland gewesen. Auch die besonderen Gegebenheiten von Menschen im ländlichen Raum wurden beim 9-Euro-Ticket im unzureichenden Maße damals berücksichtigt. Sie besitzen oft keine oder wenige Transportmöglichkeiten mit dem öffentlichen Personennahverkehr (ÖPNV) und auch dadurch nur wenig reale Chancen zur Nutzung dieses Tickets.

Weil viele Daten der unterschiedlichen Bedürftigkeit nicht erfasst vorlagen, wurde im Regelfall zu Fragen der unterschiedlichen Gegebenheiten so verfahren. Die neoliberale Einflussnahme war sicherlich dabei ebenfalls auch mit maßgebend, dass man solche Entscheidungen durch die seit Dezember 2021 in Deutschland regierende Ampel-Regierung traf. Man musste Rücksicht auf die Wünsche aller Parteien, der SPD, der FDP und Bündnis 90/Die Grünen, nehmen und sich auf Kompromisse einigen. Es wurden dabei bisher viel zu wenig die Probleme und Auswirkungen auf die ärmeren Menschen gesehen. Leider hat man sich bis jetzt immer noch nicht entschieden, dass auch der Energiebereich, ähnlich wie manche andere Bereiche, zum Beispiel auch der Gesundheitsbereich, nicht auf privater Basis betrieben werden dürfen, sondern Bestandteil der öffentlichen Daseinsfürsorge sein muss. Vieles könnte man im Interesse der Menschen besser und fürsorglicher gestalten, wenn mehr die Interessen der Verbraucher dabei berücksichtigt würden.

Auch der Tankrabatt wurde bisher sehr schlecht gemanagt. Die Mineralöl- und andere Konzerne und Unternehmen mancher Branchen haben ihre Gewinne erheblich erhöht. Manche sahen deshalb den zum 31.08.2022 ausgelaufenen Tankrabatt als eine große Benachteiligung oder sogar als Schwindel an. Es ist festzustellen, dass sich nach Auslaufen des Tankrabatts ab dem 01.09.2022 die Spritpreise manchmal sich zum Teil noch weiter erhöht haben. Sie fordern nach aktuellem Stand eine verbindliche Entscheidung bei den Tankpreisen durch den Wirtschafts- und Klimaminister Robert Habeck, der derzeit seit Dezember 2021 durch Bündnis 90/Die Grünen gestellt wird. Dies wird sogar auch von der CDU, der FDP und auch von den Linken und der AfD und manchen anderen Parteien gefordert. Bisher versuchte der zuständige Bundesminister für Wirtschaft und Klimaschutz, Robert Habeck, auch in Zusammenarbeit mit dem zuständigen Kartellamt auf diesem Gebiet einige wichtige Maßnahmen einzuleiten. Aber erst in diesem Jahr (2023) können Gesetze zu diesem Themen wirksam werden, und es kann sein, dass die Bevölkerung noch länger unter den hohen Treibstoffpreisen leiden muss. Auch die bisher bei Beendigung der Erdöl-Lieferung durch Russland im Ergebnis der durchgeführten Treuhand-Beteiligung bzw. Verstaatlichung des PCK Schwedt eingeleiteten Sanktionen gegen Russland und die in diesem Zusammenhang umgesetzten Maßnahmen können auch zu Versorgungsproblemen und Preiserhöhungen für die Betankung mit Treibstoffen in Ostdeutschland führen. Der bisherige Lieferant und Mehrheitseigentümer des PCK Schwedt, das russische Unternehmen Rosneft, hat die Belieferung ab dem 31.12.2022 eingestellt. Nach Inkrafttreten des Ölembargos gegen Russland fließt nunmehr kein russisches Öl mehr zur Raffinerie nach Schwedt. Weil die vorhandene Pipeline von Rostock nach Schwedt bisher nur 50 Prozent der benötigten Kapazität sichern kann und Polen über Gdansk nur 15 Prozent der Kapazität der Raffinerie in Schwedt erfüllen kann, besteht wahrscheinlich ein Lieferproblem, was nach bisherigen Zielstellungen durch kasachisches Öl, das über die Druschba-Pipeline geliefert werden soll, ausgeglichen werden soll. Nach gegenwärtigem Stand der Dinge kann unter Beachtung der bisher bis einschließlich Februar 2023 erfolgten Genehmigung durch Russland wahrscheinlich bis zu diesem Zeitpunkt kasachisches Erdöl über die Druschba-Pipeline fließen. Wie es danach weiter geht, muss aber gegenwärtig noch als unklar angesehen werden.

Daran sieht man, wie wenig unsere Regierung bzw. der zuständige Wirtschafts- und Klimaminister Robert Habeck unter den gegenwärtigen marktwirtschaftlichen Bedingungen etwas ändern kann und wie sehr wir dem marktwirtschaftlichen System in Deutschland bisher ausgeliefert sind. Man könnte, wie dies andere Länder in Europa auch tun, bei dieser außergewöhnlichen Preissituation die Mineralsteuer, die jetzt Energiesteuer heißt, senken oder die Preise deckeln. Auf diese Weise könnte man eine Preissenkung für benötigte Treibstoffe erreichen. Auch dadurch könnte man den Menschen entgegenkommen, dass sie nicht so hohe Preise für Treibstoffe, die sie vorrangig für notwendige Fahrten für die Aufrechterhaltung ihrer beruflichen Tätigkeit brauchen, zahlen müssen. Aber man tut dies bis jetzt nur unzureichend, weil auch der Staat durch die Erhöhung des Steueraufkommens daran verdient und man dabei viel zu wenig an die dadurch geschundene Bevölkerung aus der Sicht Mancher denkt.

Von Wohlstandserhalt kann man deshalb bei vielen Menschen bei diesen enormen derzeitigen Belastungen wohl nicht mehr sprechen. Manche Menschen, besonders auch in Ostdeutschland, kämpfen schon ums Überleben.

Den vom Bundesminister für Arbeit und Soziales, Hubertus Heil, genannten monatlichen Bruttolohn bzw. das Bruttogehalt von 4.000 Euro, unter dessen Grenze aus damaliger Sicht Ausgleichszahlungen erfolgen sollen, was jedoch noch nicht von allen Mitgliedern der gegenwärtigen Ampel-Regierung mitgetragen wurde, bekommen viele Menschen, besonders auch in Ostdeutschland, nicht. Das monatliche Bruttoeinkommen liegt bei einer nicht geringen Anzahl von Menschen erheblich darunter. Man ist seitens der derzeit sich in Deutschland in Verantwortung befindenden Politiker deshalb überhaupt noch nicht im ausreichenden Maße in der Lebensrealität einer nicht geringen Zahl von Menschen angekommen.

Aus dem Brutto-Mindestlohn/Stunde, der ab dem 1. Oktober 2022 in Höhe von 12 Euro gezahlt wird, ergibt sich nur ein Bruttoeinkommen von knapp über 2.000 Euro. Entstehende monatliche Hungerrenten sind deshalb vorprogrammiert. Durch die erheblich gesunkene Kaufkraft können manche Teile der Bevölkerung auch deshalb dann die Lebenshaltungskosten wohl kaum noch bezahlen.

Zwischenzeitlich ist nun am 04.09.2022 das dritte Entlastungspaket von der gegenwärtigen Ampel-Regierung beschlossen worden. Es geht um Entlastungen von insgesamt 65 Milliarden Euro.

In der „Tagesschau“ vom 04.09.2022 wurde im Artikel „Maßnahmenpaket des Bundes: Entlastung von 65 Milliarden Euro“ der ARD-Journalistin Kirsten Girschick auszugsweise Folgendes zum weiteren Entlastungspaket berichtet:

„Wochenlang hat die Bundesregierung um ein weiteres Entlastungspaket gerungen, nun ist es da: Mit insgesamt 65 Milliarden Euro sollen Bürger und Unternehmer wegen der stark gestiegenen Preise unterstützt werden.

…………………………………………………………………………………

“Unser Land steht von einer sehr schweren Zeit.“ Es gehe um sehr viel Geld, aber die Ausgaben seien notwendig, so der SPD-Politiker (Olaf Scholz). “Es geht darum, unser Land sicher durch diese Krise zu führen.“ Viele Menschen machen sich derzeit Sorgen. “Wir nehmen alle diese Sorgen sehr, sehr ernst.“

Grünen-Co-Chef Omid Nouripour sprach von einem runden Entlastungspaket, auch wenn die Verhandlungen teilweise aufreibend gewesen seien. ……………………………………………………………..

Als konkrete Entlastungsmaßnahmen sollen mehr Menschen Wohngeld erhalten. Der Kreis der Wohngeldberechtigten werde auf zwei Millionen Bürgerinnen und Bürger erweitert. Das Wohngeld werde zudem eine dauerhafte Klimakomponente und eine dauerhafte

Heizostenkomponente enthalten. “Das hilft denjenigen, die ein kleines Einkommen haben“, sagte Scholz.

Als kurzfristige Maßnahme für die Heizperiode sollte zudem von September bis Dezember 2022 einmalig ein weiterer Heizkostenzuschuss an die Bezieherinnen und Bezieher von Wohngeld gezahlt werden. Danach werde der Zuschuss für die Wohngeldberechtigten dauerhaft in das Wohngeld integriert. Er beträgt einmalig 415 Euro für einen Ein-Personen-Haushalt. 540 Euro sind es für zwei Personen, für jede weitere Person zusätzliche 100 Euro.

Hartz IV wurde zum 1. Januar 2023 umgewandelt in ein Bürgergeld und durch eine zeitnahe Berücksichtigung der Inflation auf einen Regelsatz von etwa 500 Euro (nunmehr auf 502 Euro festgelegt) erhöht. Damals erhielten Alleinstehende in der Grundsicherung 449 Euro pro Monat. Die inflationsgetriebene kalte Progression bei der Steuer soll durch eine Änderung des Tarifablaufs abgebaut werden.

Rentnerinnen und Rentner sollen (mit Wirkung vom Dezember (2022) an) eine einmalige Energiepreispauschale von 300 Euro erhalten, (die jedoch versteuert werden soll und inzwischen an die Rentner ausgezahlt wurde). Studierende und Auszubildende sollen einmalig 200 Euro erhalten. (Bisher waren für diese Gruppen in der Gesellschaft trotz vieler Proteste von der Bevölkerung, Verbänden, Parteien usw. diese Maßnahmen nicht vorgesehen.) Für Berufstätige war bereits eine Energiepreispauschale von 300 Euro auf den Weg gebracht worden.

Auch Familien sollen spürbar entlastet werden. So soll das Kindergeld zum Jahresbeginn um 18 Euro monatlich für das erste und zweite Kind steigen, wie zum damaligen Zeitpunkt vorgesehen.

Zudem ist die Bundesregierung bereit, den Bundesländern für ein bundesweites Nahverkehrsticket jährlich 1,5 Milliarden Euro zusätzlich zur Verfügung zu stellen, „wenn die Länder mindestens den gleichen Betrag zur Verfügung stellen“, teilte die Ampel-Koalition mit. Ziel sei ein (mögliches) Ticket im Preisrahmen von etwa 49 bis 69 Euro im Monat.

Zusatzzahlungen von Arbeitgebern an ihre Beschäftigten sollen bis zu einer Höhe von 3000 Euro steuer- und abgabefrei sein. “Wir machen eine steuerfreie Einmalzahlung, also eine Inflationsprämie, möglich“, sagte FDP-Chef Christian Lindner.

Um Haushalte bei den Strompreisen zu entlasten, soll eine Strompreisbremse eingeführt werden, finanziert durch die Abschöpfung von Gewinnen bei Energiefirmen. „Zufallsgewinne“ bei Unternehmen wegen der hohen Energiepreise würden abgeschöpft, sagte Scholz.

Scholz sprach von einer Erlösobergrenze für Stromerzeuger, die für die Stromproduktion nicht auf das derzeit teure Gas angewiesen sind. Dies werde dafür sorgen, dass die Preise sinken, sagte Scholz. Die Koalition will sich für eine entsprechende Regelung auf EU-Ebene einsetzen, würde sie aber auch national umsetzen, sollte dies nicht schnell gelingen.

Auch das dritte Entlastungspaket soll ohne zusätzliche Neuverschuldung finanziert werden. Der Bundeshaushalt 2023 werde, wie geplant, die Regeln der Schuldenbremse respektieren, sagte Lindner. Für das laufende Jahr sei kein Nachtragshaushalt notwendig. “Diese Maßnahmen finden statt innerhalb der bisherigen Haushaltsplanung der Bundesregierung“, sagte er. “Sehr wirksame Maßnahmen“ mit einem sehr großen Hebel seien mit vergleichsweise geringen Belastungen des Bundeshaushaltes verbunden, so der Finanzminister. …………………………………………………………………“

Im am 04.09.2022 im „Deutschlandfunk“ ausgestrahlten Beitrag „Entlastungspaket – Kritik von Sozialverbänden“ äußern Sozialverbände und „Linke“ Kritik am dritten Entlastungspaket.

„Der Paritätische Wohlfahrtverband hat sich enttäuscht über das Entlastungspaket der Ampelkoalition geäußert. Hauptgeschäftsführer Schneider sagte, es fehlten zusätzliche zielgerichtete Hilfen, die auch Menschen in der Grundsicherung schon in diesem Herbst substanziell entlasteten. Die Pläne seien nicht geeignet, um den Menschen in den kommenden Monaten wirklich Zuversicht zu geben.

Der Sozialverband VdK mahnte eine Preisdeckelung auch für den Grundbedarf an Gas an. Die Fraktionsvorsitzende der Linken im Bundestag, Mohamed Ali, monierte, die vorgesehene Einmalzahlungen von 300 Euro für Rentner und 200 Euro für Studierende seien ein Witz."

Man hätte monatlich eine Entlastung für alle bedürftigen Personen schaffen und nicht nur Einmalzahlungen für die überhöhten Energiepreise leisten müssen. Es kann auch nicht sein, dass für Familien mit mehr als zwei Kindern bis vor Kurzem keine Kindergelderhöhung bei dieser Regelung vorgesehen war. Ab dem 01.01.2023 soll die Kindergeld-Erhöhung in den bisherigen Entlastungspaketen wirksam werden.

Auch die CDU beklagte mit Recht, dass Unternehmen beim dritten Entlastungspaket leer ausgehen würden, man damit zur Pleite mancher Unternehmen beiträgt und die Voraussetzungen für eine Deindustrialisierung schafft.

Die Finanzierung dieser Mittel der Entlastungspakete und überhaupt der ganzen Preiserhöhungen sollte in dem möglichen Umfang über eine Unternehmensgewinnsteuer im Rahmen einer Übergewinnsteuer, die auch für Deutschland beschlossen werden soll, erfolgen. Man sollte sich an vielen Ländern in Europa ein Beispiel nehmen können, wie man die Übergewinnsteuer erheben und verwenden kann.

Auch die EU wollte eine Unternehmensgewinnsteuer und zusätzlich eine Zufallsgewinnsteuer einführen. Die Zufallsgewinnsteuer entsteht dadurch bei manchen in Frage kommenden Unternehmen, die an der Gleichsetzung des Strompreiserhöhung mit den Gaspreiserhöhungen im erheblichen Maße in sehr hohen Größenordnungen verdienen. Auch in Deutschland sollte eine Zufallsgewinnsteuer von der Ampel-Regierung zum möglichen Zeitraum erhoben werden. Man hatte aber zum damaligen Stand nach den früheren Regelungen keine ausreichenden konkreten Bestimmungen zu einer Bildung der Zufallsgewinnsteuer und zu deren Verwendung bzw. Verteilung erlassen. Von der EU wurden zum damaligen Zeitpunkt erste Regelungen zur Erhebung einer Übergewinnsteuer bzw.

Zufallsgewinnsteuer getroffen. Diese sollte auf die einzelnen Länder bzw. deren Bürgerinnen und Bürger umverteilt werden.

Spanien hat sogar mit der Unternehmensgewinnsteuer ermöglicht, dass der öffentlichen Personennahverkehr von den spanischen Bürgerinnen und Bürgern in dieser schwierigen Zeit schon kostenlos genutzt werden konnte.

Inzwischen hat man, wie bereits beschrieben wurde, gemerkt, dass man die Unternehmer in den bisherigen damaligen Entlastungspaketen vergessen hat. Später wurde dann den betreffenden Unternehmen in Deutschland ermöglicht, dass sie Fördermittel erhalten könnten. Es war deshalb höchste Zeit, sehr schnell im Interesse der Unternehmen Regelungen zu deren Entlastung zu treffen, damit diese Unternehmen weiterhin bestehen bleiben konnten. Manche Unternehmen, insbesondere Handwerksbetriebe, haben wegen den hohen Energiekosten und den dadurch entstehenden Preiserhöhungen sowie damit eintretenden Umsatzeinbußen für ihre erzeugten Produkte, die viele Teile der Bevölkerung nicht oder kaum noch bezahlen konnten und trotz der aktuellen Regelungen und vorgesehenen Unterstützungen kaum noch bezahlt werden können, ihre Tätigkeit bereits eingestellt oder beabsichtigen, dies in der nächsten Zeit aus den genannten Gründen zu tun. Auch die AfD hat erhebliche Kritik an diesem am 04.09.2022 von der Ampel-Koalition beschlossenen damaligen dritten Entlastungspaket geübt.

Auch die Vertreterinnen und Vertreter der deutschen Bundesländer fanden dies zum damaligen Zeitpunkt nicht gut, da man einfach im dritten Entlastungspaket zugrunde gelegt hat, dass die Bundesländer einen bestimmten Anteil am Entlastungspaket zu tragen haben. Die Verantwortlichen der Bundesländer wurden dabei überhaupt nicht gefragt, und diese Mittel, so wurde es von Politikern in einigen Bundesländern gesagt, können von manchen Bundesländern nicht gezahlt werden. Deshalb haben manche Bundesländer damals keine Zustimmung zum dritten Entlastungspaket gegeben.

Es sollte auch beachtet werden, dass ein Ticket pro Monat zu einem ggf. möglichen Preis von 49 Euro für manche Menschen in Deutschland, die nur über ein geringes monatliches Einkommen verfügen, viel zu teuer ist. Zum Stand Oktober 2022 wurde das 49-Euro-Ticket von den Verantwortlichen vieler Bundesländer und vom Bundesminister für Verkehr und digitale Infrastruktur, Volker Wissing (FDP), vorgeschlagen, aber die Finanzierung dieser Maßnahme war damals noch nicht gesichert. Dieses Ticket konnte auch unter den damaligen Prämissen und noch nicht erfolgten vollständigen Regelungen und unter Berücksichtigung des Zeitraums einer Bewilligung dadurch nicht im entsprechenden Maße genutzt werden.

Man muss feststellen, dass man sich seitens der Ampel-Koalition damals zwar bemüht hat, für die Bürgerinnen und Bürger ein weiteres Entlastungspaket zu stricken und dies anerkennen. Aber die unterschiedliche Bedürftigkeit wurde, wie bereits schon erwähnt, noch zu wenig beachtet. Der Bedarf von Unternehmen wurde bei diesem Entlastungspaket nicht ausreichend berücksichtigt. Dadurch sind viele Gefahren für die Sicherung der Fortführung ihrer Unternehmen und auch für die Bevölkerung lebensnotwendigen Betriebe entstanden. Die Höhe mancher Entlastungen muss trotz der aktuellen Regelungen immer noch als viel zu niedrig angesehen werden, um den eintretenden Preisanstieg zu kompensieren.

Besonders wenig bekommen trotz dem erheblichen Preisanstieg, allein durch die Inflation die bis zum 31.12.2022 noch so zu bezeichnenden Hartz IV-Empfänger. Offenbar hat man sich dabei zu wenige Gedanken gemacht, wie sie zukünftig ihren Lebensbedarf sichern können. Das nunmehr zum 01.01.2023 durch den Bundestag und den Bundesrat beschlossene Bürgergeld wird trotz der erfolgten Erhöhung unter Berücksichtigung der bereits wirksamen Preiserhöhungen und der eingetretenen Kaufkraftentwertung als viel zu gering eingeschätzt. Außerdem war im erheblichen Maße zu bemängeln, dass eine Erhöhung erst zum 01.01.2023 eintrat, da auch die Hartz-IV-Empfänger bereits seit mehreren Monaten durch die ständig steigende Inflation ebenfalls die höheren Preise zahlen mussten. Es sollte zum damaligen Zeitpunkt wegen des eingelegten Vetos bis zum 25.11.2022 durch den Vermittlungsausschuss des Bundesrats gehen. Nach der am 25.11.2022 erfolgten Zustimmung zum Bürgergeld in der nunmehr veränderten Form ist durch den Bundesrat eine abschließende Lösung zum Bürgergeld erzielt worden.

Es gibt auch von Einigen erhebliche Kritiken zum neu geregelten Bürgergeld. Manche sagen, dass die neue Regelung kein Bürgergeld ist, sondern bestenfalls ein Hartz V. Es wird, wie schon erwähnt wurde, auch gesagt, dass die Erhöhung des monatlichen Betrages des Bürgergeldes noch nicht einmal die inflationsgebundene Kostenentwicklung berücksichtigt. Obwohl immer gesagt wurde, dass die Menschen eine Altersvorsorge eigenständig sichern sollen, hat man solch eine Reduzierung des sanktionsfreien möglichen Vorsorge vorgenommen, dass für Viele die Altersvorsorge nicht gesichert werden kann. Wenn sie die bisherige vorhandene Altersvorsorge weiter behalten wollen, hat dies zur Folge, dass sie kein Bürgergeld mehr bekommen. Damit hat man auch Unternehmern, die ihre bisherige Tätigkeit durch eine Inflation, die oftmals durch die Erhöhung der Energiepreise verursacht war, beenden mussten, einen „Bärendienst" geleistet, da sie als bisherige Unternehmer nur Hartz IV bzw. das nunmehr ab dem 01.01.2023 eingeführte Bürgergeld und im Regelfall kein Arbeitslosengeld I beziehen können. Als wichtiger Punkt muss erwähnt werden, dass durch das „Haushaltsbegleitgesetz 2011" ab dem 01.01.2011 Zeiten, in denen Arbeitslosengeld 2 bzw. Hartz IV bezogen wird (ab dem 01.01.2023 Bürgergeld), nur noch als Anrechnungszeit gelten, und es werden durch die Träger der Grundsicherung (z. B. Jobcenter) seit diesem Zeitpunkt keine Beiträge zur Rentenversicherung mehr abgeführt. Die Berücksichtigung von Anrechnungszeiten setzt voraus, dass bei den Hartz IV-Empfängern Hilfebedürftigkeit vorliegt. Die Anrechnungszeit gemäß § 58 Abs. 1 Nr. 6 SGB VI (Sechstes Buch Sozialgesetzbuch), in dem die Belange für die Rentenversicherung geregelt sind, erwerben aber nur diejenigen Personen, die tatsächlich Leistungen bezogen haben. Zu diesen Leistungen gehören keine Leistungen zur Erstausstattung und auch keine gewährten Darlehen. Auch diesen wichtigen Faktor hätte man bei den veränderten Regelungen zum Bürgergeld beachten müssen. Dies hätte eigentlich auch die CDU und auch die Ampel-Regierung bei der neuen nun wirksamen Regelung zum Bürgergeld berücksichtigen müssen.

Weil viel Kritik am bisherigen dritten Entlastungspaketen geübt wurde hat man sich ursprünglich Gedanken über ein viertes Entlastungspaket gemacht. Nunmehr hat man zum damaligen Stand erste Entwurfsregelungen für den aktuell beschlossenen 200 Milliarden

Euro teuren Abwehr-Schirm, der bis zum Jahr 2024 als Entlastung wirksam sein soll, am 10.10.2022 getroffen. Dieser Schutzschirm soll im Ergebnis der von der Bundesregierung eingesetzten Kommission in zwei Schritten die Gas- und Fernwärmekunden entlasten. Zunächst sollte gemäß dem damaligen Entwurf der Staat in einem ersten Schritt eine Rate, die für die Bezahlung von Gas und Fernwärme notwendig ist, für die jeweiligen Verbraucher bezahlen. Anschließend soll eine Preisbremse für die Verbraucher wirksam werden, die ab März 2023 im Ergebnis der damals noch festzulegenden Bestimmungen geregelt werden soll. Nunmehr ist dieser Abwehrschirm von 200.000.000.000 Euro trotz des Widerstandes von Oppositionsparteien, die konkretere Regelungen zum Inhalt des Abwehrschirms forderten und aus manchen anderen vorgetragenen Gründen am 21.10.2022 vom Bundestag beschlossen worden. Zum damaligen Zeitpunkt hat man die Regelung getroffen, dass die Verbraucher die Ratenzahlung für den Monat Dezember 2022 nicht übernehmen müssen und der Staat diese Zahlung übernimmt. Für Diejenigen, die ihre Abschlagszahlung schon bezahlt haben, soll dann eine Verrechnung von den Energielieferanten bzw. Energiehändlern erfolgen. Den bisher zugrunde gelegten Zeitpunkt zu einer weiteren Entlastungszahlung laut Energiepreisbremse, die bisher für den Monat März 2023 vorgesehen war, wollte man damals, wenn die notwendigen Voraussetzungen bis dahin geschaffen werden können, einhalten.

Mit Stand vom 22.11.2022 bestand seitens der Bundesregierung gemäß eines Beschlusses die Absicht, dass bei der Gaspreisbremse Bürger und Unternehmen rückwirkend auch für Januar und Februar 2023 entlastet werden.

Im Artikel „Gaspreisbremse soll rückwirkend ab Januar gelten“ des Fernsehsenders n-tv vom 22.11.2022 heißt es dazu u. a.: „Klar war bislang eine Entlastung ab März 2023 bis zum Frühjahr 2024. Wie aus dem Gesetzentwurf hervor geht, soll der für den Monat März (2023) ermittelte Entlastungsbetrag auf die Monate Januar (2023) und Februar (2023) “gleichsam rückwirkend“ erstreckt werden, Geplant ist dieses Vorgehen auch bei der Strompreisbremse. ....“

Das damalige Gespräch zwischen der Bundesregierung und den Ministerpräsidentinnen und Ministerpräsidenten der Bundesländer am 04.10.2022 brachte keine Einigung zwischen den teilnehmenden Parteien zu wichtigen Fragen der gegenwärtigen Entwicklung, was von den Ministerpräsidentinnen und Ministerpräsidenten seitens der Bevölkerung von Deutschland und der Unternehmen erwartet wurde und eigentlich so schnell wie möglich realisiert werden sollte. Am 21.10.2022 fand ein weiteres Gespräch zwischen den Ministerpräsidentinnen und Ministerpräsidenten der einzelnen Bundesländer mit dem Bundesminister für Wirtschaft und Klima, Robert Habeck, und dem Bundesfinanzminister Christian Lindner statt. Der Bundeskanzler weilte zu dieser Zeit gerade bei einer EU-Beratung und konnte deshalb an diesem Gespräch nicht teilnehmen. Man hat die verschiedenen Meinungen im Gespräch am 21.10.2022 ausgetauscht und kam überein, dass man am 02.11.2022 ein weiteres Gespräch, diesmal unter Teilnahme des Bundeskanzlers führt und davon ausging, dass ein Großteil der noch strittigen Fragen dann geklärt werden. Zwischenzeitlich hat diese Bund-Länder-Konferenz am 02.11.2022 stattgefunden. Bei den meisten Problemen konnte eine Einigung erzielt werden. Einige wenige Verhandlungspunkte konnten zum damaligen Zeitpunkt jedoch noch nicht ausreichend gelöst werden. Bei nachfolgenden Sachfragen konnte eine weitgehend einheitliche Lösung zwischen Bund und Ländern getroffen werden:

- Gaspreisbremse
- Strompreisbremse
- 49-Euro-Ticket
- Finanzierung für die Geflüchteten
- Wohngeld
- Hilfsgelder und dadurch mögliche Entlastungen für Bedürftige und manche andere betroffene Bereiche

Zwischenzeitlich sind die noch vorhandenen Probleme einer Lösung zugeführt worden.

Zusätzliche Erläuterungen dazu werden im Gliederungspunkt 2.13 dazu gegeben,

Weiterhin wurde zwischenzeitlich ebenfalls geregelt, dass ein einheitliches Kindergeld ab dem 01.01.2023 für alle berechtigten Kindergeld-Bezieher je Kind in Höhe von 250,- € gezahlt wird und kein Unterschied bei der Anzahl der Kinder mehr gemacht wird.

Die kriegerische Auseinandersetzung zwischen der Ukraine und Russland und anderen Ländern sowie die bestehenden wirtschaftlichen Probleme vieler Menschen haben bei der Mehrheit der Menschen auf dieser Welt gegenwärtig eindeutig den Vorrang vor den ebenfalls sehr wichtigen klimapolitischen Problemen der steigenden Erderwärmung und ihren schwerwiegenden Folgen für unseren Planeten.

Viele Menschen, speziell auch in Deutschland, verstehen nicht, dass es in dieser wirtschaftlich sehr problematischen Zeit, in der es auch um die Aufrechterhaltung ihrer Existenz geht, bisher noch Preiserhöhungen aus klimapolitischen Gründen gibt. Diese sollten zur Erreichung von Lenkungswirkungen, besonders bei Treibstoffen, zur Verringerung deren Verbrauchs auch aus ökologischen Gründen bisher wirksam werden.

Man kann davon ausgehen, dass auch manche Länder auf dieser Welt erhebliche Defizite im erreichten Lebensstandard gegenüber hochentwickelten Ländern der westlichen Welt, wozu auch Deutschland gehört, aufweisen. Oft ist die Bevölkerung dieser Länder sehr arm und verfügt nicht über die Voraussetzungen, Mittel für die Nicht-Weiterführung der Erderwärmung bzw. zur positiven Beeinflussung der CO2-Emissionen bereitzulegen. Eine relativ hohe Anzahl der Menschen auf der Erde besitzen noch keinen Zugang zu Strom. Dies betrifft fast 13 Prozent der Weltbevölkerung. Auch daran sieht man, wie weit diese Länder gegenüber den hochentwickelten Industrieländern noch zurückliegen.

Es muss auch berücksichtigt werden, dass die armen und unterentwickelten Länder schon die höchsten negativen Umweltfolgen bzw. Umweltkatastrophen durch die steigende Erderwärmung erleiden müssen. Sobald diese armen Länder selbst ihre eigene Energie für ihre Industrie- und Konsumprodukte erzeugen können, sind sie auf fossile Rohstoffe unbedingt angewiesen. Für sie sind die fossilen

Energiearten noch die billigsten Energiearten. Das liegt auch daran, dass sie diese Rohstoffe, wie Kohle, oft selbst besitzen, und allein nach dem gegenwärtigen weltweiten Preismaßstab Kohle u. a. auch wesentlich billiger als Erdgas ist. Man kann von den betroffenen Ländern nicht verlangen, dass sie auf ihre dringend benötigten fossilen Energien bzw. Rohstoffe zu Gunsten der Verringerung von CO2-Emissionen bzw. anderer emittierender Treibhausgase verzichten. Bisher wurden und werden die fossilen Stoffe insbesondere auch in diesen Ländern zur Energiegewinnung genutzt.

Man will laut dem Pariser Klima-Abkommen von 2015 seitens der hochentwickelten Länder diesen Ländern weltweit Mittel in Höhe von 100 Milliarden US-Dollar jährlich bereitstellen. Dadurch will man durch gezielte Maßnahmen und Handlungen in diesen betroffenen armen Ländern die notwendigen Umweltmaßnahmen zur Verringerung der CO2-Emission bzw. zur nicht weiteren Verwendung von fossilen Brennstoffen finanzieren. Diese bis jetzt eingeleiteten Maßnahmen reichen jedoch in keiner Weise aus, um die global erforderlichen Maßnahmen auf Dauer durchführen zu können und trotzdem der Bevölkerung dieser Länder den dringend notwendigen Lebensstandard zu sichern.

Es muss in diesem Zusammenhang nochmals herausgehoben werden, dass viele der laut dem Pariser Klima-Abkommen versprochenen Mittel an diese Länder noch immer nicht gezahlt wurden und es sich oft nur um finanzielle Absichtserklärungen handelt. So haben – auch aus diesem Grund – bisher nur 67 von 204 Ländern und damit noch nicht einmal ein Drittel der Länder dieser Welt ihre volle Zustimmung zur Durchführung der erforderlichen globalen klimapolitischen Maßnahmen gegeben. Es muss deshalb beachtet werden, dass es uns nicht ausreichend hilft, wenn wir den Umweltschutz vorrangig in Europa bzw. in Deutschland oder in Nordamerika, Australien oder Neuseeland voran treiben, aber in solchen bevölkerungsreichen Ländern wie China, Indien, Pakistan, Indonesien, Bangladesch, Vietnam oder anderen betreffenden in Frage kommenden Ländern in Asien, Afrika (hier insbesondere in Nigeria), Südamerika (hier insbesondere in Brasilien) und Arabiens (z. B. Ägypten) diese globalen Ziele nicht erreichen. Wenn diese und andere Länder im durchschnittlichen Lebensstandard erheblich zurück liegen und bei manchen Teilen der Bevölkerung dieser Länder noch Armut und teilweise Hunger herrscht, können wir die Fokussierung auf Umweltschutz von den betreffenden Ländern nicht verlangen.

Man muss auch den erheblich differenzierten Stand des allgemeinen Wohlstandes der dort lebenden Bevölkerung hierbei beachten, da wir die erforderlichen Maßnahmen zum nicht weiteren erheblichen Anstieg der Erderwärmung nur vollständig und auf globaler Ebene durchführen können. Alle reichen Industrieländer der Welt müssen deshalb mitgenommen werden und nicht nur einzelne Länder, die sich die erforderlichen Maßnahmen wirtschaftlich erlauben können. Wenn nur einzelne wirtschaftlich starke Industriestaaten Klimaschutz-Maßnahmen durchführen, können sie zwar behaupten, dass sie begonnen haben, ihre Hausaufgaben auf diesem Gebiet zu erledigen. Aber dem globalen Klima kann dadurch nicht ausreichend geholfen werden, da diesen Klimaschutz, den die hochentwickelten Industrieländer betreiben können, unterentwickelte bzw. Schwellenländer aus den genannten Gründen in dem erforderlichen Maße wegen der Armut der dortigen Bevölkerung und der mangelnden Infrastruktur nicht durchführen können. Durch die von den unterentwickelten sowie Schwellenländern noch auch wegen des durchschnittlich geringen Lebensstandards ihrer Bevölkerung notwendige Nutzung von fossilen Energieträgern müssen diese Länder im mindestens gleichen Umfang die schädlichen CO2-Treibhausgase wieder unter den derzeitigen Gegebenheiten der erheblichen Ungleichheit auf der Welt erzeugen und verwenden.

Auch diese Länder, die aus den genannten Gründen diese erforderlichen Klimamaßnahmen zur Eindämmung der CO2-Emission nicht einleiten können, haben in gleicher Weise ein Recht auf die Erreichung eines besseren Lebensstandards ihrer Bevölkerung, als sie diesen gegenwärtig nur aufweisen. Die Regierungsverantwortlichen dieser betreffenden Länder sehen es aus ihrer Sicht zu Recht nicht ein, warum sie der Bevölkerung ihrer jeweiligen Länder erhebliche Nachteile im Lebensstandard gegenüber der Bevölkerung in den hochentwickelten Industrieländern zu Gunsten global bestehender Klimaerfordernisse zumuten sollen. Aus diesem Grund werden sie sich weiterhin weigern, solange die Voraussetzungen einer erheblichen Ungleichheit bestehen, für ihr Land bzw. ihre Bevölkerung die erforderlichen globalen klimapolitischen Maßnahmen durchzuführen. Darin ist ein wichtiger Grund zu sehen, warum die bisherigen Klimakonferenzen im notwendigen globalen Maßstab nicht den Erfolg gebracht haben. Diese Länder werden auch weiterhin die aus ihrer Sicht gesehen berechtigte Handlungsweise beibehalten. Wir können nur gemeinsam mit allen Ländern unseres Planeten die erforderlichen klimapolitischen Maßnahmen durchführen.

Weil eine Eindämmung des weiteren erheblichen Anstiegs der Erderwärmung nur im globalen Maßstab gesichert werden kann und nicht nur durch einzelne Länder, die bei dieser notwendigen globalen Entwicklung vorpreschen können, können wir auf diesem so wichtigen Gebiet auf diese Weise nicht die ausreichenden erforderlichen Maßnahmen durchführen.

Nur auf globaler Ebene durch alle Länder der Welt und nicht nur von bestimmten einzelnen Ländern können diese Maßnahmen eingeleitet und umgesetzt werden. Wir brauchen eine Mitwirkung aller Länder unseres Planeten, um die erforderlichen klimapolitischen Maßnahmen durchführen zu können. Die noch im erheblichen Maße zwischen den einzelnen Ländern bestehende soziale Ungleichheit müssen wir zuerst beseitigen, um dann auf globaler Ebene die notwendigen klima- und umweltpolitischen Maßnahmen durchführen zu können. Die Erreichung weitgehend gleicher sozialer Verhältnisse hat auch aus diesem Grund absoluten Vorrang, bevor die dringend erforderlichen umwelt- und klimapolitischen Maßnahmen eingeleitet werden können. Auch die bisherigen Ergebnisse der vom 06.11.2022 bis zum 20.11.2022 im ägyptischen Sharm El-Sheikh stattgefundenen 27. Weltklimakonferenz haben diese bereits vorher gewonnene Erkenntnis wieder aufgezeigt.

Deshalb müssen wir das zeitliche Primat im Terminablauf auf die Erreichung der erforderlichen Beseitigung der bestehenden größten wirtschaftspolitischen Unterschiede der einzelnen Länder der Welt und ihrer Bevölkerung im globalen Maßstab richten. Die noch bestehende erhebliche soziale Ungleichheit sollte möglichst bald beseitigt werden, damit wir die erforderlichen Umwelt- und Klimamaßnahmen für unseren ganzen Planeten durchführen können, um auf der globalen Ebene die notwendigen Ergebnisse erreichen zu können.

Man kann deshalb die Auffassung vertreten, dass zuerst die sozialen Fragen der weitgehenden wirtschaftsgleichen Einheit zwischen den Ländern der Welt geklärt werden müssen und nicht mehr, wie bisher, die Ungleichheit und die erhebliche Polarität zwischen Arm und Reich vorherrschen kann.

Erst dann ist es sinnvoll die erforderlichen umweltpolitischen Maßnahmen zur Verringerung des weiteren Anstiegs der Erderwärmung für unseren gesamten Globus im globalen Maßstab einzuleiten.

Die Notwendigkeit, dass zuerst die sozialen Probleme auf dieser Welt weitgehend gelöst werden müssen, müssten auch die (führenden) Mitglieder der „Fridays for Future“-Bewegung und der Aktivisten-Bewegung begreifen. Bevor im erforderlichen globalen Maßstab die Voraussetzungen nicht geschaffen sind, können wir die dringenden Umwelt- und Klimamaßnahmen mit der Zielstellung des nicht weiteren erheblichen Anstiegs der Temperatur im durchschnittlichen Weltmaßstab nicht einleiten. Sie müssen zuerst ihren Einsatz auf die Beseitigung der erheblichen sozialen Ungleichheit richten. Erst dann können die notwendigen Umwelt- und Klimaschutzmaßnahmen und den Kampf gegen die weitere so intensive Nutzung von fossiler Energie im globalen Maßstab mit Vehemenz durchgeführt werden.

Stattdessen macht sich eine führende Vertreterin dieser Organisation Gedanken, wie sie Pipelines, deren Erdgas wir zur sicheren Wärmeversorgung im Winter eigentlich auch in Deutschland noch brauchen, in die Luft sprengen könnte. Diese Absicht wäre wegen der im Interesse der Menschheit und besonders von vielen Ländern in Europa zeitweilig noch notwendigen Nutzung von Erdgas fast mit der früheren Maschinenstürmerei im 19. Jahrhundert zu vergleichen. Dies muss man als völlig falsche Maßnahme beim bestehenden Bedarf der Bevölkerung und der Industrie an Erdgas ansehen. Leider wird bei der ins Auge gefassten Straftat der Betreffenden durch die Verantwortlichen nicht mitgeteilt, dass bei einem solchen Fall auch die

Betreffende mit aller Härte der geltenden Gesetze rechnen müsste, weil damit Bestandteile der Infrastruktur zerstört würden.

Nunmehr ist aktuell festzustellen, dass bestimmte Teile der Pipelines von Nordstream 1 und auch Nordstream 2 explodiert sind, und, wie in der „Tagesschau“ am 18.11.2022 berichtet wurde, Schweden geht als Grund für die beiden Explosionen von schweren Sabotageakten aus. Dadurch sind die Gaspipelines nicht mehr voll einsatzfähig und können eventuell auf Dauer nicht mehr genutzt werden.

Für den Betreiber der Gaspipelines, Russland, tritt damit ein erheblicher wirtschaftlicher Schaden ein. Wie nunmehr bestätigt wurde, hat es sich um einen Sabotageakt gehandelt, der bewusst erfolgt ist, damit die Möglichkeit der Erdgaslieferung über Pipelines aus Russland ausgeschlossen ist und für die in Frage kommenden europäischen Länder nicht mehr erfolgen kann. Man muss diese erfolgte Aktion als ein erhebliches Politikum werten, die letztlich bei den erheblichen Konflikten zwischen Russland und der Ukraine sehr viel „Öl ins Feuer gegossen“ und dadurch auch die Gefahr eines Weltkonflikts bzw. eines Dritten Weltkriegs ebenfalls mit erhöht hat. Bis jetzt konnte der Aggressor, der diese erheblichen Sabotageakte verursacht hat, noch nicht eindeutig ermittelt werden. Über die UNO ist eine aktuelle Sicherheitsberatung wegen dieses wahrscheinlichen Terrorakts beantragt worden, die zwischenzeitlich stattgefunden hat. Es sollte eine tatsächlich unvoreingenommene Untersuchung eingeleitet werden, und man sollte keine Beeinträchtigung von bestimmten Seiten der Welt bei der so wichtigen neutralen Tatbestandaufklärung in diesem Zusammenhang herbeiführen, sondern auch dabei bedenken, dass man eine sicherlich für viele Länder Europas nutzbare und notwendige Infrastruktur angegriffen hat bzw. sie zerstören wollte bzw. zerstört hat.

Die Ursachen der sozialen Ungleichheit der Länder sind aber vorrangig auf den Kapitalismus, wie wir ihn betreiben, zurückzuführen, in der Art, wie wir als hochentwickelte Länder gegenüber den armen, nicht so entwickelten Ländern, leben. Deshalb sollte auch durch die Fridays for Future- und die Aktivisten-Bewegung die Kraft bzw. der Fokus der jungen Menschen vorerst auf diese wichtige Frage gerichtet werden. Wenn nur einzelne hochentwickelte Länder Klimaschutzmaßnahmen einleiten, haben diese global keine ausreichende Wirkung. Wir müssen dabei beachten, das unterentwickelte und Schwellenländer sowie andere Länder im Interesse der Aufrechterhaltung des Lebensstandards ihrer Bevölkerung wegen deren sonst weiter zunehmenden Armut weiterhin Kohlekraftwerke errichten bzw. errichten müssen, weil die Energieart Kohle für diese Länder viel billiger ist. Auch in China hat die Errichtung von Kohlekraftwerken erheblich die Armut der dortigen Bevölkerung verringert und zu einer Steigerung des dortigen durchschnittlichen Lebensstandards beigetragen.

Es bedarf tiefgreifender struktureller Maßnahmen, die auch im Interesse der Sache vor umwälzenden gesellschafts- bzw. wirtschaftspolitischen Fragen keinen Halt machen sollten. Deshalb kann das gegenwärtige Voranschreiten in klima- und umweltpolitischen Fragen von einzelnen Ländern dieser Welt bzw. von Parteien und Regierungen dieser Länder nicht der ausreichend richtige Weg sein, denn die gesamte Menschheit ist betroffen, nicht nur ein einzelnes Land.

Man muss die zweifellos noch bestehenden erheblichen Probleme im globalen Maßstab bei den einzelnen Ländern der Welt und deren Bevölkerung dabei im ausreichenden Maße beachten und – was ganz wichtig ist – die notwendigen Voraussetzungen sichern, dass Menschen bei den anstehenden Veränderungen auf diesem Weg auch mitgenommen werden. Dazu gehören auch Preise, die noch bezahlt werden können. Man kann nicht den Klimaschutz diktieren, auch besonders unter solchen Gegebenheiten nicht, wenn gleichzeitig ein solcher Preisanstieg, auch mit aus ökologischen Gründen, entstehen sollte, der von vielen Menschen und Unternehmen nicht mehr bezahlbar ist. Auch darin sind Gründe zu sehen, dass auch in Deutschland und besonders auch in Ostdeutschland große Teile der Bürger so negativ über die Ergebnisse der Energiewende sprechen.

Es ist sicherlich richtig, rechtzeitig und schnell die erforderlichen wissenschaftlichen Forschungen bzw. Ergebnisse für die Einleitung der notwendigen klima- und umweltpolitischen Maßnahmen weiter voranzutreiben bzw., wenn dies möglich ist, auch zu realisieren. Eine ausreichende Sicherheit über die erfolgreiche Wirksamkeit der technologischen Maßnahmen in der uns nur zur Verfügung stehenden Zeit haben wir aber nicht im ausreichenden Maße. Technologiereife Lösungen bedürfen von der Entwicklung zur erfolgreichen praktischen Anwendung einer relativ langen Zeit, und auch dies muss hierbei beachtet werden. Es besteht deshalb ein recht hohes Risiko, verbunden mit der Frage, ob es uns gelingt, solche Maßnahmen, die bei dem bedrohlichen Klimawandel notwendig sind, noch rechtzeitig durchführen zu können.

Man kann es jedoch auch nicht als richtig ansehen, wenn in Deutschland und einigen weiteren westlichen Ländern, insbesondere in Europa, die erforderlichen klima- und umweltpolitischen Maßnahmen im überwiegenden Maße als ein Experimentierfeld betrachtet werden. Es sollten hierbei auch alle möglichen Auswirkungen und mögliche eintretende Risiken sowie alle erforderlichen Belange der Energieversorgungssicherheit, insbesondere auch die energiepolitischen Erfordernisse in Deutschland beachtet werden, um die weiteren notwendigen Maßnahmen zur Deckung des steigenden Energiebedarfs, der weltweit und nicht nur in Deutschland besteht, unbedingt durchführen zu können.

Unter Beachtung dieses wichtigen zu erfüllenden Gesichtspunkts ist auch die gegenwärtige Energiepolitik zu sehen, da wir auch speziell in Deutschland alles aus politischen Gründen tun, immer weniger Energie oder im zunehmenden Maße keine Energie von unserem bisherigen Hauptlieferanten Russland zu beziehen. Die im Rahmen der derzeitigen Sanktionspolitik gegen Russland, die wegen der gegenwärtig noch bestehenden kriegerischen Konflikte geführt wird, muss man als äußerst risikobehaftet zur Sicherung unserer Energieversorgung werten. Dies liegt auch daran, dass wir nicht im ausreichenden Maß Lieferanten in anderen Ländern haben, die uns so preiswert in der erforderlichen Qualität Erdgas und andere benötigte Energiearten und Rohstoffe liefern könnten und bisher geliefert haben. Es gibt kaum Länder auf der Welt mit solchen umfangreichen Energie- und Rohstoffvorkommen, wie Russland sie zur Verfügung hat. Sofern Länder mit ähnlichen ausreichenden Energie- und Rohstoffvorkommen in Frage kommen sollten, wären jedoch die Lieferkosten ungleich höher. Wenn Deutschland hohe Preise auf dem Spotmarkt zahlt, um eine hohe Speicherung für Deutschland zu erreichen, beachtet man viel zu wenig, dass andere Länder, oft auch unterentwickelte und Schwellenländer, von denen das Flüssiggas manchmal beschafft werden kann, viel zu wenig Flüssiggas haben und ihre notwendige Energie deshalb für ihr Land nicht mehr sichern können und dadurch dort sehr ungünstige wirtschaftliche Verhältnisse bestehen.

Dazu kommt noch, dass wir gemäß dem Beschluss auf dem Parteitag von „Bündnis 90/Die Grünen", der im vergangenen Jahr vom 14.10.2022 bis zum 16.10.2022 in Bonn stattfand, spätestens zum 15.04.2023 die noch verbleibenden zwei Atomreaktoren nicht mehr betreiben sollen und somit keinerlei Kernenergie in Deutschland mehr zur Verfügung hätten. Gleichzeitig wollen wir aus der Kohleförderung im Ergebnis der Festlegungen der Kohlestrukturkommission bzw. der bisherigen Zielstellungen der Grünen schrittweise in Deutschland aussteigen bzw. die Kohlekraftwerke deshalb zunehmend stilllegen. Dies betrachten eine nicht geringe Zahl von Menschen, auch in Deutschland, im Interesse der immer und überall erforderlichen Energiesicherheit als wahrscheinlich derzeit nicht machbar, weil die Voraussetzungen dazu nach Meinung Mancher nicht bestehen. Nunmehr hat am 17.10.2022 im Rahmen seiner Richtlinienkompetenz der Bundeskanzler Olaf Scholz eine Entscheidung getroffen, dass das dritte noch laufende Atomkraftwerk im niedersächsischen Emsland auch bis zum 15.04.2023 betrieben und danach, wie die anderen zwei Kernkraftwerke, dann stillgelegt werden soll. Da nicht nur große Teile der Bevölkerung, sondern auch der Wirtschaft, insbesondere der Industrie, mit dieser getroffenen Entscheidung der Stilllegung aller drei noch laufenden Atomreaktoren in Deutschland zum 15.04.2023 nicht einverstanden sind, bleibt abzuwarten, ob die nunmehr getroffene Entscheidung von langer Dauer sein kann.

Auch gegenwärtig sind wir noch im erheblichen Maße auf fossile Energien angewiesen und können uns einen solchen abrupten Übergang, wie ihn sich Manche vorstellen, auch im Rahmen der notwendigen Energiewende nicht in der Wirtschaft und auch nicht gegenüber der Bevölkerung erlauben, wenn wir eine ausreichende Energieversorgung einhalten wollen und auch müssen. Bei aller Notwendigkeit des nicht geringen Zuwachses an Erneuerbaren Energien, auch insbesondere von Wind und Sonne, können wir uns nicht so schnell, wie bisher vorgesehen, von fossilen Energien, auch wegen deren noch erfolgter globaler Nutzung und der notwendigen Sicherung der Energieversorgung verabschieden.

Diese zur Zeit zugrunde gelegten Zielstellungen der Windenergie und zum Teil auch der Solarenergie sind aus vielerlei Gründen im erheblichen Maße risikobehaftet, besonders auch für Deutschland. Als Risikofaktoren sind hierbei insbesondere anzusehen:

- die Einhaltung der noch in den einzelnen Bundesländern bestehenden unterschiedlichen Abstandsregeln und dass neue vom Bund festgelegte Regelungen nicht ausreichend von den einzelnen Bundesländern eingehalten werden können, wenn man zwischenzeitlich auf Bundesebene diesbezügliche Regelungen getroffen hat. Man muss auch die Auffassungen der Bevölkerung hierbei beachten und die Bevölkerung in den einzelnen Bundesländern beim Treffen von Entscheidungen „mitnehmen".

- die nunmehr festgelegten differenzierten Anteile des Bundes für die Erreichung einer 2-prozentigen Flächennutzung als Zielgröße für Deutschland, die – trotz Widerstand einzelner Bundesländer – eingehalten werden sollen.

- der teilweise noch bestehende erhebliche Widerstand einzelner Teile der Bevölkerung – insbesondere im ländlichen Raum – und auch mancher Parteien gegen die Errichtung von Windkraftanlagen in ihrer Region. Die insbesondere von der Partei „Bündnis 90/Die Grünen" geforderten bzw. gewünschten Abstandsregelungen können ggf. einzelne Bundesländer, selbst bei zwischenzeitlichen Festlegungen vom Bund, eventuell nicht einhalten, allein begründet durch den noch bestehenden Widerstand in einzelnen Regionen gegen die Errichtung von Windkraftanlagen. Die Gründe für den Widerstand sind vielfältig. Insbesondere werden gesundheitliche Belastungen durch Strahlungsgefahren, Lärmbelästigungen, Verschandelung der Natur auch in Verbindung mit touristischen Erwägungen, Wertverringerungen für das eigene Gebäude bzw. die eigene Immobilie als Begründung genannt.

- die wegen übermäßiger Bürokratie nach wie vor zu langen Zeiträume im Genehmigungs- und Planungsverfahren zur Errichtung der Windkraftanlagen, selbst wenn die Regelungen zwischenzeitlich durch Gesetze bzw. Verordnungen aktuell beschleunigt worden sind. Man muss hierbei auch beachten, dass viele Ämter nicht die Vorrangstellung der Erneuerbaren Energien beachten und im Rahmen ihrer geltenden äußerst bürokratischen Bestimmungen beispielweise die Errichtung von Photovoltaikanlagen, u. a. bei Balkonkraftwerken, mit einer Bezugnahme auf Erhaltungssatzungen verhindern. Auch andere Gesetze, u. a. die noch vorhandene Baugesetzgebung, die viele Vorhaben der Erneuerbaren Energien nicht ermöglicht, muss deshalb als kontraproduktiv gewertet werden.

- der Zeitraum der Rechtsbehelfsverfahren gegen den nach wie vor bei einigen Menschen in Deutschland aus verschiedenen Gründen bestehenden erheblichen Einspruch gegen die Installation bzw. Betreibung von Windkraftanlagen in Deutschland. Auch unter Beachtung der neuen Regelungen zur Beschleunigung des Ablaufs von Genehmigungsverfahren neuen diesbezüglichen Verordnungen auf Bundesebene muss der Zeitraum, bis eine Entscheidung auf juristischer Ebene erfolgt, als immer noch viel zu lang gewertet werden.

- die Einwände mancher Umweltorganisationen bzw. -verbände bei der ebenfalls bestehenden Krise des Artenschutzes, weil sie Probleme durch die Windkraftanlagen in der Aufrechterhaltung der Artenvielfalt bzw. durch Eingriffe in die Natur sehen. Diese werden auch weiterhin bestehen, selbst wenn nunmehr im Gegensatz zu den bisherigen Regelungen der Bundesländer im Raumordnungsverfahren jetzt Bundesregelungen bestehen. Man kann auch nicht durch neue Regelungen die noch vorhandenen tiefen Unterschiede in der Meinungsbildung, die zwischen den Befürwortern der sehr schnellen Errichtung von Anlagen der Erneuerbaren Energien und den Naturschützern bestehen, zudecken. Auch die neuen Regelungen wirken sich in nicht geringem Maße auf die Errichtung von Windkraftanlagen aus.

- Dazu kommen noch die praktischen Probleme in der Nutzung von Windkraftanlagen, die u. a. in der nicht gesicherten Grundlastfähigkeit bzw. Regelbarkeit und der Dunkelflaute von Wind und Sonne in der Erzeugung von Windenergie, bestehen. Durch die bisher nicht ausreichend erfolgte praktisch wirksame Speicherung und die dabei eintretenden nicht geringen Stromverluste auf Grund der erforderlichen Synchronität von Erzeugung und Nutzung von Windenergie entsteht Phantom- bzw. überschüssigen Strom, der durch die unzureichend mögliche praktische Speicherung nicht nutzbar ist. Dadurch müssen Anlagen trotz notwendiger Bezahlung an die Betreiber abgeschaltet werden oder der erzeugte Windstrom ins Ausland transportiert werden. Für die Lieferung des überschüssigen Stroms an das jeweilige ausländische Netz im Rahmen des europäischen Verbundsystems müssen im Regelfall noch Kosten bezahlt werden. Dazu kommt noch, dass man an die Betreiber von Windkraftanlagen, da der Windstrom dadurch nicht genutzt werden kann und die Windkraftanlagen dann im Regelfall abgeschaltet werden müssen, noch die dann nicht zur Erzeugung mögliche Windenergie bezahlen muss. Die Kosten dafür müssen die Verbraucher von Windenergie bezahlen. Diese dadurch einzuleitenden Maßnahmen müssen allein deshalb als äußerst unrentabel gewertet werden. Das Problem der besonders auch bei der Nutzung von Windenergie entstehenden Stromschwankungen wirkt sich nicht nur für die Maschinen und Anlagen der Industrie und anderer Branchen, sondern auch für die Netze negativ aus. Durch die nicht mögliche Betreibung einiger Atomreaktoren sind in Frankreich Probleme in der Stromversorgung eingetreten. Durch die notwendige Nutzung des europäischen Verbundsystems könnten die eingetretenen Probleme in Frankreich auch Auswirkungen auf einen noch höheren Strombedarf in Deutschland haben.

- Die Laufzeit für eine Windenergieanlage beträgt nur 20 Jahre. Auch die nicht geringen Errichtungs-, Abbau- sowie die Betreibungs- und Zinskosten bei einer vollen oder anteiligen Finanzierung der Anlage bzw. Anlagen müssen bei einer Wirtschaftlichkeitsbetrachtung der Windenergieanlage bzw. des Windparks ebenfalls mit beachtet werden. Bei

Wirtschaftlichkeitsbetrachtungen sollte berücksichtigt werden, dass Atomreaktoren im Gegensatz dazu eine Laufzeit bis zu 70 Jahren aufweisen können.

- Man muss auch viel mehr als bisher beachten und dies auch in den Zielstellungen der Errichtung von Windkraftanlagen bei den Festlegungen des Bundes berücksichtigen, dass die Intensität des Windstroms sehr unterschiedlich in den einzelnen Bundesländern ist. Insbesondere in den nördlichen und den südlichen Bundesländern in Deutschland treten diese Unterschiede im erheblichen Maße auf. Deshalb sehen manche Menschen die Zielstellungen vom Bund in der Anzahl der Errichtung von Windkraftanlagen für manche süddeutsche Bundesländer als fragwürdig an.

- Um die Anzahl der geplanten Windkraftanlagen im Rahmen der Zielstellungen der erneuerbaren Energien in Deutschland unter Berücksichtigung der relativ geringen zur Verfügung stehenden Flächen einhalten zu können, will man Windkraftanlagen auch insbesondere in abgeholzten Wäldern errichten, für die auch vielfach neue Bäume gepflanzt werden. Auch durch diese neu gepflanzten Bäume könnte im Rahmen der Photosynthese Kohlendioxid als schädliches Treibhausgas beseitigt werden. Deshalb und wegen der nicht geringen Bedeutung des Waldes aus vielen bestehenden Gründen ist auch ein nicht geringer Widerspruch der Bevölkerung der jeweiligen Region gegen die vorgesehene Errichtung von Windkraftanlagen in Wäldern eingetreten. Diese Belange müssen bei der geplanten Errichtung von Windkraftanlagen an diesen Standorten ebenfalls beachtet werden.

- Die derzeit noch bestehenden Regelungen der EU lassen es zu, dass durch die Windkraftanlagen das um das 23fache gegenüber Kohlendioxid schädlichere Treibhausgas Schwefelhexafluorid (SF6) erzeugt wird. Das SF6 ist als Bauteil bei Schaltschränken enthalten. Von diesem hochgiftigen Treibhausgas wird allein in Deutschland eine solche Menge in die Atmosphäre geschickt, die dem gesamten innerdeutschen Flugverkehr entspricht. Auch muss man bedenken, dass dieses hochgiftige Treibhausgas bis zu 2700 bis 3000 Jahre in der Atmosphäre verbleiben kann.

– Die Errichtung von Windkraftanlagen kann gegenwärtig nicht, wie von Vielen behauptet wird, völlig CO2-frei erfolgen. Auch für die Errichtung von Windkraftanlagen wird Strom gebraucht, der auch derzeit oft noch von fossiler Energie erzeugt wird. Allein mit erneuerbaren Energien, speziell auch vom Wind und der Sonne bzw. dessen Energieanlagen können wir nicht in einen Industrieland, wie in Deutschland, die notwendige Energiesicherheit gewährleisten. Wegen den bestehenden genannten Nachteilen der Wind- und Sonnenenergie und da andere Energiearten der Erneuerbaren Energien, die eine Grundlastfähigkeit haben, nicht in ausreichendem Umfang in Deutschland zur Verfügung stehen, ist es nach wie vor zur Energiesicherheit in Deutschland ebenfalls erforderlich, dass wir noch Kraftwerke mit fossilen Energiearten brauchen.

Wenn nunmehr auch Regelungen vom Bund getroffen worden sind, dass die Errichtung von Windkraftanlagen und die Belange des Artenschutzes hierbei möglichst in Einklang gebracht und die daraus sich ergebenden Änderungen auch bei der Anwendung der Raumordnungsfestlegungen berücksichtigt werden sollen, müssen hierbei auch schwierige Entscheidungen getroffen werden. Es muss wohl in erster Linie wegen den Erfordernissen der Aufrechterhaltung bzw. des weiteren Bestehens der Menschheit bei zu treffenden Entscheidungen wohl das Primat in der Errichtung der planmäßigen Anzahl von Windkraftanlagen noch vor dem Artenschutz liegen. Damit sind wohl auch im Einzelfall Probleme, trotz aller Bemühungen, speziell auch zwischen den Umweltschützern, den Umweltverbänden bzw. den Naturschutzbestimmungen vorprogrammiert.

Man will nunmehr auch verstärkt Kommunen, wenn Windkraftanlagen in der jeweiligen Gemeinde installiert bzw. genehmigt werden können, finanziell an den Erlösen von Windkraftanlagen beteiligen, um zum einen mehr Zustimmung bei der Bevölkerung zur Errichtung von Windenergieanlagen zu bekommen.

Auch dadurch sollen Gewerbesteuereinnahmen für die Kommunen realisiert werden. Nicht überall hat man das bisher beachtet, und man hofft durch solche Regelungen, die noch bestehenden Vorbehalte bei manchen Teilen der Bevölkerung zu verringern bzw. nicht mehr wirksam werden zu lassen.

Eine Alternative gegen die Belange der relativ starken Flächennutzung stellt auch eine Errichtung von mehr Offshore-Anlagen und eine Erhöhung der Länge und der Kapazität von Windkraftanlagen dar. Die Installation von Offshore–Anlagen ist jedoch noch sehr aufwendig und mit relativ hohen Kosten verbunden, trotz dem die Windstärke in diesen Anlagen wesentlich höher als bei Onshore-Anlagen liegt und die Windkraft auch meistens dauerhaft im Gegensatz zu den Windkraftanlagen auf dem Land erzeugt werden kann.

Bisher besitzen viel zu Wenige Gebäude in Deutschland Solardächer, und manche Menschen sind auch wegen den hohen Investitionskosten nicht bereit, auf ihren Gebäuden Solardächer zu installieren. Als Grund wird von Manchen auch mit genannt, dass ihnen persönlich dafür nicht das notwendige Geld für die Errichtung zur Verfügung steht. Es ist nicht richtig, dass, wie Manche denken, der Solarstrom kostenlos erzeugt werden kann, denn die Errichtung der Solaranlagen ist mit nicht geringen Kosten verbunden, die dann auf die Kosten je Kilowattstunde ebenfalls einen Einfluss haben. Dadurch entstehen auch Kosten für den Betrieb und notwendige Reparaturen, und wenn man die Errichtung der Solaranlage nicht durch Eigenmittel vollständig finanzieren kann, muss man einen Kredit aufnehmen, und in diesem Fall entstehen auch ebenfalls zu berücksichtigende Zinskosten. Eine Speicherung der erzeugten Energie bei der Betreibung der Photovoltaikanlagen durch Batterien und auch eine Bereitstellung eines überschüssigen Stroms, der nicht für den Eigenbedarf benötigt wird, ist bis zu einem bestimmten Umfang möglich. Die Kosten für Batterien für Photovoltaikanlagen sind aber relativ hoch. Dadurch entstehen weitere Kosten bei Betreibung der Photovoltaikanlage. Darüber hinaus entstehen zusätzliche Kosten für eine Erteilung einer Netzgenehmigung. Oftmals dauert es noch viel zu lange, bis die notwendige Netzgenehmigung erteilt wird.

Eine Umwandlung des über die Photovoltaikanlage gewonnenen Stroms in Wasserstoff führt dazu, dass ca. der dreifache Bedarf an regenerierter Energie erforderlich ist. Wenn Vermieter bzw. auch Mieter mit Genehmigung des Vermieters sich für eine Installation von Solardächern entscheiden, kann dies auch zu einer weiteren Erhöhung der jetzt schon kaum mehr bezahlbaren Mieten führen. Wir müssen hierbei auch beachten, dass die Sonne nicht immer scheint und auch nachts die Möglichkeit der Nutzung von Solarenergie durch die ausbleibende Sonne nicht besteht und dadurch besonders im Winter wesentlich weniger Strom erzeugt werden kann. Es ist dadurch nicht ungewöhnlich, dass man für mehrere Monate im Jahr keinen Strom aus der Photovoltaikanlage erzeugen kann. Man kann in dieser Zeit auch nicht ein eigenes Elektroauto mit selbst gewonnenem Strom aus der eigenen Photovoltaikanlage betreiben, wenn man die Sonnenenergie nicht im ausreichenden Maße speichern kann. Dies muss man auch bei Wirtschaftlichkeitsbetrachtungen bei der Errichtung einer Photovoltaikanlage berücksichtigt werden. Es ist auch zu beachten, dass eine solche Anlage nur eine Laufzeit von ca. 30 Jahren aufweist.

Im Artikel „EEG-Novelle 2023 tritt in Teilen in Kraft“ der Haufe Online-Redaktion vom 08.07.2022 wird Folgendes geschrieben:

„Der Bundesrat hat das vom Bundestag beschlossene Gesetzespaket für den schnelleren Ausbau von Ökostrom gebilligt. Damit ist der Weg auch frei für die Novelle des Erneuerbare–Energien–Gesetzes (EEG). Die Novelle des Erneuerbare–Energien–Gesetzes (EEG) ist beschlossene Sache. Der Bundesrat hat am 8. Juli das vom Bundestag am 07.07.2022 verabschiedete „Gesetz zu Sofortmaßnahmen für einen beschleunigten Ausbau der erneuerbaren Energien und weitere Maßnahmen im Stromsektor“ gebilligt. ....

Die Reform tritt in Teilen unmittelbar am Tag nach Verkündung im Bundesgesetzblatt (am 28.07.2022, also am 29.07.2022) in Kraft. .... Andere Regelungen gelten .... spätesten ab dem 01.01.2023.“

In der neuen Gesetzgebung ist u. a. enthalten, dass:

- eine stärkere Förderung für die Errichtung von Solardächern erfolgt

- bis zum Jahr 2030 der Strom in Deutschland bis zu 80 Prozent aus erneuerbaren Energien erzeugt werden soll

- der Ausbau von Solarenergie auf 22 Gigawatt pro Jahr erhöht werden soll und dass im Jahr 2030 insgesamt rund 215 Gigawatt Solarleistung in Deutschland erreicht werden sollen

- die Genehmigungs- und Planungsverfahren erheblich verschlankt werden sollen

Die bisher vereinbarte Beendigung des Abbaus solcher fossiler Energieträger bzw. Rohstoffe, wie Braunkohle, muss hierbei ebenfalls gesehen werden. Diese und andere Probleme müssen wir bei der Nutzung von regenerativer Energie wegen der Energiesicherheit auch berücksichtigen. Wir müssen auch die Tatsache beachten, dass wir auch in Deutschland Erdgas und ebenfalls noch als Binnenenergie in nicht geringem Umfang auch Braunkohle nutzen und Erdöl und Steinkohle vorrangig aus Russland bezogen haben. Speziell Erdgas haben wir in einem Volumen von 55 Prozent zur Deckung des deutschlandweiten Bedarfs sehr preiswert unter Nutzung von Sonderbedingungen für Deutschland aus Russland bisher bekommen. Das gleichzeitige Öl-Embargo gegenüber Russland durch nahezu alle europäischen Länder und darüber hinaus, was auch Deutschland, insbesondere Ostdeutschland, mit betraf, kann sich auf die notwendigen Energiekapazitäten und deren Aufrechterhaltung sehr negativ auswirken. Die Mitwirkung am Öl-Embargo durch Deutschland im Rahmen der Sanktionen gegenüber Russland kann man als sehr kritisch ansehen, da einige Gebiete Ostdeutschlands, insbesondere das Mineralverbundwerk Schwedt – wie bereits beschrieben – und die davon abhängigen Regionen voraussichtlich nur in einem wesentlich geringeren Umfang produzieren können und auch Probleme in der Mineralölbelieferung bzw. -bereitstellung und auch in der Preiserhöhung eventuell eintreten können.

Gleichzeitig bestehen erhebliche Risiken wegen den weiteren Spannungen gegenüber Russland. Deutschland importierte bisher in relativ hohem Umfang Erdgas aus Russland. Nur etwas mehr als 30 Prozent hat man bisher aus Norwegen bezogen. Deutschland braucht in hohem Maß Erdgas für die Industrie und viele andere Branchen. Gegenwärtig beziehen wir kein Erdgas von Russland mehr, obwohl trotz des Sabotageakts an der Infrastruktur der Pipelines Nordstream 1 und Nordstream 2 noch ein Strang von Nordstream 2 unbeschädigt und nutzbar wäre. Offenbar haben politische Gründe auch bei dieser wichtigen Frage gegenwärtig den Vorrang. Es wird zwar erwähnt, dass derzeit über 90 Prozent der Speicher gefüllt sind und wenn der folgende Winter in Bezug auf mögliche niedrige Temperaturen nicht so schlimm werden wird, wir ihn ggf. wahrscheinlich überstehen könnten. In diesem Jahr werden einige LNG-Terminals in Deutschland errichtet und wirksam werden, und es stünde dann Deutschland Flüssiggas (liquified natural gas) aus anderen Ländern für die Erdgasanlieferung zur Verfügung. Ein Terminal konnte, weil man im Genehmigungsverfahren und im Ausbau den bisherigen Ablauf durch anderslautende Regelungen erheblich beschleunigt hat, noch 2022 in Wilhelmshaven zur Verfügung gestellt werden.

Nunmehr ist die Eröffnung des LNG-Terminals in Lubmin bereits erfolgt. Man muss jedoch ebenfalls beachten, dass auch die Kapazitäten dieses LNG-Terminals, wie auch das bereits fertiggestellte Terminal in Wilhelmshaven, durch andere Länder auch mit genutzt werden können.

Dabei wird aber hierbei nicht beachtet, dass das Flüssiggas viel umweltschädlicher als das bisher betriebene Pipelinegas ist. Unter Beachtung der höheren Transport- und Flüssiggas-Terminal-Errichtungskosten und der technologisch notwendigen Umwandlung wird es wesentlich teurer als das bisher über Pipelines gelieferte Gas sein. Auch darin muss man Gründe für die sehr hohen Energiepreise sehen.

Es wird ggf. auch nicht ausreichend beachtet, dass der ausgewiesene Speicherstand in Deutschland auch von anderen europäischen Ländern genutzt werden kann, wenn sie höhere Preise für die Belieferung von Erdgas und somit von Wärmeenergie anbieten können. Ein vorzeitiges

Ende einer Erdgas-Nutzung durch ein nicht genügendes Speichervermögen hätte gravierende Auswirkungen, auch speziell für Deutschland. Dann können wir viele benötigte Industrie- und Konsumgüter nicht bzw. nicht mehr im benötigten Umfang herstellen, und es würden auch ernsthafte Versorgungsprobleme in Deutschland eintreten und manche bisherige Arbeitsplätze verloren gehen. Selbst wenn dies einige Wissenschaftler, die überwiegend theoretisch an dieses wichtige Problem herangehen und zu wenig die praktischen Erfordernisse beachten, dies anders sehen. Auch viele Arbeitskräfte können dann nicht mehr wirksam werden, und die Anzahl der Menschen, die auch in Deutschland arbeitslos werden, könnte weiter erheblich ansteigen. Die Voraussetzungen für die Anwendung bzw. Nutzung von Flüssiggas bzw. LNG-Gas bestehen deshalb wegen den noch nicht ausreichend vorhandenen LNG-Terminals in Deutschland derzeit noch nicht im genügenden Umfang.

Auch auf Grund der nicht mehr vorhandenen Versorgung mit russischem Erdgas wegen den bisherigen Sanktionen gegenüber Russland und der nunmehr überhaupt nicht mehr möglichen Nutzung von Nordstream 1 durch die Explosion von Teilen dieser Pipeline, der auch bisher nicht betriebenen Pipeline Nordstream 2 und den Problemen in der Nutzung des Flüssiggases muss zum bisher erreichten Stand die gegenwärtige Versorgung von Wärmeenergie als risikobehaftet gewertet werden. Auch können wir nicht mit ausreichender Sicherheit sagen, dass wir von anderen Ländern das für notwendig erachtete Flüssiggas im ausreichenden Umfang für eine mögliche Nutzung dauerhaft unter den Bedingungen einer Marktwirtschaft erhalten können und andere Länder, wie bereits genannt, in nicht geringem Maße in ihre Energieversorgung für ihr Land gestört werden.

Die weitere Nutzung der Kernenergie sollte trotz der bisherigen Regelungen zur Beendigung der Kernenergie entgegen den geltenden Bestimmungen unter Beachtung der in Deutschland noch bis zum 15.04.2023 wirksamen drei Atom-Reaktoren weiter fortgesetzt werden. Immerhin können daraus etwas über 6 Prozent des in Deutschland benötigten Energiebedarfs weiter gedeckt und der Strombedarf von über 10 Millionen Haushalten in Deutschland gesichert werden. Man sollte die drei noch bestehenden Atom-

Reaktoren so lange als Binnenenergie nutzen, bis man mit Sicherheit in ausreichendem Umfang regenerative Energie in Deutschland zur Verfügung hat und die Probleme der ungenügenden Speicherung durch Windkraftanlagen in Deutschland auch im praktischen Sinne gelöst hat. Allein dadurch könnten wichtige Bestandteile des bisherigen Energiebedarfs weiter bestehen bleiben. Auch deshalb sollte die in Deutschland noch verfügbare Kernenergie genutzt werden, da wir nicht wissen, ob wir rechtzeitig und im vollen Umfang den erforderlichen Bedarf an regenerativen Energien selbst decken können, weil die Wind- und Sonnenenergie nicht grundlastfähig ist und auch nicht zu allen Zeiten im Jahr wegen der Belange der Dunkelflaute, wie bereits aufgeführt, zur Verfügung steht.

Deshalb scheint es für die Sicherung des benötigten Energieaufkommens sehr riskant zu sein, zum gegenwärtigen Zeitpunkt schon auf die Nutzung von Kernenergie zu verzichten.

Wir sollten, wie bereits erwähnt, erst dann auf Kernenergie verzichten, wenn wir die notwendigen Voraussetzungen des erforderlichen Umfangs an Windenergie und auch die Fragen einer Speicherung von Windenergie umfassender und kostengünstiger gelöst haben, als es derzeit noch der Fall ist, weil wir nur so viel Energie produzieren können, wie wir gleichzeitig verbrauchen können. Auch die anderen in Deutschland möglichen Erneuerbaren Energien sind bisher in keiner Weise ausreichend. Die Photovoltaiknutzung und auch die Windenergienutzung haben, wie bereits genannt, ebenfalls das Problem der Dunkelflaute, da nicht immer im Jahr die Sonne scheint oder der Wind bläst und die mögliche Speicherung mit hohen Kosten verbunden ist.

Insofern ist die damals getroffene Entscheidung im Ergebnis des Stresstests nicht zu begreifen gewesen. Die Fragen der Endlagerung von radioaktiven Bestandteilen könnten viel besser und kostengünstiger als bisher gelöst werden, wenn sich Deutschland ein Beispiel an Finnland, nehmen würde. Man muss hierbei auch beachten, dass die Nutzung von Kernenergie als Energieart einen nahezu nullprozentigen Anteil am Treibhausgas CO2 enthält. Dadurch weist die Kernenergie im Gegensatz zu anderen fossilen Energieträgern kaum CO2-Emission auf. Die Verringerung bzw. das

Nicht-Entstehen des Treibhausgases CO2 ist aus meiner Sicht bei den aktuellen Bedrohungen der weiter steigenden Erderwärmung durch ein Anwachsen der Emittierung des Treibhausgases CO2 und der bisher eingeschätzten begrenzten zur Verfügung stehenden Zeit als mögliche Risiken aus der Endlagerung, die ggf. in 1000000 oder 2000000 Jahren eintreten können, als vordringlicher anzusehen. Man sollte sich ein Beispiel an vielen Ländern der Welt nehmen, die weiterhin auf Kernenergie als Energieart setzen und auch die Anzahl der Atomreaktoren ausbauen wollen. Trotz sicherlich immer zu beachtender Sicherheitsbelange, die bei jedem Kernkraftwerk auftreten können, betreiben nahezu alle wirtschaftlich führenden Länder der Welt unter Beachtung hoher geltender Sicherheitsstandards weiter ihre Atomreaktoren und bauen die Anzahl der Atomreaktoren weiter aus. Sie halten somit an der Kernenergie als nachhaltige fossile Energieart wegen des hohen Energiebedarfs, des kaum vorhandenen CO2-Anteils und der vorhandenen Grundlastfähigkeit weiterhin fest. Wir würden dann zu den wenigen Ländern auf der Welt gehören, das Atomreaktoren hat, diese aus Sicherheitsgründen dann nicht nutzen und somit auf Atomenergie als Energieart verzichten würden. Selbst Japan hat trotz des damaligen schweren Atomunfalls im März 2011 die Anwendung der Atomenergie beibehalten. Hierbei sollte auch beachtet werden, dass durch die Europäische Union entgegen der Auffassung der gegenwärtigen Ampel-Regierung in Deutschland die Nutzung der Kernenergie als Brückentechnologie im Rahmen der umweltpolitischen Green-Bewegung anerkannt wurde. Es wird die Auffassung vertreten, dass die damals von Deutschland getroffenen Entscheidungen seitens der ab Dezember 2021 wirksamen Ampel-Regierung aus vielerlei Gründen, auch unter Beachtung der aktuellen Energieversorgungsfragen, zurückgenommen werden muss. Man kann nicht die entsprechenden Risiken, gerade auch für Deutschland, für die zukünftige Energiesicherung unbeachtet lassen. Trotz vielfältig neu entstandener Probleme, auch zur Klima-Krise, können diese nicht aus vorrangig ideologischen Gründen weiterhin beibehalten werden. Wir sollten die aktuellen Herausforderungen der Gegenwart, die vor der Menschheit, auch in Deutschland, stehen, dabei sehen und nicht eine damals getroffene Entscheidung unbedingt beibehalten, nur, weil Manche die veränderte Wirklichkeit nicht sehen wollen oder sich damit nicht genügend zeitnah und unter Beachtung vernünftiger Aspekte der Gegenwart auseinandersetzen.

Man sollte nicht nur in erster Linie wie der ewige „Angsthase“ Deutschland Sicherheitsaspekte dabei sehen, die trotz des Russland-Ukraine-Konflikts auch solche Länder, die die Atomenergie als Energieart noch nutzen, wie u. a. Frankreich, Großbritannien, Schweden, Belgien und viele andere Länder der Welt und auch selbst die Ukraine, ebenfalls haben. Man sollte die nunmehr getroffene Entscheidung wieder zurück nehmen und eine Entscheidung zu Gunsten der Kernenergie für die noch verbleibenden drei Atomreaktoren in Deutschland treffen, die erforderlichen Kernstäbe recht schnell bestellen, die notwendigen Wartungsarbeiten durchführen und die Weiterbeschäftigung der in den Atomreaktoren in Deutschland arbeitenden Menschen sichern und alle noch notwendigen Vorbereitungen sehr schnell noch im Gegensatz zu der bisher getroffenen Regelung durchführen.

Im Moment kann man sich des Eindrucks nicht erwehren, dass offenbar die entscheidenden Mitglieder der Partei „Bündnis 90/Die Grünen" auch aus ideologischen Gründen sehr froh sind, dass die Betreiber der drei noch wirksamen Atomreaktoren diese planmäßig laut dem frühere Beschluss der Bundesregierung, damals bestehend aus der CDU, CSU und der SPD, zum 31.12.2022 vom Netz nehmen mussten. Auf Grund der angespannten Lage in der Energieversorgung in Deutschland mussten die Grünen inzwischen notgedrungen eine Ausnahmeregelung für zwei der drei derzeit in Deutschland noch betriebenen Atomreaktoren zu deren Weiterbetreibung bis maximal zum 15.04.2023 treffen. Auf dem Parteitag von „Bündnis 90/Die Grünen“ vom 14.10.2022 bis zum 16.10.2022 in Bonn beschlossen die Grünen, wie bereits genannt, die Weiterbetreibung der vorgesehenen zwei Atomreaktoren bis maximal zum 15.04.2023 durchzuführen.

Wie bereits beschrieben, ist nunmehr zwar vom Bundeskanzler die Entscheidung aktuell getroffen worden, dass alle drei noch derzeit betriebenen Atomreaktoren bis zum 15.04.2023 wegen den bestehenden Problemen der Energiesicherheit für den Winter 2022/2023 weiterbetrieben werden. Diese bisherige getroffene Entscheidung kann aus vielerlei Gründen nicht befriedigen.

Man hat so viele Vorbehalte als Partei „Bündnis 90/Die Grünen“, dass man trotz wahrscheinlich zum damaligen Zeitpunkt fehlender Energie davon ausging, dass man dann lieber Atomenergie aus Frankreich ursprünglich nutzen wollte, um ja in Deutschland keinen Atomreaktor weiter betreiben zu müssen. Zwischenzeitlich hat man nunmehr im Ergebnis weiterer Abstimmungen mit den betreffenden Netzwerkbetreibern in Deutschland und unter Beachtung des geringeren Einsatzes von Atomreaktoren in Frankreich aus umweltpolitischen Gründen (wegen der geringeren Wasserbereitstellung) sowie anderen in Frankreich vorherrschenden zeitweilig derzeit bestehenden Ausfällen von Atomreaktoren und den Netzproblemen, die man in Süddeutschland wegen den fehlenden Netzanlagen hat, auf Grund der Richtlinienentscheidung des Bundeskanzlers, wie bereits genannt, beschlossen, die drei noch vorhandenen Atomkraftwerke bis zum 15.04.2023 weiter zu nutzen.

Zwischenzeitlich hat man das Atomgesetz in den betreffenden Punkten dahingehend berichtigt und ergänzt und vom Bundestag beschlossen. Die notwendigen Vorbereitungsmaßnahmen zur weiteren Nutzung der Kernenergie muss man nunmehr treffen. Man muss die nun gewonnene Einsicht im Interesse der Energiesicherung für den gegenwärtigen Winter gutheißen, aber die vorgesehenen Maßnahmen werden auch deshalb für nicht ausreichend für Deutschland gehalten, da man nach dem 16.04.2023 keine Kernenergie mehr hat und damit den steigenden Bedarf an Energie, trotz des bestehenden notwendigen Aufkommens an Stromenergie nach Meinung Vieler nicht ausreichend erfüllen kann. Auch in den Folgewintern in den kommenden Jahren werden wir sicherlich weiterhin auch bei dem wachsenden Bedarf, trotz mancher nunmehr eingeleiteter Maßnahmen, in einem hohen Maße Strom als Energieart und somit auch die Kernenergie brauchen. Dies erfordert nicht nur, alle drei gegenwärtig noch laufenden drei Atomreaktoren mindestens bis 2024 weiter zu betreiben und ggf. auch die zum Ende 31.12.2021 stillgelegten Atomreaktoren wieder in Betrieb zu nehmen bzw. zu nutzen. Wir sollten insbesondere wegen der nahezu treibhausgasneutralen Betreibung von Kernenergie und der möglichen Grundlastfähigkeit sowie des von Jahr zu Jahr steigenden Strombedarfs in Erwägung ziehen, weitere Atomreaktoren zu errichten.

Vielmehr schlägt man seitens von „Bündnis 90/Die Grünen“ noch vor, man könnte ja stattdessen die Braunkohle als Alternative länger fördern, obwohl durch die Braunkohle in sehr hohem Maße das Treibstoffgas CO2 emittiert wird. Man kann dies alles nicht mehr verstehen und sich des Eindrucks nicht erwehren, dass man bewusst die längere Anwendung der Atomenergie gegen alle vernünftige Gründe trotz aller Widerstände nicht durchführen will.

Sicherlich kann grüner Wasserstoff ein zukünftiger Energieträger und ein Zukunftstrend werden, wie Prof. Dr. Jürgen Petersen gemäß seiner Aussage im Internetlexikon "Wikipedia" schreibt. Prof. Dr. Jürgen Petersen schätzt ein, dass „der Bedarf von derzeit 76 Megatonnen pro Jahr bis 2050 weltweit auf bis zu 600 Megatonnen pro Jahr steigen muss – vorausgesetzt, es werden die entsprechenden Infrastrukturen geschaffen."

Der grüne Wasserstoff kann nur nach gegenwärtigem Stand aus der Durchführung von Elektrolyse gewonnen werden, und er kann, weil nicht genügend Energie durch regenerative Energien bisher gewonnen werden kann, dadurch nicht in großen Mengen hergestellt werden. Noch bestehen sehr hohe Kosten für eine Herstellung des grünen Wasserstoffs, und der grüne Wasserstoff hat bis jetzt nur einen geringen Wirkungsgrad. Es ist nicht einfach, die notwendige Infrastruktur zu schaffen, und das Aufkommen an der notwendigen regenerativen Energie kann nur vorrangig von außerhalb Europas erfolgen. Deshalb sind gegenwärtig noch nicht im ausreichenden Umfang die Voraussetzungen für eine baldmögliche Nutzung von grünem Wasserstoff als zukünftigem Energieträger gegeben.

Besonders zu schaffen macht uns die gegenwärtige weltweite Inflation. Die Inflationsrate in Deutschland beträgt unter Beachtung des zugrunde gelegten Warenkorbs zum Stand August 2022 7,9 Prozent und zum Zeitpunkt Ende September 2022 10,0 Prozent und im Oktober 2022 10,4 Prozent gegenüber 2021. Am 03. Januar 2023 hat man festgestellt, dass die Inflationsrate in Deutschland im Dezember 2022 im Ergebnis der Ermittlungen zum Verbrauchsindex voraussichtlich 8,6 Prozent betragen wird. Der Rückgang der Inflationsrate liegt jedoch nach den Auffassungen vieler Menschen insbesondere in den Wirkungen der festgelegten Energiepreisbremse begründet, da bei den übrigen Erzeugnissen wohl kein Preisrückgang zu verzeichnen ist. Von der Bundesbank wurde schon vor einigen

Wochen gesagt, dass die Inflationsrate in Deutschland sich bald im zweistelligen Prozentbereich bewegen wird, wenn man die Wirkungen der Energiepreisbremse nicht beachtet.

Es werden aber gegen die Anwendung dieses Warenkorbs viele Einwände erhoben, weil dies nach Meinung Mancher nicht der gefühlte Warenkorb der Produkte ist, die die Bevölkerung für ihre Existenzsicherung ständig braucht. Manche gehen dann bei Anwendung des gefühlten Warenkorb von weit über 15 Prozent Inflation aus. Man muss wahrscheinlich davon ausgehen, dass die Inflationsrate im Vergleich zum Stand von Ende 2021 noch weiter steigen wird und manche Menschen die dadurch entstehenden Mehrkosten nicht mehr bezahlen können bzw. die Kaufkraftverringerung erheblich weiter merken werden. Fast alle Länder Europas und darüber hinaus haben mit dieser steigenden Inflation zu tun.

Speziell in Deutschland bestehen derzeit wesentlich höhere Preise als 1950. Die gegenwärtig vorhandene Inflation ist die höchste, die wir bisher ab 1950 hatten.

Wichtige Gründe für die Inflation sind nach Auffassung des Wirtschaftswissenschaftlers und ehemaligen Präsidenten des ifo Instituts für Wirtschaftsforschung (1998 – 2016), Prof. Dr. Hans-Werner Sinn, insbesondere die Corona-Probleme und das derzeit beschränkte Angebot, das Problem der weltweiten Unterbrechung von Lieferungen und die damit steigenden Lieferketten bzw. die damit verbundenen Probleme der Seeschifffahrt bzw. der Seecontainer. Der Seehandel wurde gegenüber dem bisherigen Verlauf erheblich gestört. Auch die Corona-Überprüfungen des Lieferguts haben dazu mit beigetragen. Die Tatsache, dass Lkw-Fahrer fehlen, stellt ebenfalls in Deutschland, wie in anderen Ländern, ein großes Problem für die Aufrechterhaltung bzw. Sicherung der Lieferung dar. Es fehlen in Deutschland derzeit 60.000 bis 80.000 Lkw-Fahrer. Dabei muss auch beachtet werden, dass 35 Prozent der aktuellen Lkw-Fahrer in 10 Jahren in Rente gehen. Der Lieferketten-Stau entstand vorrangig aus den Pandemie-Problemen in China und besteht noch weiterhin in einem bestimmten Umfang. Nach dessen Auflösung wird man noch stärker erkennen, welche weltweiten Transportkapazitäten auch in

Deutschland noch fehlen. Auch dadurch werden teilweise erhebliche Erhöhungen bei den Frachtkosten eintreten. Die Nachfrage ist dadurch wesentlich höher als das bei manchen Gütern nicht im ausreichenden Maße zur Verfügung stehende Angebot. Dadurch entstand bis jetzt eine Verknappung der Lieferung. Auch der stärkere Bau-Boom hat zur Preiserhöhung bei den Immobilien bzw. Eigenheimen mit beigetragen. Die zunehmende Staatsverschuldung, speziell in vielen Ländern Europas, trägt zu dieser ungünstigen Inflationsentwicklung ebenfalls anteilig bei. Die Beschlüsse von Maastricht zu den Regelungen für eine mögliche maximale Verschuldung der einzelnen EU-Länder werden von fast allen EU-Ländern erheblich überschritten. Auch die in vielen Ländern eingetretene Erhöhung der Wehretats haben ebenfalls die zunehmende Staatsverschuldung mit verursacht. Das Zentralbank-Geld hat sich zwischenzeitlich versiebenfacht. Dadurch ist ein erheblicher Geldüberhang durch frisch gedrucktes Geld entstanden. Die Notenbanken haben im erheblichen Maße langfristige Kredite zu einem relativ geringen Zinssatz vergeben. Staatspapiere einzelner Länder, insbesondere im südlichen Raum Europas, wurden im hohem Maße durch die Europäische Zentralbank (EZB) aufgekauft. Dies hat ebenfalls im verstärkten Maße zu einer stark steigenden Geldvermehrung beigetragen. Diese ungünstige Expansionspolitik des Geldes hat ebenfalls die eintretende Inflation begünstigt, da Grundsätze des Geldumlaufgesetzes in keiner Weise bisher beachtet wurden. Die sehr niedrigen Zinsen im Euro-Raum tragen mit dazu bei, dass derzeit verstärkt im Dollar-Raum investiert wird. Die Volkswirtschaftler vertreten die Auffassung, dass der Zinssatz höher als die Inflationsrate liegen muss. Dieses notwendige ökonomische Normal wurde nicht eingehalten. Eine Inflation führt wegen der Kaufkraftentwertung zur Hortung bzw. durch die Hortung der Produkte und damit wegen des geringeren Angebots bei den Privatkonsumenten zu einer Erhöhung der Preise bei diesen Produkten und somit zur Erhöhung der Inflation.

Prof. Dr. Sinn schreibt in der Einleitung in seinem im Jahre 2021 im Herder-Verlag Freiburg/Breisgau erschienenen Buch „Die wundersame Geldvermehrung. Staatsverschuldung, Negativzinsen, Inflation“ u. a.:

„Die Umverteilungseffekte, die von einer möglichen Inflation (die derzeit bereits besteht) ausgelöst würden, treffen nicht nur die Gehälter im engeren Sinne, sondern generell jene Teile der Bevölkerung, deren Einkommen nicht inflationsgesichert ist und die nicht reich genug sind, um Realkapital in Form von Immobilien oder Unternehmensbeteiligungen erwerben zu können. Die Sparer verlieren durch die lockere Geldpolitik bereits ihre Zinsen und sehen ihrem Rentenalter mit Bangen entgegen. Der Eine schuftet, um ein bisschen Geld zusammenzukratzen, und der Andere wird über politische Prozesse von den Konsequenzen der eigenen Fehlinvestitionen geschützt. Die Nonchalance, mit der in Brüssel und Berlin Hunderte von Milliarden Euro aus der Druckerpresse verteilt werden, damit Gläubiger vor dem Konkurs ihrer Schulden geschützt oder Geschenke verteilt werden können, steht in einem erheblichen gedanklichen Widerspruch zu der Bedeutung, die das Geld für den Bürger hat, der es Tag für Tag durch seine Arbeitsleistung neu erwerben muss, um über die Runden zu kommen."

Wegen den noch in einzelnen wenigen Branchen ausstehenden Tarifregelungen wird eine Lohn-Preis-Spirale eintreten, die schon bei einigen Tarifen bereits eingetreten ist. Die betreffenden Arbeitnehmer wollen zu Recht im Rahmen der zu vereinbarenden Tarifregelungen neben dem Produktivitätszuwachs auch einen Inflationsausgleich erhalten.

Auch die aus sozialen Gründen sehr gerechte Erhöhung des Mindestlohns in Deutschland ab dem 01.10.2022 auf 12,00 Euro brutto/Stunde trägt ebenfalls zu einer weiteren Preiserhöhung von Produkten bei. Es tritt eine weitere Verarmung von vielen Teilen der Bevölkerung durch die steigende Inflation und die Kaufkraftverluste ein. Mit der Inflation steigen dagegen die Einnahmen des Staates.

Unter diesen Bedingungen können auch zusätzliche klimapolitisch begründete Preiserhöhungen von vielen Menschen ebenfalls nicht mehr ausreichend beglichen werden. Auch wenn ein Klimageld für manche Menschen bezahlt werden sollte, müssen die betreffenden Menschen dieses Klimageld wieder nutzen, um insbesondere die erhöhten Preise für Treibstoffe wieder für klimapolitisch bedingte Preiserhöhungen bezahlen zu können. Sie müssen im Regelfall ihr

Fahrzeug wieder für die erforderlichen Fahrten zu den Arbeitsplätzen nutzen. Damit kann meines Erachtens, da man nicht umhin kommt, die Treibstoffe mit den hohen Preisen wieder für die Bezahlung der Treibstoffe zu nutzen, nicht die gewollte Senkung der Treibstoffe bzw. eine Verringerung der CO2-Emissionen als klimapolitische Handlung erreicht werden. Die angestrebte Lenkungswirkung als klimapolitische Maßnahme kann damit nicht ausreichend erzielt werden. Die Mittel, die als Ausgleich für die enorme Preiserhöhung bei den Treibstoffen bzw. im Energiebereich gezahlt werden sollen, schaffen jedoch in keiner Weise einen Ausgleich für die erhöhten entstehenden Kosten durch die auch im Energiesektor erheblichen Preiserhöhungen, trotz der nunmehr aktuell geltenden Regelungen der Energiepreisbremse.

Auch die wegen dieser Preiserhöhungen dringend erforderliche Erhöhung des Regelsatzes für Hartz IV-Bezieher bzw. des Satzes des nunmehr ab dem 01.01.2023 an die Stelle von Hartz IV – verbunden mit weiteren Regelungen – tretenden „Bürgergelds“) muss, wie bereits erwähnt wurde, wegen des ab dem 01.01.2023 von der Ampel-Regierung für die Einführung geplanten „Bürgergeldes“ um 53 Euro von derzeit 449 auf dann 502 Euro für eine einzelne Person, die in Ein-Personen-Haushalt lebt, ‚als völlig unzureichend angesehen werden und bedarf deshalb erheblicher Kritik. Die Betreffenden bräuchten, wie bereits schon zum Ausdruck gebracht wurde, jetzt sofort eine Erhöhung, allein schon wegen der Inflation und nicht erst zum 01.01.2023 in der völlig unzureichenden Höhe. Manche gehen davon aus, dass der monatliche Betrag um mindestens 200 Euro erhöht werden musste. Die Preiserhöhungen, die durch die Inflation bei Lebensmitteln und sonstigen Konsumgütern und bei Dienstleistungen von bisherigen Hartz IV- und nunmehr auch von Bürgergeld-Beziehern zusätzlich bezahlt werden müssen, können von vielen betroffenen Menschen nicht mehr bezahlt werden. Deshalb bedarf es dringend erforderlicher Maßnahmen, um sicherzustellen, dass die von den Preiserhöhungen besonders betroffenen Menschen diese Preise ebenfalls begleichen können. Natürlich müssen in diesem Zusammenhang Geringverdiener, die nahezu in gleicher Höhe oder nur geringfügig mehr verdienen, als die früheren Hartz IV- und nunmehr Bürgergeld-Bezieher an Entgeltersatzleistungen bekommen, auch eine Einkommenserhöhung erhalten, so dass gesichert werden kann, dass sich eine Vollzeitarbeit lohnt.

Die im Dezember 2022 beschlossene Erhöhung des Leitzinses durch die Europäische Zentralbank (EZB) auf einen positiven Zinssatz von 2,50 Prozent wird wahrscheinlich noch immer nicht ausreichend dazu beitragen, die Inflationsrate zu senken, da mit weiteren Preiserhöhungen zu rechnen ist. Die Verantwortliche der Europäischen Zentralbank hat schon zum Ausdruck gebracht, dass der gegenwärtige Zinssatz wegen der Inflation weiter erhöht werden muss. Die bisher erfolgte Erhöhung des Zinssatzes wurde zum einen deshalb durchgeführt, damit noch weniger Kredite im gesamten Maßstab aufgenommen werden können und man dadurch Geldvermögen durch einen positiven Zinssatz für Diejenigen, die davon betroffen sein können, entstehen lässt.

Die wahrscheinlich zunehmende Inflation, die wesentliche Erhöhung der Energiepreise und viele andere gegenwärtige Zeiterscheinungen, speziell auch in Deutschland, werden trotz gewährter Entlastungspakete und Preisbremsen wahrscheinlich zu einer weiteren Spaltung unserer Gesellschaft beitragen, die derzeit bereits besteht und auch in der Weiterführung der sogenannten „Spaziergänge" zum Ausdruck kommt, an denen manche Menschen schon seit längerer Zeit teilnehmen. Es wird zu einfach gesehen, wenn die Teilnehmer an den „Spaziergängen" nur alle als Corona-Impfgegner und Rechtsextremisten angesehen werden. Neben den sich abzeichnenden Spaltungen in Deutschland ist auch eine Spaltung von Ost- und Westdeutschland im Rahmen der Bundesrepublik Deutschland im verstärkten Maße zu erkennen, auch nach über 32 Jahren Vereinigung. Gerade auch bei älteren Menschen, die die frühere DDR noch bewusst kennengelernt haben, ist dies festzustellen.

Das Problem der gleichberechtigten Wiedervereinigung ist auch nach über 32 Jahren der territorialen Wiedervereinigung Deutschlands immer noch nicht ausreichend erfüllt. Wir sind schon lange wiedervereint, haben aber, trotz dem der Artikel 23 des Grundgesetzes nur für die Zeit des Beitritts der DDR zur BRD galt und schon lange durch den Artikel 146 des Grundgesetztes abgelöst werden könnte, noch immer nicht eine Verfassung für ganz Deutschland. Der Artikel 146 des Grundgesetzes enthält folgende Regelung:

„Dieses Grundgesetz, das nach der Vollendung der Einheit und Freiheit Deutschlands für das gesamte deutsche Volk gilt, verliert seine Gültigkeit an dem Tage, an dem eine Verfassung in Kraft tritt, die vom deutschen Volk in freier Entscheidung beschlossen worden ist."

In den weiteren Punkten dieses Buches wird auf der Grundlage der einleitenden Bemerkungen über das wichtige Problem der Menschheit, die steigende Erderwärmung, unter Beachtung des zur Verfügung stehenden Energiepotenzials konkreter geschrieben, als es in der Einleitung zu diesem Buch möglich war. Dabei werden durch den Verfasser dieses Buches auch Wege zur Erfüllung globaler Anforderungen aufgezeigt. Viele Gesichtspunkte der nicht ausreichend durchgeführten Energiewende in Deutschland, die manche zu beachtende technologische Erfordernisse nicht ausreichend beachtet, müssen auch in der nicht genügend sozialverträglich durchgeführten Energiewende gesehen werden.

In einem weiteren Punkt in einem gesonderten Teil II zu dieser Thematik dieses Buches wird auch über die derzeit bestehende völlig ungerechte Gesellschaft unter Beachtung der hohen Polarität von Arm und Reich und die erforderliche notwendige Toleranz zwischen den Geschlechtern, Ethnien und den Religionen der Welt und die sich daraus nach Auffassung des Autors dieses Buches ergebenden globalen Erfordernisse geschrieben. Ein Thema dieses Buches wird außerdem ein möglicher einzuleitender philosophischer Weg bei der Vielzahl vorhandener Alternativen möglicher Herrschafts- und Gesellschaftsformen für uns Menschen unter den Gegebenheiten und Erfordernissen der aktuellen Zeit als Vorschlag erarbeitet. Dabei werden auch Auffassungen von Prof. Dr. Helga E. Hörz und Prof. Dr. Herbert Hörz ebenfalls mit beachtet.

Die Notwendigkeit der Änderung unseres Wirtschaftssystems bzw. der Wirtschaftsordnung unter den Bedingungen der zunehmenden Globalisierung und Digitalisierung wird ebenfalls im Teil II beschrieben.

Zusammenfassend wird im Teil II zu dieser Thematik enthalten sein, wie aus Sicht des Autors dieses Buches eine bessere Welt aussehen könnte, um die vor uns stehenden schwerwiegenden globalen Erfordernisse zu erfüllen und eine höhere Gerechtigkeit für die Menschen aus allen Ländern der Welt erreichen zu können. In einem abschließenden Fazit des Teils II zu diesem Thema erfolgt eine zusammenfassende Schlussbetrachtung.

2. Ökologie, Klimawandel und Nachhaltigkeit im Überlebenskampf der Menschheit. Globale Erfordernisse und Probleme der Energiewende

2.1 Bemerkungen zur gegenwärtigen Entwicklung und zur bestehenden Welt

Inzwischen denkt der überwiegende Teil der Menschheit an den von den Menschen verursachten Klimawandel bzw. die Folgen der steigenden Erderwärmung, ergreift aber leider nicht im ausreichenden Maße alle notwendigen Maßnahmen zur Vermeidung.

Trotzdem glaubt eine wesentlich geringere Zahl von Menschen, wozu auch in unterschiedlicher Form Mitglieder rechter Parteien und auch einige Wissenschaftler gehören, nicht an den von Menschen gemachten bzw. beeinflussten Klimawandel. Mit dieser Behauptung richtet man auch seine Handlungen und politischen Programme bzw. Zielstellungen zu dieser Frage aus. Deshalb haben Vertreter dieser politischen Richtungen eine völlig andere Auffassung zu dieser Sache, was gegenwärtig auf der Welt getan werden muss oder was wichtige Aufgaben nicht nur der Zukunfts-, sondern auch der Tagespolitik sind.

Auch unter Beachtung der zweifellos vorhandenen Widersprüche in der Durchsetzung der notwendigen Strategie zum möglichen Erhalt der Menschheit bzw. der Beseitigung der Klimakrise wird sich in den folgenden Darlegungen in diesem Buch mit der politischen Sichtweise Derjenigen, die nicht an den menschengemachten Klimawandel glauben, im Rahmen der Belange der Energiewende nicht beschäftigt, da der überwiegende Teil der Menschheit hierzu anders denkt.

Man muss auch unter Berücksichtigung der notwendigen Veränderung von dringend erforderlichen globalen Handlungen davon ausgehen, dass leider immer noch viele Menschen auf der Welt nicht so handeln, wie es anhand der aufkommenden Umweltkrise bzw. steigenden Erderwärmung erforderlich wäre.

Manche besonders arme und auch oft unterentwickelte Länder verfügen vielfach nicht über die notwendigen Voraussetzungen, auch wenn oft die Einsicht vorliegt, die globalen notwendigen Maßnahmen und Handlungen zur Beseitigung der Klimakrise in der noch wenigen zur Verfügung stehenden Zeit einzuleiten. Auch manche Schwellenländer weisen ebenfalls teilweise noch erhebliche Rückstände gegenüber den führenden Industrieländern auf. Es kommt deshalb, wie es in der Einleitung dieses Buches schon begründet wurde, darauf an, es als eine sehr wichtige primäre Aufgabe zu betrachten, dass die ökonomische Ungleichheit weitgehend beseitigt wird, damit die notwendigen globalen Maßnahmen auf diesem wichtigen Gebiet für die Menschen aller Länder der Welt eingeleitet werden können. Erst wenn wir im gesamten globalen Maßstab die Voraussetzungen dafür sichern, können wir alle notwendigen umweltpolitischen Maßnahmen zu einer wesentlichen Verringerung der Emission von CO2 und anderer Treibhausgase in vollem Umfang global für alle Länder bzw. Regionen dieser Erde umfassend einleiten. Als Einzelner bzw. als einzelnes Land können wir aus den auch in der Einleitung dieses Buches genannten Gründen nicht ausreichend etwas erreichen, denn nur auf globaler Ebene können wir die für notwendig gehaltenen Maßnahmen zu einer noch möglichen Beseitigung der Klimakrise einleiten. Ohne Beachtung der sozialen Erfordernisse, die global und auch für Deutschland bestehen, können wir die notwendigen Handlungen nicht durchführen bzw. müssen diese Handlungen für eine Durchführung als nicht ausreichend sinnvoll gewertet werden.

Es muss alles noch getan werden, um die steigende Erderwärmung möglichst nicht oder nur wenig über 2 Grad Celsius zu erreichen und die leider bestehende Gefahr der Umweltkrise hoffentlich noch zu vermeiden. Wir können dann, wenn wir dies schaffen sagen, alles noch erdenklich Mögliche für den Erhalt der zukünftigen Menschheit getan zu haben.

Wenn wir dieses Ziel des nicht weiteren Anstiegs der Erderwärmung um mehr als 2 Grad Celsius erfüllt haben sollten, wobei es bei den gegenwärtigen Handlungen und auf globaler Ebene eingeleiteten Maßnahmen nicht danach realistisch aussieht, sollte die gesamte globale Menschheit auch weiterhin nach diesen notwendigen

Prinzipien leben und alles dafür tun, dass keine oder nur sehr wenige CO2- bzw. Emissionen anderer schädlicher Treibhausgase in die Atmosphäre eintreten.

Wie bereits in der Einleitung an anderer Stelle genannt wurde, müssen wir im globalen Maßstab zuerst die soziale Frage auf dieser Welt gelöst haben, bevor wir im gleichen globalen Umfang die erheblich zu erfüllenden weltweit erforderlichen Umweltmaßnahmen dann im gesamten Rahmen durchführen können. Es muss festgestellt werden, dass, um diese Frage weitgehend zu lösen, noch sehr viel Arbeit global geleistet werden und besonders ein sehr solidarisches Handeln der führenden Nationen der Welt in der Angleichung des Lebensstandards erfolgen muss. Wir müssen auf der ganzen Welt zusammenarbeiten und gemeinsame Strategien auf diesem so wichtigen Gebiet global erarbeiten. Trotzdem muss bei Allem beachtet werden, dass die speziellen Besonderheiten jedes Landes dabei berücksichtigt werden. Die betreffenden Länder und deren Verantwortliche müssen ein wichtiges Recht bei der Ausführung der für die Klimakrise erforderlichen Investitionen und den sich daraus notwendigerweise ergebenden spezifischen Handlungen bzw. Maßnahmen haben.

Man muss davon ausgehen, dass in diesem Zusammenhang uns Menschen weltweit noch ein erheblicher transformativer Prozess bevorsteht, um diese Aufgabe zu lösen. Wir dürfen auch in dieser Hinsicht, um diese wichtige vorrangige globale Menschheitsfrage zu lösen, keine Tabus sehen. Auch dürfen wir nicht, wie bereits dargelegt, vor sich ggf. ergebenden gesellschaftlichen Umbrüchen zurückschrecken und ihnen gegenüber keine Vorbehalte haben. Trotzdem müssen wir die Dinge tatsächlich so sehen, wie sie real in diesen gesamten notwendigen Prozessen sind und immer die tatsächlichen Erfordernisse dabei sehen, um diese wichtige Zielstellung noch zu erreichen. Alle sollten sich dabei authentisch verhalten und als Menschen nach objektiven Kriterien handeln. Im Gliederungspunkt 3 dieses Buches werden auch dazu Bemerkungen geschrieben, damit diese wichtige primäre Zielstellung für die Menschheit nach Auffassung des Autors dieses Buches noch erfüllt werden kann.

Damit diese wichtige primäre Zielstellung für die Menschheit noch erreicht werden kann, sollte, wie der Wirtschaftsphilosoph und Umweltwissenschaftler Prof. Dr. Herbert Hörz ausführt, beachtet werden:

„Ökologie, Klimawandel und Nachhaltigkeit (sind) aktuelle Herausforderungen im globalen Überlebenskampf der Menschheit. Zerstört sie ihre natürlichen Lebensgrundlagen und ergreift keine Maßnahmen, um den durch Menschen verursachten Schädigungen der Natur entgegenzuwirken, dann ist ihre Existenz gefährdet.“ (H. Hörz)

„Um dieses globale und für die Existenz der Menschheit bedrohliche Problem zu erfassen und mögliche Lösungen zu erörtern ist … auf die aktuelle Situation einzugehen. Es geht .... dann um die philosophische Rahmentheorie, die das Umweltsyndrom im Zusammenhang mit dem zu lösenden ökologischen Grundwiderspruch erfasst. Damit sind die geschilderten Prozesse und Probleme in umfassendere Zusammenhänge der Mensch-Natur-Beziehungen eingeordnet, wobei sie sich als konkrete historische Ausprägungen des Grundwiderspruchs in unserer Zeit erweisen. Das Gebot zur humanen Gestaltung der Natur ist … Teil genereller Humankriterien, mit denen gesellschaftlicher und wissenschaftlicher Fortschritt zu messen ist und von Humanangeboten, die das Verhalten der Menschen politisch, moralisch und rechtlich orientieren sollen. Das Menschenrecht auf einen hohen Lebensstandard für alle Menschen ist durchzusetzen. Aus der aktuellen vorherrschenden Situation können nachfolgende Darstellungen auszugsweise angegeben werden:

„Die Lösung globaler Probleme im Mensch-Natur-Verhältnis, wie angemessene Reaktionen auf den Klimawandel, die globale Energieversorgung oder das Menschenrecht auf einen hohen Lebensstandard, zu dem Obdach, Nahrung, Gesundheit und Bildung gehören, ist nicht einfach. Diese globalen Probleme sind regional und lokal unterschiedlich ausgeprägt und erfordern dafür spezifische Lösungen, Interessen von Herrschenden und Beherrschten, Entscheidern und Betroffenen, Verteidigern von angekündigten und durchzuführenden Maßnahmen, und deren Gegner, die sich als Protestbewegung mit mehr oder weniger Zulauf organisieren, spielen eine wichtige Rolle. Es geht nicht nur um nationale und internationale

Erfordernisse, sondern auch um die Wirkungen auf verschiedene soziale Schichten. Wirtschaftliche und politische Gruppierungen sind betroffen. Wird Effektivität allein auf Profitmaximierung orientiert, wie es der Kapitalismus als System fordert, bleibt die Humanität auf der Strecke. Protestkeime gegen antiökologisches Verhalten gibt es. Manche wachsen sich zu Massenbewegungen aus. Die technologisch unterstützte bessere Verwertung von Naturgütern ist zum Raubbau an der Natur verkommen. Der Ressourcenverschwendung für nicht in diesem Ausmaß erforderliche Bedürfnisbefriedigung bestimmter Gruppen ist wirksam entgegenzusteuern. Es geht um die humane Gestaltung der natürlichen Umwelt, damit die natürlichen Lebensbedingungen der Menschen erhalten bleiben und die Lebensqualität aller Glieder einer sozialen Gemeinschaft erhöht werden kann. Das Zusammenwirken verschiedener natürlicher und gesellschaftlicher Kräfte und der Verlust sind dabei zu beachten. Der Klimawandel wirkt sich auf viele Menschen in unterschiedlicher Weise in verschiedenen Regionen aus. Es kommt zu Klimakriegen als Kampf um sichere Lebensräume, Trinkwasser und Ressourcen, verbunden mit ethnischen Säuberungen und Bürgerkriegen. Nachhaltigkeit wird gefordert. Nach diesem Prinzip soll so gehandelt werden, dass bei der Nutzung der natürlichen Ressourcen wesentliche Eigenschaften eines natürlichen Systems durch Eingriffe in seine Selbstorganisation nicht zerstört, sondern bewahrt werden, damit seine Stabilität und seine Fähigkeit zu natürlicher Regeration gewährleistet bleiben. Nur so werden unsere Nachkommen weiter leben können. Internationaler Naturschutz ist für die Erhaltung natürlicher Lebensbedingungen der Menschheit erforderlich. Internationaler Naturschutz ist ein Eigenbegriff, der Maßnahmen zur Analyse, Bewertung, Management und politische Instrumente zum Schutz von Natur auf internationaler Ebene zusammenfasst. Der Begriff wird sowohl in Politik- und Sozialwissenschaften, als auch in der biologischen Ökologie, der Naturschutzbiologie und dem Naturschutzmanagement gebraucht. Internationaler Naturschutz ist heute ein Bestandteil globaler Umweltpolitik, wie sie von UNEP betrieben wird. An Bedeutung hat dieses Feld durch die Auswirkungen des Klimawandels gewonnen, der unter anderem den Verlust an biologischer Vielfalt beschleunigt. Politisch hat der Internationale Naturschutz an Bedeutung gewonnen als integrierter Teil des Konzepts einer nachhaltigen Entwicklung. Seit der UN-Konferenz für

Umwelt und Entwicklung 1992 in Rio ist der Verlust an biologischer Vielfalt als Faktum globaler Bedrohung menschlicher Lebensgrundlagen anerkannt worden. Internationaler Naturschutz ist notwendig, weil Natur Grenzen überschreitet und Naturzerstörung längst globales Ausmaß erreicht hat. Deshalb kann dem nicht allein mit lokalen oder nationalen Aktivitäten begegnet werden.“ (H. Hörz)

„Sicherung der Funktions–, Leistungs- und Regenerationsfähigkeit des Naturhaushaltes und seiner Naturgüter, Schutz der wild lebenden Tiere und Pflanzen in ihren natürlichen Lebensgemeinschaften, Erhaltung und behutsame Entwicklung von Eigenart und Vielfalt und Schönheit von Natur und Landschaft.“ (Internationaler Naturschutz 2018 (https://www.wikiwand.com/de/Internationaler Naturschutz))

„Viele Aspekte sind zu beachten, will die Menschheit ihre natürlichen Lebensgrundlagen als Existenzgrundlage zum Überleben erhalten. Nachhaltiger Umgang mit Ressourcen verlangt, nicht mehr zu verbrauchen, als jeweils nachwachsen, sich regenerieren und künftig wieder bereitgestellt werden kann. Das Prinzip der Nachhaltigkeit ist aus der Forstwirtschaft übernommen worden, und es besagt, dass nicht mehr Holz gefällt werden darf, als jeweils nachwachsen kann. Lehren aus den verheerenden Wirkungen durch das Abholzen von Wäldern wurden gezogen. Die Durchsetzung des Prinzips der Nachhaltigkeit soll uns helfen, die natürlichen Lebensgrundlagen der Menschheit zu erhalten.“ (H. Hörz)

2.2. Ständige Verkürzung des Erdüberlastungszeitraums, Erhöhung des Fußabdrucks und Temperaturentwicklung

Gemäß der Entwicklungs- und Umweltorganisation Germanwatch e. V. beschreibt der sogenannte Erdüberlastungstag „den Tag, an dem die nachhaltig nutzbaren Ressourcen eines Jahres verbraucht sind. Er wird jedes Jahr vom Global Footprint Network errechnet und verdeutlicht die ökologischen Grenzen des Planeten.“

2021 fiel der Erdüberlastungstag bereits auf den 29. Juli 2021. Der Erdüberlastungstag weicht natürlich unter Berücksichtigung des unterschiedlichen Ressourcenverbrauchs der einzelnen Länder im Vergleich der Länder sehr stark voneinander ab. Für das Jahr 2022 war für Deutschland der Erdüberlastungsbetrag bereits am 4. Mai 2022. Dies zeigt eindeutig auf, dass unser Land noch immer einen viel zu hohen Ressourcenverbrauch aufweist und damit nicht ausreichend nachhaltig wirtschaftet. Nachstehend wird der für das Jahr 2023 für einzelne Länder vom Global Footprint Network ermittelte Erdüberlastungstag unter Beachtung ihres Ressourcenverbrauchs genannt:

Land	Errechneter nationaler Erdüberlastungstag für 2023
Katar	10.02.2023 (Verkürzung um 1 Tag gegenüber 2022)
USA	13.03.2023 (wie 2022)
Kanada	13.03.2023 (wie 2022)
Israel	04.05.2023 (wie 2022)
Deutschland	04. 05.2023 (wie 2022)
Spanien	12.05.2023 (wie 2022)
Großbritannien	19.05.2023 (wie 2022)
China	02.06.2023 (wie 2022)
Brasilien	12.08.2023 (wie 2022)
Peru	03.09.2023 (wie 2022)
El Salvador	12.10.2023 (wie 2022)
Ägypten	11.11.2023 (wie 2022)
Irak	24.11.2023 (wie 2022)
Kuba	25.11.2023 (wie 2022)
Indonesien	03.11.2023 (wie 2022)
Ecuador	06.12.2023 (wie 2022)
Jamaika	20.12.2023 (wie 2022)

Tabelle 1: Erdüberlastungstag 2023 (Quelle: Global Footprint Network (https://www.overshooteday.org/newroom/country-overshoot-days/)

Als Zeichen, dass wir im Weltmaßstab noch immer viel zu viel von den noch vorhandenen Ressourcen unserer Erde verbrauchen, ist auch darin zu sehen, dass der Erdüberlastungstag vieler Länder sich immer weiter nach vorne schiebt. Wir haben immer noch keine Schlussfolgerungen gezogen, dass wir den Verbrauch immer weiter von Jahr zu Jahr erhöht haben. Besonders die Länder mit einem hohen Lebensstandard verbrauchen für ihr Land die meisten Ressourcen unseres Planeten.

„Die Menschheit entnimmt dem Planeten jeden Tag Ressourcen, um ihre Bedürfnisse zu erfüllen. Doch für immer mehr Wachstum und Luxusleben reichen Wasser, Luft, Boden und Rohstoffe nicht aus. …….. (Meier 2018)

Der ökologische Fußabdruck wird gemäß Wikipedia ermittelt, „indem unser tatsächlicher Verbrauch von Ressourcen und Fläche ins Verhältnis zur Biokapazität der Erde gesetzt wird. Im Idealfall sollte jeder Mensch nicht mehr Ressourcen verbrauchen als die, die ihnen zur Verfügung stehen.“

Für die gesamte Welt liegt der gegenwärtige Durchschnitt des ökologischen Fußabdrucks zum Stand 2022 bei 1,75. Auch bezogen auf den Durchschnitt der ganzen Erde verbrauchen wir mehr Erden, als uns zusteht. Zur Überschreitung des durchschnittlichen ökologischen Fußabdrucks haben besonders eine Reihe von Ländern beigetragen, deren ökologische Fußabdruck über 1,75 Erden liegt.

Diese – mit Ausnahme der Schweiz und Portugals – in Bezug auf die Landesfläche sowie – bis auf die Schweiz, Portugal und Australien – auch in Bezug auf die Anzahl der dort lebenden Bevölkerung relativ großen Länder weisen derzeit den höchsten ökologischen Fußabdruck auf. Bei dieser Übersicht muss beachtet werden, dass einige Länder, die noch einen höheren ökologischen Fußabdruck als die USA aufweisen, in dieser Tabelle nicht enthalten sind. Diese in dieser Tabelle nicht genannten Länder weisen eine geringere Bevölkerungsanzahl auf.

Land	**Höhe des ökologischen Fußabdrucks zum Stand 2022 in Erden**
USA	5,1
Australien	4,5
Deutschland	3,0
Japan	2,9
Portugal	2,9
Frankreich	2,8
Schweiz	2,8
Spanien	2,8
Italien	2,7
Großbritannien (Vereinigtes Königreich)	2,6
China	2,4
Brasilien	1,6
Indien	0,8

Tabelle 2: Ökologischer Fußabdruck: Anzahl der benötigten Erden, wenn die Weltbevölkerung wie die Bevölkerung der genannten Länder leben würde (Stand: 2022) (https://de.statista.com/statistik/daten/studie/588224/umfrage/oekologischer-fussabdruck-der-laender-mit-den-hoechsten-werten/ (Quelle: Statista Research Department vom 27.07.2022, basierend auf den Daten der Nicht-Regierungs-Organisation Global Footprint Network))

Unser ökologischer Fußabdruck und Konsum- bzw. Ressourcenverbrauch ist viel zu hoch. Wir müssen aus dieser Fehlentwicklung, da wir wesentlich mehr verbrauchen als uns – bezogen auf den durchschnittlichen Verbrauch – zusteht, die Schlussfolgerungen ziehen, denn so kann es nicht weitergehen.

Durch die hohe Emission der Treibhausgase und andere negative Umwelteinflüsse von uns Menschen steigt die durchschnittliche Erderwärmung weiter an. Die Erderwärmung weist folgende Temperaturerhöhungswerte von 2018 bis November 2022 auf:

Globale Temperaturerhöhung für	Temperaturerhöhung in Grad Celsius
2018	+ 0,82°C
2019	+ 0,95°C
2020	+ 0,98°C
2021	+ 0,84°C
Januar 2022	+ 0,88°C
Februar 2022	+ 0,80°C
März 2022	+ 0,93°C
April 2022	+ 0,84°C
Mai 2022	+ 0,77°C
Juni 2022	+ 0,88°C
Juli 2022	+ 0,88°C
August 2022	+ 0,90°C
September 2022	+ 0,88°C
Oktober 2022	+ 0,89°C
November 2022	+0,76°C

Tabelle 3: Globale Temperaturerhöhung (Jahresdurchschnittswerte 2018 – 2021 sowie der Monate Januar 2022 – November 2022)
(Quelle: Meteoplus; https://meteo.plus/klima-global.php)

Man muss bei den aktuellen Berichten des Weltklimarats davon ausgehen, dass die Zielstellung laut dem 2015 beschlossenen Pariser Klima-Abkommen zum Erreichen von nur einer Temperaturerhöhung von 1,5 Grad Celsius gegenüber der vorindustriellen Zeit, wie bereits genannt, wahrscheinlich nicht mehr eingehalten werden kann und überboten wird. Wir müssen die bisherige Entwicklung und manche bereits zunehmende Merkmale, vorliegenden Prognosen sowie die bisherigen leider noch vorhandene Emission von Treibhausgasen hierbei beachten. Auch unter Berücksichtigung der eingeleiteten Zeitspanne für die Realisierung dieser Maßnahmen kann davon ausgegangen werden, dass wir auch das Ziel der Temperaturerhöhung von 2,0 Grad Celsius wahrscheinlich nicht einhalten und somit überschreiten werden. Wir sollten dabei beachten, dass eine Temperaturerhöhung von 2,0 Grad Celsius den höchstmöglichen

Temperatursteigerungsgrad laut dem Pariser Klimaschutz-Abkommen darstellt. Dadurch ist anzunehmen, dass die zu erwartenden negativen Folgen für die Menschheit bzw. die Umwelt für diese globale durchschnittliche Temperaturerhöhung eintreten werden. Auch die negativen Wirkungen auf die Biodiversität sind als nicht gering einzuschätzen, und es ist ein weiterer Rückgang der Biodiversität mit allen sich daraus ergebenden Folgen zu erwarten.

Im Buch von Dr. Susanne Götze und Annika Joeres: „Klima ausser Kontrolle: Fluten, Stürme, Hitze – Wie sich Deutschland schützen muss“ wird in Auszügen zu den lebensbedrohlichen Auswirkungen der Klimakrise u. a. geschrieben:

„Lebensbedrohliche Konsequenzen der Klimakrise können nur verhindert werden, wenn alle Menschen daran beteiligt werden sich, um sich auf diese Ereignisse vorzubereiten. Schon heute sind bis zu 3,6 Milliarden Personen besonders verwundbar. Sie leben in Regionen, die besonders von den Folgen des Klimawandels betroffen sind – das ist fast die Hälfte der Weltbevölkerung. Und damit sind nicht nur ferne Länder gemeint: “Es gibt keinen Kontinent, der verschont bleibt", sagt Hans-Otto Pörtner, einer der Leitautoren des Weltklimaberichts und Klimaforscher am Alfred-Wegener-Institut (AWI).“

Im von Prof. Dr. Ernst Ulrich von Weizsäcker und Dr. Anders Wijkman gemeinsam mit weiteren 33 Mitgliedern des Club of Rome im Jahre 2017 geschriebenen Buch „Wir sind dran: Was wir ändern müssen, wenn wir bleiben wollen. Club of Rome: Der große Bericht“ wird u. a. auch zu den gegenwärtigen Problemen, die in Kurzform auszugsweise dargestellt werden, geschrieben:

„...

Und Gefahren, die man damals kaum auf dem Schirm hatte, sind heute brennend aktuell, so die Klimaänderung, die Knappheit an fruchtbaren Böden und das Artensterben. Ferner leben rund vier Milliarden Menschen in unterschiedlichen Notlagen, einschließlich Kriegsbedingungen, Dürre, Fluten und Hunger und nackter Armut. Jährlich wollen geschätzte 50 Millionen fliehen, aber wohin? 2017 waren schon 60 Millionen als Flüchtlinge unterwegs. ....

Heute ist die Welt wieder in einer kritischen Lage. Wir brauchen einen echten Neuanfang. Aber diesmal halten wir es für notwendig, sich auch mit den philosophischen Wurzeln der schlimmen Weltlage auseinanderzusetzen. Wir müssen die Legitimität des materialistischen Egoismus infrage stellen, welcher ja als wirksamster unserer Welt dargestellt wird. ....
Die Zeit ist reif für eine neue Aufklärung, finden wir, oder für andere Wege, die heutigen kurzfristigen Denkgewohnheiten und Handlung. Jedoch können wir die Sorge nicht von der Hand weisen, dass die Welt in 15 Jahren ökologisch noch viel schlechter aussieht, wenn man die zerstörerische Wirkung eines rein materialistischen Wachstums nicht bändigt ....

Die vom Menschen beherrschte Welt bietet immer noch die Chance einer prosperierenden Zukunft für uns alle. Das wird aber nur möglich sein, wenn wir aufhören, den Planeten zu ruinieren. Wir sind sicher, dass dies geht, aber es wird von Jahr zu Jahr schwieriger, wenn wir mit den Kurskorrekturen zu lange warten. Denn die heutigen Trends sind überhaupt nicht nachhaltig. Die Fortsetzung des herkömmlichen Wachstums führt zu einem gewaltigen Zusammenprall mit den planetaren Grenzen. Unser Wirtschaftssystem hat unter dem Diktat der Finanzmärkte mit ihren spekulativen Eskapaden die Tendenz, den Abstand zwischen Arm und Reich weiter aufzureißen. Die Weltbevölkerung muss endlich stabilisiert werden, nicht bloß aus ökologischen, sondern auch aus zwingenden sozialen und ökonomischen Gründen. Sehr viele Menschen sehen die Welt im Zustand einer Verwirrung und Unsicherheit. Ungerechtigkeit, Staatsversagen, Kriege und Bürgerkriege, Arbeitslosigkeit und Flüchtlingswellen haben Hunderte Millionen von Menschen in einen Zustand der Angst und Verzweiflung versetzt. ....“

Am 29.05.2018 titelte „Business Insider Deutschland“ im Artikel „Unser Land ist dabei, sich in eine Wüste zu verwandeln“: Forscher warnen vor Desaster, das alle übersehen“:

„Unser Land ist dabei, sich in eine Wüste zu verwandeln“: Forscher warnen vor einem Desaster, das Alle übersehen.“

Lisa Schönherr bemerkte: „Europas Ökosystem befindet sich an der Grenze zum Kollaps. Zwei neue Studien, die kürzlich veröffentlicht wurden, zeigen, wie stark die Anzahl von wilden Vögeln in Frankreich zurückgegangen ist. In den vergangenen 15 Jahren ging die Zahl um etwa ein Drittel zurück – Wissenschaftler warnen mittlerweile eindringlich davor, die Biodiversität in Europa stehe „vor dem Aussterben."

Im Buch „Nationale Interessen: Orientierung für deutsche und europäische Politik in Zeiten globaler Umbrüche" schreibt Dr. Klaus von Dohnanyi zum Stand der Umweltkrise zur damaligen Zeit auszugsweise u. a.:

„Und dann machte sich der Klimawandel dramatisch bemerkbar. Bei uns Überschwemmungen, Tote, Sachschäden in Milliardenhöhe. Beschädigungen von Infrastrukturen, deren Reparatur oder Erneuerung vermutlich Jahre dauern wird. Es gab offenbar keine ausreichende Vorbereitung, keine angemessenen Warn- und Schutzmaßnahmen, auch nicht auf europäischer Ebene. Im südlichen Europa nahm die Trockenheit zu. Wälder und Ortschaften brannten, aber der Ruf nach Löschfahrzeugen und anderen Hilfen blieb oft unbeantwortet. Die Menschen standen zusammen, doch die Natur gab ihre unerbittliche Antwort. Wir arbeiten am Klimaschutz, vergessen aber darüber oft, die notwendigen Vorkehrungen gegen die schon spürbaren Folgen des Klimawandels zu treffen. Dies wirken sich meist auf mehrere Mitgliedsstaaten der Europäischen Union gleichzeitig aus und bedürfen daher auch gemeinsamer europäischer Planungen."

„Warnungen gibt es genug, Ist die Menschheit in der Lage, sich selbst zu retten, indem sie ökologische Schäden begrenzt, auf den Klimawandel reagiert und das Nachhaltigkeitsprinzip durchsetzt? Man kann nicht eindeutig mit Ja oder Nein antworten, denn die Zukunft ist offen, jedoch gestaltbar. Es geht also darum, herauszufinden, welche Interessen unter welchen gesellschaftlichen Rahmenbedingungen verfolgt werden, Die Grenzen des Wachstums sind im Massenbewusstsein zu tragen, um Verhaltensänderungen zu erreichen." (H. Hörz)

„Politik muss auf die existenzielle Bedrohung der Menschheit mit langfristigen Strategien reagieren, die mit kurz-, mittel- und langfristigen Programmen verbunden sind. Die Wirtschaft ist umzustellen und das persönliche Verhalten auf neue Bedingungen einzustellen. Jede pessimistische oder optimistische Zukunftsprognose hat sich mit der Frage zu befassen, ob die Menschheit am Ende ist. Besteht nur ein Funken Hoffnung, so sind weitere Schäden abzuwenden und mögliche Humanpotentiale zu nutzen. Alle sind herausgefordert, ihre Kreativität dafür einzusetzen, destruktive Technologien zur Vernichtung von Menschen, Kulturgütern und Naturressourcen zu unterbinden und produktive zu entwickeln, die zur friedlicheren, effektiveren und humaneren Gestaltung menschlicher natürlicher Existenzbedingungen beitragen, Naturressourcen sind effizient einzusetzen. Der mit Füllhornideologie unbegrenzten Ausbeutung der Natur ist politisch und wirtschaftlich, doch auch durch persönliches Verhalten gegenzusteuern, das erfordert die Gestaltung sinnvoller Bedürfnisse. Letzten Endes geht es um die mögliche Verwirklichung der Real-Utopie einer Assoziation freier Individuen mit sozialer Gerechtigkeit und ökologisch verträglichem Verhalten durch die humane Gestaltung unserer Zukunft einschließlich der ökologischen Naturgestaltung. Dazu sind Gefahren für die Existenzfähigkeit der Menschen zu erkennen, unterschiedliche Interessen von Herrschenden und Beherrschten, reichen und armen Ländern, Ausbeutern und Ausgebeuteten zu analysieren, die globalen Probleme aufzudecken, Lösungsmöglichkeiten zu bestimmen und soziale Kräfte auszumachen, die in der Lage sind, eine friedliche Zukunft als Basis für die Verwirklichung der Real- Utopie durchzusetzen. Sonst bleibt sie, wie Diejenigen betonen, die unter den gegenwärtigen Zuständen (trotzdem) gut leben können, eine nicht zu verwirklichende Ideal-Utopie. Als Motto für die vor allem geforderte Politik gilt: Weniger reden, tiefer über die ökologische Strategie nachdenken, Pläne zur Verwirklichung der Ziele zu erarbeiten und zu verwirklichen. Statt vieler Versprechungen sind Taten erforderlich. …......................... (H. Hörz)

2.3. Aussagen zur Ökologie und zunehmenden wirtschaftlichen Ungleichheit zwischen den Menschen

„Zur Thematik Ökologie und Philosophie – überhaupt zur Ökologie und Wissenschaften – kann man feststellen, wie von mir (H. Hörz) bereits 1985 festgestellt wurde: „Wenn der Philosoph über Ökologie redet, dann könnte man meinen, er habe es leichter als der Ökologe, weil dieser die spezifischen Probleme, die sich aus den Wechselbeziehungen der Organismen untereinander und mit ihrer Umwelt und in den Lebensräumen, im Festland, Binnengewässer und Meer ergeben, lösen müsse, während jener auf die Kenntnis der Spezialisten verweisen könne. Aber das hieße die Rolle der Philosophie als Weltanschauungstheorie zu verkennen. Der Ökologe kann berechtigt manches Gerede über die katastrophale Naturzerstörung durch Wissenschaft und Technik, die den Menschen zum Untergang verurteile, als unseriös und unwissenschaftlich abtun, dass der Philosoph jedoch berücksichtigen muss, wenn es weltanschaulich relevant ist.
………… ………………………………………………………………………………
Der Zeitgeist hat sich des Umweltproblems bemächtigt. Das gilt seit den 70er Jahren für alle seine Erscheinungsformen, nämlich für das Massenbewusstsein, für das Problembewusstsein von Wissenschaftlern und für die philosophische Diskussion um das Verhältnis der Menschen zur Natur.“ (H. Hörz, 1986)

„Inzwischen hat sich die Debatte um das Überleben der Menschheit aus guten Gründen weiter verschärft. ……………………………………………………………………… Die Probleme der Umweltzerstörung und ihre Auswirkungen auf das Leben der Menschen, auf ihre Arbeitsmöglichkeiten, Gesundheit, Lebensgrundlagen usw. wurden früher und auch heute oft ignoriert, Warnungen nicht ernst genommen oder als Einzelfälle abgetan, wobei es manchmal zu Entschädigungen kommt. Doch es setzen politische Reaktionen auf das globale Menschheitsproblem langsam ein. Sie sind nicht ausreichend. Eine langfristige Strategie ist (zum damaligen Zeitpunkt) nicht zu erkennen (gewesen).“ (H. Hörz)

Auch in der heutigen Zeit will man von dieser zweifelsohne bestehenden Gefahr für eine wesentliche Verringerung der Anzahl oder von einem ggf. möglichen Aussterben der Menschheit durch die Umweltfolgen, möglich durch das Wirken der steigenden Erderwärmung, vielfach nichts wissen. Diejenigen, die über die reale bestehende Gefahr sprechen oder in Büchern über diese Gefahr berichten, werden oft als üble Pessimisten oder als Schwarzmaler hingestellt. Die zu dieser Thematik veröffentlichten Bücher, die auf diese Gefahr hinweisen, werden wegen der Darstellung eines möglichen Negativszenarios für die Menschen bzw. für die Menschheit kaum gelesen.

Wir haben in manchen Ländern Europas, in der Europäischen Union und insbesondere in Deutschland auch durch das Bundes-Klimaschutzgesetz und seine Aktualisierungen bzw. Erneuerungen einige Vorkehrungen getroffen. Auch die Regelungen zu den unbedingt zu erreichenden Zielen einer Klimaneutralität sind zwar zu begrüßen, aber man bemüht sich zu wenig darum, die erforderlichen Voraussetzungen der für die weitere Existenz der Menschheit so wichtigen Klimaneutralität durch entsprechende Handlungen und Maßnahmen im ausreichenden Maße global zu sichern. Die so wichtige weitere Existenz der Menschheit kann nicht darauf warten, dass die notwendigen Zielstellungen zum Erreichen einer Klimaneutralität erst zu diesem Zeitpunkt umgesetzt werden. Wie bereits in der Einleitung zu diesem Buch erwähnt wurde und eigentlich bekannt sein müsste, kann die Klimakrise bzw. die steigende Erderwärmung durch eine wesentliche Senkung der Emission von Treibhausgasen nur wirkungsvoll beeinflusst werden, wenn diese dringende Maßnahme nicht nur durch einzelne Länder, sondern weltweit im globalen Maßstab durchgesetzt wird.

Die Bevölkerung in vielen armen und auch unterentwickelten Ländern weist jeweils einen sehr geringen durchschnittlichen Lebensstandard auf und wenn man die sich im eigenen Besitz dieser Länder befindenden Rohstoffvorkommen, wie fossile Brennstoffe, wie u. a. Kohle, gegenwärtig oder in nächster Zukunft weniger abbauen würde, würde der in diesen Ländern erreichte oftmals sehr geringe Lebensstandard für die dort jeweils lebende Bevölkerung noch weiter sinken.

Deshalb sind zum aktuellen Zeitpunkt über zwei Drittel dieser Länder nicht bereit, ihren Lebensstandard wegen den notwendigen globalen Umweltmaßnahmen erheblich zu senken.

Die dafür von den führenden Ländern als Bestandteil des Pariser Klima-Abkommens von 2015 jährlich zur Verfügung zu stellenden 100 Milliarden Dollar reichen jedoch in keiner Weise, wie bereits genannt wurde, als Ausgleichsmaßnahme dafür aus. Dieses Geldvolumen muss als viel zu gering für die von dieser Maßnahme noch betroffenen 137 Länder gelten. Außerdem ist dieses Geld noch nicht im vollen Umfang ausgezahlt worden und steht oft nur als Absichtsmaßnahme auf dem Papier.

Dadurch tragen notwendige Umweltmaßnahmen von führenden Industriestaaten, wie den USA, Kanada, manchen Ländern in Europa und auch Deutschland, die aufgrund der Klimakrise im globalen Umfang erforderlich sind, nicht im ausreichenden Maße zum Erhalt unseres Planeten bei. Aus diesem Grund muss der durchschnittliche Lebensstandard bei diesen armen und unterentwickelten Ländern, aber auch bei manchen Schwellenländern auf Dauer erhöht werden, damit sie gegenüber den führenden Industrieländern im Lebensstandard ihrer Bevölkerung nicht so wie bisher zurückliegen.

2.4 Errichtung von Kohlekraftwerken als Ausdruck der bestehenden Ungleichheit und mangelnden Abkehr von fossilen Energieträgern

Aktuell werden – insbesondere in Asien – weltweit mehr als 600 Kohlekraftwerke geplant oder teilweise jetzt gebaut. Dies ist ein Ausdruck dieser ungleichen Entwicklung bzw. des unterschiedlichen Lebensstandards in den einzelnen Ländern der Welt. Diese Länder gehen davon aus, dass sie fossile Energieträger, über die sie selbst manchmal in ausreichender Menge verfügen, auch bei einer eigenen Energiewende noch benötigen. Sie brauchen sie noch für ihre Industrie und ihre Bevölkerung zur Aufrechterhaltung deren durchschnittlichen nicht sehr hohen Lebensstandards, weil auch diese fossilen Energiearten, wie die Kohle, relativ preiswert sind und dadurch von armen Menschen teilweise bezahlt werden können. Energiearten, die einen höheren Preis aufweisen, wenn diese überhaupt zur Verfügung stehen sollten, können diese Menschen vielfach nicht bezahlen.

Deshalb reicht es nicht, als einzelnes Land die Klimakrise zu bewältigen. Die durch wirtschaftsstarke Länder erreichte Verringerung des CO2-Ausstoßes wird weltweit durch wirtschaftsschwache Länder wegen der bestehenden Ungleichheit im Lebensstandard der Bevölkerung und in der Wirtschaftsentwicklung dieser Länder weitestgehend zunichte gemacht, weil fossile Energieträger teilweise weiterhin preiswert bezogen werden können.

Diese fünf Länder sind lt. der Veröffentlichung des Internationalen Wirtschaftsforums Regenerative Energien des Instituts für Regenerative Energiewirtschaft Münster vom 27.07.2022, die auf einem Bericht des in London ansässigen gemeinnützigen Think Tanks (Denkfabrik) Carbon Tracker basiert, der die Auswirkungen des Klimawandels auf die Finanzmärkte untersucht, an der weltweiten Errichtung von alleine 600 Kohlekraftwerken mit einer Gesamtkapazität von 300 GW beteiligt:

Land	Leistung in Gigawatt (GW)
China	187,1 GW
Indien	59,8 GW
Vietnam	23,8 GW
Indonesien	23,6 GW
Japan	8,5 GW

Tabelle 4: Liste der fünf Länder Asiens, in denen beabsichtigt bzw. in Planung ist, Kohlekraftwerke mit einer Gesamtkapazität von 300 GW zu errichten (Quelle: Artikel „Pariser Klimaziele in Gefahr: Diese fünf Länder planen 80 Prozent der weltweiten Kohlekraftwerks-Neubauten“ des Internationalen Wirtschaftsforums Regenerative Energien (IWR) / IWR.de GmbH, Institut für Regenerative Energien Münster vom 27.07.2021) (https://www.iwr.de/news/pariser-klimaziele-in-gefahr-diese-fuenf-laender-planen-80-prozent-der-weltweiten-kohlekraftwerks-neubauten-news37528)

Asien erhöht damit die Kohleverstromung und handelt somit gegen das Pariser Klima-Abkommen von 2015. Wir müssen uns auch diesen Realitäten stellen und zuerst möglichst eine Gleichheit im Lebensstandard in den Industrieländern und dann auf globaler Ebene ohne Nachteile für die unterentwickelten Länder schaffen.

Deshalb haben die gegenwärtigen Ereignisse zur Reduzierung des Braunkohleabbaus in Deutschland vorrangig symbolischen Charakter, weil unter den Bedingungen der weiteren Errichtung der Kohlekraftwerke, insbesondere in Asien, dadurch keine Reduzierung von fossilen Energieträgern, wie der Braunkohle im globalen Maßstab, was eigentlich nur entscheidend ist, erfolgt. Durch diese Maßnahmen kann unter den vorherrschenden Gegebenheiten auf dieser Welt kein ausreichender Beitrag für das Weltklima im Sinne einer globalen Veränderung geschaffen werden.

2.5. Grundlegende Bemerkungen zum Wachstum und zu unserem bisherigen Verhalten in den verschiedenen Gesellschaftssystemen

Da wir nur noch eine begrenzte Zeit zur Verfügung haben, um die erforderlichen Umweltmaßnahmen der erheblichen Senkung der Emission der Treibhausgase einzuleiten, müssen wir sehr schnell die erforderlichen Maßnahmen durchführen, die durch die weitgehende Gleichheit der Lebensbedingungen allein aus sozialen Gründen erforderlich sind. Wir müssen auch beachten, dass bei unserem praktizierten System der Profitgier die Polarität zwischen Arm und Reich wächst und dazu führt, dass sich diese Unterschiede immer weiter erhöhen und auch durch die Art unseres Wirtschaftens die Menge umweltschädlicher Treibstoffe sich von Jahr zu Jahr trotz mancher umweltpolitischer Maßnahmen weiter erhöht. Deshalb darf es auch kein Tabu mehr sein, unsere Lebensweise, unser Wirtschafts-, aber auch unser gegenwärtig bestehendes Herrschaftssystem in Frage zu stellen.

Im am 02.03.1972 vom amerikanischen Ökonomen Dennis Lynn Meadows (geb. 1942), der ehemaligen amerikanischen Umweltwissenschaftlerin Donella Hager Meadows (1941 – 2001) und dem 1945 in England geborenen norwegischen Hochschullehrer, Autor und Zukunftsforscher Jørgen Randers gemeinsam im Auftrag des Club of Rome veröffentlichten Buch „Grenzen des Wachstums“ wurde damals bereits festgestellt, dass wir Grenzen des Wachstums erreichen und so wie bisher nicht weiterleben können. Angesichts der existenzbedrohenden möglichen Folgen für die Menschheit können wir die quantitative Wachstumspolitik nicht, wie es bisher geschieht, so weiter betreiben, um uns als Menschheit die Möglichkeit zu geben, unser Leben auch in späteren Generationen fortzusetzen. Wir können nicht auf einem Planeten, der seine Grenzen hat, auf unendliches quantitatives Wachstum setzen, da dies, eigentlich für Jedem verständlich, nicht aufgehen kann. Dies wird aber trotzdem im Kapitalismus gemacht und ist eine wichtige Zielstellung im Kapitalismus. In der Nordhemisphäre unseres Planeten wird ein in Verbindung mit dem unbegrenzten Wachstum unbegrenzter überhöhter Konsum von einigen dort lebenden Menschen betrieben, der von unserer Erde auf Dauer nicht mehr gesichert wird und auch aus Gerechtigkeitsgründen und insbesondere auch wegen den Folgen des Klimawandels nicht mehr aufgehen kann. Es wird in dieser Hinsicht unverantwortlich gehandelt, und die Wünsche einer Ich-Bezogenheit mancher Menschen aus diesen Regionen richten sich nicht nur gegen die Gemeinschaft aller Menschen, sondern insbesondere gegen viele Menschen der südlichen Hemisphäre unseres Planeten. Viele dieser Menschen leben noch in großer Armut und müssen Hunger leiden und sterben leider manchmal auch dadurch.

Wie die weltbekannte englische Verhaltensforscherin Jane Goodall, die seit 1960 insbesondere das Verhalten von Schimpansen erforscht, feststellte, müssen die Menschen im globalen Süden im Regelfall immer das Billigste nehmen, wenn die finanziellen Mittel dafür überhaupt zur Verfügung stehen und können bei der Wahl ihrer Produkte Erfordernisse der Umwelt nicht beachten. Sie sagt auch, dass das Problem der bei Manchen unbeschränkte Materialismus ist, da eine nicht geringe Zahl von Menschen immer mehr haben will. Wir sollten, so sagt sie, dafür sorgen, dass die betreffenden Menschen ihre Einstellung ändern und auch mit weniger, mit dem man noch leben kann, zufrieden sind.

Die weitere quantitative Wachstumserhöhung ist bzw. war nicht nur ein Problem der kapitalistischen Gesellschaftsordnung, sondern auch der bisherigen bzw. früheren Gesellschaftsordnung im Sozialismus. Auch in der sozialistischen Gesellschaftsordnung sollte die Erhöhung des materiellen Wachstums zu einer Erhöhung der Bedürfnisbefriedigung der Werktätigen beitragen. Diese Bedürfniserhöhung bezog sich im Sozialismus nicht nur auf ein anderes Bewusstsein höherer kultureller Werte, sondern in Verbindung mit der Erreichung eines höheren Lebensstandards der Bevölkerung auch auf eine Erhöhung der materiellen Werte. Dabei muss natürlich beachtet werden, dass im Sozialismus auch in der damaligen DDR und noch mehr in manchen anderen sozialistischen Ländern durchaus der Lebensstandard im Gegensatz zu wirtschaftlich führenden kapitalistischen Ländern noch verbesserungswürdig war und leider auch Mängel in der Versorgung neben anderen Mängeln, insbesondere auch in der Demokratie, festzustellen waren.

Im Gegensatz zum damaligen Sozialismus, besonders auch in der früheren DDR, wurde die aufkommende Umweltverschmutzung in Westdeutschland und in vielen Ländern der westlichen Welt ernster als im Sozialismus genommen. Das bessere Umweltverhalten damals ist auch auf die Gründung und Wirksamkeit der Partei „Die Grünen" zurückzuführen. Die spätere Partei „Die Grünen" wurde im März 1979 in Westdeutschland zunächst als Wählergruppe „Sonstige Politische Vereinigung Die Grünen" gebildet. Im Januar 1980 wurde sie als „Die Grünen" umgegründet und am 14.05.1993 durch den Zusammenschluss mit dem ab der zweiten Jahreshälfte 1989 aus mehreren Bürgerrechts-Initiativen der bis zum 02.10.1990 bestandenen DDR entstandenen „Bündnis 90" in ihre seit 1993 bestehende Bezeichnung „Bündnis 90/Die Grünen" umbenannt.

Prof. Dr. Herbert Hörz stellte als Wissenschaftsphilosoph in der DDR schon 2015 im Vorwort zum Buch „Mensch kontra Materie?" zum Umweltverhalten in der früheren DDR analytisch fest:

„Erkenntnisse der Naturwissenschaften wurden in ihrer philosophischen Relevanz nicht ernst genommen. Der dialektische Materialismus erschien als ein geschlossenes theoretisches Gebäude, das schon die Antworten für neue Fragen enthalten sollte. Im historischen Materialismus sahen manche Marxisten-Leninisten die Begründung für einen Automatismus des gesetzmäßigen Geschichtsablaufs vom Kapitalismus zum Sozialismus, der sich, abhängig vom Handeln der Menschen, durchsetzen werde. Die dialektischen Widersprüche beim erst begonnenen Aufbau des Sozialismus wurden unterschätzt. In meiner Verantwortung für Philosophie im Parteilehrjahr der SED in Berlin fand ich bei Besuchen von Zirkeln bestimmte ritualisierte Aussagen, die mit der wirklichen Situation nicht übereinstimmten. Ideale erschienen als verwirklicht, was der Erfahrung widersprach. Die Umweltverschmutzung wurde nicht ernst genommen, die vom Club of Rome aufgeworfenen Probleme nicht aufgegriffen und die Gestaltung biotischer Grundlagen des Menschen als Naturwesen nur in kleinen Kreisen diskutiert." (H. Hörz, 1976, 2015)

Auch im Mischsystem zwischen Sozialismus und Kapitalismus, wie in China, ist das erreichte quantitative Wachstum weiterhin maßgebend, da man ja auch von einem ständig steigenden Bruttosozialprodukt dort ausgeht und dieses als wichtige Zielstellung ansieht. China hat im erreichten quantitativen Wachstum erheblich zugelegt und weist inzwischen nach den USA das zweitgrößte Bruttosozialprodukt weltweit auf. Derzeit kann, begründet durch Chinas Null-Covid-Strategie, in China nicht ein solches hohes Wirtschaftswachstum erreicht werden, wie es bisher dort üblich war. Es kann jedoch davon ausgegangen werden, dass China nach einem möglichen Ende der Covid-Pandemie und der dadurch nicht mehr erforderlichen Beibehaltung der genannten Strategie noch in diesem Jahrzehnt ein höheres Bruttosozialprodukt als die USA aufweisen kann und damit die führende Rolle, bezogen auf das zu erreichende Bruttosozialprodukt, im Weltmaßstab einnimmt. Dabei muss beachtet werden, dass trotz des relativ hohen Bruttosozialprodukts und eines durchschnittlich gesehen wesentlich höheren Lebensstandards als in früheren Jahren China im Pro-Kopf-Lebensstandard noch erheblich gegenüber den USA zurück liegt. Trotz dem man die Belange des Umweltschutzes in China jetzt etwas besser beachtet, als in der vergangenen Zeit, in der man in manchen Industrieregionen kaum noch wegen des erheblichen Rauchs bzw. Dunsts leben konnte, kann die gegenwärtige Umweltentwicklung in China, im Land mit dem höchsten Anteil am Treibhausgas CO2, immer noch nicht befriedigen. Man will erst 2060 in China vollständig klimaneutral sein. Das ist auch unter Beachtung des CO2-Treibhausgasanteils von China, auch aus globaler Sicht, viel zu spät. Deshalb kann die gegenwärtige Umweltpolitik Chinas auch in ihrem Streben nach immer höherem quantitativem Wachstum angesichts der erheblichen Probleme der Klimakrise auf der Welt nicht gutgeheißen werden. Man kann nur hoffen, dass auch China und viele andere Länder der Welt, insbesondere auf der Nordhalbkugel unseres Planeten, baldmöglichst eine andere Politik betreiben, die nicht durch quantitative Wachstumssteigerungen gekennzeichnet ist. Gegenwärtig ist festzustellen, dass zwischen den USA und China ein erheblicher Kampf um die weltweite Führungsposition als Wirtschaftsmacht im Gange ist. Die USA wollen weiterhin ihre dominierende Rolle nicht aufgeben und unternehmen Vieles, dass sie weiterhin die weltweite ökonomische Führung behalten. Dadurch besteht auch ein ziemliches Spannungsverhältnis zwischen beiden Ländern. Es ist ein Kampf unterschiedlicher Herrschaftssysteme in den USA und in China um die weltweite Dominanz, der das Spannungsverhältnis zwischen beiden Ländern weiter anheizt. Gegenwärtig ist festzustellen, dass bei den notwendigen Ausgleichszahlungen für die Länder auf dem südlichen Teil unserer Erde zur Beseitigung der Umweltkrise, die derzeit besonders auch in vorgesehenen Regelungen der vom 06. bis zum 20.11.2022 im ägyptischen Sharm El Sheik stattgefundenen Weltklimakonferenz 2022 eine erhebliche Rolle spielen, man dabei davon ausgehen will, dass China als weltweiter Hauptverursacher des Ausstoßes von CO2 einen wesentlichen Anteil dieser Ausgleichszahlungen mitbezahlen soll. Bis jetzt weigert sich China, sich an diesen Ausgleichszahlungen zu beteiligen. China beruft sich darauf, dass die UNO China noch als Entwicklungsland bezeichnet hat und Entwicklungsländer keine klimapolitisch begründeten Ausgleichszahlungen zu bezahlen brauchen. Die Gründe dieser Auffassung bzw. Haltung liegen daran, dass die Menschen in China lange Zeit in großer Armut gelebt hatten und mit großer Mühe im durchschnittlichen Umfang auch mit durch die Nutzung fossiler Rohstoffe aus der Armut in den letzten Jahren etwas herausgekommen sind. Die chinesische Führung begründet ihre Auffassung auch damit, dass in China derzeit über 1,4 Milliarden Menschen leben und China – bezogen auf die Landesfläche – nach Russland und Kanada das drittgrößte Land der Erde ist. China führt als weiteren Grund an, dass man vor ca. 30 Jahren noch zu den unterentwickeltsten Ländern der Welt gehörte und sich in den letzten Jahren der durchschnittliche Lebensstandard der Bevölkerung erhöht hat und dass China aus bitterster Armut sich wirtschaftlich entwickelt hat. Die durchschnittliche Lebenserwartung eines Menschen in China lag noch ca. um 1950 bei 28 Jahren im Ergebnis insbesondere der Folgen der bittersten Armut. Man bringt auch zum Ausdruck, dass der Lebensstandard nicht überall in China hoch ist und derzeit immer noch sehr ungleich verteilt ist. Besonders im ländlichen Raum herrscht noch heute ein wesentlich geringerer Lebensstandard als bei einem Teil der städtischen Bevölkerung vor. Die meisten Menschen leben in China nach wie vor in ländlich geprägten Gebieten. Nur 200 Millionen Menschen, das entspricht nur etwas mehr als 14 Prozent der derzeitigen Bevölkerung Chinas, weisen einen höheren Lebensstandard auf. Es muss auch erwähnt werden, dass China im besonderen Maße von Umweltkatastrophen wie Dürre, Überschwemmungen, Schneestürmen, Hagel, Erdrutschen,

Sandstürmen, Flächenbranden, Wirbelstürmen und Taifunen heimgesucht wird. Auch diese und weitere Faktoren müssen mit beachtet werden, wenn man von China die Ausgleichszahlungen für die Menschen auf der südlichen Halbkugel fordert.

Es sollte in diesem Zusammenhang auch erwähnt werden, dass auch Vietnam, das eine Einwohnerzahl, von 97,3 Millionen Menschen aufweist (Stand: 2021) und damit mehr Einwohner als Deutschland hat, eine ähnliche gesellschaftliche Richtung wie China derzeit aufweist. Auch dort verbindet man den Sozialismus / Kommunismus mit einer Marktwirtschaft. Man hat dort ein relativ hohes Wirtschaftswachstum in den letzten Jahren erreicht.

Bei den vorhandenen erheblichen Problemen der menschengemachten Umweltverstöße und der weiter steigenden Erderwärmung müssen wir in der westlichen Welt im besonderen Maße entgegensteuern, um den ökologischen Fußabdruck, der insbesondere in führenden Industrieländern viel zu hoch ausfällt, zu reduzieren. Gegenwärtig ist bei manchen führenden Industrieländern eine solche Höhe erreicht worden, die in keiner Weise die Erfordernisse der Nachhaltigkeit erfüllt, um auch die Treibhausgasemission entsprechend zu verringern. Unser quantitatives Wachstum und unser Anspruchsdenken müssen im Interesse aller Menschen auf der Welt erheblich reduziert werden. Die durch die steigende Nachfrage oft entstehende Überproduktion, insbesondere durch die Monopole und Konzerne, gilt es in diesem Zusammenhang erheblich zu verringern bzw. zu beseitigen. Dies ist aber nicht im Sinne der Weiterführung eines kapitalistischen Systems.

Es sollte auch alles versucht werden, durch geeignete Maßnahmen unsere Treibstoffemission in hohem Maße zu senken und so schnell wie möglich eine Klimaneutralität zu erreichen. Dabei sollten wir die neu gewonnenen wissenschaftlich-technischen Erkenntnisse intensiv nutzen. Auch die zunehmende und weiter beabsichtigte wesentliche Verringerung bzw. den schrittweise geplanten Abbau bestimmter fossiler Energieträger im globalen Maßstab und viele andere geeignete umweltpolitische Maßnahmen, wenn die erforderlichen Voraussetzungen in globaler Richtung dazu bestehen, sollten wir unter Beachtung der zu jedem Zeitpunkt zu erreichenden Energiesicherheit anstreben.

Jedoch werden diese Maßnahmen bzw. Handlungen durch die nach wie vor bestehende erhebliche Polarität zwischen reichen und armen Ländern, den eintretenden sehr hohen weltweiten Rohstoffbedarf und eine Vielzahl anderer Gründe wahrscheinlich nicht ausreichend sein, um die umweltpolitischen Zielstellungen in der uns dafür zur Verfügung stehenden Zeit zu erreichen. Wir müssen in Verbindung mit einer anderen Lebensweise unseren durchschnittlichen individuellen Verbrauch in den führenden Wirtschaftsstaaten, insbesondere in der westlichen Welt, erheblich reduzieren, um die Grundsätze der Nachhaltigkeit zu erreichen.

Uns stehen nur im begrenzten Umfang weltweit Rohstoffe zur Verfügung, und trotz ihrer bestehenden Endlichkeit verhalten wir uns so, als wären sie unendlich verfügbar. Das Wirtschaftsmodell geht, aber anders kann man es bei der Verhaltensweise der Menschen in manchen wirtschaftlich führenden Ländern wohl nicht werten, offenbar von einer Unendlichkeit der derzeit noch vorhandenen Rohstoffe aus. Allein schon deshalb, dass wir diese Rohstoffe in vollem Maße verschwenden, ohne auf die Endlichkeit Rücksicht zu nehmen, kann unsere gegenwärtig ausgeübte Wachstumspolitik und unser Wirtschaftsmodell nicht das richtige Modell für die Zukunft der Menschheit sein. Auch die Wegwerfmentalität, die nicht ausreichende lange Nutzung materieller Werte bzw. die relativ kurze durch die Unternehmen eingebaute Funktionsdauer von Produkten, die von diesen Unternehmen produziert werden, kann dabei in keiner Weise befriedigen.

Die Haltbarkeitsdauer der Erzeugnisse soll im Interesse der bewussten Erhöhung des Bruttosozialprodukts noch verkürzt werden, und die betreffenden Waren sollen so produziert werden, dass eine Reparatur teurer als eine Neuherstellung wird, um mehr quantitatives Wachstum zu erreichen. Dies kann ebenfalls gerade unter den Gegebenheiten der herrschenden Umweltkrise nicht das richtige Modell der Wirtschaftsbetreibung für die Menschheit sein.

Die Länder, die vorrangig über Rohstoffe verfügen, können nicht unbegrenzt ihr Wirtschaftsmodell auf der Existenz von Rohstoffen aufbauen. Ihre zweifellos derzeit noch üppigen Rohstoffvorkommen sind ebenfalls endlich und werden deshalb einmal, trotz mancher nachwachsender Rohstoffarten, ein Ende finden.

Derzeit sind zwar noch in bestimmten Ländern zum Teil in einem relativ hohen Maße Rohstoffe vorhanden. Das betrifft auch die Kohle als fossilen Rohstoff, die – zumindest in Form der Braunkohle – im Rahmen der gegenwärtig bekannten Vorkommen – uns noch mindestens 1.000 Jahre zur Verfügung steht. Bei Erdöl und Erdgas sieht es jedoch schon anders aus. Beide Energieträger reichen nach dem bisher bekannten Vorkommen voraussichtlich maximal noch bis zu 100 Jahre. Bei Erdöl geht man nur noch von ca. 60 Jahren derzeit aus.

Manche Rohstoffe stehen nicht für längere Zeit im genügenden Maße mehr zur Verfügung, und ihr Abbau kann manchmal nur unter sehr erschwerten körperlichen Bedingungen und oftmals nur unter nicht geringer Gesundheitsgefährdung erfolgen. Auch Kinder müssen bei diesem Abbau auch manchmal zum Einsatz kommen, wegen ihrer bestehenden Vorzüge ihrer geringen Körpergröße. Man beachtet dabei völlig unzureichend, dass Kinder in diesem Alter noch nicht zu einer Arbeit herangezogen werden dürfen. Die Belange der Ausbeutung bzw. die Sicherung der Existenz für die Familien unter den bestehenden Gegebenheiten der hohen Armut von großen Teilen der Bevölkerung spielen jedoch bei diesen Handlungsweisen eine große Rolle.

Die Endlichkeit von einzelnen Rohstoffen ist deshalb schon im hohen Maße erkennbar. Da einzelne Rohstoffe knapper werden, werden sie auch teurer. Deshalb wird der Kampf um preisgünstige Rohstoffe, die wir Menschen noch in Zukunft bezahlen können, eine zunehmende geostrategische Bedeutung besitzen.

Es wird ein weltweiter Kampf um bezahlbare Rohstoffe eintreten. Diese Rohstoffe sind derzeit vorrangig bei autokratisch regierten Ländern vorhanden und können auch in Zukunft nur von dort bezogen werden. Man ist auf deren Gedeih auf vielfältige Weise angewiesen, und deshalb kann man diesen Ländern nicht unsere Demokratievorstellungen aufzwingen, wenn wir zukünftig noch Rohstoffe von diesen Ländern erhalten wollen. Wir sollten deren

Sitten und Gebräuche und ihre Eigenheiten akzeptieren und nicht ändern wollen. Dies gehört zu einem demokratischen Verhalten auch gegenüber anderen Menschen dazu und entspricht auch interkulturellen Gepflogenheiten. Ein anderes Verhalten wird von den Menschen dieser Länder als westliche Überheblichkeit und als ein Beispiel von dekadentem – auch kolonialem – Verhalten angesehen. Die Prinzipien der friedlichen Koexistenz sollten auch gegenüber Regierungen autokratischer Systeme und der Bevölkerung dieser Länder beachtet werden. Dazu gehört auch die Nichteinmischung in die Angelegenheiten Anderer und auch, dass nicht ein Land sich über ein anderes Land stellt. Man kann nicht erwarten, dass Menschen andere Völker die gleichen Sitten und Gebräuche und Eigenheiten aufweisen, wie die Menschen vieler Länder der westlichen Welt, sondern man muss alles auch aus deren Sicht und deren historischen bestehenden Gegebenheiten sehen. Wenn daraus nicht die erforderlichen Schlussfolgerungen durch eine andere Handhabung gezogen werden, brauchen wir uns nicht zu wundern, wenn immer weniger Länder Rohstofflieferant für die deutsche Industrie oder für andere Länder der westlichen Welt bzw. für andere Branchen werden, da sie wegen der hohen Nachfrage auf dem internationalen Markt, insbesondere in Asien, es gar nicht nötig haben, die Bundesrepublik Deutschland oder auch andere westliche Länder, die sich ähnlich verhalten und im Gegensatz zu manchen Ländern in Asien eine relativ geringe Bevölkerungszahl aufweisen, mit Rohstoffen zu beliefern. Wir sollten auch in dieser Frage mehr Realitätssinn bewahren, da wir als Deutsche mit dem Standesdünkel und der bei Einigen noch vorherrschenden Überheblichkeit gegenüber anderen Ländern bzw. den Menschen, die in diesen betreffenden Ländern leben, nur unserer eigenen Wirtschaft schaden. Wir können auch nicht bestimmte Länder von den Rohstofflieferungen ausschließen, nur, weil ihr Demokratieverständnis, ihr Gesellschaftsmodell oder ihre politischen Vorstellungen uns nicht behagen. Wenn wir so handeln, werden wir viele benötigte Rohstoffe nicht mehr bekommen, und es wird ein erheblicher Schaden für unsere Wirtschaft und letztlich auch für unsere Bevölkerung eintreten. Dies betrifft Deutschland als rohstoffarmes Land im besonderen Maße.

2.6. Aussagen zum Demokratieindex und unterschiedliche Einordnung – ein Ausgangspunkt für verschiedene Verhaltensweisen

Man muss in diesem Zusammenhang auch beachten, dass nach den Ausführungen des von der englischsprachigen Wirtschaftszeitschrift „The Economist“ im Februar 2022 weltweit veröffentlichten Demokratieindexes (englisch: democracy index) für das Jahr 2021, für dessen Wertermittlung 167 Länder der Welt berücksichtigt wurden, 45,7 Prozent der Weltbevölkerung in einer Demokratie leben. 37,1 Prozent der Weltbevölkerung leben in einer Diktatur. Man muss jedoch auch berücksichtigen, dass eine nicht geringe Zahl von Menschen auch in Deutschland, besonders auch in Ostdeutschland, abweichende Vorstellungen zur gegenwärtigen Demokratie haben. Nach den Angaben im Demokratieindex werden auch einige Länder wegen ihrer nicht umfassenden Demokratie trotz ihrer Einordnung als Demokratien als unvollständige Demokratien gewertet. Der Demokratie-Index wurde erstmals 2006 und seitdem meistens einmal jährlich veröffentlicht.

Sicherlich kann man zu einigen Einordnungen im Demokratieindex manchmal eine andere Meinung haben und viele Länder, die sich als Demokratien bezeichnen, erfüllen aus der Sicht des Verfassers des Buches nicht genügend die Voraussetzungen für eine Demokratie. Man kann auch zu der Auffassung kommen, dass dem Status der Demokratie eine zu hohe Bedeutung gegenüber anderen Herrschaftsformen beigemessen wird, denn auch eine Demokratie kann nicht als ideale Herrschaftsform bezeichnet werden. Oftmals werden auch die eigentlich geltenden Grundsätze einer Demokratie als Volksherrschaft auch von Demokratien nicht immer eingehalten. Es ist jedoch als ein Versuch einer Bewertung anzusehen.

Anhand fünf verschiedener Faktoren

Wahlprozess und Pluralismus,
Funktionsweise der Regierung,
politische Teilhabe,
politische Kultur und

Bürgerrechte

wurden die in die Wertermittlung für den Demokratie-Index für das Jahr 2021 einbezogenen 167 Länder von der Zeitschrift „The Economist“ bewertet und anhand der errechneten Punktzahl in die vier Kategorien

a) vollständige Demokratien (8,01 bis 10 Punkte mit den Abstufungen 8,01 bis 9 Punkte und 9,01 bis 10 Punkte),

b) unvollständige Demokratien (6,01 bis 8 Punkte mit den Abstufungen 6,01 bis 7 Punkte und 7,01 bis 8 Punkte),
c) Hybridregime (Mischformen) (4,01 bis 6 Punkte mit den Abstufungen 4,01 bis 5 Punkte und 5,01 bis 6 Punkte) und

d) autoritäre Regime (0 bis 4 Punkte mit den Abstufungen 0 bis 2 Punkte, 2,01 bis 3 Punkte und 3,01 bis 4 Punkte)

einsortiert.

Faktoren für die Einordnung im Demokratieindex bilden:

„Wahlprozesse und Pluralismus. Beispiel: „Sind die Wahlen frei und gerecht?
a) Sie sind frei und gerecht. (1 Punkt)
b) Sie sind frei, aber nicht gerecht. (0,5 Punkte)
c) Sie sind weder frei, noch gerecht. (0 Punkte)

Funktionsweise der Regierung. Beispiel: „Bestimmen frei gewählte Abgeordnete über die Politik der Regierung?
a) ja (1 Punkt)
b) Sie üben einen bedeutenden Einfluss aus. (0,5 Punkte)
c) Nein. (0 Punkte)

Politische Teilhabe. Beispiel: Anteil der Staatsbürger, die laut der Umfrage World Health Survey (deutsch: Weltgesundheits-Umfrage) Politik in den Medien (Radio, Fernsehen, Zeitungen) verfolgen:
a) über 50 % (1 Punkt)
b) 30 % bis 50 % (0,5 Punkte)

c) unter 30 % (0 Punkte)

Politische Kultur. Beispiel: „Gibt es einen ausreichenden gesellschaftlichen Konsens, der eine stabile und funktionierende Demokratie stützt?“
a) Ja. (1 Punkt)
b) Ja, aber es gibt ernste Zweifel und Risiken, (0,5 Punkte)
c) Nein. (0 Punkte)

Bürgerrechte. Beispiel: „Wird vom Staat Folter angewandt?“
a) Nein. (1 Punkt)
b) Ja. (0 Punkte)

Die Punkte eines Landes innerhalb eines Bereichs werden addiert, mit 10 multipliziert und durch die Zahl der Fragen geteilt. Der Gesamt-Index ergibt sich aus dem Durchschnitt der 5 Bereiche. Anhand dieses Wertes wird das Land daraufhin in eine der vier o. g. Kategorien einsortiert.

Da wir, wie an anderer Stelle dieses Buches bereits erwähnt, derzeit (2022) von 204 Staaten und Gebieten auf der Welt ausgehen, ist anzunehmen, dass von 37 Staaten und Gebieten keine Angaben bei der Messung des Demokratie-Indexes 2021 vorlagen.

Wie bereits beschrieben, sind innerhalb der Demokratie-Kategorien Abstufungen zu beachten. Zur besseren Verdeutlichung werden die in die jeweilige Demokratie-Kategorie eingeordneten aufgezählten Länder in den jeweiligen Kategorie-Abstufungen tabellarisch dargestellt.

Als vollständige Demokratien werden nach dem Demokratie-Index nur nachfolgende Länder in dieser Reihenfolge gezählt: Norwegen, Neuseeland, Finnland, Schweden, Island, Dänemark, Irland, Taiwan, Schweiz, Australien, Niederlande, Kanada, Uruguay, Luxemburg, Deutschland, Südkorea, Japan, Vereinigtes Königreich Großbritannien, Costa Rica und Österreich.

Land	9,01 bis 10 Punkte
Norwegen	9,75
Neuseeland	9,37
Finnland	9,27
Schweden	9,26
Island	9,18
Dänemark	9,09

Tabelle 5a: Vollständige Demokratien mit einem Demokratie-Index von 9,01 bis 10 Punkten 2021 (Quelle: Internet-Lexikon Wikipedia (https://de.wikipedia.org/wiki/Demokratieindex), entnommen aus: „The Economist“, veröffentlicht im Februar 2022)

Land	8,01 bis 9 Punkte
Irland	9
Taiwan	8,99
Schweiz	8,9
Australien	8,9
Niederlande	8,88
Kanada	8,87
Uruguay	8,85
Luxemburg	8,68
Deutschland	8,67
Südkorea	8,16
Japan	8,15
Vereinigtes Königreich Großbritannien	8,1
Mauritius	8,08
Costa Rica	8,07
Österreich	8,07

Tabelle 5b: Vollständige Demokratien mit einem Demokratie-Index von 8,01 bis 9 Punkten 2021 (Quelle: Internet-Lexikon Wikipedia (https://de.wikipedia.org/wiki/Demokratieindex),

entnommen aus: „The Economist“, veröffentlicht im Februar 2022)

Zu den unvollständigen Demokratien gehören: Frankreich, Israel, Spanien, Chile, die USA, Estland, Portugal, Tschechien, Botswana, Italien, Kap Verde, Malta, Griechenland, Slowenien, Belgien, Zypern, Lettland, Malaysia, Litauen, Trinidad und Tobago, Jamaika, Osttimor, Südafrika, Slowakei, Indien, Brasilien, Panama, Suriname, Argentinien, Polen, Indonesien, Bulgarien, Philippinen, Namibia, Kroatien, Ghana, Ungarn, Kolumbien, Dominikanische Republik, Rumänien, Mongolei, Serbien, Lesotho, Guyana, Singapur, Sri Lanka, Albanien, Moldau (früher: Moldawien), Papua-Neuguinea, Peru, Thailand, Nordmazedonien und Montenegro.

Land	7,01 bis 8 Punkte
Frankreich	7,99
Israel	7,97
Spanien	7,94
Chile	7,92
USA	7,85
Estland	7,84
Portugal	7,82
Tschechien	7,74
Botswana	7,73
Italien	7,68
Kap Verde	7,65
Malta	7,57
Griechenland	7,56
Slowenien	7,54
Belgien	7,51
Zypern	7,43
Lettland	7,31
Malaysia	7,24
Litauen	7,18
Trinidad und Tobago	7,16
Jamaika	7,13
Osttimor	7,06
Südafrika	7,05
Slowakei	7,03

Tabelle 6a: Unvollständige Demokratien mit einem Demokratie-Index von 7,01 bis 8 Punkten 2021 (Quelle: Internet-Lexikon Wikipedia (https://de.wikipedia.org/wiki/Demokratieindex), entnommen aus: „The Economist", veröffentlicht im Februar 2022)

Land	6,01 bis 7 Punkte
Indien	6,91
Brasilien	6,86
Panama	6,85
Suriname	6,82
Argentinien	6,81
Polen	6,8
Indonesien	6,71
Bulgarien	6,64
Philippinen	6,62
Namibia	6,52
Kroatien	6,5
Ghana	6,5
Ungarn	6,5
Kolumbien	6,48
Dominikanische Republik	6,45
Rumänien	6,43
Mongolei	6,42
Serbien	6,36
Lesotho	6,3
Guyana	6,25
Singapur	6,23
Sri Lanka	6,14
Albanien	6,11
Moldau	6,1
Papua-Neuguinea	6,1
Peru	6,09
Thailand	6,04
Nordmazedonien	6,03
Montenegro	6,02

Tabelle 6b: Unvollständige Demokratien mit einem Demokratie-Index von 6,01 bis 7 Punkten 2021 (Quelle: Internet-Lexikon Wikipedia (https://de.wikipedia.org/wiki/Demokratieindex), entnommen aus: „The Economist“, veröffentlicht im Februar 2022)

17,2 Prozent der Weltbevölkerung leben in Ländern, in denen sogenannten Hybridregime an der Macht sind. Dazu gehören folgende Länder nach der Einordnung im Demokratie-Index: Bangladesch, Tunesien, Paraguay, Malawi, El Salvador, Sambia, Bhutan, Ecuador, Madagaskar, Fidschi, Hongkong, Mexiko, Ukraine, Senegal, Armenien, Liberia, Georgien, Honduras, Tansania, Kenia, Bosnien und Herzegowina, Marokko, Sierra Leone, Bolivien, Guatemala, Uganda, Gambia, Nepal, Türkei, Pakistan, Elfenbeinküste, Benin, Nigeria, und Mauretanien.

Land	**5,01 bis 6 Punkte**
Bangladesch	5,99
Tunesien	5,99
Paraguay	5,86
Malawi	5,74
El Salvador	5,72
Sambia	5,72
Bhutan	5,71
Ecuador	5,71
Madagaskar	5,7
Fidschi	5,61
Hongkong	5,6
Mexiko	5,57
Ukraine	5,57
Senegal	5,53
Armenien	5,49
Liberia	5,43
Georgien	5,12
Honduras	5,1
Tansania	5,1
Kenia	5,05
Bosnien und Herzegowina	5,04
Marokko	5,04

Tabelle 7a: Hybride Demokratien mit einem Demokratie-Index von 5,01 bis 6 Punkten 2021 (Quelle: Internet-Lexikon Wikipedia) (https://de.wikipedia.org/wiki/Demokratieindex), entnommen aus: „The Economist“, veröffentlicht im Februar 2022)

Land	4,01 bis 5 Punkte
Sierra Leone	4,97
Bolivien	4,65
Guatemala	4,62
Uganda	4,48
Gambia	4,41
Nepal	4,41
Türkei	4,35
Pakistan	4,31
Elfenbeinküste	4,22
Benin	4,19
Nigeria	4,11
Mauretanien	4,03

Tabelle 7b: Hybride Demokratien mit einem Demokratie-Index von 4,01 bis 5 Punkten 2021 (Quelle: Internet-Lexikon Wikipedia) (https://de.wikipedia.org/wiki/Demokratieindex), entnommen aus: „The Economist“, veröffentlicht im Februar 2022)

Als autoritäre Regime gelten nach dieser Einordnung gemäß dem Demokratie-Index nachfolge Länder: Palästina, Kuwait, Burkina Faso, Libanon, Algerien, Katar, Kirgistan, Irak, Mosambik, Jordanien, Haiti, Mali, Gabun, Angola, Äthiopien, Russland, Niger, Komoren, Ruanda, Eswatini, Kasachstan, Oman, Vietnam, Ägypten, Simbabwe, Kambodscha, Vereinigte Arabische Emirate, Togo, Republik Kongo, Guinea-Bissau, Dschibuti, Nicaragua, Aserbaidschan, Kuba, Kamerun, Bahrain, Sudan, Belarus, Guinea, Volksrepublik China, Burundi, Usbekistan, Venezuela, Saudi-Arabien. Eritrea, Libyen, Iran, Jemen, Tadschikistan, Äquatorialguinea, Laos, Tschad, Turkmenistan, Syrien, Zentralafrikanische Republik, Dominikanische Republik, Kongo, Nordkorea, Myanmar und Afghanistan.

Land	3,01 bis 4 Punkte
Palästina	3,94
Kuwait	3,91
Burkina Faso	3,84
Libanon	3,84
Algerien	3,77
Katar	3,65
Kirgisistan	3,62
Irak	3,51
Mosambik	3,51
Jordanien	3,49
Haiti	3,48
Mali	3,48
Gabun	3,4
Angola	3,37
Äthiopien	3,3
Russland	3,24
Niger	3,22
Komoren	3,2
Ruanda	3,1
Eswatini	3,08
Kasachstan	3,08

Tabelle 8a: Autoritäre Staaten mit einem Demokratie-Index von 3,01 bis 4 Punkten 2021 (Quelle: Internet-Lexikon Wikipedia) (https://de.wikipedia.org/wiki/Demokratieindex), entnommen aus: „The Economist“, veröffentlicht im Februar 2022)

Land	**2,01 bis 3 Punkte**
Oman	3,0
Vietnam	2,94
Ägypten	2,93
Simbabwe	2,92
Kambodscha	2,9
Vereinigte Arabische Emirate	2,9
Togo	2,8
Republik Kongo	2,79
Guinea-Bissau	2,75
Dschibuti	2,74
Nicaragua	2,69
Aserbaidschan	2,68
Kuba	2,59
Kamerun	2,56
Bahrain	2,52
Sudan	2,47
Belarus	2,41
Guinea	2,28
Volksrepublik China	2,21
Burundi	2,13
Usbekistan	2,12
Venezuela	2,11
Saudi-Arabien	2,08
Eritrea	2,03

Tabelle 8b: Autoritäre Staaten mit einem Demokratie-Index von 2,01 bis 3 Punkten 2021 (Quelle: Internet-Lexikon Wikipedia) (https://de.wikipedia.org/wiki/Demokratieindex), entnommen aus: „The Economist“, veröffentlicht im Februar 2022)

Land	0 bis 2 Punkte
Libyen	1,95
Iran	1,95
Jemen	1,95
Tadschikistan	1,94
Äquatorialguinea	1,92
Laos	1,77
Tschad	1,67
Turkmenistan	1,66
Syrien	1,43
Zentralafrikanische Republik	1,43
Demokratische Republik Kongo	1,40
Nordkorea	1,08
Myanmar	1,02
Afghanistan	0,32

Tabelle 8c: Autoritäre Staaten mit einem Demokratie-Index von 0 bis 2 Punkten 2021 (Quelle: Internet-Lexikon Wikipedia) (https://de.wikipedia.org/wiki/Demokratieindex), entnommen aus: „The Economist“, veröffentlicht im Februar 2022)

2.7. Ressourcennutzung der Entwicklungsländer, Verhalten gegenüber diesen Ländern und Grundprämissen unserer Gesellschaftsordnung

„In Ressourcenkriegen geht es (insbesondere) um die Beherrschung von Rohstoffen und Energiequellen für das Wachstum. Andere Kriege, z. B. um Wasser oder kommende Klimakriege entspringen den Folgen des Wachstums. ……………………………..……...................“ (Stephan Kaufmann, Tadzio Müller: „Grüner Kapitalismus. Krise, Klimawandel und kein Ende des Wachstums“, Karl-Dietz-Verlag Berlin, 2009).

Aus dem Buch „So kann es mit unserer Lebensweise nicht weitergehen. Unsere westliche Lebensweise erfordert dringend Kurskorrekturen für ein Weiterbestehen unseres Planeten Erde und für uns selbst als Menschen“ (Heinz Märtin, 1. Auflage, Januar 2019) ist zu entnehmen, dass unsere Wachstumspolitik auch die Umweltkrise mit verursacht:

„Wegen der hohen über das vertretbare Maß erfolgten Inanspruchnahme der Natur und Umwelt durch die westlichen Länder, insbesondere bedingt durch die quantitative Wachstumspolitik bzw. auch durch die Wirkungen der Industrialisierung, des hohen Verbrauchs von endlichen Ressourcen, die sich in der steigenden Inanspruchnahme beim ökologischen Fußabdruck ausdrücken, ist auch aus ökologischer Sicht die weitere Erhöhung des Wachstums, wie wir es gestalten, in keiner Weise als richtig anzusehen. Deshalb ist es wichtig, dass die Staatsziele in der westlichen Welt kein Wachstum bzw. ggf. ein Minuswachstum beinhalten, um die erhebliche bisher durch die Beibehaltung der Wachstumspolitik eingetretene Überschreitung des ökologischen Fußabdrucks abzubauen, (da wir mehr als uns als Menschheit zusteht, verbrauchen).

Die erforderlichen in diesem Zusammenhang durchzuführenden Veränderungen müssen – abgeleitet aus dieser Tatsache – sowohl in gesellschafts-, als auch in wirtschaftspolitischer Hinsicht bei allen sich daraus ergebenden Erfordernissen erfolgen. In den betreffenden Schwellenländern mit einem noch relativ geringen ökologischen

Fußabdruck, dessen Höhe wesentlich unter dem ökologischen Fußabdruck westlicher Länder liegt, ist zeitweilig wegen ihrer (im Wachstum) bestehenden Rückstände in der Entwicklung noch ein (ökologisch vertretbares) Wachstum zuzulassen. Noch mehr ist dieses wichtige Erfordernis der (zeitlich begrenzten) Wachstumssteigerung auf die stark unterentwickelten Länder dieser Welt anzuwenden. Insbesondere bei den betreffenden Staaten Afrikas, Indien oder auch bestimmten Staaten Südamerikas (oder anderen stark wirtschaftlich rückständigen Staaten auf dieser Welt). Ziel sollte es sein, ein bestimmtes Normativ an geeigneten Vorgaben, wie beispielsweise den berechtigten ökologischen Fußabdruck, der uns nicht auf Kosten der Natur oder späterer Generationen der Menschheit leben lässt, der Wachstums- oder Nichtwachstumspolitik oder auch bei Erfordernis einer negativen Wachstumspolitik zugrunde zu legen. Das setzt eine zunehmende Internationalisierung der Politik und eine Veränderung der derzeitigen nationalen Politik und viele andere Erfordernisse und eine zunehmende Solidarität der Menschen und die Achtung der Würde aller Menschen auf dem Globus voraus. Gerade in den unterentwickelten Staaten muss zur Beseitigung von Armut, Hunger und frühzeitigem Sterben, insbesondere durch Hunger, die erforderliche nachhaltige Hilfe geleistet werden. Sowohl eine Ausbeutung anderer Staaten und der dort lebenden Menschen, als auch das Vorteilsstreben gegenüber den betreffenden Staaten bzw. den Menschen dieser Völker sollte nicht mehr erfolgen und der Vergangenheit angehören. Durch eine zunehmend vom Lebensniveau vergleichbare Welt wird auch zumindest die ökonomische Ursache der Flüchtlingsbewegung entzogen, die insbesondere durch die Ungleichheit auf der Welt durch die mangelnde Nachhaltigkeit bzw. durch Ausbeutung bzw. durch die mangelnde Solidarität sowie durch das Vorhandensein von egoistischen Grundhaltungen entsteht. Unter Berücksichtigung dieser Gründe, die die Menschen insbesondere in der westlichen Welt selbst durch ihre (bisherige) Lebensweise, ihren (noch bei Manchen sogar in dieser Zeit herrschenden) zügellosen Konsum sowie durch die (bisher vorherrschende) Anwendung von solchen Niedrigpreisen mit geschaffen haben, ist in diesem Zusammenhang (ihre) bisher gezeigte Haltung nicht zu verstehen. Diese (bisherigen) Niedrigpreise reichen für die Menschen aus den Entwicklungsländern, die diese jeweiligen betreffenden Produkte durch mühevolle Arbeit herstellen, kaum zum Leben und entstehen nur durch Ausbeutung dieser Menschen. Aus diesem Grund ist, wie bereits (teilweise) aufgeführt, die gezeigte durch mangelnde Menschlichkeit und Solidarität gezeigte Handlung von Menschen in der Bundesrepublik Deutschland und anderen westlichen Ländern sowie in manchen europäischen Ländern nicht zu verstehen. Dies zeigt auch auf, dass eine nicht geringe Zahl von Menschen, insbesondere in der westlichen Welt, ihre eigenen Egoismen vor den Bedürfnissen von armen Menschen stellen. Durch eine höhere Wertschätzung der von Menschen in den Entwicklungsländern hergestellten Produkte durch Bezahlung eines höheren Preises in den Ländern der westlichen Welt, damit die Menschen in den Entwicklungsländern am Wohlstand ebenfalls teilhaben können, werden nicht nur bessere Voraussetzungen zu einer Vermeidung der ökologischen Krise geschaffen, sondern auch wesentlich bessere Voraussetzungen erreicht, dass möglichst keine Kriege zwischen den Völkern mehr entstehen, deren Entstehen durch ökonomische Ungleichgewicht, materielle Ressourcen, aber auch durch die unterschiedliche Religion, das sich eine Religion über die andere Religion erhebt, verursacht werden. ……………………………" (H. Märtin)

Aktuell ist für Deutschland und für viele andere Länder der Welt eine erhebliche Inflation eingetreten, die auch mit vergleichbar hohen Preisen zu einer Kaufkraftentwertung in nicht geringem Maße führt. Insofern sind die aktuellen Gegebenheiten derzeit etwas anders als im in der 1. Auflage 2019 erschienenen o. g. Buch von Heinz Märtin dargestellt. Die Grundtendenz der billigen Preise für die Herstellung von Produkten und Erzeugnissen durch unterentwickelte im Regelfall arme Länder bzw. eine arme Bevölkerung und das Angebot dieser hergestellten Produkte durch hochentwickelte Industrieländer mit einem relativ hohen Lebensstandard gilt, trotz weltweiter Inflation, in gewisser Weise noch weiterhin. Man ist seitens der mit Hauptsitz in den hochentwickelten Industrieländern von der Ausbeutung von billigen Arbeitskräften in diesen unterentwickelten Ländern immer noch nicht abgekommen.

Wir sollten auch ein völlig anderes Verhalten gegenüber den Menschen dieser unterentwickelten armen Länder zeigen, das nicht mehr von Ausbeutung und Unterdrückung gekennzeichnet ist, wenn wir auch unsere weltweiten Ziele zum nicht weiteren erheblichen Anstieg der Erderwärmung erreichen wollen. Unser bisheriges kapitalistisches Wirtschaftssystem, das durch Wachstumssteigerung, Profitmaximierung und leider auch durch Unterdrückung der Menschen in diesen armen Ländern gekennzeichnet war und noch ist, gerät angesichts der globalen Herausforderungen, die uns alle betreffen, ins Wanken.

Bisher haben Bevölkerungen der hochentwickelten Industriestaaten im Durchschnitt auch durch ihren hohen Lebensstandard recht gut gelebt, wenn es auch oft zu Lasten der armen Bevölkerung vorrangig armer Länder ging. Man ist dabei bisher immer davon ausgegangen, dass es so weiter gehen kann und die kapitalistische Produktionsweise immer vorherrscht und ständig reformierbar ist und alle Krisen überstehen wird. Dies wird den Menschen, die in diesem Wirtschaftssystem lebten und leben, immer wieder gesagt und verdeutlicht. Dabei wird nicht ausreichend gesehen, dass wir unseren relativen Reichtum auch auf Kosten der erheblichen Eingriffe in die Natur, einer oft damit verbundenen Zerstörung der Natur – anders kann man auch den völlig überzogenen Verbrauch endlicher Rohstoffe und unser generelles Verhalten zur Natur nicht nennen – erkaufen.

Die Natur schlägt auch deshalb zurück, da sie solch einen würdelosen Umgang mit ihr nicht akzeptiert. Sie braucht uns Menschen nicht und kann auch so weiter existieren. Durch unsere menschengemachte Umweltzerstörung schlägt die Natur deshalb zurück, da sie uns Menschen mit dieser Art der Lebensweise als „Störenfriede" der Natur wahrgenommen hat. Sie zeigt uns durch die eintretende Umweltkrise auf, dass wir so in dieser Art nicht weiter leben können. Sie „verlangt" von uns, wenn wir weiter als Gattung auf unserer Erde bestehen wollen, dass wir unser Verhalten erheblich ändern müssen und nicht mehr solch einen Raubbau an der Natur betreiben können. Sie zeigt uns u. a. auch auf, dass wir durch diese Lebensweise vieler Menschen auf dieser Welt viel zu viele Treibstoffgase produzieren und diese nicht genügend emittiert werden können. Sie sagt uns auch, wenn wir so weiterleben, dass eine erhöhte Erderwärmung mit allen ihren Umweltfolgen eintritt. Es wird uns auf diese Weise verdeutlicht, dass wir dadurch erheblich dezimiert werden könnten oder als zwangsläufige Folge dieser Fehlentwicklung ganz aussterben können.

Damit könnte auch ein Ende der Zivilisation durch das Aussterben des Menschen und wahrscheinlich auch aller Tiere eintreten. Unter diesen Verhältnissen können wir kaum noch als Menschheit leben, wenn diese Umstände eintreten sollten. Damit dies nicht alles eintritt, was durch unsere gegenwärtige Art zu leben nahezu vorprogrammiert ist, haben wir nur eine Chance, dass wir unsere derzeit vorrangig gezeigte Lebensweise völlig in Frage stellen und anders, nämlich menschlicher und friedlicher leben und nicht so sehr auf materielle Werte erpicht sind. Wir sollten einen kulturellen toleranten Umgang miteinander pflegen und uns mehr an geistigen Werten uns viel stärker als bisher orientieren. Dabei sollten wir auch nicht immer zuallererst alles politisch und nur in zweiter Linie ökonomisch sehen. Die Ökonomie sollte immer vor der Politik stehen. Dieser Grundsatz sollte auch für eine gerechte humane globale Ökonomie gelten und für viele damit verbundene Gegebenheiten unseres Lebens. Gerade in unserer heutigen Zeit, in der eine Deindustrialisierung droht und eine mangelnde Sozialverträglichkeit besteht, sieht man eindeutig, wie wichtig die Einhaltung dieses Grundsatzes ist.

In der früheren DDR wurde neben anderen Fehlern auch gegen den geltenden wichtigen Grundsatz der primären wirtschaftlichen möglichen Entwicklung vor den Interessen der Politik verstoßen. Dabei wurden wichtige einzuhaltende Prämissen und ökonomische Gesetze nicht ausreichend beachtet. Diese politischen Misshandlungen der Ökonomie führten zu ökonomischen Fehlentwicklungen und somit auch mit zum Ende der früheren DDR und zum Beitritt der DDR zur BRD ab dem 03.10.1990. Auch bei unserer gegenwärtigen gesellschaftlichen Entwicklung im wiedervereinigten Deutschland sollten wir diesen wichtigen Grundsatz beachten und möglichst keine Verstöße zulassen.

Die Sorge um das Gedeih aller Menschen, unabhängig davon, von wo sie herkommen, welchem Geschlecht oder welcher Religion sie angehören, muss dabei immer unser Ziel sein.

Wir sollten auch solidarisch sein, denn wir können in einer globalen Welt nur gemeinsam existieren, und es kann und darf einfach nicht sein, dass Manche sich auf Kosten anderer Menschen bereichern und andere Menschen dieser Welt ausnutzen und unterdrücken. Es kann und darf nicht sein, dass trotz wahrscheinlich unvermeidlicher Unterschiede solch eine Polarität zwischen reichen und armen Menschen auf dieser Welt, die weiter gewachsen ist und wenn wir so weiterleben, sich wahrscheinlich noch erhöhen wird, herrscht. Deshalb dürfen diese gewaltigen Unterschiede im Reichtum nicht so weiter bestehen bleiben, wenn wir als Menschheit unter den Gegebenheiten der Umweltkrise weiter existieren wollen. Auch damit tragen wir mit dazu bei, dass nicht geringe Probleme bei einer weiteren Fortsetzung der Herrschaftsform der Demokratie bestehen.

Es sollte alles nur Mögliche auch prophylaktisch dafür getan werden, Kriege, die durch die erheblichen Einkommens- und Vermögensunterschiede und durch Rohstoffprobleme, geostrategische Gründe, Bürgerkriege, aus unterschiedlichen ethnischen oder auch aus politischen Gründen bzw. aus Machtproblemen oder aus anderen Gründen vorrangig verursacht werden, zu verhindern bzw. gar nicht erst entstehen zu lassen. Es muss alles dafür getan werden, dass diese Kriege durch objektives Erkennen der Ursachen und die damit verbundene Einflussnahme möglichst vermieden werden können. Kriege müssen unbedingt durch diplomatische Friedenslösungen beendet werden. Man darf hierbei nicht nur die bisherige geltende Flächennutzung sehen, sondern sollte sich ethnischen Problemen bzw. völlig unterschiedlichen Auffassungen hierbei nicht verschließen. Oft werden nur die territorialen Belange eines Staates in erster Linie gesehen, weil man bisherige Machtstrukturen beibehalten will. Der Mensch bzw. die Menschen sollten hierbei immer im Vordergrund stehen, wenn man eine humanistische Lösung erreichen und menschliche Opfer vermeiden will. Die Politik einer friedlichen Koexistenz der Völker sollte immer und überall die Grundlage des Zusammenlebens, auch zwischen dem Menschen aus verschiedenen Herrschafts- und Gesellschaftssystemen bilden.

Für eine kapitalistische Gesellschaftsordnung ist, wie bereits beschrieben, systemimmanent, dass immer eine Wachstumserhöhung erreicht werden soll und eine Profitmaximierung vorherrscht. Mit der Profitmaximierung ist oft eine erhebliche Bezwingung der Natur bzw. eine Umweltzerstörung verbunden. Oft äußert sich diese in nicht ausreichender Humanität. Die Herausforderungen, um diese uns Alle betreffenden wichtigen ökologischen Ziele, insbesondere des nicht weiteren so erheblichen Anstiegs der Erderwärmung, zu erzielen, verlangen eine In-Frage-Stellung unserer bisherigen Art zu leben. Unsere gegenwärtigen Zielstellungen, auch in Nordamerika, in der EU und auch in Deutschland, gehen jedoch davon aus, dass der Kapitalismus mit diesen Zielstellungen weiterhin bestehen kann, wir nur einen „grünen“ Kapitalismus betreiben brauchen und weiterhin die gesellschaftlichen wichtigen Zielstellungen des Kapitalismus so bestehen lassen können.

Im Buch von Prof. Dr. von Weizsäcker und Dr. Anders Wjikman „Wir sind dran: Was wir ändern müssen, wenn wir bleiben wollen. Club of Rome: Der große Bericht“ schreiben der schottische Ökonom und ehemalige Generalsekretär des Club of Rome (2014 – 2018) Graeme Maxton und der norwegische Hochschullehrer, Autor und Zukunftsforscher Jørgen Randers zum Kapitalismus u. a.:

„Aber in Wirklichkeit macht der heutige Kapitalismus Vieles schlimmer, sowohl für die Umwelt, als auch für die Menschen.“

Randers und Maxton nennen viele Fälle des Versagens: Klimawandel, Verschmutzung (auch der Ozeane), Biodiversitätsverlust, Ressourcenverarmung, Armut, Ungleichheit und soziale Konflikte, Arbeitslosigkeit – besonders bei Jugendlichen. …..............................

„Die Autoren sehen dieses Problempaket als Ergebnis des gegenwärtigen Wirtschaftssystems an: Der Wunsch nach endlosem Profit und Konsum ohne Rücksicht auf die Umwelt und soziale Ungleichheit. Die kapitalistische Anreizstruktur belohnt Kostensenkungen und kurzfristige Gewinne. Sie erzeugt auch eine ständig steigende Arbeitsproduktivität und erhöht damit die Langzeitarbeitslosigkeit, wenn sie nicht an anderer Stelle ausreichend neue Arbeitsplätze schafft. Extremes, von der ungezügelten Marktwirtschaft geprägtes Denken, ist die Wurzel des Schadens, den die Menschheit dem Planeten zufügt. Das derzeitige Wirtschaftssystem erfordert einen ständigen Anstieg des Rohstoffangebots. Und nach diesem Denken haben die Ozeane, Wälder und das Polareis keinen ökonomischen Wert über die gelieferten Ressourcen hinaus, die verursachten Schäden werden weitgehend ignoriert.

Haben wir nicht ein ähnliches Verdikt vom Papst gehört? Solche Kapitalismuskritik hört man auch von anderen Denkern. Jean Ziegler schreibt, dass unsere Probleme und Katastrophen hauptsächlich durch den ungezügelten Kapitalismus verursacht werden. Auch Mainstream-Ökonomen sind zu dem Schluss gekommen, dass die Märkte nichts unternehmen, um die Ungleichheit der Menschen zu reduzieren – ganz im Gegenteil. Einer der prominentestem Wirtschaftswissenschaftler, der diese Ansicht teilt, ist Joseph Stieglitz, neues Mitglied des Club of Rome.

Thomas Piketty hat in seiner tiefgreifenden historischen Analyse des Kapitalismus gezeigt, dass die Beseitigung der Armut unter der Herrschaft des Kapitals nie eingetreten ist. Anders Wijkman, Co–Präsident des Club of Rome, und Johan Rockström haben in ihrem Bericht „Bankrupting Nature" gezeigt, dass die Zerstörung der Natur und die Entstehung von finanziellen Zusammenbrüchen im Kern der gleichen Logik von Gier, Ungeduld und Kurzfristigkeit folgen. Eine besorgniserregende Eigenschaft des heutigen Marktsystems .... ist, dass die Shareholder Value zunimmt, wenn Arbeitsplätze wegfallen.

Der rasche Fortschritt der digitalen Wirtschaft kann Arbeitslosigkeit verschlimmern, sagen auch Brynjolfsson und McAfee in ihrem viel zitierten Buch „The Second Machine Age."

„Je schneller das Wachstum ist, desto mehr Unternehmen neigen dazu in Automatisierung und Robotisierung zu investieren."

Das extreme Marktmodell hat einen konkreten historischen Ausgangspunkt. 1947 trafen sich in Mont Pèlerin über Vevey, einem kleinen Ort in der Schweiz, eine Reihe von für die damalige Zeit unorthodoxen Denkern. Die Einladung zu dem Treffen ging auf Friedrich von Hayek zurück, einem sehr bedeutenden Ökonomen, der später den Nobelpreis für Wirtschaftswissenschaften erhielt. .... Viele der Teilnehmer waren in Sorge vor der allgemeinen erkennbaren Zunahme der Staatskompetenzen, vor allem in Richtung Wohlfahrtsstaat. Sie sahen das als „gefährlich" an, auch die Gewerkschafteen hielten sie für „gefährlich." Im Kontrast dazu erschien ihnen der deregulierte Markt als etwas nahezu Göttliches.

....

...... Hayek behauptete, dass die Absicht war, einen Ort für den freien und unabhängigen Austausch von Gedanken zu schaffen und nicht etwa in die Politik zu intervenieren. ....

Erst in den späten 1970er Jahren während der „Stagflations“-Krise wurden die Ideen der Gruppe in konservativen akademischen und politischen Kreisen dominant, und das neoliberale Denken begann, politisch erfolgreich zu werden. ....

....

Natürlich behaupteten die Jünger der MPS (Mont Pèlerin Society) alsbald, dass der wirtschaftliche Aufschwung auf die neue Politik der Steuersenkungen und die reduzierte staatliche Intervention zurückzuführen sei. In Wirklichkeit hatten die Gründe wohl weniger mit der neoliberalen Agenda zu tun. Der wichtigste Grund war die überraschende Tatsache, dass weniger als zehn Jahre nach dem „Ölschock“ von 1973 die Benzin- und Gaspreise abzustürzen begannen, ... um schließlich die Niveaus (in konstanten Dollars) in der Nähe der Vorschock-Preise zu erhalten.

....

Das billige Öl seit 1982 hat die Inflation und die Transportpreise massiv reduziert und die Investoren veranlasst, sich in der OECD und einigen Schwellenländern stark zu engagieren. Niedrige Ölpreise haben vor allem in den USA auch den Eigenheimbau verstärkt, ein starker Hebel für die Gesamtwirtschaft. Tragischer entwickelten sich die 1980er Jahre katastrophal für viele Entwicklungsländer, die viel Geld aufgenommen hatten, um in den Bergbau zu investieren, und auf stetig steigende Rohstoffpreise gesetzt hatten. Als dann die Ressourcenpreise absackten und die USA die Zinsen erhöhten, fanden sich diese Länder in einer unlösbaren Schuldenkrise wieder. In den 1980er Jahren war das neoliberale Denken bereits in der akademischen Ökonomie der USA vorherrschend und wurden als frische, modernere Alternative zur europäischen sozialen Marktwirtschaft verkauft. Solange aber die Sowjetunion noch als Bedrohung existierte, bestand ein gewisser Druck, zu beweisen, dass die Marktwirtschaft den Armen besser diente als der Sozialismus, so dass die extreme Form des freien Marktdenkens außerhalb der englischsprachigen Welt eine Minderheitenmeinung bildete.

....

Trotz mancher protektionistischer Anwandlungen und zunehmender

Kritik aus sozialer und ökologischer Sicht bleibt das Marktdogma immer noch vorherrschend. Aber seine theoretischen und praktischen Schwächen werden sichtbarer, und die Rufe nach einer Balance zwischen den drei Säulen der Nachhaltigkeit, Ökonomie, Ökologie und Soziales werden lauter."

Die führenden Politikerinnen und Politiker der „Grünen" und noch in stärkerem Maße die FDP und auch der CDU sowie CSU in Deutschland sind der Auffassung, dass wir durch die entsprechenden Maßnahmen und Handlungen durch die Anwendung von bisher schon vorhandenen oder noch zu schaffenden Technologien die Klimakrise bewältigen können, und man setzt dabei, weil es immer für den Kapitalismus typisch war, vorrangig auf das Marktdogma. Es kann jedoch nicht als richtig angesehen werden, alles nur dem Markt bzw. dem Angebot und der Nachfrage zu überlassen. Der Markt beachtet bei manchen Handlungen und den sich daraus ergebenden Auswirkungen nicht immer ausreichend die aktuell bestehenden Erfordernisse. Ein Eingreifen des Staates durch Schaffung von Ordnungsrahmen ist deshalb vielfach erforderlich. Es sollte hierbei auch eine langfristige Planung in Frage kommen. Diese kommt leider vielfach zu kurz, weil die Kurzfristigkeit bzw. das Erreichen eines kurzfristig erreichten positiven Ergebnisses eine vorrangige Rolle im westlichen Gesellschaftssystem bzw. im Kapitalismus spielt. Es muss deshalb unbedingt ein regulierender staatlicher Einfluss sein, um alle vor uns stehenden Aufgaben bewältigen zu können. Man sollte jedoch unbedingt erreichen, dass der Staat nicht immer autoritärer wird und nicht mehr dem Volksempfinden entspricht.

Der staatliche Einfluss darf meines Erachtens nicht dazu führen, dass eine wahrhafte Demokratie oder erfolgte demokratische Entscheidungen der Gegenwart dann nicht mehr wirksam werden können, weil sie Einzelnen oder bestimmten Parteien nicht gefallen und sie sich ein anderes Ergebnis dabei gewünscht hätten. So kann man die Volksherrschaft bzw. Demokratie nicht verstehen, und sie darf so aus der Sicht des Verfassers dieses Buches nicht ausgeübt werden. Auch die führenden Vertreterinnen und Vertreter von „Bündnis 90/Die Grünen" haben zwar meines Erachtens erkannt und handeln auch vielfach danach, dass ein staatlicher regulierender Einfluss erforderlich ist, aber manche ihrer gegenwärtigen Handlungen dieser

Vertreterinnen und Vertreter von Bündnis 90/Die Grünen beachten auch andere Auffassungen bzw. die Meinung des Volkes in manchen wichtigen aktuellen Fragen, auch bezogen auf die Belange der Energiewende, oft in nicht ausreichendem Maße.

Eine erforderliche entscheidende Minimierung der Emission von Treibhausgasen können wir erreichen und gleichzeitig noch weitere Arbeitsplätze durch die umfassende Anwendung der kapitalistischen Wirtschaftsmethode nach der Lesart der Grünen schaffen. Sie sagen, dass es ausreichend ist, wenn wir uns von fossilen Energien wegen deren hohen CO2-Aufkommen trennen, auf Atomenergie verzichten wegen deren Probleme in der Sicherheit und der Endlagerung, dafür regenerative Energie im verstärkten Maße installieren und auch Wasserstoff als Energieart, trotz der zweifellos noch vorhandenen Probleme in der praktischen wirtschaftlichen Nutzung dieses chemischen Stoffes, anwenden. Wir sollen weiterhin verstärkt Elektroautos oder anderen Fahrzeugarten nutzen, die keinen Vergaserkraftstoff mehr enthalten und von den vergaserkraftstoffbetriebenen Fahrzeugen zukünftig Abstand nehmen. Außerdem sollen wir verstärkt die Schiene bzw. Busse, den ÖPNV als Verkehrsart nutzen. Wir sollen auch nicht mehr so viele Nahrungsmittel an Tiere verfüttern und den Bestand der Tiere reduzieren, wie beispielsweise auch von Rindern wegen des hohen Methan-Gehalts, den sie ausstoßen. Wir sollen auch manche andere Verhaltensweisen ändern, uns zum Beispiel auf vegetarische oder vegane Lebensweise umstellen oder andere empfohlene „grüne“ Lebenspraktiken oder Verhaltensweisen im verstärkten Maße anwenden.

Sicher ist Vieles davon richtig, für uns Menschen auch empfehlenswert und als Bestandteil der Energiewende zu sehen. Es ist verständlich, dass alles dafür getan werden muss, eine niedrige CO2-Emission und dann eine weitgehende Klimaneutralität relativ bald zu erreichen und somit die steigende Erderwärmung bzw. dessen weiteren erheblichen Anstieg wirksam beeinflussen zu können.

Aber bei allen diesen notwendigen Maßnahmen und durchzuführenden Handlungen müssen wir auch die gegenwärtig bestehende Realität beachten. Die Menschen müssen bei diesem revolutionären Transformationsprozess auch mitgenommen werden und sich auch mitgenommen fühlen. Die erforderlichen sozialen Aspekte sind dabei hinreichend auch für alle Menschen zu beachten. Noch vorhandene technische Probleme sind zielgerichtet zu überwinden. Besonderer Augenmerk muss auf die dabei wohl wichtige Versorgungssicherheit gelegt werden. Es müssen alle Prozesse und auch die gegenwärtige technologische Machbarkeit gewissenhaft geprüft werden, um die Energiewende erfolgreich und richtig zu realisieren.

Manchmal muss man das Gefühl haben, dass dies nicht immer in ausreichendem Maße und wegen der zweifellos eingetretenen vermeidbaren Rückstände alles mit dem „Kopf durch die Wand“ geschieht. Eine Erhöhung der Preise soll als Lenkungswirkung erreicht werden und ist ein wichtiges Prinzip der Grünen- Politik. Es wird hierbei jedoch nicht ausreichend die gegenwärtig auch in Deutschland vorherrschende soziale Seite beachtet, dass die Mehrheit der Menschen in Deutschland sich nicht mehr die hohen Preise leisten können. Auch will die Ampel-Regierung, aus ihrer Sicht verständlich, bei der nächsten Wahl wieder gewählt werden. Deshalb ist man derzeit nicht so gewillt, bestimmte Maßnahmen, die im Sinne der Energieversorgung und des Klimawandels notwendig wären, mit der Schärfe, wie es Einige, insbesondere manche Grünen wollen, umzusetzen.

Es ist unbedingt mehr, als dies bisher geschieht, wie bereits erwähnt, zu beachten, dass diese Zielstellungen jedoch bei einer Weiterführung des Wachstums und der Profitmaximierung, also einer Fortsetzung der bisherigen kapitalistischen Wirtschaftsmethode, zu einen unüberbrückbaren antagonistischen Widerspruch führen. Diese beiden Zielstellungen, einerseits den Kapitalismus in den bisherigen Zielstellungen weiter zu betreiben und anderseits die CO2-Treibhausgasemission wirksam zu beeinflussen, passen nach Meinung Mancher nicht zusammen. Wenn man beide Zielstellungen verfolgt, ist es wohl nicht möglich, grüne Wohlstandspolitik zu betreiben. Man kommt um manche Verzichte und Reduzierungen aus der Sicht des Verfassers dieses Buches wohl nicht herum, wenn man einerseits den wichtigen ökologischen Fußabdruck erheblich senken will und gleichzeitig eine weitere quantitative Wachstumssteigerung und

Profitmaximierung erreichen will. Aber bei allen diesen erforderlichen Handlungen müssen wir, wie bereits mehrfach erwähnt, das Volk mitnehmen und dessen Zustimmung erreichen. Dies gilt besonders auch für Verzichte sowie Verbote. Man muss eindeutig den Verbrauch in quantitativer Hinsicht senken und kommt dadurch um einen Verzicht, um eine bewusste Verhaltensänderung bei den Menschen zu bewirken, nicht herum. Auch der Lebensstandard wird auf diese Weise in quantitativer Hinsicht sinken, selbst, wenn man eine qualitative Erhöhung des Lebensstandards damit erreichen will, die mehr den Menschen oder dem Menschsein entspricht, als nur nach Reichtum, Gier, Egoismus usw. zu streben. Wir müssen, um diese Zielstellung zu erreichen, alle den Gürtel enger schnallen und können uns manches bisher Gewöhntes, was unserem früheren Lebensstandard entsprach, nicht mehr erlauben, wenn wir eine weitgehend CO2-freie Emission erreichen wollen. Damit ist, wie schon an anderer Stelle genannt wurde, unsere gegenwärtige Wirtschaftsmethode bzw. unser Wirtschaftssystem in Frage zu stellen, um ein Überleben bzw. eine Weiterführung der Existenz der Zivilisation zu sichern. Uns sind bezüglich des Marketings und der Werbung, die bisher vorherrschte, erhebliche Grenzen allein aus Gründen der Einhaltung der Nachhaltigkeit und der erforderlichen Ressourceneinsparung gesetzt. Dabei ist das zu erreichende zeitliche Primat der Beseitigung der erheblichen Unterschiede im Lebensstandard zwischen den einzelnen Ländern der Welt zu sehen, um die Voraussetzungen zu ausreichenden globalen allumfassenden, Umweltmaßnahmen zu sichern. Um den nicht weiteren erheblichen Anstieg der Erderwärmung zu erreichen, kann es nicht typisch sein, dass eine Fortsetzung der kapitalistischen Wirtschaftsmethode erfolgt. Es ist erforderlich, dass hierbei in erster Linie solidarisch zwischen den einzelnen Ländern dieser Welt gedacht und gehandelt werden muss. Die Interessen der gesamten Gemeinschaft müssen dabei im Vordergrund stehen.

Auch die bestehenden erheblichen Unterschiede zwischen dem globalen Norden und dem globalen Süden und die damit verstärkt verbundene Ausbeutung der Menschen im globalen Süden wird hierbei unzureichend beachtet.

Im Buch „Wir sind dran. Was wir ändern müssen, wenn wir bleiben wollen“ von Prof. Dr. von Weizsäcker und Dr. Anders Wijkman und der weiteren Autoren wird u. a. dazu geschrieben:

„Wir stellen fest, dass die Wirtschaftsphilosophie des Übergewichts der Märkte erst nach dem Ende des Kalten Krieges zum dominierenden Paradigma geworden ist. Wir fanden auch, dass die Marktlehre in vielerlei Hinsicht versagt hat, und wir sahen, dass einige der Kernprinzipien der heutigen Marktphilosophie auf fehlerhaften Zitaten und Missverständnissen ihrer ursprünglichen Bedeutung basieren.“

Weiterhin kann aus dem genannten Buch von Prof. Dr. von Weizsäcker und Dr. Anders Wijkman in diesem Zusammenhang entnommen werden:

„Wir glauben, dass ein Großteil des Kränkelns der modernen Wirtschaftstheorie in falschen oder übertriebenen Zitaten der drei ausgewählten Riesen der Ökonomie (Adam Smith, David Ricardo, Charles Darwin) wurzelt. .... Die Korrektur der Zitate könnte (sehr vereinfacht) wie folgt lauten:

Die Segnungen der unsichtbaren Hand erfordern die Existenz und Wirksamkeit eines starken Rechtsrahmens, der über den Einfluss der mächtigen Marktteilnehmer hinausgehen sollte.

Der beiderseitige Nutzen des Handels gelingt nur, wenn das Kapital ortsfest bleibt. Die Macht des Kapitals ist gefährlich asymmetrisch. Großes Kapital wird immer einen Vorteil über kleines Kapital haben. Und viele lokale Innovationen brauchen kleines Kapital.

Der Wettbewerb ist in seinem Ursprung ein lokalisiertes Phänomen. Der Schutz lokaler Kulturen, lokaler Spezialisierungen und lokaler Politik gegen die immensen Mächte von Weltkonzernen kann für Diversifizierung, Innovation und Evolution erforderlich sein. Der Begriff „nicht diskriminierend“, welcher derzeit in Handelsabkommen verwendet wird, tendiert dazu, den Mächtigen die Oberhand über die schwachen und lokalen Konkurrenten zu geben.“

„Man muss auch beachten, dass bisher immer eine Steigerung des Wachstums der kapitalistischen Produktionsverhältnisse mit einer ständig steigenden Treibhausgasemission verbunden war und dass eine Reduzierung der Emissionen im Kapitalismus bisher nur mit entstehenden Krisen oder Wachstumseinbrüchen, die aus verschieden Gründen erfolgten, verbunden war. ...“ (Kaufmann, Müller, 2009)

Der grüne Kapitalismus wird so dargestellt, als wenn er allein die Lösung in dieser schwierigen Existenzlage für das weitere Bestehen der Menschheit wäre.

„Das ökologisch zerstörerische Wachstum, niedrige Löhne, steigende Reproduktionskosten und ein immer autoritärer wirkender Staat werden ausgeblendet.“ (Kaufmann, Müller, 2009).

Dazu kommt auch das Klassenproblem, das ebenso völlig unbeachtet bleibt.

2.8. Hinweise zu Grundzügen des grünen Kapitalismus in Verbindung mit der Treibhausgasemission bzw. der Klimakrise

Stephan Kaufmann und Tadzio Müller schrieben dazu u. a. in ihrem Buch „Grüner Kapitalismus. Krise, Klimawandel und kein Ende des Wachstums“ bereits 2009 u. a.: ....

Woher aber die plötzliche Popularität dieses „Green New Deals? Die Antwort liegt darin, dass der Vorschlag ein klassisches hegemonisches Projekt ist: In einem politischen Vakuum werden partikulare Herrschaftsinteressen (in diesem Fall: das einer „grünen“ Kapitalfraktion einer wohlhabenden Mittelklasse und ihrer politischen Repräsentantinnen und Repräsentanten in den europäischen grünen Parteien) zum Allgemeininteresse, indem unterschiedliche Interessen der Subalternen (z. B. an intakter Umwelt, Einkommen, sinnvoller Tätigkeit) in herrschaftsförmiger Weise integriert werden, also ihre Realisierung in bestimmten Grenzen und Formen ermöglicht, die Interessen selbst dabei verrückt werden (Inwertsetzung von Natur, Wachstum, Lohnarbeitsplätze), während existierende Interessenkonflikte dethematisiert werden (Gramski, Gef. 7. 1584; Candeias 2004/2009, 64 f.). Die GND (gemeinsame Normdatei) verspricht zwar allen – am Ende geht es aber vor allem darum, die ökonomischen, sozialen und ökologischen Widersprüche des Kapitalismus zu bearbeiten und die subalternen Klassen zu integrieren. ....“ (Kaufmann, Müller)

Weiter schreiben die beiden genannten Autoren in ihrem Beitrag „IT`S ECONOMIC GROWTH, STUPID“ im Rahmen ihres Buches „Grüner Kapitalismus. Krise, Klimawandel und kein Ende des Wachstums“ u. a.:

„Die Attraktivität allerlei grüner Modernisierungsvorschläge auch für jene soziale Kräfte, die sich traditionellerweise nicht allzu viel um die Umwelt scheren (wie zum Beispiel die........................... erwähnte Metallindustrie), liegt darin, dass sie versprechen, einen neuen Wachstumsmotor zu schaffen – einen Sektor – oder auch eine quer zu den traditionellen Wirtschaftssektoren liegende

Modernisierungsbranche, die den Rest der Wirtschaft aus der Rezession und dauerhaft zurück in die schwarzen Zahlen führen könnte. Anderseits liegt die Attraktivität aus einer im weiten Sinne „grünen" Perspektive darin, dass sie verspricht, die Bio-, oder zumindest die Klimakrise in den Griff bekommen zu können, und zwar im Rahmen des immer kleiner werdenden Zeitfensters, das „uns" noch bleibt, um globale Emissionen drastisch zu reduzieren. Was dabei ausgeblendet wird, ist die Frage, ob diese beiden Ziele nicht tatsächlich diametral entgegengesetzt stehen. Mit anderen Worten, ob der GND, wenn er das globale Wirtschaftswachstum wieder anzukurbeln verspricht, nicht genau das Schlechteste ist, was dem Klima zustoßen könnte. Beginnen wir wieder mit dem aus einer progressiven Perspektive interessanten grünen Modernisierungsvorschlag, dem der GNDG. Diese argumentiert, dass sowohl die Energiekrise als auch die Klimakrise ein Produkt des „gegenwärtigen Globalisierungsmodells seien (GNDG, 2008, 2). Ignoriert wird die Tatsache, dass es die fordistisch-keynesianische Massenproduktion und -konsumtion war, welche den kapitalistischen Industrialismus erst „radikalisierte"). ....

Und die Geschichte des Klimasystems macht deutlich, dass die Geschichte des menschengemachten Klimawandels mit derjenigen des industriellen Kapitalismus zusammenfällt, also mit der eines Wirtschaftssystems, dessen vorrangiges Ziel und Basis das ständige Wachstum ist. (Kovel 2007, Nell, Semmler, Rezai 2008, 171f.). Es ist also nicht genug, sich noch einmal auf den schon auf dem Boden liegenden Neoliberalismus zu stürzen und ihm jetzt noch – zusätzlich zu all den sozialen Verwerfungen, die er tatsächlich produzieren muss – aus politischen Gründen die Alleinschuld an der Klimakrise zu geben, allen empirischen Daten zum Trotz. Umweltzerstörung liegt gerade nicht nur in der Struktur des Neoliberalismus begründet, über den der GND zugegebenermaßen hinaus will, sondern in der Struktur der kapitalistischen Produktionsweise selbst. Schon lange vor dem neoliberalen Finanzmarktkapitalismus schrieb Marx (MEW 23, 621) schließlich über die Logik des Kapitalismus: ....
Akkumuliert! Akkumuliert! Das ist Moses und die Propheten."

„(Der ungarisch-österreichische Wirtschaftshistoriker, Wirtschafts- und Sozialwissenschaftler) Karl Polanyi (1886 - 1964) skizzierte (1944), dass Gesellschaften sich vor den ökologisch zerstörerischen Tendenzen des Kapitalismus schützen mussten. Der Club of Rome warnte 1972, wie bereits erwähnt, vor den Grenzen des Wachstums – noch bevor der Neoliberalismus durchgesetzt werden konnte. Des kapitalistischen Pudels Kern ist das Wachstum, und darum geht es in GND, um eine Neuauflage der Geschichte vom Kapitalismus, der ewig weiterwachsen kann, ohne diese Lebensgrundlage zu untergraben. Ein neuer Wachstumszyklus aber steht im direkten Widerspruch zur Bewältigung der Biokrise. Wirklich klimaschutzrelevante CO2-Reduktionen hat es in den letzten 30 Jahren trotz globalen und nationalen Umweltpolitiken nur zweimal gegeben. Nicht ausgelöst dadurch, dass der Anteil erneuerbarer Energien erhöht wurde (z. B. durch das Erneuerbare–Energien–Gesetz), nicht ausgelöst durch Emissionshandel, sondern durch den Zusammenbruch der wachstumsfinanzierten Wirtschaften des Ostblocks. ……………………………………………………………………
Jeder (bisherige) Versuch, die Biokrise zu lösen, (kommt) nicht ohne eine Abkehr vom Wachstumsimperativ aus. ……………………………………
Klar sollte aber geworden sein, dass jeder Versuch, kapitalistisches Wachstum wieder in Gang zu bringen ...., im direkten Widerspruch zur Lösung der Biokrise ist. Befürworter eines begrünten Kapitalismus wenden an dieser Stelle ein, dass dieser Zusammenhang zwar historisch bestehe, dass es bei der grünen Modernisierung aber gerade darum gehe, einen Kapitalismus zu bauen, dessen ökonomisches Wachstum nicht die Umwelt belastet. Stichworte: Nachhaltigkeit / qualitatives Wachstum. Auch hier gibt es wieder Gegenargumente, sowohl historische als auch theoretische. Historisch ist klar: 250 Jahre real existierender Kapitalismus sind bisher immer im Umweltraum expansiv gewesen, während nur Krisen des Kapitalismus zumindest kurzfristig seine ökologischen Zerstörungskräfte gebändigt haben. Dies ist nicht überraschend: Der Prozess der Kapitalakkumulation, in marxscher Begrifflichkeit der Prozess, in dem Geld (G) in die Produktion von Waren (W) investiert wird, damit nach dem Verkauf der Ware mehr Geld (G) heraus kommt, beinhaltet als zentralen Bestandteil eben den der Produktion. In den Produktionsprozess gehen immer Ressourcen ein, nicht nur Arbeit, Geld und Wissen, sondern immer auch stoffliche Ressourcen – und

ganz zentral auch Energie, so ist z. B. der Kohlenstofffußabdruck des Internets, der Infrastruktur des angeblich so immateriellen Kapitalismus des letzten Jahrzehnts, mittlerweile fast so groß oder sogar größer als derjenige der Flugindustrie – und wächst jedes Jahr um ca. 10 %. Darüber hinaus stellen sich bekannte Fragen, wie zum Beispiel: Woher würden die Energieressourcen für einen Umbau des globalen Energiesystems in Richtung erneuerbare Energien kommen? Wurden alle Effizienzgewinne in einem wachstums- und profitorientierten Markt nicht sofort wieder aufgefressen werden, weil die so gesparten Ressourcen wiederum in neue Produktion investiert würden (der sogenannte Rebound-Effekt). Woher kommen die Ressourcen für all die .... (Windkraftanlagen), Solaranlagen, Elektroautos usw.)?“ (Vgl. Exner/Lauk/Kulterer 2008).

Natürlich, die Zukunft ist offen, und es ist möglich, dass diese Fragen auf eine ökologisch zufriedenstellende Art beantwortet werden können. Und wer den Kapitalismus von links kritisiert, sollte sich daran erinnern, dass dieser immer wieder in der Lage gewesen ist, Dinge zu leisten, von denen Linke immer sagten, sie seien unmöglich. Aber gerade angesichts der allseits beschworenen Dringlichkeit der Bio- und Klimakrisen erscheint in Bezug auf die Klimakrise folgender Gedankengang doch schwer widerlegbar:

Kapitalistisches Wachstums korreliert historisch fast perfekt mit steigenden Treibhausgasemissionen.

Die einzigen Prozesse, die Emissionen reduziert haben, sind Krisen des Kapitalismus, also Wachstumseinbrüche.

Ob dieser Zusammenhang in der Zukunft gebrochen werden kann, steht in den Sternen.

Angesichts der Dringlichkeit der Klimakrise sollten wir auf die Lösungsansätze bestehen, von denen wir wissen, dass sie klimarelevante Emissionsreduktionen erzeugen (Reduktion des Wirtschaftswachstums).

Ein GND ist deswegen ebenso abzulehnen, wie andere kapitalistische Modernisierungsprogramme. Eine solidarische und gerechte Schrumpfungsökonomie ist notwendig.“ (Kaufmann, Müller)

Unsere Gesellschaft kann angesichts der vor uns stehenden erheblichen Probleme in ökologischer Hinsicht, insbesondere der steigenden Erderwärmung, die unsere Existenz als Zivilisation gefährden, nicht mehr mit der Zielstellung der unbedingten Steigerung des Wirtschaftswachstums bzw. der unbedingten Profiterwirtschaftung bei allen unseren Handlungen existieren. Die für uns bedrohliche Klimakrise muss absoluten Vorrang bei der Anwendung der Wirtschafsmethode haben. Diese erforderliche Wirtschaftsmethode schließt somit das typische Narrativ der kapitalistischen Produktionsweise des Wachstumszwangs und der unbedingten Profiterwirtschaftung aus. Wir müssen auch mit einem Negativwachstum bzw. einer Reduzierung des bisher zur Anwendung gekommenen Bruttosozialproduktes rechnen. Darauf müssen wir uns einstellen und können nicht mehr so weiterleben wie bisher. Deshalb muss das derzeit noch vertretene Wirtschaftsmodell, was alle bisherigen Regierungen im Kapitalismus auszeichnete und auch bei der gegenwärtigen Ampel-Regierung in Deutschland wieder die Grundlage des Handelns bildet, erheblich in Frage gestellt werden. Wir können angesichts der Herausforderungen, die vor uns besonders wegen der Klimakrise stehen, nicht mit Sicherheit sagen, dass wir unseren Wohlstand beibehalten und möglichst noch verbessern wollen. Die gegenwärtigen Gegebenheiten der Energiepreiserhöhungen und der Inflation zeigen uns bereits jetzt schon auf, dass wir auch in Deutschland ein nicht richtiges Narrativ hierbei zugrunde legen.

Es muss eine Verringerung der zum Einsatz kommenden Ressourcen, insbesondere von solchen Ressourcen, die CO2 und andere Treibhausgase emittieren und dadurch eine wesentliche Verringerung des CO2-Gehalts durch die Herstellung von Gütern bzw. Produkten, die nicht so viel Kohlenstoff oder zunehmend keinen Kohlenstoff mehr erhalten, auf globaler Ebene unter allen Umständen erzielt werden. Dazu müssen wir weltweit auch die ökonomischen Voraussetzungen für alle Menschen dieser Erde schaffen.

Unsere Verstöße gegen die Grundsätze der Nachhaltigkeit sind immer noch so gravierend. Man muss damit leben, dass wir den Verbrauch von CO2 oder anderen Treibhausgasen emittierenden Erzeugnissen verringern bzw. teilweise auf diese Erzeugnisse verzichten müssen. Das Endziel muss darin bestehen, dass komplett solche Erzeugnisse nicht mehr zu produzieren sind und stattdessen versuchen, auf vergleichbare andere Produkte zurückzugreifen. Es wird uns nach Auffassung des Verfassers dieses Buches trotz allem intensiven Einsatz von Wissenschaft und Technik, um neue Produkte oder Kompensationsprodukte zu entwickeln auch unter Beachtung aller bisher schon erreichter positiver Ergebnisse im Prozess der unbedingt baldmöglichst anzustrebende Klimaneutralität nicht immer im ausreichenden Maße gelingen, die gewünschten Zielstellungen zu erreichen.

Es sind bei den Vorschlägen der Parteien – mit Ausnahme der AfD (Alternative für Deutschland) – auch in Deutschland sicher viele wichtige Ansätze vorhanden, gegen die Klimakrise mit Entschiedenheit vorzugehen. Besonders wird jedoch für wichtig gehalten, rechtzeitig die dazu erforderlichen Handlungen durchzuführen. Wie bereits an anderer Stelle in diesem Buch erwähnt, müssen erst auf globaler bzw. internationaler Ebene die Voraussetzungen geschaffen werden, damit die notwendigen Maßnahmen zur Reduzierung der CO2– bzw. der Emission anderer Treibhausgase ergriffen werden können.

Was hilft es global, außer dass man eine Vorbildwirkung für Andere darstellt und damit ein nachahmenswertes Beispiel schafft, wenn wir bei allen Experimenten, die dabei auftreten und der ggf. nicht ausreichend gegebenen Energieversorgungssicherheit, speziell in Deutschland, die zur Diskussion stehenden Umweltschutzmaßnahmen sehr schnell einleiten? Man muss auch davon ausgehen, dass sich die betreffenden Schwellen- und unterentwickelten armen Länder noch nicht daran beteiligen können, obwohl sie oft mehr unter den durch die steigende Erderwärmung gravierenden Umweltfolgen leiden müssen. Man muss konkret davon ausgehen, dass etwaige Erfolge von Deutschland oder anderen Ländern auf dem Gebiet des Klimaschutzes auf globaler Ebene zu keiner Verringerung der Treibhausgasemission führen werden. Andere betroffene unterentwickelte Länder und manche Schwellenländer sind wegen der Armut ihrer Bevölkerung noch gezwungen, unter den gegenwärtigen wirtschaftlichen Voraussetzungen auf der Welt wieder mindestens genauso viel Treibhausgase in die Atmosphäre zu leiten, u. a. durch die notwendige Carbonisierung, weil Kohle und andere notwendige Produkte, die viel CO2 ausstoßen, viel billiger sind, und die Menschen in diesen Ländern wegen ihres durchschnittlichen so geringen Lebensstandards so handeln müssen. Die weiter wachsende Zahl der weltweiten Kohlekraftwerke zeigt eindeutig im globalen Sinne auf, dass wir Einsparungen, die wir in Deutschland oder anderen Ländern der westlichen Welt auf dem Gebiet der Dekarbonisierung erreichen, von den anderen betreffenden Ländern durch erhöhten Kohleverbrauch wieder im globalen Sinne bezüglich des CO2-Treibhausgasanteils wieder kompensiert oder sogar erhöht werden. Auch dieser Fakt sollte auch von Aktivisten oder Anhängern der Fridays for Future-Bewegung mit bei ihren gegenwärtigen und zukünftigen Aktionen beachtet werden.

Bei aller Wichtigkeit, entschiedene Maßnahmen gegen die Umweltkrise bzw. die steigende Erderwärmung einzuleiten, haben viele Menschen, besonders auch der ärmere Teil der Bevölkerung, auch in Deutschland, große Sorgen, die erheblichen Kaufkraftverluste durch die Inflation, einschließlich der Erhöhung der Energiekosten, bezahlen zu können. Die wesentliche Steigerung der Energiekosten macht sich zuerst bei den Immobilieneigentümern bzw. -besitzern in der wesentlichen Erhöhung der Raten an Abschlagszahlungen bemerkbar, die trotz der Wirkungen der Energiepreisbremsen entstehen. Es wird dabei nur unzureichend beachtet, dass diese erhöhten Abschlagszahlungen von Manchen nur schwer oder gar nicht zu den festgelegten Zeitpunkten beglichen werden könnten. Dadurch müssen Manche auf Härtefallregelungen zurückgreifen oder können nur einen Teil der festgelegten Höhe der Abschlagszahlungen bezahlen. Auch die enorme Erhöhung der Abschlagszahlungen trotz zum gegenwärtigen Zeitpunkt sinkender Marktpreise und dass die Versorger trotzdem darauf bestehen, dass die neue Höhe der zu entrichtenden Abschlagszahlungen bestehen bleibt, ist nicht zu verstehen. Auch die Mieter von Wohneigentum werden mit den hohen Energie-Mehrausgaben durch steigende Betriebskosten für die betreffende Energieart konfrontiert, wenn sie ihre

Betriebskostenabrechnung vom Vermieter bekommen. Es machen sich auch viele Menschen in Deutschland ebenfalls erhebliche Sorgen, die durch die Inflation eingetretenen Kaufkraftverluste kompensieren zu können. Diese Probleme gehen verständlicherweise bei den Menschen vor, denn sie betreffen ihre aktuelle Existenz und sind für die Menschen viel zeitnaher und dadurch wichtiger als Probleme des Klimas, trotz all deren sehr wichtiger Bedeutung. Viele wissen nicht, wie sie die steigenden Kosten bezahlen können. Deshalb wird es für wichtiger gehalten, den Menschen erst das Gefühl ausreichender Sicherheit und Verlässlichkeit zu geben. Die aufkommenden Probleme müssen zuerst gelöst werden und wenn dies gelingt, was in der gegenwärtigen Situation und in naher Zukunft nur sehr schwer gelingen kann und die Voraussetzungen vom Einkommen der Bevölkerung dazu bestehen, dann die erforderlichen Maßnahmen, die wegen der Klimakrise notwendig sind, vorzunehmen. Erst dann und nur dann, wenn qualitative Aspekte des Wachstums eine dominierende Rolle im Gegensatz zu unseren gegenwärtigen Narrativen eines zu erreichenden quantitativen Wachstums und unsere Lebensweise sich ändern, können die rohstoff- und energiebedingten Preiserhöhungen, die auch Umweltaspekte mit betreffen können bzw. wegen der Knappheit dieser wichtigen Stoffe und durch die die notwendige Lenkungswirkung zur Reduzierung des Verbrauchs erreicht werden sollen, eingeführt werden.

Preiserhöhungen aus umweltrelevanten Aspekten und auch aus den Vorjahren kommen auf Grund der geschilderten Umstände gegenwärtig zur Unzeit und bringen die Menschen gegen die Ampel-Regierung und besonders gegen die Partei „Bündnis 90/Die Grünen" auf.

Sie tragen im besonderen Maße zur Spaltung der Gesellschaft bei. Dies müsste besonders auch von dieser Partei beachtet werden. Auch diese Tatsache wirkt bei den aktuellen Gegebenheiten der Gegenwart völlig kontraproduktiv, besonders auf die Menschen, deren Einkommen nicht die steigenden Kosten und Preiserhöhungen zulässt. Diese erheblichen Probleme müssen viel mehr beachtet werden. Die davon betroffenen Menschen haben keine Zeit, denn sie brauchen sofort Hilfe. Die bis jetzt getroffenen aktuellen Entscheidungen zur Gas- und Strompreisbremse und zu den anderen eingeleiteten

Maßnahmen der Entlastung verdienen zwar Anerkennung, reichen aber für viele Menschen auch in Deutschland nicht aus und können deshalb nicht ausreichend befriedigen.

2.9. Ökologie und deren Bewegung und Zusammenhang zwischen Ökologie und Ökonomie und aktuelle Einschätzungen zur Klimakrise

Nachfolgend werden auch zu beachtende bzw. für notwendig gehaltene Belange der Ökologie in Verbindung zur Ökonomie und deren Bedeutung genannt, bevor zu den Problemen der Energiepolitik in Deutschland noch mehr, als in der Einleitung bereits geschehen ist, Stellung genommen wird.

„Die Lösung des Grundwiderspruchs erfolgt stets unter spezifischen natürlichen und gesellschaftlichen Bedingungen. Seine humane Lösung wird erst mit der dialektischen Negation des Mensch-Natur-Verhältnisses in eine neue Mensch-Natur-Union im Sozialismus und Kommunismus möglich, weil Natur nicht mehr nur Profitquelle ist, sondern selbst human gestaltet wird. Die Ökologie schafft mit Analysen, Prognosen und Handlungsweisungen theoretische Grundlagen zu dieser humanen Lösung, die jedoch immer zu seiner Neusetzung führt. Nur wird die Lösung des Grundwiderspruchs nach der Überwindung des Klassenantagonismus vor allem ein wissenschaftlich-technisches Problem, um effektive Lösungen auf humane Weise umsetzen zu können. Ökologie schafft damit, auch wissenschaftliche Grundlagen für strategische Orientierungen der Naturgestaltung. Für umweltpolitische Entscheidungen und für Masseninitiativen. Karl Marx betont, dass der Mensch seine Einflußsphären auf die Natur ständig erweitert, weil seine Bedürfnisse wachsen. Damit erhält der ökologische Grundwiderspruch Einfluss auf immer mehr Seiten des gesellschaftlichen Lebens. Die Lösung dieses Grundwiderspruchs verlangt die Beherrschung der dialektischen Beziehungen von Effektivität und Humanität. K. Marx verweist darauf, dass der Mensch seine Wesenskräfte nicht entfalten kann, wenn er seine Bedürfnisse nicht befriedigt. Für Letzteres braucht er die Natur. Er muß auch in ökologische Kreisläufe eingreifen. Im Rahmen natürlicher und gesellschaftlicher Entwicklungszyklen kommt es zur Deformation ökologischer Kreisläufe und möglicherweise zu ihrer Beseitigung. Eine illusionäre Lösung dieses Grundwiderspruchs würde darin bestehen, allein auf Naturschutz zu bauen. Die notwendige Gestaltung der Natur schließt die Erhaltung von ökologischen Kreisläufen, soweit dies möglich ist, ein, erfordert aber vor allem die Gestaltung neuer ökologischer Zyklen." (Herbert Hörz, 1986, S. 7 f., 14 f.)

Dies kann zur Darstellung der Ökologie aus philosophischer Sicht gesagt werden, auch unter Beachtung der Mängel unserer gegenwärtigen Wirtschaftsmethode, um die Probleme der aktuellen Zeit zu bewältigen. Gemäß dem Internetlexikon Wikipedia wird unter Ökologie Folgendes ursprünglich verstanden:

„Die Ökologie ist eine wissenschaftliche Teildisziplin der Biologie, welche die Beziehungen von Lebewesen (Organismen) untereinander zu ihrer unbelebten Umwelt erforscht."

Ebenfalls wird im Internetlexikon Wikipedia geschrieben, dass in der zweiten Hälfte des 20. Jahrhunderts der Begriff zunehmend auch zur Bezeichnung der Gesamtumweltsituation verwendet wurde, dadurch aber auch insgesamt diese Bezeichnung diffuser wurde. Das Adjektiv „ökologisch" wird umgangssprachlich überwiegend nur noch als Ausdruck für eine Haltung oder ein Agieren verwendet, das schonend mit Umweltressourcen umgeht.

Ökologie wurde bereits im Zeitraum 1866 bis 1869 durch den damaligen führenden deutschen Zoologen Ernst Haeckel (1834 – 1919) wie folgt definiert:

„Unter Oecologie verstehen wir die gesamte Wissenschaft von den Beziehungen des Organismus zur umgebenden Aussenwelt, wohin wir im weiteren Sinne alle Existenz-Bedingungen rechnen können. Diese sind theils organischer, theils anorganischer Natur, sowohl diese als jene sind, wie wir vorher gezeigt haben, von der größten Bedeutung für die Form der Organismen, weil sie dasselbe zwingen, sich ihnen anzupassen."

Der Begriff und die Zusammensetzung und Bestandteile der Ökologie hat sich in der Zeit nach Ernst Haeckel in vielerlei Hinsicht weiterentwickelt und modernisiert.

Im Internetlexikon Wikipedia wurde unter Ökologie und unter „ökologisch“ aber zunehmend ein die Ressourcen und die intakte Umwelt sowie nachhaltiger Umgang mit der Natur und eine „naturnahe“ Lebensführung verstanden. Weiterhin wird im Internetlexikon festgestellt, dass die ökologischen Erkenntnisse, auch neben dem Verschmutzungs- und Gefährdungspotential auch die Endlichkeit irdischer Ressourcen zentral thematisiert und ab den 1870er Jahren zunehmend mit gesellschaftlichen Beziehungen gleichgesetzt und teilweise auf diese übertragen wird.

Außerdem wird in diesem Internetlexikon festgestellt:

„Das Konzept einer nunmehr eher normativen Auslegung der „Ökologie“ machte sie bald zur Leitwissenschaft einer Ökologie-Bewegung, die in Deutschland ebenfalls in den 1970er und 1980er Jahren aktiv in Erscheinung trat, aber erst später so genannt wurde. Indem das Wort „Ökologie“ Eingang in die tägliche Umgangssprache fand, hatte sich sein Bedeutungsinhalt und die ursprüngliche wertneutrale Naturwissenschaftsdisziplin in eine als positiv empfundene Norm und als ein zu erreichendes Ziel entwickelt, so dass „ökologifair“ (ökologisch nahezu synonym zu umweltverträglich, sauber, rücksichtsvoll oder auch zu gut und richtig) empfunden wurde. Fast parallel setzte sich die Kurzform „Öko, öko „, in ähnlicher Bedeutung auch „Bio“ in Kombination mit Bezeichnung durch, die mit schadstofffreien und ressourcenschonenden Wirtschaftsformen in Verbindung zu bringen waren, z. B. Ökobauern, Ökosiedlung, Ökoenergie oder Ökostrom, Ökomode, „ökofair“ (ökologisch angebaut und fair gehandelt).
…………………………………………………………………………………………
Ab ungefähr der Jahrtausendwende wurde zusätzlich auch der (im Prinzip schon seit langem existierende) Begriff der Nachhaltigkeit zu einem weitgehend synonymen, wenn gleich zeitgemäßer wirkenden Begriff für „ökologisch“ gerecht und gut verwendet und wird seit dem beginnenden 21. Jahrhundert fast inflationär auf Umwelt, Gesellschaft und Wirtschaft angewendet. Daraus hat sich der Begriff „Neo–Ökologie“ entwickelt. Darunter wird der Wandel weg von der Konsumgesellschaft, hin zu einem umweltbewussten Verbrauchertum verstanden. Neu-Ökologie bezeichnet die Verbindung von Ökonomie und Ökologie. ………………………………………………………………“

Unter den gegenwärtigen Bedingungen der Umweltkrise hat die Ökologie einen sehr hohen Stellenwert für die gesamte Welt, insbesondere auch für Deutschland. Es wird deshalb auch in Deutschland sehr viel für die Ökologie getan. Auch die Anzahl der Forschungs- und Studiendisziplinen, die sich mit ökologischen Belangen beschäftigen, erhöht sich zunehmend. Auch die Partei „Bündnis 90/Die Grünen" hat eine hohe politische Bedeutung, da ein nicht geringer Teil der Bevölkerung den notwendigen klimapolitischen Fragen eine hohe Bedeutung beimessen. Auch die Ökologie und die Ökonomie hängen immer mehr miteinander zusammen.

Beide Richtungen können nicht harmonisch zusammenwirken. Man geht davon aus, wie bereits beschrieben wurde, dass die notwendigen ökologischen Erfordernisse der Klimakrise auch mit steigenden ökonomischen Ergebnissen und Umsatzwachstum erreicht werden können. Es wird den Menschen insbesondere in den westlichen Industriestaaten nicht ausreichend gesagt, dass zwischen Ökologie und Ökonomie und deren beiderseitige Erhöhung ein antagonistischer Widerspruch besteht und diese Entwicklung dadurch nicht harmonisch erfolgt und wir besonders auch durch die Erfordernisse der Klimakrise den bisherigen Wohlstand wohl nicht erreichen können. Die Widersprüche bestehen zwischen beiden Wissenschaften jedoch in besonderem Maße und können deshalb nicht verleugnet werden.

Auch die Digitalisierung ist noch nicht so weit, dass wir trotz dieser enormen existenzbedrohenden Umweltprobleme so unseren bisherigen Wohlstand unter deren verstärkter Anwendung beibehalten können. Man muss gewaltige Transformationen und Strukturveränderungen einleiten, um diese für uns als Menschheit äußerst wichtigen vor uns stehenden sozialen und ökologischen Aufgaben noch zu erfüllen. Es muss, wie bereits beschrieben wurde, beachtet werden, dass wir die bisherigen Zielstellungen für eine kapitalistische Gesellschaft nicht mehr, insbesondere auch wegen den Folgen der Umweltkrise beibehalten können.

Auch die noch vorhandenen wirtschaftlichen Zielstellungen zur Profitmaximierung geraten mit den erforderlichen ökologischen Aufgabenstellungen in ziemliche Widersprüche. Man muss beachten, dass bei vielen dieser Unternehmen kurzfristige aktuelle betriebswirtschaftliche Erfordernisse den Vorrang vor den ökologischen Zielstellungen haben. Die notwendige Rentabilität bzw. Effizienz, die die Aktionäre vorgeben, kann leider oftmals durch die anstehenden so wichtigen Umweltmaßnahmen, um der Umweltkrise noch zu entgehen, nicht erreicht werden. Deshalb wird die Erzielung der notwendigen Effizienz bei den Konzernen zur Erreichung von hohen Profiten oft den Vorrang vor notwendigen Umweltschutzmaßnahmen haben. Auch das Erfordernis die notwendige Klimaneutralität für alle bisherigen Produkte bzw. Erzeugnisse zu erzielen, wird oft zu hohen Herstellungskosten und damit zu hohen Preisen führen. Die Kompensation dieser hohen Kosten für die entsprechenden Löhne und Gehälter für die produzierenden Arbeitnehmer, die gezahlt werden können, wird wahrscheinlich an Grenzen stoßen, wie wir derzeit erheblich auch in Deutschland **es** merken.

Stephan Kaufmann und Tadzio Müller stellen in ihrem Buch „Grüner Kapitalismus. Krise, Klimawandel und kein Ende des Wachstums“ u. a. fest: ....
Klimaschutz, die Entwicklung und Anwendung entsprechender Technologien sind also eine Frage der ökonomischen Kalkulation und des politischen Willens, diese ökonomische Kalkulation aufgehen zu lassen: Die Dynamik der Umweltschutzmärkte ist wesentlich durch staatliche Eingriffe und Anreize geprägt.“ (BMU 2009, 27).

Das bedeutet im Umkehrschluss aber, dass auch der Klimawandel ein Ergebnis des politischen Willens und der ökonomischen Kalkulation ist – und kein Ergebnis von so abstrakten Verursachern wie „Industrialisierung“, „Modernisierung“ oder „überzogenen Konsumwünschen.“

„Dass für Unternehmen der Klimaschutz allzu oft trotz aller staatlichen Intervention nicht die rentable Alternative darstellt, dass sich die kapitalistische Kalkulation ignorant zeigt gegenüber Umweltschäden, die sich nicht in der Bilanz widerspiegeln, macht Politiker nicht zu Kritikern dieser Kalkulation. Stattdessen intensivieren sie ihre häufig erfolglosen Bemühungen, das Profitinteresse für den Klimaschutz zu funktionalisieren, sprich: die Minderung von CO2-Emissionen zur Profitquelle zu machen. Denn ein Klimaschutz, der dem kapitalistischen Wachstum schadet, ist nicht vorgesehen. Umgekehrt soll die Reduktion der CO2–Konzentration in der Atmosphäre das Wirtschaftswachstum vor seinen eigenen Folgen schützen. Damit ist der Klimawandel (unter den gegenwärtig vorhandenen Wirtschaftsverhältnissen) kein „Menschheitsproblem", das die Staatengemeinschaft einvernehmlich löst. Die Bemühungen um eine CO2-Reduktion berühren das gesamte politisch-ökonomische Gefüge der Weltwirtschaft und werden dort zu einschneidenden Änderungen führen. Auf den internationalen Klimaschutzkonferenzen wird daher gerungen, wer die Profite der Klimaänderung kassieren kann und wer die Kosten zu tragen hat. Für wen also die Gleichung Klimaschutz - Wachstum aufgeht und für wen nicht." (Kaufmann, Müller, aus dem Buch „Grüner Kapitalismus. Krise, Klimawandel und kein Ende des Wachstums")

Die wachsende Ungleichheit ist bei Anwendung unseres gesellschaftlichen Systems des Kapitalismus, egal in welchen Schattierungen, wohl gewollt. Die Ungleichheit ist somit in unserem kapitalistischen System somit systemimmanent, und es ist bezeichnend für unser System, dass die Anzahl der Milliardäre und auch ihr Vermögen immer weiter anwächst. Auch die Anzahl der armen Menschen steigt an, und die Polarität zwischen Arm und Reich wächst ebenfalls dadurch immer stärker.

Unter diesen Gegebenheiten muss, wie auch Thomas Piketty schreibt, die enorm wachsende Ungleichheit zwischen den Ländern und der Bevölkerung erst wesentlich reduziert werden, um auf der notwendigen globalen Ebene die insgesamt erforderlichen Umweltmaßnahmen zur Eindämmung der Umweltkrise der uns als zivilisierte Wesen bedrohenden Erderwärmung einleiten zu können.

Damit kann nicht die erforderliche globale Handlung eingeleitet werden, und letztlich werden auch die weiteren Umweltkonferenzen, die dieses wichtige Erfordernis nicht beachten, nicht den dringend erforderlichen Erfolg für die gesamte Zivilisation mit sich bringen. Auch der Kapitalismus, der nur auf quantitativem Wachstum beruht und dies als wichtige Zielstellung verkündet, kann nicht dazu führen, dass dieses wichtige Ziel für die Menschheit erfüllt werden kann. Eine Erhöhung des quantitativen Wachstums und eine Erfassung des

Wachstumsanstiegs über das bisher zur Anwendung kommende im globalen Maßstab angewandte Bruttosozialprodukt in der gegenwärtig angewandten Form kann deshalb nicht zur Lösung beitragen, sondern wird unsere Umweltkrise noch weiter verstärken. Wenn eine Messung weiterhin erfolgen soll, müssten andere qualitative Faktoren, die nicht unbedingt auf quantitativem Wachstum beruhen, eine wesentliche Bedeutung bei der Erfassung von Kerngrößen der Entwicklung haben. Als eine wichtige Größe wäre dabei unter den gegenwärtig vorherrschenden Bedingungen die erreichte CO2-Treibstoffreduzierung und die damit bestehende Verringerung der schädlichen Wirkung für das Klima zu erfassen und das Erreichte zu messen und als Bestandteil der wichtigen Kerngröße des qualitativen Wachstums zu machen. Andere wichtige Faktoren für die Bildung einer wichtigen qualitativen Kerngröße wären u. a. die Höhe der finanziellen Unterstützung der einzelnen Länder in prozentualer Größe gegenüber den unterentwickelten Ländern und auch manchen in Frage kommenden Schwellenländern. Es muss jedoch dabei beachtet werden, dass eine gerechte Verteilung zwischen den in Frage kommenden Ländern erfolgt und die unterschiedliche Bedürftigkeit der einzelnen Länder hierbei berücksichtigt wird. Es sollte durch geeignete Maßnahmen hierbei unbedingt dafür gesorgt werden, dass eine Korruption durch begüterte Menschen dieser betreffenden Länder, an die die Entwicklungshilfe geleistet wird, vermieden werden sollte.

Es sollte auch der Anteil an Umweltmaßnahmen im Rahmen der zu gewährenden finanziellen Unterstützung mit beziffert und in die Ermittlung der Kerngröße mit einbezogen werden. Bei der Bezifferung ist auf die Langlebigkeit von Produkten und den Zeitraum der möglichen Nutzungszeit der Güter bzw. Produkte zu achten, um auch dadurch mit beizutragen, die Treibstoffgasemission erheblich zu reduzieren. Auch dadurch kann erreicht werden, die Anzahl der Neuproduktion von Gütern auf die nur unbedingt erforderliche Höhe zu regeln und möglichst die Anzahl der Neuproduktionen weiter zu reduzieren, um auch damit Einfluss auf die Reduktion der Treibhausgasemission zu nehmen.

Dass benötigte Güter vorrangig nur noch auf Mietbasis angeboten werden, wie dies Anders Indset u. a. in seinem Buch

„Quantenwirtschaft – Was kommt nach der Digitalisierung?“ vorschlägt, könnte zu einer höheren Langlebigkeit und zur Vermeidung einer Verschwendung bzw. eines zu schnellen Wegwerfens beitragen und zu einer Verringerung der Treibhausgasemission führen. Außerdem würde damit langfristig bzw. für die spätere Zukunft eine gerechtere Eigentumsstruktur erreicht werden. Auch dieser wichtige Faktor sollte unbedingt baldmöglichst realisiert und der erreichte Stand in die Bezifferung einbezogen werden.

Durch die Beachtung qualitativer Aspekte im Wachstum im Gegensatz zum bisher vorherrschenden und in der Steigerung des Bruttosozialprodukts sich verkörpernden quantitativen Wachstum könnte auch für die Bevölkerung unseres ganzen Planeten dazu beigetragen werden, dass nicht mehr das Materielle im übermäßigen Vordergrund gesehen wird.

Das Glück, das nicht immer nur im einseitigen Maße die Reichen haben, sollte viel mehr bei den qualitativen Wachstumsaspekten beachtet werden. Man sollte sich in diesem Zusammenhang ein Beispiel am kleinen asiatischen Land Bhutan nehmen, in dem das Glück der Bevölkerung eine wesentlich größere Rolle spielt als materielle Aspekte. Trotz dem die dortige Bevölkerung einen relativ sehr geringen Lebensstandard aufweist, werden die Menschen in Bhutan als die glücklichsten Menschen der Welt angesehen. Auch der Umweltschutz hat eine sehr große Bedeutung in diesem Land und nach der erfolgten Erhebung ist Bhutan bereits zum gegenwärtigen Zeitpunkt klimaneutral.

In meinem im Januar 2019 veröffentlichten Buch „So kann es mit unserer Lebensweise nicht weitergehen. Unsere westliche Lebensweise erfordert dringende Kurskorrekturen für ein Weiterbestehen unseres Planeten Erde und für uns selbst als Menschen.“ bin ich auch auf das besondere Glücksempfinden der Menschen in Bhutan und auch auf Belange des Umweltschutzes von diesem vorbildlichen Land eingegangen. Nachfolgend wird auf diese Aspekte aus meinem Buch eingegangen:

„Eine wichtige Voraussetzung, Glück zu empfinden, stellt auch dar, dass man als Mensch freie Willensentscheidungen treffen kann. Dass Reichtum bzw. materieller Wohlstand nicht gleichbedeutend mit Glück sind, zeigt sich u. a. auch dadurch, ……………………………… dass Menschen in ärmeren Ländern oft glücklicher sind als in reichen Ländern. In solchen Ländern ist das Glücksempfinden der Bewohner wichtiger als das Bruttosozialprodukt bzw. ein Steigen des Bruttosozialprodukts. Das sogenannte „Bruttonationalglück“ stellt (in Bhutan) das wesentlich Wichtigere dabei dar. Zum Bruttonationalglück können nachfolgende Aussagen auszugsweise aus dem Internetlexikon Wikipedia (vgl. https://de.wikepedia.org/wiki/Bruttonationalglück) zitiert werden:

„Das Bruttonationalglück (BNG), international bekannt als Gross National Happiness, ist der Versuch, den Lebensstandard in breit gestreuter, in humanistischer und psychologischer Weise zu definieren und somit dem herkömmlichen Bruttonationaleinkommen, einem ausschließlich durch Geldflüsse bestimmten Maß, einen ganzheitlichen Bezugsrahmen gegenüberzustellen.

Anders als vergleichbare Indikatoren, wie der Happy Planet Index oder der World Happiness Report, bezieht sich das Bruttonationalglück nur auf das südasiatische Königreich Bhutan.

Das Glück der Bevölkerung ist schon sehr lange als Staatsziel in Bhutan definiert worden.

Aus dem Rechtskodex des Landes von 1729, der als Kurzform einer Verfassung des mittelalterlichen Bhutans angesehen wird, stammt das Zitat: „Wenn die Regierung kein Glück für ihr Volk schaffen kann, dann gibt es keinen Grund für die Existenz der Regierung.“

Diese Zielsetzung fand weitere Erwähnung in der Biographie des 13. Druk Desi Sherab Wangchuk (1697 - 1765), eines Zivilherrschers in Bhutan. Jigme Dorje Wangchuk (1929 – 1972), dritter König von Bhutan von 1952 bis 1972, erklärte in den 1960er Jahren, das Ziel der Entwicklung sei, sowohl Wohlstand, als auch Glück für die Bevölkerung zu erreichen.

Die erste Erwähnung des Begriffs „Bruttonationalglück“ und damit auch die Prägung des Begriffs geschah 1979 durch Jigme Singye Wangchuk (geb. 1955), den (von 1972 bis 2006 amtierenden) vierten König Bhutans (und Vater des 1980 geborenen und seit dem 09.12.2006 amtierenden fünften Königs Bhutans, Jigme Khesar Namgyel Wangchuk).

In einem Interview mit einem indischen Journalisten wurde ihm die Frage gestellt, wie hoch das Bruttoinlandsprodukt des Landes sei. Anstatt darauf zu antworten, erwiderte der (vierte) König (Bhutans), dass in Bhutan das Bruttonationalglück wichtiger sei als das Bruttoinlandsprodukt...

Während konventionelle Entwicklungsmodelle das Wirtschaftswachstum zum herausragenden Kriterium politischen Handelns machen, nimmt die Idee des Bruttonationalglücks an, dass eine ausgewogene und nachhaltige Entwicklung der Gesellschaft nur im Zusammenspiel von materiellen, kulturellen und spirituellen Schritten geschehen kann, die einander ergänzen und bestärken. Um diese Dimension im Bruttonationalglück widerzuspiegeln, wurden vier Säulen entwickelt. Folgende Aspekte bilden hierzu den Rahmen des Bruttonationalglücks:

- die Förderung einer sozial gerechten Gesellschafts- und Wirtschaftsentwicklung. Durch eine gerechte Wirtschaftsentwicklung kann Bhutan unabhängiger vom Ausland werden und sich gesellschaftlich weiterentwickeln.

- Bewahrung und Förderung kultureller Werte. Sowohl der Religion als auch die Kultur besitzen bei den Bhutanern einen hohen Stellenwert.

- Schutz der Umwelt. Diese Säule impliziert eine nachhaltige Entwicklung, die für den Planeten Erde eine immer höhere Bedeutung gewinnt. Folglich sollen heutige Generationen die Umwelt so behandeln, dass auch noch zukünftige Generationen die eigenen Bedürfnisse auf der Erde befriedigen können.

- Gute Regierungs- und Verwaltungsstrukturen. Die Politik bestimmt Bedingungen und setzt Regeln fest, die das Leben der Einwohner Bhutans beeinflussen."

Bhutan ist ein relativ kleines Land mit nur ca. 700.000 Einwohnern. Es befindet sich zwischen Nepal und China im Himalaya-Gebirge. Die Menschen sind dort wegen der Höhenlage und des damit verbundenen Klimas und den schwierigen Abbaubedingungen ein materiell karges Leben gewöhnt. Auch der Lebensstandard ist dort sehr gering, und man verdient dort nur im Durchschnitt auf Euro umgerechnet 200 Euro Monatslohn. Damit befindet man sich im internationalen Vergleich – bezogen auf den Lebensstandard – sehr weit hinten und gehört dadurch, wenn man den Vergleich nur auf den Lebensstandard, also nur rein wirtschaftlich sieht, zu den ärmsten Ländern der Welt.

Nahezu 500.000 Menschen in dem nur ca. 700.000 Einwohner zählenden Staat sind Bauern und gehen dadurch einer landwirtschaftlichen Arbeit nach. ....
Bhutan zeigt eindeutig auf, dass nicht die Höhe des Lebensstandards bzw. der materielle Besitz entscheidend für das Erlangen von Glück ist. ....
Es sind bestimmte .... immaterielle Güter, die zu einem Glücksempfinden auch bezogen auf den Faktor der Dauerhaftigkeit des Glücks gehören.

(Der 1951 in Toulouse (Frankreich) geborene Sohn eines Vietnamesen und einer Französin, der Vietnamese) Dr. Ha Vinh Tho, der Eurythmie, eine antroposophische (auf menschlicher Weisheit basierende) Bewegungskunst, die als eigenständige Darstellende Kunst und als Teil von Bühneninszenierungen betrieben wird, studiert hat und lange Jahre) als Programmdirektor beim Gross National Happiness Center in Bhutan und ebenfalls in Bhutan als Glücksminister arbeitete, antwortet auf die Frage eines westlichen Journalisten, ob Reichtum Glücklichsein bedeutet, wie nachfolgend aus der Radiosendung des 4. Programms des Südwestrundfunks „Glücklichsein als Staatsziel – Bhutan und das Nationalglück" vom 12.01.2017 .... zitiert wird:

„Besitz macht nicht glücklich. Ein hohes Einkommen, viele materielle Besitztümer sorgen dafür, dass der Mensch zentrale seelische vernachlässige: Zeit für die Familie, soziale Kontakte, erlebte und gelebte Gemeinschaft. Auch der Glaube, unabhängig von der Religionszugehörigkeit, helfe den Menschen, sich besser zu fühlen, werde aber in einer konsumorientierten Gemeinschaft kaum noch gelebt."

Bhutan, wo die Menschen nach dieser Erhebung am glücklichsten auf der Welt sind, beweist das Gegenteil zu den betreffenden Vorstellungen der westlichen Welt vom Glück.

Das Recht aller Bürger auf Glück steht schon (seit 2008) in der Verfassung von Bhutan. Es ist das wichtigste Staatsziel. Deshalb hat man dort ein Glücksministerium errichtet.

Über Befragungen der Bevölkerung versucht man die Zufriedenheit der Bevölkerung zu messen. Man hat extra einen Fragebogen erarbeitet, der ständig hinsichtlich der Qualität weiter verbessert wird.

Die Befragungen haben nicht so sehr administrativen formalen, unpersönlichen Charakter, wie man Befragungen mittels Fragebogen in der westlichen Welt durchführt.

Dort gehen die für Befragungen zuständigen Mitarbeiterinnen und Mitarbeiter in deren Auftrag persönlich zu den einzelnen Menschen bzw. Familien und fragen sie nach ihrer Zufriedenheit bzw. was sie noch hindert, noch zufriedener zu sein.

Hier kann auch jede Kritik, auch gegen staatliche Entscheidungen bzw. von Maßnahmen geäußert werden. Solch eine Befragung dauert durchschnittlich ca. drei Stunden, denn man nimmt sich sehr viel Zeit, um das wahre Befinden zu erfragen. Die Fragesteller haben die Aufgabe, überall dorthin zu gehen, wo die Einwohner dieses Landes wohnen, dass kann auch in einem sehr hohen und schwer zugänglichen Landstrich sein.

Man muss bedenken, dass Bhutan Höhenunterschiede zwischen 2.000 bis 7.500 Meter über dem Meeresspiegel aufweist und auch Menschen in höchsten Höhen wohnen.

Als wichtige Gesichtspunkte für die Befragung gelten u. a.:

- Gesundheit
- Lebendigkeit der Gemeinschaft
- Soziale Unterstützung
- Familie
- ökologische Vielfalt, u. a.:
  - Umweltverschmutzung
  - Verantwortung für die Umwelt
  - Flora und Fauna
  - städtische Probleme
- physisches Wohlbefinden
- Resilienz
- Regierungsführung, Leistungen der Regierung, u. a.:
  - politische Partizipation
  - politische Freiheit
- Dienstleistungserbringung
- Bildung

- Spiritualität
- Lebensstandard, u. a.:
    - Unterkunft
    - Pro-Kopf- Einkommen im Haushalt
    - Kapital

Im Ergebnis der Befragungen, die turnusmäßig alle paar Jahre stattfinden, wird der Glücksindex für das gesamte Land ermittelt. Das Glücksempfinden wird nicht nur durch Befragungen ermittelt, sondern es spiegelt sich im Wesen und im Gesicht der Bhutaner wider. Man sieht die Zufriedenheit bzw. das Glücksempfinden den Einwohnern dieses Landes mehrheitlich an. Bei den zu bearbeitenden Gesetzen Bhutans werden die Ergebnisse der Befragungen bei der Gesetzesfassung mit einbezogen, und damit wird eine Zufriedenheit oder ein Glücksempfinden erzeugt, und die Gesetze spiegeln dann die Interessen des Volkes wider.
…………………………………………………………………………………
Die Mehrheit der Menschen lebt ganz anders als in der westlichen Welt.

Das fängt damit an, dass ihr Hauptaugenmerk nicht auf Materielles, wie Besitz, hohes Vermögen oder Einkommen gerichtet ist. Sie sind auch mit einfachen Dingen zufrieden und haben nicht die übergroßen Konsumbedürfnisse wie viele Menschen in der westlichen Welt. Solche Einkommensunterschiede, wie in der westlichen Welt, gibt es in keiner Weise in Bhutan.

Bhutans König geht mit gutem Beispiel diesbezüglich voran, denn er lebt nicht in einem Schloss, sondern in einem einfachen Holzhaus. Durch diese Lebensweise gibt es dort so gut wie keine Korruption bzw. Kriminalität im Land.

Die Maßnahmen des Umweltschutzes sind vorbildlich.

Es ist einerseits ein wichtiges Ziel gemäß der Verfassung, dass 60 Prozent der Landesfläche als Waldfläche bestehen.
Derzeit werden sogar 70 Prozent der Landes als Waldfläche gelöst und man will an dieser Zielstellung bezüglich des Waldbestandes festhalten.

Für ein Abholzen (der Bäume), das nur im geringen Maße möglich ist, bestehen sehr strenge Regelungen. Beispielsweise gilt hierbei der Grundsatz: Wer einen Baum fällt, muss zwei neue Bäume pflanzen.

Auch hier hat man eine wichtige Zielstellung im Umweltschutz bezogen auf die zunehmende Erderwärmung getroffen. Bhutan stellt sich das Ziel, dass bei dem die Erderwärmung verursachenden Treibhausgas Kohlendioxid eine Erfolgsneutralität erreicht wird, also, dass nur so viel Kohlendioxid entsteht, wie wieder abgebaut werden kann.

Der Umweltschutz hat Vorrang vor der Wirtschaft, und dies trifft in kaum einen anderen Land der Welt zu.
Auf 26 Prozent der Landesfläche bestehen Nationalparks.

Die Zielstellung besteht darin, die gesamte bestehende Landwirtschaft Bhutans auf Biolandwirtschaft umzustellen.

Im Sinne der Umwelt, der Gesundheit bzw. des Nichtraucherschutzes besteht im ganzen Land ein Rauchverbot.

Das Bildungssystem ist in Bhutan bis zum Beginn eines Studiums kostenlos, und man hat bereits im ganzen Land einen Alphabetisierungsgrad von nahezu 100 Prozent erreicht.

Ausgaben der Gesundheitsvorsorge werden ebenfalls vom Staat getragen bzw. sind für die Bürger kostenlos.

Der Gemeinsinn und die Sorge um das Wohl des Anderen sind in Bhutan sehr hoch und beispielgebend für die Menschen der westlichen Welt.

Auch die Geschlechtergleichberechtigung wird dort sehr eindrucksvoll vorgelebt. Das Familienleben hat dort eine sehr große Bedeutung, und man lebt vorrangig in Großfamilien.

Die meisten Dinge, die für das Leben benötigt werden, werden selbst hergestellt, und es wird in Bhutan ein ganz einfaches Leben geführt.

Tiere haben in Bhutan einen sehr hohen Stellenwert. Dies drückt sich u. a. darin aus, dass bestimmte Tiere, wie zum Beispiel die Kuh, nicht geschlachtet werden dürfen.

Zuerst bekommen die Kälber die Milch von ihrer Mutter, und erst dann wird diese Milch zum Trinken oder zur Weiterverarbeitung den Menschen gegeben.

Tiere dürfen nach den Vorschriften in Bhutan nicht angebunden werden.

Um den übertriebenen Konsum im Interesse des Glücksempfindens zu reduzieren, hat man dort schon sehr viel erreicht. Weil der Konsum in diesem Land überhaupt nicht regiert und zur Bewahrung des Einflusses des Materiellen, das vorrangig in den westlichen Ländern als Glücks- und Zufriedenheitsbringer gesehen wird, muss der Staat, um diese Entwicklung (dauerhaft) zu erreichen, auch bestimmte Positionen konsequent im Interesse der Schaffung der andauernden Zufriedenheit die Menschen davor schützen, so dass bestimmte Handlungen nicht ermöglicht werden können, wie beispielsweise die Werbung. ....“

Viele im kleinen asiatischen Staat Bhutan gelebte Handlungen, die die notwendigen Erfordernisse für eine glücklichere und gerechtere Welt durch die nicht im Übermaß dort vorhandenen materiellen Dinge beachten, was auch einen hohen Ressourcenverbrauch verhindert, sind beispielgebend für uns Alle, gerade auch für die Menschen in der westlichen Welt sowie für die Belange des Umweltschutzes.

Auch die bekannte bereits genannte englische Wissenschaftlerin Jane Goodall kommt zu der Erkenntnis „Wer viel Geld hat, will immer mehr, und Menschen die arm sind, sind oft glücklicher, als Menschen in einer Kultur, die vom Kapitalismus geprägt ist." Sie sieht auch den übermäßigen Materialismus als ein „großes Problem". Auch sagt sie, wenn wir immer mehr haben wollen, wird der Glücksindex sinken, und wir müssen unsere Einstellung ändern, denn wir können auch mit weniger Lebensstandard, insbesondere im Durchschnitt der Menschen in den hochentwickelten Industriestaaten leben. „Wir müssen mit Weniger zufrieden sein, und wir müssen bewusst handeln und können kein Wunschdenken dabei haben."

Nach ihrer Erkenntnis sind viele jungen Menschen in dieser Frage schon anders. Aber bezogen auf die Menschen, die sich um die bestehenden, uns Alle betreffenden Probleme kümmern, sind es auch nach ihrer Auffassung noch viel zu wenig. Nach ihrer Meinung sind viele Menschen wegen ihrer Hierarchie noch zu sehr dominant, auch in ihrem Verhalten zu Tieren. Die Menschen beachten zu wenig, dass die Tiere auch sehr empfindsame Wesen sind. Auch das Entstehen der Covid-Epidemie ist nach ihrer Auffassung besonders darauf zurückzuführen, dass wir die Tiere nicht genug schätzen. Es wird nach ihrer Meinung eine grausame Massentötung von Tieren durchgeführt. Leider haben wir als Menschheit auch nach ihrer Einschätzung eine zu große Trennung zwischen Herz und Verstand, da es leider noch zu viele herzlose Menschen gibt. Auch sehen wir nach ihrer Auffassung nicht genügend, dass nicht nur für die Menschen die erforderlichen Maßnahmen des Umweltschutzes betrieben werden müssen, sondern auch für die Tiere (und auch für andere Lebenswesen, zu denen auch die Pflanzen gehören.)

Da die Wälder erheblich zur Photosynthese und damit zu einer positiven Einflussnahme auf den CO2-Gehalt in nicht geringem Maße beitragen, sollte die Abholzung zur Herstellung von Möbeln wesentlich weltweit reduziert werden. Man könnte stattdessen die bisher vorhandenen Möbel bzw. das darin enthaltene Holz weiter nutzen. Entsprechend den Vorstellungen der jeweiligen Kunden könnten diese dann bereits genutzten älteren Möbel gemäß den Wünschen des Einzelnen dann weiter veredelt und damit im Grunde den jeweiligen Kunden neue Möbel bereitgestellt werden. Die Devise „Aus alt macht neu." könnte dann verwirklicht werden. Dadurch brauchen nicht neue Bäume bzw. neues Holz abgeholzt werden, und es würde ein wertvoller Beitrag für den Umweltschutz, die CO2-

Verringerung bzw. die Reduzierung des Ressourcenverbrauchs geleistet. Damit könnte ein wertvoller Anteil für den Klimaschutz geleistet werden. Als europaweiter Spezialist für diese Art von durchführbaren Renovierungsarbeiten für Türen, Küchen, Treppen, Spanndecken, Fenster und Haustüren gilt das Franchise-Unternehmen Portas mit 500 regionalen Betrieben. Wenige andere Unternehmen bieten in Deutschland ebenfalls diese beschriebene Leistung an.

Es sollte auch eine höhere Ressourcenbesteuerung bzw. Abgabenpflicht, eine Verringerung der Besteuerung der Arbeitsergebnisse und eine Besteuerung für Vermögende aus den jeweiligen Ländern eingeführt werden, die dazu die finanziellen Voraussetzungen besitzen. Gegenwärtig bestehen auch in Deutschland und in anderen westlichen Ländern durch die hohen Energiekosten und die Inflation nicht im ausreichenden Maße dazu die Voraussetzungen. Dadurch könnten, zum möglichen gegebenen Zeitpunkt eingeführt, auch manche Widersprüche in der Preisgestaltung zunehmend beseitigt werden, weil dann erreicht werden könnte, dass nicht mehr Rohstoffe mit einem sehr hohen CO2-Ausstoß, wie beispielsweise die Kohle, viel billiger sind, als manche andere Rohstoffe, die bei ihrer Nutzung wesentlich weniger CO2 als giftiges Treibhausgas ausstoßen. Damit könnten auch wirkungsvolle Voraussetzungen geschaffen werden, um eine zunehmende bessere Gleichheit im Lebensstandard zwischen den Menschen auf dieser Welt zu erreichen und die noch erheblich vorhandene Polarität zwischen Arm und Reich zu verringern. Auch durch die hierbei gewonnenen finanziellen Mittel könnte der der Entwicklungshilfe für die Bevölkerung der armen unterentwickelten Länder und in Frage kommenden Schwellenländer zur Verfügung gestellte Betrag erhöht werden. Damit könnte wirkungsvoll auf eine bessere und schnellere Einleitung der notwendigen dringenden globalen Umweltschutzmaßnahmen Einfluss genommen werden. Außerdem könnte damit ebenfalls dazu beigetragen werden, die Polarität zwischen Arm und Reich im eigenen Land zu verringern.

Die Geschichte beweist, dass auch in Amerika, wie es auch Thomas Piketty beschrieben hat, steigende Steuer- und Abgabenverpflichtungen für Vermögende bzw. Bezieher hoher Einkommen, nicht zu einer Verschlechterung der wirtschaftlichen

Ergebnisse beigetragen haben. Dies wird aber von neoliberaler Seite als Hauptargument verwendet, Steuer- und Abgabeverpflichtungen für Reiche möglichst immer geringer zu halten bzw. möglichst nicht zu erhöhen bzw. zu erheben. Auf diese Art und Weise und bei Beibehaltung dieses vielen Menschen eingeimpften Narratives können wir nicht genügend dazu beitragen, einen höheren Grad der Gleichheit im globalen Maßstab in der Gesellschaft zu erreichen. Auch dadurch wird, wenn diese Richtung weiterhin Grundmaßstab unserer Handlungen bildet, bewusst dazu beigetragen, dass die dringend notwendigen globalen Maßnahmen zur Bekämpfung der bereits vorhandenen Umweltkrise und deren bedrohlicher Folgen in einem höheren Umfang erfolgen können.

Auch die eingeleiteten und noch einzuleitenden Maßnahmen, die im Rahmen der der steigenden Steuer- und Abgabeverpflichtungen insbesondere für die Vermögenden erreicht werden, sollten bei der Errechnung einer zu bildenden qualitativen Kennziffer – bezogen auf den erreichten Weltmaßstab – auch im Interesse der Verwirklichung der notwendigen besseren Umweltmaßnahmen mit beachtet werden.

Es wird uns trotz der Notwendigkeit aller dringend einzuleitenden Umweltschutzmaßnahmen und der Erhöhung der Energiepreise wegen der Endlichkeit von Rohstoffen und deren Wirkung auf die Preise und der Probleme des Kapitalismus immer wieder von Manchen in Deutschland gesagt und leider auch von manchen Politikern der Partei „Bündnis 90/Die Grünen“ geglaubt und verinnerlicht, dass wir, wie bereits kritisiert, trotz aller Notwendigkeit, die Klimakrise im Interesse aller Menschen zu vermeiden, weiter Wohlstand haben können.

Deshalb denken viele Menschen so, weil diese Einstellung ihnen bewusst auch durch einen großen Teil der Medien und durch Marketing und Werbung „eingeflößt“ wurde und wird, besonders durch die weltweit führenden Konzerne. Die Konzerne versuchen geschickt, eine grüne Politik durch einige dominierende grüne Produkte zu demonstrieren, um die Menschen bzw. die Kunden zu beeinflussen, dass sie auch andere Produkte, die von ihrem Konzern hergestellt werden, kaufen. Diese Politik, die als „Greenwashing“

bezeichnet wird, erläutert Kathrin Hartmann im Vorwort zu ihrem Buch „Die Grüne Lüge. Weltrettung als profitables Geschäftsmodell“:

„Greenwashing, also das Bemühen der Konzerne, ihr schmutziges Kerngeschäft hinter schönen Öko- und Sozialversprechen zu verstecken, ist erfolgreicher denn je. Aber jenseits der grünen Scheinwelt schreitet die Zerstörung rapide fort. Laut dem Global Footprint Network lebt die Erdbevölkerung derzeit so, als hätte sie 1,6 Erden (zwischenzeitlich ist der Welt-Durchschnittsverbrauch bereits auf 1,75 Erden angestiegen) zur Verfügung. Würden alle auf der Welt so konsumieren, wie es Menschen in reichen Ländern wie Deutschland tun, bräuchte es 3,1 Erden, um den Bedarf zu decken. Der Verbrauch pflanzlicher, mineralischer und fossiler Rohstoffe hat sich zwischen 1980 und 2010 von 40 auf 80 Milliarden Tonnen verdoppelt. Die Artenvielfalt nimmt ab. Wälder schwinden, Boden degradieren, Emissionen steigen und der Hunger wächst. Alle wissen das. Trotzdem hält Greenwashing jedweder Aufklärung stand. Je gebildeter die Zielgruppe, je schädlicher das Produkt ist und je absurder das daran geknüpfte Öko- Versprechen, je offensichtlicher also die grüne Lüge ist, desto eher wird sie geglaubt. Doch die Menschen wehren sich weltweit gegen die Zerstörung ihrer Lebensgrundlagen. ....“

Man geht, wie schon dargestellt wurde, von einer Harmonie von Ökologie und Ökonomie aus, wie es auch zum Teil in der gegenwärtigen Politik von Bündnis 90/Die Grünen zum Ausdruck kommt. Es wird gedacht, dass der Kapitalismus mitsamt des quantitativen Wirtschaftswachstums, der weiteren Wirksamkeit und Entfaltung der Konzerne, der Profitmacherei, der Aufrechterhaltung des Wohlstands und der Entwicklung immer neuer Wünsche in Einklang mit der Ökologie steht. Den Zusammenhang zwischen den beiden Faktoren will man auch mit immer mehr Marketing und Werbung durch eine bewusste Scheinwelt, die den Menschen vorgegaukelt wird, weiter in der bisherigen Form beibehalten, indem man das Marketing und die Werbung „grün“ anstreicht. Damit können nicht die vor uns stehenden erheblich bestehenden Umweltprobleme gelöst bzw. die Herausforderungen, die die Natur in diesem Zusammenhang an uns stellt, bewältigt werden. Eine Vielzahl von angebotenen Produkten suggeriert das Flair, wie „nachhaltig“, „bio“

oder „fair“ sie hergestellt worden wären. Es gibt kaum noch Produkte, die nicht dieses Siegel enthalten. Vielfach ist damit auch eine Preiserhöhung gegenüber anderen vergleichbaren Produkten verbunden. Man muss auch beachten, dass sich viele Menschen auf Grund ihres Einkommens solche damit verbundenen hohen Preise nicht erlauben können. Die Beibehaltung des westlichen Wohlstands muss im Widerspruch zu unserer Lebensweise gesehen werden, auch angesichts der erheblichen Gefahr, die durch die Umweltkrise bzw. die steigende Erderwärmung für uns besteht. Die Fortsetzung unserer übergroßen Konsumpolitik hat überall den Vorrang, auch gegen die angesichts der Umweltkrise notwendige Änderung unserer Lebensweise. Wir betreiben weiterhin, trotz der erheblichen Umweltprobleme, eine imperiale Lebensweise.

Ulrich Brand, Professor für Internationale Politik in Wien und Markus Wissen, Professor für Gesellschaftswissenschaft an der Hochschule für Wirtschaft und Recht in Berlin, schreiben in ihrem Buch „Imperiale Lebensweise. Zur Ausbeutung von Mensch und Natur im globalen Kapitalismus“ u. a.:

„Der Begriff beschreibt, dass der Alltag in den wohlhabenden Ländern schon seit dem Kolonialismus dadurch geprägt sei, dass systematisch und im überproportionalen Umfang auf billige Ressourcen und billige Arbeitskräfte in anderen Regionen der Welt zurückgegriffen wird, damit wir einen Lebensstandard erreichen können, den wir als normal betrachten. Dessen ökologische und soziale Kosten werden aber ausgelagert. Wie wir produzieren und konsumieren, unsere imperiale Lebensweise also, sei tief in das allgemeine Bewusstsein, die alltäglichen Verhaltensweisen und die gesellschaftlichen Prägungen der Menschen eingeschrieben. Dadurch erscheint uns der Zusammenhang rational, normal und natürlich. „Normierung heißt, dass Verhältnisse nicht mehr wahrgenommen werden oder sogar legitim erscheinen. Vor allem, wenn alle so handeln: viel Fleisch essen, viel Auto fahren und fliegen, viele Klamotten und ständig neue weiter entwickelte Smartphones und Computer, alles zu jeder Zeit und möglichst billig – das ist die DNA unserer Gesellschaft. Auch weil die ökologischen und sozialen Kosten unsichtbar sind.“

Stephan Lessenich schreibt in seinem Buch „Neben uns die Sintflut: Die Externalisierungsgesellschaft und ihr Preis“ u. a.:

„Wir externalisieren, weil wir es können: weil gesellschaftliche Strukturen uns dazu in die Lage versetzen, weil die allgemeine Praxis um uns herum uns darin bestätigt.“

Brand und Wissen schreiben ebenfalls noch in ihrem Buch zur „Imperialen Lebensweise“:

„Deshalb erscheint die imperiale Lebensweise als das „gute“ und das „richtige“ Leben: Sie ist breit akzeptiert und erwünscht. Und wollen nicht die Länder des Südens ganz genauso werden „wie wir“? „Holen“ einige von ihnen nicht schon „zu uns auf“? Es ist dieser Mythos der sogenannten Entwicklung der anderen, der das kapitalistische System moralisch stabilisiert und die Gesellschaft gleichzeitig entlastet. Aber die imperiale Lebensweise beruht auf Exklusivität, sie kann sich nur so lange erhalten, wie sie über ein Außen verfügt, auf das sie ihre Kosten verlagern kann. Sie setzt voraus, dass andere auf ihren Anteil verzichten.“

Stephan Lessenich schreibt u. a. weiter in seinem Buch „Neben uns die Sintflut: Die Externalisierungsgesellschaft und ihr Preis“:

„Wir leben nicht über unsere Verhältnisse, wir leben über die Verhältnisse anderer. Uns im Westen geht es gut, weil es den Menschen anderswo schlecht geht. Wir lagern Armut und Ungerechtigkeit aus, im kleinen wie im großen Maßstab. Doch das System macht Jeden, der sich in unserem Alltag bewegt, zwangsläufig zum Mittäter. Dieser Gedanke ist schwer zu ertragen. Um die Abhängigkeits- und Ausbeutungsverhältnisse zu ändern, bräuchte es aber einen kollektiven Aufstand gegen das System, auf den wiederum eine radikale Änderung der Lebensweise des Westens folgen müsste. Stattdessen haben wir es mit einer kollektiven Umdeutungstheorie zu tun, einem verallgemeinerten Nicht-Wissen-Wollen, gespeist aus einer unbestimmten Mischung aus Bequemlichkeit, Unwohlsein, Sorglosigkeit, und Überforderung, Gleichgültigkeit und Angst (zu tun). Man benutzt vorrangig „grüne „Fake news“, um die gegenwärtige Richtung, unterstützt durch Marketing und Werbung, durchsetzen zu helfen.“

Kathrin Hartmann schreibt in ihrem Buch „Die grüne Lüge: Weltrettung als profitables Geschäftsmodell“ u. a.:

„Auf verstörende Art und Weise haben sich Großkonzerne der Bilder und Begriffe der Umweltbewegung bemächtigt. Sie benutzen die Zerstörung, die sie selbst anrichten, dazu, sich als Retter zu inszenieren. Es ist ihnen sogar gelungen, NGO´s vor ihnen Karren zu spannen und Politiker im Namen der Nachhaltigkeit zu Verwaltern von Konzerninteressen zu machen. Der Bürger indes scheint sich mit seiner ökonomischen Rolle abgefunden zu haben, hat politisches Engagement durch „ethischen Konsum“ ersetzt und verbraucht munter weiter. Und selbst in der Theorie, im medialen Diskurs, konkurriert heute jede negative Kritik an Konsum und Konzernen mit „Verbrauchermagazinen“, die lieber Einkauftipps geben, als die Konsumlaune zu verhageln. Nicht die Firmen, so scheint es, müssen sich mehr für die Zerstörung rechtfertigen, sondern ihre Kritiker für die Kritik daran. ....
…..… Konzerne (haben) mit ihren grünen Fake News heute eine zweite Realität geschaffen, in der die Wahrheit in Frage gestellt wird. So haben sie es geschafft, dass die scheinbar letzte Hoffnung von Gesellschaft und Politik auf Weltrettung die ist, dass sich Konzerne „zum Guten“ wandeln. Wenn sich „die Großen“ nur ein bisschen „verbessern“, habe das weitreichende positive Folgen, so die gleichermaßen absurde wie naive Theorie. Diese blendet aus, welche Strukturen zu all den Problemen führen. Denn im globalen Kapitalismus sind Ausbeutung, Menschenrechtsverletzungen, Klimaschäden und Naturzerstörung selbstverständlich keine vermeidbaren Kollateralschäden. Auf ihnen gründet der Profit. Je weniger Rücksicht Konzerne auf Arbeits-, Land- und Menschenrechte (oder gar Umweltgesetze) nehmen müssen, desto besser für das Geschäft. Eigentlich ist es ganz einfach: Könnten Unternehmen mit ökologisch und sozial gerechtem Wirtschaften tatsächlich Profit machen – warum sollten sie etwas anders tun? Darum ist es wesentlich fürs Image, dass Konzerne die von ihnen selbst verursachten Probleme wie eine Bedrohung von außen erscheinen lassen.“

Der Geograf Erik Swyngedouw schreibt in seinem 2010 veröffentlichten Essay „Apocalypse forever? Post-political Populism and the Spectre of Climate Change“ als Professor der Universität Manchester deshalb:

„Die Probleme erscheinen deswegen nicht als Ergebnis des Systems, eines Ungleichgewichts von Macht, einflussreichen Netzwerken der Kontrolle, zügelloser Ungerechtigkeit oder von fatalen Fehlern, die diesem System eingeschrieben sind – stattdessen wird ein Außenseiter dafür verantwortlich gemacht. ....
Damit würden strukturelle Ursachen ausgeblendet: nämlich der Kapitalismus, der mit seinem Wachstumsdiktat, dem Rohstoffhunger und seinen mächtigen Konzernen fortwährend Ungerechtigkeit und Zerstörung produziere. Stattdessen wurden Probleme wie ein Feind von außen behandelt, den man nur von innen heraus, mit den Mitteln des Kapitalismus, bekämpfen könne. Mit anderen Worten: Wir müssen uns radikal ändern, aber im Rahmen der bestehenden Umstände, so dass sich wirklich nichts ändern muss.“

2.10. Darstellung ausgewählter Grundzüge des Green New Deals sowie Wertung und Beachtung von Erfordernissen und aktuellen Gesichtspunkten

Jeremy Rifkin schreibt im Vorwort zu seinem 2019 im Campus-Verlag erschienenen Buch: „Der globale Green New Deal: Warum die fossil befeuerte Zivilisation um 2028 kollabiert – und ein kühner ökonomischer Plan das Leben auf der Erde retten kann“ u. a.:

„Unsere letzte Chance. Rund um den Globus kippt angesichts der drohenden Klimakatastrophe die Stimmung, und der Protest der Millennials gegen eine Politik, die ihre Zukunft zerstört, wird immer lauter. Gleichzeitig sitzt die Welt angesichts alternativer Technologien auf einer 100-Billionen-Dollar-Blase aus Investitionen in fossile Brennstoffe. Eine globale Betriebsstörung bahnt sich an. Zukunftsforscher Jeremy Rifkin zeigt, wie aus dieser Konstellation die einmalige Möglichkeit eines Green New Deal entsteht. Gelingt ein gemeinsamer radikaler Aufbruch in letzter Minute?“

Außerdem wird in diesem Vorwort aufgeführt:

„Zu gern würde ich alle jene ansprechen, die skeptisch sind hinsichtlich eines Green New Deal und der Wahrscheinlichkeit einer Wende dieser Größenordnung in der kurzen Zeitspanne von zwanzig Jahren. Die Weltunternehmen der Industrie, mit denen ich zusammenarbeite – Telekommunikationskonzerne, Stromversorger, Verkehrs- und Logistikunternehmen, Bau- und Immobiliensektor, fortgeschrittene Fertigungstechnologie, Smart Farming, Biowissenschaften und die Finanzwelt – wissen, dass es zu schaffen ist. In den verschiedensten Regionen der ganzen Welt sind wir bereits dabei.“

Derzeit hat das Buch von Jeremy Rifkin sehr hohen Stellenwert, denn manche Länder dieser Welt, zwar in unterschiedlicher Form, arbeiten nach manchen Grundsätzen des Green New Deal. Besonders in Europa und in Deutschland arbeitet man nach vielen Grundsätzen des Green New Deal. Diese Grundsätze und die erforderlichen Handlungen werden von vielen Menschen für richtig und notwendig erachtet, um unsere einmalige Zivilisation zu erhalten. Aber die Prozesse können nicht mit Radikalität umgesetzt werden, denn die Menschen müssen mitgenommen werden, und die Preiserhöhungen, die dadurch entstehen, müssen sozialverträglich sein. Wenn dies nicht im ausreichenden Maße geschieht, wird der New Green Deal und somit auch die Energiewende in Deutschland keinen Erfolg haben.

Bei den Überlegungen handelt sich um eine Zielstellung für die Menschheit, um eine dringend notwendige Theorie, dass wir uns in unserem eigenen Interesse verhalten sollten. Die erheblichen noch vorhandenen Probleme der Umsetzung, der vielfach noch vorhandene Widerstand, das weitere Erhalten alter Pfründe und das Recht, diese zu erhalten, werden in der westlichen Welt oft zu wenig beachtet. Insbesondere im Norden der westlichen Welt wird diese Handlungsweise von Manchen in unserer vorrangig dominierenden individuellen Gesellschaft praktiziert.

Wir können nicht nur alles aus kapitalistischer, demokratischer und europäischer Sicht sehen und davon ausgehen, dass alles im Selbstlauf durch die Einsicht Aller entsteht. Die Menschen müssen, wie mehrfach genannt, mitgenommen werden, wenn die Belange des Green New Deals bei für richtig erachteten Handlungen Erfolg haben sollen. Es muss auch dafür gesorgt werden, dass die Menschen, Unternehmen und andere Einrichtungen, auch in Deutschland, die hohen Energiepreise, verbunden mit den gewaltigen Preiserhöhungen für viele Erzeugnisse und auch Dienstleistungen, sich noch finanziell erlauben können.

Dies ist derzeit in keiner Weise bei Vielen in Deutschland der Fall, und dieser Fakt wird von einigen Menschen in Deutschland auf die grüne Politik und damit auch auf Belange der Energiewende geschoben, die nach Meinung Mancher zur Unzeit kommt. Man muss die soziale Seite in den Blick nehmen – und dies wurde bei den durch die Regierungsverantwortlichen gezeigten Handlungen bisher nicht genügend in Deutschland beachtet. Auch deshalb ist durch viele Menschen ein nicht geringer Widerstand gegen die konkrete Art der in Deutschland eingeleiteten Energiewende, sicherlich nicht immer richtig und berechtigt, gegen das Anliegen des Green New Deals in Deutschland entstanden.

Sicherlich ist dies nicht in allen Belangen gerechtfertigt, da auch viele andere Faktoren die hohe Preisentwicklungen verursacht haben, die schon seit längerer Zeit bestanden und es auch aus der Sicht des Autors als nicht richtig anzusehen ist, wenn die eingetretenen Preiserhöhungen nur auf die Auswirkungen der kriegerischen Auseinandersetzung zwischen Russland und der Ukraine von Einigen in sehr vereinfachter, aber nicht wahrheitsgetreuer Weise zurückgeführt werden. Sicherlich haben auch die Auswirkungen der nicht mehr vorhandenen Belieferung mit Erdgas von unserem in Deutschland bisherigen vorrangigen Hauptlieferanten, Russland, über Pipelines, der Sanktionspolitik gegenüber Russland und der nun erfolgten Sprengung von Nordstream 1 und Nordstream 2 auch in einem bestimmten Umfang Einfluss auf die Preishöhe. Bei alledem müssen wir jedoch bedenken, dass wir bisher als Deutschland durch Russland durch einen Sonderpreis relativ preiswertes Erdgas und auch andere Energiearten und Rohstoffe beziehen konnten und nun andere Lieferanten per Schiff in Frage kommen und auch dadurch wesentlich höhere Preise nunmehr gezahlt werden müssen. Russland kam aus den zugrunde gelegten politischen Erwägungen deshalb nicht mehr als Lieferant für viele bisher bezogene Rohstoffe aus den genannten Gründen für einen Bezug in Frage.

Es muss hierbei immer beachtet werden, dass, wie bereits beschrieben wurde, die gegenwärtigen Krisenerscheinungen, bezogen auf die hohen Preise, speziell auch viele Menschen und Unternehmen in Deutschland betreffen. Sie sehen ihre Existenz vorrangig in Gefahr. Deshalb wird die Sicherung ihrer Existenz eindeutig den Vorrang vor der auch sehr wichtigen Klimakrise gegeben. Sicherlich ist Vieles mancher Maßnahmen im Rahmen des Green New Deals richtig, aber man kann nicht den Green New Deal als Dogma oder in fanatischer Form nur in einzelnen Ländern betreiben, ohne im ausreichenden Maße zu betrachten, dass die Klimakrise nur global zum Positiven beeinflusst werden kann, die Bekämpfung der Klimakrise in einer Demokratie von der Mehrheit der Menschen gewollt und für die Menschen sozialverträglich gestaltet sein muss. Man muss bei der Betreibung des Green New Deals auch beachten, dass die Menschen durch die erheblichen Preissteigerungen bei der Energie, der Inflation, auch den sehr hohen anderen Lebenshaltungskosten die Erhaltung ihrer Existenz bei den derzeitigen krisenhaften Erscheinungen vordergründig sehen und diese gegenwärtige Situation einen wesentlichen größeren Stellenwert als die Klimakrise und deren mögliche Folgen hat. Denn Manche sagen oft berechtigt, dass wir nicht die Voraussetzungen als Menschheit haben, alle Krisen gleichzeitig zu bekämpfen. Deshalb ist es sehr wichtig, eine Rang- und Reihenfolge für diese gleichzeitigen Krisen zu berücksichtigen und die Mehrheitsmeinung der Menschen hierbei im Besonderen zu beachten.

Trotz dieser genannten wesentlichen Belange, die zur Zeit die Green New Deal-Bewegung wesentlich beeinflussen und zuallererst gesehen werden müssen, müssen die Grundsätze des Green New Deals weiter besonders beachtet werden.

Um die Erfordernisse der Klimakrise noch zu erfüllen, müssen wir bei der uns verbleibenden Zeit gewaltige Forderungen an die Regierenden dieser Welt stellen. Die auf der Welt noch vorhandene Ungleichheit, der im Durchschnitt sehr geringe Lebensstandard von unterentwickelten, armen Ländern und deren Bevölkerung wird dabei nicht ausreichend beachtet. Diese armen Länder, denen nicht die tatsächlich notwendige finanzielle Unterstützung im ausreichenden Maße gegeben wird, um die Ungleichheit etwas zu beseitigen, werden sich aus den bekannten Gründen nicht, wie es die gegenwärtige Entwicklung aufzeigt und von Manchen gewollt ist, die die Dialektik in dieser Sache nicht begreifen können oder wollen, von ihren fossilen Energieträgern trennen. Sie wollen verständlicherweise ein höheres Maß an Gleichheit auf dieser Welt und die Mehrheit deren Bevölkerung akzeptiert nicht die übergroße Polarität, die zwischen Arm und Reich bezogen auf die einzelnen Länder tatsächlich existiert.

Die bisherige typische kapitalistische Lebensweise, besonders die amerikanische, die den „American way of life“ weiterhin verkörpern will und auch die Lebensweise in anderen wirtschaftlich führenden Ländern dieser Welt ist in vielerlei Hinsicht kein gutes Beispiel, um die ständig wachsende Polarität zwischen den reichen und armen Bevölkerung zu reduzieren. Damit kann keine höhere Gleichheit zwischen den einzelnen Ländern der Welt erreicht werden.

Bei Beibehaltung dieser leider derzeit im starken Maße immer noch vorherrschenden Gegebenheiten werden auch die dringend erforderlichen Umweltmaßnahmen, die nur in globaler Hinsicht den anzustrebenden Erfolg bringen können, nur sehr schwer oder kaum realisiert werden können. Nur allein auf die technologische Weiterentwicklung und die damit verbundene Lösung aller zweifellos für die Menschheit erheblichen Probleme, gerade unter den Bedingungen der steigenden Erderwärmung, zu setzen, wird unter kapitalistischen Verhältnissen nicht für den richtigen Weg gehalten. Dieses gesellschaftliche System wird durch das eine wichtige Zielstellung dabei bildende quantitative Wachstum, die Profiterwirtschaftung, den damit leider verbundenen erheblichen Raubbau an Rohstoffen und die sich dadurch in einem hohen Maß ergebende Zerstörung der Natur charakterisiert.

Trotz vieler Technologien und verschiedenartig für richtig gefundenen Handlungen wurde bisher noch nicht der Beweis im ausreichenden Maße erbracht, dass wir mit der Anwendung von Wissenschaft und Technik die gegenwärtigen Probleme der Umweltkrise im Interesse aller zivilisierten Wesen auf dieser Welt lösen können.

Im genannten Buch wird von Jeremy Rifkin auch diesbezüglich geschrieben:

„So rasch der Ruf nach einem Green New Deal an Kraft gewinnt, seinen Befürwortern wird zunehmend klar, dass bislang noch kein klarer Weg zu einer industriellen Revolution zu erkennen ist, die dieser Aufgabe gewachsen wäre," (Rifkin, S. 28).

Um auch die vor uns Menschen stehenden Ziele der Umweltkrise möglichst zu schaffen, kommen wir wohl nicht umhin, unseren ökologischen Fußabdruck zu senken und nicht mehr zu verbrauchen, als uns Menschen im durchschnittlichen Maße gesehen auf der Erde zusteht. Manche vorrangig hochentwickelte kapitalistische Industrieländer haben im durchschnittlichen Rahmen bezogen auf ihre Bevölkerung schon viel zu viel verbraucht, und deshalb ist es auch aus ökologischen Gründen unter Beachtung unserer erheblichen existenzbedrohenden Umweltverhältnisse dringend erforderlich, dass sie im Interesse des Erhalts der Menschheit ihren durchschnittlichen

Verbrauch reduzieren und nicht mehr so hohe Ansprüche wie bisher haben. Für diese betreffenden Menschen ist ein Verzicht auf vielen Sphären ihrer üblichen Lebensgewohnheiten auch in quantitativer Richtung notwendig, um unsere gesamten globalen Zielstellungen als Menschheit zu erreichen.

Leider ist es noch immer so, dass nicht Alle trotz der vor uns stehenden Notwendigkeit so denken bzw. so handeln. Deshalb kann es nicht richtig sein, dass wir unser quantitatives Wachstum immer mehr erhöhen sollen, überhaupt, dass wir noch bei den gegenwärtigen Umweltproblemen auf dieser Welt noch quantitatives Wachstum anstreben und das quantitative Wachstum noch mit der Kennziffer „Bruttosozialprodukt“ messen. Die Erfassung mit einem Bruttosozialprodukt in der Form, wie dies gegenwärtig berechnet wird, passt von den angesichts der Umweltkrise einzuhaltenden Grundsätzen in keiner Weise in unserer Zeit. Aber bisher wird diese Kennziffer noch immer genutzt, trotz dem man eine qualitative Kennziffer anwenden müsste, da die Erfassung eines Bruttosozialprodukts in der bisherigen Anwendung dieser Kennziffer auch im Sinne eines Green New Deals erhebliche Nachteile aufweist.

Es wird nicht einfach, die notwendigen Zielstellungen für den Anteil der regenerativen Energie zu schaffen. Zum einen wird von vielen Stellen, nicht nur von einzelnen Ländern, insbesondere von unterentwickelten und auch manchen Schwellenländern aus den genannten Gründen und auch von manchen Konzernen mit der Begründung der „Verschandelung“ der Natur einer Lärmbelästigung, aus Strahlungsgründen oder aus manchen anderen genannten Gründen Widerstand gegen die Errichtung von Windkraftanlagen geleistet. Diese vorhandenen Widersprüche gegen die Errichtung von Windkraftanlagen, wenn diese in anderen Ländern errichtet werden, treffen bei manchen Teilen der Bevölkerung ebenfalls zu.

Auch gegen die Errichtung von Solaranlagen auf ihren Dächern hat ein nicht geringer Teil der Bevölkerung, insbesondere auch in Deutschland, wesentliche Vorbehalte, auch wegen den relativ hohen Kosten für die Errichtung und die Anschaffung erforderlicher Batterien für die Speicherung des erzeugten Stroms von Solaranlagen. Einige Vorbehalte gegen die Errichtung von Solaranlagen bestehen auch deshalb, da eine nicht geringe Zahl von Menschen gar nicht die finanziellen Voraussetzungen haben, eine Solaranlage zu bezahlen.

Es ist auch festzustellen, dass das vorhandene viele Geld von Pensionsfonds mancher Länder noch weiterhin für fossile Energieträger verwendet wird, weil dort wegen der immer noch vorhandenen Nachfrage noch Profit zu erzielen ist. Zu beachten ist, wie im Buch schon erwähnt wurde, dass in Asien, u. a. auch in China, zur Zeit und darüber hinaus noch Kohlekraftwerke und somit zum gegenwärtigen Zeitpunkt neue fossile Energien entstehen. Trotz dem Manches im Buch zur EU und zu Deutschland und wegen der großen Aktivitäten im Bereich der regenerativen Energien auch zu China erwähnt wurde, wurde insbesondere auf amerikanische Verhältnisse eingegangen und besonders die dortige Entwicklung dargestellt und analysiert. Die amerikanischen und überhaupt nur die kapitalistischen Verhältnisse wurden trotz der erheblichen Probleme dieser Gesellschaftsordnung wegen ihren vorrangingen Zielstellungen, die aus der Sicht des Autors dieses Buches diametral den Belangen der Bewältigung der Klimakrise entgegenstehen, dabei nur zugrunde gelegt.

In vielen Ländern der Welt, auch in manchen anderen demokratischen Ländern, auch auf der Nordkugel unseres Planeten, herrschen oft völlig andere Gegebenheiten und gesetzliche Rahmenbedingungen als in der USA vor. Es muss bei der Darstellung des Green New Deals ebenfalls beachtet werden, dass man die für die USA zutreffenden Maßnahmen nicht 1:1 für andere Länder übernehmen kann. Es müsste viel stärker, als dies bisher auch in der Green-New-Deal-Bewegung geschieht, auf europäische und speziell auch auf die Besonderheiten osteuropäischer Länder und deren spezifische Gegebenheiten eingegangen werden. Sehr wichtig ist die Beachtung der spezifischen Besonderheiten der einzelnen Entwicklungs- und Schwellenländer in dieser Frage. Man kann nicht die amerikanische Strategie des Green New Deals in vielen Punkten deckungsgleich auf andere Länder der Welt übertragen, denn jedes Land hat auch bei der Bewältigung der Klimakrise seine eigenen spezifischen Besonderheiten und Eigenheiten.

Außerdem muss die Unsicherheit der politischen Verhältnisse in den USA, auch in Wirkung auf das Weltklima und die möglichen Handlungen durch die Verantwortlichen dieses großen Landes Beachtung finden. Es ist auch durchaus möglich, dass die Republikaner die nächste Präsidentenwahl in den USA gewinnen und dort ein Vertreter dieser Partei, es ist nicht ausgeschlossen, dass es Donald Trump ist, nichts gegen die Beseitigung der Erderwärmung tut, da man dort mehrheitlich der Meinung ist, dass die Umweltkrise und auch die steigende Erderwärmung entweder gar nicht existiert oder nicht von Menschen gemacht ist. Die Wirkung der schädlichen Treibhausgase, wie CO2 oder Methan usw. und die Notwendigkeit der wesentlichen Verringerung der Emission auf die steigende Erderwärmung wird ja von den führenden Republikanern in den USA nicht anerkannt.

In der englischsprachigen Welt, wozu ja auch die USA gehören, wird in Verbindung mit erforderlichen Umweltmaßnahmen immer von der Notwendigkeit einer gleichzeitigen Gewinn oder Renditeerwartung bei allen durchzuführenden Handlungen gesprochen. In diesem Zusammenhang wird auch der Begriff „Business-Plan“ verwendet, um zu unterstreichen, dass immer und überall eine Gewinnrealisierung erwartet wird. Es ist notwendig, auch Maßnahmen im Sinne einer positiven Beeinflussung auf die Umwelt einzuleiten, die auch ein negatives Ergebnis auch im Sinne der Umwelt beinhalten können. Diese Art zu denken, ist aber in einer freien Marktwirtschaft mit erheblichem neoliberalem Anstrich in den USA nicht unbedingt üblich, da man seitens der Regierung und der führenden Wirtschaftsvertreter diese Denkweise im besonderen Maße zugrunde legt.

Es ist zwar ein Umweltpaket gegen die Klimakrise im August 2022 vom US-Senat mit nur einer Mehrheit von nur einer Stimme beschlossen worden. Die Republikaner haben in vollem Umfang gegen das Umweltpaket gestimmt. Wie in der Mitteilung dazu im Internet von dpa/Reuters/ u. a. geschrieben wurde, sieht „das Paket Investitionen von etwa 370 Milliarden Dollar für den Klimaschutz vor. Durch das Gesetz könnte es den USA möglich sein, schreibt die New York Times, die Treibhausgasemissionen bis zum Ende des Jahrzehnts um etwa 40 Prozent unter das Niveau von 2005 zu senken.“ Weiterhin wird in diesem Internetbeitrag u. a. geschrieben: „Allerdings ist das Paket nach zähen Verhandlungen nur noch ein Bruchteil dessen, was Biden ursprünglich für Klima und Soziales durchsetzen wollte.“

Man kann nicht alles mit Geld bezahlen, sondern man muss auch den Ressourcenverbrauch in den USA erheblich reduzieren, da man alleine in den USA immer noch 5 Erden verbraucht. 370 Milliarden US-Dollar, die die führenden Industrieländer, insbesondere der westlichen Welt, an Entwicklungshilfe an die betreffenden Länder mindestens zahlen müssten, sind, bei der Forderung von weltweit 5,6 Billionen US-Dollar durch die Entwicklungs- und Schwellenländer viel zu wenig. Dabei ist zu beachten, dass die Mehrheit dieses Pakets für Klimamaßnahmen in den USA verwendet wird. Dass die erforderlichen Klimaschutzmaßnahmen für den ganzen Globus gelten und auch die USA für notwendige globale Klimaschutzmaßnahmen eine erhebliche Verantwortung als führende Weltmacht besitzen, wird hierbei auch nicht beachtet. Da die Wahl (Mid-Terms) im November 2022 durchgeführt wurde und bei dieser Wahl ein Teil der Abgeordneten in beiden Häusern des Kongresses (Senat und Repräsentantenhaus) gewählt wurde und die Republikaner im Repräsentantenhaus diese Teil-Wahlen gewonnen haben und die Demokraten im Senat nur eine relativ knappe Mehrheit hatten, können sich dadurch auch unklare Auswirkungen auf die Beseitigung der Klimakrise ergeben.

Es muss auch beachtet werden, dass die Zielstellungen zur Erreichung der Klimaneutralität für Deutschland 2045, die USA für 2050, die EU für 2050, China 2060, Indien 2070 usw. und manche andere Länder der Welt, die noch gar keine Zielstellung haben, viel zu spät ist, um eine nicht weitere Steigerung der Erderwärmung über 2 Grad Celsius vor der industriellen Zeit zu erreichen.

Trotz dem sich wegen manchen anderen Grenzkosten von Erzeugnissen und Produkten und vieler anderer ökologischer und wirtschaftlicher Verhältnisse bei einer Realisierung des Green New Deals dieser sich gewaltig ändern und sich dadurch erheblich neu transformieren müsste, soll bei einem New Deal das quantitative Wachstum und die Profitmacherei und manche andere negative Seiten des gegenwärtigen Kapitalismus weiterhin bestehen bleiben. Deshalb kann wegen den zweifelsohne vorhandenen Schattenseiten des Kapitalismus diese Gesellschaftsordnung mit dem Verbleib dieser Maxime so nicht das richtige Rezept für die erheblichen Probleme für die Zivilisation angesichts der bedrohlichen Umweltkrise sein. Die Menschen sehen angesichts der weltweit steigenden Inflation, der Gefahr eines Dritten Weltkrieges, insbesondere bedingt durch die kriegerische Auseinandersetzung zwischen Russland und der Ukraine und des noch nicht gesicherten noch benötigten Bedarfs des fossilen Energieträgers Erdgas, auch besonders in Deutschland, aktuell die vorrangigen Probleme unser Gegenwart und die erhebliche Gefährdung unserer Existenz, wie bereits mehrfach wegen der Wichtigkeit zur Verdeutlichung erwähnt, derzeit als viel höher an als die Belange des Klimawandels, trotz dem auch hier eine krisenhafte Situation eingetreten ist. Dies trifft auch auf viele Teile der Bevölkerung in Deutschland zu. Sie sehen die Probleme des Klimawandels nicht als vordergründig und bei den gleichzeitig vorhandenen aktuellen Krisen als weiter verschiebbar an.

Viele der Handlungen der westlichen Länder, auch von den USA, erfolgten früher in osteuropäischen damals sozialistischen Ländern, wie insbesondere in der damaligen DDR, in völlig anderer Form. Wichtige Gegebenheiten der damaligen Verfahrensweise, die für die Belange der Klimakrise relevant sind, sollten auch nach über 32 Jahren im wiedervereinigten Deutschland, wenn die Voraussetzungen noch in Frage kommen, aufgenommen bzw. beachtet werden.

Als eines von vielen Beispielen wird aus den Ausführungen aus dem Buch „Erinnerungen an meinen Vater Walter Märtin und sein Leben in fünf Gesellschaftssystemen Deutschlands von 1918 – 1999“ zu den Vorzügen der früheren TGL-Normen (Technische Normen, Gütervorschriften und Lieferbedingen) gegenüber den DIN–Vorschriften (Deutsche Industrie-Norm) im früheren Westdeutschland und im nunmehr gemeinsamen Deutschland im Rahmen der Ausführungen zum vierten Gesellschaftssystem, das mein Vater erlebte, nachfolgend auszugsweise Stellung genommen:

„In der früheren DDR wurden die dort von 1955 – 1990 bestandenen Technischen Normen, Gütevorschriften und Lieferbedingungen (TGL) nicht als Empfehlungen gegeben, wie es die DIN (Deutsche

Industrienormen) für das gesamte Deutschland darstellt. Die TGL hatten in der früheren DDR Gesetzescharakter und mussten von allen Beteiligten bzw. Nutzern damals in der DDR eingehalten werden. Bestandteil der TGL waren auch Vorschriften, die festlegten, wie lange jedes Erzeugnis mindestens funktionsfähig sein musste. Damit wurde auch die Mindestnutzung bzw. Mindesthaltbarkeitszeit von jedem hergestellten Erzeugnis festgestellt. Grundsätze einer Materialermüdung, wie es im gemeinsamen Deutschland im Sinne der Entwicklung (bzw. Erhöhung des quantitativen) Wachstums erfolgt und in deren Ergebnis relativ geringe Zeiten für eine Materialnutzung zugrunde gelegt werden, gab es in der früheren DDR nicht. Dies kann im Sinne des nicht weiteren Anstiegs der Erderwärmung, weil die Herstellung der betreffenden Produkte vielfach noch nicht klimaneutral erfolgt und weiterhin trotz einer relativ kurzen Nutzungszeit für die Herstellung dieser Erzeugnisse CO2 dabei entsteht, in keiner Weise befriedigen. Die frühere DDR hat durch die längeren Nutzungszeiten der Erzeugnisse durch die Festlegungen der TGL, letztlich mehr in dieser Hinsicht für ein nicht weiteres Ansteigen der Erderwärmung getan. Beispielsweise musste ein Kühlschrank gemäß TGL eine Mindestnutzungszeit von 12 Jahren haben. Diejenigen, die noch einen DDR-Kühlschrank besitzen, konnten manchmal feststellen, dass diese nach nunmehr 30 Jahren noch funktionsfähig waren. Kühlschränke und oft auch andere angebotene Waren im gemeinsamen Deutschland sind wegen der eingearbeiteten Materialermüdung nur eine relativ kurzer Zeit funktionsfähig. Diese Materialermüdung wird, um nur eine kurze Nutzungszeit zu erreichen, bei fast allen Produkten im Interesse der Erhöhung des Verkaufs von neuen Produkten somit der Erhöhung des Wachstums in fast jedes Produkt im gemeinsamen Deutschland und in vielen anderen oft kapitalistischen Ländern eingearbeitet. Das Steigen des linearen Wachstums hat immer noch Vorrang, trotz der oft umweltschädlichen Wirkungen. Die möglichen Reparaturen, werden kaum durchgeführt, und man verteuert sie bewusst, damit die Käufer Neuwaren kaufen. Auch damit handelt man gegen Umwelterfordernisse. Die zugrunde gelegte Haltbarkeitszeit von Lebensmittel entspricht vielfach nicht den gegebenen Möglichkeiten eine auch unter Beachtung der Hygieneeinhaltung mögliche Haltbarkeitsdauer. Auch hier will man den Neukauf im Interesse der Wachstumssteigerung anregen und damit künstlich erreichen. Auch dadurch und das nicht genügende

Schätzen von produzierten Erzeugnissen und Produkten werden diese weggeworfen. Dadurch entsteht nicht nur mehr vermeidbarer Abfall, wenn man keine Verwendung der Produkte über Tafeln oder Sozialkaufhäuser für bedürftige Menschen erreicht oder den Hunger auf der Welt und manchmal das damit verbundene Sterben verringern will. Durch die oft nicht rationelle Nutzung von Ressourcen bzw. Rohstoffen durch den vermeidbaren und auch zu früh erfolgten Neukauf wird eine vermeidbare Umweltbelastung durch den erhöhten CO2–Verbrauch daraus entstehen, weil diese Erzeugnisse und Produkte im Regelfall noch nicht klimaneutral produziert wurden. Man sollte deshalb verstärkt, wo dies möglich ist, auf Miete setzen, anstatt auf Neukauf. Von der Handhabungsweise der früheren DDR in dieser Hinsicht kann man auch heute im gemeinsamen Deutschland noch lernen. Auch das Wegwerfen, was in der alten Bundesrepublik und nunmehr im gemeinsamen Deutschland bei vielen Menschen (erfolgte und bei Manchen noch heute erfolgt) und auch meines Erachtens zur Erreichung der Wachstumspolitik und zur Beibehaltung von Preisen unter den Bedingungen der Marktwirtschaft leider meistens somit gesellschaftlich bisher gewollt ist, war in dem Maße, wie es nunmehr im gemeinsamen Deutschland geschieht, nicht so typisch für die DDR, trotz dem manchmal nicht ökonomisch gerechtfertigte Subventionen, wie beispielsweise bei der Altbausubstanz, die Menschen dadurch eingeladen wurden mit der betreffenden Substanz nicht den Erfordernissen umzugehen. Die oft nicht gegebenen materiellen Voraussetzungen in der DDR müssen dabei auch gesehen werden. Auch unter den Bedingungen der drohenden steigenden Erderwärmung können wir uns bei der oft nicht vorhandenen Klimaneutralität solch ein regelrechtes Wegwerfverhalten nicht mehr erlauben. Dieses Verhalten, gerade bei Lebensmitteln, bei oft noch verhungernden Menschen auf dieser Welt, ist verantwortungslos.“ (Heinz Märtin, S. 578-580)

Auch diese geschilderten dringenden Belange, dass die Erderwärmung nicht weiter so zum Steigen kommt, werden in westlichen Gesellschaften, auch in den USA, derzeit noch unzureichend beachtet. Man kann nicht, wie bereits genannt, mit allen Mitteln Marketing und Werbung im Höchstmaß wirksam werden lassen, mit dem Ziel, immer mehr das quantitative Wachstum zu erhöhen und maximale Profite zu erreichen und den Konsum weiter zu erhöhen, was einen steigenden

Ressourcenverbrauch mit sich bringt. Wir können uns bei den bestehenden Zielen für das Erreichen der Klimaneutralität nicht erlauben, dass wir so wie die führenden Industriestaaten der westlichen Welt noch derzeit und bis zur Erlangung der Klimaneutralität die kapitalistische Gesellschaftsordnung bestehen lassen wollen, da wir Menschen, unter Beachtung der erheblichen antagonistischen Widersprüche, die erhebliche Probleme für die Beseitigung der Belange der Klimakrise mit sich bringen, so nicht weiterleben können.

Die Anwendung, der Gebrauchswertkosten-Analyse, die in der DDR und auch in manchen damaligen sozialistischen Ländern damals gelehrt und zum Teil auch umgesetzt wurde, wäre auch heute noch in dieser Form eine mögliche Verfahrensweise, um gegen die Umweltkrise bzw. auch die steigende Erderwärmung zu einem gewissen Umfang wirksam vorzugehen. Nachfolgend werden auch dazu aus dem genannten Buch auszugsweise einige Ausführungen gegeben:

„In der DDR war die Gebrauchswert-Kostenanalyse fester Bestandteil der Betriebswirtschaftslehre und wurde sogar als gesondertes Studienfach behandelt. …….. Gerade unter den Bedingungen der Klimakrise bzw. der steigenden Erderwärmung wäre die Anwendung der Gebrauchswert-Kostenanalyse und der daraus gewonnenen Erkenntnisse sehr wichtig. Aber man beschäftigt sich in der Betriebswirtschaft der alten Bundesländer und nunmehr im gemeinsamen Deutschland nicht mit dieser …... wichtigen Lehre. Die Gründe der Nichtbeschäftigung mit der Gebrauchswert-Kostenanalyse können ggf. ideologischer Natur sein. Der Grund könnte auch darin liegen, dass erhebliche Widersprüche zur besonderen Bedeutung der Marketing-Theorie bestehen. Wahrscheinlich führt man die dringend erforderliche Gebrauchswert- Kostenanalyse auch nicht durch, weil sie einer völlig umfassenden Betreibung der Marktwirtschaft bei Beibehaltung des linearen Wirtschaftssystems und einer umfassenden Erreichung des quantitativen Wachstums ohne Beachtung qualitativer Erfordernisse und auch der völlig übersteigenden Dominanz eines Marketings sowie auch der Werbung in gewisser Weise, entgegensteht. Neben der Marktwirtschaft wird völlig unzureichend das Erfordernis einer auch benötigten Planung dieser Prozesse beachtet. Die Gebrauchswert-Kostenanalyse wäre in einer richtigen Form der Anwendung auch ein wirksames Gegenmittel gegen den übermäßigen Verbrauch, das …............. wesentlich zu hohe Marketing und die viel zu hohe Werbung, gerade wegen des Erfordernisses der dringend notwendigen CO2–Reduzierung und des nicht weiteren Anstiegs der Erderwärmung. Alles dies setzt jedoch voraus, dass nicht nur einseitig Marktwirtschaft, die kapitalistische Produktionsweise sowie der Neoliberalismus in der bisherigen Form betrieben wird." (H. Märtin, Seite 545)

Es ist auch unter der gegenwärtigen Situation, wie bereits erwähnt, als fraglich zu werten, ob die Erhaltung bzw. die Erhöhung des Wohlstands trotz der erheblichen Probleme zur Erhaltung der Zivilisation bzw. der steigenden Erderwärmung gemeinsam erfüllt werden kann. Man muss beachten, dass die Erdgaskosten wahrscheinlich nach bisher uns genanntem Stand um das Dreifache oder noch im höheren Maße in Deutschland ansteigen werden und auch die etwas abschwächenden Wirkungen der Regelung der Gas- und Strompreisbremse nur bis April 2024 befristet bestehen und es gegenwärtig überhaupt noch nicht geklärt ist, ob ähnliche preisdämpfende Regelungen auch nach Mai 2024 bestehen.

Die von der Bundesregierung nunmehr beschlossene Deckelung solcher Energiepreise wie Gas und Strom im Ergebnis des festgelegten 200-Milliarden-Euro-Abwehrschirms für 2022 bis 2024 reicht nach den getroffenen Regelungen, bezogen auf manche noch vorhandene Preissteigerungen auch bei dem garantierten Preis der Energiekosten, die bei denjenigen Teilen der Bevölkerung, die besonders darunter leiden, immer noch ziemliche Kopfschmerzen bereitet, immer noch nicht aus. Auch dadurch werden sich die Energiepreise in Deutschland gegenüber dem bisher gewöhnten Stand, trotz aller Entlastungspakete und Abwehrschirme, weiter erhöhen, was nicht als sozialverträglich für einen nicht geringen Teil der Bevölkerung gewertet werden kann.

Auch eine Strompreiserhöhung wird trotz der Regelungen zur Strompreisbremse erhoben werden, obwohl wir in Deutschland schon mit die höchsten Strompreise weltweit bezahlen müssen. Eine Erhöhung wird nach gegenwärtigem Stand auch dadurch eintreten, weil zum einen Gas in einem bestimmten Volumen noch verwendet wird, um Strom zu erzeugen und zum anderen wegen des bestehenden Marktmechanismus, was als Merit-Order-Prinzip bezeichnet wird und diese Bestimmungen der Einheitlichkeit zum gegenwärtigen Zeitpunkt immer noch nicht von der EU bzw. auch Deutschland geändert wurden. Das Merit-Order-Prinzip bedeutet, wie Vielen bereits bekannt ist, dass der Strompreis direkt vom Gaspreis nach den bisherigen EU-Bestimmungen abhängt. Wenn der Gaspreis sich erhöht, steigt dadurch auch der Strompreis.

In den Aussagen zum Entlastungspaket vom 29.08.2022 im „Tagesschau"-Bericht „Neues Entlastungspaket" wird aufgeführt, dass der Bundeswirtschaftsminister Habeck beabsichtigt, deshalb den Strompreis vom Gaspreis abzukoppeln. Habeck sagte dazu zum damaligen Zeitpunkt:

„Die Tatsache, dass der höchste Preis immer die Preise für alle anderen Energieformen bestimmt, könnte geändert werden."

Im genannten Beitrag der „Tagesschau" wird auch berichtet, dass der Finanzminister Christian Lindner sagte, dass seitens der Bundesregierung die steigenden Strompreise mit „größter Dringlichkeit" angegangen werden müssen. Außerdem wird im genannten „Tagesschau"-Beitrag dazu gesagt, dass die EU-Kommission eine Reform des Strommarktes ankündigt. Dazu heißt es in diesem Beitrag: „Wenn der Stromkostenpreis nicht mit dem Gaskostenpreis gekoppelt wäre, würden die Stromkosten um 50 Prozent gesenkt werden können."

„Wie genau das gehen sollte, ließen beide Politiker ebenso offen wie EU-Kommissionspräsidentin Ursula von der Leyen, die ……………. eine „Notfallmaßnahme" sowie eine „Strukturreform des Strommarktes" ankündigte. Eine Möglichkeit wäre, das (bereits genannte) Merit-Order-System durch einen anderen Mechanismus zur Preisbildung zu ersetzen. So könnten etwa die Energiekonzerne ihre Produktionskosten weitermelden, woraus sich wiederum ein Durchschnitt ermitteln ließe, der dann, mit einem kleinen Gewinnaufschlag versehen, den Strompreis bestimmte."

Wenn die EU den Strom- vom Gaspreis erst zu einem bisher nicht bekannten Zeitraum entkoppeln will, ist dies viel zu spät, und deshalb müssen für Deutschland eigene Änderungen erlassen werden, wenn kleine und mittelständische Unternehmen die Gas- bzw. Strompreise trotz Energiepreisbremsen kaum noch bezahlen können. Deshalb haben viele Handwerksbetriebe und auch Industrie- und Handelskammern sowie Handwerkskammern aus Ostdeutschland schon Brandbriefe an die Bundesregierung gesendet. Von einigen Handwerksbetrieben wurde bereits eine Kampagne in Bewegung gesetzt, wie beispielsweise von norddeutschen Bäcker-Innungen die Aktion „Uns geht das Licht aus – heute das Licht und morgen der Ofen?“ als letzter Versuch, dass die Energiepreise reduziert werden sollen. Diese Aktion wurde am 08.09.2022 in vielen Bäckereien derart umgesetzt, dass viele Bäckereien das Licht ausgeschaltet ließen und die Kunden ohne zusätzliche Lichtquelle bedienten. Manche Betriebe müssen deshalb ins Auge fassen, angesichts dieser Umstände eine Insolvenz durchführen zu müssen. Wenn diese Insolvenz von mehreren Unternehmen eingeleitet werden muss, kann dies nicht nur zu Versorgungsproblemen bzw. zu einer Deindustrialisierung in Deutschland führen. Auch können, wie bereits genannt, viele Teile der Bevölkerung, trotz beschlossener und umgesetzter Entlastungspakete und des Abwehrschirms, die hohen Energiekosten, ob durch die Abschlagskosten oder in unmittelbarer Form, wie bereits erwähnt wurde, nicht mehr bezahlen.

Die Energiekosten haben trotz erfolgter Dämpfungen und Entlastungspaketen und unter Beachtung der anderen Kosten, die ebenfalls Bestandteil der hohen nicht nur in Deutschland, sondern weltweit bestehenden Inflation sind, zu erheblichen Kaufkraftverlusten geführt. Die hohen Energie- und Inflationskosten können vielfach von einem nicht geringen Teil der Bevölkerung nicht mehr kompensiert werden.

Wir müssen beachten, dass unser Wohlstand auch mit auf die preisgünstigen Energieimporte aus Russland und von China für Deutschland und für manche Länder der EU zurückzuführen war. Auch andere Rohstoffe haben wir in Deutschland von Russland und von unterentwickelten oder Schwellenländern relativ preisgünstig bezogen. Es ist auch zukünftig zu beachten, dass Russland wahrscheinlich das rohstoffreichste Land der Welt ist. Es muss von uns noch mehr, als bisher manche Menschen, insbesondere von den Grünen dies beachten, und bedacht werden, dass es nicht ausreicht, den Anteil von Wind- und Sonnenenergie wegen des ständig erhöhten Energiebedarfs immer weiter zu erhöhen und auf jegliche fossile Energien zu verzichten. Manche fossilen Energieträger brauchen wir nicht nur aus Angebots- oder Preisgründen, unter Berücksichtigung der gegenwärtigen schwierigen Lage in der Energieversorgung, sondern auch wegen bisher noch unzureichenden technologischen bzw. energiewirtschaftlichen Gegebenheiten zur Nutzung von Wind und Sonne als erneuerbare Energiearten. Auch dies müssen wir hierbei beachten.

Wir sollten auch davon ausgehen, dass aus vielerlei, bereits geschilderten Gegebenheiten, wir nicht so schnell Wasserstoff als Energieart nutzen können, wie es von Manchen gesagt wird.

Deshalb müssen wir auch viele andere Faktoren beachten. Andere Energieimporte, die wir zeitweilig noch als Energieträger brauchen, wie das LNG-Flüssiggas oder andere Erdgas-Importe, auch durch die notwendige Umwandlung und die höheren Transportkosten sind wesentlich teurer und noch umweltschädlicher und weisen auch Qualitätsnachteile gegenüber dem russische Pipeline-Erdgas, wie bereits an anderer Stelle genannt, auf.

Da die gegenwärtige Sanktionspolitik der westlichen Welt und vieler Länder der EU, einschließlich Deutschland, besonders auch für den Sanktionsverkünder zum erheblichen wirtschaftlichen Nachteil und nicht nur zum Nachteil von Russland beiträgt, kann man die gegenwärtige Sanktionspolitik nicht unbedingt begreifen, da sie zum erheblichen Schaden für die deutsche Bevölkerung und auch für Menschen anderer Länder beiträgt.

Nunmehr stellt man aktuell im Bundesministerium für Wirtschaft und Klimaschutz fest, dass Deutschland für Lieferungen nicht nur aus den USA, sondern auch aus anderen Ländern, auch Europas, immens hohe Preise bezahlen muss. Man sagte, dass man sich die Solidarität dieser Länder wegen den hohen Preisen anders vorgestellt hat. Was haben die führenden verantwortlichen Regierungsvertreterinnen und -vertreter in

Deutschland in dieser Hinsicht unter den Bedingungen einer Marktwirtschaft eigentlich gedacht? Wenn das Angebot knapp ist, wird von diesen Ländern ein hoher Preis verlangt. Mit einer ausreichenden Solidarität kann man unter vorherrschender kapitalistischer Denkweise, wobei Jeder nur vorrangig an sich bzw. an seinen Eigennutz denkt und sich „jeder selbst der Nächste ist“, kaum rechnen.

Die Ausbeutung von Menschen, die in den unterentwickelten ärmeren Ländern und manchen Schwellenländern dieser Welt leben, trägt auch in Deutschland zum bisher erreichten Wohlstand bei. Die Globalisierung mit ihren zweifellos auch negativen Schattenseiten führt zu geringen Preisen, zur Ausbeutung und zur Erhöhung des Wohlstands in einigen von der Globalisierung profitierenden Ländern. Die geringen Preise im Prozess der Globalisierung sind besonders von den sehr geringen Löhnen der dort Beschäftigten geschuldet. Um die hohen Profite durch die Globalisierung zu erreichen, macht man leider auch vor umweltzerstörenden bzw. die Natur zerstörenden Maßnahmen nicht Halt. Erst relativ spät werden die viel eher dringend erforderlichen Ordnungsrahmenbestimmungen auf EU-Ebene, wie beispielsweise zur Vermeidung von Plasteverpackungen, die zur Vermüllung unserer Meere im höchsten Maße führen und durch viele im Meer lebende Tiere manchmal mit ihren Leben bezahlen müssen, durchgeführt. Auch für die Menschen, die Fische oder andere Meerestiere essen und da diese Fische oder andere Meerestiere auch Plaste verzehrt haben können, ist nicht auszuschließen, dass auch für die betroffenen Menschen daraus negative Folgen für ihre Gesundheit entstehen können.

Auch die als systemimmanent für eine kapitalistische Gesellschaft notwendige Wirtschaftswachstumsentwicklung macht leider im Interesse dessen maximaler Erzielung auch vor umweltzerstörenden Maßnahmen und vor Produkten, die längst eine Bedarfssättigung erreicht haben, keinen Halt. Um das Wachstum zu erreichen, wird vielfach, wie beschrieben, eine Materialermüdung eingebaut. Dadurch wird das eigentlich noch haltbare Produkt zur Unzeit auf den Schrott geworfen mit dem Ziel, unbedingt Neuwaren verkaufen zu können, um das quantitative Wirtschaftswachstum erhöhen zu können. Reparaturen von Gütern werden kaum geleistet und bewusst verteuert, damit der jeweilige Kunde Neuwaren kauft, die wiederum zum Wachstum beitragen. Die Ressourcenreduzierung, die zur Erreichung eines nachhaltigen Umgangs und im Interesse des Klimas notwendig ist, wird leider nicht immer mit Nachdruck betrieben, da sie im Regelfall nicht dem Erreichen der im Kapitalismus notwendigen quantitativen Wachstumserhöhung dient. Der gegenwärtige Kapitalismus ist durch die angewandte Globalisierung besonders durch Wettbewerbsdruck und Konkurrenz gekennzeichnet. Es geht nur in erster Linie darum, wer die geringsten Aufwendungen für seine Produkte erzielen kann. Daraus ergibt sich dann auch ein maximaler Profit.

Deshalb werden insbesondere die Länder den unmittelbaren Auftrag bekommen, in denen niedrige Löhne bei einer trotzdem ausreichenden Produktivität gezahlt wird. Unter diesen Gegebenheiten der gegenwärtigen weltweit herrschenden internationalen Globalisierung ist es nur schwer vorstellbar, dass man die notwendigen Voraussetzungen zu einer weitgehend möglichen wirtschaftlichen Gleichheit aller Länder erreichen kann, um den Erfolg der zukünftigen Klimakonferenzen und die mögliche Eindämmung der Erhöhung der Erderwärmung sichern zu können. Die Grundsätze zur Umsetzung einer Globalisierung, Denjenigen als Lieferanten auszuwählen, wie genannt, der die geringsten Preise hat, die durch geringe Löhne für die produzierenden Arbeiterinnen und Arbeiter in den betreffenden Ländern auch mit entstehen, ist als nicht richtig anzusehen. Damit wird nicht die global noch vorherrschende Ungleichheit beseitigt und sogar noch befördert. Die Globalisierung in dieser Form beruht somit weiterhin auf Ausbeutung von ärmeren Ländern und Schwellenländern durch reiche Industrieländer. Dadurch erfüllt man nicht die Erfordernisse zur möglichen Beseitigung der Ungleichheit als wichtige Notwendigkeit, um richtige globale Handlungen zur positiven Beeinflussung auf den Klimawandel einleiten zu können.

Die Macht der Konzerne ist im internationalen Maßstab viel zu hoch, denn ihre Profitinteressen werden, wo dies noch möglich ist, leider vor den Erfordernissen des Umweltschutzes gehen. Man hat immer noch nicht ausreichend gemerkt, dass sich der Kapitalismus in einer existenziellen Krise befindet. Trotz alledem unter den bestehenden gegenwärtigen wirtschaftlichen Gegebenheiten noch vom weiteren und zunehmenden Wohlstand zu sprechen und alle bedrohlichen Probleme des zunehmenden Anstiegs der Erderwärmung bewältigen zu wollen, muss man, bezogen auf die mögliche Realisierung nicht nur als problematisch, sondern als in Frage zu stellende Tatsache ansehen. Wir können auch in Deutschland aktuell feststellen – und dies trifft auch für manche andere Industriestaaten zu – dass unser bisheriger durchschnittlich gesehener Wohlstand erheblich zurückgegangen ist und man wohl kaum noch von einem Wohlstand sprechen kann.

Es wird zwar gesagt, dass viele anwendungsbereite mögliche technische Lösungen gegen die Klimakrise vorliegen und wir sie unter den Gegebenheiten der existenziellen Bedrohung für die Aufrechterhaltung der Zivilisation auf der Erde nur endlich umsetzen müssen. Man muss feststellen, dass sich noch keine dieser möglichen Technologien, wie bereits festgestellt wurde, als ausreichend sicher zur Beseitigung der Umweltkrise erwiesen hat.

2.11. Auffassungen zur Wirtschaft im Zusammenhang mit der Klimakrise aus dem Buch „Von hier an anders. Eine politische Skizze“ und gesellschaftlichen Belangen

Man muss beachten, was Robert Habeck in seinen Buch „Von hier an anders. Eine politische Skizze“ u.a. schreibt:

„Gerade das, was in den letzten Jahren erfolgreich war, was die moderne Gesellschaft stark und reich gemacht hat – globale Märkte, ein hoher Grad an Individualisierung, Mobilität, Freiheitssinn und Selbstverwirklichung, macht die Gesellschaft auch verwundbar, angreifbar und verletzlich.“ (Robert Habeck, Seite 53)

Auch zu den weltweiten Unterschieden im Lebensstandard und zur trotz aller Fortschritte weiterhin noch bestehenden erheblichen Ungleichheit äußert er sich im genannten Buch wie folgt:

„Das Versprechen der Globalisierung, das freier Handel Wohlstand schafft, gilt eben bei Weitem nicht für alle Menschen und Regionen. Mag das weltweide Wohlstandsniveau auch steigen, so steigt der Wohlstand nicht für alle gleich. Ganz im Gegenteil. Die Wohlstandsgewinne häufen sich bei immer weniger Menschen an, während immer mehr in einer Art Leiharbeitsschaft oder moderner Wanderarbeiterschaft leben und ganze Regionen verarmen.“ (Robert Habeck, Seite 101 – 102)

Aktuell muss, wie bereits dargestellt wurde, die Erreichung eines hohen Wohlstands wegen den eingetretenen krisenhaften Erscheinungen wahrscheinlich in Frage gestellt werden. In den Ausführungen von Habeck kommt jedoch das Dilemma des Kapitalismus zum Ausdruck, dass er nicht die notwendigen Voraussetzungen für die notwendige weitgehende Gleichheit zwischen den Menschen der einzelnen Völker sichern kann, wenn man nicht mit Entschiedenheit von außen in diesen Prozess eingreift. Zum Kapitalismus schreibt Habeck Folgendes in seinem Buch:

„Eine der Grundstrukturen des Kapitalismus ist, dass er ein permanentes Verlangen nach mehr schafft. Nach besser. Nach neuer.

Und das ist so gut wie schlecht. Es ist gut, weil es Fortschritt belohnt und damit Anreize zu gesellschaftlichen Verbesserungen schafft. Es ist schlecht, weil es inzwischen nicht nur einige Industriebranchen, sondern unsere gesamte Erde zu zerstören droht. Und da ist es mehr als zweifelhaft, ob aus der Zerstörung etwas Neues geschöpft werden kann, Die Wirtschaftsjournalistin Ulrike Herrmann hat wieder und wieder herausgearbeitet, dass der globale Kapitalismus nicht an seinen inneren Widersprüchen oder seinen immer wiederkehrenden Finanzkrisen zugrunde gehen wird – wohl aber möglicherweise an Rohstoffmangel, Umweltschäden und der Nichtbewältigung der Klimakrise. ……………………………………………………………………

Aber von Anfang an ist dem Kapitalismus ein Wachstumsparadox eingeschrieben, genauer gesagt sind es mindestens vier. Durch die arbeitsteilige Gesellschaft verbessern sich die Arbeitsbedingungen, entstanden Freiheiten und Wohlstand, aber durch unregulierte Freiheiten, auch Ungerechtigkeit. Märkte tendieren zu Monopolen und damit zur Zerstörung der Marktmechanismen, die sie hervorgebracht haben. Konkurrenzdruck führt zu Lohndruck und damit immer zu einer Entkopplung von Produktivität und Kaufkraft, was wiederum zu Absatzkrisen und der Notwendigkeit künstlicher Stimulation und zu Spekulation führt, die dann im Börsencrash enden. Und schließlich führt immerwährender Wachstum zur rücksichtslosen Ausbeutung der Erde, denn es braucht immer mehr Rohstoffe und Ressourcen, um den Energiebedarf zu befriedigen. Denn genau dieses kapitalistische Wirtschaften erzeugt inzwischen nicht mehr zu übersehende ökologische Probleme. Wegwerfprodukte aus Plastik, Plastiktüten, Coffee-to–go– Becher, Bierdosen mögen dem Prinzip nach dem Mehr und Bequemer genügen. Für die Umwelt und den Ressourcenverbrauch sind sie eine Katastrophe. ……………………………………………………………………………

Wir, die heutige Generation und vor allem wir in den reichen Ländern der nordwestlichen Hemisphäre verbrauchen mehr, als wir haben. Wir leben von geborgter Zeit und geliehenem Wohlstand. Die ökologischen Kosten unserer Wirtschaftsweise, des ungezügelten Mehr, Besser, Neuer, sind längst nicht mehr tragbar. Sie funktioniert nur noch, weil wir uns über die Konsequenzen hinwegtäuschen, weil wir nicht hinsehen und verdrängen. Denn der globale Kreislauf führt dazu, dass der reiche Nordwesten die Kosten, auf denen sein Wohlstand basiert, auslagert. Wir importieren Steinkohle und Öl, deren Ausbau bzw. Förderung in Kolumbien oder Nigeria schwere ökologische und soziale Schäden anrichten. Wir nutzen seltene Erden für unsere Glasfaserkabel und Flachbildschirme, Lithium, dessen Abbau zum Beispiel in Bolivien jede Menge Wasser verbraucht, das oft der dortigen Landbevölkerung fehlt, oder Kobalt, das im Kongo auch durch Kinderarbeit in engen Gruben gewonnen wird, für Batterien in unseren Handys oder Elektrofahrzeugen. Und wir schicken einen Großteil der Wertstoffe als Müll oder Abfall wieder in Staaten wie Malaysia oder Indonesien, wo sie in offenen Deponien in die Umwelt gelangen. Die Corona-Erfahrung hat einen Raum des Möglichen eröffnet, mindestens das Gefühl erzeugt, das vieles auch anders möglich sein könnte. Der Möglichkeitsraum des Kapitalismus ist jedenfalls ganz real begrenzt durch die Grenzen der Belastbarkeit der ökologischen Systeme." (R. Habeck, Seiten 154-156)

Außerdem werden in diesem Buch folgende relevanten Aussagen getroffen:

„Nicht nur die ökologische, sondern viele Krisen der jüngsten Zeit sind unmittelbare Schattenseiten unserer Wirtschaftsweise. Der Kapitalismus entwickelt sich schneller weiter als eine politische Ordnung, die ihn regulieren könnte. …………………………………………
Aber der Kapitalismus wird sich immer wieder erholen und weitermachen, analysiert Herrmann. Für die Demokratie gilt das allerdings nicht. Sie droht durch die Krisen des Kapitalismus unter die Räder zu kommen. Und so kann man das Ende der Hegemonie des Westens auch als Krise seines Wirtschaftssystems deuten. Die USA sind innenpolitisch zerrissen, sich selbst zum Feind geworden und nehmen sich selbst geopolitisch aus dem Spiel. Ein gesellschaftlicher Konsens über die Grundlagen unseres demokratischen Zusammenlebens, wie es ihn in der analogen Welt der Nachkriegszeit noch gab, gerät in der Welt des digitalen Kapitalismus zunehmend unter Druck. Das die Zunahme materiellen Wohlstands automatisch Freiheit und Demokratie schafft, ist durch die Entwicklung in der Türkei, Ungarn, Polen und China widerlegt. Staatlichkeit als Garant für soziale und ökonomische Sicherheit, die Natur als kostenlose Ressource – alles ist in Frage gestellt. Unsere Normalität ist nicht länger von Krisen durchgeschüttelt, sondern die Krise ist zur Normalität des politischen Alltags geworden. Vor diesem Hintergrund

wird klar, dass wir dem hyperglobalisierten Kapitalismus dringend neue Regeln geben müssen. Die Mehrung von Gewinn und Eigentum durch Wachstum als Ziel des kapitalistischen Wirtschaftens kann nicht Selbstzweck bleiben Es muss sich anderen Werten unterordnen. Werten, die die Ausbeutung der einen nicht zur Voraussetzung des Nutzens der anderen machen. Sondern aus der Globalisierung eine globale Verantwortung.“ (Robert Habeck, Seiten 158, 159)

Auf den folgenden Seiten werden im genannten Buch auch Möglichkeiten und Ordnungspostulate beschrieben, wie man mit den Bedingungen der Klimakrise und auch so in der vielen Punkten zu ändernden kapitalistischen Wirtschaftsweise leben und der Versuch unternommen werden kann, Kapitalismus, Wirtschaftswachstum, Profiterwirtschaftung, Wohlstandsaufrechterhaltung beizubehalten und trotzdem die Klimakrise bzw. die Gefahr der immer mehr steigenden Erderwärmung und der erheblichen Minimierung der Treibstoffgasemission erreichen zu können.

Diesbezüglich wird im genannten Buch von Habeck angeführt:

„Die Antwort kann jedenfalls nicht in einer Verneinung von Globalisierung und technologischen Fortschritt liegen. Der globalisierte Handel hat auch enorm positive Folgen. Durch Wachstum wächst der weltweite Wohlstand. Und damit auch der Zugang zur Bildung. Durch den wirtschaftlichen Aufstieg der Schwellenländer steigen auch dort die Löhne. Die Wohlstandsunterschiede zwischen vielen Schwellenländern und (alten) Industrieländern haben sich innerhalb relativ kurzer Zeit verringert. Und damit einhergehend verbesserte sich in diesen Ländern die Ernährungssituation, der Zugang insbesondere von Mädchen und Frauen zu Gesundheitseinrichtungen und Schulen. Heute hungern weltweit weniger Menschen, und mehr Frauen gehen zur Schule als vor 40 oder 50 Jahren. Die Frauen, die in Bangladesch zu Billiglöhnen Billigklamotten nähen, haben – immer relativ gesehen – höhere Einkommen als ohne diese Arbeit. Sie wollen zu Recht bessere Arbeitsbedingungen und höhere Löhne – aber sie wollen nicht, dass die Fabriken wieder geschlossen werden. Und der Arbeiter aus Bulgarien hat meist trotz hiesiger Dumpinglöhne immer noch etwas übrig, um es nach Hause zu schicken, wo das Geld dann ein

Vielfaches wert ist – schlicht, weil die Armut im eigenen Land so groß ist. Auf der Welt lebt es sich insgesamt gesehen heute besser und sicherer, reicher und satter, gesünder und länger als jemals zuvor. Vor 100 Jahren betrug die durchschnittliche Lebenserwartung in Deutschland 50 Jahre. Heute liegt sie bei über 80 Jahre, und viele die heute jung sind, werden über 100 Jahre alt werden. Das Max-Planck-Institut errechnete 2018, dass die durchschnittliche Lebenserwartung in Deutschland um drei Monate je Geburtsjahr steigt. Global betrachtet ist die Lebenserwartung der Vereinten Nationen zufolge um 50 Prozent gestiegen, in der westlichen Welt um 25 Prozent. ....

Die Globalisierung hat also nicht nur Probleme geschaffen, sondern auch enorme Fortschritte gebracht, und möglicherweise haben wir sie noch gar nicht alles geerntet. Sie verbessert insgesamt gesehen den gesellschaftlichen, ja individuellen Wohlstand, bringt aber sehr konkret Verluste in bestimmten Sektoren und Regionen. Die Ungerechtigkeiten der Globalisierung sind den Prozess der Globalisierung inhärent. Der Gewinn trägt den Verlust in sich. .... Immer wieder werde ich mit den Widersprüchen und den Verlusterfahrungen der ökologischen Umstellung unseres Wirtschaftsmodells.......................,.... ....konfrontiert. ....

Wir müssen die Erderhitzung stoppen, aber nicht auf Kosten all dessen, was eine freie und freudvolle Gesellschaft ausmacht. Wir schützen schließlich das Klima, um ein Leben in Freiheit und Würde zu ermöglichen, Daher brauchen wir eine Politik, die Freiheit und Gemeinwohl ins Lot bringt, die die Schöpfung wahrt, vor der Erschöpfung haltmacht und gleichzeitig die Errungenschaften der kapitalistischen Moderne erhält. Die Coronaerfahrung ist vielleicht insofern ein „anthropologischer Schock“, ... als dass in unserer spätmodernen hyperkapitalistischen Welt, aufs Funktionieren getrimmten Welt, plötzlich Werte erlebbar waren, die über dem Wettbewerbs– und Wachstumsdogma standen. .... Das Veränderung möglich ist, zeigen überraschenderweise die letzten Jahrzehnte. Seit 1990 sind die CO2-Emissionen der EU um 23 Prozent gesunken, nicht genug, ja, aber sie sind gesunken, während das Bruttoinlandsprodukt um satte 61 Prozent gestiegen ist. Insofern ist es möglich, Wachstum und Energieverbrauch zu entkoppeln.

Einsparungen und Effizienzsteigerung können so groß sein, dass sie den sogenannten Rebound-Effekt, der besagt, dass zum Beispiel sparsamere Motoren zum Kauf größerer Autos und zu mehr Fahrten führen, aufheben. Die ökologisch schädlichsten Praktiken müssen durch das sogenannte Ordnungsrecht untersagt werden. Beispielsweise durch ein Verbot von Mikroplastik in Kosmetika oder durch Effizienzquoten bzw. Minderungsvorgaben für den CO2– oder Stickstoffausstoß bei Autos durch Mindestvorgaben bei der Nutztierhaltung – um nur einige Möglichkeiten aufzuzählen. Auf der anderen Seite ziehen Verbote immer nur eine Art untere Grenze. Besser wäre es, wenn die Systeme selbst nachhaltig arbeiten könnten, wenn es mehr Lenkungswirkungen geben würde, beispielsweise einen hoch genug angesetzten Preis für CO2, der den Verbrauch fossiler Energie unattraktiv macht und eine gleichzeitige Senkung der EEG-Umlage, die die Nutzung von Wind– und Solarstrom attraktiver macht. Die Energie zum Antrieb einer stromgetriebenen Wärmepumpe vervierfacht sich durch die Wärme, die sie aus dem Boden aufnimmt. Es macht also Sinn, Strom jetzt günstig zu machen und die Erneuerbaren auszubauen. Um Fortschritt und Wohlstand klimafreundlich zu gestalten, brauchen wir insgesamt eine wirtschaftspolitische Konzeption, die die externen Kosten, also die Kosten für Umwelt und Mensch, in den Preis mit einrechnet. Beispiele wären neben der CO2-Steuer eine Pestizidabgabe, mit deren Einnahmen Bauern gefördert werden, die auf Pestizide verzichten, ein Tierschutzcent auf Fleisch, Eier und Milchprodukte, der bei mehr Tierschutz, zum Beispiel durch den Umbau der Ställe, hilft und bei der Reduktion des Fleischkonsums. Und da es eben um Lenkungswirkungen geht, also um den Versuch, klimafreundliches Verhalten zu fördern und klimaschädliches zu mindern und eben nicht um mehr Geld für den Staat, sollten die Einnahmen aus der CO2-Steuer anders, als jetzt vorgesehen, als Energiegeld unbedingt direkt an die Bürger und Bürgerinnen zurückgehen. Und zwar so, dass vor allem Menschen mit geringen Einkommen davon profitieren. Dafür gilt es, die soziale Belastung umzudrehen. Steuern und Abgaben auf den Verbrauch belasten Haushalte im unteren Einkommenssegment besonders stark, weil diese einen größeren Anteil ihres verfügbaren Geldes ausgeben müssen. Wenn man aber die Einnahmen aus einer Verbrauchsabgabe – also aus dem CO2–Preis – durch die Anzahl der Menschen, die sie zahlen, teilt und allen die gleiche Summe zurückgibt, dreht sich das Verhältnis um. Die unteren Einkommen würden profitieren, denn die reichen Haushalte verbrauchen mehr Energie, sie haben die größeren Wohnungen, sie fahren mehr Auto. In Deutschland haben die obersten 10 Prozent einen dreifach höheren CO2-Ausstoß als die untersten 10. Global gesehen schädigt das reichste 1 Prozent das Klima doppelt so stark wie die ärmere Hälfte der Weltbevölkerung zusammen, wie eine Studie der Entwicklungsorganisation Oxfam vor Kurzem gezeigt hat. Ein dritter Weg, den Kapitalismus ökologisch zu bändigen, ist, neben und Preisanreizen – die Förderung geschlossener Stoffkreisläufe. ………………………………………………………………………………

Sicher, das wachsende Marktsegment für ökologische Produkte ist wohl der Hauptgrund, warum Firmen beginnen, die Plastikproduktion umzustellen. Für die Meere und das Klima ist es aber letztlich egal, ob Plastik aus Plastik-Produkten aus Gewinnstreben oder aus Umweltschutzgründen produziert werden. Die entscheidende Frage ist allerdings, wie eine solche nachhaltige Produktionsweise auch in nicht gesättigten Märkten mit starkem Wachstum stattfinden kann. Der Kapitalismus funktioniert ja so, dass investiert wird, wenn man sich zusätzliche Gewinne verspricht. Neue Technik oder neue Verfahren werden also dann eingesetzt, wenn sie mehr Gewinn versprechen als andere. Dementsprechend muss der Verbrauch von Rohstoffen so teuer werden, dass möglichst viele Stoffkreisläufe geschlossen werden können. Das Ziel muss sein, möglichst überhaupt keine neuen Rohstoffe mehr zu verwenden, das heißt, möglichst viele Güter und Waren so herzustellen und zu designen, dass sie wieder verwertet werden können: von Turnschuhen über Batterien bis hin zu Windmühlen oder Flugzeugen und ihren Antriebsstoffen. Dieses „Cradle-to-Cradle-Prinzip, also von der Wiege zur Wiege, nach dem Produkte nie „sterben“, sondern immer wieder „geboren“ werden. ………………………………………………………………………………

Der Kapitalismus schafft eben auch die Innovationen, die seine eigenen Probleme lösen, sofern Knappheit oder Ordnungsrecht plus Rechtssicherheit und unternehmerische Freiheit gegeben sind. Vielleicht ist der Kapitalismus tatsächlich unkaputtbar – formbar ist er mit Sicherheit. Das wurde nur allzu lange vergessen bzw. politisch nicht gewollt. Für einige Produkte sollte man auch das Verhältnis zwischen Besitzen und Benutzen neu definieren. …………………… …………… Und wenn es ein gutes Leih- oder Leasingsystem gäbe,

könnten wir die Produktion dieser und vieler anderer Geräte vermutlich deutlich drosseln.
…………………………………………………………………………………
Ja, das wird bedeuten, dass Arbeitsplätze in solchen Bereichen wegfallen. ……………………………………………………………………
Aber es werden auch neue Arbeitsplätze entstehen, denn die Wartung und Reparatur von Maschinen, die … dann häufiger und länger im Einsatz sind, ist aufwendig. ……………………………………………………
Hier deutet sich an, wie zusammen mit Effizienzsteigerungen und dem Ausbau erneuerbarer Energie die Entkopplung von Wohlstand und Wachstum gelingen kann. Wenn in immer mehr Branchen nur das verbraucht würde, was man recyceln kann, also eine echte Kreislaufwirtschaft entstehen würde und zusätzlich nach dem Motto: „Teilen ist das neue Haben“ mehr Tausch– oder Leasinggeschäfte entstünden, dann würden wir uns zumindest auf den Weg machen, den Hyperkapitalismus zu bändigen. Natürlich ist es beim gegenwärtigen Ausmaß des Ressourcenverbrauchs schwierig, eine Kreislaufwirtschaft zu erreichen, und die Cradle-to-Cradle-Produkte sind noch eine kleine Nische. Wie am Anfang auch die erneuerbaren Energien, elektrisch betriebene Autos, ökologische Landwirtschaft. ……………………………………………………………………
Es ist möglich, einen Weg zu bestreiten, der Ressourcenverbrauch und Wohlstand trennt. Dass es ein langer Weg ist, spricht nichts dagegen, sich aufzumachen, wohl aber dafür, es sofort und schnell zu tun. Es ist falsch, vor zu viel Umwelt– und Klimaschutzmaßnahmen zu warnen, weil sie die Wirtschaft gefährden konnten. Die Energiewende beweist, dass wir es in der Hand haben, Klimaschutz mit einem Mehr an wirtschaftlichem Wohlstand zu verbinden. ……………………………………
um die nachfragebetriebene Logik des Hyperkapitalismus gleichsam umzubiegen, müssen wir auch die politischen Prioritäten neu definieren, sowohl bei uns Bürgern und Bürgerinnen, wie bei den politischen Entscheidern oder Entscheiderinnen. Und deshalb sollte der gesellschaftliche Wohlstand in Zukunft anders gemessen werden.
…………………………………………………………………………………
Geiz ist nicht geil. Geiz ist asozial. Und Gier schafft vielleicht materiellen Reichtum für einige, aber zerstört den Reichtum einer Gesellschaft. Märkte brauchen Regeln, sie brauchen soziale Normen und politische Regulierungen. Sie sind keine natürlichen Gegebenheiten, sie sind kein Dschungel. Sie sind menschengemachte

Gärten. Sie brauchen Pflege und Arbeit. Welchen Namen dann dieses Wirtschaftssystem trägt, ob es noch Kapitalismus heißen oder schon etwas anders sein wird, das kann heute niemand sagen.

…………………………………………………………………………………

Vermutlich, so Ulrike Herrmann, wird das Ende des Kapitalismus wie sein Anfang sein. Es wird einfach passieren. Eine neue Wirtschaftsordnung wird sich aus dem Prozess der Reform entwickeln. Sie wird von unten nach oben wachsen. Und das ist kein schwacher, sondern ein bärenstarker Gedanke." Denn er besagt, dass wir weder abwarten können, noch abwarten müssen, bis die richtige Theorie erdacht wurde, sondern einfach anfangen sollten, das Richtige zu tun. Das jetzt schon Mögliche. Das ökologisch Gebotene. Jede Regierung kann ihren Beitrag leisten, jeder einzelne Mensch auch. Und viele tun es schon. Gewinne werden größtenteils reinvestiert.

…………………………………………………………………………………

Sie stellen das Familienunternehmen gleichsam auf neue Füße. Verantwortungseigentümer dürfen ihr Unternehmen nicht verkaufen, nicht vererben. Sie dürfen sich und ihren Mitarbeitern marktübliche Gehälter zahlen, aber dürfen die Wertsteigerung des Unternehmens nicht kapitalisieren. Gewinne werden größtenteils reinvestiert, nicht privatisiert, Die Anteilsteile werden stets neu vergeben und bleiben nur so lange in der Hand der Eigentümer, wie diese für das Unternehmen arbeitet. Entsprechend arbeiten die Mitarbeiter nicht für die Dividende oder den Profit der Eigentümer, sondern für das Unternehmen selbst, für den Zweck der Firma, für die Sache, an die sie glauben. Werte werden geteilt. Das Unternehmen gehört sich selbst, nicht Besitzern, die Marktanteile erworben haben, ohne je einen Fuß in das Unternehmen gesetzt zu haben und deren Entscheidungen zur Kündigung von Mitarbeitern führen, die sie nie getroffen haben. Die Verantwortungseigentümer sind auf den Unternehmenszweck ausgerichtet, nicht auf reine Gewinnmaximierung. „Eigentum ist eine Aufgabe und keine Geldanlage", schreiben die Unternehmer(innen) auf ihrer Homepage über ihre Mitglieder und dass diese ihre „Eigentümerschaft als Amt, als Aufgabe verstehen. Sie verstehen Unternehmen eher als eine Gemeinschaft von zusammenarbeitenden Menschen." Damit ist auch die Machtfrage im Wirtschaftssystem neu gestellt. Das Dumme ist nur, dass es die notwendige Rechtsform in Deutschland noch nicht gibt. Die Stiftung kämpft für eine neue Form von Kapitalgesellschaften –

und ich finde, damit auch für eine neue Form der Gesellschaft. Wir sollten nicht darauf warten, dass irgendwer irgendwo einen Umstieg oder sogar Ausstieg aus dem Kapitalismus plant bzw. beschließt – sondern beginnen, selbst umzusteigen. Man erreicht einen neuen Horizont nur, wenn man sich auf dem Weg macht. Eine neue Welt wird nicht entdeckt, indem man über sie redet, sondern indem man lossegelt." (Robert Habeck, Seiten 160- 170)

Es ist sicherlich interessant, die Überlegungen von Habeck – bezogen auf unsere heutige Zeit in Deutschland – zu lesen. In seinem Buch, aus dem auszugsweise einige Aussagen zitiert wurden, legte Robert Habeck u. a. dar, dass unter Weiterführung des Kapitalismus seit 1990 ein Produktionswachstum mit bisherigen guten Ergebnissen erreicht werden konnte und man auch Umweltbelange, soweit ausreichende Möglichkeiten dazu bestanden, ebenfalls schon damals in dieser Gesellschaftsordnung beachtet hat. Trotz dem man die Zielstellungen des Wachstums im quantitativen Sinne immer als Zielstellung hatte und der Kapitalismus einen relativ hohen Ressourcenverbrauch bisher mit sich brachte und oft auch von Verschwendung von nicht in jedem Fall notwendigen Ressourcen durch oft gesättigte Produkte und auch umweltzerstörende Maßnahmen gekennzeichnet war, hat man auch im Ergebnis der relativ hohen Produktivität die erwähnten relativ guten Ergebnisse bisher in der Gesellschaft des Kapitalismus auch in Deutschland erreicht. Der Kapitalismus konnte seit seinem Entstehen immer beibehalten werden.

Er hat in den Aussagen in seinem Buch auch geschrieben, dass sich Vieles im Kapitalismus ändern muss und der Kapitalismus erhebliche Schwachpunkte hat, aber die Hauptzielstellung des Kapitalismus die Steigerung des quantitativen Wachstums und die Erhöhung oder Beibehaltung des Wohlstandes vereinbar ist. Trotz den erheblichen Problemen für das weitere Bestehen der Zivilisation durch die immer stärker werdende Klimakrise und deren erheblichen Umweltfolgen und deren bedrohliche Auswirkungen und trotz dem Vieles für eine Änderung deshalb spricht, vertritt er weiterhin, wie auch der wahrscheinlich überwiegende Teil der Grünen diese Auffassung. Man ist, weil man alle Krisen im Kapitalismus immer bewältigt hat, weiterhin der Meinung, dass der Kapitalismus als Gesellschaft auch deshalb bestehen bleibt. Wenn man die Bezeichnung auch eventuell ändern muss, so ist man der Auffassung, dass das Grundanliegen dieser Gesellschaftsordnung jedoch wahrscheinlich bestehen bleibt.

Aber es kommt auch darauf an, die Kehrseiten und Widersprüche der gegenwärtigen Entwicklung zu sehen. Man kann sicherlich ebenfalls der Auffassung sein, dass eine völlig ungenügende Anwendung wichtiger Gesichtspunkte der Kreislaufwirtschaft bei einer nicht mehr vertretbaren Ermittlung einer Vergleichskennziffer im weltweitem Maßstab, wie das Bruttosozialprodukt, erfolgt. Wenn 61 Prozent Steigerung des Bruttosozialprodukts in der EU erreicht wurden und gleichzeitig im genannten Zeitraum trotz quantitativem Wachstum die CO2-Emission der EU um 23 Prozent gesunken ist, weist der von Habeck gezogene Vergleich zweierlei Probleme dabei auf.

Man muss dies bei dieser Gegenüberstellung wegen der globalen Wirkung der Umweltkrise und ihren Folgen global und nicht nur auf die EU bezogen sehen. Gerade die nicht zur EU gehörenden Länder, in denen die meisten Menschen weltweit leben, weisen nicht ein so hohes durchschnittliches quantitatives Wachstum auf und können dieses Wachstum auch bei den derzeit gegebenen Ausgangsbedingungen nicht aufweisen. Wegen der noch sehr hohen notwendigen Verwendung fossiler Energieträger in den Nicht-EU-Ländern müssen wahrscheinlich andere Vergleichsmaßstäbe herangezogen werden.

Das zweite Problem besteht darin, dass die erreichten 23 Prozent der Senkung der CO2-Emission in den EU-Staaten auf globaler Ebene in keiner Weise zur Vermeidung der Erderwärmung ausreichend sind.

Wie schwer es ist, die regenerative Energie weltweit einzuführen und dass auch die führenden Vertreter der Partei „Bündnis 90/Die Grünen“ die Ursachen dafür besser beachten müssen, wurde in diesem Buch durch die ungleiche wirtschaftliche Entwicklung bzw. den vorhandenen unterschiedlichen Lebensstandard und die bestehenden derzeit nicht gegebenen technologischen Voraussetzungen, die für die umfassende Anwendung von Wind- und Sonnenenergie sprechen, schon zu einer Reihe von Belangen bereits begründet.

Angesichts dieser zweifellos bestehenden globalen Probleme wird dieses wichtige Faktum, dass weiteres quantitatives Wachstum zur Erhöhung des Wohlstands führt, bei den Ausführungen in diesem Buch bei den bisherigen Analysen zur Einhaltung aller globalen Erfordernisse der nicht ausreichenden globalen CO2–Emissions–Reduktion weitgehend unbeachtet gelassen. Deshalb müssen, wie bereits genannt, die derzeit bestehenden Grundsätze der Globalisierung auch aus der Sicht des Klimawandels und deren Erfordernisse im erheblichen Maße in Frage gestellt werden.

Insbesondere bezogen auf die dringend in einem höheren Maße erforderliche Reduktion der schädlichen Treibhausgase in der Atmosphäre wurden hierbei nicht ausreichende Überlegungen getroffen. Man kommt nicht umhin, dass zwar Deutschland für die Klimakrise ein wichtiger Vorreiter auch in dem zu bestreitenden Weg ist, aber dieser Weg vorrangig aus der Sicht der Grünen steht und die Bevölkerung, die Wirtschaft und die Gewerkschaft zu wenig in sozialer Hinsicht sich mitgenommen fühlt. Auch das notwendige interdisziplinäre Denken kommt nach Meinung mancher Verantwortlicher auf diesem Gebiet zu kurz, und man hat das Gefühl, dass insbesondere das konkrete Handeln mehr oder weniger im Alleingang von der Partei Bündnis 90/Die Grünen durchgeführt wird, da sie wichtige Schaltstellen bzw. Ministeriumsbereiche für die Belange der Klimakrise in ihrer Hand hält. Sicherlich stehen die Parteien der Ampel-Regierung für diese Politik zur Verfügung, da die Koalition nur gemeinsam regieren kann. Aber es ist auch festzustellen, dass nicht alle Vertreter der Koalitionsregierung immer und überall die gleiche Auffassung vertreten und bei Einigen durchaus auch eine differenzierte Meinungsbildung besteht. Nicht nur manche Vertreter anderer Parteien haben zu den Belangen und den Folgen der Klimakrise bezüglich deren gegenwärtiger Bewältigung durch die sich seit Anfang Dezember 2021 in Regierungsverantwortung befindende Ampel-Regierung auch eine differenzierte Auffassung. Auch manche Energiewirtschaftler, speziell auch von Deutschland, haben zu manchen Belangen bzw. auch der Vorgehensweise der Ampel-Regierung bei der Energiewende manchmal eine völlig andere Meinung. Auch deren Meinungen müssen in einer Demokratie, um die bestmöglichen und sicheren Versorgungsleistungen auf dem so wichtigen Gebiet der Energiewirtschaft zu finden, beachtet werden.

Dies geschieht leider gegenwärtig nicht im ausreichenden Maße. Man muss auch mit Skepsis unter Beachtung der gegenwärtig sich abzeichnenden Gegebenheiten hinterfragen, ob es unter den aktuellen vorherrschenden Bedingungen richtig ist, mit den Maßnahmen der Energiewende bzw. des Green New Deals in dem bisher zugrunde gelegten Umfang einfach in Deutschland anzufangen, ohne auch die dringenden globalen Erfordernisse hierbei im ausreichenden Maße zu beachten.

Die hohen Preise, die bestehende Existenzunsicherheit und die unterschiedliche Interpretation und Befindlichkeit großer Teile der Bevölkerung und auch von Unternehmen müssen bei den daraus erfolgenden Handlungen auch in Deutschland wesentlich besser, als bisher, berücksichtigt werden. Es muss auch beachtet werden, dass ein Teil der Bevölkerung Deutschlands die Sanktionen, die auch die deutsche Bevölkerung betreffen und auch mit den Waffenlieferungen durch Deutschland nicht einverstanden ist und die Gefahr der Möglichkeit eines Dritten Weltkrieges auch dadurch sieht. Man muss, wie Manche andere die Auffassung vertreten, dass diese jetzt erfolgten Wege und Handlungen, die auch sehr einseitig sind, zur Unzeit erfolgen. Teile der Bevölkerung tragen diese Maßnahmen unter den gegenwärtig vorherrschenden Ausgangsprämissen, auch in Sorge um ihre Existenz, nicht mit. Deshalb ergibt sich die tatsächliche Frage, ob sie dem gegenwärtigen Stimmungsverhalten in der Gesellschaft entsprechen, was für demokratische Handlungen immer und auch zu jeder aktuellen Zeit bei der eingeschlagenen Richtung der Energiewende beachtet werden muss.

Eine nicht geringe Zahl von Menschen, auch in Deutschland, vorrangig auch in Ostdeutschland bzw. Teile der Bevölkerung der früheren DDR verstehen unter einem möglichen „dritten Weg“ etwas Anderes, als nur eine richtige Kreislaufwirtschaft oder andere Lenkungsmethoden durchzuführen. Dies wird von Manchen als nicht ausreichend für die notwendige Transformation der gesamten Gesellschaft für die Erreichung eines Bewusstseinswandels bzw. auch zur Einleitung der zur Beseitigung der Folgen des Klimawandels notwendigen Maßnahmen angesehen.

Die gegenwärtige Handhabung der Globalisierung ist in erster Linie, wie bereits erwähnt, damit verbunden, dass das Land, das den geringsten Preis bei der notwendigen Sicherung bzw. Erreichung der Qualität in der Herstellung von betroffenen Erzeugnissen bzw. Produkten anbieten kann, dann den Zuschlag zur Herstellung bekommt. Man kann sich jedoch nicht nur auf den Preis oder politische Erwägungen bei der Auswahl der in Frage kommenden Länder beziehen, denn man muss auch eine Vielzahl der globalen und auch andere wichtige Erfordernisse mit einbeziehen. Dies geschieht gegenwärtig nicht ausreichend, auch nicht zur Frage der richtigen Einflussnahme auf die notwendigen Maßnahmen zur Bewältigung der Klimakrise, wie bereits an anderer Stelle dargestellt wurde.

Es muss aus meiner Sicht als richtig angesehen werden, wie der Autor des Buches fordert, dass Unternehmer bzw. Kapitaleigner nicht vom gewonnenen Kapital leben dürfen, das sie u. a. auch durch Erbschaften oder für sich selber erworben haben. Daraus kann nicht die Schlussfolgerung gezogen werden, nicht wirkungsvoll mitzuarbeiten und allein vom gewonnenen Kapital bzw. dessen Rendite zu leben. Auch diese Unternehmer sollten sich konkret durch ihre ausgeübte Arbeit für die Belange bzw. Geschicke des betreffenden Unternehmens einsetzen.

Es sollte unbedingt auch stärker als bisher beachtet werden, dass wir im erheblichen Umfang auch vor 1990 schon CO2 in unserer Atmosphäre hatten und es über 800 bis 1000 Jahre dort verbleiben wird, wenn wir auch in dieser Hinsicht nicht ausreichende Aktivitäten durchführen bzw. einleiten.

Wir sollten auch ebenfalls berücksichtigen, dass bei der weiteren Nutzung von fossilen Energieträgern, wenn die notwendigen Voraussetzungen zu deren Stilllegung auch von der Energiesicherheit und der ausreichenden richtigen energiewirtschaftlichen Betreibung gegeben sind, um den Profit weiterhin zu realisieren, letztlich oftmals weiterhin gegen die Erfordernisse der Beseitigung der Klimakrise gehandelt wird.

Deshalb ist anzunehmen, dass die am Abbau fossiler Energieträger beteiligten Konzerne und Unternehmen in einer kapitalistischen

Gesellschaft im Interesse der Beibehaltung des Profits alles dafür tun, nicht so schnell, wie es energiewirtschaftlich gegeben und notwendig ist, fossile Energieträger in dem möglichen technologischen Umfang durch erneuerbare Energien, soweit dies möglich ist, zu ersetzen.

Es ist auch hier festzustellen, dass sich der Profit bzw. Gewinn weiterhin bei wahrscheinlich allen einzuleitenden Maßnahmen ergeben soll. In diesem Fall wird ebenso die angelsächsische Betrachtungsweise zugrunde gelegt, wie es für eine Marktwirtschaft typisch ist, dass immer und überall bei allen Handlungen Gewinn realisiert werden soll. Dass auch einmal kein Gewinn aus Gründen des Klimawandels oder der Versorgungssicherung erwirtschaftet werden muss, wird auch hier nicht ausreichend berücksichtigt. Das Gewinnstreben wird immer und überall in den Vordergrund gestellt. Wenn wir immer so handeln, kann die Klimakrise nicht in der notwendigen Form bewältigt werden. Das ist aber im Kapitalismus nicht möglich und entspricht nicht seinen Zielstellungen.

Es sollte auch beachtet werden, wie in diesem Buch schon zum Ausdruck kam, dass wir wesentliche Teile unseres bisherigen Wohlstands nicht nur auf Produktivitätsfortschritte zurückführen können. Wir müssen auch berücksichtigen, dass wir in den betreffenden hochentwickelten Industriestaaten, speziell auch in Deutschland, im Zusammenhang mit der Weiterführung des Kapitalismus unseren bisher erreichten Wohlstand auch durch die Ausbeutung anderer Länder und deren Menschen – was einer demokratischen Gesellschaft abträglich ist – erreicht haben. Auch die preiswerten Energien, die Deutschland zu Sonderkonditionen und Sonderpreisen aus Russland sowie die preiswerten Importe, die wir aus China bekommen haben, haben zum bisherigen guten Wirtschaftsergebnis in Deutschland beigetragen.

Diese im Kapitalismus noch weiterhin vorherrschende Handlungsweise der Weiterführung der Ausbeutung beruht in nicht ganz zu vergleichender Handhabungsweise auf früheren Methoden des Kolonialismus. Man muss diese Tatsache in erster Linie sehen und darf die nicht zu verkennenden Produktivitätsanstiege bzw. oft besseren Verhältnisse bei den Entwicklungsländern und manchen

Schwellenländern gegenüber den früheren Verhältnissen nicht vorrangig sehen.

Man verhält sich bei dieser Art, wie wir global den Kapitalismus zum Nachteil anderer Menschen in den unterentwickelten Ländern und in manchen zutreffenden Schwellenländern auf dieser Welt betreiben, jenseits von Gut und Böse. Unsere Handlungsweise in der westlichen Welt unter kapitalistischen gesellschaftlichen Verhältnissen ist in moralischer und auch in humanitärer Weise voll zu verurteilen. Wie kann man auf dieser völlig unethischen Grundlage sein gesamtes Wirtschaftsmodell, auch bezogen auf die Partei „Bündnis 90/Der Grünen“, zugrunde legen? Offenbar ist es in der westlichen kapitalistischen Welt ganz selbstverständlich, dass die Art, eine Gesellschaftsform zu betreiben, immer so bleiben und nicht verändert werden muss. Man rühmt sich noch, weil man auch durch die Globalisierung für diese Menschen, trotz der Weiterführung der Ausbeutung, eine durchschnittliche Verringerung der Armut erreicht hat, trotz dem auch weiterhin Armut besteht. Man muss eigentlich zur Erkenntnis gelangen, dass unsere Wirtschaftsordnung im tiefsten Maße nicht den Erfordernissen entspricht und auf völlig inhumanen Ausgangsprämissen basiert und ungenügend die noch vorhandene erhebliche Ungleichheit der einzelnen Länder im globalen Maßstab beachtet.

Deshalb ist es bei allen löblichen Versuchen, insbesondere auch des Autors Robert Habeck im genannten Buch „Von hier an anders. Eine politische Skizze“, aus meiner Sicht nicht richtig, wenn man die gegenwärtige Wirtschaftsordnung des Kapitalismus mit seinen Zielstellungen vervollkommnen und damit die schwerwiegenden Probleme der Klimakrise bzw. der Erderhitzung weiterführen will. Die Beibehaltung der gegenwärtigen Wirtschaftsziele und damit auch der Wirtschaftsordnung des Kapitalismus kann eine Bedrohung der Zivilisation und die dann entstehenden Umweltfolgen für uns bedeuten.

Gerade wegen der bestehenden Umweltkrise braucht man eine andere Wirtschaftsordnung, die nicht vom unbegrenzten Wachstum und Erreichen von maximalen Profiten ausgeht.

Es sollte nicht unbeachtet bleiben, dass ein ökologisch und richtiges soziales Verhalten mit den Prämissen einer umfassenden Marktwirtschaft wohl nicht in Übereinstimmung gebracht werden kann. Man kann auch unter der bedrohenden Klimakrise und hohen Dringlichkeit der globalen Erfordernisse nicht davon ausgehen, dass immer eine Erhöhung des quantitativen Wachstums und eines höchstmöglichen Profits bei allen durchzuführenden Handlungen erreicht wird.

Deshalb kann man aus der Sicht des Autors folgendes Fazit in dieser Frage bei mancher Zustimmung, aber auch berechtigter Kritik, gerade zu den Belangen der Art und Weise der Durchführung der Energiewende zu den für Deutschland eingeleiteten und noch vorgesehenen umweltpolitischen Maßnahmen ziehen:

Bei der Anwendung des kapitalistischen Systems wird die Endlichkeit der Rohstoffe nicht genügend beachtet, da wir im Interesse der Profitmaximierung immer mehr produzieren können und wollen. Erkenntnisse, die der Club of Rome zum Wachstum bereits 1972, also vor über 50 Jahren gewonnen hat, werden durch diese Zielstellungen und Denkweise mehr oder weniger ad absurdum geführt. Der Glaube an das Gelingen von Wissenschaft und Technik bzw. neu zu gewinnende technologische Kenntnisse unterliegt solch einer Einschätzung, dass man denkt, alles schaffen zu können, ohne ausreichend bestehende Risiken und mögliche eintretende Probleme, wozu auch die soziale Verträglichkeit gehört und zu berücksichtigen ist, ob die vorgesehene Handlungsweise nicht zu einer verstärkten Bedrohung der Zivilisation beitragen kann.

Auch in der durchgeführten Auswertung des Stresstests kam leider wieder zum Ausdruck, dass es nicht darum geht, gegenwärtig noch nicht übersehbare Risiken zu beachten, die immer und überall eintreten können. Bei dieser wichtigen Versorgungsfrage der Energiesicherheit darf man eine zu treffende Entscheidung nicht vorrangig ideologisch sehen. Man hat dann in dieser wichtigen Frage zum Teil Einsicht in gewisser Weise gezeigt, dass nun im Interesse der Energiesicherheit für diesen Winter drei noch laufende Kernkraftwerke bis zum 15.04.2023 betrieben und danach stillgelegt werden sollen.

Dies wird, wie im Weiteren im Gliederungspunkt 2.20 eingehend beschrieben wird, für nicht ausreichend – auch bezogen auf die Energiesicherheit der nächsten Winter und aus Klima- Erfordernissen – gehalten.

Bei allem Optimismus, den man haben sollte, sollte auch eine gedämpfte sicherheitsbezogene realistische Denkweise bei unseren Betrachtungen unbedingt Beachtung finden. Auch die Erfordernisse der langfristigen Planung, die bei einer Anwendung der Marktwirtschaft unbedingt dazu kommen muss, um viele Prozesse richtig zu bewältigen, werden nicht ausreichend im gegenwärtigen Kapitalismus beachtet. Wir kommen nicht umhin, auch im Ergebnis der Erkenntnisse einer langfristigen Planung im Interesse der Erhaltung des Lebens und einer anderen Form der Marktwirtschaft, bei der auch die Menschen stärker beachtet werden und der Staat regulierend besser als bisher einwirkt und somit dem Kapitalismus erforderliche Einschränkungen auferlegen zu müssen. Wichtige Zielstellungen des Kapitalismus können damit nicht mehr erfüllt werden, so dass eine Bezeichnung als Kapitalismus nicht mehr berechtigt ist. Auch Ulrike Herrmann kommt in ihren neuen 2022 erschienenen Buch „Das Ende des Kapitalismus: Warum Wachstum und Klimaschutz nicht vereinbar sind – und wie wir in Zukunft leben werden“ auch wegen den krisenhaften Gefahren des Kapitalismus zu der Auffassung, dass wir nicht so wie bisher weiter leben können und unsere Vorstellungen von der Welt, überhaupt unsere Lebensweise, gewaltig ändern müssen. Wir können nicht mehr den bisherigen Wohlstand haben und müssen mit einem geringeren materiellen Lebensstandard zufrieden sein, auch im Interesse der Belange des Klimawandels.

Nur alles aus individualistischen Gesichtspunkten, wie bisher, zu sehen, kann bei den vor uns stehenden gewaltigen Bedrohungen für die Menschheit nicht richtig sein, denn wir müssen viel mehr solidarisch und gemeinschaftlich handeln. Auch unser bisheriges Wertesystem, das unter den gesellschaftlichen Verhältnissen des Kapitalismus errichtet wurde, ist in manchen Punkten in Frage zu stellen.

Trotz aller gewollten Wirkung und sicherlich wichtigen Maßnahmen und Handlungen, um Einfluss auf die von den Umweltfolgen drohende Gefahr des weiteren Anstiegs der Erderwärmung zu nehmen, ist es nicht nachvollziehbar, dass trotz aller dieser notwendigen Maßnahmen und einer ebenfalls als problematisch angesehenen Beherrschung der Klimakrise wir weiterhin den gleichen oder noch höheren Wohlstand erreichen können, ohne auch Verzichte oder noch mehr Verbote von nicht durchführbaren Handlungen durchzuführen. In dieser Frage wird vom Verfasser dieses Buches eine ähnliche Auffassung wie von Ulrike Herrmann geteilt.

Die Fortsetzung der bisherigen kapitalistischen Wirtschaftsweise und der Grundmaxime einer kapitalistischen Gesellschaftsordnung mit dem gewollten immer weiter ansteigenden quantitativen Wirtschaftswachstum, der unbedingten Erreichung hoher Profite, der Beibehaltung der bisherigen Macht der Konzerne und der Weiterführung der Ausbeutung anderer Länder und deren Bevölkerung kann auch vom Autor dieses Buches, keine Zustimmung finden. Wir müssen dabei beachten, dass die wirtschaftlichen Ziele nicht immer identisch mit den dringenden Erfordernissen des Umweltschutzes sind.

Das wichtige Erfordernis für die ggf. mögliche Beseitigung der existenzbedrohenden Umweltkrise und die Erreichung einer weitgehenden wirtschaftlichen Gleichheit aller Länder kann auf diese Art und Weise bei Beibehaltung des kapitalistischen Wirtschaftssystems nicht ausreichend umgesetzt werden. Eine wichtige Aufgabe besteht dabei im umweltpolitischen Sinne darin, die wirtschaftlichen und finanziellen Voraussetzungen zu sichern, dass die bisher armen Länder und manche Schwellenländer nicht weiterhin Kohle als fossile Energieart bzw. als Rohstoff verwenden müssen und diese dann nicht oder kaum noch gefördert werden braucht und in der Erde verbleiben kann.

Es wird nochmals zusammenfassend auf das dringende Primat des globalen Erfordernisses hingewiesen, dass zuerst die weitgehende Gleichheit im Lebensstandard zwischen den einzelnen Ländern dieser Welt geschafft werden muss, bevor alle erforderlichen Klimaschutzhandlungen auf der notwendigen globalen Ebene durchgeführt werden können. Auch aus ethnischen Gründen muss eine Weiterführung der Ausbeutung der Bevölkerung unter den derzeitigen unrühmlichen Bedingungen bei der Rohstoffgewinnung mit Entschiedenheit abgelehnt werden.

Die gegenwärtige Energiewende wird jedoch in Deutschland zu sehr national und nicht, wie es erforderlich wäre, ausreichend global durchgeführt. Sie wird auch nicht ausreichend interdisziplinär unter Beachtung von Fachexpertisen von Wissenschaftlern unterschiedlicher Fachgebiete betrieben, selbst, wenn es zu wissenschaftlichen Disputen dabei kommen sollte, die jedoch bewirken, dass diese Erkenntnisse der jeweiligen Wissenschaftler auf ihrem Fachgebiet zu energiewirtschaftlichen Themen mit einbezogen werden. Besonders auch die Energiewirtschaftler, die auch an die menschengemachten Klimafolgen glauben und manchmal eine völlig andere alternative Auffassung zu energiewirtschaftlichen Fragen auf ihren Spezialgebiet haben, sollten bei der Erstellung gemeinsamer wissenschaftlich gewonnener Lösungen bzw. Vorschläge einbezogen werden. Man kann sich leider des Eindrucks nicht erwehren, dass diese wichtigen Gesichtspunkte in Deutschland zu wenig bzw. nicht ausreichend beachtet werden. Auch die sozialen Probleme spielen bei den sich ergebenden Kosten, die von der Bevölkerung getragen werden müssen, bei den von den politisch Verantwortlichen nicht so sehr die Rolle, wie man dies sich wünscht. Dadurch führen die steigenden Energiekosten bei Manchen schon dazu, dass sie nicht mehr bezahlt werden können, weil die Preise nicht mehr sozialverträglich sind. Es betrifft nicht nur die davon betroffenen Menschen, sondern auch die Unternehmen, die trotz der nunmehr beschlossenen Regelungen zu Energiepreisbremsen bzw. aller zwischenzeitlichen Entlastungen zum Teil deshalb auf Härtefallregelungen oder andere Bestimmungen der Ratenzahlungen zurückgreifen müssen, um zu vermeiden, dass Strom oder Gas nicht mehr geliefert wird. Dadurch ist es nicht unmöglich, dass auch Versorgungsprobleme auftreten können, da einige Unternehmen, zum Beispiel Bäckereien, die steigenden Kosten dann kaum noch bezahlen können und somit elementare Versorgungsbedürfnisse in bestimmten insbesondere kleinen Orten wegen der drohenden Unternehmensaufgabe des manchmal letzten Branchenvertreters in diesen Orten auftreten können.

2.12. Anforderungen an die Energieversorgung aus der Sicht eines Wirtschaftsphilosophen und Umweltwissenschaftlers

Der bekannte Philosoph und Umweltwissenschaftler Prof. Dr. Herbert Hörz hat in seinem 2018 erarbeitetem Buch „Ökologie, Klimawandel & Nachhaltigkeit. Herausforderungen im Überlebenskampf der Menschheit“ zu der uns auch in Deutschland sehr bewegenden Frage der Energiesicherheit folgende generell zu beachtende Ausführungen zur sicheren Energieversorgung als globales Problem gegeben:

„Die sichere Energieversorgung ist ein globales Problem. Mit der Energiewende soll der Übergang von der nicht nachhaltigen Nutzung fossiler Energieträger und der Kernenergie zur nachhaltigen Energieversorgung durch erneuerbare Energieträger vollzogen werden.

Ziel der Energiewende ist es, die von der konventionellen Energiewirtschaft verursachten ökologischen, gesellschaftlichen und gesundheitlichen Probleme zu minimieren und die dabei anfallenden, bisher im Energiemarkt kaum eingepreisten externen Kosten vollständig zu internationalisieren. Angesicht der maßgeblich vom Menschen verursachten globalen Erwärmung ist heutzutage besonders die Dekarbonisierung der Energiewirtschaft von Bedeutung – durch Beendigung der Nutzung von fossilen Energieträgern wie Erdöl, Kohle, und Erdgas. Ebenso stellen die Endlichkeit der fossilen Energieträger sowie die Gefahren der Kernenergie wichtige Gründe für die Energiewende dar. Die Lösung des globalen Energieproblems gilt als zentrale Herausforderung des 21. Jahrhunderts.“

Es geht um Strom, Wärme und Mobilität sowie um eine perspektivische Abkehr von der Nutzung fossiler Rohstoffe in der Kunststoff- und Düngemittelindustrie. Die erneuerbaren Energien – Wind-, Sonnen-. Meeres-, Bioenergie, Wasserkraft und Erdwärme – sind aus- und Energiespeicher aufzubauen, die Energieeffizienz zu steigern und die Elektrifizierung des Wärmesektors und des Verkehrswesens voranzutreiben.

„Als Pionier der Energiewende gilt Dänemark, das im Jahre 2012 bereits 30 % seines Strombedarfs mittels Windenergie deckte.“

„Ebenfalls von Bedeutung ist die deutsche Energiewende, die weltweit Zustimmung und Nachahmer, aber auch Kritik und Ablehnung erfahren hat.“ (Energiewende 2018).

„Mit der Energiewende in Deutschland befasste sich die Leibniz–Sozietät der Wissenschaften in mehreren Tagungen und Publikationen“ (Banse, Fleischer 2014, 2018).

„Man kann die Frage stellen: Ist es möglich, dass ein separater Trampelpfad von Deutschland sichere Versorgung der Bevölkerung mit Energie zu bezahlbaren Preisen garantiere?“ (Banse, Fleischer 2018, S. 61-77).

Der Antwort ist zuzustimmen, wenn sich Deutschland als Vorreiter einer effektiven Energiewende profiliert und damit der schmale Weg zur breiten Straße ausgebaut wird, die andere Länder und Wertegemeinschaften ebenfalls nutzen. Ist das nicht der Fall, dann ergeben sich Probleme in der internationalen Kooperation, eventuell Engpässe in der Energielieferung oder wegen Zahlungsunfähigkeit die Unterversorgung mit Energie für bestimmte Schichten. Vielleicht ist dann die Wende noch einmal zu verschieben. Eine sichere Energieversorgung ist global zu bedenken und durch internationale Abkommen zu untermauern, damit effektive und humane regionale und lokale Lösungen möglich sind. Wenn die Menschheit sich am Energieverbrauch in den USA orientieren wollte, dann wären die Grenzen für eine sichere Energieversorgung bald erreicht. In Diskussionen zur Problematik gibt es wiederkehrende Argumentationsstrukturen, die die Ökologie generell und die Energieversorgung speziell betreffen.

Dazu gehören: Erstens gab es bis 1990 auf Grund der allgemeinen Parolen die Überzeugung, das vorhandene gesellschaftliche Rahmenbedingungen die Problemlösung ermöglichen. Bei Debatten mit Linken in der BRD und Österreich stellte man fest, der Sozialismus löse die Probleme. Das hätte wissenschaftlich-technische Innovationen vorausgesetzt, die den bisherigen Überlegungen und den in Ländern mit anderer sozialer Struktur überlegen gewesen wären. Gegenwärtig gibt es eine Umkehrung der Argumentation, die mit der neoliberalen Überzeugung vom Wirken des Marktes verbunden ist: Der Markt sei die Lösung. Der langjährige Vorsitzende der US-Notenbank, Alan Greenspan, drückt das so aus, „dass die Marktwirtschaft eine Kraft zum Guten ist. Die Energiekrise sei marktwirtschaftlich zu bewältigen.“ Letztlich dürfen die Märkte für eine Änderung unserer Präferenzen und damit einen Rückgang des Ölverbrauchs sorgen.“ (Greenspan (2007), S. 300, 301)

Andere Theoretiker setzen dagegen, dass der Markt und die Zielstellung der Profitmaximierung um jeden Preis das Problem seien. Es geht also nicht nur um eine technologische Transformation mit Einfluss auf die Lebensbedingungen, sondern zugleich um eine den Produktivkräften entsprechende Gestaltung gesellschaftlicher Rahmenbedingungen, die ökologisch verträgliches Verhalten und soziale Sicherheit mit der bezahlbaren sicheren Energieversorgung garantieren. Zweitens gibt es einen Optimismus, der sich im Glauben an die Wissenschaft äußerte und äußert. Dem Hinweis auf Grenzen der Ressourcen setze man entgegen, dass sie alle überwindbar seien. Der Einwand, Menschen können neue Ressourcen erschließen, doch nicht unter allen Umständen und zu jeder Zeit, wurde und wird von den Gläubigen zurückgewiesen. Vertrauen auf Wissenschaft und Technik reicht jedoch nicht aus. Es bedarf einer intensiven Forschung, um neue Energiequellen zu erschließen. Reaktoren neuer Generation und Kernfusion sind nicht einfach als Forschungsprojekt abzuschreiben, sondern zu fördern. Die Probleme bei Anlagen für regenerative Energiequellen sind rechtzeitig zu lösen. ehe uns der später anfallende Schrott und die Entsorgung der überholten Anlagen übermannt.

Drittens gibt es Ignoranz gegen die Wirklichkeit. In Ungarn sprach ich Mitte der 1960er Jahre über das Gefahrenrisiko der wissenschaftlich-technischen Entwicklung für die Menschen. Mir wurde entgegengehalten, das beträfe nur westliche Industriestaaten, Als ich auf Einladung im Ministerium für Elektrotechnik und Elektronik der DDR in den 1970er Jahren zum Thema „Wissenschaftlich–technischer Fortschritt und Humanismus“ vortrug, ging ich auf Berichte des Clubs of Rome ein. Doch damit hat man sich nicht beschäftigt. Mir kam es vor, als ob man sich eine Umgehungsstraße gegenüber dem internationalen Trend aussuchen wollte. Ungenügende flexible Reaktionen in osteuropäischen Ländern auf wissenschaftlich-technische Entwicklungen führte dann u. a. zur Implosion der „Staatsdiktatur des Frühsozialismus". (Herbert Hörz. 1993)

„Doch mit dem gesellschaftlichen Umbruch mit Folgen für Karriere und Berufsleben vieler Menschen ist Ignoranz gegenüber der Wirklichkeit nicht vorbei. Ankündigungen von Vorhaben, Beschlüssen und fehlende praktische Umsetzung sind nicht aus unserem Leben verschwunden. Die beschlossene „Energiewende" in Deutschland wird uns weiter viele Probleme bei der Durchsetzung bescheren, wie sich zeigt." (Banse, Fleischer 2018)

Viertens geht es um das Verhältnis von Politik und Wissenschaft. …..... …..
Im Bericht zum Leibniz-Tag 2004 der Leibniz-Sozietät der Wissenschaften hieß es zur Energieproblematik:

„Unterschiedliche Standpunkte können meist nicht ausgeräumt werden, doch sie sind in ihren Konsequenzen zu bedenken, um Politikanalyse konstruktiv-kritisch betreiben zu können, Unsere Sozietät ist kein Konsensverein, sondern der interdisziplinäre Zusammenschluss von Spezialisten, die etwas bewegen wollen, wenn denn unsere Vorschläge auf Resonanz stoßen. Dazu sind argumentativ untermauerte kontroverse Auffassungen wichtig. Sie befördern die Entwicklung der Wissenschaften. Wir können uns nicht erst zu gesellschaftlich relevanten Problemen äußern, wenn alle Mitglieder vorgeschlagenen Lösungen zustimmen. Das gilt auch für die zukünftige Energiepolitik. Die Sozietät behandelte verschiedene Aspekte, so Möglichkeiten und Gefahren bei der Energiegewinnung im Unterkritischen Reaktor. Die wichtige Rolle erneuerbarer Energien war Gegenstand der Konferenz „Solarzeitalter – Vision und Realität". Damals lag die Stellungnahme vom Arbeitskreis Solarzeitalter vor, die forderte, im globalen Maßstab in historisch kurzer Frist den Übergang zu einem neuen Typ der Energie- und Stoffwirtschaft zu vollziehen. „Diese Wissenschaft muss nachhaltig sein, um den jetzt Lebenden wie auch den kommenden Generationen ein Leben in Frieden, Gleichberechtigung, Würde und Gesundheit zu ermöglichen. ....

Zwänge und Instrumente der Transformation wurden behandelt und die gesellschaftliche Diskussion gefordert. Debatten über gesellschaftliche Rahmenbedingungen der Transformation, über Zeithorizonte und das Verhältnis von Energie- und Stoffwirtschaft sind damit angeregt. Sie sind bis zur Klärung von Gemeinsamkeiten und argumentativ begründeten Differenzen zu führen. Es ist akademiewürdig, wenn sich Mitglieder mit bestimmten Positionen an die gesamte Sozietät und dann an die Öffentlichkeit wenden, die nicht von allen gleichermaßen verfochten werden. Gerade dann, wenn zu bestimmten relevanten Fragen keine einheitliche Auffassung erreicht werden kann, zwingt uns wissenschaftliches Gewissen und humane Verantwortung dazu, unsere Stimme zu erheben. Solange genau ausgewiesen ist, welche Spezialisten in diesem Sinne mit welchen Argumenten wofür eintreten, gibt es keine Probleme. Kontroversen sind Stimulatoren der Erkenntnisgestaltung, weil sie zur Prüfung von Argumenten zwingen und soziale Experimente herausfordern." (H. Hörz, 2004, S. 13 f.)

„Die Energieproblematik, über die wir weiter debattieren, musste in der Sozietät nicht durch die Politik angestoßen werden. Wie so oft war man Rufer in der Wüste der Ignoranz, bis die normative Kraft des Faktischen die Politiker auf den Boden der Realität zurückholte. So wurde aus Anlass der Katastrophe in Fukushima und aus taktischen politischen Erwägungen, um Wahlen zu gewinnen, eine konzeptionell nicht ausreichend bedachte, strategisch nicht durchdachte, in der Konsequenz nicht übersehbare und praktisch nicht vorbereitete „Energiewende" vollzogen, die nun zur conditio sine qua non erklärt wird. Über den Ausgang wird in einigen Jahren zu reden sein.

Fünftens ist generell immer wieder festzustellen, dass eine sachliche Argumentation und eine wissenschaftlich begründete Interpretation von Fakten in der öffentlichen Debatte schwer zu erreichen ist. In unserer Talk-Gesellschaft geben Prominente Bekenntnisse ab. Erkenntnisse werden kaum vermittelt. Zahlen werden benutzt, ohne immer ihre Zuverlässigkeit zu prüfen. Modelle sind Als-ob-Theorien und Als-ob-Objekte. Sie werden zu Theorien oder zu berechtigten Prognosen dann hochstilisiert, wenn sie in den Kram Derer passen, die sie verkünden. Manche Energiebilanz beim Bio- Sprit und der Häuserdämmung ist eingeschränkt. Die Gesamtbilanz könnte zu anderen Konsequenzen führen. Das Argument der Alternativlosigkeit wird schnell strapaziert. Mehr kritischer Geist und Seriosität wären angebracht. Zahlenfetischismus und Modellgläubigkeit ersetzen keine wissenschaftlich begründete Analyse der Situation und sind kaum geeignet, strategische Zielvorstellungen (welche haben wir) und Stufenprogramme, um sie zu erreichen (die praktischen Probleme der „Energiewende" häufen sich) zu begründen.

In einem aktuellen Bericht hat der Club of Rome Überlegungen über die nächsten Jahre vorgelegt (Randers, 2014).

Bei Wikipedia heißt es dazu:

„2052. Der neue. Ein globaler Bericht an den Club of Rome. Eine globale Prognose für die nächsten 40 Jahre (Originaltitel: "2052: A Global Forecast for the Next Forty Years") ist eine Beschreibung von Tendenzen der globalen Entwicklung von Jørgen Randers. Er erschien 2012 und knüpft an den ersten weltweit bekannt gewordenen Bericht des Club of Rome "Die Grenzen des Wachstums" von 1972 an.
…………………………………………………………………………………
Nach dem Bericht haben wir 2052 die Erde ausgereizt und steuern auf einen Kollaps zu. Klimawandel und Finanzkrise haben die globalen Probleme verschärft. „Business as usual" könne keine Option sein, wenn die Menschheit überleben will. Doch wohin steuern wir? Wie soll die geforderte Verhaltensänderung erreicht werden? Immer mehr setzt die Politik auf Ethik. Eine moderne Ethik ist tatsächlich erforderlich, wie wir .... ausführlich begründet haben." (H. E. Hörz, H. Hörz, 2013).

Doch, wie so oft, bevorzugt die Politik moralische Appelle. Diese gibt es zu .... (dieser wichtigen) Thematik seit dem ersten Bericht des Club of Rome. Sie haben nicht viel gebracht. Doch jetzt nutzt man eine neues medial wirksames Instrument: Ethik-Kommissionen. Sie sollen auch die Politik beraten, ihre Beschlüsse bewerten und Strategien erarbeiten. Welche Rolle spielen Ethik-Kommissionen generell? Sie existieren inzwischen in vielen Einrichtungen und äußern sich zur moralischen Bewertung von Verhaltensweisen und Entscheidungen. Doch was können sie leisten? Auf der Grundlage von Sachkenntnis (Sein) sind Moralnormen (Sollen) zu begründen, die dann über politische Entscheidungen in Rechtsnormen (Sollen mit öffentlichen Sanktionen bei Verstößen) umgesetzt werden. Manchmal gewinnt man den Eindruck, dass das Sollen über das Sein gesetzt wird, damit das herauskommt, was gewünscht wird. Ethik-Kommissionen verkommen dann zur Magd der Politik, wenn unabhängige Berater als unvoreingenommene Analytiker in ihren Beratungen nicht einbezogen werden. Da es keinen logischen Weg vom Sein zum Sollen gibt, sind mit Szenario-Analysen Alternativen zu bedenken. Die praktische Umsetzbarkeit von prinzipiellen Vorhaben ist zu prüfen.

Im Abschlussbericht „Deutschlands Energiewende – ein Gemeinschaftswerk für die Zukunft“ von der Ethik-Kommission „Sichere Energieversorgung“ der Bundesrepublik Deutschland vom 30. Mai 2011 wird auf die vorhandene Situation (Sein) eingegangen. Der Bericht spricht etwa an, dass Probleme der Energieversorgung mit Havarien in großtechnischen Systemen und Risikoabschätzungen verbunden sind. Er deckt Schwierigkeiten auf, schlägt Lösungen vor und charakterisiert unterschiedliche Positionen. Wichtig ist die Betonung der sozialen Werte: Nachhaltigkeit und Verantwortung. Doch Ethik entscheidet nicht über naturwissenschaftliche Erkenntnisse und technologische Entwicklungen, wohl aber beeinflussen Wertvorstellungen politische Entscheidungen und rechtliche Regelungen. Für eine sichere Energieversorgung ergibt sich daraus Diskussionsbedarf, der sich nicht auf Ethik konzentrieren kann, sondern die im Bericht geforderte allseitige Risikobewertung, nicht nur bezogen auf die Gefahrenrisiken, sondern auch im Sinne von möglichen Erfolgsrisiken (Chancen) zu berücksichtigen hat. Unabhängig davon, ob in der Zukunft international auf die Nutzung der Kernenergie in Anlagen zur Kernfusion verzichtet wird, was keineswegs feststeht, sind Fachleute mit entsprechenden Kompetenzen erforderlich, um den Rückbau von Kernkraftwerken und die Endlagerung von Atommüll sachgerecht durchzuführen. Sollten mehr Kernkraftwerke oder Anlagen zur Kernfusion betrieben werden, dann sind die Sicherheitsstandards zu erhöhen, die Gefahren durch Naturkatastrophen, technischen Havarien, menschliches Versagen, Strahlenbelastungen usw. zu erforschen und zu minimieren. Ethische Aussagen sind so Herausforderungen, um die Lösung von technologischen, ökonomischen, kulturellen u. a. Problemen allseitig und interdisziplinär anzugehen. Sie eben noch keine Lösungen. Wie wir gesehen haben, geht es um Herausbildung universeller Werte, die nicht nur das Weiterleben der Menschheit, sondern auch die Verbesserung der Lebensqualität aller Menschen zum Inhalt haben. Kann es sie geben. Alan Greenspan als Vertreter der Marktwirtschaft ist skeptisch, wenn er meint:

„Aber gibt es denn überhaupt einen einfachen Kompromiss zwischen zivilisiertem Verhalten, wie es Diejenigen definieren, die das brutale Konkurrenzdenken für eine schreckliche Unsitte halten, und jenem Standard materiellen Wohlstandes, den die meisten dennoch anstreben? Längerfristig betrachtet, scheint es solch einen Kompromiss tatsächlich nicht zu geben."

Doch Greenspan betont, dass die durch den Markt erreichten Einnahmen der gestiegenen Lebenserwartung, dem Bildungswesen, verbesserten Arbeitsbedingungen und dem Umweltschutz dienen, ergänzt jedoch:

„Natürlich geht es auf den Märkten nicht immer zivilisiert zu. Manche Aktivitäten, obwohl legal, sind zweifellos abstoßend." (Greenspan, 2007, S. 315)

In der positiven Bilanz fehlen leider die negativen Zustände des Lebens von Armen, Obdach- und Arbeitslosen, Ausgebeuteten und Unterdrückten. Es ist das soziale Potenzial, das eine Transformation der bisherigen, durch freien Kapitalfluss, den auf Profit orientierten Markt bestimmten kapitalistischen Verhältnisse anstreben könnte. Dann käme es, wie im Süden Amerikas, wieder zu Verstaatlichungen, um Geld für die Versorgung der Ärmsten, für Bildung und Wohlstand aller Glieder der Gesellschaft zu erreichen, wogegen schon wieder restaurative Kräfte sich sammeln und soziale Fortschritte blockieren. Aufstände werden mit Unterstützung von außen gegen die Regierungen organisiert, die den Markt regulieren und den freien Kapitalfluss eindämmen wollen, um soziale Ungleichheit zu mildern oder sogar abzuschaffen.

Die „Energiewende" in der BRD wird vom „Wissenschaftlichen Beirat der Bundesregierung Globale Umweltveränderungen" in die

Transformationsprozesse eingeordnet, wie sie global ablaufen. Zur Klimaverträglichkeit wird eine neuer Gesellschaftsvertrag für eine anstehende große Transformation angefordert. Die Kräfte der Transformation seien oft lange unter der Oberfläche verborgen.

„Das zeigt sich heute nicht zuletzt beim messbaren globalen Wertewandel in Richtung Nachhaltigkeit. .... Bereits seit geraumer Zeit befindet sich das fossile ökonomische System international im Umbruch. Dieser Strukturwandel wird vom WGBU als Beginn einer „großen Transformation" zur nachhaltigen Gesellschaft verstanden, die innerhalb der planetarischen Leitplanken der Nachhaltigkeit verlaufen muss." Sie sei jedoch kein Automatismus.

„Es geht um einen neuen Weltgesellschaftsvertrag für eine klimaverträgliche nachhaltige Weltwirtschaftsordnung.......... .... Der Gesellschaftsvertrag umfasst auch neue Formen globaler Willensbildung und Kooperation." (WGBU 2011, S. 1 f.)

Eine globale Energiewende wird gefordert, da die Versorgung weltweit noch zu 80 % (Stand 2018) auf umwelt- und klimaschädlichen fossilen Energieträgern beruhe und rund 3 Milliarden Menschen (ebenfalls Stand 2018) von einer existenziellen Grundversorgung mit modernen Energieleistungen ausgeschlossen sind. Wie soll diese „große Transformation" gelingen, wenn die Forderungen zwar berechtigt sind, doch von soziokulturellen Einheiten und politischen Entscheidern nicht akzeptiert werden? Bewusstseinswandel ist an materielle Bedingungen gebunden. Was wäre, wenn die große gesellschaftliche Transformation mit dem Aufbegehren der Armen gegen die Reichen, der armen Länder gegen die hochentwickelten Industriestaaten mit ihrem auf Kosten ihrer Länder erreichten Wohlstand einhergeht? Dann würde die soziale Bombe platzen. Wie lange sind die Länder bereit, ihre Rohstoffe und Energiequellen ausländischen Ausbeutern zur Verfügung zu stellen? Wird Verstaatlichung ausländischer Konzerne dann mit Präventivkriegen zur Sicherung der eigenen Interessen beantwortet? So wichtig das Energieproblem ist, seine globale Lösung ist mit der erforderlichen Lösung sozialer Probleme verbunden. Wir brauchen nicht nur eine neue Weltwirtschaftsordnung, sondern auch eine neue Sozialordnung, die Ausbeutung und Unterdrückung verhindert,

Energieversorgung und Wohlstand im eigenen Land garantiert. Dazu ist Entwicklungshilfe als Hilfe zur Selbsthilfe zu leisten. Der WGBU ist optimistisch, dass die große Transformation gelingen kann, da in „wachsenden Teilen der Weltbevölkerung Werthaltungen entstehen oder an Bedeutung gewinnen, die dem Schutz der natürlichen Umwelt einen zentralen Stellenraum einräumen. Die Politik sollte dies anerkennen und bei Entscheidungen zugunsten des Klimaschutzes mehr Courage zeigen.................. .... Politische, institutionelle und ökonomische Pfadabhängigkeiten, Interessenstrukturen sowie Vetospieler erschweren den Übergang zur nachhaltigen Gesellschaft.“ (WGBU 2011, S. 4)

Es sind also die gesellschaftlichen Rahmenbedingungen zu berücksichtigen, die fördernd oder hemmend für die geforderte Transformation sind. Ohne soziale Komponenten im Gesellschaftsvertrag zu verankern, wird die große Transformation scheitern. Dazu sind die neuen Bedingungen in der Produktivkraftentwicklung zu erkennen, die Globalisierung in Zusammenhang mit dem Kampf der Kulturen zu berücksichtigen und die Machtfrage als Streben nach Landbesitz, Rohstoffen, billiger Arbeitskraft usw. zu analysieren. Auf der einen Seite verbünden sich hierarchische Wertegemeinschaften. Wir haben es mit einer Wiederentdeckung sozialer Werte zu tun. Die Hierarchie solcher Wertegemeinschaften reicht von den sozialen Beziehungen in der Familie, im Freundeskreis und in Zusammenschlüssen in Vereinen bis zu Nationen und internationalen Monopolen. Die Europäische Union ist eine hierarchisch gegliederte Wertegemeinschaft, in der Ethnien, Nationen, Staaten doch auch übernationale und überstaatliche Interessengruppen wirken. Nicht zu vergessen bei den Wertegemeinschaften sind die muslimischen Regionen, die in anderen Bereichen, anzutreffenden Familienclans, die ihre Einflussbereiche verteidigenden Warlords und selbst die in Familien organisierten Mafiosi und andere mit krimineller Energie wirkenden Freundeskreise. Auf der anderen Seite findet mit der Globalisierung ein Prozess kapitalistischer Modernisierung statt, der vorhandene Sozialstrukturen auflöst oder sie in den Dienst von werteübergreifenden Interessengruppen stellt, denen der spezifische Wertekanon von soziokulturellen Identitäten höchstens dazu dient, Verbündete für die Durchsetzung ihrer Interessen zu finden. Es geht dabei um die Erweiterung der politischen Macht, den Kampf um Bodenschätze, die Sicherung von Energieressourcen und letzten Endes um die Erhöhung des Maximalprofits der „Global Player“, die, in gegenseitiger Konkurrenz, um die Unterstützung durch hierarchisch gegliederte Wertegemeinschaften und deren Anführer buhlen. Globalisierung hat so zwei wesentliche Aspekte. Zum einen geht es um die für die Menschheit bedrohlichen globalen Probleme, zu denen seit der Entwicklung und dem Abwurf der Atombombe die gewachsene Vernichtungskapazität des auf der Erde angehäuften Arsenals von Waffen gehört, mit dem sich die Menschheit selbst vernichten kann. Neue Waffensysteme werden entwickelt und getestet. Waren die Atomwaffen eine Massenbedrohung, so sind es jetzt zusätzlich Laserwaffen zum gezielten Einsatz, Drohnen zur Tötung von Personen und Gruppen. Die Anonymisierung der eingesetzten Waffen nimmt zu, was sie umso bedrohlicher macht. Ein entscheidendes globales Problem sind die durch das normale menschliche Handeln und durch Profitinteressen hervorgerufenen ökologischen Katastrophen, die etwa mit dem Klimawandel die natürlichen Grundlagen menschlichen Lebens bedrohen. Zum anderen ist die Globalisierung des Kapitals gemeint, zu der ein ungehinderter Kapitalfluss, die Durchsetzung von Marktprinzipien und freiem Handel gehört, drapiert mit Bannerworden wie „liberale Demokratie“, „westliche Werte“, „Menschenrechte“ und „Kampf gegen den Terror“. Es ist dieser Prozess der meist generell als „Globalisierung“ bezeichnet wird. Welche globalen Probleme sind zu lösen? Im WBGU-Bericht wird festgestellt:

„Die bisherigen großen Transformationen der Menschheit waren weitgehend ungesteuerte Ergebnisse evolutionären Wandels. Die historisch einmalige Herausforderung bei der nun anstehenden Transformation zur klimaverträglichen Gesellschaft besteht darin, einen umfassenden Umbau von Einsicht, Umsicht und Voraussicht voranzutreiben. Die Transformation muss auf Grundlage wissenschaftlicher Risikoanalysen zu fortgesetzten fossilen Entwicklungspfaden nach dem Vorsorgeprinzip antizipiert werden, um den historischen Normalfall, also eine Richtungsänderung als Reaktion auf Krisen und Katastrophen zu vermeiden.“ (WBGU, S. 5)

Die Katastrophe könnte ja mit der Vernichtung der Menschheit enden. Sie kann sich selbst zerstören, indem sie ihre militärischen Vernichtungskapazität exzessiv einsetzt. Durch ihr antiökologisches Handeln zerstört sie die natürlichen Lebensgrundlagen. Die Zuspitzung der sozialen Gegenstände führt zu Aufständen, die über regionale Konflikte hinausgehen könnten. Wenn die Menschheit überleben will, dann hat sie die anstehenden globalen Probleme human zu lösen. Alan Greenspan stellte fest:

„Die wachsende Weltwirtschaft verschlingt enorme Mengen Energien. …... Was tun Regierungen, deren Volkswirtschaft und Bürger stark von Ölimporten abhängig geworden sind, wenn die Versorgung unberechenbar wird? Die Aufmerksamkeit, mit der die entwickelte Welt die politischen Entwicklungen im Nahen Osten verfolgt, hat ihre Gründe immer in der Sicherheit des Öls. ……. Es ist bedauerlich, dass man aus politischen Gründen nicht aussprechen sollte (zur damaligen Zeit, da wir jetzt das Jahr 2022 haben), was Jeder (wusste): Im Irak geht es (oder ging es) im Wesentlichen um das Öl der Region. Prognosen (zur damaligen Zeit) zu Angebot und Nachfrage des Öls, die das hochgradig prekäre Umfeld des Nahen Ostens außen vor lassen, übersehen (bzw. übersahen) daher die größte Bombe, die, wenn sie (explodieren) würde, das Wirtschaftswachstum der ganzen Welt zerstören könnte.“ (Greenspan, 2007, S. 503)

Nun fließen zwar die reprivatisierten Ölquellen im Irak und in Libyen wieder für die Konzerne, doch die soziale Bombe ist nicht entschärft. Wir leben, wenn man alle militärisch ausgetragenen Konflikte zwischen Wertegemeinschaften, Ethnien, soziale Gruppen und Staaten berücksichtigt, in einer Welt der Kriege mit wenigen Friedensoasen. Doch die friedliche Lösung von Konflikten ist möglich, wenn die UNO-Charta eingehalten wird, der Weltsicherheitsrat friedenssichernde und keine militärisch ausdeutbaren Resolutionen verfasst und die Friedenskräfte in allen Regionen sich gegen Wirtschaftskriege und militärische Interventionen zusammenschließen. Der Übergang der Menschheit von einer Katastrophengemeinschaft bei Naturkatastrophen und Havarien in großtechnischen Systemen zur Schadensbegrenzung, wie sie sich bisher in ihren Entscheidungsgremien verhält, zu einer wirklichen Verantwortungsgemeinschaft, die sich vor allem der Vorbeugung widmet, ist erforderlich. Die Debatte um zentrale Planung von oben oder demokratische Initiativen von unten, geht an den eigentlichen Problemen vorbei. Es werden Gegensätze aufgebaut, wo es auf das Zusammenwirken ankommt. Jede Systemregulierung hat ihre eigenen Ordner. Es sind die für die Lösung der Probleme angemessenen zu finden. Internationale und nationale Entscheidungen müssen Spielraum für konkrete Umsetzungen lassen. Lokale und regionale Innovationen sind auf ihre Übertragbarkeit für andere Bereiche zu prüfen. Eine qualitativ neue Demokratie ist erforderlich. Sie basiert auf Freiheitsgewinn und politischer Gleichheit aller Menschen bei Beachtung ihrer natürlichen Unterschiede und differenzierten Bedürfnisse, verbunden mit der Pflicht zur Beförderung der Humanität und des persönlichen Einsatzes für das Gemeinwohl mit persönlichem Gewinn an Selbstvertrauen. Unterdrückung und Ausbeutung von Menschen durch andere widersprechen der Demokratie. Jeder hat das Recht zur Selbstverwirklichung, solange er nicht das Gemeinwohl gefährdet, die Freiheit anderer einschränkt und den Gleichheitsgrundsatz verletzt. Die Partizipation aller Glieder der Gesellschaft ist mit Volksentscheiden und Basisdemokratie, mit Kontrollinstanzen und Abwahlmöglichkeiten bei nicht eingehaltenen Wahlversprechungen zu erweitern. Die Energieversorgung ist für Regionen und soziale Schichten ungleich gewährleistet. Hilfsprogramme sind effektiv zu gestalten. Statt Rohstoffausbeutung durch internationale Konzerne ist Hilfe zur Selbsthilfe bei der Nutzung der Ressourcen im eigenen Land wichtig. Die in Deutschland propagierte „Energiewende“ hat eine umfassende Debatte über die zukünftige Energiepolitik national und international ausgelöst. Noch kann man nicht wissen, ob der eingeschlagene Trampelpfad zur international begehbaren Straße ausgebaut werden kann. Eine sichere Versorgung der Menschheit mit Energie als globales Problem erfordert unterschiedliche nationale Lösungen. Ohne die Berücksichtigung des Zusammenhangs von wissenschaftlich-technischer, ökonomischer, ökologischer, soziokultureller und mental spiritueller Entwicklung wird kein verwirklichbares und akzeptiertes Konzept mit Problemlösungen entstehen, das theoretisch fundiert, praktisch umsetzbar und von den Betroffenen akzeptiert sein wird. Wenn die sichere Versorgung der Menschheit mit Energie als globales Problem erkannt, gangbare Wege gefunden und internationale Abkommen die sinnvolle Nutzung von Ressourcen im Interesse der Besitzer sichern, dann kann ein Teil der sozialen Bombe entschärft werden. Ohne die Lösung sozialer Probleme wird jede Transformation entweder scheitern oder zu Katastrophen führen. Hoffen wir deshalb, dass die Menschheit nicht das Schicksal der Dinosaurier erleidet. Um das zu vermeiden, sind weitere Aktivitäten erforderlich, die eine humane Lösung der globalen Probleme fördern, wozu die sichere Energieversorgung aller Menschen als Lebensgrundlage gehört.“ (H. Hörz, S. 65 – 82)

2.13. Zielstellungen der Energiewende und das Problem der steigenden Energiekosten und der bisher ungenügenden Entlastungen

Die Energiewende soll insbesondere dazu dienen, eine zunehmende Abkehr von genutzten fossilen Rohstoffen, insbesondere Kohle, Erdöl voranzutreiben und den Anteil der regenerativen Energie, auch in Deutschland, zu erhöhen. Auch soll im Rahmen der Energiewende die Energieeffizienz bzw. der Verbrauch an Energie wesentlich gesenkt werden. Ziel der Energiewende ist es auch in Deutschland, die Emission schädlicher Treibstoffe, wie u. a. den Hauptbestandteil der schädlichen Treibhausgase, CO2, im erheblichen Maße zu reduzieren. Damit soll auch Deutschland einen wichtigen Beitrag gegen die zunehmende Erderhitzung und die dadurch eintretenden weiteren negativen Umweltfolgen leisten. Man will auch die Biodiversität möglichst erhalten und mit Entschiedenheit gegen viele vorhandene Probleme der Umweltkrise vorgehen. Verbunden mit der Energiewende ist es, den Anteil der regenerativen Energie in Deutschland bis 2030 auf 80 Prozent zu erhöhen. Auch dadurch soll Deutschland wirkungsvoll einen Beitrag gegen die Umweltkrise leisten.

Gegenwärtig werden zu dieser wichtigen Zielstellung vielfältige Maßnahmen im Rahmen der Energiewende in Deutschland bereits eingeleitet. Die in Deutschland seit Dezember 2021 wirksame Ampel-Regierung versucht zwar, Vieles auf diesem Gebiet in Bewegung zu setzen oder auch nachzuholen, weil frühere Regierungen in Deutschland im nicht ausreichenden Maße wichtige Erfordernisse der Energiewende regelrecht „verschlafen“ haben. Wir könnten bei diesem wichtigen Faktor der rechtzeitigen Einflussnahme auf die Folgen der Klimakrise in Deutschland weiter sein, wenn wir rechtzeitig mit mehr Vehemenz noch im stärkeren Rahmen an dieser so wichtigen Aufgabe der notwendigen Handlungen für die Energiewende im globalen Maße herangegangen wären.

Wir sollten jedoch viel mehr, als bisher, berücksichtigen, dass wir als Deutschland nicht allein das Klima retten können und nur global die notwendigen Maßnahmen gegen die Klimakrise durchführen und dann diesen Erfolg haben könnten. Diese Tatsache sollten wir bei unseren Zielstellungen für Deutschland und bei unserer Handlungsweise, Maßnahmen gegen die Klimakrise bei uns im Land einzuleiten, immer ausreichend beachten. Es ist leider festzustellen, dass dieser wichtige Sachverhalt bei der Energiewende nicht im ausreichenden Maße berücksichtigt wird.

Ein nur lokales nationales Vorgehen ist in keiner Weise ausreichend und für unseren Planeten auch nicht erfolgreich. Eine Energiewende, auch in Deutschland, verlangt, außer den technischen Voraussetzungen, besonders, dass sie in Bezug auf die Kostenseite sozialverträglich ist und die Bevölkerung sich ausreichend bei der Umsetzung der Energiewende, wie bereits an anderer Stelle erwähnt, mitgenommen fühlt.

Man hat nicht rechtzeitig und nicht mit dem notwendigen Nachdruck viele auf diesem Gebiet der Energiewende anstehende Aufgabenstellungen bearbeitet. An deren konzeptioneller Bearbeitung können, wie an anderer Stelle schon erwähnt, nicht nur Politiker und einige von der Politik der jeweiligen Regierung genehme ausgewählte Wissenschaftler mitwirken. Die damals auf dem Gebiet der Energiewende betriebene interdisziplinäre Forschung hat man nicht ausreichend betrieben. Auch in strategischer Hinsicht hat man nicht rechtzeitig die erforderlichen Maßnahmen eingeleitet. Selbst wenn die Vorgänger-Regierung, die von 2017 bis Anfang Dezember 2021 im Amt war, bestehend aus CDU, CSU und SPD, 2019 noch ein Bundes-Klimaschutzgesetz erarbeitet hat, wies das Bundes–Klimaschutzgesetz noch eine Reihe von Mängeln auf, auch bezogen auf den Zeitraum der zu erreichenden Klimaneutralität. Das Bundesverfassungsgericht in Karlsruhe musste erst in den Stammbaum schreiben, dass wir dabei zu wenig die Erfordernisse der jungen Generation bezüglich eines schnelleren Vorgangs der auch zur Sicherung der Klimaneutralität einzuleitenden Maßnahmen beachtet haben. Im Ergebnis der genannten Faktoren, auch unter Berücksichtigung der berechtigten Forderungen der jungen Generation, wurde dann eine Verkürzung der Erreichung der Klimaneutralität auf das Jahr 2045 beschlossen.

Sicherlich haben wir bei der Energiewende durch einen relativ hohen Anteil an regenerativer Energie gegenüber manchen anderen Ländern auf der Welt Einiges schon erreicht, aber wir hätten – auch bezogen auf die globalen Erfordernisse – bei den vorhandenen Möglichkeiten in der uns zur Verfügung gestandenen Zeit insgesamt viel weiter in der richtigen umfassenden Bearbeitung unter Beachtung aller Aspekte einer Energiewende kommen müssen.

Trotz vieler wichtiger Aktivitäten und relativ schnellen bisherigen Handlungen wurden durch die gegenwärtige Ampel-Regierung, insbesondere auch bedingt durch verschiedene politische Auffassungen der betreffenden Vertreter der Parteien dieser Regierung, die frühzeitige Abschaltung bestimmter Braunkohle-Kraftwerke sowie der Kernenergie zum damaligen Zeitpunkt beschlossen.

Noch vor dem Beginn der militärischen Auseinandersetzungen zwischen Russland und der Ukraine wurden schon Voraussetzungen für eine erhebliche Erhöhung der Energiepreise in Deutschland geschaffen. Im Merkblatt „Fragen und Antworten zum Brennstoffemissionshandelsgesetz (BEHG)“ des Deutschen Industrie- und Handelskammertages (DIHK) ist zur überschlägigen Kenntnisnahme dieses Sachverhalts u. a. Folgendes zu lesen:

„Im Dezember 2019 wurde das „Gesetz über einen nationalen Zertifikatehandel für Brennstoffemissionen“ (BEHG) verabschiedet. Die damit ab dem Jahr 2021 eingeführte CO2-Bepreisung betrifft zumindest indirekt über die Energiepreise alle Unternehmen. Dieses Merkblatt bietet einen Überblick über die geplante Ausgestaltung, Preise und Kompensationsregelungen. .... In diesem Merkblatt ist die politische Vereinbarung vom 15. Dezember 2019 für einen höheren CO2-Preis berücksichtigt. Die im Bundestag bereits am 12. Dezember 2019 verabschiedete Fassung des Gesetzes (http://www.gesetze-im-internet.de/behg/) soll in diesem Punkt zeitnah angepasst werden. Viele Einzelheiten zur Ausgestaltung des Emissionshandels sind allerdings unklar und müssen in Rechtsverordnungen weiter konkretisiert werden. ....“

Es geht dabei um die Erreichung der Klimaziele für 2030. Ziel war es dabei, eine Reduzierung der Treibhausgasemission zu erreichen. Fossile Brennstoffe fallen unter dem Zertifikatehandel. Der CO2-Preis soll gemäß diesem Gesetz von 2021 bis 2026 wie folgt pro Tonne betragen:

Jahr	CO2-Preis in Euro pro Tonne
2021	25
2022	30
2023	35
2024	45
2025	55
2026	Korridor 55 – 65

Tabelle 9: Übersicht CO2-Preis in Euro 2021 bis 2025 (DIHK-Merkblatt „Brennstoffemissionshandelsgesetz" (BEHG) (Stand: März 2020), S. 5)

Jahr	Energieträger Heizöl leicht in ct/l
2021	6,5
2022	7,7
2023	9,0
2024	10,6
2025	14,2
2026	Höchstpreis 16,8

Tabelle 10: Preiseffekte der CO2-Bepreisung auf den Hauptbrennstoff Heizöl leicht in Cent/Liter (DIHK-Merkblatt „Brennstoffemissionshandelsgesetz" (BEHG) (Stand: März 2020), S. 6)

Jahr	Erdgas in ct/kwh
2021	0,5
2022	0,6
2023	0,7
2024	0,9
2025	1,1
2026	Höchstpreis 1,3

Tabelle 11: Preiseffekte der CO2-Bepreisung auf den Hauptbrennstoff Erdgas in Cent/Kilowattstunde (DIHK-Merkblatt „Brennstoffemissionshandelsgesetz“ (BEHG) (Stand: März 2020), S. 6)

Jahr	Diesel in ct/kwh
2021	6,5
2022	7,7
2023	9.0
2024	11,6
2025	14,2
2026	16,8

Tabelle 12: Preiseffekte der CO2-Bepreisung auf den Hauptbrennstoff Diesel in Cent/Liter (DIHK-Merkblatt „Brennstoffemissionshandelsgesetz“ (BEHG) (Stand: März 2020), S. 6)

Jahr	Benzin in ct/l
2021	5,6
2022	6,7
2023	7,8
2024	10,1
2025	12,3
2026	Höchstpreis 14,5

Tabelle 13: Preiseffekte der CO2-Bepreisung auf den Hauptbrennstoff Benzin in Cent/Liter (DIHK-Merkblatt „Brennstoffemissionshandelsgesetz“ (BEHG) (Stand: März 2020), S. 6)

Durch die Preiserhöhungen, die aus Umwelt- bzw. Klimaschutzgesichtspunkten geschaffen wurden, hat man nicht ausreichend den daraus hervorgehenden sozialen Sprengstoff beachtet. Die aus diesem Grunde erfolgten Preiserhöhungen betrachten viele Menschen unter Berücksichtigung ihrer Einkommensverhältnisse, wie schon dargelegt, als viel zu hoch und deshalb haben auch Viele erhebliche Einwände gegen diese Preiserhöhungen.

Im Ergebnis der Folgen der militärischen Auseinandersetzung zwischen Russland und der Ukraine und der Sanktionspolitik gegenüber Russland, der sich viele Länder der EU und auch Deutschland angeschlossen haben, wurden auch neben vielen anderen Gründen, manche Energiepreisen durch Festlegungen der Organisation erdölverarbeitender Länder (OPEC) erhöht und haben sich in Deutschland auch umweltbedingte Preiserhöhungen ergeben. Man muss zwar gerechterweise sagen, dass die umweltbedingten Mehrkosten, die für 2022 vorgesehen waren, im Rahmen des dritten Entlastungspaketes der Bundesregierung nunmehr wegen der sich ergebenden hohen Preiserhöhungen, nicht mehr wirksam werden.

Dadurch wird auch die deutsche Bevölkerung, bei der nahezu jeder zweite Haushalt seine Wärmeversorgung auf Erdgas ausgerichtet hat, beträchtlich im finanziellen Maßstab gegenüber früheren Energiekosten von dem dadurch steigenden Aufwand negativ beeinträchtigt. Es treten nunmehr sehr hohe und oftmals zu hohe Belastungen der Bevölkerung auch in Deutschland auf. Auch trotz der dämpfenden Wirkungen der Gas- und Strompreisbremse müssen manche Haushalte, wie bereits darauf hingewiesen wurde, die Härtefallregelung in Anspruch nehmen oder können nur auf Ratenzahlungen die hohen Energiepreise bezahlen. Dies betrifft besonders die Haushalte, die kein relativ hohes Einkommen aufweisen, im besonderen Maße.

Die im zweiten Entlastungspaket festgelegte Heizkostenpauschale von insgesamt einer einmaligen Bruttozahlung von 300,00 Euro und auch die Festlegungen des dritten Entlastungspakets, in dem die Rentner und die Studierenden, die erst, trotz aller anderweitigen Einwände, von der Ampel-Regierung nicht einbezogen werden sollten, nunmehr aber im Rahmen des dritten Entlastungspakets berücksichtigt worden sind, mussten ebenfalls als nicht ausreichend gewertet werden. Die zu diesem Zeitpunkt festgelegten Entlastungspakete stellten kein notwendiges Äquivalent zu den eintretenden Mehrkosten dar, die die Menschen noch zusätzlich zu den inflationsbedingten Preiserhöhungen belasten. Viele Menschen in Deutschland hätten dann diese Kosten nicht mehr ausreichend kompensieren können.

Dazu wäre noch zusätzlich eine Gas-Umlage gekommen, die nach damaligem Stand auch von der Bevölkerung gezahlt werden sollte. Die Gas-Umlage, für deren ursprüngliche Umsetzung besonders der Bundeswirtschaftsminister (Robert Habeck) und auch der Finanzminister der Bundesregierung, Christian Lindner, gekämpft haben, kam jedoch aus mehreren Gründen nunmehr nicht zur Anwendung. Die Gründe, dass sie nun nicht mehr von den betroffenen Verbrauchern bezahlt werden soll und nunmehr der Staat die entstehenden Kosten übernimmt, lagen in vielfältigen Ursachen, unter anderen auch in geltenden verfassungsrechtlichen Bestimmungen und der völlig ungerechten Belastung für die Verbraucher mit dieser Umlage.

Einwände gegen eine Erhebung einer Gas-Umlage bestanden bereits zum damaligen Zeitpunkt, da zum einen Uniper mit einer Kapitalübernahme von 99,9 Prozent durch den deutschen Staat nunmehr ein Staatsunternehmen war bzw. ist und sich unter diesen Gegebenheiten allein aus verfassungsrechtlichen Gründen sich erhebliche Bedenken gegen eine Erhebung dieser Umlage für die betroffenen Verbraucher ergaben. Auch die CDU, die Linke und die AfD hatten als Oppositionsparteien gegen eine Erhebung einer Gas-Umlage und deren bisher vorgesehene Bezahlung durch die Verbraucher gestimmt. Es war festzustellen, dass auch die SPD-Führung Bedenken gegen die Erhebung einer solchen Umlage hatte. Nunmehr hatte auch der Finanzminister Christian Lindner, der eine Weitergabe der Gas-Umlage an die Bevölkerung ursprünglich unterstützte, Bedenken gegen eine Erhebung dieser Umlage für die betroffene Bevölkerung gehabt.

In einer Pressekonferenz vom 29.09.2022 wurde von den zuständigen Verantwortlichen der Bundesregierung mitgeteilt, dass nunmehr keine Gas-Umlage als Belastung für die Bevölkerung, Unternehmen und andere Einrichtungen in Frage kommt.

Es sollte nunmehr ein Abwehrschirm, eine Art Sondervermögen, von 200 Milliarden Euro, u. a. wegen den steigenden Energiekosten und anderen Erfordernissen gebildet werden. Deshalb soll die Gaspreisbremse eingeführt werden, um die Energiepreise für die betroffenen Verbraucher zu deckeln, damit nicht mehr ganz so hohe Energiepreise, wie bisher vorgesehen waren, für die einzelnen Verbraucher entstehen würden. Damit verbunden sollte die Mehrwertsteuer auf Gas von 19 auf 7 Prozent ab dem 01.10.2022 gesenkt werden. Im Bundestag sind am 30.09.2022 die entsprechenden erforderlichen Entscheidungen getroffen worden. Bis zum 10.10.2022 wurde durch eine Expertenkommission eine erste Regelung in einer zweistufigen Entlastung vorgeschlagen. Im Ergebnis der Vorschläge durch die eingesetzte Kommission sollte der Staat die Abschläge aller Verbraucher im Dezember 2022 für einen Monat komplett übernehmen, und konkrete Regelungen zur Preisbremse sollen ab März 2023 erfolgen. Danach war von Seiten der Bundesregierung gemäß der Entscheidung vom 22.11.2022 vorgesehen, dass man für die Monate Januar und Februar 2023 gemäß dem geltenden Gesetzentwurf den ermittelten Entlastungsbetrag rückwirkend an die Bürger und Unternehmer erstattet. Auch für die Strompreisbremse sollte die Mehrwertsteuer von bislang 19 Prozent auf nunmehr 7 Prozent reduziert werden.

Im „Tagesschau"-Bericht „Experten schlagen zweistufige Entlastung vor" vom 10.10.2022 schrieb der Korrespondent des ARD-Hauptstadt-Studios Berlin, Philipp Eckstein, zu den von Experten der Gaskommission erarbeiteten Vorschlägen u. a. Folgendes:

„Im Kampf gegen die hohen Gaspreise hat die eingesetzte Expertenkommission ein zweistufiges Entlastungsverfahren vorgeschlagen. So solle in einem ersten Schritt der Staat die

Abschlagszahlungen für Gas- und Fernwärmekunden für Dezember 2022 übernehmen, wie die Kommission bei der Vorstellung eines Zwischenberichts erläutere. Die Abschläge für Industrie und Kraftwerke zur Stromerzeugung übernimmt der Staat nicht, war bisher geregelt.

In einem zweiten Schritt sollte ab Anfang März 2023 bis mindestens Ende April 2024 eine Gas- und Wärmepreisbremse greifen. Diese sah für eine Grundmenge an Gas einen staatlich garantierten Bruttopreis inklusive aller auch staatlich veranlassten Preisbestandteile von 12 Cent pro Kilowattstunde vor. Oberhalb dieses Kontingents sollten Marktpreise gelten.

Das Grundkontigent sollte bei 80 Prozent des Verbrauchs liegen, der der Abschlagszahlung für September 2022 zugrunde lag. Für Fernwärmekunden soll eine Wärmepreisbremse kommen. Analog zum Gaspreis soll es hier einen garantierten Bruttopreis von 9,5 Cent pro Kilowattsunde Fernwärme geben, wiederum für ein Grundkontingent von 80 Prozent des Verbrauchs.

“Die Kommission hat hier, glaube ich, einen guten und auch machbaren Vorschlag entwickelt“, sagte eine der drei Vorsitzenden des Gremiums, Veronika Grimm, die auch Mitglied des Sachverständigenrats der Bundesregierung zur Begutachtung der gesamtwirtschaftlichen Entwicklung ist. Es sei Schnelligkeit geboten gewesen, um die “massiven Belastungen“ abzufedern. Daher gäbe es die beiden Stufen.

Mit der Übernahme der Abschlagszahlung im Dezember 2022 würden die Verbraucher kurzfristig entlastet werden. Um aber auch Sparanreize zu setzen, greife dann im zweiten Schritt die Preisbremse in diesem Jahr.

Der Co-Vorsitzende der Kommission und Präsident des Bundesverbandes der Deutschen Industrie, Siegfried Russwurm, sagte: „Für die Industrie gilt: Kein Dezember-Abschlag, kein zweistufiges Modell. Wir können am ersten Januar (2023) anfangen.“

Der frühere Start der Gaspreisbremse für die Industrie sei vor allem deshalb möglich – so seine Erklärung – da es nur um rund 25.000 Betriebe gehe. Der Verwaltungsaufwand sei also geringer.

Michael Vassiliadis, Vorsitzender der Industriegewerkschaft Bergbau, Chemie, Energie (IG BCE) und ebenfalls einer der drei Vorsitzenden der Kommission, sagte, dass der Zwischenbericht den Auftrag der Bundesregierung erfülle. Die Maßnahmen sollten demnach „in der Entlastungswirkung schnell sein", einen wirksamen Schutz vor finanzieller Überforderung liefern und zugleich Sparanreize setzen. Das sei wichtig, da der Gasverbrauch nicht nach oben gehen dürfe mit Blick auf die Gasspeicher.

Die Entscheidung über die vorgeschlagene Entlastung für Verbraucher und Unternehmer liege nun bei der Bundesregierung, sagte Russwurm; "Entscheiden muss die Politik. Wir konnten nur Empfehlungen geben." Aus diesem Ergebnis könne die Bundesregierung aufsetzen. Deutschland trifft in eine Rezession. Daher sei das Anliegen der Regierung richtig, die Belastung durch hohe Gaspreise zu dämpfen.

Die Gaskommission hat in ihrem Abschlussbericht, weitere Vorschläge unterbreitet. Es solle dabei vor allem darum gehen, das Gasangebot auszuweiten und die Nachfrage nach Gas zu senken, sagten die Mitglieder der Expertenkommission. Auch sollten Missbrauchsrisiken minimiert und Details verfeinert werden.

Die Bundesregierung kündigte an, die Vorschläge der Expertenkommission zur Gaspreisbremse zügig zu prüfen und die Umsetzung zu beraten. Das teilte Regierungssprecher Steffen Hebestreit mit. Die Kommission habe trotz des engen Zeitplans eine sehr gute Grundlage erarbeitet. „Unser Ziel ist klar: Die hohen Gaspreise zu senken und zugleich eine sichere Versorgung mit Gas zu gewährleisten", sagte Hebestreit. Dazu gehöre auch der sorgsame Umgang mit dem knappen Gas.

Welche Vorschläge die Regierung in die Tat umsetzen werde, sei offen, sagte zum damaligen Zeitpunkt der Pressesprecher der Bundesregierung. Er sagte damals auch: „Es sei unter anderem eine europarechtliche Prüfung nötig. Wichtig sei es, dass die beiden Energiepreisbremsen für Gas und Strom "zusammengedacht" würden. ...."

Die genannten Vorschläge mussten aus folgenden Gründen, wie u. a. von Dr. Dietmar Bartsch, dem Chef der Bundestagsfraktion der „Linken", damals genannt wurde, sehr kritisch gewertet werden:

Dietmar Bartsch von der Linksfraktion nennt u. a. dazu folgende Gründe:

„Mit den vorliegenden Vorschlägen ist klar: Zigtausende Bürger und Betriebe werden im Winter von den Preisen erdrückt."

Er bezeichnete die Umsetzung der vorliegenden Vorschläge als "Prinzip sozial ungerechte Gießkanne par excellence".

Im genannten „Tagesschau"-Bericht „Experten schlagen zweistufige Entlastung vor" führte der Autor Philipp Eckstein zu den Äußerungen von Dietmar Bartsch zu den von der Gasexperten-Kommission vorgelegten Vorschlägen weiter aus:

„Für viele Mieter sei die Übernahme einer Monatsrechnung zu wenig. Für Villenbesitzer sei sie unnötig. "Setzt die Ampel diesen Ansatz durch, verbrennt die Milliarden der Steuerzahler mit nur geringen Rettungseffekt.", so Bartsch. Es sei zudem ein "zynischer Plan", die Menschen zum Sparen zu bringen."

Diese von der Gasexperten-Kommission vorgestellten Vorschläge warfen zum damaligen Zeitpunkt die Frage auf, wie Diejenigen die hohen Mehrkosten bei den verbleibenden Energiekosten tragen sollten, die in der der Zeit vor Dezember 2022 und von Januar 2023 bis März 2023 anfallen. Es musste dabei bedacht werden, dass nicht Wenige für die genannten Zeit etwaige höhere Ratenzahlungen oder eventuelle Entgeltabrechnungen der Energiekosten nicht bezahlen können. Man musste sofort eine konkrete Entscheidung treffen. Andere Länder – auch in Europa – haben viel schnellere Lösungen zum damaligen Zeitpunkt gefunden, aber man hat viel zu wenig auf anderen Länder, von Seiten der Bundesrepublik, gehört. Es musste in diesem Zusammenhang unbedingt verhindert werden, dass für die betroffenen Verbraucher, die die hohen Energiekosten dadurch nicht bezahlen können, die Energieversorgung eingestellt wird und sie auf diese Weise noch erheblich bestraft würden.

Der Bundesfinanzminister Christian Lindner gab jedoch zum damaligen Zeitpunkt noch als zusätzliche Begründung an, dass erst dann eine Verkündung an die Öffentlichkeit gegeben werden kann, wenn die Ergebnisse der aktuellen Steuereinschätzung der Finanzämter vorliegen. Die aktuelle Steuereinschätzung würde jedoch erst Ende Oktober 2022 vorliegen, sagte er. Nunmehr liegt die aktuelle Steuerschätzung vor. Jedoch sind die eingeschätzten Mehreinnahmen für Entlastungspakete schon verwendet wurden.

Wegen der erfolgten erheblichen Kritik wurde, wie bereits genannt **ist,** nunmehr zum 22.11.2022 laut den vorgenommenen diesbezüglichen Gesetzesentwurf vorgesehen, dass der für den Monat März 2023 ermittelte Entlastungsbetrag auf die Monate Januar und Februar 2023 vorgezogen wurde und man damit den Bürgern und den Unternehmen entgegenkommen will.

Der Bundeswirtschaftsminister Habeck wies jedoch darauf hin, dass trotz des beschlossenen Abwehrschirms die betroffenen Verbraucher für die Energie mehr bezahlen müssen, als bisher.

Nunmehr hat die Bundesregierung, wie der „Deutschlandfunk" schon am 29. Oktober 2022 berichtete, eine milliardenschwere Soforthilfe für Gaskunden auf den Weg gebracht. Gas- und Wärme- Kunden werden von ihren Abschlagszahlungen für den Monat Dezember 2022 freigestellt. Mieter sollen davon bei der nächsten Heizkostenabrechnung profitieren.

Trotzdem fühlen sich viele Teile der Bevölkerung in völligem Maße überlastet. Das betrifft auch nach derzeit bekanntem Stand insbesondere viele kleine und auch manche mittelständischen Unternehmen und besonders Unternehmen bestimmter Branchen, die die entstandenen hohen Energiekosten trotz des vorgesehenen Abwehrschirms nur sehr schwer begleichen können und dadurch manchmal deshalb auf die bereits genannten Härtefallregelungen und Ratenregelungen zurückgreifen müssen.

Wie erwähnt, waren bereits zum damaligen Zeitpunkt von den jeweiligen Bundesländern Hilfsfonds für Bedürftige vorgesehen, und Bedürftige konnten schon Anträge an die jeweiligen Landesregierungen stellen.

Im besonderen Maße betrifft dies weiterhin auch noch Handwerksunternehmen trotz der im Dezember 2022 von der Bundesregierung getroffenen Regelungen. Man kann nicht auf Grund der hohen Kostenbelastungen, die eigentlich dann in Frage kommenden Preiserhöhungen für seine Erzeugnisse bzw. Produkte kaum oder auch nicht mehr ausreichend durchführen. Die Abnehmer, ob es andere Unternehmer sind, die auf diese Erzeugnisse angewiesen sind, oder große Teile der Bevölkerung können die sich dann ergebenden hohen Preise nicht mehr leisten. Dadurch wird ein nicht geringer Umsatzrückgang eintreten. Manche Unternehmen werden dazu gezwungen aufzugeben oder Insolvenz anzumelden. Auch manche Unternehmen ändern wegen den hohen Energiepreisen ihren Unternehmensstandort schon in solche Länder, die nicht so hohe Energiepreise, wie in Deutschland aufweisen. Dazu gehören auch die USA. Auch dadurch sind die Voraussetzungen oder Ausgangsbedingungen für eine regelrechte Deindustrialisierung, die in Deutschland sich ergeben kann, vorhanden. Es kann auch dadurch zu Versorgungsproblemen bei bestimmten Erzeugnissen und Produkten, auch in Deutschland ggf. kommen, die nicht nur Unternehmen, sondern auch die Bevölkerung betreffen können. Dies kann nicht nur wegen den dann entstehenden wirtschaftlichen Problemen auch zu weiteren Ärgernissen der davon betroffenen Menschen führen.

Wie Till Bücker im „Tagesschau“-Beitrag „Wie die Gas-Einmalzahlung funktioniert“ am 18.11.2022 schrieb, was nachfolgend auszugsweise wiedergegeben wird, ist Folgendes geregelt worden:

„Die einmalige Abfederung der hohen Preise beim Gas erhalten Haushalte und kleinere Unternehmen mit einem Jahresverbrauch von bis zu 1,5 Millionen Kilowattstunden (kWh), die das Erdgas nicht für den kommerziellen Betrieb von Strom- oder

Wärmeerzeugungsanlagen nutzen. Dazu kommen Einrichtungen im Pflege- und Bildungsbereich sowie in der medizinischen Versorgung. Die Kosten für den Bund liegen bei schätzungsweise neun Milliarden Euro.

Die Verbraucherinnen und Verbraucher bekommen ihre Gaskosten in Höhe eines Monatsabschlags erstattet. Die Entlastung wird dem Bundeswirtschaftsministerium zufolge auf der Grundlage von einem Zwölftel des Jahresverbrauchs errechnet. Dieser Wert wird mit dem Dezemberpreis je kWh multipliziert und um ein Zwölftel des Grundpreises ergänzt. Da die Soforthilfe so nicht vom aktuellen Verbrauch abhängig ist, soll es weiterhin einen Anreiz zum Sparen geben.

……………………………. Eine Musterfamilie mit einem Verbrauch von 20.000 kWh zahlt für Gas aktuell im Schnitt 18,6 Cent je kWh und jährlich 3726 Euro. Durch die Übernahme des Dezemberabschlags spare sie knapp 311 Euro. Für einen Single mit einem Verbrauch von 5.000 kWh steht unter dem Strich eine Ersparnis von 86 Euro.

Zum Vergleich: Mit der Gaspreisbremse, mit der ab März (2023) für 80 Prozent des Vorjahresverbrauchs ein Preis von 12 Cent je kWh gelten soll, wird eine Familie laut Check24 um 1056 und ein Single um 264 Euro pro Jahr entlastet. Auf einen Monat gerechnet sind das 88 beziehungsweise 22 Euro.“

Bezüglich der Abschlagszahlung vom Monat Dezember 2022 ist Folgendes dem genannten Artikel der „Tagesschau“ vom 18.11.2022 von Till Bücker zu entnehmen:

„Grundsätzlich soll die Gutschrift der prognostizierten Abschlagszahlung über den jeweiligen Gasversorger erfolgen. Hat dieser eine Einzugsermächtigung, kann er die Abbuchung vom Konto der Kundin oder des Kunden einfach stoppen.

Wenn der Verbraucher allerdings einen Dauerauftrag eingerichtet hat, muss er selbst tätig werden und diesen für Dezember ändern. Andernfalls wird der zu viel überwiesene Betrag mit der nächsten Jahresabrechnung verrechnet. Sollte das Gas jeden Monat per

Überweisung bezahlt werden, kann darauf im kommenden Monat verzichtet werden.

In einem zweiten Schritt ermittelt der Anbieter schließlich über die Jahresrechnung den genauen Entlastungsbetrag. Nach Abgleichung sind sowohl Nachzahlungen als auch zusätzliche Rückerstattungen möglich."

Für Mieter gibt es weitere spezielle zu beachtende Besonderheiten, die dem genannten „Tagesschau"-Betrag vom 18.11.2022 entnommen werden können.

Die erfolgte Rettung von Deutschlands größtem Gasimporteur Uniper hat erhebliche Schärfe, nicht nur für die von der ursprünglichen Regelung betroffene Bevölkerung, sondern auch zwischen den daran beteiligten Ländern Finnland und Deutschland gebracht. Durch das finnische Unternehmen Uniper, das sich bisher zu 51 Prozent in finnischem Staatsbesitz befand, wurde mitgeteilt, dass Uniper schon selber mehrere Milliarden Euro zur Erhaltung des Unternehmens durch die nunmehr außergewöhnliche Situation ausgegeben hat. Dass nunmehr nicht mehr genug Erdgas von Russland geliefert wurde und gar nicht mehr geliefert wird bzw. werden kann, muss in diesem Zusammenhang beachtet werden. Deutschland hatte nach Meinung des verantwortlichen finnischen Ministers durch seine Anti-Atomkraft-Politik ebenfalls einen erheblichen Anteil an der nunmehr bestehenden Situation. Auch deshalb, so war die Meinung von Uniper, müsste Deutschland seinen Beitrag im Interesse der Aufrechterhaltung der Erdgas-Belieferung leisten. Unter Berücksichtigung der von Uniper damals bereits geforderten Staatshilfe zur Vermeidung einer Liquidation dieses Unternehmens und einer dann nicht mehr möglichen Erdgasbelieferung in der bisherigen Form, wie der „Spiegel" berichtet hat, hat die Bundesregierung von einer möglichen Insolvenz von Uniper zum damaligen Zeitpunkt schon gesprochen. Im Ergebnis der im Juli 2022 durch die Bundesregierung eingeleiteten Maßnahme war Uniper zum damaligen Zeitpunkt zu 30 Prozent teilverstaatlicht worden und ist, wie bereits genannt, nunmehr im nahezu vollen Umfang von Deutschland verstaatlich worden.

Die Verbraucher von Erdgas sollten ursprünglich in Form einer Gaspreis-Umlage von 2,4 Cent pro verbrauchter Kilowattstunde (Beschluss vom August 2022) gemäß den damaligen Regelungen, die ab dem 01.10.2022 bisher gelten sollten, die entstandenen Kosten dieser Maßnahme allein begleichen. Aus diesem Grund wurde damals für die Erdgasbezieher, wie bereits an anderer Stelle erwähnt, ursprünglich diese Gasumlage festgelegt, und dadurch wären noch weitere zusätzliche Kosten zu dem wahrscheinlich bereits genannten bisherigen mindestens dreifachen Preisanstieg bei den damals geltenden Bestimmungen entstanden. Durch die dann von dem Teil der Bevölkerung damals noch zur Zahlung vorgesehenen Umlagekosten war sehr viel Unmut in Deutschland bei denjenigen Menschen entstanden, die trotz der hohen Gaspreise nun nach den ursprünglich geltenden Regelungen noch die Gasumlage zahlen sollten.

In der „Tagesschau“ vom 29.07.2022 wurde vom Korrespondenten Notker Blechner im Beitrag „Was auf Gaskunden zukommt“ dazu damals berichtet:

„Die von der Regierung beschlossene neue Gasumlage verteuert die Energie zusätzlich. Gerade für Familien können (erhebliche) Mehrkosten im Jahr entstehen. ....
Bei den Energiekosten droht für viele Deutsche spätestens im Herbst der nächste Preisschub. Zusätzlich zu den höheren Gasrechnungen, die von einigen Stadtwerken kommen dürften, wird ………… eine neue Energie-Umlage zu Buche schlagen. ....
Wirtschaftsminister Habeck betonte, dass es Entlastungen für jene Bürger geben werde, die wegen der Umlage an die Armutsgrenze rutschen. “Das ist kein guter Schritt, aber ein notwendiger Schritt.“ Tragbar werde er durch soziale Ausgleichsmaßnahmen.

Die geplante Umlage für alle Gaskunden soll (sollte) voraussichtlich ab dem 1. Oktober 2022 gelten.
…..
Betroffen von der Gasumlage sind (wären) Millionen Deutsche. Etwa die Hälfte aller Wohnungen in Deutschland wird (wie bereits erwähnt) mit Gas beheizt. Hinzu kommen die Haushalte mit Mischsystemen, wie beispielsweise Solarthermie oder Pelletheizungen, die durch Gas

ergänzt werden. Über die Umlage sollen Versorger die stark gestiegenen Einkaufspreise wegen der zuletzt immer stärker gedrosselten (und nunmehr ganz eingestellten Lieferungen) wegen der weiteren Aufrechterhaltung der Sanktionen gegenüber Russland für Deutschland von Russland eingestellten und nunmehr durch die erhebliche Beschädigung der Pipelines im Ergebnis der Explosionen unmöglichen) russischen Lieferungen an alle Gasverbraucher weitergeben werden. …………………………………………...."

Die Verbraucher, die nicht die Verursacher sind, sollten die zusätzlichen Kosten der Umlage, wie bereits erwähnt, allein tragen, trotz der nahezu vollständigen Staatsübernahme.

Dieser bis zum Pressebericht vom 29.09.2022 zum damaligen Zeitpunkt bestandene Stand der Energie-Umlage musste als zutiefst ungerecht gewertet werden. Zwischenzeitlich haben noch weitere Lieferer in zweistelliger Anzahl Anträge auf Erhalt der Gas-Umlage gestellt. Dabei waren auch einige Unternehmen, die sehr hohe Gewinne ausweisen. Es wäre sehr ungerecht, wenn diese erheblichen Gewinner ebenfalls die Gas-Umlage zu Lasten der Verbraucher erhalten hätten. In dem genannten Pressebericht vom 29.09.2022 wurde von der Bundesregierung nunmehr, wie schon erwähnt, angekündigt, dass für die betroffenen Verbraucher keine Gas-Umlage erhoben wird.

Es wurde von den Ministerpräsidentinnen und -präsidenten der deutschen Bundesländer gefordert, dass eine Deckelung der Energiepreise im Interesse der betroffenen Bevölkerung bzw. der Unternehmen und anderen in Frage kommenden Einrichtungen durchgeführt werden soll. Zum anderen wurde ebenfalls von ihnen auch gefordert, dass speziell für Deutschland nicht mehr eine Gleichsetzung der Strompreise mit den Gaspreisen erfolgt, damit keine überhöhten, nicht gerechtfertigten Strompreise, die nicht den tatsächlichen Kosten entsprechen, erhoben werden. Außerdem sollte durch die Bundesregierung vermieden werden, dass solche hohen Bezahlungen für erbrachte Leistungen der Stromanbieter erfolgen. Die möglichen „Zufallsgewinne", die unberechtigt insbesondere Energieunternehmen durch die gegenwärtig noch bestehenden Regelungen erzielen, sollen vom Staat von den betreffenden

Unternehmen erhoben werden und dann den Verbrauchern, vorrangig Denen, die bedürftig sind, zurückgegeben werden. Bei der eingeschätzten Langatmigkeit einer für die gesamte EU zugrunde gelegten Regelung sagen die Ministerpräsidentinnen und Ministerpräsidenten der einzelnen Bundesländer, zum damaligen Zeitpunkt, dass jetzt sofort im Interesse der davon Betroffenen eine verbindliche Entscheidung für Deutschland getroffen werden soll. Am 04.10.2022 sollte ein Gespräch des Bundeskanzlers Olaf Scholz mit den Ministerpräsidentinnen und -präsidenten der Bundesländer geführt werden.

Es sind bei der Ministerpräsidentenkonferenz am 04.10.2022 leider nicht die erwarteten konkreten Regelungen getroffen worden. Dadurch wurde viel Kritik an den Ergebnissen der Ministerpräsidentenkonferenz erzeugt.

In dem Beitrag „Energiekrise: Kritik an Ergebnissen der Bund-Länder-Runde" des NDR vom 05.10.2022 wurde zur Kritik an den Ergebnissen der Ministerpräsidenten-Konferenz u. a. auszugsweise damals geschrieben:

„Bei dem Treffen von Bund und Ländern am Dienstag (04.10.2022) ging es vor allem um die hohen Energiepreise und die sonstige Inflation – und darum, wie Privatmenschen und Unternehmen entlastet werden können. Bundeskanzler Olaf Scholz (SPD) kündigte an, der Bund werde 240 bis 250 Milliarden Euro der Kosten von insgesamt drei Entlastungspaketen tragen, die einen Umfang von 295 Milliarden Euro haben sollen. Es sind allerdings noch viele Fragen offen: Welche Kosten kommen tatsächlich auf die Länder zu? Wie genau soll die Gas- und Strompreisbremse funktionieren? In welcher Höhe dürfen die Bürgerinnen und Bürger mit Entlastungen rechnen? In zwei Wochen soll weiterverhandelt werden.

Deutliche Kritik an den Ergebnissen kam von Schleswig-Holsteins Ministerpräsident Daniel Günther (CDU): "Meine Erwartungen an diese Konferenz haben sich nicht erfüllt." Angesichts der "wirklich schwierigen Lage, in der wir uns in Deutschland befinden, mit großer Unsicherheit in der Bevölkerung", hätte er "viel konkretere Vorstellungen des Bundes" erwartet, sagte Günther. Man sei im

Prinzip immer noch auf dem Stand der vergangenen Woche, als die Länderchefs bereits ohne die Bundesregierung zusammen saßen. Der Bund habe keine der jetzt wichtigen Fragen beantworten können, so Günther.

Ähnlich äußerte sich der (damals noch amtierende) niedersächsische Wirtschaftsminister Bernd Althusmann (CDU) in einem NDR Info-Interview zum Landtagswahlkampf in seinem Bundesland. Die Ampelkoalition habe keine Lösungen und keinen Plan zum Umgang mit den Folgen des Ukraine-Krieges, sagte Althusmann. "Das Ergebnis ist meines Erachtens sehr enttäuschend."

Sein Regierungspartner und Gegner bei der (am 09.10.2022 stattgefundenen) Landtagswahl, Niedersachsens Ministerpräsident Stephan Weil (SPD), sieht ebenfalls noch unbeantwortete Fragen: Es sei noch nicht entschieden worden, wie die Belastungen zwischen Bund und Ländern aufgeteilt würden. Er erwarte, dass dies dann Ende des Monats (Oktober 2022) oder Anfang November (2022) erfolgen werde."

Das 200-Milliarden-(Euro)-Programm wurde von allen als wichtiger Schritt gewürdigt", sagte Weil. "Nun müssen wir die Ergebnisse der Experten-Kommission abwarten, um Maßnahmen im Detail beurteilen zu können." Die Kosten für die geplante deutliche Ausweitung des Wohngeldes sollten nach Weils Ansicht alleine vom Bund getragen werden. Allerdings habe der Bund dazu bislang keine Bereitschaft signalisiert. "Das bedaure ich angesichts der anstehenden Verdreifachung der auszuzahlenden Beträge und der hohen Belastungen der Länder sehr."…………………………………………………
Mecklenburg-Vorpommerns Ministerpräsidentin Manuela Schwesig (SPD) ………………………………………………………………………………
mahnte jedoch: "Wir haben nicht mehr viel Zeit, denn die Lösungen sind längst überfällig."
………………………………………………………………………………………
Die Parteichefin der Linken, Janine Wissler, verlangte statt der geplanten Gaspreisbremse einen Gaspreisdeckel. Im "Morgenmagazin von ARD und ZDF" sagte Wissler am Mittwoch (dem 05.10.2022), nötig sei ein bezahlbarer Grundbedarf, damit niemand im Winter

frieren müsse.
…………………………………………………………………………………

Bei den Beratungen ging es auch um eine "Nachfolge" für das Ende August (2022) ausgelaufenen 9-Euro-Ticket für den Nah- und Regionalverkehr. Auch dabei gab es in der MPK (Ministerpräsidenten-Konferenz) keinen greifbaren Fortschritt: Der Bund wies Forderungen der Länder nach generell mehr Geld für den Nahverkehr zurück.
…………………………………………………………………………………
Der Deutsche Städte- und Gemeindebund reagierte enttäuscht, dass es bei der MPK auch für die Finanzierung der Unterbringung und Versorgung von Flüchtlingen keine Einigung gegeben habe."

Wie bereits erwähnt, fand am 21.10.2022 ein Gespräch zwischen den Ministerpräsidentinnen und -präsidenten der einzelnen Bundesländer Deutschlands in Vertretung für den Bundeskanzler Olaf Scholz, der zu dieser Zeit in Brüssel weilte und an einer wichtigen EU-Beratung teilnahm, den Minister für Wirtschaft und Klima, Robert Habeck, und dem Finanzminister Christian Lindner statt. Im genannten Gespräch teilten die Ministerpräsidentinnen und -präsidenten mit, dass sie mit dem Vorschlag der Expertenkommission in keiner Weise zufrieden sind. Die Entscheidungen der Expertenkommission kämen viel zu spät, und man müsste schon zu einem erheblich früheren Zeitpunkt zur Gaspreisbremse eine Entscheidung treffen. In Zusammenhang mit den Abschlagszahlungen für Energie sollte man gemäß dem Vorschlag der Stadtwerke Teterow die Höhe der Abschlagszahlungen senken. Man will nunmehr auch mit den anderen Energielieferern sprechen, ob nicht generell die Höhe der Abschlagszahlungen für Gas reduziert werden kann. Außerdem wurde geregelt, dass auch für Strom mit Wirkung vom 01.01.2023 eine Preisbremse gelten soll. Bei der Nutzung von Holzpellets als Energieträger, die in Nordrhein-Westfalen zu einem Viertel zur Wärmeversorgung beitragen, will man auch eine Klärung bei der nächsten Sitzung zwischen dem Bundeskanzler und den Ministerpräsidentinnen und Ministerpräsidenten der Bundesländer, die am 02.11.2022 stattfinden soll, erreichen. Auch beim Wohngeld, den Belange der Finanzierung des 49-Euro-Tickets, der Bezahlung der Kosten für die Migranten sind konkrete Regelungen am 02.11.2022 zwischen den Bundesländern und dem Bund zu treffen. Es wurde nochmals zum Ausdruck gebracht, dass schnell und in ausreichender Form auch hinsichtlich der konkreten Regelungen der Preisbremsen Klarheit vom Bund geschaffen werden muss, denn die Bürger brauchen mehr Sicherheit.

Zwischenzeitlich hat die Bund-Länder-Runde am 02.11.2022 stattgefunden. Gemäß den zusammengefassten Aussagen zum Beschluss der Besprechung des Bundeskanzlers mit den Regierungschefinnen und Regierungschefs der Länder vom 02.11.2022 teilte der WDR in seinem Artikel „Gasbremse, Wohngeld, Flüchtlinge: Das haben Bund und Länder beschlossen“ vom 02.11.2022 bezüglich des betreffenden Beschlusses mit, was nachfolgend auszugsweise als Ergebnisse der Bund-Länder-Beratungen wiedergegeben wird:

„Gaspreisbremse/Strompreisbremse:

Bund und Länder haben sich auf die Gas- und Strompreisbremse verständigt. Bei den Gaspreisen soll die Deckelung bei 12 Cent je Kilowattstunde für 80 Prozent des Vorjahresverbrauchs liegen. Beim Strompreis liegt die Deckelung bei 40 Cent. Dies wird jetzt zusammen mit anderen Regelungen umgesetzt wie eine Abschöpfung von sogenannten Zufallsgewinnen bei Stromproduzenten, sagte Schulz.

Noch keine Einigung gab es damals beim Vorziehen der Gaspreisbremse, die bislang ab März (unter Beachtung der nunmehr veränderten zeitlichen Vorhaben) geplant ist. Scholz habe den Ländern aber zugesagt, ein Vorziehen weiter zu prüfen, sagte NRW-Ministerpräsident Hendrik Wüst (CDU).

Laut Wüst fehlt derzeit noch eine Vereinbarung, wer den Härtefallfonds für kleine und mittlere Unternehmen bezahle. So will der Bund kleinen und mittleren Unternehmen auf Antrag eine weitere Gas-Abschlagszahlung im Januar 2023 erlassen. Die Finanzierung von insgesamt zwei Milliarden Euro sollen nach den Vorstellungen der Bundesregierung Bund und Länder je zur Hälfte übernehmen.

Wohngeld:

Vor den Beratungen von Bund und Länder war unklar, wie die von der Bundesregierung geplante deutliche Ausweitung des Wohngeldes finanziert werden soll. Im Januar 2023 soll der staatliche Mietzuschuss um durchschnittlich 190 Euro pro Monat steigen und an 1,4 Millionen Bürger zusätzlich gezahlt werden.

Bisher wird das Wohngeld je zur Hälfte von Bund und Ländern finanziert. Ursprünglich hatten die Länder auf eine stärkere Kostenbeteiligung des Bundes gepocht. Diese Forderung ließen sich nach Angaben von Niedersachsens Ministerpräsident Stephan Weil (SPD) fallen, nachdem der Bund mehr Geld für die Versorgung der ukrainischen Kriegsflüchtlinge bereitstellen will.

49-Euro-Ticket:

Für Millionen Fahrgäste kommt ein bundesweites 49-Euro-Monatsticket für Busse und Bahnen. Bund und Länder einigten sich am Mittwoch (02.11.2022) über offene Finanzierungsfragen beim Öffentlichen Personennahverkehr. Bundesverkehrsminister Volker Wissing (FDP) erklärte, das Ticket werde so bald wie technisch möglich kommen, angestrebt werde der Jahreswechsel. Bund und Länder kämmen für die Finanzierung je zur Hälfte auf.

Das neue Ticket soll in allen regionalen Verkehrsverbünden in Deutschland gelten. Die Kosten werden auf rund drei Milliarden Euro jährlich geschätzt.

Flüchtlingsversorgung:

Die Länder hatten mehr Unterstützung bei der Aufnahme der vielen Flüchtlinge gefordert, die aus der Ukraine und über die Balkan-Route kommen. Der Bund machte den Ländern nun konkrete Zusagen: Er will in diesem Jahr nochmals 1,5 Milliarden Euro zur Verfügung stellen.

Im Jahr 2023 will der Bund insbesondere für die Versorgung der Flüchtlinge aus der Ukraine weitere 1,5 Milliarden Euro geben. An der

Versorgung von Flüchtlingen aus anderen Ländern will sich der Bund 2023 mit 1,25 Milliarden Euro beteiligen.“

Weiterhin wurde in der Beratung am 02.11.2022 beschlossen:

- Finanzierung von Härtefällen, bei denen trotz Strom- und Gaspreisbremse finanzielle Belastungen entstehen, die von den Betroffenen nicht ausgeglichen werden können, im Umfang von 12 Milliarden durch den Bund

- Für Krankenhäuser, Universitätskliniken und Pflegeeinrichtungen sollen für die steigenden Energiekosten trotz Gas- und Strompreisbremse im Rahmen der insgesamt 12 Milliarden Euro für Härtefälle Mittel in Höhe von bis zu 8 Milliarden Euro über den WSF zur Verfügung gestellt werden.

- Aufgrund der steigenden Energiepreise für andere Heizmittel, wie Öl und Holzpellets, wird für die Bevorratung dieser Heizmittel für Diejenigen, die finanziell überfordert sind, eine Entlastung bereitgestellt. Auch für selbst genutzten Wohnraum, bei dem die Bevorratung dieser genannten Heizmittel eine unzumutbare Belastung darstellt, ist eine Entlastung im Sinne der Härtefallregelung vorgesehen.

- Über den WSF sollen außerdem gezielte Hilfen für Kultureinrichtungen zur Verfügung gestellt werden.

- Falls die regional zuständigen Stadtwerke aufgrund der aktuellen Situation einen vorübergehenden Liquiditätsbedarf haben, soll über die eingerichteten Systeme der KfW (Kreditanstalt für Wiederaufbau), anderen Förderbanken oder vergleichbaren Einrichtungen mit geeigneten Instrumenten Hilfe geleistet werden.

Es muss an dieser Stelle erwähnt werden, dass das für Deutschland – bereits erwähnte – vorgesehene „200-Milliarden-Euro-Paket“ auf teilweise heftigen Widerstand anderer EU-Länder stößt. Man ist der Meinung, dass eine einheitliche Lösung im Rahmen aller Länder der EU bei dem alle EU-Länder betreffenden Problem gefunden werden müsste und Deutschland nicht einen Alleingang in dieser wichtigen Frage durchführen kann.

In der Beratung der EU vom 21.10.2022 hat man zumindest Einigkeit unter den EU-Ländern erreicht, dass ein gemeinsamer Energieeinkauf auf EU-Ebene stattfinden soll und dass die Speicher von allen Länder in Europa genutzt werden können. Durch die damit vorgesehene Erhöhung des Angebots soll der Marktpreis für Gas reduziert werden. Zum damaligen Zeitpunkt bestand noch keine Klarheit über die Höhe des Gaspreisdeckels. Macron sagte in diesem Zusammenhang, dass ein klares Mandat für die Bildung einer einheitlichen Preisobergrenze für die EU besteht. Seitens des Bundeskanzlers sollte dagegen erreicht werden, dass keine Gaspreisbremse auf EU-Ebene erfolgt und eine eigene Gaspreisbremse für Deutschland zugrunde gelegt werden kann. Es muss jedoch so gewertet werden, dass die deutsche Meinungsbildung wahrscheinlich nicht die gewollte Beachtung findet, da nahezu alle EU-Länder sich für einen EU-Preisbremsdeckel entschieden haben. Die Energieminister der EU-Staaten sollen nunmehr konkrete Preisregellungen erarbeiten.

Zwischenzeitlich haben sich die EU-Staaten nach monatelangem Ringen auf einen Gaspreisdeckel geeinigt. Der Deckel kann ab dem 15. Februar ab einem Preis von 180 Euro pro Megawattstunde ausgelöst werden. Auch die Großhandelspreise für Gas sollen in der Europäischen Union unter bestimmten Umständen künftig gedeckelt werden.

In der Pressemitteilung Nr. 413 des Statistischen Bundesamtes Wiesbaden vom 29.09.2022 wurde Folgendes zu den voraussichtlich nunmehr zugrunde zu legenden Inflationsraten geschrieben:

„Die Inflationsrate in Deutschland lag im September 2022 bei + 10,0 Prozent. Gemessen wird sie als Veränderung des Verbrauchspreisindex (VPI) zum Vorjahresmonat. Im August 2022 hatte die Inflationsrate bei + 7,9 Prozent gelegen. Wie das Statistische Bundesamt (Destatis) nach bisher vorliegenden Ergebnissen weiter mitgeteilt, steigen die Verbraucherpreise gegenüber August 2022 voraussichtlich um 1,9 Prozent. ....

Seit Beginn des Krieges in der Ukraine sind insbesondere die Preise für Energie merklich angestiegen und beeinflussen die hohe Inflationsrate erheblich. Im September 2022 waren die Energiepreise 43,9 Prozent höher als im Vorjahresmonat. Auch die Preise für Nahrungsmittel stiegen im Vergleich zum Vorjahresmonat mit + 18,7 überdurchschnittlich. Deutliche Preisanstiege auf den vorgelagerten Wirtschaftsstufen wirken sich dabei preiserhöhend aus. Hinzu kommen die preistreibenden Effekte weiterhin unterbrochener Lieferketten infolge der Corona-Pandemie. Im September dürfte sich das Auslaufen des Tankrabatts und des 9-Euro-Tickets auf die Inflationsrate ausgewirkt haben. . ...“

Zum Stand Oktober 2022 betrug die Inflationsrate bereits 10,4 Prozent in Deutschland.

Zum Stand Dezember 2022 ist die Inflationsrate nunmehr in Deutschland auf 8,6 Prozent erhoben wurden. Die Ursachen dieses Rückgangs werden in der Wirksamkeit der Gas- und Strompreisbremse gesehen, da die sonstigen Verbraucherpreise nach bisher vorliegenden Informationen nicht gesunken sind.

In Deutschland hat auch die steigende Inflationsrate zusätzlich noch zu einer nicht geringen Spaltung der Gesellschaft geführt und mit dazu beigetragen, dass von Einigen Vorbehalte gegenüber der Demokratie, wie sie in einigen demokratischen Ländern derzeit praktiziert wird, bestehen. Wegen diesen aktuellen im besonderen Maße die Menschen, auch in Deutschland, beeinflussenden Erscheinungen haben die Energiewende und deren Maßnahmen bei einer zunehmenden Zahl von Menschen an Bedeutung, die ihr eigentlich bezüglich der nicht geringen Krisenerscheinungen der Umwelt zukommen müsste, eingebüßt.

Deshalb nimmt, neben dem Teil der Bevölkerung, die nicht an den durch die Menschen gemachten Wirkungen auf die zunehmende Erderhitzung oder die anderen Folgen der Umweltkrise glauben und auch der Anteil der Menschen zu, die die erforderlichen Handlungen und Maßnahmen zur Umweltkrise zum gegenwärtigen Zeitpunkt nicht als vorrangige Maßnahme ansehen. Auch besonders die Bestandteile der Energiepreiserhöhung, die aus Umweltfaktoren begründet sind, akzeptieren Viele in Deutschland derzeit nicht ausreichend.

Zusätzlich zu den zu erwartenden Erhöhungen des Gaspreises ist auch eine beträchtliche Steigerung des Strompreises zum gegenwärtigen Zeitpunkt bisher eingetreten. Da nach Auffassung des niedersächsischen Ministerpräsidenten Stephan Weil riesige Spekulationsgewinne und, wie bereits genannt , auch hohe Gewinne der Produzenten von erneuerbaren Energien, die sie ohne zusätzliche Leistungen erhalten und weitere Ursachen die Gründe sind, warum der Strompreis zu hoch ist. Der niedersächsische Ministerpräsident schlug zur Eindämmung der hohen Preise, solange von der EU keine Sonderregelung wegen des bestehenden Marktmechanismus getroffen werden kann, damals vor, wie der NDR am 28.08.2022 im Beitrag: „Weil zum Strompreis: „Staat muss sofort einschreiten““ veröffentlichte:

„Wenn eine kurzfristige Änderung wegen der europaweiten Diskussion nicht möglich ist, kommen aus meiner Sicht auch ein Aussetzen des Stromhandels und eine vorübergehende staatliche Preisregulierung in Betracht.“

Auch diese Gesichtspunkte müssen – wie die sehr wichtige soziale Einstellung zu diesen Fragen – beim aktuellen Stand der Energiewende, speziell auch in Deutschland, in hohem Maße mit beachtet werden.

Nachfolgend wird der Stand der Inflation in Prozent in den EU-Ländern, auch unter Einbeziehung der Türkei, obwohl sie kein EU-Mitglied ist, zum Stand August 2022 dargestellt, weil die Türkei eine besonders hohe Inflationsrate aufwies und diese zwischenzeitlich weiter angestiegen ist:

Länder	Inflationsrate im August 2022 in Prozent
Türkei	80,0
Estland	25,2
Lettland	21,4
Litauen	21,1
Ungarn	18,6
Tschechien	17,1
Bulgarien	15
Polen	14,8
Niederlande	13,7
Slowakei	13,4
Rumänien	13,3
Serbien	12,8
Kroatien	12,6
Slowenien	11,5
Griechenland	11,2
Belgien	10,5
Spanien	10,5
Großbritannien	10,1
Dänemark	9,9
Zypern	9,6
Schweden	9,5
Portugal	9,3
Österreich	9,2

Tabelle 14: Inflationsrate in den Ländern der Eurozone im Monat August 2022, veröffentlicht am 24.08.2022 von Bruno Urmersbach vom Statistischen Bundesamt Wiesbaden (https://de.statista.com/statistik/daten/studie/163462/umfragen/inflationsrate-in-den-laendern-der-eurozone-monatswerte/#professional)

Am 30.09.2022 entschied die EU, dass Übergewinne abgegeben werden müssen. Im „Tagesschau"-Bericht „Energiekonzerne müssen Übergewinne abgeben" vom 30.09.2022 schrieb der ARD-Korrespondenten in Brüssel, Tobias Reckmann:

„Die EU-Länder haben sich (in einer Vorberatung vor dem 21.10.2022) auf ein Notfallpaket gegen die Energiekrise (in einer ersten Grundlage für eine abschließende Beratung der Regierungsvertreter) geeinigt. Übergewinne der Stromkonzerne sollen abgeschöpft werden, um Entlastungen für die Bürger zu finanzieren. Strittig ist weiter ein möglicher Preisdeckel für Gasimporte auf EU-Ebene.

Nach wochenlangen Verhandlungen auf EU-Ebene haben sich die Energieminister der 27 Mitgliedsstaaten auf ein Notfallpaket geeinigt. Sie kamen bei einem Krisentreffen überein, dass Energieunternehmen künftig einen Teil ihrer Krisengewinne an den Staat abgeben müssen, wie der tschechische EU-Ratspräsident mitteilte. Mit diesem Geld sollen die Verbraucher entlastet werden. Die Einigung muss noch formell bestätigt werden. Da der Gaspreis vor dem Hintergrund des Kriegs in der Ukraine stark gestiegen ist, ist auch Strom teurer geworden. Das liegt daran, dass der Strompreis durch das teuerste Kraftwerk bestimmt wird, das zur Produktion eingeschaltet wird – derzeit sind das vor allem Gaskraftwerke. Auch Produzenten von billigerem Strom – etwa aus Sonne, Wind, Atomkraft oder Braunkohle – können diesen zu hohen Preisen verkaufen. Ihre Einnahmen sollen künftig bei 180 Euro, wie zwischenzeitlich auf EU-Ebene festgelegt wurde, pro Megawattstunde gedeckelt werden, wie Diplomaten bestätigten. Mit dem Überschuss sollen Entlastungen für Bürger finanziert werden. EU-Kommissionspräsidentin Ursula von der Leyen ging ursprünglich davon aus, dass die Mitgliedsländer insgesamt 140 Milliarden Euro abschöpfen können. Da bei der nationalen Umsetzung nun jedoch mehr Flexibilität eingeräumt werden soll, lässt sich der genaue Ertrag nicht beziffern.

Die Maßnahmen treffen nicht nur die Produzenten von billigem Strom aus erneuerbaren und anderen Quellen, sondern auch Öl-, Kohle- und Gasunternehmen sowie Raffinerien. Sie sollen eine Solidaritätsabgabe von mindestens 33 Prozent auf ihre Übergewinne zahlen. Mit dem Geld sollen ebenfalls Entlastungen für Bürger und Unternehmen finanziert werden.

Deutschland hatte eine Einnahmegrenze unterstützt. Bundeswirtschaftsminister Robert Habeck sagte am Rande des

Treffens, die Bundesregierung habe sich darauf vorbereitet. Die Umsetzung könne vergleichsweise schnell gehen.

Die EU-Vertreter billigten auch ein verpflichtendes Stromsparziel von fünf Prozent in Zeiten hoher Nachfrage. Dann kostet Strom besonders viel, da teures Gas zur Produktion genutzt werden muss. Insgesamt sollen die EU-Länder ihren Stromverbrauch freiwillig um zehn Prozent senken. ……………………………………………………………………"

Zwischenzeitlich hat das Kabinett der Bundesregierung die bereits in Aussicht gestellte Erhöhung des Kindergeldes auf 250,00 € pro Kind und Monat ohne die bisherigen Unterschiede ab dem 01.01.2023 sowie einen 200-Euro-Zuschuss für Studierende als Teil des dritten Entlastungspakets am 18.11.2022 festgelegt. Für die 200 Euro Sonderzahlung für Studierende und Fachschüler muss auf der Grundlage der von der Bundesregierung beschlossenen Formulierungshilfe noch ein Gesetz erarbeitet werden, was vom Bundestag vor einer Wirksamkeit noch beschlossen werden muss. Dies soll eine weitere Entlastung für die stark gestiegenen Energiepreise darstellen. Es sollen alle Diejenigen bekommen, die ab dem 01.12.2022 an einer Hochschule eingeschrieben sind und deren Wohnsitz oder „gewöhnlicher Aufenthalt" sich an diesem Stichtag in Deutschland befindet.

Der Bundestag und der Bundesrat haben deshalb im Dezember 2022 die Strom- und Gaspreisbremse verbindlich beschlossen.

Die Gaspreisbremse kommt ab dem 1. März 2023 rückwirkend zum 1. Januar 2023. 80 Prozent ihres Gasverbrauchs erhalten die Verbraucher zum gedeckelten Preis von 12 Cent pro Kilowattstunde für Gas und 9,5 Cent pro Kilowattstunde für Fernwärme. Es wurden auch zusätzlich die Voraussetzungen für Härtefallhilfen für Haushalte, die mit Heizöl, Pellets oder Flüssiggas heizen, getroffen. Der Bund stellt aus dem Wirtschaftsstabilisierungsfonds maximal 1,8 Milliarden Euro zur Verfügung. Die Bundesländer können die Mittel für Zuschüsse zur Deckelung der Heizkosten einsetzen. Hierzu werden Bund und Länder noch eine Verwaltungsvereinbarung treffen.

Die entsprechenden Gesetze sind am 24.12.2022 in Kraft getreten. Vermieterinnen und Vermieter müssen die erhaltenen Entlastungen, wie an anderer Stelle bereits angeführt, im Rahmen der Betriebskostenabrechnung weitergeben. Industriekunden erhalten ab Januar 2023 von ihren Lieferanten 70 Prozent ihres Erdgasverbrauchs im Jahr 2023 zu 7 Cent je Kilowattstunde. Bei 70 Prozent des Wärmeverbrauchs wird der Preis auf 7,5 Cent je kWh gedeckelt. Für Krankenhäuser sollen dieselben Konditionen gelten, wie für die Industrie. Darüber hinaus soll es für Krankenhäuser und Pflegeeinrichtungen besondere Hilfsfonds geben. Insgesamt werden vom Bund 8 Milliarden Euro für diese Zwecke zur Verfügung gestellt. Auch die Strompreisbremse soll die steigenden Energiekosten abfedern. So wird der Strompreis für Haushalte und Kleingewerbe mit einem jährlichen Verbrauch von bis zu 30.000 Kilowattstunden 40 Cent pro kWh betragen. Das gilt für ein Kontingent in Höhe von 80 Prozent des Vorjahresverbrauchs. Für mittlere und große Unternehmen mit mehr als 30.000 Kilowattstunden Jahresverbrauch liegt der Preisdeckel bei 13 Cent je kWh – zuzüglich Netzentgelte, Steuern, Abgaben und Umlagen. Das gilt für ein Kontigent in Höhe von 70 Prozent des Vorjahresverbrauchs. Die Netzentgelte sind Bestandteil der Stromkosten. Für das Jahr 2023 zeichnet sich ein deutlicher Anstieg dieser Kosten ab. Um private und gewerbliche Kundinnen und Kunden vor zusätzlicher Belastung zu schützen, will die Bundesregierung die Übertragungsnetzgelte 2023 durch einen Zuschuss in Höhe von 12,84 Milliarden Euro stabilisieren. Eine Abschöpfung von Zufallsgewinnsteuern soll für Braunkohle, Kernenergie, Abfall, Mineralöl und erneuerbare Energie erfolgen. Ausgenommen werden sollen Speicher, Erdgas, Biomethan und weitere Gase und kleinere Anlagen bis zu 1 Megawatt. Mit Abwendungsvereinbarungen will man Strom- und Gassperren verhindern.

2.14 Erfordernisse der Energiewende aus globaler Sicht der bestehenden Ungleichheit und die mangelnde Wahrnehmung durch die G7-Staaten

Beim wichtigen Erfordernis für Deutschland, einen Beitrag zur Energiewende in unserem Land zu leisten, muss jedoch, wie in der Einleitung zu diesem Buch geschrieben wurde, in hohem Maße beachtet werden, dass wir die Umweltkrise nicht als Deutschland oder die betreffenden Länder der EU und andere Länder dieser Welt alleine bewältigen können, sondern dies nur auf globaler Ebene erfolgen kann – durch Beteiligung aller Länder dieser Welt.

Gegenwärtig sind wir, wie schon erwähnt wurde, weit weg von einem globalen Gelingen des wirksamen Einflusses auf die Umweltkrise bzw. die Gefahren der zunehmenden Erderhitzung und der bedrohlichen Folgen für die weitere Aufrechterhaltung der Zivilisation auf unseren Planeten. Die Anzahl der Länder, die nicht die notwendigen Umweltmaßnahmen zur Einflussnahme auf die Wirkungen der Umweltkrise einleiten können, beträgt durch die noch vorhandene wesentliche wirtschaftliche Ungleichheit auf der Welt ca. zwei Drittel. Wir müssen so viele notwendige wirtschaftliche Voraussetzungen schaffen, dass eine zunehmende Gleichheit der einzelnen Länder der Welt auch im Lebensstandard erreicht wird.

Die gegenwärtig festgelegten 100 Milliarden US-Dollar jährlich an Entwicklungshilfe sind, wie schon an anderer Stelle in diesem Buch begründet, viel zu gering, um die erforderlichen Ausgleichszahlungen an diese betreffenden Ländern leisten zu können. Wie bereits genannt, stehen die jetzt beschlossenen Gelder der Entwicklungshilfe vorrangig nur auf dem Papier und sind zum gegenwärtigen Zeitpunkt vielfach noch nicht geflossen.

Auch beim im Juli 2022 in Berlin von der Bundesrepublik Deutschland durchgeführten „Petersberger Klimatreffen“, an dem 40 Länder der Welt, insbesondere afrikanische Länder, teilnahmen, hat nach Meinung der Vertreter der teilnehmenden Länder und auch von Umweltverbänden diese Veranstaltung nicht den erwarteten Erfolg gebracht. Viele Teilnehmer haben diese Konferenz nur als übliche

Zielstellung wegen der Klimakrise empfunden, ohne im erforderlichen ausreichenden Maße praktische Beiträge zur Umsetzung dabei gehört zu haben. Die Vertreter der meisten Länder haben konkrete Beiträge auch in finanzieller Hinsicht für die Höhe der zu gewährenden Ausgleichszahlungen als Entwicklungshilfe gewünscht, die leider nicht vorgetragen wurden und somit nicht erfolgt sind. Die deutsche Regierung hat in dieser so wichtigen Frage – bezogen auf die globale Umweltkrise – nach Meinung der betreffenden Verantwortlichen vieler Länder keinen rühmlichen Beitrag geleistet.

Wenn man bedenkt, dass vom 06.11.2022 bis 20.11.2022 in Sharm El Scheikh in Ägypten die diesjährige Weltklimakonferenz stattgefunden hat, ist durch diese vorherige Konferenz vor der im November 2022 in Ägypten stattgefundenen Konferenz die für die weiteren Geschicke der Menschheit so bedeutungsvolle Weltklimakonferenz nicht in dem gewünschten und wohl auch erforderlichen Vorbereitungsumfang durchgeführt worden.

Man kann die erforderlichen weltweiten globalen Maßnahmen nur durchführen, wenn die betreffenden Länder die notwendigen Werte für die konkret zu leistenden Ausgleichszahlungen benannt bekommen bzw. die Zahlungen dann auch geleistet werden. Auf diese Weise kann man nicht ausreichend dazu beitragen, dass auch die betreffenden armen Länder und auch in Frage kommende Schwellenländer somit ihren notwendigen Beitrag zur CO2-Emissionsreduzierung ihrer Länder aufgrund der globalen Erfordernisse leisten.

Ein Innenminister eines kleinen ärmeren Staates der Welt äußerte sich wie folgt:

„Ungeachtet des Klimawandels wird unser Wohlstand und Erfolg nicht ungenutzt bleiben."

Dies sagt eindeutig aus, dass, wenn weiterhin so eine Ungleichheit zu Lasten ärmerer Länder besteht und man nicht bereit ist, die notwendigen Maßnahmen zum Klimawandel einzuleiten, man sich über negative Ergebnisse auf diesem Gebiet nicht zu wundern braucht. Es muss auch bemerkt werden, dass diese betreffenden Länder die erforderlichen Ausgleichsmaßnahmen nicht durchführen können, da sie die notwendigen finanziellen Mittel nicht haben und eine Realisierung dieser Maßnahmen eine weitere Lebensstandverschlechterung für diese Länder bzw. deren Bevölkerung bedeuten würde. Wahrscheinlich denken die Mehrheit der Menschen in diesen Ländern ähnlich und wenn wir diese Tatsache nicht beachten, wird nicht genügend auf globaler Ebene getan werden können, die weitere Erderhitzung, wie von der UNO prognostiziert wurde, auf globaler Ebene zu verhindern.

Weil diese wichtigen Belange nicht beachtet wurden, hatten auch die Klimakonferenz 2022 in Ägypten und die weiteren Klimakonferenzen keinen ausreichenden Erfolg gehabt.

Dieser Misserfolg bzw. die mangelnde Konkretheit der erforderlichen finanziellen Beiträge sind im Ergebnis der Weltklimakonferenz zwischenzeitlich eingetreten.

Auch dies muss alles bei der notwendigen globalen Klimakrise ausreichende Beachtung finden, wenn man den Erfolg für unsere ganze Erde bei der erheblichen Bedrohung unserer Zivilisation durch die Klimakrise haben will.

Die G7-Staaten haben im bayrischen Elmau die Gründung eines offenen und kooperativen Klimaclubs bis Ende 2022 als globale Antwort auf die Klimakrise beschlossen. Folgende zu realisierende Maßnahmen wurden in diesem Zusammenhang vereinbart.

Wie auf der am 28.06.2022 veröffentlichten Webseite www.bundesregierung.de/breg-de/themen/klimaschutz/g7-gipfelergebnisse-2057838 der Bundesregierung zum Thema „G7-Gipfel in Schloss Elmau: Die Ergebnisse im Überblick“ zu entnehmen ist, wurde Folgendes beschlossen: Die Gruppe der G7-Staaten:

„einigt sich auf ambitionierte Klimaschutzmaßnahmen, industrielle Transformation durch beschleunigte Dekarbonisierung, enge Zusammenarbeit und Unterstützung über G7 hinaus, insbesondere mit Schwellen- und Entwicklungsländern. Minister sollen in Zusammenarbeit mit weiteren Partnern und internationalen Organisationen konkrete Ausgestaltungen bis Jahresende erarbeiten.“

Bezüglich der weiteren Maßnahmen zur Beschleunigung der internationalen Klimaschutz-Agenda wurde Folgendes damals beschlossen:

"

- verpflichtet sich erstmals zu dekarbonisierter Stromversorgung bis 2035 und bekennt sich dazu, Kohleverstromung zu beenden,

- erkennt an, vulnerable Länder im Umgang mit Schäden und Verlusten durch den Klimawandel stärker zu unterstützen,

- unternimmt weitere Anstrengungen, um die von den Industrieländern zugesagten 100 Milliarden US-Dollar pro Jahr zur Klimafinanzierung zu erreichen,

- Deutschland bekräftigt das Ziel, bis zum Jahr 2025 mindestens 6 Milliarden Euro zu internationalen Klimafinanzierung beizutragen. Dazu wird Deutschland neben der Planung zusätzlicher Mittel auch bisher schon vorgesehene Ausgaben verstärkt klimawirksam einsetzen."

Zur Energieversorgung, was mit Maßnahmen des Klimaschutzes auch mit Beachtung finden muss, wurde folgendes von den G7-Staaten vereinbart:

"

- ist sich einig, Energieabhängigkeit von Russland zu beenden; hierfür Ausstieg aus russischer Kohle und Öl, Entlastung der Verbraucher sowie Ausbau von erneuerbaren Energien, erneuerbaren Wasserstoff und Energieeffizienz,

- prüft Preisobergrenzen zur Stabilisierung der Energiemärkte,

- bestätigt Verpflichtung, direkte internationale öffentliche Finanzierung fossiler Energieträger bis Ende 2022 zu beenden; ist sich darin einig, dass es Ausnahmen zur Wahrung nationaler Sicherheit und geostrategischer Interessen geben kann."

Zur Weltwirtschaft und zu Inflationsrisiken, die auch Belange der Umweltwirtschaft mit tangieren, wurden folgende Festlegungen getroffen:

"

- koordiniert sich eng zu akuten wirtschaftlichen Risiken wie steigenden Preisen und zunehmender Verschuldung und stellt gezielt Unterstützung dort zur Verfügung, wo sie nötig ist,

- unterstützt Entwicklungsländer insbesondere in Afrika in angespannter weltwirtschaftlicher Lage, hierzu große Fortschritte und weiteres Engagement bei 100 Milliarden US-Dollar-Ziel von 2021,

- koordiniert sich gemeinsam mit OECD zur Versorgungssicherheit bei kritischen Rohstoffen, zielt auf Investitionen in Aufbau verantwortungsvoller, nachhaltiger und transparenter Lieferketten."

Dazu können folgende Bemerkungen, aus der Sichtweise des Autors dieses Buches gesehen, gemacht werden, wie u. a.:

- Die G7-Staaten sind zwar sehr leistungsstarke Industriestaaten. Sie haben aber nicht die Voraussetzungen und die Vollmacht, für die ganze Welt zu sprechen, da manche wirtschaftlich starke Staaten, wie u. a. auch China nicht Mitglieder der G7 sind. Auch Russland, das flächenmäßig mit erheblichem Vorsprung vor anderen Ländern das größte Land der Welt, ist aus politischen Gründen auch wegen des gegenwärtigen militärischen Konflikts zwischen Russland und der Ukraine und aus Ereignissen der vorhergehenden Jahre nicht in die Gruppe der betreffenden Länder mit einbezogen worden. Dies ist ebenfalls ein Grund, dass die G7-Staaten nicht im Auftrag der Welt sprechen und handeln können.

- Auf der Welt existieren derzeit 204 Staaten, und gerade für die Belange der Klimakrise bzw. wegen den Folgen des Klimawandels handeln viele Länder nicht nach den Vereinbarungen der G7-Staaten.

- Bei manchen Ländern auf der Welt sind auch 2035 noch nicht die Voraussetzungen vorhanden, eine Dekarbonisierung der Stromversorgung vorzunehmen. Es muss dabei bedacht werden, dass in einigen Ländern der Welt, insbesondere in Asien, auch in China, noch heute in relativ hohem Maße Kohlekraftwerke errichtet werden. Auch muss beachtet werden, dass eine relativ hohe Zahl von Menschen auf der Welt noch ohne Elektrizität leben müssen.

- Gemäß „Global Tracking" leben in Indien etwa 300 Millionen, in Nigeria über 80 Millionen und in Bangladesch über 65 Millionen Menschen ohne Elektrizität. Unter den zehn energieärmsten Ländern der Welt liegen sieben in Afrika. Gemäß einem Eintrag im Internet-Lexikon Wikipedia aus dem Jahr 2016 verfügen gegenwärtig nur 87,4 Prozent der Weltbevölkerung über einen Stromanschluss.

- Die konkrete Gestaltung der einzuleitenden Klimamaßnahmen erfolgte erst Ende 2022 durch die betreffenden Gremien. Damit konnte nicht entsprechend der Erfordernisse ausreichend gesichert werden, wie die Ergebnisse der Weltklimakonferenz 2022 dies bestätigt haben, dass diese konkreten Maßnahmen vor der Weltklimakonferenz in dem notwendigen Maße vorliegen würden.

- Die 100 Milliarden US-Dollar, die jedes Jahr für notwendige Klimaschutzmaßnahmen ab 2020 weltweit gezahlt werden sollen, sind nicht nach Ländern bzw. erforderlichen Klimaschutzmaßnahmen festgelegt. Um die erforderlichen Klimamaßnahmen weltweit im notwendigen globalen Rahmen durchzuführen, benötigt man bis 2030 zweistellige Billionenbeträge. Die 100 Milliarden US-Dollar pro Jahr sind viel zu wenig. Es sind noch immer keine ausreichenden Zahlungsverpflichtungen für die betreffenden Länder, die Entwicklungshilfe leisten müssen, verbindlich konkretisiert festgelegt worden. Die bisherige nicht ausreichende

Verbindlichkeit schafft sehr negative Voraussetzungen dafür, dass die drohende Erderhitzung noch weiter gestoppt und die Klimakrise bewältigt werden kann. Die erforderlichen Maßnahmen betreffen besonders die Länder und die Bevölkerung des globalen Südens.

Gemäß den Aussagen der Bündnis 90/Die Grünen politisch nahe stehenden Heinrich-Böll-Stiftung verlangt dies einen konkreten Umsetzungsplan. Bis 2025 rechnet man gemäß dem Internationalen Weltwährungsfonds, dass verheerenden Auswirkungen des Klimawandels eintreten und dass bis 2025 weltweit mindestens 5,9 Billionen US-Dollar bereitgestellt werden müssen. Die von den G7-Staaten zugesagten 100 Milliarden US-Dollar jährlich sind deshalb in keiner Weise ausreichend und wie die Stiftung aufführt, ein Armutszeugnis der reichen Industriestaaten. Die Heinrich-Böll-Stiftung stellt deshalb im Artikel „Kein kollektives Handeln" auszugsweise fest:

„……………………………………………………………………………
Sie sind ein moralischer Affront gegen das Konzept der Klimagerechtigkeit, wonach diejenigen, die historisch am meisten zur Klimakrise beigetragen haben, auch am meisten zu ihrer Bewältigung beitragen müssen. Die Klimarahmenkonvention und das Pariser Abkommen betonen zwar die gemeinsame Verantwortung der mehr als 190 Unterzeichnerländer in der Bekämpfung des Klimawandels, aber eben auch differenzierte Zuständigkeiten entsprechend der unterschiedlichen Fähigkeiten von Industrie-- und Entwicklungsländern und fordern die Finanzunterstützung ärmerer Nationen durch reiche Industrienationen zur Umsetzung der Vereinbarkeit ein. Das ist nicht Gutherzigkeit oder Entwicklungshilfe, sondern eine vertragliche Zahlungspflicht. Wird diese nicht erfüllt, wird damit ein Grundbaustein zur Vertrauensbildung im multilateralen Klimaprozess demontiert, und das zu einer Zeit, in der die Weltgemeinschaft stärker als je zuvor auf kollektives Handeln angesichts multipler, sich einander verstärkenden Krisen (Klima, Biodiversität, Covid-Pandemie, Armut und Exklusion) angewiesen ist."

Dass ein hoher Anteil der öffentlich notwendigen Mittel zur Klimafinanzierung über Kredite finanziert werden soll, ist auch unter

Berücksichtigung der jetzt schon hohen Verschuldungsquote vieler Entwicklungsländer, wie die betreffende Stiftung schreibt, auch moralisch nicht nachvollziehbar und äußerst ungerecht.

Deshalb kann den Verpflichtungen der G7-Länder in keiner Weise zugestimmt werden, und auch hier zeigen sich wieder die Nachteile des kapitalistischen Systems, bezogen auf den vorhandenen im Übermaß herrschenden Individualismus, Egoismus und die Gier und nicht ausreichende Beachtung kollektiver Interessen. Ein vorrangig auf Profitmaximierung und persönlicher Aneignung der Profite beruhendes Gesellschaftssystem stellt die wesentlichste Ursache dieser unbefriedigenden Umstände dar. Hauptsache, man hat Profite und quantitatives Wachstum, die dringend erforderliche Solidarität bleibt gegenüber den anderen Ländern oft, trotz dem man an der eingetretenen Entwicklung mit schuldig ist, aus.

Vieles, was bereits vor dem Stattfinden der Weltklimakonferenz 2022 gesagt wurde und als Gründe für einen nicht ausreichenden Erfolg der vom 06. bis 20.11.2022 in Ägypten nunmehr erfolgten Weltklimakonferenz genannt wurde, ist so eingetreten. Der Misserfolg ist auch deshalb eingetreten, weil man die rechtzeitig vorgetragenen Argumente der betroffenen Länder der südlichen Teils unseres Planeten nicht beachtet hat und sich über deren Auffassungen seitens der betreffenden Ländern der westlichen Welt hinweggesetzt hat. In so einer unkonkreten und oberflächigen Form der Vorbereitung der Weltklimakonferenz 2022 musste ein Erfolg ausbleiben. Man hat dadurch die erforderlichen Belange der Weltklimakonferenz, die im Interesse der Folgen des Klimawandels so wichtig waren, wieder um mindestens ein Jahr versäumt und dadurch wiederum wertvolle Zeit verloren. Auch das Treffen der wirtschaftlich führenden 20 Länder der Welt beim G-20-Treffen in Bali hat außer, dass man die Erderwärmung bekämpfen will und die Erderwärmung als Problem ansieht, nichts Konkretes für die vom Klimawandel betroffene Zivilisation gebracht. Im Radio WMW wurde auch deshalb eine erhebliche Kritik an den bisher erreichten konkreten Bemühungen der G20 geübt. Man ist dort zum Résumé gekommen, dass die G20-Staaten wiederum ihrer Verantwortung nicht gerecht geworden sind. Zum Gipfel auf Bali schrieb man von Seiten des Radios WMW:

„Entwicklungsorganisationen haben sich enttäuscht über den Ausgang des Gipfels der großen Industrie- und Schwellenländer (G 20) gezeigt. Die G 20 – Führer hätten keine konkreten Schritte im Kampf gegen die Armut, Hunger und Klimawandel ergriffen, wurde nach dem Ende des Gipfels am Mittwoch (16.11.2022) auf der indonesischen Insel Bali kritisiert.

„Mitten in der Krise der Schulden, Sparpolitik und Ungleichheit hätten wir weit mehr von den größten Volkswirtschaften der Welt erwartet, sagte Jörn Kalinski von Oxfam. Zu einer Zeit, wo die G20-Staats- und Regierungschefs ihre wirtschaftlichen Muskeln einsetzen müssen, „zuckten sie zurück“, sagte Kalinski. „Es gab kein Zeichen von kollektiver Entschlossenheit, um die Probleme der Welt zu lösen. „Stattdessen gebe es nur „recycelte Zusicherungen“, eine schwelende Schuldenkrise, und Maßnahmen für

-Impfungen und zur Gesundheitssicherung, „die so nützlich sind wie ein Pflaster bei einem gebrochenen Bein“.

„Die mangelnden Ergebnisse des G 20- Gipfels zeigen, dass die mächtigsten Länder der Welt ihrer Verantwortung wieder nicht gerecht geworden sind“, sagte Friederike Röder von Global Citizen. Im Kampf gegen den Klimawandel seien nur frühere Erklärungen wiederholt wurden. Auch wenn die G20 die wirtschaftlichen Folgen der Klimakrise und die Notwendigkeit größerer Anstrengungen sähen, „ziehen sie nicht die Verantwortung aus ihrem eigenen Handeln“. Mit einem Anteil von 80 Prozent sind die G20-Staaten die größten Kohlendioxidproduzenten. ……………………………………………………

„Aber das reicht einfach nicht angesichts der 50 Millionen Menschen, die am Rande des Hungertodes stehen, sagte Röder

„Die aktuelle Hungerkrise ist die schlimmste seit 40 Jahren“, sagte Fiona Uellendahl von World Vision, „Über 820 Millionen Menschen gehen täglich hungrig zu Bett.“ Da nicht ausreichend Mittel bereitgestellt werden, seien nur „Trippelschritte“ möglich.

„Wieder einmal haben wir einen G20-Gipfel erlebt, der viel versprochen hat, aber keine wirklichen Maßnahmen für die Millionen von Menschen gebracht hat, die am meisten von Hunger, Armut, wirtschaftlicher Not und der Klimakrise betroffen sind", sagt Amy Dodd von ONE.

Heute stünden 22 afrikanische Länder vor dem Staatsbankrott, Trotzdem fehle es bei der Reform globaler Finanzinstitutionen wie der Weltbank an Dringlichkeit und einem klaren Zeitplan. Eine vollständige Bewertung der Klimazusagen werde zwar erst nach den Ergebnissen der Weltklimakonferenz in Ägypten möglich sein. „Aber er ist gut, dass ein klares Signal für ein neues und ehrgeiziges Ziel für die Klimafinanzierung gesetzt wurde", sagte Dodd."

Man kann es in keiner Weise als ausreichend ansehen, wenn einzelne führende Länder der Welt nur etwas über 100 Milliarden US-Dollar für die Beseitigung des Klimawandels als aktuelle Verpflichtung, wie bereits genannt, benennen. Bei den erheblichen Problemen, dass völlig unzureichende oder bisher von manchen führenden Industriestaaten der Welt von der Nordhalbkugel unseres Planeten keine finanziellen Beiträge für das Wirksamwerden gegen die Folgen des Klimawandels geleistet wurden, muss man das gezeigte Verhalten als völlig ungenügend ansehen. Da auch keine ausreichenden konkreten Methoden bzw. Zielstellungen für ein Vorgehen zur Erreichung des nur 1,5 Grad Celsius-Ziels laut des Abkommens von Paris genannt wurden, konnte zum Zeitpunkt der Beendigung der Weltklimakonferenz kein Abschlussdokument vorgelegt werden. Erst mit zweitägiger Verspätung konnte am 20.11.2022 ein Abschlussdokument mit großen Mühen und erheblichen Konzessionen verabschiedet werden.

Im „Tagesschau"-Artikel „COP 27 einigt sich auf Abschlusserklärung" vom 20.11.2022 wurde vom Reporter des Südwestrundfunks (SWR), Werner Eckert, auszugsweise Folgendes zur Abschlusserklärung geschrieben:

„In Ägypten hat sich die Weltklimakonferenz auf eine gemeinsame Abschlusserklärung geeinigt. Darin festgehalten ist der Aufbau eines gemeinsamen Fonds zum Ausgleich von Klimaschäden in ärmeren Ländern.

Zudem bekräftigen die rund 200 Staaten am frühen Sonntagmorgen (20.11.2022) ihren früheren Beschluss, die Verbrennung klimaschädlicher Kohle herunterzufahren. Ein Abschied von Öl und Gas wird nicht erwähnt.

UN-Generalsekretär Antonio Guterres warf der UN- Klimakonferenz vor, zentrale Ziele verfehlt zu haben. Es sei dort nicht gelungen, die "drastischen Emissionssenkungen" auf den Weg zu bringen, die notwendig seien, um die Erderwärmung einzudämmen, sagte er.

"Unser Planet ist in der Notaufnahme", unterstrich der UN-Generalsekretär die Dramatik der Lage. "Wir müssen die Emissionen drastisch verringern und dies anzugehen hat die Klimakonferenz versäumt."

Auch EU-Kommissionsvize Frans Timmermans kritisierte die Abschlusserklärung mit scharfen Tönen als unzureichend verfehlt.

"Was wir vor uns haben, ist nicht genug als Schritt voran für die Menschen und den Planeten", so Timmermans. In den Verhandlungen habe es zu viele Versuche gegeben, sogar Einigungen der Vorjahreskonferenz von Glasgow zurückzuschrauben. Beim Verlassen des Saals mussten nun alle anerkennen, dass die Teilnehmer beim Kampf gegen die Erderwärmung nicht genug getan hätten.

Außenministerin Annalena Baerbock zog eine gemischte Bilanz der Klimakonferenz. Beim Thema Ausgleichszahlungen für arme Länder, die besonders unter den Folgen der Erderwärmung leiden, sei ein Durchbruch gelungen.

"Die Weltgemeinschaft schafft gemeinsame Finanzierungsmechanismen, um gezielt den am stärksten betroffenen Menschen bei Klimakatastrophen zu helfen. Damit schlagen wir ein neues Kapitel in der Klimapolitik auf."

Zudem sei es gelungen, einen Rückschritt hinter die Ergebnisse der Klimakonferenzen von Glasgow und Paris zu verhindern und das Ziel zu verteidigen, die Erderwärmung auf 1,5 Grad im Vergleich zur vorindustriellen Zeit zu begrenzen. Baerbock beklagte aber:

„ Dass auf Grund der Blockade von einigen großen Emittenten und ölproduzierenden Staaten überfällige Schritte zur Minderung und zum Ausstieg aus fossilen Energien verhindert wurden, ist mehr als frustrierend. Die Welt verliert dadurch kostbare Zeit, Richtung 1,5-Grad-Pfad zu kommen."

Mit dem Fonds für Klimaschäden sollen unabwendbare Folgen der Erderhitzung wie immer häufige Dürren, Überschwemmungen und Stürme, aber auch der steigende Meeresspiegel und Wüstenbildung abgefedert werden. Die Frage hatte sich als größter Streitpunkt durch die zweiwöchige Konferenz in Sharm El-Sheikh gezogen, die um rund 36 Stunden verlängert wurde.

In dem Beschluss werden keine Summen für den neuen Entschädigungsfonds genannt und auch nicht, wer genau einzahlen soll. Vorgesehen ist demnach zunächst die Einsetzung einer Übergangs-Kommission, die Empfehlungen dazu erarbeiten soll. Darüber soll dann auf der nächsten UN-Klimakonferenz Ende 2023 in Dubai beraten werden. Der Kommission sollen zehn Vertreter der Industriestaaten und 13 der Entwicklungsländer angehören.

Begünstigt werden sollen Entwicklungsländer, die besonders gefährdet sind. Auf diese Eingrenzung hatte besonders die EU gepocht. Allein die V20-Gruppe aus 58 besonders gefährdeten Staaten beziffern ihre Kosten in den vergangenen 20 Jahren auf 525 Milliarden Dollar (587,3 Milliarden Euro). Studien zufolge könnten die Schadenssummen weltweit bis zum Jahr 2050 auf 1,0 bis 1,8 Billionen Dollar jährlich ansteigen.

Guterres lobte den Fonds als "wichtigen Schritt in Richtung Gerechtigkeit". "Sicherlich ist das nicht genug, aber es ist ein dringend benötigtes politisches Signal, um verloren gegangenes Vertrauen wieder herzustellen", sagte Guterres in einer auf Twitter veröffentlichten Videobotschaft.

Ani Dasgupta, Präsident der US-Denkfabrik World Resources Institute, sprach von einem "historischen Durchbruch". Der Fonds werde ein Rettungsring sein "für arme Familien mit zerstörten Häusern, Bauern mit ruinierten Feldern und Inselbewohner, die vom

Zuhause ihrer Vorfahren vertrieben wurden“. Zugleich reisten Vertreter der Entwicklungsländer ohne klare Zusagen darüber ab, wie der Geldtopf beaufsichtigt werden soll.

Dem World Resources Institute zufolge leben weltweit mehr als 3.3 Milliarden Menschen in Gegenden, die besonders gefährdet sind vom Klimawandel. Klimaexperte Jan Kowalzig von Oxfam Deutschland bezeichnete die Einigung als “Meilenstein“ und “echten Erfolg gegen den Klimawandel“.

Jahrelang sei ein solcher Geldtopf von den reichen Staaten abgeblockt worden aus Angst, für das Verursachen der Klimakrise haftbar gemacht zu werden. “Dass sich die Industrieländer nun endlich bewegt haben, war mehr als überfällig angesichts der Zerstörungen, die die Klimakrise schon jetzt in vielen der ärmeren Länder des Globalen Südens anrichtet“, sagte er.

Zudem beschloss die COP 27 einen Plan mit grundsätzlichen Zielen zu Klimaschutz und -finanzierung. In diesem Text werden die Ziele des Pariser Klimaschutzabkommens bekräftigt, die Erderwärmung auf deutlich unter zwei Grad, möglichst aber 1,5 Grad verglichen mit dem vorindustriellen Niveau zu begrenzen. Dafür seien sofortige und nachhaltige Senkungen der Treibhausgasemissionen erforderlich.

Bis 2030 sollen diese um 43 Prozent verglichen mit dem Stand von 2019 sinken und etwa 2050 soll weltweit Treibhausgasneutralität erreicht sein. Staaten, die dies noch nicht getan haben, sollen ihre nationalen Emissionsziele bis zum Jahr 2030 nachschärfen.

Heftige Debatten hatte es bis zuletzt darum gegeben, ob erstmals die Forderung nach dem Ausbau erneuerbarer Energien in den Text aufgenommen wird. Darauf hatte unter anderem die Europäische Union gedrängt. Beschlossen wurde nun eine deutlich weichere Formulierung. Gefordert wird ein “sauberer Energiemix“, zu dem Energieproduktion mit geringem Treibhausgasausstoß sowie erneuerbare Energien gehören sollen.

Ebenfalls beschlossen wurde ein Aktionsprogramm zur Senkung der Treibhausgasemissionen. Um die Lücke bis zum 1,5-Grad-Pfad zu schließen, sollen die Staaten bis zur nächsten Klimakonferenz im November 2023 ihre nationalen Ziele für 2030 entsprechend nachbessern. Das Programm läuft zunächst bis 2026, kann aber verlängert werden. ………………………………………………………………

2015 hatte die Weltgemeinschaft in Paris vereinbart, die Erwärmung möglichst auf 1,5 Grad zu begrenzen, im Vergleich zur vorindustriellen Zeit. Die Welt hat sich nun schon um gut 1,1 Grad erwärmt. Deutschland noch stärker. Ein Überschreiten der 1,5 -Grad-Marke erhöht nach Warnungen der Wissenschaft deutlich das Risiko, sogenannte Kippelemente im Klimasystem und damit unkontrollierbare Kettenreaktionen auszulösen.“

Wenn der zu bildende Fonds vorrangig für die finanzielle Entschädigung für entstehende Klimaschäden genutzt wird, werden die Schäden durch die Umweltfolgen immer wieder auftreten, wenn man nicht oder nicht im ausreichenden Maße die erforderlichen prophylaktischen Maßnahmen zur wesentlichen Verringerung des schädlichen Treibhausgasanteils durch die in Frage kommenden globalen Handlungen einleitet bzw. einleiten kann. Dies muss man als in keiner Weise ausreichend ansehen, da durch diese Maßnahmen die CO2-Reduktionen nicht oder nur mangelhaft beeinflusst werden können. Wegen den vor der Weltklimakonferenz genannten Ursachen der Ungleichheit auf dieser Welt, unter denen die Entwicklungsländer und manche Schwellenländer besonders leiden und weswegen sie auch deshalb derzeit noch nicht auf Kohle, Erdöl und Erdgas verzichten können, weil dieser Verzicht ihren schon sehr geringen Lebensstandard weiter verschlechtern würde, sehen sie aus ihrer Sicht auch ein Glaubwürdigkeitsproblem von Deutschland und manchen anderen europäischen Ländern, da man Flüssiggas auch von unterentwickelten Ländern und Schwellenländern beziehen will, aber gleichzeig von den Entwicklungsländern und Schwellenländern verlangt, dass sie aus fossilen Energieträgern aussteigen sollen. Deshalb betrachtet man das Verhalten Deutschlands und anderer betreffender Industrieländer, die sich auch so verhalten, als äußerst fragwürdig, und man sagt, dass diese genannten Länder bei diesen Glaubwürdigkeitsproblemen gar nicht das moralische Recht besitzen, von den Entwicklungsländern und manchen Schwellenländern verlangen zu können, dass sie aus fossilen Energieträgern aussteigen sollen. Auch diese Tatsache und die bereits genannten erheblichen nachteiligen Gründe von Entwicklungsländern und vielen Schwellenländern sind die wohl auch aus ihrer Sicht berechtigten Gründe, dass sie weiterhin fossile Energieträger nutzen wollen und müssen und deshalb dem Anliegen mancher Industriestaaten, auch von Deutschland, derzeit noch nicht Rechnung tragen können. Für mich ist dies auch Ausdruck des mangelnden Realismus bei der nach wie vor so hohen Ungleichheit auf dieser Welt, dass man unter diesen gegenwärtigen Bedingungen noch von den Entwicklungsländern im Rahmen der Weltklimakonferenzen verlangt, dass sie eine solche Haltung gegen ihre eigenen Interessen gerichtet einnehmen „sollen“. Deshalb muss, wie schon vor dieser Weltklimakonferenz in Ägypten geschrieben wurde, erst die wachsende Ungleichheit auf dieser Welt weitgehend beseitigt werden, bevor man die Bereitschaft der armen Länder und deren Bevölkerung für Klimaschutzmaßnahmen erreicht.

Dies geschieht, weil man die Grenzen des Wachstums u. a. auch nicht beachtet hat und mancher Einzelne und die Konzerne immer mehr haben wollen, leider im unzureichenden Maße. So trägt man insbesondere zu diesem bisherigen völlig unbefriedigenden Ergebnis bei.

Wenn nicht kurzfristig die erforderlichen Gegenmaßnahmen eingeleitet werden, tragen wir wesentlich zu einer solchen möglichen Erhöhung der Erderhitzung mit gravierenden Umweltfolgen bei, die eine Bedrohung zur Aufrechterhaltung der Zivilisation auf der Erde darstellen können.

Bevor auf einige wichtige Gesichtspunkte der notwendigen Energiewende konkret eingegangen wird, muss auch bemerkt werden, dass auch manche Menschen und manche Parteien in Deutschland bei der Energiewende mit den bestehenden Risiken und Gefahren auch für die Aufrechterhaltung unseres bisherigen Wohlstands aus ihrer Sicht erhebliche Probleme sehen. Von den Vertretern, die gegen die Energiewende mit aller Deutlichkeit auftreten, wird nicht immer im ausreichenden Maße beachtet, trotz dem sie viele Gegenargumente in Bezug auf die technische Umsetzung, als auch aus anderen Gründen haben, dass wir gar keine andere Wahl haben, angesichts der bedrohlichen Auswirkungen der globalen Klimakrise, als die erforderlichen Maßnahmen gegen die steigende Erderhitzung im gesamten Weltmaßstab einzuleiten. Deshalb müssen alle in Frage kommenden Maßnahmen zur Reduzierung der CO2-Emission so schnell es möglich ist, global und nicht nur in Deutschland oder anderen betreffenden Ländern umgesetzt werden.

Es ist natürlich erforderlich, die notwendigen Maßnahmen nicht nur aus der Sicht von Parteien oder aus ideologischer Sicht zu sehen. Vielmehr muss man die soziale Seite und viele andere Aspekte der Gesellschaft, auch die gewonnen Erkenntnisse der Wissenschaftler, selbst, wenn diese nicht immer mit der zugrunde gelegten politischen Auffassung der politischen Entscheidungsträger übereinstimmen, unbedingt beachten. Daraus sind die richtigen Schlussfolgerungen, besonders auch für die Belange der Energiewende, zu ziehen.

Es sind aber noch manche andere Probleme zu nennen, die relativ viel Gegenwind gegen die Energiewende erzeugen. Dazu gehören in Deutschland u. a.:

Die mit der Energiewende zum Anfangszeitpunkt verbundenen hohen Preise zeigten sich auch darin, dass wir auch vor der kriegerischen Auseinandersetzung zwischen Russland und der Ukraine nach Dänemark den zweithöchsten Strompreis in Europa und den vierthöchsten Strompreis auf der Welt schon hatten.

Dies führt dazu, dass auch manche Konzerne oder Unternehmen der verschiedensten Branchen die steigenden Energiepreise, wie bereits aufgeführt, ebenfalls kaum noch bezahlen können. Man muss bedenken, dass man wegen den hohen Energiekosten nicht einfach immer die Preise deshalb erhöhen kann, weil man dies den Verbrauchern dieser Erzeugnisse kaum noch zumuten kann. Sollten Preiserhöhungen vorgenommen werden können, tragen diese auch zu einer dann steigenden Inflation und zur Kaufkraftentwertung bei. Um deshalb nicht erhebliche Wettbewerbsnachteile zu haben, braucht man sich nicht zu wundern, dass manche dieser Konzerne bzw. Unternehmen sich mit dem Gedanken tragen, in andere Länder, wie bereits aufgeführt wurde, abzuwandern, wo nicht so hohe Energiepreise bestehen. Manche Konzerne bzw. Unternehmen verwirklichen auch, dass sie ihren Unternehmenssitz in ein in Frage kommendes anderes Land verlegen. Dies sorgt für die deutsche Wirtschaft und auch für die Steuereinnahmen des Landes für beträchtliche Probleme, und auch die Bevölkerung in Deutschland kann darunter in nicht geringem Maße leiden.

Viele Wirtschaftsunternehmen kannten bis vor Kurzem noch manche preiswerte Energien, als sie manche Energie aus Russland importierten, da Russland fossile Rohstoffe, wie u. a. nicht nur Erdgas, lieferte bzw. noch liefern könnte, sondern auch Erdöl und Steinkohle an Deutschland lieferte bzw. Erdöl nur bis Dezember 2022 nach Deutschland lieferte.

Die Energiepreise sind in Deutschland auch trotz Beachtung von Preisbremsen und Entlastungspaketen derzeit schon so hoch, dass viele Betriebe, insbesondere auch Handwerksbetriebe, zukünftig kaum noch oder nicht mehr existieren können und deshalb, weil sie ihre Betriebe wirtschaftlich kaum mehr halten können, ggf., wenn nicht Härtefallregelungen für sie greifen, unter Umständen Insolvenz beantragen müssen. Besonders ostdeutsche Handwerksbetriebe haben deshalb Brandbriefe an den Bundeskanzler Olaf Scholz bzw. an verantwortliche Minister der sich seit Dezember 2021 im Amt befindenden Bundesregierung geschickt. Sie befürchten eine regelrechte Deindustrialisierung in ihrer Branche und auch in anderen davon betroffenen Branchen. Deshalb wollen auch manche Wirtschaftsunternehmen die damals relativ preiswerten fossilen Rohstoffe zurück und haben auch deshalb Vorbehalte gegen die Energiewende und die vorgesehene zunehmende Abkehr von fossilen Rohstoffen. Durch die Folgen der Sanktionsbeschlüsse gegen Russland und der Sabotage an den Gaspipelines von Nordstream 1 und Nordstream 2 und des weltweit steigenden Energiebedarfs, der auch um Deutschland keinen Halt macht, haben sich manche Teile der Wirtschaft bzw. Industrie und mancher anderer Branchen die zusätzliche Belieferung von Erdgas durch die Aufnahme der bisher möglichen Nutzung der Pipeline Nord Stream 2 gewünscht und in ihre bisherigen Überlegungen einbezogen. Dies wurde durch die Nichtgenehmigung der Betreibung dieser Pipeline aus den genannten politischen Gründen jedoch versagt. Aktuell ist trotz der Explosionsfolgen bzw. des Sabotageaktes an den Pipelines Nordstream 1 und Nordstream 2 an der Pipeline Nordstream 2, wie erwähnt, ein Strang unbeschädigt geblieben. Dieser wäre daher nutzbar und könnte betrieben werden. Bei den gegenwärtigen Gasproblemen in manchen Ländern Europas und auch besonders in Deutschland und dem erfolgten Angriff auf die Infrastruktur Europas und dem nicht bestehenden Sanktionsbeschluss für russisches Erdgas sollten wir auf Grund der besonderen Umstände die bisherige Regelung einer Nichtinbetriebnahme von Nordstream 2 auch im Interesse der Wirtschaft, der Unternehmen sowie der Bevölkerung, die Erdgas zur Wärmeversorgung ebenfalls benötigt, überdenken.

Wie bereits beschrieben, regt sich bei Vertretern der Wirtschaft und der betroffenen Bevölkerung wegen der nunmehr so hohen Preise Widerstand gegen die aktuelle Entwicklung und die Energiewende. Manche wissen nicht, wie sie die zu erwartenden erheblich höheren Kosten für Energie und die übrigen inflationär angestiegenen Mehrkosten bezahlen sollen bzw. können, trotz der Regelungen des Finanzschutzschirms in Deutschland.

Leider tragen nunmehr zwar vorerst in geringerem Umfang umweltbedingte Preiserhöhungen, um den Verbrauch der CO2-Emission zu reduzieren, wie bereits an anderer Stelle dargelegt wurde, ebenfalls mit bei. Selbst, wenn sie derzeit nur in geringem Umfang auftreten, sind sie unter den gegenwärtigen Bedingungen kaum zu verantworten. Die Vorbehalte gegenüber der gegenwärtigen Form der Energiewende werden sich auch aus diesem Grund zum Teil noch verstärken. Manche halten trotz der Bedrohung der Zivilisation durch die Folgen der Klimakrise die Preiserhöhungen noch aktuell viel wichtiger für die Sicherung ihrer weiteren Existenz. Sie haben aus den genannten Gründen gegenwärtig nicht die notwendige Einstellung zur Energiewende.

Manche ebenfalls von den derzeitigen Preiserhöhungen, auch bei der Energie, betroffene Länder gehen anders als Deutschland vor und haben in einem höheren Maße, als Deutschland dies derzeit tut, durch entsprechende Maßnahmen, insbesondere die Senkung der Steueranteile und zusätzliche Gewinnbesteuerung der aktuell von den hohen Preisen profitierenden Energiewirtschafts-Betriebe Einfluss durch eigenständige Festlegungen für ihre Länder genommen. Im Interesse ihrer Bevölkerung wurde durch entsprechend geeignete

Maßnahmen von den Regierungsverantwortlichen dieser Länder veranlasst, dass die Kostensteigerungen sich nicht in solch einem beträchtlichen Maße auf die betroffene Bevölkerung bzw. die Unternehmen auswirken, indem sie nicht auf einheitliche Regelungen der EU warteten. Als aktuell positives Beispiel kann man Spanien benennen, das sich wegen der hohen entstandenen Kosten für die Bevölkerung entschlossen hat, keine Mehrwertsteuer auf Lebensmittel mehr zu erheben, weil die Menschen in dieser schwierigen Zeit besonders die Lebensmittel brauchen und damit Preisreduzierungen bei diesen Produkten für die Verbraucher erreichen konnten und können.

2.15. Probleme im Abbau der fossilen Braunkohle und Ängste um die Arbeitsplätze durch die Nichtlieferung von russischem Erdöl

Die negativen Einstellungen werden bei Manchen in Deutschland noch verstärkt, weil fossile Energiearten, wie bei der Braunkohle, nach den Zielstellungen der gegenwärtigen Ampel-Regierung in Deutschland möglichst bereits 2030 vollständig abgebaut werden sollen. Es ist dabei zu bedenken, dass dies durch die bis Anfang Dezember 2021 im Amt gewesene vorherige Bundesregierung, bestehend aus der Großen Koalition aus CDU, CSU und SPD, noch 2021 im Rahmen einer Struktur-Kommission, an der auch Landesregierungen der betroffenen Bundesländer beteiligt waren, anders beschlossen worden war. Der Beschluss, dass bis 2038 der Abbau der Braunkohle in den betroffenen Gebieten noch gefördert werden sollte, war ursprünglich gemeinsam festgelegt worden.

Die Ampel-Regierung Deutschlands hat in ihren Koalitionsvertrag deshalb geschrieben, dass die Zielstellung besteht, möglichst im Jahr 2030 keine Braunkohle mehr abzubauen bzw. die noch betriebenen Kohlekraftwerke zu diesem Zeitpunkt im vollen Umfang stillzulegen.

Sicherlich sind die im Interesse der Folgen des Klimawandels auch in Deutschland vorgesehenen Maßnahmen zum schrittweisen Abbau der fossilen Energieträger, insbesondere der Kohle, von der Grundtendenz als richtig zu werten. Sie führen jedoch dazu, dass manche Menschen in Deutschland ihre ausgeübte Arbeit dann in deren Folge nicht mehr verrichten können. Trotz der Festlegungen der Struktur-Kommission über vorgesehene Ausgleichsmaßnahmen haben sie noch keine ausreichende Gewissheit, welchen Arbeitsplatz sie stattdessen bekommen oder ob sie überhaupt einen Arbeitsplatz wieder bekommen können.

Dies ist in Ostdeutschland bei den in der Braunkohle noch arbeitenden Menschen, in der Lausitz (erstreckt sich über die Bundesländer Brandenburg und Sachsen) sowie in den Bundesländern Brandenburg, Sachsen und Sachsen-Anhalt der Fall.

Im Bundesland Sachsen betrifft dies noch vorhandene Braunkohle-Lagerstätten gemäß Wikipedia – bezogen auf die Mitteldeutsche Straße der Braunkohle mit ihrer Hauptroute im Uhrzeigersinn vom Bergwitzsee bei Kernberg im Norden über Gräfenhainichen, Delitzsch nach Leipzig, weiter über Borna und Altenburg.

Im Bundesland Sachsen-Anhalt wird der Abbau von Braunkohle im Bitterfelder Bergbaurevier, vorrangig im Süden dieses Bundeslandes, im Geiseltal sowie im Raum Weißenfels, Hohenmölsen und Zeitz sowie im letzten aktiven Tagebau Profen durchgeführt.

In Westdeutschland wird noch heute im Bundesland Nordrhein–Westfalen im Rheinischen Braunkohlerevier Braunkohle abgebaut und das ausschließlich vom RWE-Konzern über sein Tochterunternehmen RWE Power. Gemäß Wikipedia umfasst das Rheinische Braunkohlenrevier das Bergbaurevier in der Kölner Bucht am Nordwestrand des Rheinischen Schiefergebirges. Das Revier umfasst die Zülpicher und Jülicher Börde, die Erft-Niederung und die Ville. Dieses Gebiet ist derzeit das größte Braunkohlerevier in Europa.

Manche bisherige Braunkohlebergwerke in den Bundesländern Nordrhein- Westfalen, Brandenburg, Sachsen und Sachsen-Anhalt wurden im Rahmen der Flächennutzung in Verbindung mit der Stilllegung zwischenzeitlich rekultiviert und vielfach einer touristischen Verwendung als Seen oder touristische Kleinode zugeführt. Diese dadurch gewonnenen Seen bzw. Seelandschaften werden zunehmend genutzt und können sich oft einer großen Beliebtheit erfreuen.

Die noch in den abgebauten Braunkohlenrevieren Tätigen sind wegen den existenziellen Sorgen um ihren Arbeitsplatz und den damit verbundenen Auswirkungen trotz mancher Einsichten, dass wir den Klimawandel unbedingt baldmöglichst zukünftig vollziehen müssen, vielfach nicht besonders gut auf die Energiewende zu sprechen bzw. gehören dadurch oft nicht zu den Befürwortern der Energiewende. Trotz vielfältiger Pläne zur Nutzung des Braunkohlegebiets durch Ausgleichsmaßnahmen muss man aus praktischer Sicht davon ausgehen, dass die Vorhaben zwar anerkannt werden können, aber noch nicht die ausreichende Gewähr besteht, ob die vorgesehenen

Maßnahmen die bisherigen Arbeitsplätze im Braunkohlebergbau im vollständigen Maße ersetzen können.

Wenn auch die gegenwärtige Situation erfordert, dass fossile Energien, wie Braunkohle, derzeit im verstärkten Umfang im Interesse der Energieversorgung noch genutzt werden müssen, wurden für einige Kohlekraftwerke bereits zum jetzigen Zeitpunkt bzw. ab dem 31.12. 2022 die Stilllegung ursprünglich festgelegt und die dann bei einem Abbau erforderlichen Maßnahmen durchgeführt. Nunmehr wurde aktuell festgestellt, dass bestimmte Braunkohlekraftwerke, bei denen die Maßnahmen des Abbaus schon durchgeführt wurden, wegen des hohen Energiebedarfs an fossilen Rohstoffen bzw. Energieträgern aus den genannten Gründen im Interesse der Versorgungssicherheit schnellsten wieder ans Netz angeschlossen werden sollen. Man hat erhebliche Probleme und dadurch Zeitverzögerungen im Ablauf, die bereits zum Abbau vorgesehenen bzw. stillgelegten Braunkohlekraftwerke wieder einer Betreibung zuzuführen.

Weil die Stilllegungspläne für die Braunkohlenkraftwerke sich beim RWE- Konzern nun geändert haben und man einige auch zur Stilllegung vorgesehene Braunkohlekraftwerke noch nutzt und dadurch sich der Ablauf in der Betreibung geändert hat, hat man seitens von RWE aktuell dem Bundesministerium für Wirtschaft und Klimaschutz mitgeteilt, dass man bereits 2030 von Seiten RWE alle Braunkohlenkraftwerke ihrer Gebiete dann stilllegen kann. Dass man bereits in Westdeutschland durch RWE bereits 2030 aus der Braunkohle aussteigen will, soll jedoch nicht dazu führen, dass man die Fördermenge verringern will, denn diese soll in gleicher Höhe gefördert werden, als wenn man, wie ursprünglich vorgesehen, 2038 aus der Braunkohle ausgestiegen wäre. Damit wird die gleiche Menge trotz des nunmehr zugrunde gelegten Ausstiegs produziert bzw. gefördert. Damit wird nicht dazu beigetragen, dass ein geringerer CO2-Ausstoß erreicht wird. Dies wird aber nicht im ausreichenden Maße für Alle erwähnt. Hauptsache, man kann propagandistisch von Seiten der Grünen melden, dass man eher aus der Braunkohle aussteigt. Man will von Seiten der dafür Verantwortlichen von der Partei „Bündnis 90/Die Grünen“ nunmehr erreichen, dass auch die ostdeutschen Braunkohlenreviere bereits ebenfalls schon 2030, wie man auf dem Parteitag vom 14. bis zum 16. Oktober 2022 in Bonn verkündet hat, aus der Braunkohle aussteigen.

Man kann nur hoffen, dass bis zu diesem Zeitpunkt alle notwendigen Voraussetzungen in Deutschland zur Energieversorgungssicherheit erfüllt sind.

Ähnliche Sorgen um ihren Arbeitsplatz machten und machen sich teilweise immer noch die Beschäftigten der Raffinerie in Schwedt wegen den Folgen des Öl-Embargos gegen Russland. Dadurch standen bisher 3.000 Arbeitsplätze auf dem Spiel. Auch Gefahren für die Versorgung mit Erdöl und dessen Produkte für die gesamte Region Berlin- Brandenburg werden gesehen.

Christoph Richter schrieb im vom „Deutschlandfunk" am 04.05.2022 ausgestrahlten Artikel „Folgen des Ölembargos – Schwedt auf der Suche nach einem Plan B" u. a.:

„Vor dem Centrum-Kaufhaus im Stadtzentrum von Schwedt ist das Embargo gegen russisches Öl ein großes Gesprächsthema. Auch Uwe Krüger macht sich Sorgen, wenn kein Öl mehr in die Raffinerie PCK strömt, „Dann ist Schwedt dicht. Ganz eindeutig", sagt er, „Hier wird mindestens die Hälfte keine Arbeit mehr haben, weil nicht nur die PCK-Leute dranhängen, sondern auch die vielen Firmen, die für das PCK arbeiten. Ich denke mal, dann ist hier alles tot." Der 68jährige Rentner war Betonbauer und kommt aus der 30.000-Einwohner-Stadt. 41 Jahre hat er beim PCK gearbeitet. Früher hieß es „VEB Petrolchemisches Kombinat Schwedt".

Hier endete die Erdölleitung „Druschba" zu Deutsch „Freundschaft". Zu DDR-Zeiten kannte das Wort jedes Kind. Ebenso war Schwedt in Ostdeutschland Jedem ein Begriff. „Klar haben wir alle Angst. Mein Sohn arbeitet auch dort. Viele haben Leute, die dort arbeiten. Was sollen die machen?" sagt Krüger. Die Rede ist von 3000 Jobs, die in Gefahr seien. Die Raffinerie in Schwedt wird bis jetzt komplett mit russischem Öl versorgt. Auch die Mehrheit der Anteile besitzt der russische Staatskonzern Rosneft. Genau dieses Konstrukt macht es so kompliziert. Denn die Russen würden nur russisches Öl verarbeiten, sagt kürzlich Bundeswirtschaftsminister Robert Habeck von Bündnis 90/Die Grünen.

Die Bundesregierung erwägt daher – als letztes Mittel der Wahl – eine Enteignung des PCK Schwedt. Energierechtler empfehlen ein Treuhandmodell. Welches Modell auch kommen wird, klar scheint, das russische Öl wird nur noch wenige Monate – vom damaligen Zeitpunkt ab gesehen – in Schwedt verarbeitet werden.

Die Bürgermeisterin Annekathrin Hoppe sah damit auch die Energieversorgung der Stadt in Gefahr. "Uns allen ist bewusst, wenn PCK wirklich runterfahren würde, dann müssten wir uns Gedanken machen um die Fernwärmeversorgung der Stadt" sagt sie. "Und wir müssten uns natürlich Gedanken machen um die vielen Arbeitsplätze."

Im Rathaus von Schwedt geben sich (bezogen auf den damaligen Zeitpunkt gesehen) Journalisten aus der ganzen Welt die Klinke in die Hand: BBC, „Le Figaro" oder die Nachrichtenagentur AP. Auch Bundeswirtschaftsminister Habeck hätte die Rathauschefin gern gesehen, um die weitreichenden Entscheidungen für die Stadt zu besprechen. Die Bürgermeisterin fasst die Stimmung so zusammen: "Die Menschen sind in großer Sorge. Wir sind schon sehr erschrocken, dass er im Rahmen seiner Auslandsreisen so wichtige Standortentscheidungen bekannt gibt und uns vor Ort nicht mitnimmt."

Als Stellvertreter war Michael Kellner von Bündnis 90/Die Grünen, der parlamentarische Staatssekretär im Bundeswirtschaftsministerium, vor wenigen Tagen in Schwedt. Im Rahmen einer sogenannten „Bioökonomie- Tour". Er hat der Bürgermeisterin zugehört und verspricht, dass man im Berliner Bundeswirtschaftsministerium für das uckermärkische Schwedt alles tun werde. „Man darf es sich nicht so vorstellen, dass wegen einer Ölleitung, durch die kein Öl mehr fließen würde, dann hier sofort die Lichter ausgehen.", sagt Kellner. Die Raffinerie, die bis jetzt einzig und allein mit russischem Öl versorgt wurde, könne künftig auch über das polnische Gdansk, das frühere Danzig, beziehungsweise die deutsche Ostsee mit Öl beschickt werden, so der Grünen-Politiker weiter.

Michael Kellner sagt weiter: “Wir würden dann Schiffe nach Rostock fahren lassen, dort Öl anlanden, was dann hier verarbeitet werden kann. Der Minister war ja selber auch in Polen. Wir sind in guten Gesprächen mit der polnischen Regierung, dass auch man in Polen bereit wäre, zu helfen.“

Noch ist die Raffinerie speziell auf schwefelhaltiges Erdöl aus Russland ausgelegt. Eine Umstellung auf andere Ölsorten, zum Beispiel Nordseeöl, sei möglich, sagt der studierte Politologe Kellner. Bis dahin könne Schwedt auf strategische Rohölreserven zurückgreifen, meint der Staatssekretär, der auch seinen Wahlkreis in der Uckermark hat.
………………………………………………………………………………
Von heute auf morgen gehe das aber nicht, macht Wirtschaftsingenieur Robin Husmann deutlich. Der Geschäftsführer eines großen Papierwerkes in Schwedt warnt zudem vor einem zu schnellen Ausstieg aus russischem Öl. Denn dann drohten der Stadtkasse massive Verluste befürchtet er. „Die Infrastruktur hängt sowohl an unseren Gewerbesteuern, wie auch an den Gewerbesteuern der PCK.“, sagt Husmann und zählt dann auf: “Wir haben ein Theater, wir haben eine Kinderstation im Klinikum.“ All das solle mittelfristig erhalten bleiben. “Die Hoffnung ist, dass man eine probate Lösung findet.“

Man kann das nicht so einfach sehen, wie es von Seiten der Grünen-Parteipolitik dargestellt wird, denn die Menschen in Schwedt machen sich berechtigt Sorgen um den Erhalt ihrer Arbeitsplätze. Auch 1993 in Bischofferode in Thüringen hat man seitens der damaligen Bundesregierung, bestehend aus der CDU, CSU und der FDP, Versprechungen zum Erhalt der Arbeitsplätze gemacht, die hinterher nicht eingehalten wurden. Der Betrieb wurde im Wiedervereinigungsprozess trotz Hungerstreik der Beschäftigten vom Kaliwerk Bischofferode und sehr vielen Aktivitäten gegen die damalige Bundesregierung und persönlicher Vorstellungen beim früheren Bundeskanzler Helmut Kohl in Bonn trotzdem stillgelegt. Die Kumpels des Kaliwerks Bischofferode konnten nicht verstehen, dass sie damals so betrogen wurden. Dabei muss beachtet werden, dass das Kaliwerk Bischofferode mit das qualitativ hochwertigste Kalisalz in Deutschland produzierte und eine erhebliche Nachfrage des Kalisalzes aus Bischofferode auf internationaler Ebene bestand und noch genug Kali in den Lagerstätten in Bischofferode zur Verfügung stand. Es war bezeichnend für die damalige Bundesrepublik, dass man zu diesem Zeitpunkt nicht ausreichende qualifizierte und objektive Untersuchungen der erheblichen Vorkommen an Kali im Kaliwerk Bischofferode trotz der hohen Nachfrage aus vielen Teilen der Welt durchführte, sondern trotzdem eine solche völlig unbefriedigende Entscheidung seitens der Treuhand-Verantwortlichen mit Billigung der damaligen Bundesregierung unter dem früheren Bundeskanzler Helmut Kohl getroffen wurde. Das Kaliwerk Bischofferode sollte im Wiedervereinigungsprozess unbedingt zu Gunsten anderer Kaliwerke, trotz besserer Gegebenheiten als andere Kalibetriebe in Deutschland stillgelegt werden.

Lt. einem Bericht in der „Hessischen/Niedersächsischen Allgemeinen“ (HNA) vom 30.08.2022 haben nunmehr australische Unternehmen in Bischofferode in Thüringen die erheblichen Vorkommen erkannt. Dies hätte man auch zum Beginn der Widervereinigung Deutschlands beachten müssen. Nachfolgend wird aus diesem Dokument auszugsweise berichtet:

„...
620 Millionen US-Dollar (623 Millionen Euro) sollen nach den Plänen der australischen Erkundungsfirma South Harz Potash Ltd. in ein Kalibergwerk fließen. Das Unternehmen hat Bergbaulizenzen für das Ohmgebirge und andere Areale in Nordthüringen gekauft. Nach Angaben ihrer Regionaldirektorin Babette Winter wurden bisher etwa fünf Millionen Euro in zwei vielversprechenden Erkundungsbohrungen bei Worbis und Haynrode gesteckt. Es geht um Kaliumchlorid für mineralischen Dünger. Sollte das Konzept des Unternehmens mit der deutschen Tochter Südharz Kali GmbH aufgehen, wäre es wohl das erste neue Bergwerk dieser Dimension seit Jahrzehnten in der Bundesrepublik.

Laut der Studie von South Harz Potash liegt allein im Ohmgebirge ein abbaubarer Vorrat an Kalisalz von mehr als 134 Millionen Tonnen – Rohstoffe für Jahrzehnte. Bis Ende dieses Jahres solle eine Standortentscheidung getroffen werden, sagt Winter. Mit dem Bau der Schächte bis in eine Tiefe von mehr als 700 Metern sowie eines Werks

könnte angesichts aufwendiger Genehmigungsverfahren 2026/2027 gerechnet werden. ....
Deutschland liege mit knapp 10 Prozent der weltweiten Kaliproduktion international auf Platz vier, erläutert Helmut Mischo, Professur an der TU Bergakademie Freiberg. „Bis heute ist nur ein geringer Teil der ausgewiesenen Reserven abgebaut.“ Mischo von der TU Bergakademie Freiberg, aber auch Joachim Ragnitz vom Ifo-Institut in Dresden verweisen auf Marktverschiebungen wegen des Krieges in der Ukraine. „Die Preise sind massiv gestiegen“, so Ragnitz. Russland und Belarus seien neben Kanada die größten Düngemittelproduzenten weltweit – allerdings jetzt von Teilen des Marktes abgeschnitten.

Gleichzeitig wachse der Bedarf an Dünger in der Landwirtschaft mit dem Ansteigen der Weltbevölkerung, sagte Mischo. Die Südharz Kali GmbH habe die Bergbaulizenz bereits 2017 erworben, sagte Winter. Nach dem Ergebnis der Probebohrungen habe die Studie die Lagerstätte als „äußerst rentabel“ bewertet.

Derzeit ist Winter im Norden Thüringens unterwegs. ....

Nach der Wiedervereinigung waren im Norden Thüringens mehrere Kali- Gruben geschlossen worden. Bergleute des Kali-Werks Bischofferode sorgten mit einem monatelangen Arbeitskampf und Hungerstreik im Jahr 1993 weltweit für Schlagzeilen. ....
Direkt neben der Grube Bischofferode, die von der Treuhand geschlossen, inzwischen mit salzhaltiger Lauge geflutet und nun nicht mehr nutzbar ist, liegt die Lagerstätte, die abgebaut werden soll.“

Auch wegen den erfolgten Ereignissen im Kaliwerk Bischofferode sind viele Menschen gerade in Ostdeutschland gegenüber Zusagen, auch der Bundesregierung, sehr skeptisch. Man muss auch bedenken, dass gerade die Mitarbeiter im PCK Schwedt jahrzehntelang die gezeigte Liefertreue der damaligen Sowjetunion und auch vom späteren Russland kennengelernt haben und auch das damalige Druschba-Objekt gemeinsam von Bürgern der damaligen Sowjetunion, speziell in der damaligen Ukrainischen Sozialistischen Sowjetrepublik und Ostdeutschen in den Jahren 1974 bis 1978 konstruiert wurde. Auch dadurch und durch die gemeinsame Arbeit haben sich auch manche Freundschaften zwischen nunmehr russischen und damals auch ukrainischen Menschen entwickelt, die zum Teil noch heute aufrechterhalten werden bzw. bestehen. Auch darin sind mit Ursachen zu sehen, dass man eine ganz andere Einstellung zu russischen Menschen entwickelt hat, was in Westdeutschland und auch bei der Partei Bündnis 90/Die Grünen ganz anders ist.

Gerade auch in Schwedt und der umliegenden Region und manchem mit dem PCK Schwedt verbundenem Unternehmen in Ostdeutschland schätzt man die Importe aus den Nachfolgestaaten der früheren Sowjetunion und auch insbesondere aus Russland und dessen bestehende Liefertreue. Man kann dann viel besser verstehen, dass sie aus ihrer persönlichen Sicht, da sie ggf. ihren Arbeitsplatz verlieren konnten und keine ausreichende Sicherheit und auch Versorgungsprobleme für Erdöl und seine daraus hergestellten Produkte eintreten können, Vorbehalte gegen die eingeleiteten Sanktionen haben. Diese beziehen sich nicht nur auf Russland, sondern auch sie selber als Angehörige des PCK Schwedt können sehr hohe Nachteile ggf. davon haben. Da die gegenwärtigen Sanktionen von einer Reihe von Menschen, besonders in Schwedt und der umliegenden Region, auch mit der Energiewende in Verbindung gebracht werden, kann man deren negative Meinung zur Energiewende in manchen Punkten nachvollziehen. Das PCK Schwedt gehörte zu den wenigen Betrieben der früheren DDR, die auch nach der Wiedervereinigung Deutschlands weiter existieren konnten. Die Anzahl der Arbeitsplätze für die Raffinerie in Schwedt konnte nahezu beibehalten werden, und Schwedt entwickelte sich sehr gut und wies zum Zeitpunkt 31.12.2021 eine Bevölkerungszahl von nahezu 30.000 Menschen auf. Es muss jedoch auch erwähnt werden, dass es in Schwedt gegenüber 1980 (Bevölkerungshöchstzahl in der Geschichte dieser 1265 erstmals urkundlich erwähnten Stadt: ca. 54.000 Einwohner) und 1990 (ca. 50.000 Einwohner) nach der Wende ebenfalls zu einem Bevölkerungsrückgang kam. Dies lag auch mit daran, dass die Bevölkerungszahl von Schwedt mit der Wiedervereinigung erheblich schwand, dass auch viele Menschen in Schwedt, die auch in anderen Betrieben tätig waren, arbeitslos wurden und damit in andere Städte, insbesondere Westdeutschlands, gezogen sind.

Mit der Beendigung der russischen Erdölbelieferung durch die Sanktionsbeschlüsse der EU ist vorgesehen, stattdessen amerikanisches Erdöl oder Erdöl von anderen in Frage kommenden Ländern per Schiff nach Rostock über die Ostsee und dann über eine Pipeline von Rostock nach Schwedt weiterzuleiten. Weiterhin soll über Polen, speziell über Gdansk, gemäß den bestehenden Vorhaben das zusätzlich benötigte Erdöl geliefert werden. Befürchtungen werden dahingehend gesehen, dass dieses dann für die PCK Raffinerie GmbH Schwedt zur Verfügung stehende Öl nicht in der bisherigen Preishöhe wie zuvor von Russland über die Druschba-Pipeline geliefert werden kann. Damals sahen viele Menschen in Schwedt und der umliegenden Region sich dann ergebende mögliche Umsatzeinbußen und Arbeitskräfteabbau im PCK Schwedt und in nachgelagerten Industriezweigen, die das Öl ebenfalls zur weiteren Veredlung brauchen. Man nimmt auch an, dass das ab dem 01.01.2023 dann zur Verfügung gestellte amerikanische Erdöl oder das Erdöl anderer in Frage kommender Länder mindestens ein Drittel teurer ist als das russische über die Druschba-Pipeline gelieferte Öl. Dadurch können ggf. sehr negative Auswirkungen nicht nur auf die Sicherung der Versorgung mit Treibstoffen in Schwedt und Umgebung und für ganz Ostdeutschland in der Tankversorgung und im dann sich ergebenden Preisanstieg eintreten und sich dadurch noch mehr Probleme für die Bevölkerung wegen zu hoher Tankpreise eventuell ergeben. Damit können die Bedenken der Menschen der Region Schwedt eine Berechtigung erfahren.

Auch der Vorsitzende der SPD-Fraktion im Brandenburger Landtag in Potsdam, Daniel Keller, war ebenfalls sehr unzufrieden mit dem damaligen Stand.

Die Landrätin des Landkreises Uckermark, Karin Dörk, forderte damals deshalb eine längere Belieferung von Schwedt mit russischem Öl. Am 30.08.2022 sagte sie beim RBB24 im Beitrag „Geplantes EU-Embargo ab 2023 – Landrätin fordert längere Belieferung von Schwedt mit russischem Öl“:

Ein Ausstieg aus russischem Öllieferungen ohne Alternative sei nicht akzeptabel, sagte sie am Dienstagsmorgen im rbb 24 Inforadio.

Für die PCK-Raffinerie Schwedt, die mit russischem Öl aus der Druschba- Pipeline arbeitet, sagte sie zum damaligen Stand, dass dies einen massiven Arbeitsplatzverlust bedeuten würde. Beim Kohleausstieg habe es Jahrzehnte Zeit zur Vorbereitung gegeben. Den Ölausstieg in einem halben Jahr zu schaffen, sei nach ihrer Meinung nicht möglich.

Deutschland hat sich im Zuge der EU-Sanktionen gegen Russland wegen des Ukraine-Kriegs verpflichtet, ab 2023 auf russisches Öl zu verzichten. Diese Einstellung bezeichnete Landrätin Dörk am Dienstagmorgen im rbb 24 Inforadio als „freiwillige Selbstverpflichtung des Bundeskanzlers“ Olaf Scholz (SPD). Laut EU-Vereinbarung dürfte bis 2026 russisches Öl durch die Druschba-Trasse fließen, wovon beispielsweise Ungarn auch Gebrauch mache, sagte Dörk. „Insofern sind der Ärger und das Unverständnis in Schwedt groß.“

Auch „mit der Ersatzlieferung über Rostock ist Schwedt nur zu 50 Prozent ausgelastet, ein Weiterbetrieb in jetziger Form mit den 1.200 Arbeitsplätzen wird so nicht möglich sein“, warnte Dörk (damals). Es müsse daher auch intensiver als bisher geprüft werden, ob beispielsweise kasachisches Öl durch die Druschba–Leitung fließen könne. Derzeit versorgt die Raffinerie in Schwedt 95 Prozent der Region mit Heizöl, Benzin oder anderen Kraftstoffen. ……………………………………………………………………………“

Wie aus der Dokumentation „Fraktionen sprechen sich für Erhalt der PCK-Raffinerie Schwedt aus“ hervor geht, sprachen sich auch Fraktionen für den Erhalt der PCK-Raffinerie Schwedt aus.

So forderte der Bundestagsabgeordnete der „Linken“, Sören Pellmann, auf Verlangen von dessen Fraktion am 12. Mai 2022 im Bundestag auf einer „Aktuellen Stunde“, die am gleichen Tag mit dem Titel „Haltung der Bundesregierung zu den sozialen Folgen eines Ölembargos – Schutzschirm für Ostdeutschland jetzt“ stattfand, dass Ausnahmeregelungen getroffen werden sollen.

„Pellmann forderte Ausnahmeregelungen für den Fall, dass es zu einem Ölembargo komme und die PCK-Raffinerie im brandenburgischen Schwedt schließen müsse. Für Ungarn und Slowenien würden Ausnahmeregelungen diskutiert, die brauche es auch in Deutschland. Sollte sich die Bundesregierung dazu nicht „durchringen", müsse es einen Schutzschirm für Ostdeutschland geben.“

Von der CDU/CSU-Fraktion wurde vorgeschlagen, man solle Schwedt zum Chemie-Zentrum machen. „Sepp Müller (CDU/CSU) drängte nicht nur für den Erhalt der Raffinerie – auch Arbeitsplätze dürften nicht verloren gehen. „Ich bin ein Kind der Wiedervereinigung und des Strukturwandels", betonte er. 12.000 Menschen seien im Jahr 1989 in der Braunkohle beschäftigt gewesen und hätten Anfang der 1990er Jahre „von heute auf morgen" ihre Arbeitsplätze verloren. Durch eine Arbeitslosenquote von 30 Prozent seien Familien getrennt worden, weil „die Väter der Arbeit in den Westen folgten." Fast 20 Jahre hätten diese Themen die Debatten in Ostdeutschland bestimmt und „die Menschen verändert, ihnen eine neue Identität gegeben.“ In Schwedt dürften nicht die gleichen Fehler wiederholt werden. Für die CDU/CSU-Fraktion sei es deshalb die Hauptaufgabe, die Bundesregierung bei ihren Wort zu nehmen, „dass in Schwedt kein einziger Arbeitsplatz wackeln wird, daran werden wir Sie messen", sagte Müller. Schwedt müsse zum „Chemie-Zentrum" gemacht werden.“

Die AfD sagte, dass bei einem Ölembargo in Schwedt die Lichter ausgehen. Steffen Kotré von der AfD forderte für Ostdeutschland Ausnahmeregelungen, wie sie in Ungarn erfolgt sind. „Ein Ölembargo bedeutet, dass wir uns den Ast absägen, auf dem wir sitzen, damit schaden wir nicht Russland, sondern uns", sagte Kotré. Im Fall eines Ölembargos würden „die Lichter in Schwedt ausgehen“, die Versorgung bei Ausfall russischen Öllieferungen an Polen abzugehen, seien „nicht ausreichend". Wirtschaftsminister Robert Habeck (Bündnis 90/Die Grünen) spreche von „zeitlichen Ausfällen“, das sei ein Eingeständnis, dass ein Ölembargo Deutschland mehr schade als Russland.“

Nunmehr wurde geregelt, dass der Mineralkonzern und bisherige Eigentümer des PCK Schwedt, das russische Unternehmen Rosneft, enteignet wird und das PCK Schwedt für 6 Monate unter deutscher

Treuhand-Verwaltung gestellt werden soll. In diesem Zusammenhang wurde eine neue Geschäftsführung für das Treuhandunternehmen bestellt und den 1.200 Mitarbeitern des PCK Schwedt wurde von Seiten der Bundesregierung eine Arbeitsplatzgarantie gegeben. Gleichzeitig wurde ihnen gesagt, da man nicht sagen kann, dass in Zukunft keine Probleme bezüglich des vollständigen Erhalts ihrer Arbeitsplätze auftreten werden, dass die Beschäftigten des PCK Schwedt im Falle von möglichen Unterbrechungen dann unter die Kurzarbeiter-Regelung fallen würden. Sie würden aber im Falle einer möglichen Kurzarbeit 100 Prozent ihres bisherigen Gehalts im Gegensatz zu bisher bestehenden Kurzarbeiterregelungen anderer in Kurzarbeit sich befindender Beschäftigter bekommen.

Im „Tagesschau"-Bericht „Rosneft Deutschland unter Treuhandverwaltung" vom 16.09.2022 des Journalisten Björn Dake aus dem ARD-Studio Berlin heißt es dazu:

„Die Bundesnetzagentur übernimmt nach Angaben des Wirtschaftsministeriums die Treuhandverwaltung des Rohöl-Importeurs Rosneft Deutschland. Damit soll der Betrieb der Raffinerien in Schwedt, Karlsruhe und Vohburg gesichert werden.

Die Bundesregierung hat die deutschen Töchter des staatlichen russischen Ölkonzerns, Rosneft Deutschland GmbH und RN Refining & Marketing GmbH, unter Treuhandverwaltung der Bundesnetzagentur gestellt. Das Bundeswirtschaftsministerium ordnete dies unter Verweis auf das Energiesicherungsgesetz an. Die Bundesnetzagentur übernimmt damit auch die jeweiligen Anteile an den Raffinerien PCK Schwedt, MiRo (Karlsruhe) und Bayernoil (Vohburg).

Es begegne so, „der drohenden Gefährdung der Energieversorgungssicherheit", erklärte das Ministerium weiter. Außerdem werde „ein wesentlicher Grundstein für den Erhalt und die Zukunft des Standortes Schwedt" in Brandenburg gelegt.

Grund für die Anordnung der Treuhandverwaltung sei, dass die Aufrechterhaltung des Geschäftsbetriebs der betroffenen Raffinerien aufgrund der Eigentümerstellung der Unternehmen in Gefahr gewesen sei. Zentrale Dienstleister wie Zulieferer, Versicherungen, Banken, IT-Unternehmen und Banken, aber auch Abnehmer, seien nicht mehr zu einer Zusammenarbeit mit Rosneft bereit gewesen – weder mit Raffinerien mit Rosneft-Beteiligung noch mit den deutschen Rosneft-Töchtern RDG und RNRM selbst.

Die Anordnung der Treuhandverwaltung gilt zunächst, wie bereits genannt, für sechs Monate. Die Bundesnetzagentur kann damit Mitglieder der Geschäftsführung abberufen und neu bestellen sowie der Geschäftsführung Weisungen erteilen. Rechtliche Grundlage der Treuhandverwaltung ist eine Regelung im Energiesicherungsgesetz. Demnach ist dieser Schritt möglich, wenn das Unternehmen andernfalls seine dem Gemeinwesen dienenden Aufgaben nicht erfüllen kann und eine Beeinträchtigung der Versorgungssicherheit droht. Gegen die Entscheidung kann binnen eines Monats Klage erhoben werden.

Für Schwedt solle es zudem ein "umfassendes Zukunftspaket" geben, das einen "Transformationsschub" für die Region bringen und die Raffinerie unterstützen solle, damit die Versorgung mit Öl auf alternativen Lieferwegen sichergestellt werde. Das so genannte Zukunftspaket soll am Mittag im Bundeskanzleramt von Kanzler Olaf Scholz (SPD), Bundeswirtschaftsminister Robert Habeck (Grüne) und dem Ministerpräsidenten des Landes Brandenburg, Dietmar Woidke (SPD), vorgestellt werden.

PCK hat etwa 1200 Mitarbeiter und gilt als wirtschaftliche Säule der Region um Schwedt. Die PCK-Raffinerie wurde bislang über die Druschba-Pipeline mit russischem Erdöl beliefert. Die Raffinerie versorgt große Teile des deutschen Nordostens mit Treibstoff. Rosneft Deutschland hielt nach Unternehmensangaben dort bislang einen Anteil von 37,5 Prozent, ebenso wie Shell Deutschland. Über die Tochter RN kontrolliert Rosneft weitere Anteile, so dass der russische Staatskonzern auf insgesamt gut 54 Prozent kommt. ....
Rosneft Deutschland vereint laut Ministerium insgesamt rund zwölf Prozent der deutschen Erdölverarbeitungskapazität auf sich und ist damit eines der größten erdölverarbeitenden Unternehmen in Deutschland. Die beiden Rosneft- Töchter führten demnach bislang

jeden Monat Rohöl im Wert von mehreren hundert Millionen Euro aus Russland nach Deutschland ein.

Bereits Anfang April (2022) hatte die Bundesregierung die deutsche Gazprom-Tochter Gazprom Germania unter Treuhandschaft der Bundesnetzagentur gestellt. Auch hier war der Schritt zunächst auf sechs Monate begrenzt, wurde aber bereits verlängert. Das Unternehmen heißt mittlerweile Securing Energy for Europe."

Man muss beachten, wie bereits erwähnt, dass nur 50 Prozent der bisherigen Kapazität, die man über die Druschba-Pipeline von Rosneft bislang bekommen hat, von Rostock über die Pipeline zum PCK Schwedt geliefert werden können. Man will durch gezielte Investitionen die Pipeline-Kapazität in Rostock auf 75 Prozent erhöhen, aber wahrscheinlich braucht man zwei Jahre dazu, um das zu schaffen.

Eine bislang angestrebte Lieferung aus Polen war zum damaligen Zeitpunkt noch nicht im ausreichenden Maße gesichert. Wenn Rosneft die Öllieferungen durch die Druschba-Pipeline vor dem bisher zugrunde gelegten Termin einstellt, musste nach damaligen Erkenntnisstand davon ausgegangen werden, dass aufgrund der relativ geringen Kapazität der Pipeline von Rostock nach Schwedt ein Versorgungsproblem mit Treibstoffen, besonders in Ostdeutschland möglich ist.

Bis zum damaligen Zeitpunkt hat man dazu noch keine positive Entscheidung getroffen. Solange Rosneft noch lieferte, egal ob eine deutsche Treuhandbeteiligung inzwischen eingeleitet wurde, wird Polen nicht das noch fehlende Erdöl liefern. Zwischenzeitlich ging man sogar soweit, dass einige polnische Vertreter vorschlagen, die Raffinerie in Schwedt in polnischen Besitz übergehen zu lassen, anstatt die bisherige Treuhandregelung weiterzuführen. Die bestehende Unklarheit in der weiteren Betreibung der Raffinerie bzw. die noch vorhandene Unsicherheit in der Beschaffung der noch gesicherten oder noch fehlenden weiteren notwendigen Kapazität des Mineralölbetriebes in Schwedt stellte auch dadurch noch ein Problem der späteren Versorgung mit Erdölprodukten ab dem Zeitpunkt dar, ab dem Rosneft kein Erdöl mehr nach Schwedt durch die bisherige Druschba-Pipeline liefert, was nunmehr eingetreten ist.

Der sächsische Ministerpräsident Michael Kretschmer sieht die EU-Sanktionen gegen Russland weiterhin skeptisch. Nach seiner Ansicht sollte nach Ende des Krieges in der Ukraine weiterhin russisches Erdgas nach Deutschland fließen. Auf die Frage nach einem Weiterbetrieb bzw. einer Reparatur von Nordstream 1 sagte er, wie die „Tagesschau“ am 23.10.2022 berichtete: „Wir werden Pipeline-Gas brauchen, und das geht nur mit funktionierenden Pipelines“. Er ist auch der Meinung, dass wir endlich eigenes Erdgas aus der Nordsee erschließen sollten. Er betonte: „Es braucht jetzt eine gemeinsame diplomatische Anstrengung von der EU, den USA, China, Indien und Japan. Dieser Krieg muss angehalten werden.“

Der Autor Tristan Filges schrieb zum damaligen Zeitpunkt im Artikel „Wegen der Rosneft-Übernahme könnte Putin der wichtigen PCK-Raffinerie das Öl abdrehen – das wären die dramatischen Folgen für Ostdeutschland“ vom 18.09.2022 im „Business Insider“, was auszugsweise in Kurzform dargestellt wird:

„ ....

Das könnte für Ostdeutschland schwere Folgen haben, denn ein Großteil aller Tankstellen in Berlin und Brandenburg werden mit in Schwedt produzierten Benzin und Diesel betrieben. Flugzeuge am Berliner Flughafen BER mit Kerosin von dort betankt und viele Haushalte heizen im Osten mit russischem Heizöl. Die Preise könnten als enorm steigen, wenn russisches Öl ausbleibt. ....

„Ein Ausfall des Betriebes der PCK-Raffinerie hätte zur Folge, dass die bundesweite Versorgung mit Erdölprodukten – und demnach mit lebenswichtigen Gütern – beeinträchtigt und insbesondere im Nordosten Deutschlands gefährdet wäre“ schreibt das Wirtschaftsministerium im „Bundesanzeiger“ am Freitag (16.09.2022). Neben Versorgungsengpässen drohen „Preisspitzen bei Kraftstoffen für gewerbliche und private Verbraucher“ sowie eine Unterversorgung mit Bitumen, die für den Straßenbau notwendig sind.

....

Doch es könnte noch ein weiteres Problem entstehen. Ein Ex-Mitarbeiter von Rosneft Deutschland erklärt im Gespräch mit

„Business Insider", dass er vermute, viele russischen Mitarbeiter würden Rosneft Deutschland nach der Enteignung verlassen und zurück in die russische Heimat gehen. Das würde zu einem Verlust an Expertise führen, der in der Kürze der Zeit nur schwer nachzubesetzen. ...."

Auch muss beachtet werden, dass das Unternehmen Rosneft Deutschland GmbH wegen der Zwangsenteignung klagen will. Manche Menschen in Schwedt und der umliegenden Region finden es zwar gut, dass sie nunmehr eine Bundesgarantie zur Sicherung ihrer Arbeitsplätze haben, aber anderseits sind manche Menschen aus Schwedt und Umgebung auch sehr skeptisch, da man mit einer Treuhandverwaltung in Ostdeutschland keine guten Erfahrungen gemacht hat. Dies wird deshalb auch so gesehen, weil die Mitarbeiterinnen und Mitarbeiter vieler unter Treuhand-Aufsicht zeitweilig bestandener Betriebe ab den 1990er Jahren ihren Arbeitsplatz verloren hatten und arbeitslos wurden und viele Ostdeutsche auch die Meinung vertreten, dass die Treuhand fast die gesamte ostdeutsche Industrie zerstört hat.

Menschen aus der Region glauben den Reden und Versprechungen nicht immer, da Reden und Handeln manchmal nicht übereinstimmen. Es ist nach Auffassung Mancher in dieser Region typisch für die grüne Politik, dass man handelt, ohne eine ausreichende praktisch mögliche Alternative zu haben.

Der Ministerpräsident des Bundeslandes Sachsen, Michael Kretschmer, warnt vor einer möglichen Mangellage und steigenden Preisen von Öl. Er kritisierte die Übernahme der Rosneft-Töchter durch die Bundesnetzagentur als Treuhand-Verwaltung scharf. Er sagte in diesem Zusammenhang in der Nachrichtensendung „MDR aktuell" im Beitrag „Bundesregierung verteidigt Rosneft-Entmachtung – Kritik von Kretschmer" am 16.09.2022: „Das sei eine deutliche Fehlentscheidung. Diesen Schritt würden die deutschen Bürger und Unternehmen teuer bezahlen müssen. Deutschland werde in eine weitere Mangellage und in weiter steigende Preise an den Tankstellen hineinlaufen. Es sei vollkommen klar, dass man das russische Öl kurzfristig nicht ersetzen könnte. Er warf der Bundesregierung vor, Ideologie über die Interessen des Landes zu stellen."

Jens Spahn, ist, wie der „Spiegel Wirtschaft“ im Artikel „Scholz glaubt an Erhalt von PCK-Raffinerie – auch ohne russisches Öl“ am 17.09.2022 trotz der nun umgesetzten Treuhandlösung und der Bürgschaft des Staates trotzdem skeptisch:

„Was veranlasst die Regierung dazu, diese Maßnahme zum jetzigen Zeitpunkt, über drei Monate vor Beginn des europäischen Ölembargos, zu ergreifen? Wie genau und in welchem Umfang wird die Versorgung, insbesondere Ostdeutschlands, gewährleistet?“ fragte Spahn in der „Rheinischen Post“. Man werde die Ampel an der Einhaltung ihrer bisherigen Zusagen messen.

Tatsächlich könnte es für den Betrieb der Anlage womöglich eng werden. Die Rohölvorräte in Schwedt reichen nur für 20 Tage, wenn die Öllieferungen aus Russland versiegen. ………………………………….
Die Anbindung über Rostock könne die benötigten Mengen nicht kurzfristig erbringen. Es wären auch Lieferungen über polnische Häfen notwendig. Es sei unklar, ob die Treuhandverwaltung ausreiche, um Polen zu überzeugen, Öllieferungen über polnische Häfen zuzulassen. Das Land weigert sich bislang zu liefern, solange russische Firmen mit der Weiterverarbeitung Geld verdienen.

Rosneft warf der Bundesregierung unterdessen eine Zwangsenteignung seiner deutschen Tochterfirma vor. Das Unternehmen sprach von einem illegalen Zugriff auf sein Vermögen und kündigte an, zum Schutz seiner Aktiva vor Gericht gegen die Aktion vorzugehen. In einer Stellungnahme heißt es: „Rosneft sieht darin eine Verletzung aller grundlegenden Prinzipien der Marktwirtschaft, der zivilisierten Grundlagen einer modernen Gesellschaft, die auf dem Prinzip der Unantastbarkeit von Privateigentum aufbaut.“

Die Klage von Rosneft ist inzwischen beim Bundesverwaltungsgericht in Leipzig eingereicht worden.

Der Konzern betonte, dass er zu jeder Zeit seine Verpflichtungen erfüllt habe. Es seien auch weitere Investitionen zum Projekt geplant gewesen. Die bisherigen Investitionen in Deutschland bezifferte der Konzern auf 4,6 Milliarden Euro. Zugleich machte Rosneft deutlich, durch die Entscheidung aus Berlin nun keine Möglichkeit mehr zu haben, „die industrielle und ökologische Sicherheit des Werkes zu gewährleisten". ...."

Inzwischen hat die EU nach den G7-Staaten einen Preisdeckel für Erdöl in Form einer Preisobergrenze beschlossen. Diese Preisobergrenze ist Bestandteil des Sanktionspakets gegen Russland, um zu erreichen, dass das Öl aus Russland nur mit einem relativ geringen Preis verkauft werden kann. Wie der Autor Bernd Riegert im Artikel „EU: Globaler Preisdeckel für russisches Öl" der „Deutschen Welle" vom 06.10.2022 berichtet, soll die Preis-Obergrenze umgesetzt werden:

„Die Europäische Union und die G7-Staaten verbieten Banken, Versicherungen und Häfen vom den An- und Verkauf von russischem Öl zu finanzieren, die Schiffsladungen zu versichern oder die Ladungen zu löschen, falls das Öl an Bord eines Tankers zu höheren Preisen gehandelt wird, als von der EU festgesetzt. Damit soll ein Embargo, dass die Verschiffung fast unmöglich macht, auf Dienst- und Transportleistungen rund um den Öl-Export erreicht werden."

Über die Höhe des Preises wurde Folgendes im genannten Bericht geschrieben:

„Konkrete Zahlen müssen noch festgelegt werden, heißt es von der EU- Kommission. Der Preis müsse signifikant unter dem derzeitigen Weltmarkt- Niveau liegen und nahe an den Preisen, die Russland vor der Entfesselung des Krieges gegen die Ukraine erzielen konnte. ...."

Unter diesen Gegebenheiten wurde ab dem 5. Dezember 2022 kein Erdöl mehr an die Sanktionsbefürworter von Russland geliefert. Da Deutschland zu den Befürwortern gehört, wird nunmehr kein russisches Öl nach Deutschland, auch nicht mehr nach Schwedt, geliefert. Es könnten dann dramatische Folgen wegen der voraussichtlich nicht gesicherten Kapazität der Pipeline in Rostock für die Erdöl- bzw. Treibstoffversorgung der Raffinerie in Schwedt und die anderen genannten Versorgungs- und Preiserhöhungen ggf. eintreten.

Zwischenzeitlich war leider auch ein Leck in der Druschba-Pipeline in Polen eingetreten.

„Spiegel Online" berichtete im Artikel „Leck an Druschba-Pipeline in Polen entdeckt" am 12.10.2022 u. a. Folgendes:

„Durch die Druschba-Pipeline fließt russisches Rohöl nach Deutschland. Nach einem Leck in Polen ist die Versorgungslage zwar laut Bundeswirtschaftsministerium gesichert. In Schwedt aber kommt schon weniger Öl an.

In Polen ist ein Leck an der Pipeline Druschba entdeckt worden durch die Öl aus Russland nach Europa fließt. Die Ursache sei noch unbekannt, teilte der polnische Pipelinebetreiber Pern mit. Dies sei die Hauptleitung, über die das Rohöl nach Deutschland fließe. …..

Die Raffinerie Schwedt in Brandenburg und Leuna in Sachsen-Anhalt erhielten weiter Rohöl über die Leitung teilte eine Sprecherin (des Bundeswirtschaftsministeriums) mit. Nach Angaben der Raffinerie PCK in Schwedt kommt dort weniger Öl an.

Unternehmenssprecher Burkhard Woelki hatte am Vormittag gesagt: "Es wird Folgen haben. Es wird weniger Öl ankommen." Zum Ausmaß könnte er noch nichts sagen, da unklar sei, wie schwer die Leckage sei und wie lange eine Reparatur dauern würde. "Wir sind dabei Vorkehrungen zu treffen um die Versorgung sicherzustellen."

Die Hauptleitung der Pipeline sei unterbrochen, aber ein Leitungsstrang funktioniere noch, sagte Woelki.

Nach ersten Informationen der polnischen Behörden gehe man von einer "unbeabsichtigten Beschädigung aus, nicht von einer Sabotage", hieß es aus dem Wirtschaftsministerium. Die Bundesregierung beobachte "die Lage genau" und stehe "mit allen betroffenen Stellen in engem Kontakt." ……………………………………………….."

Damit ist festzustellen, dass nun nicht mehr die ursprüngliche Menge an Rohöl über die Druschba-Pipeline bis zu einer möglichen Reparatur des Lecks in Polen geliefert werden konnte. Zum damaligen Zeitpunkt musste deshalb abgewartet werden, ob diese Störung zeitweilig zu einem Versorgungsproblem mit Treibstoff oder anderen aus Rohöl gewonnen Erzeugnissen in Ostdeutschland führen würde.

Das Leck konnte inzwischen repariert werden. Somit ist der Teil der Druschba-Pipeline, der von Russland über Polen nach Schwedt führt, wieder im vollen Umfang nutzbar.

Der Journalist des Studios Frankfurt/Oder von RBB24, Fred Pilarski, schrieb im Beitrag „Testlauf aus Polen: PCK-Raffinerie Schwedt erhält erste Öllieferung aus Danzig“ am 09.11.2022 über die erste Öllieferung aus der polnischen Stadt Gdansk zur PCK-Raffinerie Schwedt u. a. Folgendes:

„Die PCK-Raffinerie in Schwedt (Uckermark) hat erstmals Rohöl über den Hafen im polnischen Danzig erhalten. Das hat das Bundeswirtschaftsministerium am Mittwoch (09.11.2022) dem rbb mitgeteilt.

Das Schiff mit dem norwegischen Rohöl wurde demnach im Hafen Danzig entladen. Das Öl gelangte dann über die polnische Stichleitung „Pomeranian“ zu der in Polen liegenden Druschba-Pipeline und weiter nach Deutschland, hieß es. Über die Menge machte das Bundeswirtschaftsministerium keine Angaben. Das unterliegt dem Betriebsgeheimnis, hieß es.

Probleme mit der Verarbeitung des aus Norwegen stammenden Rohöls gebe es allem Anschein nach nicht, da noch russisches Rohöl in Schwedt ankomme und das mit dem norwegischen vermischt werde. Die Schwedter Anlage ist noch auf die russische Beschaffenheit ausgerichtet. Später müsse aber technisch in Schwedt noch einmal nachjustiert werden, wenn es kein russisches Rohöl mehr gebe, hieß es.

Brandenburgs Wirtschaftsminister Jörg Steinbach (SPD) sagte rbb 24 Brandenburg aktuell am Mittwoch (09.11.2022), es handele sich bei der Rohöllieferung über Danzig um eine “Versuchsreihe“. Es müsse geprüft werden, ob das Rohöl in der Anlage weiterverarbeitet werden kann. Beim Thema Versorgungssicherheit sei man noch nicht, sagte er zum damaligen Zeitpunkt.

Dagegen sprach der Parlamentarische Staatssekretär im Bundeswirtschaftsministerium, Michael Kellner (Bündnis 90/Die Grünen), von einem “wichtigen Schritt für die Versorgungsicherheit von Schwedt.“ Lieferungen über Danzig seien möglich, allerdings müssen die Mengen noch erhöht werden. Dazu stehe die Bundesregierung im engen Austausch mit der polnischen Regierung.

....

Aktuell wird in Schwedt nach weiteren Alternativlösungen gesucht, da nunmehr dort kein russisches Erdöl mehr verarbeitet werden kann und soll.

Nach rbb-Informationen ist diese Lieferung von Danzig nach Schwedt als Testlauf gedacht, der die Funktionalität prüfen soll. Denn neben der technischen gibt es noch eine politische Dimension: Polen hat bislang die Belieferung über Danzig verweigert, weil mit Rosneft noch ein russischer Gesellschafter am PCK damals beteiligt war. Dabei spielte es für das Nachbarland offenbar keine Rolle, dass inzwischen eine treuhänderische Verwaltung vom Bund eingesetzt wurde und der russische Staatskonzern praktisch nichts mehr zu sagen hat. Inzwischen scheint es in der polnischen Regierung Kräfte zu geben, die etwas pragmatischer auf die Situation schauen.

Allerdings geht die Brandenburger Landesregierung nicht davon aus, dass die aus Danzig kommenden Rohöllieferungen zur Raffinerie in Schwedt von Dauer sein werden. “Ich weiß nicht, ob das eine dauerhafte Geschichte ist“, sagte Wirtschaftsstaatssekretär Hendrik Fischer im zuständigen Landtagsausschuss am Mittwochnachmittag (09.11.2022). „Es ist schon länger in der Diskussion gewesen, dass man diese zweite Linie testen will. Aber jeder weiß natürlich auch, dass das die gleiche Leitung ist, über die auch Leuna versorgt wird.“ Fischer wies darauf hin, dass sein Ministerium mehrfach betont habe, “dass wir uns nicht ganz sicher sind, ob da am Ende noch genügend – ich sage mal in Anführungsstrichen – Platz in der Leitung ist.“

Der Landtagsabgeordnete Sebastian Walter (Linke) verwarf entsprechende Ideen während der Ausschusssitzung gleich komplett: “Das Problem mit der Danzig-Linie oder mit der Danzig-Pipeline ist ja, dass Leuna darüber versorgt wird und die Kapazitäten nicht da sind – die Kapazitäten auch nicht in Hafen da sind.“

Ähnlich verhalte es sich mit dem Rostocker Hafen. “Da kommen weitere Probleme auf uns zu: Die planen jetzt die Vertiefung und den Ausbau des Hafens. Und für diese Zeit gibt es im Moment noch keine Lösung, wo die eigentlich anlegen sollen.“ Walter meinte damit die Öllieferungen aus Übersee – etwa Norwegen – die an den Häfen eingespeist werden. Diese neuen Versorgungswege sollen die bisherigen Lieferungen aus Russland zumindest zum Teil ersetzen. ....
Die Raffinerie in Schwedt versorgt große Teile des Nordostens Deutschlands mit Treibstoff. Es geht seit Monaten um die Frage, wie eine zu geringe Auslastung von Januar (2023) an verhindert werden kann. Nunmehr wurde auf russisches Öl von Deutschland verzichtet. Vor allem für die PCK-Raffinerie mit rund 1.200 Beschäftigten ist das ein Problem, da die Anlage bislang vor allem über die Druschba-Pipeline mit russischem Öl beliefert wurde. …..................................“

Die gegenwärtige aktuelle Situation ist davon gekennzeichnet, dass von Polen 15 Prozent des benötigten Bedarfs über die Pipeline in Gdansk geliefert werden soll. Man will von polnischer Seite im Laufe des Monats Januar 2023, wenn die Voraussetzungen zur Lieferung gegeben sind, die Lieferung über die Pipeline von Gdansk nach Schwedt durchführen. Nach neuestem Stand spricht man entgegen früherer Aussagen davon, dass man von Rostock aus nicht wie bisher 50 Prozent der Kapazität, sondern 55 Prozent über die Pipeline nach Schwedt liefern kann.

Laut den Aussagen im „Business Insider Deutschland“-Artikel „Ab Januar fließt kein russisches Pipeline-Öl mehr: Das plant die Regierung, um steigende Sprit-Preise zu verhindern“ vom 31.12.2022 hat nunmehr der parlamentarische Staatssekretär des Bundeswirtschaftsministerium, Michael Kellner erklärt:

„Damit kommt PCK nach Kellners Worten ab 1. Januar (2023) auf eine Auslastung von gut 70 Prozent. Das sei eine Zusage der polnischen Seite. Hinzu kämen Verträge mit Kasachstan; „Das Ziel ist es, die Auslastung von über 70 Prozent im Januar im Laufe des Jahres weiter zu steigern, wenn sich die neuen Bezugsquellen im kommenden Jahr (hier ist das Jahr 2023 gemeint) eingespielt haben." Brandenburgs Wirtschaftsminister Jörg Steinbach machte es konkreter: Derzeit sei die Raffinerie zu 85 Prozent ausgelastet. „Ich bin optimistisch, dass auch die Verhandlungen mit Kasachstan gelingen werden, um diese letzte Lücke zu schließen."

Offen ist, wie der Stand mit Kasachstan genau ist. Die Anteilseigner hätten „eigene Verträge mit Kasachstan verhandelt", sagte Kellner auf Fragen des Linken-Politikers Klaus Ernst, der die Sanktionspolitik ablehnt. Die Option Kasachstan hat auch eine Tücke: Das Öl flösse durch die „Druschba" teils über russisches Territorium nach Deutschland. Ob Moskau das auf Dauer zulässt? Eine Unsicherheit, sagte auch Kellner. ………………………………………………………………"

Noch im Januar diesen Jahres (2023) ist eine Lieferung mit kasachischem Öl vorgesehen, und gegenwärtig würde dazu eine Ausschreibung in Kasachstan laufen, so erklärte die Pressesprecherin des Bundeswirtschaftsministeriums, Dr. Beate Baron. Nach bis jetzt (Januar 2023) vorliegenden noch nicht bestätigten Informationen will Russland vorerst bis zum Februar 2023 die Zustimmung geben, dass kasachisches Erdöl über die Druschba-Pipeline, die Russland gehört, weiter geliefert werden kann. Es ist deshalb zur Zeit in keiner Weise klar, wie es ab Februar 2023 weitergeht.

Nach neuesten Presseinformationen vom 16.01.2023 vom Autor Jan Triebel von „German Trade & Invest" (GTAI) im Artikel „Grünes Licht: Kasachstan liefert mehr Öl nach Deutschland" wird optimistischer derzeit aktuell geschrieben, „dass ….. Deutschland mit steigenden Öllieferungen aus Kasachstan rechnen (kann). Im Jahr 2023 dürfte der Umfang der zusätzlichen Importe etwa 1,2 Millionen Tonnen Öl ausmachen."

Für das I. Quartal 2023 wird berichtet, dass Kaz Trans Oil als Betreiber der kasachischen Ölfernleitungen rund 300.000Tonnen Öl einspeisen wird und das russische Energieministerium zur Zeit die Genehmigung für den Öltransit über die Druschba-Pipeline erteilt hat.

Es steht noch nicht eindeutig fest, wie lange auf verbindlicher Grundlage das kasachische Öl über die Druschba-Pipeline nach Deutschland geliefert werden kann. Da es gegenwärtig noch nicht ausreichend klar ist, ob die Öllieferung über Pipelines aus Rostock und Gdansk erfolgen und das mögliche über die Druschba-Pipeline zu liefernde Öl aus Kasachstan im genügenden Maße geliefert werden kann, kann zum gegenwärtigen Zeitpunkt noch nicht eindeutig gesagt werden, ob der erforderliche Bedarf für die Raffinerie in Schwedt gesichert werden kann.

2.16. Probleme der Umsetzung der Energiewende wegen den Dunkelflauten, Speicherproblemen, Verlusten, Schwankungen und Widerständen gegen Windräder

Wegen der Dunkelflaute, die berücksichtigt, dass auch der Wind manchmal nicht bläst oder auch in Deutschland keine Sonne scheint, sehen Manche auch diese beiden wichtigen Energiearten im Rahmen der regenerativen Energie, weil diese mit dem Zufall des jeweiligen Wetters verbunden sind, als nicht ausreichend für eine Energieversorgungssicherheit an. Diese beiden Energiearten werden deshalb nicht als verlässliche stabile Größe, die eine wichtige Grundlage für unsere benötigte Stromenergie bilden kann, betrachtet. Manche sagen dazu, dass Wind- und Sonnenenergie nur auf dem Prinzip „Glaube und Hoffnung" beruhen.

Die Dunkelflaute tritt gerade bei der Onshore-Windenergie und auch bei den Photovoltaikanlagen oft an mehreren Tagen und insgesamt gesehen für einen Zeitraum von mehreren Wochen ein. Deshalb und aus weiteren Gründen, insbesondere wegen den auch auftretenden Schwankungen in der ständigen Sicherung der notwendigen Frequenz, bezeichnen Manche die regenerativen Energien – bezogen auf Wind und Sonne – als instabile Energieformen.

Diese Erscheinungen treten bei der bisherigen vorrangig genutzten fossilen Energie und bei anderen regenerativen Energiearten nicht in dem Maße, wie bei der Nutzung von Wind und Sonne auf. Die anderen Energiearten können gespeichert werden und sind somit grundlastfähig. Bei Wind- und auch Solarstrom kann man nur so viel Strom verbrauchen, wie erzeugt werden kann. Es besteht somit eine Synchronität zwischen Verbrauch und Erzeugung. Da man das Problem der Speicherung von Wind- und Solarstrom noch nicht im ausreichenden Maße praktisch gelöst bzw. hinreichend im tatsächlichen Verlauf umgesetzt hat, entstehen bei der Erzeugung dieser beiden wichtigen Energiearten derzeit nicht geringe Verluste. Der aktuell benötigte Verbrauch ist nicht immer mit der Erzeugung synchron. Solarenergie kann man wegen der geringeren Erzeugungsmenge dieser Energieart gegenüber dem Windstrom noch im bestimmten Umfang in Batterien speichern, was beim derzeitigen

Forschungsstand und wegen der aktuellen noch nicht ausreichenden Wirtschaftlichkeit noch nicht bezüglich der notwendigen Erfordernisse praktisch umgesetzt werden kann. Eine Möglichkeit wäre eine Speicherung über Batterien-Speicherkraftwerke, die aber aus verschiedenen Gründen gegenwärtig noch nicht im großen Umfang zum Einsatz kommen.

Weil dies bei den fossilen Energieträgern nicht der Fall ist, wollen manche Unternehmen und auch Teile der Bevölkerung und auch manche Energiewirtschaftler das Bleibende bewahren und denken dadurch konservativ. Es wird auch von einigen Energiewirtschaftlern gesagt, dass es unter Berücksichtigung des gegenwärtigen tatsächlichen Standes in der Betreibung von Wind und Sonne als Energieformen im Rahmen der regenerativen Energien nicht möglich ist, Wind und Sonne als Energieformen ohne das Vorhandensein von grundlastfähiger fossiler Energie allein zu betreiben. Dabei muss berücksichtigt werden, dass andere Formen der grundlastförmigen regenerativen Energien in Deutschland in relativ geringem Umfang erzeugt werden oder zum Teil wegen der speziellen Gegebenheiten in Deutschland auch nicht in der erforderlichen Menge produziert werden können. Es werden aber jedoch auch in Deutschland noch Reserven in der Erzeugung von anderen regenerativen Energien, außer Wind und Sonne, gesehen.

Die relativ hohe Sicherheit des bisher benötigten Energiebedarfs bei Anwendung von vorrangig fossilen Energieträgern und die damals vorherrschenden recht geringen Kosten bei der Nutzung der fossilen Energiearten tragen zu dieser – bezogen auf die Menschen – im Grunde verständlichen Haltung bei. Dazu kommt, dass alles dafür getan werden muss, Stromausfälle, selbst, wenn diese nur relativ selten in größerem Umfang, aber manchmal auch nur lokal auftreten, wegen den dadurch entstehenden beträchtlichen Auswirkungen unbedingt zu vermeiden. Auch deshalb spielen die Fragen einer risikofreien Energieversorgung bzw. einer umfassenden Sicherung zu jeder Zeit und an jedem Ort so eine wichtige Rolle für alle Energienutzer.

Die Sicherung der weiteren Aufrechterhaltung der Existenz sehen, wie bereits angesprochen, eine Reihe von Menschen auch in Deutschland bei der derzeit angespannten Situation des Preisanstiegs viel wichtiger als die ebenfalls sehr wichtigen Maßnahmen und Handlungen zum Kampf gegen den Klimawandel trotz der insgesamt bedrohlichen Lage. Die erreichte Bewahrung des bisherigen Wohlstands auch beim durchschnittlichen Anteil der Bevölkerung in Deutschland haben mit zu dieser gezeigten Haltung beigetragen. Man will das bisher Genutzte, das „Alte“, weiter bewahren, da man notwendigen Veränderungen oftmals nicht aufgeschlossen gegenübersteht. Man hegt auch deshalb diese Wünsche, weil Manche sich dies oft erlauben konnten, ohne die Zeichen der Zeit, auch bezogen auf die Probleme des Klimawandels und ihre Folgen, im ausreichenden Maße zu beachten. Die negativen Wirkungen auf das Klima, die durch die Haltungen Vieler entstehen, wissen zwar auch in Deutschland viele Menschen durchaus richtig einzuschätzen, und Manche haben auch deshalb ein schlechtes Gewissen wegen ihres nicht umweltverträglichen Handelns. Die Wahrung ihrer individuellen Interessen geht dabei oftmals gegenüber umweltverträglichem Handeln vor. Dass damit auch die Beibehaltung der kapitalistischen Produktionsweise und oftmals eine Ausbeutung verbunden ist, wird in Kauf genommen, und man hat manchmal kein Problem damit, trotz dem dadurch auch erhebliche Verstöße gegen das Grundanliegen einer Demokratie erfolgen.

Da ein wesentliches Problem in der besseren Speicherung von regenerativer Energie besteht, wird nachfolgend aus dem Internetlexikon Wikipedia, auszugsweise zur Energiespeicherung zitiert:

„Je größer der Anteil der erneuerbaren Energien wird, desto größer wird die Bedeutung von Speichermöglichkeiten, um die Schwankungen der Energieerzeugung an die Schwankungen des Energieverbrauchs anzugleichen und somit Versorgungssicherheit herzustellen. In der Fachliteratur wird davon ausgegangen, dass ab einem Erneuerbare-Energien-Anteil von ca. 40 Prozent in größerem Maße zusätzliche Speicher benötigt werden, vereinzelt wird auch die Zahl 70 genannt.

……………………………………………………………………………

Daher wurden zusätzliche kommerzielle Speicher in Deutschland frühestens ab dem Jahr 2020 für notwendig gehalten. In seinem

Sondergutachten „Klimaverträglich, sicher, bezahlbar: 100% erneuerbare Stromversorgung bis 2050“ von Mai 2010 bekräftigte der von der Bundesregierung eingesetzte Sachverständigenrat für Umweltfragen, dass die Kapazitäten in Pumpspeicherkraftwerken vor allem in Norwegen und Schweden bei Weitem ausreichen, um schwankende Energiebereitstellung – insbesondere von Windkraftanlagen – auszugleichen. Dabei sei allerdings zu beachten, dass dies den Bau von Höchststromtrassen .... in viel größerem Ausmaß voraus setzt, als dies im Moment im Rahmen des Netzentwicklungsplans vorgesehen ist. Die Entwicklung von wirtschaftlichen Speicherkraftwerken befindet sich zum Teil noch im Frühstadium.

Zu den Speichermöglichkeiten gehören:

Pumpspeicherkraftwerke: (Diese) nutzen bei der Speicherung Strom, um Wasser bergauf zu pumpen. Wird wiederum Strom gebraucht, fließt das Wasser wieder nach unten und treibt einen Generator an. Pumpspeicherkraftwerke werden aufgrund des relativ günstigen Preises zur Zeit als Großanlagen eingesetzt. ....
Akkumulatoren: Akkumulatoren und Redox-Flow-Zellen speichern Strom elektrochemisch. Die Preise fallen stark, wodurch diese Speicher immer interessanter wären. Potenzielle Einsatzbereiche befinden sich in Haushalten, zum Beispiel in Form von Solarbatterien.

Batterie-Speicherkraftwerke: Großtechnisch kommen diese in Frage. Erste Anlagen wurden bereits zur kurzfristigen Bereitstellung von Systemdienstleistungen eingesetzt.

Wärmespeicher: Mit Sonnenwärme wird Wasser erhitzt oder mit überschüssigem Strom Wasser in warme Schichten unter der Erde gepumpt, um dieses natürlich zu erwärmen. Dieses kann für die Beheizung von Gebäuden genutzt werden, die so Wärme vom Tag in der Nacht oder Wärme vom Sommer im Winter nutzen können oder für die zeitversetzte Stromerzeugung in solarthermischen Kraftwerken, die so in die Lage versetzt werden, 24 Stunden pro Tag Strom aus Sonnenenergie herzustellen.

Power-to-Gas: Durch Elektrolyse, ggf. ergänzt durch Methanisierung, lässt sich aus temporär überschüssigem Strom Wasserstoff und Methan erzeugen, welches später bei Bedarf zur Stromproduktion oder zur Wärmenutzung verbraucht werden kann. Gespeichert werden kann dieses EE-Gas in bereits vorhandenen unterirdischen Erdgasspeichern, deren Kapazität bereits heute für eine regenerative Vollversorgung ausreichen würde.“

Weitere Speichermöglichkeiten können noch angewandt, die aber nicht umfassend in diesem Zusammenhang genannt werden.

Deshalb kommt die Professorin Dr. Claudia Kemfert gemäß ihren Aussagen in der ZDF-Sendung „WiSo“ in der Dokumentation „Blackout in Deutschland – Horrorszenario oder reale Gefahr“ vom 01.08.2022 zu der Meinung, dass wir doch genügend Speichermöglichkeiten für regenerative Energie in Deutschland haben.

In der genannten ZDF-Sendung vom 01.08.2022 wird auch gesagt, dass wir mit dem großen Unternehmen „Schwarze Pumpe“ aus der sächsischen Kleinstadt Hoyerswerda Batterien zur Speicherung zur Verfügung haben. Auch das Pumpspeicherwerk Hohenwartha II kann zur Speicherung regenerativer Energien genutzt werden. Es muss jedoch dazu gesagt werden, dass wir eigentlich mindestens 100 Pumpspeicherwerke in Deutschland zur Speicherung der regenerativen Stromenergie bräuchten, aber wir haben nur 30 Pumpspeicherwerke und dadurch eine nicht ausreichende Kapazität in Deutschland zur Verfügung. Einige dieser Pumpspeicherwerke in Deutschland sind nicht ausreichend funktionsfähig und können auch deshalb gegenwärtig nicht zum Einsatz kommen. Dass das Problem der nicht ausreichenden Anzahl der fehlenden Kapazität der Pumpspeicherwerke nicht so leicht zu lösen ist, liegt u. a. darin begründet, dass man nach gegenwärtigen Genehmigungsrichtlinien und der Bauzeit nach Meinung von Fachleuten auf diesem Gebiet eine Genehmigungs– und Bauzeit von ca. 20 bis 30 Jahren in Deutschland braucht, um ein neues Pumpspeicherwerk zu errichten. Auch haben Konsultationen mit Norwegen zwischenzeitlich ergeben, dass man entgegen der Auffassungen des damaligen Sachverständigenrates keine Kapazitäten an Pumpspeicherwerken für die Nutzung für Deutschland frei hat.

Es muss auch festgestellt werden, dass die derzeit in Deutschland zur Verfügung stehenden Batterien, wie schon erwähnt, nicht genügend Speicherkapazität für solche unbedingt notwendige Speicherung von Energieformen der regenerativen Energien zur Verfügung haben. Das hohe Gewicht von manchen für eine Speicherung in Frage kommenden Batterien und deren dann eintretende negative Anwendungsmöglichkeiten müssen hierbei auch beachtet werden.

In den Aussagen von Prof. Dr. Jürgen Schmid, Dr. Michael Specht, Dr. Michael Sterner u. a. zum Thema „Welche Rolle spielt die Speicherung erneuerbarer Energien im zukünftigen Energiesystem?“ wird u. a. zur stabilen Stromversorgung in Deutschland beschrieben, was von nicht geringer Bedeutung für die Belange der Speicherung von regenerativer Energie ist:

„Wind und Solar können eine stabile Stromversorgung alleine nicht gewährleisten. Vier Ausgleichsmaßnahmen werden (deshalb) notwendig;

1. Flexible Kraftwerke (v. a. Biomasse und Erdgas)
2. Stromnetze (Netzausbau)
3. Lastmanagement (Smart Grid)
4. Speicher“

Bei den Speichern kommen insbesondere in Frage:

„Kurzzeitspeicher (Pumpspeicher, Batterien)
Langzeitspeicher (Norwegen, Gasnetz)
Wind und Solar in das Gasnetz über Power-to-Gas7
Nachfolgende „Anregungen an die Politik aus Sicht der Wissenschaft“ (werden von den bereits genannten Verfassern gegeben):

1. Anreize für die Power-to-Gas-Technik nur für überschüssigen Strom aus EE setzen.

2. Konsequentes Verfolgen der beschriebenen vier Ausgleichsmaßnahmen zur Transformation des Energiesystems mit hohem Anteil EE.

3. Sammeln von praktischen Erfahrungen durch die gezielte Anwendung von Power-to-Gas. ....“

Leider können die Möglichkeiten der Speicherung derzeit in der Praxis nicht ausreichend angewandt werden. Dadurch wird überschüssige Windenergie bei starkem Wirken des Windes nicht im ausreichenden Maße genutzt und verpufft der betreffende erzeugte Strom, der nicht gespeichert ist, wenn nicht zur gleichen Zeit im gleichem Maße ein Verbrauchsbedarf besteht.

Die Verluste der Winderzeugung bzw. die mangelnde praktische Anwendung einer Speicherung, auch für den ungenutzten Strom, haben die Verbraucher vom Windstrom allein zu bezahlen. Die Betreiber von Windkraftanlagen bekommen, trotz dem sie dann in diesem Fall, wenn das Netz es nicht ausreichend hergibt und sie veranlasst werden, ihre Anlagen abzuschalten, trotzdem den dadurch nicht möglichen erzeugten Windstrom bezahlt. Da ca. 20 Prozent des zeitweilig überschüssigen Stroms noch nicht genutzt werden, kann man die immer noch in der Praxis unzureichend angewandte Verfahrensweise nicht gutheißen, da nicht genügend Windenergie gespeichert wird. Manchmal wird deshalb überschüssiger erzeugter Strom an Länder des europäischen Verbundsystems wegen den Erfordernissen der Synchronität entweder auf kostenloser Basis oder oft auf der Grundlage von zusätzlich erhobenen Kosten, die von den betreffenden verantwortlichen Stellen in Deutschland gezahlt werden müssen, geliefert.

Wenn es uns gelingt, die Speicherung trotz der Kapazitätsprobleme, der nicht ausreichenden praktischen Anwendung und der noch nicht genügenden Forschungsergebnisse irgendwann entsprechend den Erfordernissen durchzuführen, würden bei einer dann möglichen genügenden Speicherung von regenerativer Energie die Stromkosten wesentlich gesenkt werden können. Durch eine andere Regelung, dass die Stromkosten sich nicht in gleicher Höhe wie die Gaskosten bewegen, könnte der Strompreis weiter gesenkt werden. Diese Gleichheitsregelung gilt immer noch, trotz dem die realen Gegebenheiten dazu in keiner Weise bestehen. Die EU könnte diese Regelung sofort beenden, aber man ist auf diesem so wichtigen Gebiet viel zu langsam, trotz dem man dies erkannt hat und beträchtliche Auswirkungen für die Menschen dadurch zusätzlich entstehen. Bei den gegebenen derzeitigen Einkommensverhältnissen kann man dies der Bevölkerung nicht mehr zumuten.

Wir müssen deshalb dringend auf diesem Gebiet forschen und solche Speichermöglichkeiten anwenden, dass die erzeugte regenerative Stromenergie auch wirtschaftlich genutzt und gespeichert werden kann. Das sind wir den Verbrauchern von Windenergie schuldig. Bis jetzt werden nicht ausreichende Anreize geschaffen, diesen überschüssigen Strom zu speichern bzw. zu nutzen.

Diese leider bestehende Tatsache, wie auch beim Windstrom, wird viel zu wenig erwähnt bzw. Verbrauchern gesagt. Manche Leute, die immer die Zahl der Erneuerbaren Energien von Wind und Strom erhöhen wollen und dies als wichtigste Aufgabe für uns ansehen, um gegen den Klimawandel zielgerichtet vorgehen zu wollen, beachten diese nicht zu verkennende Tatsache, die gegenwärtig noch besteht, in völlig ungenügendem Maße.

Die noch vorhandenen Defizite in der praktischen Anwendung bestimmter regenerativer Energien, wie Wind und Sonne, die nicht oder nicht ausreichend grundlastfähig sind, werden hierbei viel zu wenig gesehen. Alle diese Probleme in der praktischen Anwendung muss man ausreichend im Griff haben. Dies ist gegenwärtig nicht in dem erforderlichen Maße gesichert.

Im Grunde wirft man wertvoll erzeugte regenerative Energie weg, oder sie wird dahingehend nicht genutzt, dass die Betreiber die Windkraftanlagen abstellen, da sie vom Verbraucher bzw. vom Netz nicht genutzt werden können. Trotzdem bekommen die Betreiber, wie beschrieben, für den möglichen Strom Geld, weil sie ja nichts dafür können, dass sie ihre Windkraftanlagen dadurch abstellen müssen. Dies kommt einer Verschleuderung von möglichen Ressourcen gleich und muss eigentlich so gewertet werden, als wenn man die wichtige Energie wegwirft und den Verbrauchern trotzdem Kosten entstehen. In Zeiten, in denen wir alles tun, die Energieeffizienz zu erhöhen, gehen wir leider oft in der Praxis noch so frevelhaft, anders kann man es nicht nennen, mit möglichen wertvollen Energieressourcen um. Auch diese ungenügend gelöste Tatsache in der praktischen Nutzung von Erneuerbaren Energien sollte bei dem Ruf nach Steigerung der Energieeffizienz beachtet werden, da dies gegenteilige Wirkungen hat.

Man muss auch bei der Nutzung von Windenenergie bzw. bei einer Errichtung weiterer Windkraftanlagen beachten, dass nach Aussagen des Experimentalphysikers Prof. Dr. Gerd Ganteför von der Universität Koblenz Wind derzeit nur zu 16 Prozent für die Energieerzeugung zur Primärenergie genutzt werden kann. Wir müssen daraus eigentlich die Schlussfolgerung ziehen, dass es bei der nach wie vor im praktischen Sinne unzureichenden Speicherung von Wind- und Sonnenenergie als Hauptformen unserer erzeugten oder zur Erzeugung vorgesehenen erneuerbaren Energien nicht in jedem Fall unter den noch vorherrschenden Bedingungen in der praktischen Nutzung von Windenergie angesichts der hohen eintretenden Verluste es in jedem Fall richtig ist, immer neue Windkraftanlagen zu errichten.

In der Speicherung von erneuerbaren Energien von Wind in Form der Power-to-Gas-Speicherung, wozu die gewonnene Windenergie in der Umwandlung als Wasserstoff gebraucht werden könnte, treten bei der bis jetzt nutzbaren Form der Umwandlung in diesem Prozess für die erzeugte Windenergie leider noch hohe Verluste ein. Es bleibt zu hoffen, dass es gelingt, zukünftig bessere Ergebnisse in der Speicherung von Windenergie zu erzielen und damit eine höhere Wirksamkeit in der Nutzung der Windenergie als wichtige erneuerbare Energieart zu erreichen.

Man muss auch bedenken, dass eine nicht geringe Zahl von Menschen Widerstände gegen die Errichtung bzw. Betreibung von Windkraftanlagen aus den verschiedensten Gründen zeigen. Als Gründe werden u. a. angeführt, dass:

– eine Verschandelung der Landschaft bzw. des Landschaftsbildes eintritt und man damit gegen touristische Grundsätze verstößt. Dies kann sich nach Meinung Mancher negativ auf die Anzahl der möglichen Touristen auswirken.

- die Errichtung von Windkraftanlagen negative Auswirkungen auf den Naturschutz bzw. die Flora und Fauna hat,

- die notwendigen Leitungen von Onshore-Windkraftanlagen Strahlen, sogenannte Infrarotstrahlen, auslösen, die sich negativ auf die Gesundheit der Personen und auch Tiere auswirken können, die in der Nähe von Windkraftanlegen leben,

- sich in der Nähe von in Privatbesitz bzw. Privateigentum von Personen befindenden Gebäuden Windkraftanlagen sich dann negativ auf die Werthaltigkeit von diesen Gebäuden auswirke,

- negative Auswirkungen durch bestimmte Handlungen, u. a. eine Verringerung von Gewerbeerträgen, eintritt und sich dann weitere ungünstige Auswirkungen auf öffentliche Haushalte dann sich ergeben können.

- dass eine mangelnde Beteiligung von Kommunen und Bürgern bei der Entscheidung über die Errichtung von Windkraftanlagen erfolgt.

- dass nicht im ausreichenden Maße Alternativen an möglichen anderen regenerativen Energiearten untersucht werden und die Errichtung von Windkraftanlagen unzureichend gefördert wird.

- dass die möglichen Betreiber von Windkraftanlagen vorrangig große Konzerne oder andere oft schon reiche Unternehmensinhaber sind und zu wenig die Bevölkerung der betreffenden Orte oder der umliegenden Region bei der Errichtung von Windkraftanlagen berücksichtigt wird.

- nicht geringe Stromenergieverluste durch Überstrom oder durch die aus praktischer Sicht nicht ausreichende Speicherung entstehen.

- Besonderer Widerstand fand bzw. findet in ländlichen Regionen bzw. bei der ländlichen Bevölkerung gegen die Errichtung von Windkraftanlagen statt. Man bezeichnet oftmals solche Gegner von Windkraftanlagen in den ländlichen Regionen seitens der Windkraft-Befürworter als „weltfremde Spinner". So kann man eigentlich nicht mit Windkraftgegnern umgehen, wenn man sich demokratisch verhalten will, was alle Befürworter der Demokratie einhalten sollten. Es müssen Gegner und Befürworter der Errichtung von Windkraftanlagen im Gespräch bleiben, wenn die Energiewende gelingen soll.

- Man sollte auch in diesem Zusammenhang beachten, was für eine Demokratie eigentlich selbstverständlich sein sollte, dass man auch Auffassungen von manchen Energiewissenschaftlern berücksichtigen muss, die zur Umsetzung der Energiewende in manchen Punkten eine andere Auffassung vertreten. Nur durch eine objektive wissenschaftliche Diskussion können die richtigen Maßnahmen zur schrittweisen Vollendung der Energiewende getroffen werden.

- Manche Wissenschaftler sind auch der Meinung, dass man die Belange der Energiewende viel stärker interdisziplinär betrachten muss und nicht nur einseitige Auffassungen hierbei zugrunde gelegt werden dürfen.

- Es entsteht bei der Errichtung von Windkraftanlagen durch das dafür benötigte Material und die erforderlichen Rohstoffe ebenfalls auch CO2 als klimaschädliches Treibhausgas.

Vielfältige weitere Gründe führen die Gegner von Windkraftanlagen an. Sie haben sich oftmals in Bürgerinitiativen gemeinsam zusammengeschlossen, um mit Entschiedenheit zu demonstrieren, dass sie Gegner bezüglich der weiteren Errichtung von Windkraftanlagen sind. Auch dieser vorhandene Widerstand gegen die Errichtung weiterer Windkraftanlagen muss ausreichend berücksichtigt werden.

Manchmal kann man sich des Eindrucks nicht erwehren, dass dieser zweifellos bei Manchen vorhandener Widerstand unzureichend von der Politik bei den vorhandenen Zielstellungen, u. a. bis 2030 80 Prozent Anlagen für regenerative Energien errichten zu wollen, berücksichtigt wird. Sicherlich müsste die Notwendigkeit und letztlich die Vernunft siegen, angesichts der bedrohlichen Auswirkungen der Klimakrise, aber manche Menschen haben dies noch nicht im ausreichenden Maße verinnerlicht und stellen ihre eigene Befindlichkeit oder ihre eigenen persönlichen Interessen vor den Interessen der Gemeinschaft. Trotzdem muss dieses wichtige realistische Faktum bei der Bewältigung des Klimawandels ausreichend berücksichtigt werden. Es stellt gegenwärtig noch eine nicht zu unterschätzende tatsächliche Gegebenheit in der praktischen Ausführung der Energiewende dar. Man kann sich oft des Glaubens nicht erwehren, dass die Partei „Bündnis 90/Die Grünen" die tatsächlichen Gegebenheiten in dieser wichtigen leider vorhandenen Sachlage für Deutschland in ihrer Planung der Zielstellungen und auch in den zwischenzeitlich erlassenen neuen Gesetzen, Verordnungen bzw. Regelungen bei der Höhe der notwendigen zu errichtenden Windräder nicht ausreichend berücksichtigt. Die Bevölkerung muss gerade bei diesen nötigen, aber teilweise bei Manchen unpopulären Maßnahmen immer im ausreichenden Maße mitgenommen werden.

In der gegenwärtigen Diskussion bei der Politik der Grünen ist es praktisch so, dass die Errichtung von regenerativen Energien vor den Artenschutz gestellt wird, selbst, wenn man dies im Interesse der Beibehaltung des Naturschutzes nicht sagen möchte, um auch die Vertreter des Natur- und Artenschutzes nicht zu provozieren, da diese manchmal eine völlig andere Meinung zu diesen Belangen haben.

Die Naturschützer vertreten oft die Auffassung, dass durch die Errichtung von Windkraftanlagen den betroffenen Tieren nicht genügend Lebensraum gegeben wird und sie getötet werden oder Verletzungen durch errichtete Windkraftanlagen erliegen können. Dazu würde ihre Gesundheit gestört. Es wird von den Naturschützern in diesem Zusammenhang gesagt, dass genügend Fläche vorhanden wäre, so dass man die Windkraftanlagen an einem anderen für die Belange des Naturschutzes geeigneten Ort errichten könnte. Durch den bei manchen Naturschützern immer noch vorhandenen Vorrang von Belangen des Artenschutzes vor der Errichtung von regenerativen Energien ist es sehr schwierig, in Deutschland Windkraftanlagen zu errichten. Auch dies ist ein Grund für die geringen Zahlen von genehmigten zu errichtenden Windkraftanlagen in Deutschland. 10.000 Arbeitskräfte in Deutschland, die Windkraftanlagen errichten wollten, haben schon ihre Arbeit verloren. Deshalb muss man feststellen, dass wegen dem Artenschutz, trotz der Vorranghaltung für die Errichtung von regenerativen Energien und der Festlegungen im „Osterpaket" der seit Dezember 2021 sich in Regierungsverantwortung befindenden Ampel-Regierung, immer noch nicht geringe Probleme bei der Errichtung von Windkraftanlagen bestehen.

Es war auch in den 1990er Jahren und sicherlich auch in späteren Zeiten im Verhalten der Grünen einmal umgekehrt, dass der Artenschutz eindeutig vor den Belangen des Umweltschutzes bzw. der Umweltkrise und deren Folgen rangierte. Dies musste der Autor dieses Buches gemeinsam mit dem anderen vorgesehenen Betreiber des Windparks leider im deutlichen Maße auch in dieser Zeit erleben. Eine abschließende Genehmigung – bezogen auf die Belange der Raumordnung – wurde für die vorgesehen zu errichteten Windkraftanlagen nicht erteilt und alle Bemühungen bereits in dieser Zeit, auch etwas für den Umweltschutz zu tun, mussten somit ad absurdum gestellt werden. Es entstanden für die vorgesehenen Betreiber dieser Anlagen viele letztlich unnötige Aufwendungen. Mitte der 1990er Jahre waren ein früherer Chefingenieur aus unserer Region Mecklenburg-Vorpommern, der sehr versiert auf dem Gebiet der Errichtung von Windkraftanlagen war und der Autor dieses Buches in der Errichtung von mehreren Windkraftanlagen vom Typ Enercon in Mecklenburg– Vorpommern tätig. Wir mussten bei unserer sehr intensiven gemeinsamen Vorbereitung auch feststellen, dass Artenschutzargumente, die aus unserer Sicht nicht richtig waren, vor den Belangen des Umweltschutzes tangierten.

Im Ergebnis der sehr sorgfältigen Vorbereitungen, in diesem Zusammenhang einzuleitender Maßnahmen und der damit verbundenen Antragstellungen für die Errichtung der Windkraftanlagen gemäß den damaligen Festlegungen der

Raumordnung hatten wir fast alle Genehmigungen für die Windkraftanlagen, die wir in der Region des damaligen Landkreises Güstrow in Mecklenburg-Vorpommern aufstellen wollten, erhalten.

So hatten wir u. a. eine Netznutzungsgenehmigung von der WEMAG, einem Stromanbieter aus Schwerin, der Landeshauptstadt von Mecklenburg-Vorpommern, geeignete Flächen für die aufzustellenden Windkraftanlagen und Mietverträge mit den Eigentümern der Flächen, die für die Windkraftanlagen benutzt werden sollen, abgeschlossen. Auch von der zuständigen Gemeinde bekamen wir die Zustimmung für die Errichtung der Windkraftanlagen. Alle Erfordernisse der damals geltenden Abstandsregelungen zwischen den Windkraftanlagen und dem Gebäude in dem betreffenden Ort wurden bei unseren Projekten auch eingehalten. Nur für drei Angelegenheiten der über 20 damals laut Raumordnungsfestlegungen zu erstellenden Genehmigungen hatten wir noch keine Genehmigung bzw. Zustimmung bekommen. Die Gründe der bisherigen noch nicht erteilten Genehmigung wurden in folgenden drei Kriterien insbesondere gesehen:

1. dass sich ein Baumfalke in der Nähe unserer errichtenden Windkraftanlagen aufhalten würde und wir dann mit den Windkraftanlagen diesen stören würden.

2. Der zweite Grund der bisherigen Versagung wurde darin gesehen, dass wir zwei Schreiadler durch die Errichtung der Windkraftanlagen in ihrem Sexualverhalten stören würden.

3. Ein dritter Grund für die bisherige Nichtgenehmigung wurde darin gesehen, dass die zu errichtenden Windkraftanlagen in der betreffenden Region die Landschaftspflege bzw. -gestaltung nicht genügend berücksichtigen würden.

Wegen den drei Versagungsgründen für eine Genehmigung der Windkraftanlagen wurden von uns folgende Aktivitäten zu den genannten Gründen eingeleitet:

zu 1.: Zur Baumfalken-Problematik:

Einen ganzen Tag haben wir mit dem international anerkannten Verhaltensbiologen und früheren Direktor des Rostocker Zoos, Dr. Dieter Schwarz, die Belange der Vogelwelt in dieser Region des Horstes, in dem wir die Windkraftanlagen errichten wollten, gemeinsam untersucht. Er kam nach eingehender Untersuchung zur Erkenntnis bzw. Schlussfolgerung, dass wegen der sehr hohen Krähenpopulation in der betreffenden Region sich nie ein Baumfalke dort aufhalten könnte. Er bestätigte dies auch schriftlich in einem Gutachten.

zu 2.: Schreiadler-Angelegenheit

Es konnte festgestellt werden, dass sich zwei Schreiadler 8 Kilometer vom Ort der zur Errichtung vorgesehenen Windkraftanlage entfernt in völlig entgegengesetzter Richtung aufhielten und ihr Blickwinkel und ihr Aufenthaltsort gar nicht die zur Errichtung vorgesehenen Windkraftanlagen tangierte. Sie hätten in ihrem Sexualverhalten allein schon deshalb von den an den betreffenden Orten vorgesehenen Windkraftanlagen nicht gestört werden können.

zu 3.: Die zu errichtenden Windkraftanlagen würden die Anforderungen der Landschaftsgestaltung nicht erfüllen.

Es wurde ein anerkannter objektiver Gutachter eingesetzt, um prüfen zu lassen, ob die Anforderungen der Landschaftsgestaltung bzw. der Landschaftspflege für das Raumordnungsbelange eingehalten wurden. Er kam nach intensiver Untersuchung zu dem Ergebnis, dass alle Belange aus raumordnungsmäßiger Sicht in der betreffenden Region, in der die Windkraftanlagen errichtet werden sollten, eingehalten wurden und hat dazu ein schriftliches Gutachten erstellt.

Die Windkraftanlagen waren in den ländlichen Gebieten im ausreichenden Umfang von Orten entfernt vorgesehen. Es wurden auch die geltenden Abstandsregelungen eingehalten.

Trotz dieser dargelegten Gründe blieb man bei der Versagung der Genehmigung aus Gründen des Raumordnungsverfahrens. Auch Pressegespräche unmittelbar vor Ort unter Teilnahme von bekannten Parteienvertretern konnten die Betreffenden nicht dazu bringen, eine abschließende Genehmigung der Errichtung von Windkraftanlagen in der betreffenden Region zu geben.

Einen letzten Versuch unternahm der betreffende vorgesehene Anlagenbetreiber und früherer Chefingenieur beim damaligen Landrat des früheren Landkreises Güstrow. An dieser letztmaligen Entscheidung über die Errichtung der Windkraftanlagen nahmen auch zwei Naturschützer von der zuständigen Behörde des betreffenden Landkreises teil. Da drei Personen nun die Entscheidung treffen sollten, war mit einem Ergebnis für oder gegen die betreffende Errichtung der vorgesehenen Windkraftanlagen an dem betreffenden Ort zu rechnen. Der genannte Landrat des früheren Landkreises Güstrow, der der SPD angehörte, entschied sich für die Errichtung der Windkraftanlagen an dem betreffenden Standort. Die zwei Naturschützer bzw. Angehörigen der Naturschutzbehörde des Landkreises Güstrow entschieden sich jedoch trotz der vorliegen Gutachten und anderer Unterlagen und Berechnungen gegen die Errichtung der Windkraftanlagen am betreffenden Standort. Dadurch konnten die Windkraftanlagen nicht errichtet werden. Damit wurde letztlich dazu beigetragen, dass die Artenschutzbelange, trotz dem sie aus unserer Sicht nicht berechtigt waren, vor den Umweltschutzerfordernissen gewertet wurden.

Im konkreten Fall war es sogar so, dass die CDU durch Teilnahme von Verantwortlichen an den damaligen Pressegesprächen und anderen Aktivitäten alles Erdenkliche versucht hatten, dass die Windkraftanlagen im betreffenden Ort im damaligen Landkreis Güstrow unbedingt errichtet werden konnten, aber auch die Vertreter dieser Partei hatten keinen Erfolg, weil offenbar Naturschützer gegen die Errichtung von Windkraftanlagen waren.

Wenn man zukünftig oder bei den laufenden Anträgen so vorgeht, braucht man sich nicht zu wundern, dass man die Zielstellungen für die Errichtung von zu bauenden Windkraftanlagen nicht erfüllt. Auch wegen dieser damaligen völlig unzufriedenen Entscheidung zur

Versagung der Errichtung von Windkraftanlagen, die auch persönlich zu erheblichem vermeidbarem Schaden geführt haben, gilt es, die entsprechenden Schlussfolgerungen zu ziehen. Es ist davon auszugehen, dass die damalige Entscheidungspraxis öfter angewandt wurde und der Errichtung von Windkraftanlagen erheblich geschadet hat.

Bei der regenerativen Windenergie können durch die nicht ausreichende Synchronität zwischen Produktion und Verbrauch von Windenergie Schwankungen in der Energiezufuhr ebenfalls eintreten, die von hochempfindlichen Geräten, speziell auch bei bestimmten Maschinenbauapparaten bzw. Maschinenbauanlagen, nicht ohne Probleme und dadurch mögliche zeitweilige Ausfälle bewältigt werden können. Solche benötigten hochempfindlichen Anlagen bzw. Aggregate sind dann bei solchen Schwankungen in der Frequenz nicht mehr ausreichend funktionsfähig, und es entstehen erhebliche negative ökonomische Auswirkungen mangels der nicht ausreichenden Betreibung. Manche bezeichnen auch deshalb diese spezielle Art der regenerativen Energie als Flatterstrom, weil nicht immer die ausreichend erforderliche Frequenz gesichert werden kann.

Die Auswirkungen der Dunkelflaute, auch bei der Anwendung der Windenergie, darf nicht unterschätzt werden. Die Gefahr des Blackouts der notwendigen Lieferung an Stromenergie besteht, wie bereits aufgeführt, durchaus mit gravierenden Folgen auf die davon betroffenen Menschen. Auch in Kanada und zeitweilig in bestimmten Gebieten von Berlin trat ein Blackout mit erheblichen Auswirkungen, die bei einen längeren Blackout nicht auszudenken wären, schon ein. Man muss bedenken, dass auch kranke Menschen, die in Krankenhäusern versorgt werden müssen und man dazu für das Betreiben der medizinischen Geräte und Apparaturen im Regelfall Strom braucht, davon betroffen werden. Man kann, wenn die betreffenden Anlagen funktionsfähig sind, den Patienten zeitweilig bei nicht verfügbarem Strom mit Notstrom behandeln. Eine Notstrombetreibung ist nur eine begrenzte Zeit möglich, in der Regel maximal 24 Stunden und dann würden erhebliche Probleme für die davon betroffenen Patienten eintreten.

Nahezu alle Geräte und Anlagen bedürfen noch im erhöhten Maße durch die Wirkung der Digitalisierung ausreichenden Stroms, um eine Betreibung zu sichern. Bei einem Blackout wäre dies alles, wenn ggf. auch nur zeitweilig, nicht mehr funktionsfähig und nicht mehr nutzbar. Die gesamte Gesellschaft könnte nicht mehr ausreichend funktionieren und käme zum Stillstand mit gravierenden Folgen. Deshalb müssen geeignete Wartungsinstrumentarien vorbeugend greifen. Leider ist man in Deutschland bezüglich der dann einzuleitenden Maßnahmen beim Eintritt dieses Szenarios derzeit noch nicht genügend vorbereitet, um die notwendigen Gegenmaßnahmen sofort einzuleiten. Berlin hat sich inzwischen mit diesem Problem beschäftigt und Überlegungen angestellt, wie in einer solchen Situation verfahren werden sollte.

Die Energieversorgung muss so sicher betrieben werden, dass dafür gesorgt wird, dass kein Blackout in der Stromversorgung entsteht. Wir können uns beim Eintritt eines solchen Falls nicht immer nur auf das europäische Verbundnetz und seine Wirksamkeit verlassen, Auch in den betreffenden Ländern können Stromausfälle eintreten. Die diesbezüglich gegenwärtigen getroffenen Entscheidungen lassen leider noch manche Risiken, die bei nicht ausreichender Stromversorgung ggf. entstehen können, offen.

2.17 Weitere noch vorhandene Probleme des nicht ausreichenden Netzaufbaus

Um die Zielstellungen des Anteils der regenerativen Energien bis 2030 zu erreichen, ergeben sich auch speziell in Deutschland erhebliche Anforderungen an das Stromnetz. Auch die wesentliche Erhöhung des Energiebedarfs an Strom führt dazu, dass unser bisher vorhandenes Netzsystem verbessert, vergrößert bzw. erweitert werden muss. Das Stromnetz muss als ein sehr wichtiger Bestandteil der notwendigen Energiewende angesehen werden. Ohne ausreichende Stromnetze können wir die vor uns stehenden wichtigen Aufgaben der Energiewende nicht realisieren. Wir müssen in diesem Zusammenhang noch viele Kilometer Stromnetze bauen, da erhebliche Zeitrückstände auf diesem Gebiet aus den verschiedensten Gründen zugelassen wurden und dadurch nicht geringe Probleme in der Sicherung einer umfassenden ausreichenden Stromversorgung für die betreffenden in Frage kommenden Regionen in Deutschland eintreten können. Der Bedarf an zusätzlichen Stromnetzen besteht vorrangig in Süddeutschland. Dies ist darauf zurückzuführen, dass sich die Mehrheit der Industriebetriebe und Betriebe anderer Branchen in Süddeutschland befindet und die größte Menge an regenerativer Energie durch Windkraftanlagen in Nord- bzw. Ostdeutschland erzeugt wird. Dadurch, dass im Norden und Osten Deutschlands mehr Wind weht und auch manche notwendige Offshore-Windanlagen vorrangig an der Ostsee errichtet werden können, bieten der Norden und Osten Deutschlands bessere natürliche Voraussetzungen zur Errichtung von Windkraftanlagen. Von dort muss der entstehende Strom über die Stromnetze vorrangig in den Süden Deutschlands geleitet werden. Um dies zu erreichen, muss der Trassenverlauf der betreffenden Stromnetze konkret geregelt werden. Dabei muss berücksichtigt werden, dass die jeweiligen Orte auch manchmal weit voneinander entfernt sind. Ursprünglich sollten die entsprechenden noch zu errichtenden Leitungen bis 2025 fertiggestellt sein, aber man hat erhebliche Verzögerungen im Netzbau zugelassen. Das hat auch auf die derzeitige Sicherung der Stromversorgung in Deutschland nicht geringe Auswirkungen. Dadurch kann der erzeugte Strom nicht in der genügenden Menge und leider unter Berücksichtigung der bisher erreichten Ergebnisse nicht rechtzeitig in den Süden

Deutschlands gelangen. Auch diese genannte Tatsache kann zu Stromversorgungsproblemen in bestimmten Gebieten Deutschlands führen. Wir müssen beachten, dass der Strombedarf auch in Deutschland erheblich anwachsen wird, und deshalb hat die rechtzeitige Errichtung der Stromnetze bzw. der Stromleitungen eine sehr große Bedeutung für die Stromversorgung in Deutschland.

In den nördlichen Gebieten Deutschlands herrscht dadurch oft ein Stromüberschuss vor, und man versucht, den Stromüberschuss derzeit auch u.a. nach Polen zu befördern, obwohl durch die noch intensive Kohlenutzung in Polen dort die Voraussetzungen bestehen, ausreichend Strom zu produzieren.

Der Trassenverlauf ist mit erheblichen Protesten und somit mit nicht geringen Widerständen verbunden. Die Konflikte bezüglich der Trassen bestehen immer noch, und die Proteste halten weiterhin an, trotz dem es schon nach dem Jahr 2000 zu ersten Protesten zum Trassenverlauf kam. Dadurch verzögert sich der Bau der noch notwendigen Stromnetze, insbesondere auch bedingt durch die juristischen Auseinandersetzungen bzw. die Tätigkeit der Gerichte wegen dem Übermaß an Bürokratie im Genehmigungs- und Prüfverfahren für die benötigten weiteren Stromtrassen. Auch müssen Gründe in veralteten noch immer gültigen Vorschriften für die Belange des Trassenbaus gesehen werden. Man braucht auch dadurch viel zu viel Zeit, um die benötigten Stromnetze zu errichten, die man sich angesichts der erheblichen Folgen des Klimawandels bzw. zur Bewältigung der Klimawende einfach nicht mehr erlauben kann.

Gemäß dem Diskussionspapier „Stuttgarter Beiträge zur Organisation– und Innovationssoziologie“ von Mario Neukirch zum Thema „Die Dynamik des Konflikts um den Stromtrassenbau – Stabilität, Wandel oder Stagnation“ aus dem Jahr 2017 wird als Hauptforderung der Gegner des vorgesehenen Trassenverlaufs die Notwendigkeit Erdverkabelung der Trassen bzw. die Nichtbau-Förderung gesehen. Als weitere Gründe für die Proteste werden u. a. aufgeführt:

– Belange des Gesundheitsschutzes

- Belange der Landschaft

- Belange der Mindestabstände zu Siedlungen, Wohngebieten, Schulen und Kindergärten

- Belange der Wirtschaftlichkeit bzw. des Wirtschaftlichkeitsschutzes.

Als wirtschaftliche Aspekte werden u. a. benannt:

- Überkompensierung höherer Investitionskosten durch kürzere Planungszeiten aufgrund niedrigen Konfliktpotentials

- positive wirtschaftliche Effekte durch Erdverkabelung, u. a. durch werterhaltende Maßnahmen von Immobilien und Vermeidung von Einbußen im Tourismusgeschäft

- Energieeinsparungen (speziell für HGU–Kabel)

- wenige Energieverluste im Vergleich zum Wechselstromkabel

- direkte Weiterleitung der Offshore- Windenergie im HGU–Erdkabel.

Die beschriebenen wirtschaftlichen Gründe sollen die Notwendigkeit der Nutzung von Erdkabeln belegen.

Eine Nichtbau-Förderung wird u. a. dadurch zu begründen versucht, dass die energiewissenschaftliche Notwendigkeit nicht nachgewiesen sei und die Projekte nach Meinung einiger Gegner der Energiewende, nicht den erneuerbaren Energien, sondern vor allem Braunkohle- und Atomkraftwerken dienen.

Als nicht ausreichende Beachtung der Belange der Energiewende werden in diesem Zusammenpunkt u. a. genannt:

Der Netzaufbau diene primär dazu, dass neue Kapazitäten für Kohlekraftwerke geschaffen werden, was nicht im Sinne des weiteren Ausbaus bzw. der Verwirklichung der Energiewende diene.

Weiterhin wird von den Gegnern des vorgesehenen Netzaufbaus bemängelt, dass man die Belange der Dezentralisierung nicht genügend beachtet. Die aus diesem Grunde Protestierenden führen in diesem Zusammenhang an, dass der Netzaufbau vermieden werden soll, indem verstärkt auf dezentrale verbrauchsnahe regenerative Energien gesetzt wird. Dabei wird die Forderung auch politisch begründet, dass man auf diese Weise gegen die Energiekonzernbildung vorgeht. Auch aus wirtschaftlichen Gründen wird diese Protesthaltung begründet.

Die Gegner der Netzbetreibung wenden sich auch gegen den Einsatz neuer Technologien. Sie vertreten die Auffassung, dass durch den Einsatz neuer Technologien das Ausbauvolumen der Netzbetreibung gemindert werden wird. Sie verlangen, dass mehr die Belange des Naturschutzes, der Transparenz und mehr Partizipation beim Netzaufbau beachtet werden sollen.

Viele Gründe der Gegner des Netzaufbaus ähneln fast denen der Gegner der Errichtung von Windkraftanlagen. Unterschiede liegen insbesondere in der Art der Errichtung, dass zum einen Windkraftanlagen errichtet und hierbei der Netzaufbau bzw. die Stromleitungen wesentlich erweitert werden sollen. Bei den Netzen geht es im Gegensatz insbesondere darum, Erdkabel und somit die Stromtrassen unter der Erde, anstatt die Trassen für die Stromnetze über der Erde durch Freiluftnetze zu errichten. Dabei ist zu beachten, dass die Stromtrassen auf Erdkabelbasis wesentlich teurer als Trassen über der Erde sind. Einige Gegner der Stromnetzerrichtung gehen sogar soweit in ihren Begründungen zu ihrem Protest, dass keine Stromnetze wegen bestehender Gründe errichtet werden sollen oder man durch diese Form der Netzerrichtung sogar gegen die Belange der Energiewende vorgehen würde. Auch diese Proteste bzw. Widerstände, die auch gegenwärtig noch anhalten, müssen bei der Realisierung der Energiewende beachtet werden. In dieser Hinsicht wird der noch vorherrschende Gegenwind gegen die Errichtung notwendiger Stromnetze als Bestandteil der Energiewende nicht ausreichend beachtet.

Als aktuelle Gegenmaßnahme zur Erreichung eines beschleunigten Netzaufbaus wurde im Rahmen des Energiewirtschaftsgesetzes für Deutschland das Netzwerkbeschleunigungsgesetz neu geregelt. Im Gesetz zur Änderung des Energiewirtschaftsrechts im Zusammenhang mit dem Klimaschutz- Sofortprogramm und zu Anpassungen im Recht der Endkundenbelieferung wird zum Netzbaubeschleunigungsgesetz Folgendes geschrieben:

„Das Netzwerkbeschleunigungsgesetz Übertragungsgesetz (NABEG) ermöglicht beschleunigte Planungs- und Genehmigungsverfahren. Die Bundesnetzagentur für Elektrizität, Gas und Telekommunikation, Post und Eisenbahnen (Bundesnetzagentur) hat am 14. Januar 2022 den Netzentwicklungsplan Strom (NEP) 2021 - 2035 bestätigt und der Bundesregierung gemäß § 12 e Absatz 1 Satz 1 EnWG als Entwurf für einen Bundesbedarfsplan vorgelegt. Die im NEP 2021-2035 bestätigten zusätzlichen Leitungsmaßnahmen sind für den verstärkten und beschleunigten Klimaschutz unabdingbar. Der bisherige Bundesbedarfsplan muss (deshalb) aktualisiert werden.“

Auch die zusätzliche Stromnetzplanung beachtet, dass die Klimaneutralität in Deutschland bis 2045 erreicht wird.

2.18. Nicht ausreichend gelöste Probleme der Energiewende. wie u. a. Abstandsregelungen Flächenbereitstellungen für Windkraftanlagen

Auch dass manche Bundesländer, insbesondere im Süden Deutschlands, die gesetzlich vorgeschriebene Bebauung von 2 Prozent der Freiflächen mit Windkraftparks unter Beachtung der dabei ebenfalls gesetzlich zugrunde gelegten Abstandsregelungen ursprünglich nicht durchführen wollten, muss erwähnt werden. Die Freiflächennutzung für regenerative Energie gilt für ganz Deutschland als Bestandteil der Energiewende und soll deshalb unbedingt eingehalten werden. Zwei Prozent der Landes bedeuten für ganz Deutschland einen Flächenumfang von 715.000 ha, die für Windkraftanlagen bereitstehen müssten. Bei den Zielstellungen der regenerativen Energie müssten bis 2030 24.000 Windräder auf Onshore-Basis in Deutschland installiert werden. Gemäß den gegenwärtigen Regelungen in Deutschland gelten folgende Bestimmungen für ganz Deutschland als Abstandsregelungen für den einzuhaltenden Mindestabstand von Windrädern zueinander:

- bis zu 30 KW mindestens 100 m
- über 30 kW oder bis zu 0,5 MW mindestens 500 m
- über 0,5 MW bei wesentlichen Änderungen am gleichbleibenden Standort mindestens 800 m
- bei Neuerrichtungen mindestens 1000 m
- Gegebenenfalls ist ein höherer Abstand einzuhalten, wenn dies unbedingt erforderlich ist.

Weiterhin hat man für Deutschland geregelt, wie weit Wohnhäuser von Windkraftanlagen entfernt liegen müssen. Hierfür wurde folgende Regelung getroffen: Der Bau einer Windkraftanlage innerhalb eines Wohngebiets ist grundsätzlich verboten, außerhalb eines

Wohngebietes sollte das Windrad mindestens 750 Meter vom Rand des Wohngebiets entfernt stehen.

Gegen die geltende Regelung ergab sich bisher ein erheblicher Widerstand, da man mindestens 1000 Meter Abstand zwischen den Wohngebäuden und einer Windkraftanlage haben wollte. Im in Bezug auf die Bevölkerungsanzahl zweitgrößten deutschen Bundesland, in Bayern, wird die Mindestabstandshöhe von zu errichtenden Windkraftanlagen zu allgemeinen und reinen Wohngebäuden im Abstand von 1.000 Metern durch die für dieses Bundesland geltende 10 H-Regelung erheblich überschritten. Die 10 H-Regelung bedeutet, dass als Mindestabstandsregelung das Zehnfache der Anlagenhöhe zu Wohngebäuden betragen muss. Damit muss der Mindestabstand zwischen Wohngebäude und Windkraftanlage bei einer 200 Meter hohen Windkraftanlage 2000 Meter betragen. Durch diese hohe Abstandsregelung in Bayern kann wahrscheinlich die benötigte Gesamtfläche von 2 Prozent der benötigten Gesamtfläche von Deutschland für die Errichtung von Windkraftanlagen ggf. nicht geschafft werden.

Nur wenn manche andere Bundesländer Deutschlands die bisherigen Abstandsregelungen, die bisher für ihr Bundesland galten, unter Beachtung der Einhaltung der gesetzlichen Mindestregelung reduzieren, kann der für Windkraftanlagen benötigte Flächenbedarf für Deutschland noch erreicht werden. Auch durch die hohen Abstandsregelungen in Bayern und einigen anderen Bundesländern, die ebenfalls erhöhte Abstandsregelungen aufweisen und manche andere Gründe ist zum aktuellen Zeitpunkt eine Flaute im Genehmigungsverfahren von Windkraftanlagen eingetreten.

Marcel Kolvenbach und Nick Schader vom SWR (Südwestdeutschen Rundfunk) schreiben deshalb in ihren Ausführungen vom 04.07.2022 zum Thema „Flaute beim Windkraftausbau“ u. a. auszugsweise:

„Der Trend bei den Genehmigungen für Windkraftanlagen an Land war nach SWR–Recherchen im ersten Halbjahr rückläufig. Zwischen den Bundesländern gibt es dabei große Unterschiede. Der Ausbau der Windkraft geht in Deutschland weiterhin nur schleppend voran. Das geht aus einer Datenauswertung des SWR hervor. Dafür wurden in allen Bundesländern die Zahl der Genehmigungen für Windräder in den ersten sechs Monaten des Jahres ausgewertet. Hierbei zeigen sich extreme Unterschiede zwischen den Bundesländern. Während in Bayern (4) und Sachsen (2) fast keine neuen Windräder genehmigt wurden, liegt Nordrhein- Westfalen (79) an der Spitze. Dahinter folgen die Küstenländer Schleswig-Holstein (61) und Niedersachsen (57).

Deutschlandweit wurden im ersten Halbjahr 311 neue Windkraftanlagen genehmigt. Das ist ein leichter Rückschritt gegenüber dem I. Halbjahr 2021 (321). Im Vergleich zu „starken“ Windkraftjahren ist der Rückschritt sogar erheblich. In den Jahren 2014 (895) oder 2015 (699) wurden bis zu dreimal so viele Genehmigungen erteilt wie in diesem Jahr.

Das Bundesministerium für Wirtschaft und Klimaschutz teilte dem SWR mit, dass für die Einhaltung der deutschen Klimaziele zwischen 1500 und 2000 Windräder in Deutschland pro Jahr errichtet werden müssen. In den vergangenen drei Jahren waren es jeweils weniger als 500 – und dieses Jahr sieht der Trend nicht viel besser aus.

Der „Wirtschaftsverband Windkraftwerke e. V.“ (WVW) äußerte sich sehr enttäuscht über die aktuelle Situation: „Der WVW befürchtet ein dauerhaftes und deutliches Unterschreiten der Ausbauziele der Bundesregierung. Die Zahl der Genehmigungen und der in Betrieb genommenen Windenergieanlagen bleiben unverändert auf einem viel zu niedrigen Niveau. Es ist nicht nur kein Beschleunigungseffekt nach den vielversprechenden Aussagen des Koalitionsvertrages zu erkennen, sondern sogar ein Rückschritt.“

Fest steht: Die Zahl der aktuellen Genehmigungen für Windräder gibt den Ausbautrend der nächsten Jahre vor. Denn üblicherweise werden die Windkraftanlagen, die jetzt beantragt und genehmigt werden, in den folgenden beiden Jahren errichtet. Im Umkehrschluss heißt das: In den Ländern, in denen jetzt nur sehr wenige Genehmigungen vorliegen, wird in den kommenden Jahren auch weniger ausgebaut.“

Dem SWR teilte das bayerische Umweltministerium mit, es sei „selbstverständlich keine zufriedenstellende Situation“, das bisher

lediglich vier Windräder genehmigt wurden. Das habe mehrere Gründe. Es gebe „Akzeptanzprobleme in der Bevölkerung“ in Bayern, zudem gebe es eine „geringe Nutzung gemeindlicher Bauleitverfahren zur Unterschreitung von der 10H–Abstandsregel“...
....
Diese kann nur in Ausnahmefällen verringert werden.

Kritiker bemängeln, dass durch diese Regelung der Windkraftausbau in Bayern quasi zum Erliegen gekommen sei. Der Bund für Umwelt und Naturschutz (BUND) hofft, dass unter anderem Bayern jetzt durch Bundesgesetze zum Ausbau gezwungen werden kann: „Mit dem *Wind-an-Land-Gesetz‘ wird nun endlich verbindlich festgeschrieben, dass alle Bundesländer ihren Beitrag zum Erneuerbaren- Ausbau leisten müssen. Individuelle Abstandsregeln zu Wohnbebauung, wie die 10 H Regel in Bayern, können damit nicht aufrechterhalten werden. Zum Glück, denn so können Bürgerinnen und Bürger in allen Bundesländern wieder von der Energiewende profitieren, zum Beispiel durch regionale Stromtarife.“

Auch in Sachsen ist die Situation ähnlich. Hier wurden nur zwei Windräder innerhalb der ersten sechs Monate genehmigt. Das sächsische Klimaministerium räumte hierzu ein: „Mit dem Ausbautempo können wir nicht zufrieden sein. Wir brauchen deutlich schnellere Planungs- und Genehmigungsverfahren. Auch haben wir als Energie- und Klimaschutzministerium eine Taskforce „Erneuerbare Energien“ auf den Weg gebracht, die sich unter anderem den Thema Flächenverfügbarkeit und Verfahrenstempo widmet.“

Der Experte für regenerative Energien, Volker Quaschning von der Hochschule für Technik und Wirtschaft Berlin, kritisiert, dass Länder wie Bayern oder Sachsen den Ausbau der Windkraft blockieren: „In Bayern wurden letztes Jahr gerade einmal acht Windräder gebaut, in Sachsen sogar Windräder abgebaut. Wenn Gemeinden dort trotzdem Windräder bauen wollen, treffen sie auf erhebliche Widerstände. Wenn wir nicht weiter Erdgas und Erdöl aus fragwürdigen Staaten importieren wollen, muss die Blockadepolitik bei allen Ländern und Kommunen aufhören.“

Auch in anderen Bundesländern bleibt der Windkraftausbau derzeit hinter den Erwartungen zurück. Im windstarken Küstenland Mecklenburg-Vorpommern wurden 16 Genehmigungen im ersten Halbjahr erteilt – in Thüringen (11), Baden-Württemberg (10) und in Rheinland-Pfalz (7) waren es noch weniger.

Das Bundeswirtschaftsministerium teilte hierzu dem SWR mit, es sei wichtig, dass deutschlandweit „alle Regionen einen entsprechenden Beitrag leisten". Die Bundesregierung lege „jetzt erstmals verbindliche Flächenziele für die Bundesländer fest. Dabei müssen alle Länder einen Beitrag leisten, um in der Summe auf eine Flächenausweisung in der Höhe von zwei Prozent der Bundesfläche für die Windenergie an Land bereitzustellen."

Wenn der Ausbau nicht beschleunigt werde, könne das negative Auswirkungen für die Wirtschaft haben, warnt der Branchenverband WVW: „Wer jetzt den Ausbau der Erneuerbaren Energien nicht radikal voranbringt, gefährdet den Wirtschaftsstandort Deutschland und den sozialen Frieden."

Am 08.07.2022 ist das „Gesetz zur Erhöhung und Beschleunigung des Ausbaus von Windenergieanlagen an Land" vom Bundesrat auf der Grundlage der Annahme in der 47. Sitzung am 07. Juli 2022 aufgrund der Beschlussempfehlung und des Berichts des Ausschusses für Klimaschutz und Energie – Drucksache 20/2583, 20/2654 – des von den Fraktionen SPD, Bündnis 90/Die Grünen und FDP eingebrachten Entwurfs eines Gesetzes zur Erhöhung und Beschleunigung des Ausbaus von Windenergieanlagen an Land – Drucksache 20/2355 – angenommen worden.

Man hat sich nun bei den Festlegungen zum „Wind-an-Land-Gesetz" auf einen Kompromiss in Form eines zeitlich abgestuften Umfangs geeinigt, weil zum einen die speziellen Gegebenheiten und Belange der einzelnen Bundesländer Deutschlands in differenziertem Umfang beachtet werden müssen und man nicht sofort die bisherige Zielstellung von 2,0 Prozent der Flächennutzung von zu errichtenden Windkraftanlagen erreichen kann. Nachfolgende Flächenbeitragswerte wurden für die einzelnen Bundesländer in abgestufter zeitlicher Reihenfolge im Gesetz zugrunde gelegt:

Bundesland	Flächenbeitragswert bis zum 31. Dezember 2027 (prozentualer Anteil)	Flächenbeitragswert bis zum 31. Dezember 2032 (prozentualer Anteil)	Fläche in km²
Baden-Württemberg	1,1	1,8	35.747,82
Bayern	1,1	1,8	70.541,57
Berlin	0,25	0,50	891,12
Brandenburg	1,8	2,2	29.654,35
Bremen	0,25	0,50	419,62
Hamburg	0,25	0,50	755,09
Hessen	1,8	2,2	21.116,64
Mecklenburg-Vorpommern	1,4	2,1	23.295,45
Niedersachsen	1,7	2,2	47.709,82
Nordrhein-Westfalen	1,1	1,8	34.112,44
Rheinland-Pfalz	1,4	2,2	19.858,00
Saarland	1,1	1,8	2.571,11
Sachsen	1,3	2,0	18.449,93
Sachsen-Anhalt	1,8	2,2	20.459,12
Schleswig-Holstein	1,3	2,0	15.804,30
Thüringen	1,8	2,2	16.202,39

Tabelle15: Prozentuale Flächenbeitragswerte 2027 und 2032 je Bundesland in Deutschland zur Errichtung von Windenergieanlagen an Land gemäß dem am 08.07.2022 beschlossenen „Gesetz zur Erhöhung und Beschleunigung des Ausbaus von Windenergieanlagen an Land“

In diesem Gesetz, was zur Vollständigkeit nachfolgend aufgeführt wird, wurden nicht nur zu pro Bundesland bis zu den Zeiträumen 2027 bzw. 2032 prozentual im Verhältnis zur jeweiligen

Bundeslandesfläche zu errichtenden Windenergiegebieten, sondern auch noch zu folgenden Punkten gesetzliche Regelungen getroffen:

Rotorblattspitze innerhalb der Windenergieanlagenfläche
Windenergieanlagen an Land
Änderung des Baugesetzbuchs
Änderung des Raumordnungsgesetzes
Änderung des Erneuerbare-Energien-Gesetzes

Damit sind auch unter Berücksichtigung der spezifischen Besonderheiten der einzelnen Bundesländer für die zu schaffende Energiewende bessere Voraussetzungen für die durch die jeweiligen Bundesländer für die Errichtung von Windkraftanlagen an Land prozentual zu nutzende Fläche, bezogen auf das Verhältnis zur jeweiligen Bundeslandesfläche, vorhanden. Dadurch sind die bisher bestehenden Sonderregelungen einzelner Länder, wie u. a. Bayern, außer Kraft gesetzt worden. Es kann jedoch sein, dass einzelne Bundesländer, wie u. a. auch Bayern, wegen der wahrscheinlich weiter bestehenden Akzeptanzprobleme der Bevölkerung in Bayern, diese festgelegten Ziele der Errichtung von Windkraftanlagen nicht erreichen und die Ziele der Energiewende unter Umständen nicht erfüllt werden.

Die Windstärke bzw. das gegenüber dem Norden Deutschlands wesentlich geringere Windaufkommen muss noch stärker bei den Festlegungen des Bundes für die einzelnen Bundesländer berücksichtigt werden. Was hilft es, wenn in den betreffenden Bundesländern die notwendige Anzahl an Windkraftanlagen zwar errichtet wird, aber sie dann wegen zu geringer Windstärke in diesen Regionen nicht ausreichend wirtschaftlich betrieben werden können.

Trotz der im Juli 2022 getroffenen weiteren zu beabsichtigenden Regelungen ist die Dauer des Genehmigungs- und Prüfungsverfahrens in Deutschland noch sehr hoch und das Genehmigungs- und Prüfungsverfahren in vielen Fällen zu bürokratisch. Es kann nicht nur in Zielstellungen geregelt werden, dass das Genehmigungs- und Prüfverfahren mindestens so beschleunigt werden soll, dass dies in der Hälfte der Zeit erfolgen kann. Wenn man dies nur den Verantwortlichen sagt, ohne die Bestimmungen im Genehmigungs-

und Prüfverfahren zu verändern, zu verringern bzw. zu beschleunigen und von der übergroßen Bürokratie zu befreien, wird man dieses Ziel nicht erreichen.

Israel und Deutschland sind die beiden Länder mit den weltweit höchsten bürokratischen Bestimmungen, was leider auch im Genehmigungs- und Prüfverfahren bei der Errichtung von Anlagen der erneuerbaren Energien zum Ausdruck kommt und erheblich die Erreichung der Terminziele der Energiewende behindert. Manche Gesetze, die mit dem Genehmigungs- und Prüfverfahren für erneuerbare Energien in wesentlicher Verbindung stehen, müssen ebenfalls wegen der Notwendigkeit einer richtigen und besseren Energiewende auf den kritischen Prüfstand. Auch die rechtlichen Regelungen und die Tätigkeit der Richter und der Zeitraum, bis sie ein Urteil getroffen haben, muss erheblich im Sinne der Verwirklichung der Energiewende reduziert werden. Es kann nicht sein, dass wir im internationalen Rahmen viel zu lange brauchen, bis Investitionen realisiert werden. Dies können wir uns wegen der nur zur Verfügung stehenden wenigen Jahre, in denen man auf der Welt sehr viel im globalen Maßstab schaffen muss, nicht mehr erlauben, um wirksame Maßnahmen gegen den uns alle bedrohenden Klimawandel einzuleiten. Auch dabei sind viel schnellere Ergebnisse im Genehmigungs- und Prüfverfahren auch für erneuerbare Energien zu erreichen.

Im sogenannten „Osterpaket“ zum Ausbau erneuerbarer Energien, das vom Bundesrat gebilligt wurde, ist im Rahmen der EEG-Novelle bzw. der Aussage „Mehr erneuerbare Energien für mehr Klimaschutz“ als erforderliche Maßnahme ebenfalls vorgesehen, dass die Beschleunigung der Planungs- und Genehmigungsverfahren erfolgen soll. Im „Osterpaket“ zum Ausbau erneuerbarer Energien ist diesbezüglich von der aktuellen Bundesregierung zum beschleunigten Verfahren und zur einfacheren Realisierung von Bürgerenergiegesellschaften erwähnt:

„Um das neue Ausbauziel für Wind- und Solarenergie 2030 zu erreichen, werden die Ausschreibungsmengen für die Zeit bis 2028/29 erhöht. Außerdem sollen die Planungs- und Genehmigungsverfahren beschleunigt werden.“

Die einfachere Realisierung von Bürgerenergiegesellschaften wird im betreffenden Dokument wie folgt beschrieben:

„Das Gesetz setzt zudem neue Impulse, um die lokale Akzeptanz und Verankerung der Energiewende zu stärken. So werden Wind- und Solarprojekte von Bürgerenergiegesellschaften von den Ausschreibungen ausgenommen und können dadurch unbürokratischer realisiert werden. Außerdem wird die finanzielle Beteiligung der Kommunen an Wind- und Solarprojekten weiterentwickelt."

Es ist nicht ausreichend, wenn man zwar eine Vorfahrtsregelung für die Errichtung von erneuerbaren Energien festgelegt hat, aber noch bestehende gesetzliche Regelungen anderer Gesetzesbereiche diese notwendigen Änderungen nicht im erforderlichen Maße beachten, wie u. a. noch Mängel in veränderten Regelungen in der Baugesetzgebung, da trotz der Änderung dieses Gesetzes immer noch die Vorfahrtsregelung für die Energiewende nicht erfolgt. Beamte, die sich auf das Baugesetzbuch berufen, treffen Entscheidungen auf Grund des geltenden Baugesetzes, die völlig im Gegensatz zu den angestrebten Belangen der Energiewende stehen. Es ist auch festzustellen, dass Beamte bzw. entsprechende Mitarbeiter im öffentlichen Dienst in einigen Bundesländern auch auf manche noch geltenden Bestimmungen beharren und deshalb den Weiterbau mancher Objekte zur Erzeugung erneuerbarer Energien, die zum Teil unter Berücksichtigung der so wichtigen Belange des Klimawandels schon errichtet wurden, untersagen. Es geht soweit, dass man verlangt, die Anlagen auf eigene Kosten wieder abzubauen. Im besonderen Maße betrifft dies schon errichtete Photovoltaikanlagen und hierbei u. a. auch sogenannte „Balkonkraftwerke", die mit Verweis auf Erhaltungssatzungen von einzelnen Städten bzw. Regionen wieder abgebaut werden sollen. Damit wird der Errichtung der erneuerbaren Energien, den wichtigen Belangen zur Bekämpfung des Klimawandels und der Erzeugung von Energie gerade auch in dieser schwierigen Zeit für die Sicherung der Energieversorgung ein „Bärendienst" geleistet. Offenbar haben die dafür Verantwortlichen noch nicht dem Zug der Zeit erkannt, wenn sie sich auf solche bei den Problemen der Gegenwart völlig destruktiven Regelungen berufen.

Im seit dem 29.07.2022 geltenden „Gesetz zur Änderung des Energiewirtschaftsrechts im Zusammenhang mit dem Klimaschutz-Sofortprogramm und zu Anpassungen im Recht der Endkundenbelieferung“ (EnWRKAnpG) des Bundesministeriums für Wirtschaft und Klimaschutz vom 19.07.2022 werden u. a. Anpassungen im Netzwerkbeschleunigungsgesetz vorgenommen, „um eine zügige Durchführung der Planungs- und Genehmigungsverfahren zu fördern. Diese Anpassungen betreffen zum einen die Entwicklung von Präferenzräumen sowie die damit verbundenen Vereinfachungen in den Planungs- und Genehmigungsverfahren, u. a. beim Umgang mit der Bundesfachplanung.--.

…………………………………………………………………………………

Daneben werden u. a. für den Bundesbedarfsplan aufzunehmende Vorhaben, für die eine Bündelungsmöglichkeit mit einem im Bundesbedarfsplan verankerten Verfahren besteht, Vereinfachungen (u. a. Verzicht auf Bundesfachplanung) eingeführt und damit ebenfalls eine Straffung der Planungs- und Genehmigungsverfahren erreicht. Weitere Beschleunigungen erfahren die Vorhaben durch die rein elektronische Auslegung von Unterlagen.“

In den Anfang 2022 erarbeiteten verschiedenen Gesetzentwürfen zu den erneuerbaren Energien in Verbindung mit vielfältigen aktuellen Erfordernissen, die dabei ebenfalls zu beachten sind und die nach Zustimmung des Bundesrates beschlossen und veröffentlicht wurden, sind ebenfalls konkrete Belange zur Beschleunigung der Verfahren der Genehmigungs- und Prüfungsverfahren enthalten. Zu den in Kurzform und ohne nähere Erläuterung genannten Beschlüssen gehören u. a.:

– Verkürzung von Terminen zur Beschleunigung von Prozessen

– zeitsparende elektronische Bearbeitung von Formularen

– Aufwandssenkungen in der Gesamtsumme aller notwendigen Maßnahmen bei den Raumordnungs- und Planfeststellungsverfahren durch eigenständige Wahrnehmung vieler Aufgaben im Stromaufbau durch die Bundesnetzagentur, dadurch nicht mehr erforderliche länderübergreifende

Aufgabenbearbeitung und einheitliche Ansprechpartner und die damit verbundene Senkung bestimmter Personal- und Sachkosten

- Bundesverwaltungsgericht (BVG) erstinstanzliches Gericht für alle Rechtsvorhaben bzw. -streitigkeiten (durch Nichtzustimmung einer Revision durch das Bundesverwaltungsgericht Erreichung einer wesentlichen Senkung des Ablaufs von Rechtsstreitigkeiten, dadurch erhebliche Zeitbeschleunigung bei der Errichtung der notwendigen Netzbauvorhaben, da in diesem Fall nur noch wenige Verfahren beim Bundesverwaltungsgericht anhängig sind)

- keine Präferenzraumermittlung für neue Vorhaben

- Vereinfachung des Einstiegs in den digitalen Netzanschlussprozess, z. B. durch Nutzung gemeinsamer Internetplattformen der Verteilerbetreiber

- Entfallen der Anforderung personenbezogener Daten, da auf Grund des veränderten Funktionsumfangs keine Informationen zu geplanten Netzanschlussverfahren über die Internetplattform ermittelt werden

- Beitrag zur deutlichen Reduzierung des Verwaltungsaufwands und erheblichen Verfahrensbeschleunigung durch Ersatz der bisherigen Veröffentlichungen in gedruckter Form durch Veröffentlichungen im Internet

- keine Raumplanungsregelungen zu zwingenden Abständen von Hochspannungsleitungen zu Gebäuden (dadurch keine Abweichung mehr von der Bestandstrasse bzw. dem Trassenkorridor)

Zur Beschleunigung des Netzaufbaus werden ebenfalls u. a. folgende Maßnahmen ergriffen:

- Bei der Änderung einer Anlage im Anzeigeverfahren ist in den Fällen, in denen die Änderung des Betriebsbedingungen keine

Auswirkungen auf die Beurteilungspegel der Technischen Anleitung zum Schutz gegen Lärm (TA Lärm) haben, keine Feststellung der zuständigen Behörde über die Einhaltung der TA Lärm mehr erforderlich.

- Für neu in den Bundesbedarfsplan aufzunehmende Vorhaben wird bei einer Bündniszugänglichkeit mit einem bereits im Bundesbedarfsplan verankerten Vorhaben auf die Bundesbedarfsplanung verzichtet werden können.

- Mit der Entwicklung und Festlegung von sogenannten Präferenzräumen entfällt ebenso die Bundesfachplanung.

- Bei der Beteiligung der Öffentlichkeit wird die Auslegung der Unterlagen in gedruckter Form durch die Veröffentlichung im Internet ersetzt und die Veröffentlichung der Entscheidung über die Bundesfachplanung auf ein digitales Format umgestellt.

- Es werden neue Vorgaben zur Endkundenbelieferung eingeführt. Energielieferanten müssen künftig die Beendigung ihrer Tätigkeit drei Monate vorher der Bundesagentur anzeigen sowie die betroffenen Kunden und Netzbetreiber informieren.

- Durch die Einführung der elektronischen Beauftragung und Mitteilung von Netzanschlüssen werden die Bürgerinnen und Bürger entlastet.

- Durch die Anpassung der Regelungen zu Änderung im Anzeigeverfahren erwartet das Ressort, dass künftig in Fällen, in denen die Änderung des Betriebskonzepts keine Auswirkungen auf die Beurteilungspegel der TA Lärm haben, keine Lärmgutachten dann mehr notwendig werden.

- Wegen den Anpassungen der Regelungen zu Änderungen im Anzeigeverfahren bezüglich der Vorgaben der TA Lärm entfällt auch der Prüfungsaufwand sowie der Aufwand für sonstige Aufgaben (zum Beispiel für Beratungen, Abstimmung formeller

Prüfungen, Erfassung von Daten) für die jeweilige Landesverwaltung. Es wird eingeschätzt, dass der aktuelle Aufwand um ein Drittel gesenkt werden kann.

- Da für die Nutzung der erneuerbaren Energien der Grundsatz geändert wird, dass sie in überragendem öffentlichen Interesse liegen und der öffentlichen Sicherheit dienen, würde dies im Zuge der Rechtsvereinheitlichung auch gelten, falls die EEG-Umlage ganz oder teilweise in der Zukunft wieder aufleben würde. Für diesen relativ unwahrscheinlichen Fall braucht daher keine zusätzliche Bürokratie vorgehalten zu werden, die nicht ohnehin für die Erhebung der anderen Umlagen erforderlich ist

- Infolge dessen fallen künftig keine Umlagen mehr auf Eigenverbräuche und Direktbelieferungen hinter dem Netzverknüpfungspunkt an. Dies baut Bürokratie ab und macht zugleich zahlreiche Geschäftsmodelle wirtschaftlich attraktiver.

- Mit diesem Gesetz wurden erste wichtige Maßnahmen zum Bürokratieabbau im Energierecht und damit zur Beschleunigung des Ausbaus der erneuerbaren Energien umgesetzt.

- Künftig entfällt die Pflicht, bestimmte Angaben dem Marktstromdatenregister zu melden.

- Vorschriften zum Ausgleich und zur besonderen Ausgleichsregelung im EEG werden noch obsolet und daher im EEG 2023 aufgehoben.

- Die Bestimmungen zur Eigenversorgung, Stromspeicherung und Verlustenergie werden aufgehoben.

- Die Bestimmungen zur besonderen Ausgleichsvergütung werden aufgehoben.

- Für kleinere Unternehmen ist zukünftig kein Prüfungsvermerk eines Wirtschaftsprüfers mehr erforderlich.

- Auch die bisher notwendige Bildung einer fixen Marktprämie kann abschafft werden.

- Die bisherige Eigenerklärung ist nicht mehr verpflichtend und braucht auch deshalb nicht mehr auf der Internetseite eingestellt zu werden.

- Durch die Vereinfachung der Abrechnung der wirtschaftlichen Umlagen und Abschaffung der EEG-Umlage werden ebenfalls Entlastungen für die Übertragungsnetzbetriebe erwartet.

usw.

(siehe auszugsweise Ausführungen zu einigen Gesetzen zu den erneuerbaren Energien und deren ebenfalls zu beachtendem Umfeld aus den betreffenden gesetzlichen Regelungen von Mai 2022)

Trotzdem haben sich auch in Auswertung dieser Gesetze bzw. der sachlich geprüften Notwendigkeit manche zusätzliche Aufgaben ergeben und treten dadurch auch zusätzliche Aufwendungen bei bestimmten Positionen auf, u. a. in zusätzlichen Personal-, Gemein- und sonstigen Sachkosten.

Der ermittelte zusätzliche Personalaufwand für Maßnahmen der erneuerbaren Energien wurde einfach zum bisher vorhandenen bzw. zugrunde gelegten Personalaufwand dazuaddiert. So ergibt sich ein neuer Stellenbedarf. Untersuchungen noch vorhandener Potentiale zur zusätzlichen Aufgabenübernahme durch bisherige Stelleninhaber bzw. zur Entbürokratisierung dieser Aufgaben werden hierbei von den zuständigen Ministerien nicht eingeleitet. Damit können die bisherigen Aufgaben im Rahmen einer rationellen Prüfung der bisherigen Stellenbeschreibung trotz der steigenden Kosten, insbesondere der Personalkosten, nicht entfallen.

Dies kann auch dadurch begründet werden, weil wir ein Übermaß an bürokratischen und zum Teil auch noch veralteten Bestimmungen in Deutschland haben, wie bereits zu dieser Thematik in diesem Buch an der entsprechenden Stelle geschrieben wurde. Man geht auch bei den zusätzlich genannten Stellen, wie überhaupt seitens der dafür

Verantwortlichen in der Bundesrepublik, trotz einer erheblichen hohen Staatsverschuldung davon aus, dass die betreffenden Stellen zusätzlich zu den bereits vorhandenen Stellen immer geschaffen werden müssen.

Im Vertrag von Maastricht von 1992 zur Europäischen Wirtschafts- und Währungsunion wurde festgelegt, dass der öffentliche Schuldenstand im Verhältnis zum nominalen Bruttoinlandsprodukt bzw. die Schuldenquote einen Wert von 60 Prozent nicht überschreiten soll. Wenn auch in Deutschland die Staatsverschuldung zum Stand 2019 mit 55,6 Prozent damals noch unter den Maastricht-Kriterien lag, hat man die gezogene Grenze von 60 Prozent schon überschritten, da man gegenwärtig bei ca. 70 Prozent liegt. Die Ursache der Überschreitung wird in Deutschland insbesondere durch die gewährten nicht rückzahlbaren Zahlungen durch Covid gesehen. Wir können uns nach Auffassung des Finanzministers auch aus volkswirtschaftlichen Gründen keine weitere sehr hohe Verschuldung in Anbetracht der gegenwärtig vorherrschenden inflationären und aktuellen volkswirtschaftlichen Gegebenheiten sowie der sonstigen vorhandenen Situation in Deutschland erlauben. Es gibt aber diesbezüglich auch andere Meinungen dazu, dass wir in Anbetracht der außergewöhnlichen Situation sowie der Probleme des Klimawandels und mancher auch notwendiger Investitionen die Staatsverschuldung auch mindestens für 2023 erhöhen sollten. Der Bundeskanzler ist gegenwärtig auch der Meinung, dass wir 2023 uns auch etwas höher verschulden müssen, als Einnahmen dem Bund zufließen können. Besonders sich sehr aktiv für die Belange des Klimawandels einsetzende Vertreter sind der Auffassung, dass wir uns an die Maastricht-Grenzen angesichts der Klimaprobleme derzeit und in den nächsten Jahren durch die anstehenden notwendigen Ausgaben nicht halten können und sollten.

Wir müssen auch bei den Personalkosten rechnen und können aus wirtschaftlichen Gründen nicht immer und überall eine ständige Erhöhung der Stellen als Prämisse sehen. In der alten Bundesrepublik und nunmehr im wiedervereinigten Deutschland wird, wie schon in diesem Zusammenhang erwähnt, bei den Stellen immer so verfahren, dass das Bestehende im öffentlichen Dienst immer so bleibt und die neuen Stellen immer dazukommen, ohne die Rationalität und die Effektivität der bisherigen Stellen unter dem sich ergebenden

Nutzeffekt unter Beachtung einer strengen wirtschaftlichen Nutzenanalyse zu betrachten. Hierbei wurde in der früheren DDR manchmal ganz anders verfahren. Es sollte immer eine kritische Untersuchung auf der Grundlage hoher rationeller Ziele der auf dieser Basis zu erstellenden Stellenbeschreibungen beim zugrunde zu legenden nutzeffektgesteuerten Arbeitsvermögen erfolgen. Hierbei müssen Aufwand und Nutzen solcher Stellen unter den notwendigen Gesichtspunkten der Rationalität und des unbedingten Erfordernisses der Entbürokratisierung Deutschlands gesehen werden.

Diese genannten Gründe müssen auch für Deutschland bei einer gesamten globalen notwendigen Energiewende beachtet werden und Lösungen zur Veränderung der gegenwärtigen Aspekte, die die Durchführung der Energiewende problematisch machen, gefunden werden.

2.19. Notwendigkeit eines anderen Umgangs und Konsumverhaltens zur Erreichung der Steigerung der Energieeffizienz

Auch die Gesellschaft und der Einzelne muss mehr als bisher ein anderes, die Bedrohung unserer Zivilisation beachtendes Verhalten an den Tag legen. Noch denken große Teile unserer Gesellschaft, dass die Probleme der Klimakrise beseitigt werden können und trotzdem ein zunehmender quantitativer Wohlstand möglich ist. Weil man in den führenden Industriestaaten der westlichen Welt immer so gelebt hat und seine Lebensweise darauf ausgerichtet hat, denken Manche auch in Deutschland noch, dass sie ihr zum Teil übergroßes Konsumdenken, trotz der Belange des Klimawandels und der Umweltfolgen, beibehalten können. Dies kann aus meiner Sicht nicht aufgehen, denn man muss nach wie vor der Meinung sein, dass wir, um die vor uns stehenden Aufgaben erfüllen zu können, uns an einem qualitativen Wachstum und nicht am bisherigen quantitativen Wachstum orientieren sollten. Dies müsste auch unter Beachtung aller technischen Fortschritte und dass wir weiter forschen sollten, immer berücksichtigt werden. Dieses qualitative Wachstum beinhaltet eine andere Lebensweise von uns und auch keine Weiterführung der Gier und des Egoismus. Dass manche Parteien und Teile der Bevölkerung noch eine stärkere Besteuerung von Reichen und Vermögenden auch in Deutschland wünschen und dadurch auch in gewisser Weise eine Umverteilung, auch besonders in der gegenwärtigen Situation wollen, kann man nicht aus dem immer hervorgetragenen Narrativ des „Sozialneids“ sehen. Wir brauchen eine Umverteilung nicht nur in Deutschland, sondern im besonderen Maße auf globaler Ebene zur Verringerung der Polarität von Arm und Reich und auch insbesondere zur positiven Beeinflussung der nur globalen zu bewältigenden Klimakrise. Außerdem sollten wir in manchen Punkten ein anderes Verhalten zur Wahrnehmung der individuellen Freiheit an den Tag legen, insbesondere deshalb, weil leider manche Menschen unter individueller Freiheit eine zügellose Wahrnehmung der Freiheit verstehen und auch so handeln.

Wir sollten uns als Menschen, unabhängig vom Glauben und von Auffassungen des Einzelnen tolerant, humanistisch und solidarisch verhalten. In dem anderen Menschen sollten wir nicht den Gegner oder auch Mitbewerber sehen, sondern unser Verhalten sollte von Freundschaft gegenüber den Mitmenschen gekennzeichnet sein. Daraus ergibt sich für uns die wichtige Frage, ob solche Maxime in unserem Verhalten in einer Wirtschaft bzw. einer Gesellschaft und die Erreichung des quantitativen Wachstums weiterhin den Vorrang haben und als wichtiges gesellschaftliches Ziel für uns gelten. Um die Probleme des Klimawandels zu bekämpfen, müssen wir, wie bereits dargelegt wurde, auch Verbote, materielle Wohlstandsverluste bzw. Einschränkungen unseres individuellen Konsums im Interesse der notwendigen Erfordernisse unserer Planeten bzw. der globalen gesellschaftlichen Entwicklung im Weltmaßstab, ohne Probleme darin zu sehen, hinnehmen. Aber, wie bereits genannt, müssen wir immer dabei beachten, dass bei allen Verboten und ähnlichem einzelnen betroffenen Änderungen das Volk bzw. die Menschen in Deutschland auch diese notwendigen Handlungen, die im Interesse Aller erfolgen müssen, mehrheitlich akzeptieren.

Wir können nicht mehr so leben, wie bisher. Dies trifft auch auf unseren oft verschwenderischen Umgang mit wichtigen gesellschaftlichen Ressourcen, wie u. a. auch Rohstoffen und den Energieverbrauch zu. Unabhängig von den gegenwärtigen Gas- und Stromproblemen sollten wir auch nicht, wie das für Einige auch in Deutschland zutraf, uns vorrangig auf der Grundlage eigensüchtiger Ist-Interessen verhalten.

Wir müssen den Energieverbrauch verringern bzw. die Energieeffizienz muss auch aus globalen Gründen erheblich verbessert werden. Um eine Energieeffizienzsteigerung zu erreichen, gehören ein sparsamer Umgang mit Energie und eine Reduzierung aller Energieverluste, die im Zusammenhang mit der Energienutzung auftreten, unbedingt dazu.

Im von der Bundesregierung veröffentlichten Beitrag zum Thema „Energieeffizienz – Unverzichtbar für das Gelingen der Energiewende“ ist u. a. Folgendes auszugsweise geschrieben worden:
„Ein sparsamer Umgang mit Energie zahlt sich aus, denn die billigste und klimafreundliche Kilowattstunde ist die, die gar nicht erst verbraucht wird. Wer also energieeffizient handelt, schont das Klima

und seinen privaten Geldbeutel. Für eine erfolgreiche Energiewende ist entscheidend, sowohl die Energieeffizienz zu steigern als auch den absoluten Energiebedarf zu senken. Deshalb strebt die Bundesregierung an, den Stromverbrauch in Deutschland bis 2050 um 25 Prozent zu verringern (verglichen mit dem Wert von 2008). Im Verkehr soll der Endenergiebedarf bis 2050 um 40 Prozent (im Vergleich zu 2005) sinken. Im Gebäudebereich soll sich der Primärenergiebedarf bis 2050 um 80 Prozent vermindern („klimaneutraler Gebäudebestand“).

Der Klimaschutzplan der Bundesregierung sieht das Ziel vor, bis 2050 einen nahezu klimaneutralen Gebäudebestand zu haben. Erreicht werden soll dies mit einer Kombination aus Energieeffizienz und erneuerbaren Energien. Ein Zwischenziel 2030 ist, die Treibhausgasemissionen im Gebäudebereich auf 70 bis 72 Millionen Tonnen CO2-Äquivalente zu senken (- 55 % gegenüber dem Niveau von 1990).

Energieeffizienz und Energiesparen sind für das Gelingen der Energiewende unverzichtbar. Auch angesichts des wachsenden Energiehungers auf der Welt und steigender Energiepreise gilt: Energie ist zu kostbar, um sie zu verschwenden. Energieeffizienz bildet den Grundstein, auf dem der Ausbau der Erneuerbaren Energien erfolgt. Auch die Erneuerbaren Energien sind mit Umwelteinwirkungen verbunden. Deshalb ist die umweltschonendste Energie die, die man gar nicht erst verbraucht, weil diese nicht erzeugt und transportiert werden muss. Doch es gibt immer noch zahlreiche Hemmnisse, die einer Steigerung der Energieeffizienz entgegenstehen. So wissen viele private Haushalte oder Unternehmen nicht, dass sie über Möglichkeiten zur Verbesserung ihrer Energieeffizienz verfügen und sich das in vielen Fällen auch finanziell rechnet. Die Bundesregierung setzt daher in der Energiewende auf effektive Instrumente, um Energieeffizienz zu fördern und ein Bewusstsein bei den Energieverbrauchern dafür zu schaffen, was sie selbst tun können. Energieeffizienz ist das Verhältnis des Einsatzes einer bestimmten Energiemenge zu ihrem Nutzen. Je weniger Energie eingesetzt werden muss, umso energieeffizienter ist ein Produkt oder eine Dienstleistung.

Die Bundesregierung unterstützt Unternehmen, Kommunen und private Haushalte dabei, ihre Energiebilanz zu verbessern – unter anderem über verschiedene Förderprogramme zur individuellen Energieberatung. ....

Ein weiteres Handlungsfeld ist die energetische Gebäudesanierung privater Haushalte. Die Bundesregierung unterstützt Bauherren und Eigentümer ihre Gebäude energieeffizient zu sanieren, um den CO2-Ausstoß zu verringern und Energie einzusparen, Seit dem 1. Juli 2021 können Anträge auf entsprechende Förderkredite und Zuschüsse im Rahmen der Bundesförderung für effiziente Gebäude (BEG) bei der KfW-Bank (Kreditanstalt für Wiederaufbau) gestellt werden.

Die Klimaschutzpartnerschaft mit Industrie- und Handelskammern hat es sich zum Ziel gesetzt, diese gerade auch in mittelständischen Unternehmen breit vorhandenen, kostengünstigen Potenziale für Klimaschutz und Energieeffizienz stärker zu erschließen. Innovative Technologien sollen in der betrieblichen Praxis engagiert vorangetrieben werden. Im Rahmen der „Bundesförderung für Energieberatung im Mittelstand" erhalten Betriebe Zuschüsse zu einer Erst- oder Detailberatung in Höhe von 80 bzw. 60 Prozent der Kosten.

Darüber hinaus fördert die Bundesregierung Investitionen, die den Einsatz hocheffizienter Querschnittstechnologien in kleinen und mittleren Unternehmen (KMU) als Ersatz für veraltete Technik zum Inhalt haben. Die Zuschüsse betragen bis zu 30 Prozent des förderfähigen Investitionsvolumens. ....

Mit der Novelle des „Kraft-Wärme-Kopplungsgesetzes (KWK)" hat die Bundesregierung die Abwärmenutzung der Nutzung von KWK-Wärme gleichgestellt. Im „Marktanreizprogramm" sind auch Wärmenetze die Abwärme nutzen, förderfähig. Damit sollen die großen vorhandenen Potenziale zur Energieeinsparung durch Abwärmenutzung besser genutzt werden. Der Energieverbrauch von Wärme über Strom bis hin zum Verkehr lässt sich weiter reduzieren. Die größten Potenziale liegen im Gebäudebereich. Immerhin werden in Deutschland rund 36 Prozent der Endenergie in Gebäuden verbraucht, vorwiegend für Heizung und Warmwasser. Nach wie vor gelten 24 Millionen Wohneinheiten als energetisch sanierungsbedürftig, Hier hat die KfW - Bank mit ihren Förderprogrammen gute Möglichkeiten die weitere Sanierung des Altbaubestandes voranzutreiben und so den Energieverbrauch unmittelbar und nachhaltig zu reduzieren. ....“

Es ist äußerst wichtig, Energie einzusparen. Auch in der ehemaligen DDR, also in Ostdeutschland, gab es umfangreiche Kostensenkungsprogramme, die auch die Energieeinsparung und die Erhöhung der Energieeffizienz beinhalteten. Auch diese Kosteneinsparungsregelungen wurden damals in der DDR schon aus der Sicht der notwendigen Ressourceneinsparung, die für uns Alle auch aus globalen Gründen bestehen sollte und der notwendigen Steigerung der Energieeffizienz und nicht nur aus Mangelproblemen in der Bereitstellung von Energie festgelegt.

Diese wurden in damaligen Betrieben auch in der früheren DDR umgesetzt und standen nicht nur auf dem Papier. Es wurden auch beispielsweise für einzelne Energiearten, wie u. a. für Treibstoffe, sogar zeitweilig Limits, die unbedingt von Allen eingehalten bzw. nicht überschritten werden durften, zugrunde gelegt. Danach wurde streng verfahren. In der Praxis führte dies soweit, dass bestimmte Autofahrten, selbst wenn es die Betriebsleitungen betraf, bei der Gefahr der Überschreitung des Limits nicht mehr erfolgen durften und die notwendigen dienstlichen Erledigungen, wenn man in einen anderen Ort fahren musste, nur unter Benutzung öffentlicher Verkehrsmittel, insbesondere der Bahn, durchgeführt werden durften. Die Limits, wie z. B. für die Treibstoffe, galten jedoch damals in der DDR nicht für den privaten Bereich bzw. für die Bevölkerung, wenn diese keine Dienstfahrten durchführen brauchten.

Durch die nicht den tatsächlichen wirtschaftlichen Erfordernissen entsprechende Subventionspolitik, insbesondere auch für Altbauten und die oft nur geltende Pauschale, beispielsweise für den Wärmeenergieverbrauch, die einen unbegrenzten Verbrauch möglich machte und durch eine Reihe weiterer Faktoren kam sie bei Gebäuden bei den privaten Haushalten leider nicht im ausreichendem Maße in der früheren DDR zum Tragen, so dass dort gegen wichtige

Grundsätze der Steigerung der Energieeffizienz, bezogen auf diese speziellen Umstände, verstoßen wurde.

Das Grundanliegen der Energieeffizienzsteigerung ist zur Erreichung der dringend notwendigen Ressourceneinsparung unbedingt auch zur Bewältigung der Klimakrise erforderlich. Insofern kann man das Erreichen dieser Zielstellung nur begrüßen, unabhängig von den gegenwärtigen Erscheinungen der Energiekrise bzw. der ggf. nicht ausreichend gesicherten Wärmebereitstellung und der möglichen Probleme bei der Strombereitstellung in Deutschland. Natürlich ist zu beachten, dass die Menschen bei allen diesen Maßnahmen mitgenommen werden und auch die Mehrheit die Einsicht zu den festgelegten Maßnahmenanordnungen haben müssen. Die getroffenen Festlegungen sollten sich nicht nachteilig für die Menschen auf die gesundheitlichen, sozialen, Sicherheits-Belange und anderen wichtigen Erwägungen auswirken. Auch dies muss bei einer demokratischen Gesellschaft beachtet werden.

Wegen diesen unbedingt zu berücksichtigenden Erfordernissen kann man deshalb bis auf manche bestehende konkrete Gründe, die dagegen stehen, auch bezüglich der kritischen Einschätzung der Gewerkschaften, von der Grundtendenz wegen der notwendigen Ressourceneinsparung und der Energieeffizienzsteigerung des Habeck'schen Klimasofortprogramms zustimmen.

Wegen der Energiekrise wurde am 20.07.022 der Artikel 18 a des am 08.08.2020 erlassenen „Gesetzes zur Einsparung von Energie und zur Nutzung erneuerbarer Energien zur Wärme- und Kälteerzeugung in Gebäuden" (Gebäudeenergiegesetz – GEG) geändert. In Konkretisierung des Gebäudeenergiegesetzes – GEG – wurde eine umfangreiche Änderung der Energiesparverordnung durch das Bundeskabinett erlassen. Diese Verordnung soll ab dem 01.09.2022 wirksam werden und eine Gültigkeitsdauer von 6 Monaten haben. Viele Regelungen sind für öffentliche Gebäude, Selbständige und andere Privatleute getroffen worden. Es wurde eine Temperaturreduzierung in öffentlichen Gebäuden, eine nicht mehr mögliche Beheizung von Fluren und manche Regelungen zur Energieeinsparung auch für Privatleute festgelegt. Auch wurden, um für notwendig erachtete Einsparungen von rund 20 Prozent gegenüber der Vorkrisenzeit zu erreichen, auch manche Verbote in dieser Verordnung festgelegt. So dürfen u. a. Ladentüren nicht mehr dauerhaft offen stehen, alle Werbeanlagen und Schaufenster sollen in der Zeit von 22:00 Uhr bis 06:00 Uhr dunkel bleiben. Eine Beheizung in öffentlichen Gebäuden, in denen sich keine Personen mehr aufhalten, darf ebenfalls nach dieser Verordnung nicht mehr erfolgen. Auch Privatleute dürfen, falls sie Pools besitzen, nicht mehr mit Gas und Strom heizen und Regelungen in Mietverträgen über eine bestimmte Mindesttemperatur werden zeitweilig ausgesetzt.

Diese Regelungen sollten auch die Leiter sowie Mitarbeiter der EU-Verwaltung beachten, denn dort werden die an einigen Tagen in den EU-Sitzen Brüssel und Straßburg zeitweilig nicht genutzten Räume in dieser Zeit ebenfalls beleuchtet und beheizt. Gewerkschaften lehnen die Festlegungen zur Reduzierung der Temperatur ab, da diese Temperaturen dann unter dem gesundheitserträglichen Maß lägen und dann erhöhte Krankenstände eintreten würden.

2.20. Weiterbetreibung der in Deutschland noch betriebenen Atomreaktoren zur Energieversorgungssicherheit und Einhaltung von Sicherheitserfordernissen auch bei der Endlagerung

Trotz dem die erfolgreiche Umsetzung im globalen Maßstab und auch für Deutschland als ein sehr großer CO2-Erzeuger der Welt für die dringend notwendigen Maßnahmen des Klimawandels bzw. des nicht weiteren Anstiegs der Erderhitzung von großer Bedeutung für eine weitere Zukunft der Zivilisation ist, müssen wir auch die Wirkungen der Kriege auf der Welt sehen. Auch deshalb sollte man alles für den Erhalt bzw. für das Erreichen von Frieden tun.

Gegenwärtig sind jedoch die meisten Menschen auf der Welt und auch in Deutschland, wie nochmals verdeutlicht werden soll, mit den sie und ihre Existenz sehr betreffenden wichtigen Angelegenheiten der inflationären Entwicklung bzw. der Kaufkraftentwertung, die viele Bereiche unseres Lebens betrifft, in Verbindung mit den Preiserhöhungen von Energie und den Belangen der Energieversorgung beschäftigt. Ihr Bemühen, alles für den Frieden zu tun, tritt bei manchen Menschen dadurch manchmal in den Hintergrund.

Wie auch schon in der Einleitung zu diesem Buch beschrieben, hat die Aufrechterhaltung ihrer Existenz derzeit bei allen bestehenden aktuellen Problemen vielfach einen höheren Stellenwert, als die für die Menschheit und für die Weiterführung des menschlichen Lebens äußerst wichtigen Maßnahmen des Klimaschutzes und auch das Erreichen einer diplomatischen Lösung zur Beseitigung der gegenwärtigen militärischen Auseinandersetzung zwischen Russland und der Ukraine. Die Gefahr eines ggf. entstehenden Dritten Weltkriegs oder sogar eines Atomkriegs, der uns Menschen in einem sehr hohen Umfang vernichten würde und die aktuelle Aufrechterhaltung unserer Existenz, die durch die Wirkungen der global aufgetretenen Inflation und auch Hunger und Armut, in Verbindung mit den trotz Preisbremsen und anderen Entlastungen immer noch sehr hohen Energiepreisen, ist für viele Menschen in Deutschland verständlicherweise zur Zeit viel wichtiger als die

Klimakrise und deren Folgen. Die Mehrheit der Menschen kann die entstehenden oder noch auf die Energiepreise zu erwartenden erheblichen Preissteigerungen trotz der etwas dämpfenden Wirkung durch die Preisbremsen und die Entlastungspakete kaum noch begleichen, wie schon an anderer Stelle zum Ausdruck gebracht wurde. .

Die Klimakrise und deren noch mögliche Beseitigung wird zwar als wichtige Aufgabe für die Menschheit gesehen, aber angesichts der gegenwärtigen Herausforderung für die Existenz der Menschheit auf die Zukunft von vielen Menschen auf dieser Welt, wie bereits dargelegt, projiziert.

Die Energiewende ist besonders in manchen westlichen Industriestaaten schon zum Teil im vollen Gange und im besonderen Maße auch in Deutschland. Die Fragen der aktuellen Energiesicherheit haben auch in Deutschland eine wichtige, nicht zu unterschätzende Bedeutung für uns Alle. Die Energiewende wird auch von Manchen in Verbindung zu unserer gegenwärtigen schwierigen wirtschaftlichen Lage in Verbindung gebracht. Weil viele Menschen, besonders auch in Deutschland, den bisher bei Vielen gewohnten Lebensstandard kannten und völlig überrascht wurden von der aktuellen wirtschaftlichen Entwicklung, die auch zu einer Bedrohung der Aufrechterhaltung ihrer materiellen individuellen Existenz führte, haben die Fragen der Sicherheit und der Risikovorsorge für die Gegenwart und die Zukunft bei dem Einzelnen eine nicht zu unterschätzende Bedeutung. Noch dazu kommt, dass wir in einem hohen Maße zusätzliche Energie, insbesondere auch Stromenergie, benötigen, und deshalb muss die gegenwärtig erreichte Entwicklung bzw. der Stand der Energiesicherheit uns im hohen Maße auch insbesondere in Deutschland zur Sorge veranlassen. Es sind viele Menschen, auch in Deutschland, sehr kritisch, ob wir im ausreichenden Maße alle Voraussetzungen zur Energiesicherheit durch die Energiewende in Verbindung mit dem in Deutschland geplanten relativ schnellen Ausstieg aus den fossilen Energien, speziell auch der Kernenergie, erfüllen.

Deutschland ist damals wegen der Ereignisse in Fukushima in Japan 2011 als eines der in Frage kommenden wenigen Ländern der Welt aus der Atomenergie schrittweise ausgestiegen und hat in diesem Zusammenhang ursprünglich festgelegt, dass zum 31.12.2022 die letzten drei Atomreaktoren vom Netz gehen. Gleichzeitig hat man damals ebenso durch die getroffene gemeinsame Entscheidung der Strukturkommission beschlossen, dass man bis 2038 aus der fossilen Braunkohleförderung aussteigt. Bei den Vorstellungen der aktuellen Bundesregierung will man nach Möglichkeit bereits 2030 die Braunkohleförderung nicht mehr betreiben. Trotz dem damals die politische Entscheidung zum schrittweisen Ausstieg aus der Kernenergie und zum Kohleausstieg vorrangig aus Wahlerfolgsgründen getroffen wurde, machen sich viele Menschen in Deutschland darüber Gedanken, ob der gleichzeitig vorgesehene Ausstieg aus Kohle und Atomenergie richtig für die Aufrechterhaltung der Energiesicherheit ist, selbst, wenn man nunmehr festgelegt hat, dass die Betreibung von zwei der bislang noch drei sich in Deutschland in Betrieb befindenden Atomreaktoren für den Zeitraum vom 01.01.2023 bis zum 15.04.2023 verlängert wird und zwischenzeitlich nunmehr die genannte Laufzeit für die drei noch verbliebenen Atomreaktoren gilt. Zum 15.04.2023 sollen alle drei Atomreaktoren stillgelegt werden, und ab diesem Zeitpunkt steht für Deutschland keine Kernenergie als Energieart mehr zur Verfügung.

Dazu kam – bezogen auf die die aktuelle Situation von russischem Erdgas im Ergebnis der festgelegten Sanktionen gegenüber Russland – dass man nunmehr völlig, auch mit auf Grund der eingetretenen Ereignisse, die Gaslieferung aus Russland beendete.

Gegenwärtig ist, wie nochmals erwähnt werden soll, sogar die Situation eingetreten, dass wir kein Erdgas mehr aus Russland beziehen können, auch wegen den erfolgten Explosionen bzw. Sabotageakten bei den Pipelines von Nordstream 1 und Nordstream 2. Auch der eine noch intakte Strang der Pipeline Nordstream 2, der noch genutzt werden könnte, soll nach derzeitigem Stand aus politischen Gründen weiterhin nicht in Betrieb genommen werden. Dass Manche dies in der außergewöhnlichen Situation unter dem Aspekt der Risikovorsorge ganz anders sehen, wird dabei aus den genannten Gründen aus der Sicht Mancher nicht ausreichend beachtet. Auch deshalb werden erhebliche Zweifel gehegt, ob die erfolgten politischen Entscheidungen angesichts der aktuellen vielfältigen

Probleme in der Energieversorgung aufrecht erhalten bleiben können. Es muss unvoreingenommen überprüft werden, ob dabei in ausreichendem Maße die aus Sicherheitsgründen gebotene Risikovorsorge getroffen wird. Man muss den Weg des Ausstiegs aus der Kernenergie als einen strategischen und konzeptionellen Fehler der deutschen Energiepolitik ansehen. Die Entscheidung fußte damals vorrangig auf aktuellen Ereignissen in Fukushima im März 2011. Der Atomunfall in Fukushima damals war insbesondere durch die Wirkungen der Überflutung durch den ebenfalls gerade zu dieser Zeit wirksamen Tsunami in Japan und durch Fehlverhalten begründet. Das damalige Tsunami-Seebeben gehörte zu den fünf stärksten Seebeben, die jemals auf der Welt gemessen wurden.

Nicht nur ca. 16.000 Menschen fielen dem damaligen Tsunami wegen dessen schlimme Auswirkungen zum Opfer, sondern auch die Atomreaktoren in Fukushima waren durch den Tsunami damals völlig überflutet, und daraus resultierten die Stromausfälle, und es kam dadurch zur Kernschmelze an drei Reaktoren. Leider kam der moderne Reaktorbetrieb, trotz dem er bereits zu diesem Zeitpunkt auch in Japan schon bestand, nicht zum Einsatz, der auch keine Probleme bei einer etwaigen Überflutung und auch bei einer Notstromversorgung bringen würde. Auch die Laufzeit des Reaktors 1 in Fukushima, bei dem der Atomunfall damals eintrat, wurde unplanmäßig verlängert, obwohl dieser älteste Reaktor eigentlich nach den getroffenen Festlegungen in Japan stillgelegt werden sollte.

Es wurden damals nachweislich viele Fehler in der Betreibung des Atomkraftwerks Fukushima gemacht, u. a. auch bezogen auf eine unzureichende Notstromversorgung, die den erforderlichen Sicherheitsbestimmunen zur Betreibung von Atomreaktoren zur friedlichen Nutzung von Kernenergie in keiner Weise entsprach. Man hat erforderliche Maßnahmen zur Vermeidung des Atomunfalls nicht bzw. nicht rechtzeitig eingeleitet. Deshalb kann nicht behauptet werden, dass wegen des hohen Standes der technischen Entwicklung in Japan bei der Betreibung der Atomreaktoren man dort die notwendige Sorgfalt nicht walten lassen hat und damals nicht im ausreichenden Maß die gegoltenen Sicherheitsbestimmungen in Fukushima bestanden bzw. die dort zugrunde gelegten

Sicherheitsbestimmungen nicht den wissenschaftlichem Höchststand auf diesem Gebiet entsprachen.

Auch bei der am 26.04.1986 erfolgten Kernschmelze in Tschernobyl, 100 Kilometer nördlich von der ukrainischen Hauptstadt Kiew entfernt in unmittelbarer Nähe zur ukrainisch-weißrussischen Grenze gelegen, in deren Folge innerhalb kürzester Zeit 45.000 Menschen aus der nur vier Kilometer von Tschernobyl entfernten Stadt Pripyat evakuiert werden mussten, waren grobfahrlässige Bedienungsfehler der dort in der betreffenden Schicht während des Tests zum Einsatz gekommenen Mannschaft eine sehr wichtige Ursache der damaligen Atomexplosion und ihrer gravierenden Auswirkungen. Weitere Ursachen wurden auch in den Mängeln der Bauweise des damaligen sowjetischen Reaktortyps RBMK und in den Defiziten in der Sicherheitskultur bzw. den damals bestehenden Sicherheitsbestimmungen gesehen.

Inzwischen wird in Japan und auch in Russland die Kernenergie weiter genutzt, und beide Länder gehören von den aktuell vorhandenen Sicherheitsbestimmungen von Atomreaktoren und deren Umsetzung mit zu den führenden Ländern in der Welt und betreiben relativ viele Atomreaktoren des höchsten Sicherheitsstandards.

Der laut politischem Beschluss zum 31.12.2022 ursprünglich vorgesehene Ausstieg Deutschlands aus den bis dahin noch dort betriebenen letzten drei Atomreaktoren musste auch aus diesem Grund Kritik finden. Man kann die damaligen Gegebenheiten in Japan nicht im Verhältnis von 1:1 auf Deutschland beziehen. Unsere drei noch laufenden Atomreaktoren haben eine wesentlich höhere Sicherheit, da sie im Regelfall bereits Atomreaktoren der Stufe III sind, für die besondere Sicherheitsvorkehrungen getroffen wurden. Deshalb zählen die deutschen Kernkraftwerke wegen den besonderen Sicherheitsbestimmungen, die in Deutschland für die Betreibung von Kernkraftwerken gelten, mit zu den sichersten Kernkraftwerken im Weltmaßstab.

Viele Menschen machen sich deshalb Gedanken, ob der bisher beschlossene Atomausstieg der richtige Weg ist. In zunehmendem Maße halten dies viele Menschen in Deutschland aus

Sicherheitsgründen für die Aufrechterhaltung der Energieversorgung in Deutschland für den nicht richtigen Weg. Auch die fünf gegenwärtigen Wirtschaftsweisen treten für eine Weiterführung der Kernenergie ein. Der nunmehr erfolgte Kompromiss beachtet in keiner Weise, dass wir auch in den nächsten Jahren wieder Winter haben und besonders auch nicht die Folgen des Klimawandels.

Viele führende Wissenschaftler auch aus anderen Ländern begreifen nicht, wieso Deutschland in dieser unsicheren Versorgungssituation noch laufende Atomreaktoren zum 15.04.2023 stilllegt. Es wird von einer nicht geringen Anzahl von Menschen in Deutschland die Meinung vertreten, dass man unbefristet die Kernenergie weiter betreiben und eine Renaissance der Kernenergie einleiten soll. In solch einer schwierigen Situation müsste man Alles an Energie anbieten und das Angebot an Energie ausweiten, um auch neben der wichtigen Versorgungssicherheit ebenfalls mit dazu beizutragen die Stromkosten zu senken. Manche Menschen, auch Energiewirtschaftler, vertreten die Auffassung, dass man nicht nur die Bevölkerung in einer unsicheren Situation, sondern besonders auch den Mittelstand völlig ungenügend bei der getroffenen Entscheidung beachtet hat. Fast alle Industrieländer der Welt können die deutsche Haltung in der Kernenergie nicht verstehen. Sie handeln völlig anders, und Deutschland begibt sich damit völlig ins Abseits, da alle führenden Wirtschaftsländer auf diesem Gebiet eine völlig andere Meinung vertreten. Auch die Schwedin Greta Thunberg, die Fridays for Future für die ganze Welt ins Leben rief, hat sich für einen Weiterbetrieb der in Deutschland noch wirksamen Atomreaktoren, auch wegen der angespannten Energiesituation in Deutschland, ausgesprochen.

Die Journalistin des Westdeutschen Rundfunks (WDR), Friederike Hofmann, schrieb in ihrem Artikel „ARD-DeutschlandTrend: Klare Mehrheit für längere AKW-Nutzung“ am 04.08.2022 für die „Tagesschau“ u. a. dazu:

„Im ARD-DeutschlandTrend spricht sich eine Mehrheit dafür aus, Atomenergie über das Jahresende hinaus zu nutzen. Für das sogenannte Fracking ist hingegen nur jeder Vierte. ……………………………………………………………………………

Die Energiepreise in Deutschland steigen und die Politik ringt darum, wie man darauf reagiert. Heftig gestritten wird über die Zukunft der drei verbliebenen deutschen Atomkraftwerke, die eigentlich Ende des Jahres abgeschaltet werden sollen. Wenn man die Bürgerinnen und Bürger selbst fragt, sprechen sich nur 15 Prozent der Befragten im ARD-DeutschlandTrend dafür aus, dass die verbliebenen Atomkraftwerk zum Jahresende 2022 – wie durch den Atomausstieg ursprünglich vorgesehen – abgeschaltet werden sollten.

In Anbetracht der aktuellen Situation würden es 41 Prozent der Befragten begrüßen, den Betrieb um einige Monate zu strecken. Ebenfalls 41 Prozent fänden es sogar sinnvoll, Atomenergie auch langfristig zu nutzen.

Selbst bei den Anhängern der Grünen, die grundsätzlich der Atomkraft besonders kritisch gegenüberstehen, sprechen sich nur 31 Prozent dafür aus, am vereinbarten Ausstieg Ende des Jahres festzuhalten. Fast doppelt so viele, 61 Prozent der Grünen- Anhänger, sind dafür, den Betrieb zu strecken. Eine Minderheit, sieben Prozent, spricht sich für eine langfristige Nutzung aus.

Auch anderen Maßnahmen gegenüber zeigen sich die Bürger offen. So fänden es 81 Prozent der Befragten richtig, in Anbetracht der aktuellen Situation den Ausbau der Windenergie schneller voranzutreiben. 61 Prozent begrüßen die verstärkte Nutzung von Kohlekraftwerken, ebenso viele fänden ein befristetes Tempolimit auf Autobahnen richtig. Kritischer sehen die Bürgerinnen und Bürger aber den Vorschlag, sogenanntes Fracking-Gas in Deutschland zu fördern. Durch das Erzeugen künstlicher Risse wird Gas aus Gesteinsschichten heraus gepresst. 56 Prozent der Befragten lehnen das ab. Nur 27 Prozent begrüßen die Maßnahme. ....“

Die mehrheitliche Meinung der Bevölkerung wird nicht beachtet, die für eine Weiterführung der Kernenergie ist. Eigentlich müsste man die mehrheitliche Volksmeinung in einer Demokratie beachten, aber man tut dies nicht.

6 Prozent der in Deutschland geförderten Energie werden derzeit bisher, wie bereits an anderer Stelle in diesem Buch erwähnt, durch die noch vorhandenen drei Atomreaktoren in das deutsche Stromnetz noch eingespeist. Dies ist immer noch sehr viel, da über 10 Millionen Haushalte in Deutschland, das sind immerhin ca. 16 Prozent der Bevölkerung Deutschlands, mit dem notwendigen Strom versorgt werden können. Man muss auch beachten, dass ein mittleres Kernkraftwerk eine Leistung von 1.200 Megawatt leistet. Man kann also feststellen, dass 200 moderne Windkrafträder benötigt werden, um ein mittleres Kernkraftwerk zu ersetzen. Auch ist zu beachten, dass Kernkraftwerke grundlastfähig und somit unproblematisch regelbar sind. Auch durch diese Grundlastfähigkeit weisen sie manche Vorteile gegenüber manchen regenerativen Energien aus, die unbedingt eine Speicherung benötigen, jedoch noch nicht in der notwendigen Kapazität und in der notwendigen praktikablen Anwendung überall in Deutschland betrieben werden können und deshalb auch noch nicht ausreichend wirtschaftlich genutzt werden können.

Auch dadurch entstehen Verluste in der Nutzung von regenerativer Energie, insbesondere von Windenenergie. Einen weiteren Vorteil gegenüber Kohle oder Erdöl als Energieträger kann deshalb die Atomenergie bzw. die aus der Betreibung gewonnene Kernenergie bilden, da sie nahezu CO2-frei erzeugt werden kann und damit die Nutzung der Atomenergie dazu beiträgt, den Klimawandel zu bekämpfen. Es ist nicht zu begreifen, dass man auch unter Beachtung der negativen CO2-Wirkung aus Energiesicherheitsgründen lieber auf Kohle als Energieträger setzt, anstatt auf die mögliche Weiterführung und den Ausbau der Kernenergie. Lieber setzt man auf die Kohle, die wesentlich mehr das schädlichen Treibhausgas CO2 ausstößt, nur weil man eine Weiterführung der sauberen Kernenergie verhindern will.

Auch aus diesem Grund ist die Kernenergie auch von der Europäischen Union als nachhaltige Energieart eingestuft worden, ebenso wie auch Erdgas, das eine wesentlich geringere Treibstoffgasemission als die Kohle aufweist.

Im am 01.01.2022 in „Focus Online“ veröffentlichten Artikel „Kernkraft-Debatte: EU-Kommission will Gas- und Atomenergie als klimafreundlich einstufen“ wird u. a. Folgendes geschrieben:

„Investitionen in neue Atomkraftwerke dann als grün (bzw. nachhaltig) klassifiziert werden können, wenn die Anlagen neuesten technischen Standards entsprechen und wenn ein konkreter Plan für den Betrieb einer Entsorgungsanlage für hoch radioaktive Abfälle ab spätestens 2050 vorgelegt wird. Zudem ist als weitere Bedingung vorgesehen, dass die neuen kerntechnischen Anlagen bis 2045 eine Baugenehmigung erhalten.“

Es muss als Vorteil angesehen werden, dass Atomkraftwerke entsprechend des Energiebedarfs der Bevölkerung im unbegrenzten Maße betrieben werden können und damit nicht solch einen hohen Flächenbedarf, wie beispielsweise Windkraftanlagen, benötigen. Kernreaktoren besitzen eine sehr hohe Laufzeit bzw. Nutzungsfähigkeit und können damit wesentlich länger verwendet werden, als Windkraftanlagen. Wissenschaftler auf dem Gebiet der Kernenergie gehen davon aus, dass die Laufzeit der Atomreaktoren 60 bis zu 70 Jahre betragen kann und ein Weiterbetrieb sogar bis zu 200 Jahren möglich ist. Ebenfalls wurde ökonomisch ermittelt, dass man in 30 Jahren spätestens in der Gewinnzone ist und die dann zur Verfügung stehende Rendite kann, wenn man dies will, für die Errichtung neuer Atomreaktoren verwendet werden. Es wird ein sozial und wirtschaftlich verträglicher Aufwand betrieben, und auch deshalb kann man bei den vielen Problemen, die bei erneuerbaren Energien in der praktischen Anwendung noch vorherrschen und sich auf die Höhe des Preises der produzierten Windenergie auswirken, von einer preiswerten Anwendung der Kernenergie sprechen.

Wenige Länder der Welt sind aus der Nutzung von Kernenergie aus Sicherheits- oder anderen Gründen bisher ausgestiegen. Dies betrifft nach den Aussagen im Internetlexikon Wikipedia nachfolgende wenige Länder:

1. Irland im Jahr 1970
2. Österreich im Jahr 1978

3. Schweden im Jahr 1980
4. Palau in den Jahren 1981/1994
5. Griechenland im Jahr 1983
6. Neuseeland im Jahr 1984
7. Dänemark im Jahr 1985
8. Philippinen im Jahr 1986
9. Italien in den Jahren 1987/2011
10. Kuba im Jahr 1992
11. Litauen im Jahr 2012
12. DDR in den Jahren 1989/1990
13. Deutschland ab 2023

(Quelle: https://www.wikipedia.org/wikiAtomausstieg)

unter Beachtung der bisherigen politischen Entscheidungen, die aber noch veränderbar sind. Auch Schweden und andere Länder haben zwischenzeitlich schon den Ausstieg vom Ausstieg vollzogen.

Bezogen auf Deutschland ist zu bemerken, dass in der früheren DDR zwei Kernkraftwerke schon existierten, die betrieben wurden und zwar in Rheinsberg (70 MW) und Greifswald (2200 MW). Das Kernkraftwerk in Rheinsberg, das im heutigen Bundesland Brandenburg liegt, war das erste Kernkraftwerk in der DDR. Dieses Kernkraftwerk ging bereits 1966 in Betrieb und die Grundlage für das Kernkraftwerk bildete ein sowjetischer Atomreaktor. Das Kernkraftwerk Greifswald wurde in Lubmin (ca. 20 Kilometer von der Hansestadt Greifswald entfernt) im heutigen Bundesland Mecklenburg-Vorpommern errichtet und auch deshalb als Kernkraftwerk Nord bezeichnet. Es wurde ab 1974 schrittweise in Betrieb genommen. Grundlage für die Errichtung dieses Kernkraftwerkes bildete ein im Juli 1965 abgeschlossenes Regierungsabkommen zwischen der DDR (Deutsche Demokratische Republik) und der UdSSR (Union der Sozialistischen Sowjetrepubliken, auch Sowjetunion genannt). Die ersten vier Blöcke, die errichtet wurden, deckten 10 Prozent des Strombedarfs in der DDR. Genügend Uran stand in erster Linie Russland bzw. der damaligen Sowjetunion besonders durch den damaligen Uranausbau der Wismut AG aus dem Erzgebirge (Sachsen) und somit aus der früheren DDR in hohem Maße zur Verfügung. Die frühere DDR war eine der größten Uran-Produzenten weltweit. Rund 220.000 Tonnen Uran lieferte die DDR damals an die Sowjetunion bzw. hat auch für die eigenen damals bis zur Wiedervereinigung betriebenen Kernkraftwerke der DDR Uran benötigt. Die Produktion wurde durch den Rückbau der Bergwerkanlagen der Wismut im Rahmen des Sanierungsprozesses dann eingestellt. Wegen der trotz des Rückbaus noch bestandenen Uran-Vorkommen hat die Wismut das Uran noch bis 2020 verkauft.

Aus den von der Bundesrepublik Deutschland zugrunde gelegten Sicherheitsinteressen wurden im Prozess der Wiedervereinigung Deutschlands die Kernkraftwerke der DDR nicht mehr betrieben. Für Block 5 des Kernkraftwerks Greifswald wurde am 24.11.1989 der Probebetrieb untersagt, da kein westdeutsches Energieunternehmen bereit war, das Kostenrisiko zu übernehmen. Drei weitere der fünf aktiven Blöcke dieses Kernkraftwerks wurden im Februar 1990 stillgelegt. Mit Block 4 wurde im Kernkraftwerk Greifswald im Juli 1990 der letzte aktive Kernreaktor abgeschaltet.

Vor der Wiedervereinigung war das vorgesehene größte Kernkraftwerk Deutschlands zur damaligen Zeit unweit von Stendal (im damaligen Bezirk Magdeburg im heutigen Bundesland Sachsen-Anhalt) in der DDR im Aufbau. Die Eröffnung der Baustelle zum Kernkraftwerk Stendal erfolgte bereits 1974. Das Kernkraftwerk Stendal konnte bis zum Ende der DDR nicht fertiggestellt werden. Als Grund für die relativ lange Bauzeit wurden vorrangig Probleme in der nicht rechtzeitigen Bereitstellung von Projektierungskapazitäten der Energietechnik gesehen. Dort waren allein 7000 Arbeitskräfte am Aufbau dieses Kernkraftwerks beteiligt. Durch Entscheidungen im Prozess der deutsch-deutschen Wiedervereinigung wurde dieses damals fast fertiggestellte Kernkraftwerk nicht mehr weitergebaut und ein Rückbau durchgeführt.

Unter Beachtung des getroffenen Beschlusses zum Ausstieg aus der Kernenergie verloren acht weitere deutsche Kernkraftwerke aus dem Gebiet des früheren Westdeutschlands zum 06.08.2011 ihre Betriebserlaubnis in Deutschland:

Kernkraftwerk Biblis A
Kernkraftwerk Biblis B
Kernkraftwerk Brunsbüttel
Kernkraftwerk Isar 1
Kernkraftwerk Krümmel
Kernkraftwerk Neckarwestheim 1
Kernkraftwerk Philippsburg 1
Kernkraftwerk Unterweser

Außerdem wurden zu folgenden Zeiten nachfolgende Kernkraftwerke von Deutschland vom Netz genommen:

Kernkraftwerk Grafenrheinfeld am 27. Juni 2015
Kernkraftwerk Block B des KKW Grundremmingen zum 31. Dezember 2017
Kernkraftwerk Philippsburg 2 am 31. Dezember 2019
Am 31. Dezember 2021 folgten:

Grohnde
Brokdorf
Grundremmingen C

Die verbliebenen drei deutschen Kernkraftwerke müssen nach den ursprünglichen Vorstellungen bzw. Regelungen bis spätestens zum 31.12.2022 vom Netz gehen. Dies würde dann folgende Kernkraftwerke betreffen:

Isar 2
Neckarwestheim 2
Emsland

Nunmehr hat man, wie bereits beschrieben, entschieden, dass die drei noch laufenden Atomreaktoren für die Zeit vom 01.01.2023 bis zum 15.04.2023 aus Energie - Sicherheitsgründen weiter betrieben werden und danach stillgelegt werden sollen.

Somit wurden bisher von 2011 bis 2021 12942 MW an Leistungsvolumen der Kernenergiekraftwerke für die Stromerzeugung in Deutschland durch die bisher getroffene Entscheidung stillgelegt.

Zum Stand 06.01.2023 im Beitrag „Kernenergie nach Ländern“ wurde gemäß dem Internetlexikon Wikipedia aufgeführt, dass 438 Kernreaktoren mit einer gesamten elektrischen Nettoleistung von rund 394 Gigawatt in 33 Ländern weltweit zum damaligen Zeitpunkt betrieben wurden.

Im Bericht „Ausbau in vielen Ländern: Die Renaissance der Kernkraft“ in der „Tagesschau“ vom 15.12.2020 wurde u. a. geschrieben:

„In Deutschland soll Ende 2022 (nunmehr bis maximal zum 15.04.2023) das letzte Kernkraftwerk vom Netz gehen. Viele andere Länder halten dagegen am Atomstrom fest und wollen seinen Anteil am Energiemix sogar ausbauen. Mit dem Ausstieg aus der Atomkraft steht Deutschland weitgehend alleine da. Angeführt wird die Liste der Länder, in denen neue Atomkraftwerke gebaut werden, von USA und China. In China sind laut Destatis (Statistischem Bundesamt) für die nächsten zehn Jahre 44 neue Anlagen geplant. Allein 2018 gingen in dem Land acht neue Reaktoren an das Netz. In diesem Jahr war es bisher nur eine, doch weitere zehn Reaktoren sind im Bau. Russland folgt mit 24 Atomkraftwerken. Indien lässt 14 Anlagen errichten. Auch Japan will viele der nach dem Unfall von Fukushima abgeschalteten Atommeiler wieder in Betrieb nehmen und bis 2050 den Anteil des Atomstroms am Energiemix von heute sechs auf 22 Prozent steigern. Im Nahen Osten haben die Vereinigten Arabischen Emirate vergangenen August als erstes arabisches Land ein Atomkraftwerk in Betrieb genommen (was von Russland errichtet wurde). In Europa setzen ebenfalls viele Länder – auch und gerade im Hinblick auf die Klimaziele des Pariser Abkommens – auf die Kernenergie als unverzichtbaren Bestandteil des Strommixes. So machte der französische Präsident Emmanuel Macron erst in der vergangenen Woche noch einmal deutlich, dass Frankreich an der Atomenergie festhalten will. Er sagte in diesem Zusammenhang:

„Unsere ökologische und energetische Zukunft hängt auch von der Kernenergie ab." sagte er. Er sei nie ein Befürworter der Kernkraft gewesen, gehe aber davon aus, dass diese in den kommenden Jahrzehnten eine Säule des Energiemixes sein müsse. „Frankreich erzielt rund 80 Prozent seiner benötigten Stromproduktion aus der Atomkraft."

Auf der anderen Seite des Atlantiks setzt der ……... US-Präsident Joe Biden ebenfalls auf die Beibehaltung der Kernenergie. Im Wahlkampf hat er sich für den Bau von kleineren und mobilen Mini-Reaktoren ausgesprochen. Das von Bill Gates gegründete Unternehmen TerraPower will Atomkraftwerke mit einer Leistung von je 345 Megawatt errichten. Dabei ist TerraPower nicht allein. In Kalifornien arbeiten derzeit gut 50 Start-ups an der Entwicklung neuer Nukleartechnologien. Experten sprechen schon vom Nuclear Valley, in Anspielung auf das Silicon Valley. ………………………………………

Die Renaissance der Kernenergie ist also in vollem Gange, wenn auch die Umsetzung der meisten Projekte viele Jahre dauern dürfte. Ein Vorbild auch für Deutschland? ……………………………………………….."

Deshalb kann es aus meiner Sicht nicht richtig sein, dass wir uns aus der Kernforschung im Grunde zurückziehen und auch keine Atomreaktoren mehr auf Dauer betreiben wollen. Auch die Forschung auf dem Gebiet der Kernenergie wird seit vielen Jahren in Deutschland nicht mehr seit 2011 betrieben. Mit dieser Regelung steht Deutschland nahezu allein auf dieser Welt da, und nahezu fast alle Länder können – bezogen auf die nicht mehr erfolgte Forschung – die deutsche Haltung kaum noch verstehen. Auch die Kernfusionsforschung sollte in Deutschland noch in höherem Maße erfolgen, als dies gegenwärtig der Fall ist.

Im „Tagesschau"-Bericht „USA verkünden Durchbruch bei Kernfusion" vom 13.12.2022 wurde berichtet, dass den USA ein historischer Durchbruch bei der Kernfusion gelungen ist. Es wird von der US-Energieministerin Jennifer Granholm dazu gesagt: „Einfach ausgedrückt ist dies eine der beeindruckendsten wissenschaftlichen Leistungen des 21. Jahrhunderts."

Im „Tagesschau“-Bericht vom 13.12.2022 wird u. a. zur Kernfusion gesagt, dass kleine Atomkerne bei extremen Temperaturen mit Hilfe von Lasern zu größeren durch Verschmelzung fusionieren. Dabei werden laut dieser Aussage enorme Mengen Energie freigesetzt. Weiter wird erwähnt, dass die Kernfusion auf lange Sicht eine Alternative zur Verbrennung fossiler Brennstoffe durch die Kernspaltung darstellen kann. In diesem Artikel wird auch erwähnt, dass bei solch einer Fusion keine Gefahr eines nuklearen Unfalls besteht. Es wurde dabei mehr Energie gewonnen, 20 Prozent mehr, als herein gegeben. Deshalb wird es als eine wichtige Errungenschaft angesehen, obwohl der ganz große Durchbruch noch nicht gelungen ist. Die UNO sieht dies als einen wichtigen Versuch an, um gegen den Klimawandel zukünftig kämpfen zu können. Auch in Deutschland wird am Max- Planck-Institut für Plasmaphysik (IPP) in Greifswald an der Kernforschungsanlage Wendelstein 7 X eine ähnliche Forschung durchgeführt.

Andere Länder der Welt haben keine solche hohen Sicherheitsbedenken wie Deutschland. Fast alle führenden Industrieländer auf dieser Welt betreiben Atomreaktoren als Mittel bzw. als Beitrag für ihren Stromenergiebedarf. Selbst die Ukraine betreibt trotz der gegenwärtigen kriegerischen Auseinandersetzung zwischen Russland und der Ukraine und des früheren Atomunfalls in Tschernobyl weiterhin mehrere Atomreaktoren. Mit Stand 2021 wurden 59,4 Prozent des erzeugten ukrainischen Nettostroms aus Kernenergie erzeugt.

Wir besitzen mit die sichersten Kernkraftwerke auf dieser Welt, und auch aus diesem Grund kann man es nicht verstehen, dass wir als technologiefreundliches Land und da wir auch schon aus Energiesicherheitsgründen die Kernenergie als Energieart noch brauchen, aus der Nutzung der Kernenergie bis auf eine zeitweilige Ausnahmelösung letztlich aussteigen wollen. Dies ist umso mehr nicht zu verstehen, da wir die ermittelte notwendige Anzahl der regenerativen Energien nach Meinung Mancher noch nicht erzeugt haben. Wir haben auch die Erfordernisse der Speicherung von regenerativer Energie noch nicht in vollem Umfang im Griff. Auch wegen den immer noch bestehenden Wirkungen der Dunkelflaute bei solchen regenerativen Energien, wie der Nutzung der Windkraft und der Sonnenenergie und den günstigen klimafreundlichen Belange aus dieser Kernenergieart wird ein zu früher Ausstieg aus der Kernenergie als nicht richtig angesehen. Unter den wichtigen Erfordernissen des Klimawandels ist alles dafür zu tun, dass den schädlichen uns Alle bedrohenden Wirkungen des Klimawandels entgegengewirkt wird. Auch unter diesem Gesichtspunkt muss gesehen werden, dass Kernenergie als Brückentechnologie genutzt werden kann und man auch deshalb nicht mehr, wie bisher so denken kann, aus der Kernenergie vorzeitig aussteigen zu wollen.

Manche in unserer Gesellschaft tun alles dafür, dass die Kernenergie in Deutschland nicht zum Einsatz kommt und treten weiterhin mit Entschiedenheit gegen die Nutzung der Kernenergie auf. Ich halte diese Auffassung angesichts der Probleme, die wir aktuell haben und der nicht ausreichenden Energiesicherheit bzw. der zweifellos vorhandenen Unsicherheit, die uns alle betreffen können, für unverantwortliches Handeln gegenüber allen unter Umständen davon Betroffenen. Man führt auch als Begründung an, dass die Kernenergie eine Hochrisikotechnologie und nicht genügend sicher wäre. Man beachtet hierbei völlig unzureichend, dass die gegenwärtigen und schon länger im Betrieb gegangenen Atomreaktoren schon Reaktoren der Stufe 3, 3 + und 4 darstellen und deshalb dem wissenschaftlich-technischen Höchststand entsprechen und festgelegten Sicherheitsprüfungen unterliegen. Man hat bei der Errichtung dieser Atomreaktoren bereits beachtet, dass die Atomreaktoren gegen viele der möglichen Risiken gesichert sind.

Gegenwärtig wird durch angebliche Behauptungen von führenden Stellen noch verbreitet und von Presse und Mainstream wird diese Behauptung auch unterstrichen, um uns von der weiteren Nutzung von Kernkraftwerken abzubringen, dass wir nicht genug Uran im Weltmaßstab zur Verfügung hätten und damit die Kernenergie nur einen sehr kurzen Zeitraum betreiben könnten und eine Nutzung der Kernenergie allein sich deshalb schon nicht lohnen würde. Diese Behauptung muss als nicht richtig angesehen werden, da wissenschaftliche Studien und Aussagen zu einem völlig anderen Ergebnis kommen. Diese sagen, u. a., wenn wir die Vorkommen nachhaltig nutzen, dass wir noch Jahrhunderte bis Jahrtausende oder Jahrmillionen mit den derzeit bekannten Uranvorkommen auskommen könnten. Wir haben aber noch weitere erhebliche Vorkommen, außer in der Erdkruste in den Ozeanen, die bei den sich in Reserve befindenden Vorkommen noch gar nicht beachtet wurden.

Gemäß der Ausführungen aus Wikipedia zu Tabellen und Grafiken zum Uran wird bei den größten nachgewiesenen und technisch gewinnbaren Uranressourcen von einem Umfang von insgesamt 7.641,6 Kilotonnen ausgegangen. Bei einem zugrunde gelegten Jahresverbrauch von 20 Tonnen Uran pro Kernkraftwerk würde sich bei 438 Atomreaktoren, die zum Stand 06.01.2023 weltweit existierten, ein Verbrauch von 8,76 Kilotonnen bzw. 8760 Tonnen jährlich ergeben. Bei einem Ressourcenbestand von 7,641,6 Kilotonnen weltweit noch vorhandenem Uran (Stand: 01.01.2015) würden die derzeit noch vorhandenen Uran-Ressourcen noch mindestens 872,3 Jahre auf der ganzen Welt reichen und nicht, wie pessimistisch in einem 2006 erarbeiteten wissenschaftlichen Gutachten des Bundestages, nur noch 45 Jahre. Man hat danach viel mehr Uran-Ressourcen weltweit entdeckt, als 2006 angenommen.

Nachfolgend werden die zehn weltweit führenden Länder mit technisch gewinnbaren Uranressourcen und ihrem prozentualen Anteil der weltweit vorhandenen Ressourcen von 7,6416 Kilotonnen Uran zum Stand 01.01.2015 aufgeführt.

Rang	**Land**	**Gewinnbare identifizierbare Ressourcen in Kilotonnen (Stand: 01.01.2015)**	**Anteil an den weltweiten Gesamt-ressourcen (Stand: 01.01.2015) in Prozent**
1.	Australien	1.780,8	23,3
2.	Kasachstan	941,6	12,3
3.	Kanada	703,6	9,2
4.	Russland	695,2	9,1
5.	Namibia	463,0	6,1
6.	Südafrika	449,3	5,9
7.	Niger	411,3	5,4
8.	Brasilien	276,8	3,6
9.	Volksrepublik China	272,5	3,6
10.	Grönland	228,0	3
Gesamtanteteil der zehn weltweit führenden Länder		**6.222,1**	**81,4**
Übrige Länder der Welt		**1.419,5**	**18,6**
Gesamt		**7.641,6**	**100**

Tabelle 16: Länder mit den größten nachgewiesenen und technisch gewinnbaren Uran-Ressourcen in Kilotonnen (Stand: 01.01.2015) (Quelle. https://www.wiki-data.de-de.nina.az./Uran/Tabellen_und_Grafiken.html)

Wahrscheinlich sind die zum Stand 2022 nachgewiesenen und technisch gewinnbaren weltweiten Uranressourcen inzwischen wesentlich höher.

Weiterhin wird angeführt, dass die ansteigende Hitze durch die Folgen der Klimakrise aus diesem Grund dazu führt, dass wir keine Atomreaktoren bzw. die Kernenergie nicht mehr betreiben könnten und deshalb auch in Deutschland von der Kernenergie Abstand nehmen sollten. Deshalb wäre es richtig, dass wir ab dem 16.04.2023 in Deutschland Abstand von der friedlichen Nutzung von Atomenergie nehmen müssten. Dass zwar die Hitze durch den Klimawandel, wenn es uns nicht gelingt, entschieden dagegen vorzugehen, steigen wird, ist unbestritten. In Frankreich treten diese Probleme derzeit auf, und deshalb werden Sondergenehmigungen für die Temperatur von Kühlwasser, um die Reaktoren weiter betreiben zu können, erteilt.

In den Ausführungen des Nachrichtenkanals BR24 des Bayerischen Rundfunks zum Thema „Längere Hitzeperioden – Problem für Atomkraftwerke?“ von Simon Sachseder vom 17.08.2022 wird ebenfalls auch ausgeführt, dass in Belgien und der Schweiz Anlagen wegen der Hitze bereits gedrosselt wurden. Wegen den eigetretenen Problemen in Frankreich, Belgien und der Schweiz ist es wichtig zu wissen, wie dies in Deutschland geregelt ist und wie Deutschland dagegen vorgeht und ob die Hitzeperioden ein Sicherheitsproblem für Atomkraftwerke darstellen.

Simon Sachseder schreibt zu dieser Problematik in seinem o. g. Artikel unter anderem:

„ ....

Thermische Kraftwerke - also neben Atomkraftwerken zum Beispiel auch Kohlekraftwerke – brauchen, um ihre Abwärme loszuwerden, ein Kühlsystem. Wasser eignet sich wunderbar als Kühlmittel , deshalb sind Großkraftwerke oft an Flüssen gebaut. Dabei müssen sich die Betreiber auch hier an wasserrechtliche Auflagen halten, sie dürfen zum Beispiel nur bestimmte Wassermengen entnehmen und das wieder eingeleitetes Kühlwasser darf nicht zu heiß sein.

....

Könnte auch bei Isar 2 – dem letzten verbleibenden bayrischen Atomkraftwerk – eine Drosselung drohen?

Der Betreiber PreussenElektra geht nicht davon aus. “Isar 2 verfügt über einen Kühlturm, über den der größte Teil der Verlustwärme an die Atmosphäre abgegeben wird“, antwortete eine Sprecherin dem

Bayerischen Rundfunk (BR). Durch die Verdampfung eines Teils des Wassers wird der andere, weitaus größere Teil des Wassers abgekühlt.

Hitzebedingte Betriebseinschränkungen von Isar 2 seien in den vergangenen Jahren nicht erforderlich gewesen , und es sei diesbezüglich auch in Zukunft kein Handlungsbedarf erkennbar. Insgesamt entnimmt das Kraftwerk östlich von Landshut dem Fluss übrigens eine ganze Menge Wasser. Im Schnitt 3.300 Liter – jede einzelne Sekunde. Rund 700 Liter verdunsten im Kühlturm und 2.600 Liter werden wieder an die Isar geleitet.
……………………………………………………………………………
Durch die Temperatur des eingeleiteten Kühlwassers darf sich die Isar um maximal 0,3 Grad Celsius erwärmen, sagt Michael Hopfner vom Wasserwirtschaftsamt Landshut. Für den An- und Abfahrbetrieb dürfen es kurzzeitig 0,6 Grad Celsius sein. Zudem darf das Abwasser maximal 32 Grad warm sein und die Isar darf nicht wärmer als 23 Grad Celsius werden. Am 17. August (2022) hatte die Isar bei Landshut 20,5 Grad.

Die Wärmeleistung, die durch das Kraftwerk an die Isar abgegeben werde, sei marginal und kein Problem für die Gewässerökologie, sagt Hopfner. Die zahlreichen Stauseen würden dem Fluss weitaus mehr aufwärmen.

Beim Kernkraftwerk Emsland darf die Abwassertemperatur …………… 35 Grad Celsius betragen. Negative Effekte durch die Kühlwassereinleitungen erwartete die niedersächsische Landesregierung für den ebenfalls trockenen Sommer 2018 nicht."

Auf die Anfrage, ob die Hitzeperioden zu einen Problem für Atomkraftwerke werden kann, wurde wie folgt geantwortet:

„Die Gesellschaft für Anlagen und Reaktorsicherheit (GRS) geht nicht von ernsten sicherheitstechnischen Problemen aus. Denn – so argumentiert die Fachorganisation – längere Hitzeperioden sind in der Regel relativ lange im Voraus vorhersehbar und Wassertemperaturen steigen nur langsam an. "Somit können frühzeitig Gegenmaßnahmen eingeleitet werden, beispielsweise das Abfahren der Anlage oder deren Leistungsreduktion sowie die Sicherstellung des Kühlwasserbedarfs."

Sprich: Zwar kann es durchaus mal passieren, dass die Leistung eines Reaktors gedrosselt werden muss, das bedeutet aber lediglich weniger Strom und keine Gefahr für die öffentliche Sicherheit. ………………………………………………………………………………………“

Daraus ist zu ersehen, dass die uns genannten erheblichen Probleme und Gefahren für die öffentliche Sicherheit bei Kernkraftwerken durch Hitzeperioden nicht bestehen und Atomreaktoren, trotz zeitweiliger Hitze, weiter bestehen können.

Man hat einen Stresstest, ob der Strom in Deutschland ausreichend ist, durchgeführt. Im Beitrag vom 07.09.2022, ob ein Reservebetrieb für Atomkraftwerke erforderlich ist, wurde von Frederike Holewik und Carl Lando Derouaux von t-online im Artikel „Die Regierung verfälscht die Ergebnisse des Stresstests“ auszugsweise geschrieben:

„Reserve statt Steckbetrieb: Wirtschaftsminister Robert Habeck (Grüne) will zwei der drei derzeit noch laufenden deutschen Atommeiler in den Winterschlaf schicken. Der dritte soll ganz vom Netz gehen.

Ein Kompromiss, der weder Atombefürworter aus der FDP noch Verfechter des Ausstiegs bei den Grünen befrieden konnte. Der Streit schwelt weiter und droht zur ideologischen Zerreißprobe der Ampelregierung zu werden. Ein Brandbrief von einem der AKW-Betreiber lässt nun Zweifel an dem Plan entstehen.

Doch was bedeutet der Habeck-Plan nüchtern betrachtet eigentlich für die Energieversorgung in Deutschland? ………………………………………

Der Stresstest kommt zu dem Ergebnis, „dass stundenweise krisenhafte Situationen im Stromsystem im Winter 22/23 zwar sehr unwahrscheinlich sind, aktuell aber nicht vollständig ausgeschlossen werden können. Das schreiben die vier deutschen Netzbetreiber – 50Hertz, Amprion TenneT und TransnetBW.

Sie hatten von Mitte Juli bis Anfang September 2022 im Auftrag des Bundeswirtschaftsministeriums die Berechnungen durchgeführt. Angesichts der drohenden Energieengpässe lautet ihre klare

Empfehlung deshalb: Alle drei Atomkraftwerke sollten im sogenannten Steckbetrieb weiterlaufen, also die aktuellen Brennstäbe weiternutzen.

Wirtschaftsminister Habeck hat sich über diese Empfehlung nun hinweggesetzt. Er will, dass lediglich zwei der Anlagen, Isar 2 in Bayern und Neckarwestheim in Baden-Württemberg, eine sogenannte „Einsatzreserve“ bilden. Neue Brennstäbe sollen dafür nicht verwendet werden.

Die beiden Kraftwerke sollen bis Mitte April 2023 zur Verfügung stehen. Danach soll auch für sie Schluss sein. Für den Winter 2023/24 hält das Ministerium eine solche Einsatzreserve in keinem Fall mehr für nötig – womit er ebenfalls deutlich vom Credo der Netzbetreiber abweicht.

Diese verweisen .... einstimmig auf ihre Schlussfolgerungen im Stresstest. Der Weiterbetrieb aller drei Atomkraftwerke hätte zur Entlastung der Netze beitragen können.

Von Transnet BW und 50hertz heißt es diplomatisch distanziert, man nehme die Politik zur Kenntnis. Tennet wünscht sich darüber hinaus, dass eine Entscheidung über den weiteren Betrieb 2023 „nicht erst im Dezember getroffen wird, damit wir als Netzbetreiber besser planen können.“

Der Betreiber des Atomkraftwerks Isar 2 hingegen hielt sich zum damaligen Zeitpunkt mit seiner Kritik nicht zurück. In einem Brandbrief an den Staatssekretär im Wirtschaftsministerium, Patrick Graichen, macht der Preussen Elektra-Chef Guido Knott, seinem Ärger Luft. Der Vorschlag „zwei der drei laufenden Anlagen zum Jahreswechsel in die Kaltreserve zu schicken, um sie bei Bedarf hochzufahren, ist technisch nicht machbar und daher ungeeignet, um den Versorgungsbeitrag der Anlagen abzusichern“ .... Dabei besonders pikant: Im Schreiben heißt es, man habe Habeck bereits am 25. August – und damit deutlich vor seinem Vorschlag – über entsprechende Risiken informiert. Etwa darüber, dass im Steckbetrieb „ein flexibles Anheben oder Drosseln der Leistung nicht

mehr möglich ist.“
……………………………………………………………………..
Streit ist trotzdem schon entbrannt. Manch einer wirft Habeck vor, die Notwendigkeiten der Gegenwart mit den Interessen einiger weniger Fundamentalisten seiner eigenen Partei aufzurechnen. „Habeck hat keine Hemmungen, andere fossile Energieträger zu benutzen. Er knickt gegenüber einer kleinen grünen Minderheit ein und schrottet damit die Klimaziele“, sagt etwa Anna Wendland. In diese Kerbe schlägt auch die Opposition. Der Wirtschaftsminister habe um sich herum „eine Gruppe von harten, grünen Ideologen, die – koste es, was es wolle – aus den fossilen Energien und aus der Atomenergie aussteigen wollen“, sagte Friedrich Merz (CDU) im Deutschlandfunk. „Völlig absurd“ sei es, in der aktuellen Situation überhaupt daran zu denken, Stromerzeugungskapazitäten stillzulegen. ………………………………………………………………………………….“

Auch aus der Sicht des Autors dieses Buches kann man bei der extremen Situation auf dem nationalen und internationalen Strommarkt im europäischen Verbundsystem und der Einschätzung der genannten Netzbetreiber die Verfahrensweise zur festgelegten Stilllegung der Atomreaktoren bzw. des „Kaltstellens“ der drei Atomreaktoren nicht mehr begreifen. Bei einer unbedingten Vermeidung von ggf. möglichen unplanbaren Ereignissen bzw. Gegebenheiten und dem Bestreben der Energiesicherheit kann man dieses gezeigte Verhalten in keiner Weise verstehen. Trotz dem die Mehrheit der Bevölkerung in Deutschland dies anders sah, hat man, obwohl das Verfahren damals auch betriebswirtschaftlich äußerst fragwürdig war, dieses Verfahren vorgesehen gehabt. Ursprünglich war vorgesehen, dass man nach einem möglichen Blackout noch fünf Tage zum damaligen Zeitpunkt warten musste, bis die Kernenergie fließen konnte. Trotz der rechtzeitigen Hinweise, dass ursprünglich gesagt wurde, dass der vorgesehene Weg technisch gar nicht möglich ist, sollte es damals in dieser Form durchgeführt werden. Diese Entscheidung sollte ursprünglich so getroffen werden, trotz der damaligen unterschiedlichen Meinungen, die zwischen dem Wirtschaftsministerium und dem betreffenden Netzbetreiber bestanden.

Wegen diesen Gründen, nach nochmaliger Erörterung der Probleme mit den Netzbetreibern und unter Berücksichtigung der eingetretenen erheblichen Rückstände in der Netzerstellung, insbesondere in den südlichen Bundesländern Deutschlands und den gegenwärtigen Schwierigkeiten in der Betreibung von Atomreaktoren in Frankreich und auch unter Beachtung des europäischen Verbundsystems der Stromenergie hat sich der Wirtschafts- und Klimaminister Robert Habeck nunmehr dazu entschlossen, die zwei Atomreaktoren in Bayern und Baden-Württemberg nicht, wie ursprünglich vorgesehen, in Reserve zu halten. Stattdessen sollen nun die genannten zwei Atomreaktoren aus Sicherheitsgründen zeitweilig zur Stromversorgung in Deutschland unter Nutzung der Kernenergie in der jetzigen Winterperiode im Zeitraum vom 01.01.2023 bis zum 15.04.2023 unmittelbar weiterbetrieben werden. Diese damals erfolgte Regelung ist auch u. a. aus folgenden Gründen nicht ausreichend:

– Der dritte Atomreaktor in Niedersachsen sollte trotz des möglichen Bedarfs an Stromenergie planmäßig nach den bisher geltenden Regelungen zum 31.12.2022 stillgelegt werden. Stattdessen sollen Kohlekraftwerke nunmehr neu betrieben werden, trotz dem in der bisherigen Art der Betreibung von Kohlekraftwerken in relativ hohem Maße CO2 als giftiges Treibhausgas entsteht.

– Unter Beachtung des ständigen erheblich höheren Bedarfs an Stromenergie in den kommenden Jahren gehalten, Kernenergie ab dem 15.04.2023 nicht mehr in Deutschland zu produzieren bzw. die zwei dann noch verbliebenen Kernkraftwerke nach dem 15.04.2023 stillzulegen. Der Bedarf an Kernenergie als grundlastfähige und fast CO2-freie und als nachhaltig bezeichnete Energieart und der Strompreis könnte gesenkt werden ist auch für die zukünftigen Zeiträume bzw. die Zeit nach dem 15.04.2023 noch in hohem Maße gegeben.

– Der Bedarf an Kernenergie wird auch später noch weiter bestehen, da die Windenergie und auch die Sonnenenergie bzw. die Photovoltaiknutzung gegenwärtig noch erhebliche Probleme in der Nutzung und der wirtschaftlichen Betreibung aufweisen und diese

Schwierigkeiten, so wird eingeschätzt, nicht so schnell in der praktischen Anwendung behoben werden können.

Wie bereits genannt, hat der Bundeskanzler im Rahmen seiner möglichen Entscheidungskompetenz nunmehr verpflichtend geregelt, dass alle noch drei laufenden Atomreaktoren bis zum 15.04.2023 laufen können, aber danach stillgelegt werden sollen. Diese Entscheidung kann jedoch aus vielen schon bereits in der Einleitung genannten Gründen nicht als ausreichend betrachtet werden. Derzeit ist, wie dies auch andere Energiewirtschaftler beschreiben, zu erkennen, dass die Angst ein erheblicher Wesenszug der Politik, vorrangig im deutschsprachigen Raum, ist. Diese Energiewirtschaftler vertreten auch die Auffassung, dass ein wissenschaftliches Herangehen keine Angst erfordert und störend für eine wissenschaftliche Behandlungsweise ist.

Bezüglich der zweifellos bestehenden Endlagerungsprobleme von hochradioaktivem Müll, das als eines der Hauptargumente gegen die Kernkraftnutzung von den Atomkraftgegnern ins Feld geführt wird, sollte auch in diesem Zusammenhang beachtet werden, dass wir zuerst mit den Folgen des Klimawandels in sehr bedrohlicher Form zu tun haben. Wir brauchen eine sehr wesentliche Reduzierung der Emission der sehr schädlichen Treibhausgase und auch die Klimaneutralität müssen wir deshalb recht schnell erreichen, da uns nicht mehr viele Jahre dafür zur Verfügung stehen. Die zunehmende Erderhitzung muss als viel primärer als die Belange der Endlagerung angesehen werden, die in viel späterer Zeit, vielleicht in 100.000 oder 200.000 Jahren oder viel später den Menschen eventuell Probleme bereiten könnten. Bis dahin ist noch viel eher mit dieser bedrohlichen Situation zu rechnen, wenn wir nicht mit großer Entschiedenheit gegen die schädlichen Aspekte der Treibhausgasemission, die in unsere Atmosphäre geblasen wird, vorgehen. Man sollte nach Meinung einer auf dem Gebiet der Kernenergie forschenden Wissenschaftlerin, die an einer Universität in der Schweiz tätig ist, auch bedenken, dass nur 2,3 Prozent des für die Endlagerung verwendeten atomaren Mülls radioaktiv sind. Ein Endlager kann sehr gut geschützt werden, wenn sich die Deponie mindestens 300 Meter unter der Erde in einem Salzlager befindet.

Die Probleme der Endlagerung könnten besser gelöst werden, wenn wir für jedes in Frage kommende Land ein geeignetes Endlager finden bzw. die jeweiligen Regierungen dann das geeignete Endlager baldmöglichst festlegen und alle Maßnahmen, die für die Umsetzung der Endlagerung erforderlich sind, schnellstmöglich einleiten.

Finnland ist das erste Land der Welt, in dem die Vorbereitungen getroffen und schon damit begonnen wurde, ein Endlager für hochradioaktiven Müll nicht nur zu finden, sondern dieses auch zu errichten. Das betreffende finnische Endlager kann schon ab Mitte der 2020er Jahre genutzt werden. Da die Belange der Endlagerung für die betreffenden Länder und auch für uns Menschen sehr wichtig sind, wird es auch für die Erarbeitung dieses Buches für notwendig gehalten, zu beschreiben, wie die Endlagerung des hochradioaktiven Mülls dort praktiziert wird.

Im vom deutschen Journalisten Christian Blenker aus dem ARD-Studio Stockholm für die „Tagesschau“ vom 03.07.2022 produzierten Beitrag „Endlagerung um die Ecke“ heißt es u. a.:

„Der kleine Ort Eurajoki in Südfinnland bekommt ein Endlager für radioaktiven Abfall – die Bevölkerung unterstützt das. Über die Debatte, die in Deutschland geführt wird, wundert man sich dort.

Die Geschichte der Atomkraft begann in Eurajoki vor über 40 Jahren. Vesa Lakaniemi der Verwaltungschef der Gemeinde, zeigt auf die Bilder seiner Vorgänger, die im Flur vor seinem Büro hängen. Mitte der 1970er Jahre stimmten sie dem Bau eines ersten Atomkraftwerks zu. Seitdem ist die Gemeinde, in der heute 9000 Menschen leben, zu einer Art nuklearem Vorzeigeort in Finnland geworden. „Das Vertrauen zwischen uns und den Atomkraftwerk-Betreibern wurde über Jahrzehnte aufgebaut. Und der Betreiber hat immer Wort gehalten“, erzählt er.

Vertrauen. Dieses Wort nutzt Lakaniemi immer wieder. Es war die Grundlage dafür, dass die Gemeinde mit großer Mehrheit auch einem Endlager ganz in der Nähe zugestimmt hat.

Onkola, zu Deutsch kleine Höhle, nennen die Finnen ihr Endlager. Es ist auch der Arbeitsplatz von Jyrki Liimatainen. Der Geologe nimmt das ARD-Team mit unter die Erde. Hier unten soll der strahlende Müll eingelagert werden. Für immer. „Bald geht es los“, sagt er. „Es wird dann 120 Jahre dauern, bis das Endlager voll ist.“

Besuch bekommen sie hier unten aus der ganzen Welt. Alle wollen wissen, wie Finnland das geschafft hat.

Der Betreiber nimmt die Besucher dann immer mit in einen Vorführ-Tunnel. Hier zeigt Verwaltungschef Lakaniemi, dass die ausgedienten Brennstäbe in runden Löchern im Granitgestein enden werden. Insgesamt über 6000 Tonnen radioaktiver Müll. Verklappt in einem, riesigen, unterirdischen Labyrinth.

Stabile Temperaturen und harter Granit machten den Ort sicher. „Jetzt sind wir etwa 430 Meter tief“, erläutert er. „Das reicht völlig für kommende Eiszeiten. Noch nicht einmal Permafrost käme dann so tief runter.“

Die Endlagersituation in Deutschland haben sie auch hier verfolgt. Und dabei oft den Kopf geschüttelt. Wie viele Finnen hat auch Liimatainen einen pragmatischen Blick auf Atomkraft und radioaktiven Müll: „Wer von der Elektrizität profitiert, muss auch die Verantwortung für den Müll übernehmen. Und so ist es in Finnland. Wer Atomstrom nutzt, muss mit einem Aufschlag auch die Endlagerung mitbezahlen.“

Geschätzte Baukosten für das Endlager: 3,5 Milliarden Euro. Atomstrom gehört mit einem Drittel zu einem festen Bestandteil des finnischen Energiemixes. ……………………………………………………………
Finnland sei energiepolitisch besser aufgestellt als zum Beispiel Deutschland: „Unser Stromsystem besteht aus kontrollierbaren Teilen. Damit können wir immer sicherstellen, dass die Menschen in Finnland Strom bekommen. Unabhängig davon, was unsere Nachbarn machen.“

Auch mit der Endlager-Frage seien sie hier immer nüchtern umgegangen. Sorgen um die Sicherheit? Nicht bei ihm (Juhani Hyvärinen, dem Leiter des Fachbereiches Nukleare Sicherheit der

Technischen Universität Lapeenranta, eines Ortes in der Nähe der finnisch-russischen Grenze).

Selbst vor Angriffen oder Sabotage sei der finnische Granit sicher. „Wenn die Brennstäbe in den Kapseln unter der Erde sind und die Tunnel wieder geschlossen werden, sind sie dort sicher verwahrt. Das Endlager liegt tiefer als jede für den Krieg gebaute Einrichtung. Es hält ganz sicher!“

Ein Ende der Atomkraft ist in Finnland nicht in Sicht. Das macht auch den Job von Liimatainen krisensicher.

In drei Jahren sollen hier die ersten Brennstäbe für immer versenkt werden. „Ich freue mich darauf, wenn es hier endlich losgeht“, sagt er. „Dann haben wir der ganzen Welt etwas bewiesen.“ Im Endlager wird allerdings nur finnischer Atommüll landen. Andere Länder müssten sich schon selbst bemühen, meint Liimatainen.“

Auch aus diesen Äußerungen ist zu entnehmen, dass man über Deutschland schon spottet, da viele Länder der Welt in ständig zunehmendem Maße die Atomenergie für friedliche Zwecke nutzen und diese Angst, die in Deutschland von manchen Menschen und leider auch von manchen Verantwortlichen von Parteien, vorrangig von der Partei „Bündnis 90/Die Grünen“ geschürt wird, von der Mehrheit der Menschen angesichts der aktuell bestehenden schwierigen Probleme nicht geteilt wird.

Man kann sich nicht nur darauf berufen, dass man dies immer beibehält, was einmal beschlossen wurde. Eine andere Situation verlangt ein neues Handeln. Man kann sich nicht mehr auf die Entscheidung von gestern berufen und nicht die Realität der Gegenwart sehen wollen. Solch ein dogmatischen Verhalten, dass man immer bei seinen damaligen Entscheidungen bleiben muss, selbst, wenn eine sehr unsichere Situation bezüglich der Energieversorgung vorherrscht, muss man als ein nicht ausreichend verantwortliches Handeln ansehen.

Trotz der problematischen Lage in der Gasversorgung wird gegenwärtig mindestens 10 Prozent des Gases noch für die Stromerzeugung in Deutschland verwendet.

Auch dies muss in diesem Zusammenhang beachtet werden. Wir müssen auch davon ausgehen, dass bei den bestehenden derzeitigen Problemen in der Erdgasversorgung manche Menschen verstärkt elektrische Heizkörper zur Wärmebereitstellung nutzen wollen und wenn dies möglich ist, auch anstatt der bisher genutzten Erdgasheizung auch eventuell eine Stromheizung verwenden. Deshalb halte ich es für nicht richtig, dass von führenden Vertretern der Partei „Bündnis 90/Die Grünen“ das Argument gegen eine weitere Betreibung der derzeit noch in Deutschland betriebenen drei Atomreaktoren genannt wird, dass wir kein Stromproblem zur Zeit haben, sondern nur ein etwas unsicheres Wärmeversorgungsproblem hätten. Es wird auch in diesem Zusammenhang im nicht ausreichenden Maße beachtet, dass man Energie umwandeln kann.

Es wurde auch behauptet, dass durch eine Kernenergie nur Strom als Energieart genutzt werden kann. Dass der Verbrauch unserer genutzten bzw. dann benötigten Stromenergie unter diesen genannten Gegebenheiten wesentlich gegenüber dem bisherigen Stand anwachsen kann, wurde hierbei im Sinne einer Risikovorsorge nicht genügend beachtet. Es wurde damals von führenden Verantwortlichen der Partei „Bündnis 90/Die Grünen“ vorgeschlagen, wenn ggf. tatsächlich eine Schwierigkeit in der Strombereitstellung eintreten sollte, könnte man ja auf französische Kernenergie in Deutschland zurückgreifen. Wenn man Vorbehalte gegen eine Nutzung von Kernenergie hat, ist es nicht ganz nachvollziehbar, dass man solch einen Vorschlag damals unterbreitete. Nunmehr ist zum gegenwärtigen Stand zu verzeichnen, dass in Frankreich einige Atomreaktoren nicht ausreichend funktionsfähig sind und man dann wahrscheinlich seitens von Frankreich zur Sicherung des erforderlichen Stroms auf die Bereitstellung von Stromenergie aus Deutschland angewiesen ist. Auch diese mögliche Gegebenheit muss bei der notwendigen Stromenergie, die Deutschland benötigt, mit beachtet werden.

Man kann es auch nicht für richtig halten, wie bereits an anderer Stelle, erwähnt wurde, dass man fehlende Stromenergie in

Deutschland derzeit mit mehr Kohlenutzung kompensieren will, nur, um zu begründen, dass man keine Kernenergie und somit keine Atomreaktoren über den 15.04.2023 hinaus nutzen wollte.

Wie in der Einleitung zu diesem Buch bereits benannt, beachtet man in völlig unzureichendem Maße, dass die Kernenergie nahezu keine CO2-Emission bei einer Nutzung haben würde, aber eine Kohlenutzung im besonders hohen Maße auch bei Nutzung für die Stromproduktion zu einer sehr hohen CO2-Produktion des schädlichen Treibhausgases führen würde. Um noch mehr Kohle nutzen zu können, will man sogar Steinkohle wieder als Energieart reaktivieren. Dies ist mit gesundem Menschenverstand in keiner Weise mehr zu verstehen, wie man in Deutschland vorgehen will. Die Belange der Bewältigung der Klimakrise werden somit für Deutschland ad absurdum geführt, nur, um dazu beizutragen, ja nicht die drei noch laufenden Atomreaktoren über den 15.04.2023 nutzen zu müssen.

Die Argumente, die bisher von den verantwortlichen Vertretern der Partei „Bündnis 90/Die Grünen" in diesem Zusammenhang gegen eine Nutzung der Kernenergie ebenfalls genannt wurden, waren bisher, dass man keine Arbeitskräfte mehr über den 31.12.2022 zur Betreibung der drei Atomreaktoren in Deutschland hätte sowie nicht die Sicherheitserfordernisse zur Betreibung der Atomreaktoren erfüllen würde und auch die Brennstäbe dann nicht besorgen konnte bzw. diese über diesen Zeitraum hinaus nicht geliefert werden würden.

Die Betreiber der drei Atomkraftwerke haben zum damaligen Zeitpunkt bereits darauf geantwortet, dass, wenn eine andere politische Entscheidung bezüglich einer Weiternutzung der Kernenergie relativ schnell getroffen werden konnte, dann in diesem Fall auch die notwendigen Voraussetzungen zu einem Weiterbetrieb der Atomreaktoren noch geschafften werden können. Auch im August 2022 wurde schon gesagt, dass eine Entscheidung zur Weiterbetreibung noch im Monat August 2022 oder zumindest Anfang September des Jahres 2022 für Deutschland erfolgen müsste, um noch die notwendigen Maßnahmen zur Vorbereitung einer Weiterbetreibung der drei Atomreaktoren einleiten zu können. Es wurde ebenfalls für notwendig gehalten, dass eine neue politische Entscheidung zur

Weiterbetreibung rechtzeitig getroffen werden sollte, dass die drei derzeit noch betriebenen Atomreaktoren mindestens bis zum 31.12.2024 weiter betrieben werden oder sogar ggf. noch über die genannte Zeit hinaus, um zu sichern, dass kein noch bestehendes Risiko in der notwendigen Stromversorgung mehr vorliegt.

Man muss auch beachten, dass die in Deutschland betriebenen Atomreaktoren nicht nur gegen Überflutungen geschützt sind, sondern auch gegen Erdbeben, die Flugabwehr und viele andere mögliche Handlungen gesichert sind. Auch die benötigten Uranmengen sind vergleichsweise relativ gering. Uran kann auch nach Aussagen der erwähnten Wissenschaftlerin aus der Schweiz sogar aus dem Meerwasser relativ preisgünstig noch zusätzlich zu den bereits angegebenen Ressourcen, die wahrscheinlich noch wesentlich höher liegen, gewonnen werden. Auch nach ihrer Meinung kann die Kernenergie als sehr umweltfreundlich und risikoarm gewertet werden. Die Sicherheitsbelange haben sich wesentlich in den letzten Jahren erhöht. Deshalb kann man nicht, wie von der Partei „Bündnis 90/Die Grünen“ immer wieder behauptet wird, von einer hochgefährlichen Energie sprechen. Die ursprüngliche Entscheidung im Ergebnis des im September 2022 stattgefundenen Stresstestes konnte nicht befriedigen.

Auch der Neubau weiterer Atomreaktoren sollte, wenn die bisher vor dem 31.12.2022 in Deutschland abgebauten Atomreaktoren noch reaktiviert werden können, um eine sichere Energieversorgung in Deutschland zu gewähren, nicht politisch oder ideologisch ausgeschlossen werden. In Frankreich geht man derzeit davon aus, dass man 5 Jahre braucht, bis ein neuer Atomreaktor errichtet werden kann.

Es sollten durch objektiv denkende Energiewirtschaftler ausreichende offene interdisziplinäre Untersuchungen durchgeführt werden und die bisher getroffene Entscheidung wieder rückgängig gemacht werden.

Manche Wissenschaftler bezeichnen das gezeigte Verhalten der deutschen Verantwortlichen zur Kernenergie angesichts des hohen Energie- bzw. Strombedarfs als eigenständige „Geisterfahrt“ oder „politischen Selbstmord“ ohne Beachtung, dass nahezu alle wirtschaftlich führenden Länder anders denken und wegen der Wichtigkeit der Kernenergie und ihrer möglichen wertvollen Unterstützung bei der Klimakrise andere Schlussfolgerungen gezogen werden müssen.

2.21 Probleme der Energiewende, die uns zu einer verstärkten Vorsicht und zu verantwortenden Schritten in der Energiewende aufrufen

Wir müssen realistisch davon ausgehen, dass die Energiewende im globalen Rahmen aber auch in Deutschland eine sehr große Herausforderung für die Menschen darstellt und uns noch viele Jahre beschäftigen wird. Wie viele Experten sagen, sind große Probleme und Schwierigkeiten mit der Energiewende verbunden, wie dies auch im vorliegenden Buch erwähnt wird. Bei einer weiteren vorrangigen Nutzung von bisher durch uns verwendeten fossilen Energieträgern, würden die derzeit noch bestehenden Probleme der Energiewende nicht bestehen. Die vorhandene Regelbarkeit des notwendigen Bedarfs ist ein wesentlicher Vorteil der Nutzung der fossilen Energie gegenüber der Nutzung von Wind und Sonne als Erneuerbare Energien.

Trotz der Notwendigkeit, die CO2-Emission und die anderen schädlichen Treibhausgase wesentlich zu reduzieren, haben wir wegen der drohenden Gefahr der zunehmenden Erderhitzung und der anderen schwerwiegenden Folgen des Klimawandels gar keine andere Wahl, als eine Dekarbonisierung und andere erforderliche wichtige ökologische Maßnahmen zu einer richtig geführten Energiewende im globalen Maße einzuleiten.

Zu den dringend notwendigen Maßnahmen zur Aufrechterhaltung der Zivilisation gehören auch viele vor uns stehende ökologische Maßnahmen der Biodiversität bzw. der Verhinderung des Artensterbens. Trotz der Notwendigkeit der Schnelligkeit der Durchführung der Energiewende im globalen Maßstab – und nicht nur in Deutschland oder anderen führenden Industriestaaten – sollten wir die erforderlichen Voraussetzungen für das Angehen der Energiewende auf globaler Ebene von allen Ländern durchsetzen. Die erforderlichen Maßnahmen der Energiewende müssen wir auch deshalb sehr verantwortungsbewusst und mit hoher Vorsicht und sehr gewissenhaft einleiten.

Alle derzeit noch teilweise in diesem Buch genannten und weiteren Probleme sollten wir möglichst vorher lösen, aber spätestens zum Zeitpunkt der Durchführung eines umfassenden Vollzugs der Energiewende. Eine Ausnahme stellen bereits jetzt auch in Deutschland für die Energiewende zu treffende nicht aufschiebbare Entscheidungen dar.

Wir müssen auch dabei beachten, dass auch manche Vorhaben auf diesem Gebiet auch anders verlaufen können, als bisher angenommen. Es besteht auch die Möglichkeit, dass manche Annahmen nicht so verlaufen, wie es bisher vorgesehen war. Es bestehen somit durchaus Risiken.

Auch müssen wir bei allen unseren Handlungen auf diesem Gebiet beachten, dass die Bevölkerung immer mitgenommen wird und auch Einwände und Hinweise, wenn diese berechtigt sind, unbedingt im Prozessverlauf der Energiewende beachtet werden müssen. Manchmal kann man sich des Eindrucks nicht erwehren, dass viele der zweifellos bestehenden Probleme bezüglich der Durchführung der Prozesse der Energiewende nicht als Schwierigkeit gesehen werden oder ggf. nicht gesehen werden sollen. Man kann eine solche Handlung nicht gegenüber der Bevölkerung verantworten, wenn man hierbei zu schnell, leichtfertig oder oberflächlich handelt oder dies so hinstellt, dass keinerlei Probleme hierbei bestehen und man nur genügend und schnell regenerative Anlagen errichten soll. Man muss auch beachten, dass der soziale Frieden bei einem Misserfolg der Energiewende erheblich gestört würde. Leider ist der soziale Frieden trotz Preisbremsen und Entlastungspaketen durch die erheblichen Preiserhöhungen auch zu Lasten der Verbraucher, die die Energie nutzen, insbesondere beim Erdgas und derzeit auch beim Strom, in Verbindung mit der trotzdem nicht ausreichenden Entlastung bereits jetzt schon gestört. Auch deshalb kommt es darauf an, bei der Energiewende auch diese derzeit in Deutschland bestehende Tatsache zu beachten.

Die Wahrung und der Erhalt einer Versorgungssicherheit gehen bei allen durchzuführenden Maßnahmen immer vor. Dies gilt auch dann, wenn es dazu erforderlich ist, fossile Energieträger wegen deren Grundlastfähigkeit zeitweilig noch zu nutzen, um die benötigte

Energie zu sichern. Auch muss beachtet werden, dass die Menschen bei den erheblichen Preiserhöhungen, die nicht nur Energie betreffen, sondern auch bei allen Preiserhöhungen, die aus Umweltgründen ebenfalls durchgeführt werden, allein schon wegen der hohen Belastungen so sensibel sind, dass sie auch diese zusätzlichen Belastungen mit der Energiewende in Verbindung bringen.

Nicht geringe Teile der Bevölkerung haben trotz der Preisbremsen und der Entlastungspakete, wie bereits genannt, erhebliche Probleme, die Preiserhöhungen bzw. die nunmehr geltenden Preise finanziell aufbringen zu können. Diese Erhöhung der Preise wird von Manchen in keiner Weise akzeptiert, und auch dadurch wird Widerstand gegen die Belange der Energiewende ausgelöst. Auch dieser Tatbestand sollte von den betreffenden Verantwortlichen beachtet werden. Anderseits müssen wir jedoch recht bald handeln, da wir, wenn wir als Menschheit zu lange warten, durch die Probleme und Folgen des Klimawandels eingeholt werden und eine bedrohliche Entwicklung, durch die zunehmende Erderhitzung für uns Menschen und die ganze umgebende Zivilisation eintreten kann. Wir können die Erderhitzung, wie beschrieben, nur global bekämpfen und nicht alleine als Deutschland, Europa, die USA oder andere betreffende Länder, deren Bevölkerung die wirtschaftlichsten Voraussetzungen für eine globale Energiewende aufweist. Es müssen die notwendigen Ausgangsbedingungen dazu geschafft werden, die Menschen in den wirtschaftlich weniger entwickelten Ländern dazu zu befähigen, die notwendigen Maßnahmen der Energiewende dort ebenfalls einleiten zu können.

Wie in der Einleitung zu diesem Buch bereits erwähnt, besteht die primäre Aufgabe für uns Menschen darin, die Ungleichheit auf der Welt und der davon betroffenen Menschen im erheblichen Maße zu reduzieren, denn nur so schaffen wir die erforderliche Grundlage, die Energiewende global durchführen zu können. Deshalb muss diese Aufgabe von uns noch vor der globalen erforderlichen Durchführung der Energiewende, wie bereits dargelegt wurde, gesehen werden. Wir müssen zuerst die Ungleichheit auf der Welt weitgehend beseitigen, um die notwendigen Ausgangsbedingungen für eine umfassende globale Energiewende zu schaffen. Wenn einzelne Länder, wie u. a. Deutschland auf diesem Gebiet beispielgebend für andere vorangehen wollen, müssen sie sich bemühen, die Energiewende für ihr Land und darüber hinaus sehr sorgfältig vorzubereiten und durchzuführen, um nicht negative Beispiele für eine nicht ausreichend gelungene Energiewende zu liefern. Damit wird das Gegenteil der eigentlichen Absicht auf globaler Ebene erreicht. Deshalb müssen auch in Deutschland die notwendigen Maßnahmen der Energiewende sehr gewissenhaft ohne ideologische Verblendung unter Beachtung aller derzeit bestehenden Gegebenheiten und realen Bedingungen, wozu auch die sozialen Belange gehören, eingeleitet werden.

Eine ganz wichtige bzw. die allerwichtigste Aufgabe besteht darin, dass bei der schrittweisen Durchführung der Energiewende, auch in Deutschland, zu jedem Zeitpunkt die Energieversorgungssicherheit gesichert wird. Es müssen auch die Voraussetzungen geschaffen werden, dass der Energiebezug nicht so teuer ist und vermieden wird, da er von einer nicht geringen Zahl von Menschen bei den gegenwärtigen Lohn- und Gehaltsentwicklungen nicht oder nicht ausreichend kompensiert werden kann und sie auf Härtefallregelungen oder Ratenzahlungen zur Vermeidung von Energieversorgungs-Sperrungen zurückgreifen müssen. Damit nimmt man die Menschen nicht mit und kann sie nicht im ausreichenden Umfang für die Durchführung der Maßnahmen der Energiewende begeistern. Man sollte nur solche Experimente dabei durchführen, dass immer und überall die bereits erwähnte Versorgungssicherheit im umfassenden Maße gesichert werden kann. Deshalb kann man bei allen erforderlichen Maßnahmen auch in Deutschland im Bestreben, die Energiewende sehr schnell zu sichern, nicht mit dem „Kopf durch die Wand“ gehen. Auch die bereits genannten globalen Erfordernisse müssen hierbei beachtet werden.

Auch in Deutschland muss man gerade auch bei der Energiewende behutsam vorgehen, denn zuviel steht für die Bevölkerung, die Industrie und die weiteren Wirtschaftsbranchen auf dem Spiel, denn es gilt auch hier, die Voraussetzungen für eine weitere Betreibung der Wirtschaft zu sichern. Dies und auch der noch vorhandene Widerspruch bei Teilen der Bevölkerung gegen notwendige Maßnahmen der Energiewende, die noch bestehenden Schwankungen in der Frequenz und das Erfordernis der immer und überall ausreichenden Energieversorgung müssen ebenfalls beachtet werden.

Besonders auch für Teile der Wirtschaft kann dies große Probleme mit sich bringen. Es ist äußerst wichtig, dass kein Blackout in der Stromversorgung oder auch in der Wärmeversorgung entsteht. Die Folgen davon wären kaum auszudenken und haben sich auch durch die zunehmende Digitalisierung und Nutzung von Computern oder anderer moderner digitaler Technik noch wegen des auch dadurch hervorgerufenen höheren Bedarfs an Strom wesentlich gegenüber früheren Zeiten erhöht. Um diesen Blackout mit allen erheblichen negativen Folgen zu verhindern, ist es wichtig, die notwendigen Voraussetzungen zu schaffen, dass die betreffenden Anlagen und Aggregate immer und überall richtig betrieben werden können und alle erforderlichen notwendigen Sicherheitsaggregate und die notwendigen Belange dazu immer vorhanden sind. Um die deshalb erforderlichen Ausgangsbedingungen zu schaffen, sind alle Sicherheitsvoraussetzungen hierbei zu beachten, wozu auch die notwendige Nutzung von Kernenergie sowie die zeitweilige noch erforderliche Nutzung von fossilen Brennstoffen gehört. Erst wenn man dies alles beachtet, wird man auch in Deutschland im zunehmenden Maße Befürworter für die notwendigen Maßnahmen der Energiewende bekommen.

Auch die zweifellos vorhandenen Probleme auf diesem Gebiet und auch die Folgen der gegenwärtigen Entwicklung, auch in Deutschland, tragen mit dazu bei, dass die Anzahl der Nichtbefürworter aller Maßnahmen für die Energiewende noch relativ hoch ist. Die erforderliche Botschaft der Notwendigkeit der Energiewende wird von einer nicht geringen Zahl von Menschen in unserer Gesellschaft noch immer nicht geglaubt bzw. verinnerlicht. Sicherlich erkennen eine zunehmende Zahl von Menschen an, dass wir gezwungen sind, die erforderlichen Maßnahmen der Energiewende umzusetzen, aber über den Weg dahin und die Art der Durchführung sowie den Zeitpunkt hat eine nicht geringe Zahl von Menschen, auch in Deutschland, verschiedene Vorstellungen.

Doch leider handeln trotzdem manche Menschen nicht so, wie es der Klimawandel erfordert. Ihr persönliches individuelles Konsumverhalten hat trotz dieser zunehmender Erkenntnis, dass wir die erforderlichen Handlungen der Beherrschung der Klimakrise möglichst schnell auf globaler Ebene unternehmen müssen, leider sehr oft Vorrang. Manche Wirtschaftsunternehmen verhalten sich genauso. Es wird nicht ausreichend beachtet, dass weiterhin durch ihre Handlungen in einem hohen Umfang CO2 entsteht. Die aktuellen Gründe, die in zunehmendem Maße gegen die Energiewende in Deutschland in erster Linie sprechen, liegen aber in den eingetretenen erheblichen Preiserhöhungen begründet, zu denen auch in nicht geringem Maße die aktuellen Energiepreiserhöhungen beitragen. Die hohen Preise sind trotz der nunmehr geltenden Regelungen der Gas- und Strompreisbremse und der der stattgefundenen und noch zum Teil erfolgenden Entlastungen durch den trotzdem erfolgenden Preisanstieg nicht ausreichend sozialverträglich, und dies muss bei einer Energiewende, noch dazu in der gegenwärtigen Situation, unbedingt im vorrangigen Maße beachtet werden.

Auch nach Auffassung des anerkannten Energiewirtschaftlers Prof. Dr. Harald Schwarz können wir mit der Absicht, die Energiewende schnell zu erreichen, nicht aus allen bisherigen Energiearten sofort aussteigen, nur, weil so schnell wie möglich die regenerativen Energien betrieben werden sollen. Nach seiner auch von vielen Anderen geteilten Auffassung ist auch die vorherrschende Dunkelflaute noch viel zu hoch, da wir an mehreren Tagen im Jahr keinen Strom haben. Er sieht die Gefahr der Möglichkeit des Eintretens eines Blackout in wesentlich stärkerem Umfang zur gegenwärtigen Zeit als vor der Energiewende. Er sagt, wenn wir keine fossile Energie mehr nutzen, ist keine ausreichende Energiesicherheit mehr gegeben. Auch von ihm wird gesagt, dass zwar Vieles technisch möglich in der Energiewende ist, aber es kostet zu viel Geld und ist dadurch nicht ausreichend wirtschaftlich. Prof. Dr. Schwarz ist deshalb sehr skeptisch, ob uns die Energiewende in dieser vorgesehenen Form in Deutschland gelingt. Die Gefahr des Eintretens eines Blackouts ist viel zu hoch. Er sagt, dass es bisher ganz einfach war, denn man hat immer so viel Strom gehabt, wie benötigt wurde. Auch muss man nach seiner Meinung eingreifen, um die relativ hohe Zahl von Stromschwankungen zu reduzieren bzw. zu beseitigen, da diese bei der gegenwärtigen Anwendung der regenerativen Energien noch sehr hoch sind und diese Stromschwankungen auch nicht geringe Folgen haben.

Es ist auch vorgesehen, dass bis 2030 zusätzliche Gaskraftwerke errichtet werden sollen, trotz dem die Erdgasversorgung derzeit noch immer sehr riskant und zum gegenwärtigen Zeitpunkt nicht in dem erforderlichen Maße gesichert ist. Man muss auch dabei beachten, dass zwar die Errichtung von mehreren LNG-Terminals auch in Deutschland an geeigneten Standorten an der Nordsee und Ostsee relativ schnell durchgeführt werden konnte, aber noch weitere LNG-Terminals ebenfalls in einer sehr schnellen Zeit fertiggestellt werden müssen und es trotzdem noch nicht mit Sicherheit gesagt werden kann, dass damit unsere Gas- bzw. Wärmeversorgung durch Erdgas im ausreichenden Umfang im Sinne einer besonders auch in diesem und in den Folgewintern notwendigen Energieversorgungssicherheit für die verbrauchende Bevölkerung bzw. die Unternehmen und sonstigen Institutionen, Verbände und Vereine usw. erfolgen kann.

Es sollte nochmals gesagt werden, dass nach neuestem Stand die Raumordnungsplanung für das vorgesehene LNG-Terminal in Wilhelmshaven so beschleunigt werden konnte, dass das erste LNG-Terminal in Deutschland bereits im Dezember 2022 errichtet wurde und das Terminal in Lubmin in Mecklenburg–Vorpommern auch zu Beginn des Monats Januar 2023 zur Nutzung fertiggestellt werden konnte. Auch in Buxtehude konnte man am 20.01.2023 ein weiteres LNG-Terminal eröffnen.

Man muss jedoch bei der Nutzung des Gases über LNG-Terminals sowohl beachten, dass ein relativ langer Seeweg vom Lieferer bis zu den betreffenden Terminals für die Gasbereitstellung aus anderen Ländern besteht, als auch – im Sinne der Risikovorsorge – ggf. die nicht ausreichende Sicherheit des termingerechten Einlaufens des Schiffes auf dem Seeweg bis zur vorgesehenen LNG-Ladestelle. Es müssen die dabei in Frage kommende Zeit, die für die Verflüssigung des Erdgases bis zu seiner möglichen Wiedernutzung als gasförmiges Erdgas entsteht und die weiteren Umweltkosten dabei ebenfalls berücksichtigt werden. Die schlechtere Umweltqualität, der höhere Preis, die höheren Transportkosten usw. müssen dabei auch ebenfalls gesehen werden. Dadurch entstehen relativ hohe Kosten im Vergleich zum russischen Erdgas, das unmittelbar über Pipelines bisher geliefert wurde. Auch diese dann erforderlichen Gegebenheiten müssen mit als Gründe für die steigenden Energiekosten ebenfalls gesehen werden.

Es muss auch berücksichtigt werden, dass der Staat nicht auf Dauer für die steigenden Energiekosten immer neue Preisbremsen bzw. Entlastungspakete erlassen kann, da er dann unter Beachtung der hohen Staatshaushaltskosten die dann eintretenden Defizite kaum oder auch ggf. nicht mehr bezahlen kann.

Im aktuellen Beitrag „Blackout in Deutschland? – Horrorszenario oder reale Gefahr" vom 01.08.2022 in der Sendung „WiSo" im ZDF äußert sich der Autor Erik Hane zum o. g. Thema wie folgt:

„Deutschland will eigentlich aussteigen: keine Kohle, kein Gas, keine Atomkraftwerke. Stattdessen wollen wir voll auf erneuerbare Energie umsteigen. Droht so ein großer Strom-Blackout?

Sie ist eine der großen Herausforderungen für Politik und Gesellschaft: die Energiewende. Innerhalb weniger Jahre sollen 80 Prozent des deutschen Stromverbrauchs aus Wind, Wasser, Sonne und Biomasse stammen. Langsam aber wird klar, wo die Probleme der Energiewende liegen, zum Beispiel in der Netzsicherheit. Die ist in einem Stromnetz mit wenigen Dutzend Großkraftwerken leichter zu gewährleisten, als in einem dezentralen Netz mit vielen kleinen Stromerzeugern, wie Solardächern oder Windrädern.

„Mittlerweile ist es Alltagsgeschäft, dass nahezu an jedem Tag mehrfach eingegriffen werden muss, um die Netzsicherheit zu gewährleisten", sagt der Sprecher eines großen Netzbetreibers. Ist diese Netzsicherheit nicht mehr gegeben, droht er tatsächlich – der flächendeckende Blackout.

Weiteres Problem: Da Sonne und Wind nicht beständig sind, könnte zu bestimmten Tages- und Jahreszeiten zu wenig Strom vorhanden sein. Auch dann drohen unkontrollierte Stromabschaltungen. Mögliche Abhilfe: Stromspeicher. Ideen für die sichere Speicherung, um Stromlücken der regenerativen Energie zu überbrücken, gibt es viele: Pumpspeicherwerke, Wasserstoffspeicher, gigantische Batterien.

Allein: All diese Technologien existieren – wenn überhaupt – nur im kleinen Maßstab: „Wir haben heute in Deutschland eine Speicherkapazität von 40 Gigawattstunden. Mit diesen 40

Gigawattstunden könnten wir Deutschland zwischen 30 bis 60 Minuten versorgen."

Und was, wenn dann immer noch kein Wind weht und keine Sonne scheint? Hat die Politik einen Plan, um Deutschland mit ausreichenden Speichern auszustatten, um einen möglichen Blackout abzuwenden? Diesen Fragen geht ZDF-Autor Erik Hane für seine Dokumentation nach. Er befragt Wissenschaftler und Praktiker und konfrontiert verantwortliche Politiker mit seinen Rechercheergebnissen."

Ebenfalls erwähnt er u. a. auch in seinem genannten Beitrag, dass Strom immer teurer wird und wenn die Preise weiter steigen, besteht die Gefahr, dass es zur erheblichen Spaltung in der Gesellschaft kommen kann und vielen Teilen der Bevölkerung die hohen Preise nicht mehr zugemutet werden können. Der soziale Frieden wäre dann verständlicherweise in Gefahr.

Auch führt er an, wie an anderer Stelle dieses Buches schon genannt, dass die Stromausfälle durch die Stromschwankungen zunehmen und dass manche hochempfindliche Maschinen, die davon ausgehen, dass keine Stromschwankungen auftreten, können dann nicht mehr ausreichend genutzt werden. Stromausfälle bis zu 3 Minuten sind keine Seltenheit in Deutschland und werden in der Statistik von Stromausfällen gar nicht erfasst.

Weiterhin wird angeführt, dass wir dann 50 bis 60 Prozent Stromzuwachs brauchen, allein auch durch die ständig zunehmende Zahl an E-Autos und an Wärmepumpen und weitere noch in Frage kommende zusätzliche Stromverbraucher.

Zur Wasserstoffnutzung wird im Beitrag erwähnt, dass wir bisher eine Wasserstoffnutzung noch nicht im ausreichenden Maße geschafft haben und die mögliche Anwendung der Wasserstoffnutzung noch in den „Kinderschuhen" steckt.

Auch wird von Prof. Dr. Niko Paech beschrieben, dass die Wasserstoffstrategie allein auf Deutschland bezogen wegen nicht ausreichender Flächen nicht im erforderlichen Maße durchgeführt

werden kann. Wir müssen deshalb aus den globalen Süden importieren und brauchen deshalb auch völlig neue Logistikketten, was zu erheblichen zu tätigenden Investitionen führt.
Viele Menschen machen sich ernsthafte Sorgen wegen der Versorgungssicherheit mit elektrischem Strom. Nicht nur Heizgeräte auf Strombasis, sondern auch Notstromaggregate haben, wie bereits in diesem Buch erwähnt, Hochkonjunktur. Die Notstromaggregate sollen einen wichtigen Sicherheitsfaktor gegen das zeitweilige Ausbleiben von Strom darstellen. Besonders auch in medizinischen Einrichtungen werden sie wegen der Aufrechterhaltung der Sicherheit für die Weiterführung der elektrischen Apparate, für die man dringend Strom benötigt, gebraucht. Die Gefahr des Stromausfalls ist noch immer sehr hoch. Ohne Strom funktioniert in einer Gesellschaft nichts mehr. Das Leben käme dann zum Stillstand. Deutschland ist auf einen plötzlichen Stromausfall ungenügend vorbereitet. 2005 war in Deutschland schon einmal ein solcher Stromausfall mit gravierenden Auswirkungen für die davon betroffenen Beteiligten eingetreten. Damit so etwas nicht noch einmal passiert, müssen wir alle möglichen Risiken in Auge behalten.

Zum wichtigen Problem der Speicherung von Energie, insbesondere bezogen auf die noch weiter wachsende regenerative Energie wird u. a. in diesem Zusammenhang erwähnt, dass Deutschland bezüglich der Energiespeicher gut ausgerichtet ist. Der Betrieb „Schwarze Pumpe“ in Hoyerswerda (Sachsen) hat in Deutschland die größte Menge von Batterien zur Speicherung zur Verfügung, aber diese Batterien können in der möglichen Leistung in keiner Weise mit der Leistung von herkömmlichen Braunkohlekraftwerken mithalten.

Auch das Pumpspeicherwerk im Betrieb „Hohenwarthe 2“ in Sachsen-Anhalt kann Energie speichern. Man kann zwar in kürzerer Zeit Energie zufließen lassen, aber die Kapazität der Pumpspeicherwerke reicht für den notwendigen Bedarf nicht ausreichend aus. Hohenwarthe 2 könnte in Deutschland im Notfall gerade einmal 25.000 Haushalte den benötigten Strom in solch einem Fall liefern. Man brauchte mindestens 100 Pumpspeicherwerke von der notwendigen Kapazität in Deutschland, aber in Deutschland befinden sich gegenwärtig, wie bereits genannt, nur 30 Pumpspeicherwerke.

Auch wurde im Beitrag des ZDF berichtet, dass in Deutschland noch viele Kilometer notwendiges zusätzliches Netz errichtet werden müssen. Der größte Teil des notwendigen Neuaufbaus steht noch bevor. Der zusätzliche Netzaufbau in Deutschland sollte, wie bereits beschrieben wurde, ursprünglich schon 2025 beendet sein, aber diese Zielstellung musste, weil man den Netzaufbau nicht schaffte, um mehrere Jahre nach hinten verschoben werden. Die Genehmigungsverfahren laufen aus bisheriger Sicht noch immer viel zu langsam. (Durch die sogenannten „Osterpakete") hat man in der Gesetzgebung inzwischen einige Änderungen, wie zum Teil schon im Buch erwähnt wurde, vorgenommen. Eine Lösung können wir nicht in einer Erhöhung des quantitativen Wachstums und in einer Erhöhung des Wohlstands bei den gegenwärtigen Umweltkrise sehen. Wir sollten, so sagt er, viel länger die Gegenstände nutzen, das andere Teil von diesen betreffenden Gegenständen durch ein Mietsystem oder auch Leihsystem nehmen und der Neukauf von Waren auch im Interesse der Klimafolgen bzw. der Klimakrise erheblich reduziert werden. Auch sollten im Interesse der Umwelt nicht mehr in einem solchen Umfang konsumieren.

Auch von mir als Autor wird dies ähnlich gesehen, wie von Prof. Dr. Paech. In meinem im Januar 2021 veröffentlichten Buch „Wir müssen für die Menschheit auf unserem Planeten Vieles ändern. Bemerkungen zur gegenwärtigen Situation auf unserer Erde bezogen auf die Klima-Krise und den Corona-Virus und Vorschläge zu einer Änderung des Herrschafts- und Gesellschaftssystems" wurde dies auch in fast gleicher Form beschrieben.

Man sieht zu sehr ein erhöhtes Wachstum und ein mögliches Erzielen von Profiten bzw. sogar Höchstprofiten. Diese Zielstellung und das in dieser Hinsicht gezeigte Verhalten, um diese Zielstellung zu erreichen, passt in unsere heutige Zeit im Zeitalter des dringend notwendigen Klimawandels nicht mehr hinein. Die Profitmaximierung und die damit verbundenen Bedingungen und die oft dadurch entstandene Störung der Natur kann man nicht als ein humanes Verhalten angesichts der bedrohlichen Bedingungen für die weitere Aufrechterhaltung der Zivilisation bezeichnen. Eine Wohlstandsgesellschaft weiterhin zu bewahren, trotz der dringenden Erfordernisse des Klimawandels und der nunmehr auch unabhängig vom seit dem 24. Februar 2022 anhaltenden Krieg zwischen Russland und der Ukraine schon bestehenden aber nun weiter gewaltigen Preisanstiege bei den Rohstoffpreisen, kann nicht ausreichend aufgehen. Man kann nicht gleichzeitig alle Erfordernisse der Wohlstandsbewahrung bzw. -steigerung und gleichzeitig den bedrohlichen Klimawandel durch die Energiewende schaffen.

Wir müssen viel weniger Konsum haben, um die Emission der schädlichen Treibhausgase zu minimieren, und damit wird sich auch ein geringerer materieller und quantitativer Wohlstand ergeben. Dies müssen wir bei all unseren Handlungen beachten, aber wir tun insgesamt viel zu wenig dafür, um dieses wichtige Erfordernis zu verwirklichen.

Es sollte auch dabei berücksichtigt werden, dass besonders auch viele junge Menschen schon in dieser Richtung denken und sich auch oft so verhalten, dass eine andere Lebensweise dringend erforderlich ist. Aktuell schießt man aus meiner Sicht jedoch über das eigentliche Ziel hinaus bei den angewandten Methoden und Handlungen. Dadurch werden manche bisherigen Befürworter von dringend erforderlichen Handlungen so abgeschreckt, dass man das Gegenteil des eigentlich Gewollten bei Manchen in unserer Gesellschaft auch in Deutschland erreicht. Auch sieht man die Klimakrise aus Sicht der Verfassers nicht ausreichend bezogen auf die gegenwärtigen globalen Gegebenheiten und die dadurch nicht in dem erforderlichen Maß gegebenen globalen Wirkungen, weil man zu sehr, wie auf Deutschland zutreffend, die gegenwärtigen Aktivitäten für den Klimawandel lokal und nicht ausreichend global betreibt und die Fragen der Energiesicherheit hierbei unzureichend beachtet.

Keine Wachstumserhöhung mehr zu haben, wie aus der Sicht Vieler nur die bedrohliche Klimakrise noch bewältigt werden kann, bedeutet, uns von bisherigen Zielstellungen des Kapitalismus zu verabschieden, da, wie beschrieben, immer noch die Wachstumssteigerung und die Profitmaximierung wichtige Zielstellungen einer kapitalistisch geprägten Gesellschaftsordnung sind.

Unsere bisher den globalen Erfordernissen nicht ausreichend gerechte Lebensweise muss auf Grund der ökologischen Erfordernisse, vor denen die Menschheit steht, zur Bewältigung des Klimawandels geändert werden, Der kapitalistische Wohlstand soll in Verbindung mit einer Lebensstanderhöhung komplex erreicht werden, aber es kann allein auch aus ökologischen Gründen nicht so weitergehen. Der „grüne Kapitalismus" birgt einen ziemlichen Widerspruch. Einerseits will er Wirtschaftswachstum und Profitmaximierung, aber anderseits soll die Treibhausgasemission erheblich gesenkt werden. Man denkt, man kann den Widerspruch durch Technologien, die man schaffen will, erreichen, um nahezu genauso weiterzuleben. Diese beiden Zielstellungen schließen sich, wie bereits erwähnt, voneinander aus.

Deshalb führt nach Meinung Mancher die gegenwärtige grüne Wirtschaftspolitik auch zu erheblichen Unsicherheiten und in Verbindung mit der derzeitigen Politik auch zu Nachteilen für die Bevölkerung in Deutschland. Dadurch kann die aktuelle grüne Wirtschaftspolitik wohl so auf diese Weise nicht ausreichend gelingen. Man muss den Ressourcenverbrauch entschieden senken, und man kann auch unter diesen Gegebenheiten ein unbegrenztes quantitatives Wachstum und eine Profitmaximierung nicht weiter als vorrangiges Wirtschaftsziel ansehen.

Es entstehen ziemliche Widersprüche zur gegenwärtigen Haltung der führenden Politiker in Deutschland, wenn man den Armen fast vollständig die Kosten der höheren Energiepreise auferlegt, aber zur gleichen Zeit ein Energie-Konzern wie RWE 5,4 Milliarden Euro Gewinn aus seiner Energiebetreibung kassiert. Viele westliche Länder, u. a. auch Österreich, berechnen allein auch aus dem Grund, damit Konzerne nicht einen solch hohen Gewinn erzielen können, eine Energiesteuer. Gleichzeitig bezahlen Länder wie Österreich bis auf die Bezahlung von relativ sehr geringen Pauschalen oder Unterstützungen für die Bevölkerung mit der Zielstellung, dass die Menschen die Kosten des erheblichen Preisanstiegs nicht vorrangig alleine tragen müssen. Die Erlöse aus der Übergewinnsteuer sollen an die besonders Betroffenen wieder ausgezahlt werden, Deutschland hat nun im Rahmen der Gas- und Strompreisbremse erste Maßnahmen dahingehend bezüglich der konkreten Festlegungen zur Zufallsgewinnsteuer eingeleitet, aber gegenüber der Beseitigung der weiteren Probleme von Übergewinnsteuern hat man von Seiten der Bundesregierung noch eine reservierte Haltung, obwohl der

Wissenschaftliche Dienst der Bundesregierung die Erhebung einer Übergewinnsteuer für richtig erachtet hat. Der Bundesrat hat jedoch der Anwendung der Übergewinnsteuer mit Ausnahme der beschlossenen Regelungen zur Zufallsgewinnsteuer bisher keine Zustimmung gegeben.

Aus dem am 29.09.2022 in der „Jungen Welt" erschienen Artikel „Sonderfall BRD" (S. 3) ging hervor, dass es vielerorts in Europa längst Energiepreisdeckel und Übergewinnsteuern zu dieser Zeit gab.

Über die Energiepreisdeckel und Übergewinnsteuern an sich und die Länder, in denen entweder Energiepreisdeckel oder Übergewinnsteuern bzw. Beides, also sowohl Energiepreisdeckel, als auch Übergewinnsteuern eingeführt wurden, gaben die Autoren dieses Artikels, Raphaël Schmeller und Alexander Reich, einen kleinen Überblick.

„Seit Monaten lassen die Energiepreise Abermillionen verarmen, während Energiekonzerne Rekordgewinne machen. Staatliche Gegenmaßnahmen liegen auf der Hand. Viele Regierungen in Europa haben inzwischen Preisobergrenzen festgelegt und oder "Übergewinnsteuern" für Krisenprofiteure. Zählt man die Länder, die bisher Energiepreisdeckel eingeführt haben, aber keine Sondersteuer, kommt man auf mindestens acht: Frankreich, Portugal, Österreich, Norwegen, Bulgarien, Kroatien, Slowenien und Estland. (Nach langer Zeit nunmehr auch Deutschland.)

Die Ausgestaltung war sehr unterschiedlich. Norwegen zum Beispiel hat einen pauschalen Höchstpreis für Strom festgelegt: 6,8 Cent pro Kilowattstunde (kWh, zum Vergleich: Deutschland kostete die kWh im Juni 2022 durchschnittlich 40,5 Cent). In Österreich hingegen wird nur eine bestimmte Menge gedeckelt. Darüber hinaus verbrauchter Strom muss zum Marktpreis bezahlt werden. Bis Mitte 2024 kosten die ersten 2.900 Kilowattstunden pro Haushalt und Jahr lediglich jeweils zehn Cent. Mehr als der Hälfte aller Haushalte in Austria kommt mit weniger aus.

In Frankreich wiederum gibt es bis mindestens Ende 2023 einen "Tarifschutzschild": Verbraucher zahlen für Gas nicht mehr als bisher, der Staat übernimmt die Differenz zum Marktpreis. Der Strompreis darf steigen, aber – bezogen auf das Jahr 2022 – um höchstens vier Prozent, im Jahr 2023 um 15 Prozent. Auf diese Weise werde die Staatskasse geplündert, um die Profite der Konzerne zu sichern, kritisiert die linke Oppositionspartei „La France insoumise“ (LFI) (zu Deutsch: „Unbeugsames Frankreich“). Es brauche einen “Preisstopp“ für Transaktionen zwischen Erzeugern und Händlern, erklärte Fraktionschefin Mathilde Panot unlängst: „Wir müssen in die Erzeugerkette eingreifen.“

Zur Abschöpfung von Extraprofiten hat sich die französische Regierung bisher nicht dazu durchringen können, aber in Großbritannien werden die Übergewinne der Öl- und Gaskonzerne vorübergehend mit 25 Prozent besteuert. Auf der Insel gibt es dafür keinen Preisdeckel, der den Namen verdient – es gibt zwar eine Behörde, die Höchstpreise festsetzen kann, doch die ist weit davon entfernt, korrigierend einzugreifen.

Auch in Italien gibt es keine Preisbegrenzung, Übergewinne von Energiekonzernen werden aber besteuert. Deren Umsätze werden mit denen des Vorjahreszeitraums verglichen – auf alles, was dazugekommen ist, wird eine 25prozentige Sondersteuer erhoben. Die ersten fünf Millionen allerdings sind frei. Für dieses Jahr rechnet Rom mit Mehreinnahmen von etwas mehr als zehn Milliarden Euro.

Während die italienische Sondersteuer sich, technisch gesehen, auf “Überumsätze“ bezieht, werden etwa in Griechenland tatsächlich Gewinne von Energiekonzernen besteuert. Die Profite des Besteuerungszeitraums werden mit früheren Unternehmensgewinnen abgeglichen, und von dem Extra gehen 90 Prozent an den Fiskus. 400 Millionen Euro sollen damit eingenommen werden. Minister Kyriakos Mitsotakis will das Geld den Bürgern direkt erstatten, “bis zu 600 Euro“ soll jeder erhalten.

Griechenland gehört zu den mindestens sechs europäischen Ländern, die Sondersteuer und Preisdeckel (zum damaligten Zeitpunkt) eingeführt haben. Vorreiter war Rumänien. Bereits im Herbst 2021 hat die Regierung in Bukarest eine Preisobergrenze für Strom (14 Cent pro kWh) und Gas (63 Euro pro Megawattstunde) eingeführt sowie eine Übergewinnsteuer für Stromhersteller. Letztere liegt bei 80 Prozent und wurde zwischenzeitlich bis vorerst Ende März 2023 verlängert.

Auch Spanien hat bereits im Herbst 2021 eine Sondersteuer für Stromproduzenten eingeführt, die Rede ist in Madrid aber nicht von einer Steuer oder Abgabe, sondern von einem "Mechanismus zur Verringerung der übermäßigen Vergütung auf dem Strommarkt, hervorgerufen durch erhöhte Preise für Erdgas". Die Errechnung ist ziemlich kompliziert, wird aber von einem Algorithmus übernommen. Monatliche Zahlungsaufforderungen werden automatisch an die Stromerzeuger geschickt. Eine ähnliche Regelung für die Finanzindustrie ist in Vorbereitung. Strom- und Gaspreise wurden in Spanien durch Einführung von Preisobergrenzen jeweils nahezu halbiert.

In Ungarn gibt es seit Juni 2022 eine Vielzahl von Sondersteuern für Konzerne in etlichen Branchen. Bei Banken, Telekommunikations- und Handelsunternehmen sind Nettoumsätze die Berechnungsgrundlage. In anderen Fällen werden Finanztransaktionen oder die Zahlen von Fluggästen herangezogen, in wieder anderen die Differenz zwischen dem Preis für Öl aus Russland und dem Weltmarktpreis. Weil neuerdings nur noch der Durchschnittsverbrauch von Strom und Gas gedeckelt wird, ähnlich wie beim Strom in Österreich, gab es Proteste.

In Tschechien hat das Parlament am Dienstag (27.09.2022) einen Preisdeckel beschlossen. Kleinabnehmer zahlen ab November 2022 umgerechnet maximal 24 Eurocent pro Kilowattstunde Strom und 12 Eurocent pro Kilowattstunde Erdgas. Wegen der Preisexplosion hatten Anfang September 2022 70.000 Demonstranten auf dem Wenzelsplatz in Prag den Rücktritt des Kabinetts und ein Ende der Sanktionen gegen Russland gefordert.

In Belgien schließlich wurde ein Energiepreisdeckel für einkommensschwache Haushalte beschlossen, eine 25prozentige Übergewinnsteuer für Energiekonzerne ist kurz davor ……………….."

Ergänzend zum o. g. Artikel werden zusammenfassend die europäischen Länder mit einem Energiepreisdeckel und die europäischen Länder mit einer Übergewinnsteuer genannt:

Europäische Länder mit Energiepreisdeckel zum damaligen Stand:

Belgien, Bulgarien, Estland, Frankreich, Griechenland, Kroatien, Norwegen, Portugal, Rumänien, Slowenien, Spanien, Tschechien, Ungarn und Österreich.

Europäische Länder mit Übergewinnsteuer:

Belgien, Griechenland, Großbritannien, Italien, Rumänien, Spanien, Tschechien und Ungarn.

Nunmehr hat Deutschland auch einen Energiepreisdeckel festgelegt und zur Zufallsgewinnsteuer konkrete Regelungen getroffen bzw. beschlossen. Aber zu allen Bestandteilen einer möglichen Übergewinnsteuer hat man noch nicht die gleichen Auffassungen, wie in manchen europäischen Ländern. Es muss leider festgestellt werden, dass in Deutschland bedingt durch die relativ hohen Strom- und Gaspreise gegenüber manchen anderen europäischen Ländern die konkreten Festlegungen für die Gas- und Strompreisbremse und auch zu zahlende Abschlagszahlungen an Versorger relativ hoch sind und dadurch einer nicht geringen Zahl von Menschen in Deutschland doch ziemliche Probleme bereiten.

Im Artikel „Einer gegen alle“ der Rubrik „Hintergrund“ zum vorangegangenen Artikel „Sonderfall BRD“ schrieben die Autoren Raphaël Schmeller und Alexander Reich zum damaligen Zeitpunkt u.a.:

„Die Mitglieder der Europäischen Union wollen in ihrer Mehrzahl einen EU-weiten Gaspreisdeckel. Am Dienstag, dem 27.09.2022, schickten 15 der 27 Staaten einen Brief mit dieser Forderung an die EU-Energiekommissarin Kadri Simson. Unterzeichnet war das Schreiben von Regierungsvertretern aus Belgien, Bulgarien, Kroatien,

Frankreich, Griechenland, Italien, Lettland, Litauen, Malta, Polen, Portugal, Rumänien, Spanien, Slowenien und der Slowakei.
Die Länder fordern Brüssel auf, einen Gesetzesvorschlag für einen Höchstpreis zu erarbeiten. Die nicht genauer bezifferte Obergrenze solle sowohl für Gaslieferungen aus dem Ausland gelten als auch für Transaktionen an Großhandelsplätzen innerhalb der EU. Mit dem Deckel könne der Inflationsdruck eingedämmt werden, argumentieren die Staaten. Außerdem könnten so "die Versorgungssicherheit und der freie Fluss von Gas innerhalb Europas gewährleistet" werden. Gegen sich haben die 15 Länder insbesondere die Regierung der BRD, die seit Monaten auf dem Markt alle EU-Mitgliedsstaaten überbietet, um ihre Speicher zu füllen. Gäbe es einen Deckel, könnten die Deutschen den Markt nicht mehr leerkaufen, was die Preise nach oben treibt (von wegen freies Spiel der Kräfte). Den 15 Verfassern des offenen Briefs gehen die bisherigen Vorschläge der EU-Kommission nicht weit genug. Brüssel hat bisher auch keine konkreten Pläne für einen Preisdeckel veröffentlicht, zuletzt aber immerhin vorgeschlagen, zunächst einmal "übermäßige Gewinne" von Öl- und Gaskonzernen sowie Stromproduzenten abzuschöpfen und mit dem Geld Verbraucher zu entlasten.

Zum aktuellen gegenwärtigen Zeitpunkt sind die entsprechenden Festlegungen von den Ländern der EU bereits getroffen worden. Es hat aber sehr lange gedauert und bedurfte vieler Verhandlungsrunden, bevor eine Einigung auf EU-Ebene erzielt werden konnte................... .
Nun gut, der Druck auf die Bundesregierung wächst (wuchs zum damaligen Zeitpunkt). Am Mittwoch (28.09.2022) erklärte Bremens Regierungschef Andreas Bovenschulte: "Der Energiepreisdeckel muss jetzt kommen."

Am 8. Juli 2022 hatte der Sozialdemokrat einen Antrag auf Prüfung einer Übergewinnsteuer in den Bundesrat eingebracht und war damit an den unions-geführten gescheitert. " Die Kluft zwischen den wenigen Gewinnern und den vielen Verlierern wird in der Sommerpause tiefer", sagte er anschließend – und sollte Recht behalten, auch mit einer Alltagsbeobachtung. "Ich bin mir sicher, dass die Menschen im Land merken: Da stimmt etwas nicht. Das kann so nicht richtig sein."

Nunmehr sind, wie bereits aufgeführt, die entsprechenden Regelungen von der Bundesregierung getroffen worden, selbst, wenn manche der getroffenen Beschlüsse nicht von allen Betroffenen, insbesondere wegen dem nach wie vor hohen Anstieg der Energiepreise, der auch durch den Preisdeckel noch trotzdem in gewisser Weise besteht, geteilt werden.

Wie schon von Prof. Dr. Hörz in seinem 2018 erschienenen Buch „Ökologie, Klimawandel & Nachhaltigkeit. Herausforderungen im Überlebenskampf der Menschen" festgestellt wurde, wird ohne die Lösung sozialer Probleme eine Transformation entweder scheitern oder zu einer Katastrophe führen. Ich sehe dies genauso. Die gegenwärtig angewandte Verfahrensweise bei der Energiewende muss aus diesen und den bereits genannten Gründen als nicht ausreichend in Deutschland angesehen werden. Die akituellen hohen Energiepreise und die bereits erwähnte mangelnde Entlastung werden von einem nicht geringen Teil der Bevölkerung als Bestandteil der Energiewende mit dieser in Verbindung gebracht, selbst wenn dies nicht in allen Fällen gerechtfertigt ist. So lange man dieses Problem nicht zur Zufriedenheit der Bevölkerung gesamtgesellschaftlich gelöst hat, wird von vielen Menschen, besonders von Menschen, die nicht Mitglied oder Anhänger der „Grünen" sind oder zum aktiven Kern der „Aktivisten" gehören, insbesondere aus diesem Grund ein Widerspruch gegen die Belange der sicherlich dringend notwendigen Realisierung der Maßnahmen gegen die Klimakrise gesehen und den Mängeln der Energiewende zugeordnet. Von der Mehrheit der Menschen wird eine sichere Lebensversorgung, die man auch bezahlen kann, als das Wichtigste angesehen.

Auch aus diesem Grund, wie schon in der Einleitung und auch in manchen anderen Passagen in diesem Buch bereits genannt wurde, sehen gegenwärtig bei den vorhandenen Problemen auch in Deutschland Viele die Lebensversorgung, die bezahlbare Energiekosten, bezahlbare Lebensmittel und bezahlbare Dienstleistungen und weitere bezahlbare Industriegüter als primär für sich an. Die dringend notwendigen Maßnahmen gegen die Klimakrise werden – menschlich verständlich – nicht vordergründig gesehen, Deshalb haben die sicherlich dringend notwendigen Belange der Energiewende, noch nicht in allen Fragen bei den immer noch vorhandenen nicht geringen Problemen und Vorbehalten auch von Teilen der Bevölkerung gesehen werden, nicht geringe Gegenwehr. Auch insbesondere manche Wissenschaftler auf diesem oder angrenzenden Gebieten vertreten die Auffassung, dass man die Prozesse der notwendigen Energiewende nicht ausreichend vorbereitet hat und zum Teil auch zu einseitig sieht. Auch Diejenigen, die von den Wirkungen der Energiewende und deren Auswirkungen unmittelbar betroffen sind, sind auch dadurch keine Freunde von der bisher betriebenen Energiewende mit ihren Prämissen in der ausgeübten Form.

Man muss auch beachten, dass die Energiewende – besonders ihre Zwischenphase bis zu ihrer vollständigen Wirkung – eine Auseinandersetzung zwischen dem Konservativen, Bestehenden, was sich bisher bewährt hat und dem Reformatorischen, Neuen, Umwälzenden darstellt. Dabei sehen Viele, auch durch die unmittelbaren Folgen für den Einzelnen begründet, dass es den Menschen nunmehr viel schlechter geht. Viele sind deshalb der Meinung, dass man fossile Energieträger und andere Rohstoffe mit nicht geringer CO2-Emission noch für eine Übergangszeit braucht oder auf Manche gar nicht verzichten kann. Wenn sich dies Alles zeitweilig verschlechtert und den Menschen immer suggeriert bzw. gesagt wird, dass sie weiterhin im Wohlstand leben, braucht man sich nicht zu wundern, dass manche Menschen ihr altes Leben wiederhaben wollen und das bisher Bestehende, Konservative weiter bewahren wollen und dem Neuen gegenüber nicht aufgeschlossen sind. Wenn man den betroffenen Menschen auch nicht ausreichend sagt, dass Energieträger und Rohstoffe auch ohne Beachtung der gegenwärtigen militärischen Auseinandersetzung zwischen Russland und der Ukraine, allein wegen der Knappheit und Endlichkeit teurer werden, sagt man ihnen nicht ausreichend, dass es auch so Probleme mit der Beibehaltung des Wohlstands gibt. Dieser bisherige Wohlstand beruhte auf positiven Seiten einer Marktwirtschaft, aber auch auf billigen Energieträgern und Rohstoffen, auch im besonderen Maße aus Russland sowie auf Ausbeutung anderer Menschen, besonders aus den unterentwickelten und manchen Schwellenländern.

Auch die Möglichkeiten des Marktes und der Sättigung müssen hierbei ebenfalls beachtet werden. Es muss auch real gesehen, dass die

Möglichkeit besteht, dass eine andere Weltordnung eine zunehmende Rolle hierbei spielen kann. Die Voraussetzungen dazu werden von Seiten Chinas, Russlands, Indiens, Brasiliens und einer Reihe anderer Staaten im arabischen, südamerikanischen, asiatischen und afrikanischen Raum derzeit sogar vorbereitend getroffen. Diese Länder wenden sich zunehmend von westlichen Ländern ab, da sie das dominierende Verhalten, als wenn sie die ganze Welt bestimmend leiten würden und ihre Einmischung in die Belange anderer Länder nicht hinnehmen wollen. Sie haben auch, wenn diese Länder Demokratien sind oder teilweise demokratische Gegebenheiten aufweisen, ein ganz anderes Demokratieverständnis als die gegenwärtig dominierenden Demokratien in der westlichen Welt.

Man muss davon ausgehen, dass Konzerne oder auch Unternehmen im Regelfall was sich nicht rechnet, nicht produzieren bzw. herstellen. Belange der Ökologie oder erforderliche soziale Aspekte spielen hierbei leider nicht die notwendige ausreichende Rolle. Die gerade unter den Bedingungen des Klimawandels auch erforderlichen Verzichts- und Verbotsmaßnahmen kommen mit den Zielstellungen des Kapitalismus in Probleme bzw. in Widerspruch. Auch daraus sieht man die Mängel der kapitalistischen Gesellschaftsordnung. Im Rahmen der Energiewende kann es zweifellos verschiedene Auffassungen geben.

Dazu schlägt auch Prof. Dr. Hörz vor, dass umfangreiche wissenschaftliche Debatten um das Für und Wider geführt werden, um die beste Lösung auch bei einer Energiewende finden zu können. Prof. Dr. Hörz hat schon im Jahr 2018 in seinem genannten Buch festgestellt, dass die Stimmen der Politiker hierbei eine dominierende Rolle gespielt haben und nicht ausreichend wissenschaftlich andere Meinungen gehört wurden. Er hat schon damals im genannten Buch festgestellt, dass es fraglich ist, dass damit den Interessen der Energiewende im ausreichenden Maße gedient wird. Nach Prof. Dr. Hörz muss man immer Alternativen sehen, denn wenn keine Alternativen gesehen werden und unterschiedliche Meinungen von Wissenschaftlern nicht beachtet werden, muss man diese angewandte Verfahrensweise als verdächtig ansehen, weil man keine Debatten zulassen will und der Meinung ist, dass man im Besitz der alleinigen Wahrheit ist. Leider wird auch bei der Energiewende im nicht ausreichenden Maße beachtet, dass es für jede Sache bzw. Meinung eine Alternative bzw. eine alternative Auffassung gibt. Man muss auch bedenken, wie auch Prof. Dr. Hörz sagt, dass es auch nach seiner Meinung nicht ausreicht, wenn man nur der Wissenschaft und Technik vertraut. Unterschiedliche Meinungen, die zweifellos zur Energiewende bestehen und bei so einem wichtigen Problem für die Belange der ganzen Menschheit ganz normal und verständlich sind, sollten ausreichend gehört werden, denn um die beste Lösung zu finden, spielt auch die wissenschaftliche Forschung eine ganz besondere Rolle.

Auch nach Auffassung des Philosophen Prof. Dr. Carl Friedrich Gethmann muss man auch kontroverse Diskussionen in der Wissenschaft haben. Verschiedene Meinungen bestehen im wissenschaftlichen Disput durchaus, und man muss sie auch ertragen können und zulassen. Er sagt in diesem Zusammenhang auch, dass Zweifeln die Grundlage jeder wissenschaftlichen Erörterung ist und dass wir eine Menge von Aussagen in diesem Zusammenhang brauchen.

Vom Politikwissenschaftler Prof. Dr. Werner Josef Patzelt wird ebenfalls auch in dieser Richtung argumentiert, dass wir viel toleranter und offener alles untersuchen sollten. Dies ist leider zu den Belangen des Klimawandels oft nicht der Fall. Er stellt fest, dass Naturwissenschaftler und Sozialwissenschaftler zu Fragen der Energiewende oft verschiedene Meinungen haben. Dadurch kommt man nach seiner Meinung oft nicht zueinander. Technische Lösungen, auch in der Energiewende, brauchen deshalb auch nicht von Allen akzeptiert werden. Auch die Auffassungen der Politikwissenschaftler ist mit den Auffassungen der Naturwissenschaftler oft nicht konform. Es verweist darauf, dass das Erreichen eines technologischen Reifegrades viele Jahre dauert und wir noch immer nicht den erforderlichen technologischen Reifegrad haben. Auch stellt er in seinem Vortrag fest, dass die Umwelteinflüsse von Windkraftanlagen und auch manche Belange der Biodiversität noch nicht genügend erforscht sind. Nach seiner Auffassung müssen wir erst die Grundlagen für den Ersatz schaffen und können erst dann auf Braunkohle, Steinkohle, Erdgas, Kernenergie verzichten. Man kann auch nach seiner Meinung nicht eher abschalten, wenn wir nicht den ausreichenden Ersatz haben. Er sagt auch, dass das Ziel darin besteht, dass Wasserstoff Erdgas ablöst, aber nach seiner Meinung wird dies noch eine längere Zeit dauern, bis wir alle Erfordernisse zu einer vollständigen Betreibung von Wasserstoff erfüllen. Auch die regenerativen Energien weisen – bezogen auf den derzeit erreichten Wissensstand sowie dessen praktischen Nutzung – noch eine Reihe von Grenzen auf, da wir auch manche Prozesse auf diesem Gebiet noch nicht in ausreichender Form praktisch im Griff haben.

Auch zu revidierende Entscheidungen, sagt Prof. Dr. Gethmann, sind, wenn man zu neuen Erkenntnissen gekommen ist, diese neuen Erkenntnisse auch unter dem Gesichtspunkt, dass sich unser Wissen und Kenntnisse alle 20 Jahre verdoppeln, ganz normal und sollten, wenn es erforderlich ist, auch zugelassen werden.

Derzeit bestimmen jedoch nur Auffassungen der „Grünen" hierbei eine dominierende Rolle, was u. a. bisher auch bei den Problemen der auch von Wissenschaftlern und des größeren Teils der Bevölkerung vorgeschlagenen Restaurierung der Kernenergie und Abkehr vom bisherigen politisch vereinbarten Ende der drei noch verbliebenen Atomreaktoren, zum Ausdruck kommt. Vielfach spielen hier ideologisch begründete bisherige Denkweisen, die auf Grund von neuen Erfordernissen der aktuellen Gegenwart, auch bezogen auf die Energieknappheit, verändert werden müssen, eine bisher nach wie vor dominierende Rolle. Man will hierbei, so kann man die Auffassung hegen, die tatsächlichen Gegebenheiten, die nunmehr entstanden sind, nicht sehen bzw. berücksichtigen und führt hierbei auch Begründungen auf, die auch viele Wissenschaftler und vom überwiegenden Teil der Bevölkerung in Deutschland – auch bezogen auf die zeitweilige weitere Nutzung von Kernenergie als Binnenenergie – nicht geteilt werden. Auch muss bemerkt werden, dass die Belange der Energiewende nicht ausreichend im globalen oder im internationalen Rahmen beachtet werden. Deutschland spielt hierbei zu sehr die Rolle des Vorreiters.

Diese Auffassung von Prof. Dr. Hörz, die er bereits 2018 hegte, wird auch vom Autor dieses Buches so gesehen. Die Probleme der Energiewende müssen allseitig gesehen werden und auch von einer Partei und den zugehörigen Wissenschaftlern, die ihre Meinung vertreten ergebnisoffen diskutiert werden. Dadurch kann auch nach Prof. Dr. Hörz eine höhere Qualität der analytischen Untersuchung erreicht und ein ausreichendes objektives Ergebnis, auch zu den Belangen der Energiewende, erzielt werden.

Die Ereignisse von Fukushima 2011 haben zu einem vorschnellen Handeln, auch nach der Auffassung von Prof. Dr. Hörz, geführt, ohne eine ausreichende strategisch begründete konzeptionelle Arbeit auch in Vorbereitung der Energiewende durchzuführen. Es wurde von ihm schon im Jahre 2018 gesagt, dass über den Ausgang der Energiewende deshalb im mehreren Jahren noch zu reden sei. Auch werden nach seiner Auffassung Zahlen verwendet, ohne ihre Richtigkeit ausreichend zu prüfen. Es wird vorrangig das argumentiert, wie er meint, das in dem Kram Derer passt, die diese Regelungen verkünden. Auch führte er auf, dass mehr kritischer Geist und Seriosität angebracht wären. Trotz dem sich die Probleme der Energiewende häufen, wird keine ausreichende Analyse und strategische Zielvorstellung durchgeführt. Auch werden unabhängige Berater, auch nach seiner Meinung, nicht ausreichend eingesetzt. Es soll im Grunde das herauskommen, was gewünscht wird. Ethik-Kommissionen werden zur Magd der politischen Auffassung. Für eine sichere Energieversorgung ergibt sich auch nach Meinung von Prof. Dr. Hörz noch erheblicher Diskussionsbedarf, und es muss unbedingt eine Risikobewertung dazu eingeschlossen werden.

Wir sollten auch nach Prof. Dr. Patzelt die unterschiedlichen Auffassungen der Bevölkerung in Stadt und Land zur Energiewende ausreichend beachten. Diese unterschiedlichen Gegebenheiten haben erhebliche Auswirkungen auf die Belange der Energiewende. Auch er sieht dies höchst problematisch für den Erfolg der Energiewende an, wenn wir auf Erdgas ebenfalls verzichten, die Atomenergie zur friedlichen Nutzung nicht mehr betreiben wollen, trotz der noch bestehenden Mängel in der praktischen Anwendung der regenerativen Energie, speziell bei Wind und Sonne.

Die noch teilweise erhebliche Polarität zwischen Arm und Reich und dass noch viele arme Länder gegenüber den wirtschaftlich hochentwickelten Ländern bestehen und erhebliche Unterschiede zwischen ihnen vorhanden sind, muss ebenfalls, wie bereits beschrieben, im verstärkten Maße gesehen werden. Auch führt Prof. Dr. Hörz an, dass diese Länder im zunehmenden Maße nicht mehr bereit sind, ihre Rohstoffe und Energiequellen ausländischen Ausbeutern zur Verfügung zu stellen. Er führt auch auf, dass, so wichtig die Energieprobleme auch sind, eine globale Lösung unbedingt erforderlich ist. Auch nach Meinung von Prof. Dr. Hörz brauchen wir nicht nur eine neue Weltwirtschaftsordnung, sondern auch eine neue Sozialordnung, die Ausbeutung und Unterdrückung verhindert. Es sind die erforderlichen gesellschaftlichen Rahmenbedingungen zu schaffen, die für die Transformation wichtig sind. Dazu ist auch nach seiner Auffassung die Globalisierung auch im Zusammenhang mit dem Kampf der verschiedenen Kulturen dieser Welt zu berücksichtigen und die Machtfrage im Streben nach Rohstoffen, billigen Arbeitskräften intensiv zu analysieren. Neben der Erringung der politischen Macht geht es nach der Auffassung von Prof. Dr. Hörz um Bodenschätze, die Sicherung von Energieressourcen und letzten Endes um die Erhöhung der maximalen Profite, die globale gegenseitige Konkurrenz, um die Unterstützung durch hierarchisch gegliederte Wertegemeinschaften. Eine sichere Versorgung der Menschheit ist ein sehr wichtiges globales Problem und erfordert zwar unterschiedliche nationale Lösungen, was unbedingt auch nach Auffassung von Prof. Dr. Hörz zu beachten ist.

Es kommt auf die unbedingte interdisziplinare. Bearbeitung der Belange der Energiewende an. Von Prof. Dr. Hörz wird in diesem Zusammenhang festgestellt, dass ohne die Berücksichtigung des Zusammenhangs von wissenschaftlich-technischer, ökonomischer, ökologischer, sozio-kultureller und mental spiritueller Entwicklung kein verwirklichungsbares und akzeptierbares Konzept mit Problemlösungen entstehen wird, das theoretisch fundiert und praktisch umsetzbar ist und von den Betroffenen akzeptiert wird.

Die interdisziplinäre Bearbeitung der Belange der Energiewende ist in diesem Zusammenhang aus der Sicht des Autors dieses Buches im erheblichen Umfang verbesserungswürdig und sollte stärker beachtet werden. Im Weiteren wird von ihm in diesem Zusammenhang prophezeit, dass, wenn die sichere Versorgung der Menschheit mit Energie als globales Problem erkannt wird und gangbare Wege gefunden werden und internationale Abkommen die sinnvolle

Nutzung von Ressourcen im Interesse der Besitzer sichern, dass dann auch ein Teil der bestehenden sozialen Bombe entschärft werden kann. Abschließend wird von ihm der Hoffnung Ausdruck verliehen, dass wir deshalb für uns Alle und für spätere Generationen wünschen müssen, dass die Menschheit nicht das Schicksal der Dinosaurier erleidet. Um dies zu vermeiden, sind weitere Aktivitäten erforderlich, die eine humane Lösung der genannten Probleme fördern, wozu die sichere Energieversorgung für alle Menschen als Lebensgrundlage gehört.

Vor dem Fazit in Gliederungspunkt 3 dieses Buches wird nochmals betont, dass es dringend erforderlich ist, nachdem man dies jahrelang verschlafen und die Notwendigkeit nicht ausreichend im praktischen Handeln beachtet hat, eine Energiewende in Deutschland und auch in anderen Ländern auf gesamter globaler Ebene durchzuführen. Aber angesichts der zweifellos noch bestehenden nicht geringen Probleme bei einer Energiewende beachtet man auch die Lösung der sozialen Belange und auch die derzeitige soziale Stimmung auch in Deutschland hierbei nicht in ausreichendem Maße.

Eine Energiewende kann nur gelingen, wenn sie erforderlich ist und die ausreichenden Voraussetzungen dazu in jeder Form auch insbesondere global in vollem Umfang erfüllt werden. Ein Alleinweg Deutschlands oder anderer Länder, die die finanziellen Voraussetzungen zu einer Energiewende haben, kann deshalb nicht der richtige Weg sein, um im gesamten globalen Maßstab gegen die Klimakrise vorzugehen. Dazu gehört im globalen Maßstab und speziell auch in Deutschland, da man in Deutschland die Energiewende schon angefangen hat, auch im besonderen Maße die Sozialverträglichkeit. Nur wenn man diese Erfordernisse beachtet, kann die Energiewende global vom Erfolg gekrönt sein.

3. Fazit

Die Wirkung des Treibhauseffekts war für unsere Welt notwendig, weil ohne Treibhauseffekt die durchschnittliche Temperatur der Erde so erkalten würde, dass wir dann als Menschheit und auch die meisten Tiere nicht leben könnten und eine weitere Eiszeit mit allen ihren Folgen vorprogrammiert wäre. Damit hatte der bisher eingetretene Treibhauseffekt auch eine positive Seite für die Zivilisation.

Inzwischen ist die durchschnittliche Temperatur der Erde, insbesondere durch die Folgen der Industrialisierung und des damit verbundenen Treibhausgasaustritts so angewachsen, dass wir zwischenzeitlich bereits einen mittleren Temperaturanstieg um ca. 1,2 Grad Celsius der Durchschnittstemperatur vor der industriellen Zeit auf unserem Globus haben. Die Temperatur ist dadurch weiter angestiegen, und wenn der menschengemachte Treibhausgasanstieg so weiter verläuft, werden wir nicht die maximale Grenze von 1,5 Grad Celsius Temperaturanstieg einhalten können. Prognosen des Weltklimarats gehen davon aus, dass wir, wenn wir so weiterleben, auf eine mittlere durchschnittliche Temperatur auf der Erde von 4 Grad Celsius und mehr kämen. Die Folgen einer solchen Temperaturerhöhung bzw. überhaupt schon bei Überschreiten des 1,5- bis 2,0-Grad-Celsius-Ziels laut dem Pariser Klimaschutz-Abkommen wären so schlimm, dass für viele Menschen und auch manche Tiere die Temperaturen auf der Erde viel zu hoch wären und sich nicht alle Lebewesen daran anpassen könnten.

Durch die dann ebenfalls entstehende Dürre bzw. die Hitze würden auch nicht mehr die notwendigen Vegetationsvoraussetzungen in dem erforderlichen Maße für die Herstellung der ausreichenden Menge an Lebensmitteln bestehen. Viele Menschen hätten dann nicht mehr genug zu essen und würden regelrecht verhungern.

Der Meeresspiegel würde allein durch die Hitze und deren Folgen durch die Reduzierung des Eises an den Polen bzw. an den Gletschern und durch andere Gründe so ansteigen, dass viele Menschen, die in den betroffenen Regionen wohnen, nicht mehr leben könnten. Auch das zunehmende Auftauen und damit dann eintretende Abschmelzen des Permafrosts würde ebenfalls erheblich zu einem Anstieg des Meeresspiegels beitragen. Viele Menschen auf der Erde, die in Gebieten mit einem geringen Meeresspiegel wohnen, könnten wegen der dann eintretenden Überflutung dort wahrscheinlich nicht mehr leben. Sie könnten dann nur noch in Gebieten mit einem höheren Meeresspiegel leben, wenn sie trotz der höheren Durchschnittstemperatur nicht erhebliche Beeinträchtigungen für ihr Leben hätten. Überschwemmungen auf der Welt wären somit durch den steigenden Meeresspiegel vorprogrammiert. Durch den Anstieg des Meeresspiegels würde sich die Anzahl der Klimaflüchtlinge erhöhen.

Vom Intergovernmental Panel on Climate Change (IPCC), in Deutschland besser als Weltklimarat bekannt, wird durch den Autor Jan Ahrens im am 28.10.2021 im Internet veröffentlichten Artikel „Folgen des steigenden Meeresspiegels: Überschwemmungen und Klimaflüchtlinge“ u. a. dazu geschrieben:

„Der Weltklimarat .... warnt vor einem Anstieg des Meeresspiegels von durchschnittlich 60 bis 100 Zentimetern bis zum Jahr 2100, wenn keine Klimaschutzmaßnahmen ergriffen werden. Selbst im Falle globaler Bemühungen, den Trend zu stoppen, ist dennoch mit einem Anstieg von rund 30 bis 60 Zentimetern im Schnitt zu rechnen.

Zum Vergleich: In den letzten 100 Jahren ist der Meeresspiegel an deutschen Küsten "nur" um 15 bis 20 Zentimeter angestiegen. Schuld daran ist vor allem die thermale Expansion des Meerwassers durch die Erwärmung der Ozeane und die Zunahme des Wasservolumens durch das Abschmelzen von Eis auf dem Land. So weit, so schlecht.

Wohl die meisten von uns haben diese Hiobsbotschaften gehört und dennoch sind sie nicht wirklich greifbar. Was bedeutet es überhaupt, wenn der Meeresspiegel ansteigt? Land geht verloren, das ist klar – aber wo und wie viel? ....

Die Situation heute zeichnet bereits ein düsteres Bild. Weltweit hungern laut einem Bericht der Vereinten Nationen 820 Millionen Menschen, bereits 2017 waren es knapp 40 Millionen Menschen, deren Not eindeutig alleine auf Klimaveränderungen zurückzuführen waren. Bereits bestehende Spannungen zwischen Bevölkerungsgruppen und Ländern werden durch den Klimawandel noch verschärft und zwingen Menschen ihre Heimat zu verlassen.

Regelmäßig und häufiger werdende Überschwemmungen werden bis 2050 die Heimat von 300 Millionen Menschen betreffen, bis 2100 wäre die Wohnfläche von heute rund 200 Millionen Menschen ganz vom Meer verschluckt. Besonders hart trifft es dabei den asiatischen Raum, allen voran Bangladesch, das allein für 160 Millionen Menschen eine Heimat bietet.

In Amerika wappnet man sich bereits gegen mögliche Folgen des Klimawandels. Neben San Francisco, Charleston oder New York bleibt auch das unter dem Meeresspiegel liegende New Orleans in Louisiana trotz bereits errichteter Deiche mit einer 89-prozentigen Wahrscheinlichkeit von Überschwemmungen von mindestens 1,80 Metern nicht verschont.

Doch betroffene Orte befinden sich nicht nur tausende Kilometer von Europa entfernt, sondern auch direkt vor unserer Haustür. Von den EU-Mitgliedsstaaten sind die Niederlande, insbesondere Amsterdam oder Rotterdam, am stärksten betroffen.

In Deutschland werden die Auswirkungen als erstes in den Großstädten Bremen oder Hamburg zu spüren sein. ……………………………………………………………………………"

Prof. Dr. Markus Rex, der Leiter der Atmosphärenforschung am Helmholtz-Zentrum für Polar- und Meeresforschung am Standort Potsdam des Alfred- Wegener-Instituts und Expeditionsleiter für die einmalige von September 2019 bis September 2020 stattgefundene ganzjährige Expedition der „Polarstern“ in die zentrale Arktis, schreibt in dem 2020 vom C. Bertelsmann-Verlag veröffentlichten Buch „Eingefroren am Nordpol: Das Logbuch von der „Polarstern“. Die größte Arktis-Expedition aller Zeiten. Ein Erlebnisbericht“ u. a. zum zunehmenden Abschmelzen der Eisfläche auf der Arktis: ……………

„…………………………………………………………………………………

Denn die Arktis ist das Epizentrum des Klimawandels. Nirgendwo sonst erwärmt sich unser Planet so rasant wie hier – mindestens doppelt so schnell wie im Rest der Welt und im Winter sogar noch viel ausgeprägter. Vieles davon verstehen wir bis heute nicht. Unsere Klimamodelle haben ihre größten Unsicherheiten in der Arktis. Hier weicht das, was verschiedene Klimamodelle für die Erwärmung bis zum Ende des Jahrhunderts vorhersagen, bis zu einem Faktor drei voneinander ab – im pessimistischen Szenario für die zukünftige Treibhausgasemission reichen diese Vorhersagen von 5 Grad Celsius Erwärmung bis zu sage und schreibe 15 Grad. Viele Modelle sagen voraus, dass die Arktis in wenigen Jahrzehnten im Sommer eisfrei sein wird. Andere nicht. Keiner weiß, ob und wann das passieren wird. Aber wir brauchen robuste und verlässliche wissenschaftliche Grundlagen für die so dringenden und tiefgreifenden gesellschaftlichen Entscheidungen zum Klimaschutz.
……………………………………………………………………………
Dabei ist die Arktis die Wetterküche für Wetter und Klima in Europa, Nordamerika und Asien, den Gegenden, in denen ein Großteil der Weltbevölkerung lebt. Der Temperaturkontrast zwischen der kalten Arktis und den wärmeren mittleren Breiten treibt das Hauptwindssystem der Nordhemisphäre an und bestimmt zu einem erheblichen Teil unser Wetter. Die schnelle Erwärmung der Arktis verändert diesen Temperaturkontrast. Das Ergebnis sind vermehrte und intensive Extremwetterlagen in unseren Breiten. Und was eine sommerliche eisfreie Arktis für unser Klima bedeuten würde, lässt sich zur Zeit kaum mit Sicherheit sagen, zu unbekannt sind die arktischen Prozesse………………………… …………………………..
……………………………………………………………………………“

Vielfältige andere Erscheinungen werden wahrscheinlich eintreten, wenn das 2-Grad-Celsius-Ziel der mittleren durchschnittlichen globalen Erwärmung überschritten wird. Die Überschreitung der Durchschnittstemperatur um 2 Grad Celsius würde jedoch eine weitere Erderhitzung auslösen, die dann kaum noch zu bremsen wäre. Der Temperaturanstieg könnte jedoch noch höher ausfallen, da wir nicht genau wissen, wie hoch der durchschnittliche Temperaturanstieg auf unserem Globus durch das Eintreten von Kipppunkten werden würde.

Eine Erderhitzung um über 2 Grad Celsius und mehr als mittlere Durchschnittstemperatur könnte neben den genannten Versorgungsproblemen durch die Ernteeinbußen, den Hunger sowie die Meeresspiegelerhöhung auch zu dramatischen Folgen, u. a. für die Menschen und für manche Tiere führen, wie teilweise aus Wikipedia und auch zu einem bestimmten Umfang aus dem Beitrag des ZDF „Artensterben in Deutschland" vom 26.08.2022 des Wissenschaftsjournalisten Kai Kupferschmidt zum zu erwartenden Artensterben, auch auf Deutschland bezogen, entnommen wurde:

- Der Kipppunkt des vollständigen Abschmelzens des Grönländischen Eisschilds könnte ggf. sogar schon bei einer Temperaturerhöhung um 1,5 Grad Celsius erreicht werden: Weitere Kipppunkte könnten entstehen, und dadurch können nicht reversible Vorgänge für die Zivilisation eintreten, die noch zu weiteren bisher, wie erwähnt, nicht bekannten Temperaturerhöhungen führen könnten.

- erhebliche Dürre und Trockenheit, Brände und eine Knappheit des Wassers und die daraus auch hervorgehenden erheblichen Probleme zur Sicherung der Versorgung bzw. zur Aufrechterhaltung des Lebens

- hoher Grad des Starkregens, der Sturzfluten, der Überschwemmungen, der Wirbelstürme und vielfältiger weiterer Wetterextreme

- Eine noch stärker wirksame Übersäuerung der Meere, die dazu beiträgt, dass zwei Drittel der tropischen Korallenriffe im Jahr 2030 zerstört sein könnten und es dann seltener zur Photosynthese kommen kann und damit weniger Sauerstoff abgegeben wird. Das hat dann sehr negative Auswirkungen für die Fische und für uns Menschen.

- Die Urbanisierung bzw. zunehmende Asphaltierung und die Verringerung der verfügbaren Ackerfläche bzw. der notwendigen zur Verfügung stehenden Öko-Landschaft wird allein durch die

Zunahme der Weltbevölkerung eintreten. Dies ist als eine Folgeerscheinung der weiteren Entwicklung im verstärkten Maße anzunehmen.

- Durch die Folgen des Klimawandels wird sich dann die Zahl der Menschen, die wegen den Folgen des Klimawandels ihre bisherige Region oder ihr Land verlassen müssen, weiter erhöhen mit den sich dann ergebenden Auswirkungen einer zunehmenden klimabedingten Migrations- und Flüchtlingsbewegung.

- Der Permafrost auf der Welt, insbesondere in Sibirien und Kanada bzw. in den USA (speziell in Alaska), würde beginnen aufzutauen, was auch erhebliche negative Folgen für auf der Grundlage des vorhandenen Permafrostbodens errichtete Gebäude und Anlagen hätte und dadurch auch erhebliche Probleme auftreten würden. Auch im Ergebnis des Auftauens bestimmter Teile des Permafrostbodens werden schädliche Treibhausgase, wie u. a. auch Methan, freigesetzt mit weiteren nicht geringen Folgen für das Weltklima

- Das Ökosystem auf der Welt würde erheblich gestört, und es würden auch noch mehr Probleme als bisher für die Erhaltung der Biodiversität eintreten. Wir können nur einen Bruchteil der Arten auf der Welt erhalten, da bereits erhebliche Verstöße in der Biodiversität zugelassen wurden. Auch die Flächen in Deutschland sind für die Erfordernisse der Biodiversität u. a. durch die zunehmende Urbanisierung, verbunden mit dem in diesem Zusammenhang erforderlichen Zuwachs der Asphaltierung, nicht ausreichend. Die biologische Vielfalt wird nicht mehr im ausreichenden Maße gesichert. Auch die nutzbaren Wälder sind aus verschiedenen Gründen weiter reduziert worden. Es entsteht auch eine höhere Wahrscheinlichkeit des Entstehens von Starkregen mit erheblichen Umweltfolgen auch für Mensch und Tier, wie beispielsweise auch das Unwetter im Ahrtal in Deutschland 2021 aufgezeigt hat. Auch für den Boden brauchen wir mehr Artenvielfalt. Wir müssen auch beachten. dass sich die Bevölkerungszahl auf der Erde wahrscheinlich weiter erhöhen wird. Auch die nicht ausreichend gesicherte Biodiversität kann dazu beitragen, dass, wenn wir für die anstehenden Belange in dieser Hinsicht keine höhere Aufmerksamkeit als bisher zeigen, wir dann nicht mehr genug ernten können. Ein artenschützendes Wirtschaften wird mehr als bisher unbedingt für erforderlich gehalten.

- Bestimmte Tierarten können in Folge der Auswirkungen des Klimawandels nicht mehr existieren, und es kann dadurch zu einem Aussterben bestimmter Tierarten kommen. Amphibien werden den hohen Temperaturen immer mehr ausgesetzt und können dadurch viel schneller aussterben. Von Manchen wird die konventionelle Landwirtschaft als eine wesentliche Ursache für das zunehmende Artensterben gesehen. Pestizide werden besonders als Grund für das zunehmende Sterben von Insekten wegen der eintretenden Umweltvergiftung, ausgelöst durch gegenwärtig noch verwendete Bestandteile der Düngemittel, angesehen. Die erforderliche Biomasse für fliegende Insekten ist in Deutschland um drei Viertel der bisher vorhandenen Biomasse zurückgegangen. Wenn wir nicht mehr genug Insekten haben, können wir auch in Deutschland die Bestäubung nicht mehr im ausreichenden Umfang sichern. Ohne Bestände von Insekten haben wir dann kein heimisches Obst mehr mit gravierenden Folgen für unsere Ernährung. Das Insektensterben hat auch erhebliche negative Auswirkungen auf die Anzahl der lebenden Vögel. Da immer weniger Insekten existieren, können die Vögel einen Teil ihrer Lebensgrundlage nicht mehr verzehren und haben deshalb auch Probleme, weiter zu existieren, und viele Vögel können deshalb nicht mehr leben. Auch die Süßwasserfische werden immer weniger und sind somit in der Tendenz fallend. Zum einen liegt das an der Überfischung unserer Meere, aber auch an der zunehmenden Ausbaggerung von Flüssen, die zur Existenz von weniger Fischen führt. Giftige Algen sind mit dem höheren Salzgehalt auch im Monat August 2022 aufgetreten und haben nicht nur viele Fische, die in der Oder leben und manche andere Meeresbewohner getötet, sondern auch das Ökosystem der Oder erheblich gestört. Wir werden noch eine längere Zeit brauchen, dieses Ökosystem an der Oder wieder auf den früheren Stand bringen zu können. Nach gegenwärtigem aktuellem Stand wird angenommen, dass der höhere Salzgehalt seine Ursachen hat und durch von bestimmten Unternehmen, die die geltenden Bestimmungen nicht eingehalten haben, verursachte Abwasserverunreinigung entstanden ist oder ggf. auch bewusst erzeugt wurde, um das Öko- System in der Oder zu zerstören und damit zum erheblichen Sterben der Fische und andere Meerestiere beigetragen hat.

- Die hohe Überdüngung des Wassers in Verbindung mit den Auswirkungen des Klimawandels könnte ggf. nach einer amerikanischen Studie zufolge ebenfalls als Ursache die verstärkte Bildung von giftigen Algen und das daraus ausgelöste Fischsterben in der Oder begründet haben.

- Die Epidemien, Seuchen und Krankheiten können durch die zunehmende Erhitzung der Erde mit auch möglichen gravierenden Folgen, auch bezogen auf eine mögliche Ansteckungsgefahr von Menschen und auch manchen Tieren zunehmen.

- Menschen können im Ergebnis der dann zunehmenden durchschnittlichen Erhitzung an einem möglichen Hitzetod versterben oder Krankheiten bekommen, wie Kreislaufstörungen usw., die durch erhebliche Hitze verursacht werden.

- Es ist zu erwarten, dass sich im Ergebnis der zunehmenden Hitze auf der Erde auch der Insektenbefall durch bestimmte Insektenarten mit den daraus sich ergebenden oft, bereits erwähnten, negativen Auswirkungen erhöhen wird.

Es wird in diesem Zusammenhang angenommen, dass bereits 2025 ein Fünftel aller derzeit noch lebenden Tiere ausgestorben sein könnte. Dies könnte folgende Tiere im Weltmaßstab betreffen:

Eisbären
Löwen
Hamster
Schildkröten
Schuppentiere

Fischkatzen
Löffelstrandläufer
Kahlkopfgeier
Echte Karettschildkröten
Rothunde
Stummelfußfrösche

2050 wird es folgende Tierarten wahrscheinlich nicht mehr geben:

Orang-Utans
Schimpansen
Bonobos
Steppenzebras

Die betreffenden Tierarten sind nicht nur wegen der steigenden Temperaturen, sondern auch wegen des Fells und des Fleischs von Wilderen bedroht. Diese zunehmende Jagd und mögliche Ausrottung dieser Tiere führt zu weiteren negativen Folgen für die Umwelt.

Im bereits genannten von Prof. Dr. Ernst Ulrich von Weizsäcker und Dr. Anders Wijkman und anderen Beteiligten geschriebenen Buch „Wir sind dran. Was wir ändern müssen, wenn wir bleiben wollen" wird auch Einiges zu den massiven Verlusten an fehlender Biodiversität angesprochen:

„……………………………………………………………………………………

Viel weniger konkret beschrieben, aber potenziell ebenso katastrophal, sind die massiven Verluste an Biodiversität. Schon heute befinden wir uns inmitten der „sechsten Aussterbungswelle". Die ersten fünf wurden wohl durch tektonische und vulkanische Ereignisse auf einer geologischen Zeitskala verursacht; im Falle der Dinosaurier wird auch einer astronomischen Katastrophe eine Schlüsselrolle zugerechnet. Doch die sechste Aussterbewelle seit dem letzten Jahrhundert wird ausschließlich vom Menschen verursacht. Während dieser Periode hat eine explosive Zunahme der menschlichen Bevölkerung und eine immer größer werdende Landnutzung (Bevölkerungswachstum und Urbanisierung) …….. die Lebensräume von Wildpflanzen und Tierarten dezimiert oder vollständig verändert. Es verwundert kaum, dass jeden Tag etwa hundert Tier- und Pflanzenarten aussterben, von denen die meisten noch nicht einmal vor ihrem Verschwinden wissenschaftlich identifiziert wurden. Die Auswirkungen dieser Tragödie auf die Menschen werden höchstwahrscheinlich sehr gefährlich sein, aber Details sind schwer vorherzusagen. ………………………………………………………………………………"

Im genannten Buch von Prof. Dr. Ernst Ulrich von Weizsäcker und Dr. Anders Wijkman in der Auflage aus dem Jahre 2018 wird zu den vorhandenen Problemen auf der gegenwärtigen Entwicklung auf der Welt u. a. ebenfalls geschrieben: ………………………………………………

„Die Weltbevölkerung stieg von einer Milliarde im 18. Jahrhundert auf die heutigen ca. 7,6 Milliarden (2022 ca. 7,837 Milliarden) Menschen, und 2050 wird ein weltweiter Bevölkerungsbestand von 9,7 Milliarden Menschen und im Jahr 2100 von rund 11,1 Milliarden von der UNO prognostiziert) an. Parallel dazu wuchs der Pro-Kopf-Verbrauch von Energie, Wasser, Mineralien und Fläche. Das katapultierte uns in die volle Welt. Die Realitäten in der vollen Welt zwingen uns, so sehen wir das, zum Nachdenken über eine neue Aufklärung. Diesmal nicht auf Europa beschränkt, sondern weltweit. Wachstum bedeutet nicht mehr automatisch ein besseres Leben, sondern kann tatsächlich schädlich sein. Dieser entscheidende Unterschied zwischen dem 18. und dem 21. Jahrhundert muss die Bewertung von Technologien, Regeln und Anreizen, Gewohnheiten und Institutionen ändern. Auch die ökonomische Theorie muss an die Bedingungen der vollen Welt angepasst werden. Es genügt nicht, ökologische und soziale Belange zu integrieren, indem man sie in Ausdrücke des monetären Kapitals übersetzt. Es genügt auch nicht, sich auf die verschiedenen Formen der Verschmutzung und des Rückgangs an Ökosystemen als „Externalitäten“ zu beziehen – der Vorstellung, dass das, was auf dem Spiel steht, nur eine gewisse Randstörung sei. Der Übergang der Menschheit in eine volle Welt muss auch die Einstellungen, Prioritäten und Anreizsysteme aller Zivilisationen auf diesem kleinen Planeten verändern. ………………………………………………………………………………"

Trotz der genannten negativen Ergebnisse in der Biodiversität hat die Welt-Naturschutzkonferenz, die im Dezember 2022 im kanadischen Montreal stattfand, auch in gewisser Weise positive Ergebnisse für die Belange des Umwelt- und Naturschutzes gebracht. Im Bericht

„Ergebnisse der Weltnaturschutzkonferenz in Montreal“ von „Naturefund“ vom 27.12.2022, der auszugsweise teilweise nachstehend aufgeführt wird, werden folgende Ergebnisse der Welt-Naturschutzkonferenz in Montreal bekannt gegeben:

„Nach rund zweiwöchigen Verhandlungen haben sich die rund 200 teilnehmenden Staaten des Weltnaturgipfels innerhalb der Abschlusserklärung darauf geeinigt, bis 2030 mindestens 30 Prozent der Land- und Meeresflächen unter Schutz zu stellen. Ziel der 15. Weltnaturschutzkonferenz (COP 15) in Montreal war, sich im globalen Rahmen abzustimmen, was bis zum Ende des Jahrzehnts zum Schutz der Biodiversität getan werden muss.
……………………………………………………………………………
Insgesamt wurden vier Vorsätze und 23 Zielsetzungen in der Abschlusserklärung des Weltnaturgipfels festgelegt. So sollen unter anderem

- bis 2030 mindestens 30 Prozent der weltweiten Meeres- und Landflächen effektiv unter Schutz gestellt und weitere 30 Prozent degradierter Ökosysteme renaturiert werden. Das soll auch in Zusammenarbeit mit indigen Völkern und lokalen Gemeinschaften geschehen.

- reichere Länder des globalen Nordens ärmeren Staaten bis 2025 rund 20 Milliarden US-Dollar jährlich zum Erhalt der Artenvielfalt zukommen lassen.

- bis 2030 die Risiken der Umweltverschmutzung aus allen Quellen auf ein Niveau reduziert werden, das der biologischen Vielfalt nicht schadet. Dafür soll die Gefährdung von Mensch und Umwelt durch Pestizide, Dünger, gefährliche Chemikalien bis 2030 halbiert werden und auch die Verschmutzung durch Plastik reduziert werden.

- umweltschädliche Subventionen in Höhe von 500 Milliarden US-Dollar abgebaut werden. Diese eingesparten Mittel sollen direkt in Naturschutzmaßnahmen fließen.

- die Rate, mit der Arten aussterben, bis 2050 soll auf ein Zehntel verringert werden. Zudem soll der Verlust von Gebieten mit besonders bedeutsamer Biodiversität, häufig Wildnisgebiete, auf Null reduziert werden.

Bisher sind weltweit 17 Prozent der Landflächen und acht Prozent der Meeresflächen geschützt. Laut UNO ist ein Drittel der Landflächen durch menschliche Einwirkung geschädigt. Diese zerstörten Ökosysteme – sowohl am Land als auch im Meer – sollen bis 2030 renaturiert werden.

Nach der Vereinbarung des Abkommens geht es jetzt um dessen Umsetzung. Jeder der Teilnehmerstaaten der Konferenz ist dazu angehalten zu planen, wie er die Ziele konkret umsetzen will. Inwieweit die Vereinbarungen erfolgreich umgesetzt werden, ist abzuwarten. So ist das Dokument rechtlich nicht bindend und viele der Zielsetzungen sind relativ vage gehalten. Zudem fehlen Sanktionen, für den Fall, dass die Ziele verfehlt werden. Ein weiterer Kritikpunkt: Zwar wurden starke Ziele zum Naturschutz und Wiederaufbau festgelegt, die Bereiche der Land- und Forstwirtschaft werden hingegen wenig in die Pflicht genommen. Ohne eine Trendwende in diesem Bereich ist es jedoch nahezu unmöglich, den globalen Biodiversitätsverlust zu stoppen. Inwieweit die Umsetzung der gemeinsam festgelegten Ziele nun durch alle teilnehmenden Staaten rasch und vollumfänglich erfolgt, bleibt abzuwarten."

Trotz der erfolgreichen Darstellung in den Medien muss die Umsetzung der anerkennenswerten globalen Zielstellungen vorerst etwas problematisch gesehen werden, da, wie erwähnt, die Bestimmungen nicht rechtlich bindend sind und zum anderen man auch nicht mit Sicherheit weiß, ob alle Länder der Welt die Festlegungen für ihr Land konkret einhalten können. Es muss auch beachtet werden, dass die Zielstellungen für manche Länder sehr schwer zu schaffen sind, für andere Länder manche der getroffenen Zielstellungen kein Problem sind. Deshalb kann man im globalen Sinne zwar die Zielsetzungen und die Einheitlichkeit begrüßen, aber die nicht gesicherte Konkretheit einer möglichen Umsetzung stellt unter Beachtung der bereits diesbezüglich genannten Faktoren im globalen Sinne ein Problem dar. Deutschland ist insbesondere in den Punkten gefragt, bei denen das bisher erreichte Ergebnis noch nicht ausreichend ist. Dies betrifft in Deutschland u. a. die Verringerung des Einsatzes von Pestiziden, die umweltschädlichen Subventionen sowie die ebenfalls noch bestehende Verschmutzung durch Plastik.

Der weltweite Ausstoß des Treibhausgases CO2 und die damit auch verbundene globale Temperaturerhöhung stellt auch für die Biodiversität ein nicht zu verkennendes erhebliches Problem dar.

Nach dem schwedischen Resilienzforscher Johan Rockström kann gemäß Wikipedia die Nichtüberschreitung des 2-Grad-Ziels der Erderhitzung nur noch erreicht werden, wenn der weltweite CO2-Ausstoß alle 10 Jahre halbiert würde. Dies sind für die globale Menschheit gewaltige Zielstellungen, die mit der gegenwärtig in der westlichen Welt gezeigten Lebensweise von Konzernen bzw. Unternehmen oder der Bevölkerung auch unter Nutzung aller vorhandenen technologischen Möglichkeiten nur sehr schwer erreicht werden kann. Man muss dabei beachten, dass die kritische Marke von 1,5 Grad Celsius Erderhitzung bereits 2030 in diesem Fall schon erreicht wäre.

Eine positive Einflussnahme auf die schädliche Treibhausgasentwicklung an CO2 kann auch insbesondere durch eine Dekarbonisierung erreicht werden. Damit könnte wesentlich dazu beigetragen werden, dass weltweit die durchschnittliche Erderwärmung nicht weiter im unermesslichen Maße ansteigt und die beträchtlichen Umweltfolgen für uns Alle nicht noch weiter zunehmen würden. Wir müssen deshalb auch auf globaler Ebene im zunehmenden Maße von solchen fossilen Energieträgern, wie der Kohle, uns baldmöglichst, wenn die globalen Voraussetzungen dazu bestehen, uns trennen und insbesondere auf solche nachhaltigen Energiearten, bei deren Produktion nur ganz geringe Mengen an CO2-Emission eintreten, wie auf Erneuerbare Energien, Kernenergie und andere fast CO2-freie Energiearten, die nur sehr wenig CO2-Emission ausstoßen, schrittweise konzentrieren. Vielleicht hilft uns auch die Suche nach weiteren Energiearten, solche Energiearten noch zu erkennen, deren Nutzung nicht so viel CO2 oder andere für uns schädliche Treibhausgase ausstößt.

Eine wichtige Rolle könnte nach gegenwärtigem Erkenntnisstand auch eine Herstellung und Nutzung sowie Anwendung von Wasserstoff, gewonnen aus nachhaltigen Energiearten, spielen. Es sollte dabei auch berücksichtigt werden, dass wir einen sehr hohen regenerierbaren Teil an Energie für die Erzeugung bzw. die Nutzung von grünem Wasserstoff als Energieart für eine Wasserstoffproduktion bei der notwendigen Elektrolyse brauchen.

Diese wesentliche Änderung der vorrangig und zukünftig verstärkt zu nutzenden nachhaltigen Energiearten verlangt, dass bisher notwendige Erzeugnisse, Produkte und Waren nicht mehr in dem früher üblichen Maße produziert bzw. hergestellt werden. Dadurch soll verhindert werden, dass nicht weiterhin in hohem Maße CO2 entsteht und nicht ausreichend emittiert wird.

Dass man auch in Deutschland nicht mehr viel Zeit hat, den Klimawandel bzw. den hohen Anteil des Treibstoffgases CO2 erheblich zu reduzieren, ist unabhängig von der in erster Linie notwendigen Änderung auf globaler Ebene daran zu sehen, dass man bereits 2035 den auch für Deutschland in Frage kommenden CO2-Anteil nach der bisherigen Budgetermittlung überschreiten wird. Dies wird jedoch auch von manchen Energiewirtschaftlern als fraglich angesehen, weil so wichtige Punkte des Ausstoßes des Treibhausgases CO2 durch die Meere und die Pflanzenwelt bei einer Budgetermittlung nicht berücksichtigt werden. Trotzdem kann festgestellt werden, dass, wenn man so wie bis jetzt weiterlebt, der CO2-Treibstoffanteil noch weiter ansteigt. Auch deshalb hat man nur wenig Zeit, als Gesellschaft insgesamt – im notwendigen globalen Maßstab gesehen – die erforderlichen Schritte einzuleiten.

Deshalb sollten alle unsere noch benötigten Erzeugnisse, um die Zielstellungen der CO2-Reduktion zu erreichen, zukünftig vorrangig weitgehend klimaneutral hergestellt werden. Das ist nicht einfach, denn fast unsere ganzen Erzeugnisse stoßen bei ihrer Herstellung relativ viel CO2 aus, und es bedarf oft ganz neuer Technologien und viel Schöpferkraft, um die Voraussetzungen zur Sicherung der Klimaneutralität für alle diese Erzeugnisse zu erreichen. Um die unvermeidlichen Zielstellungen der Klimaneutralität in der uns nur wahrscheinlich noch zur Verfügung stehenden Zeitspanne zu erreichen, bedarf es auch, von dem übertriebenen Konsum, der für die führenden Industrieländer der westlichen Welt bisher üblich war, abzukommen. Wir müssen in diesem Zusammenhang unsere bisherige Lebensweise in den führenden westlichen Ländern bzw. auf der Nordhemisphäre unseres Planeten wesentlich ändern und einen Teil unseres bisher gewonnenen gesellschaftlichen Reichtums an die Länder bzw. Menschen der Südhalbkugel unseres Planeten abgeben.

Nur unter Beachtung auch dieser erforderlichen globalen Belange kann man die unbedingt erforderlichen Maßnahmen, die zu einer geringeren CO2-Emission notwendig sind, global im ausreichenden Maße durchführen. Auch die bereits genannten Verzichte und Verbote, die dazu leider eintreten werden und von deren Erfordernis auch die Menschen überzeugt werden müssen, dass diese Verzichte und Gebote gesellschaftlich in Anbetracht der bestehenden Umstände erfolgen müssen, werden in diesem Zusammenhang im Interesse Aller bzw. des Weiterlebens der Menschheit für unumgänglich gehalten. Wenn es auch schwerfällt, sich damit abzufinden, müssen wir als besonders begüterte Menschen in der nördlichen Hemisphäre unseres Planeten unser quantitatives Wachstum verringern und auch mit einem qualitativen Wohlstand zufrieden sein, der nicht mehr dem bisherigen materiellen, vorrangig auf quantitativer Basis gesehenen Wohlstand, den ein großer Teil der Menschen bisher gewohnt war, entspricht.

Man sollte in diesem Zusammenhang, wie schon genannt wurde, aber wegen der Bedeutung an dieser Stelle im Fazit dieses Buches wiederholt werden soll, auch lernen, wesentlich zufriedener zu sein und mehr den qualitativen Vorteil einer anderen Art zu leben sehen. Unser Leben sollte dann nicht vorrangig aus zu reichhaltigem und manchmal auch nicht notwendigem Übermaß an materiellem Konsum und Ressourcenverbrauch und der damit oft verbundenen Entstehung schädlicher Treibhausgase bestehen. Wie auch im Buch an anderer Stelle beschrieben, heißt dies noch lange nicht, dass es uns Menschen dabei schlechter gehen muss, wenn wir uns – insbesondere, um uns bzw. die Zivilisation zu wahren – von der Erreichung eines quantitativen Wachstums trennen und den Schwerpunkt auf eine Erhöhung des qualitativen Wachstums richten.

Die notwendige Verringerung des materiellen Konsums bzw. mancher bisheriger Gewohnheiten unserer Lebensweise, unter Berücksichtigung einer nicht mehr möglichen Erhöhung und sogar des erforderlichen Rückgangs des quantitativen Wachstums, wie es vorher immer möglich war, bedeutet noch lange nicht, dass das qualitative Wachstum zurückkehrt oder sich verschlechtert, nur weil jetzt andere für uns Alle bessere Prämissen der Lebensführung zugrunde gelegt werden. Eine Reduzierung des materiellen Ressourcenverbrauchs kann zu einer anderen und für den Menschen oft besseren Lebensweise, auch unter Berücksichtigung der Erfordernisse des Klimawandels, ansprechenden qualitativen Lebensweise führen.

Um dies zu unser aller Wohl zu erreichen, muss der Staat eine höhere Bedeutung als bisher haben, damit er dann den notwendigen Einfluss im Interesse Aller und durch Überzeugung geltend machen kann. Es ist jedoch wichtig, dass er nicht, wie dies leider manchmal der Fall ist, vorrangig autoritär, sondern durch Überzeugung auftritt und sich dadurch bessere Voraussetzungen für eine Übereinstimmung der Interessen des wesentlichsten Anteils der Mitglieder unserer Gesellschaft ergeben.

Dabei sollte im Interesse Aller gesehen werden, dass andere Gesichtspunkte beim notwendigen transformativen Wechsel und einem Wandel im Bewusstsein gegenüber dem bisherigen Verhalten eine vordergründige Rolle spielen.

Manche Länder beeinflussen den CO2-Anteil auf der Welt sehr negativ. In der nachfolgenden Tabelle wird eine Reihenfolge der führenden Länder der Welt mit den höchsten CO2-Emissionen pro Kopf in Tonnen im Jahr 2019 dargestellt.

Land	Energiebedingte CO2-Emissionen pro Kopf 2019 in Tonnen
Katar	30,68
Vereinigte Arabische Emirate	18,22
Kanada	15,19
Australien	15,01
Saudi-Arabien	14,45
USA	14,44
Russland	11,36
Südkorea	11,33
Niederlande	8,44
Japan	8,37
Deutschland	7,75
Malaysia	7,41
Südafrika	7,40
Finnland	7,27
Österreich	7,10
China	7,07
Neuseeland	6,66
Norwegen	6,52
Griechenland	5,28
Italien	5,13
Vereinigtes Königreich	5,12
Spanien	4,90
Türkei	4,44
Frankreich	4,36
Schweiz	4,16
Mexiko	3,33
Indonesien	2,16
Brasilien	1,95
Indien	1,69

Tabelle 17: Energiebedingte CO2-Emissionen pro Kopf weltweit nach ausgewählten Ländern (https://de.statista.com/statistik/daten/studie/167877/umfrage/co-emissionen-nach-laendern-je-einwohner/)

In der folgenden Tabelle werden die zehn Länder mit dem weltweit höchsten CO2-Ausstoß dargestellt.

Ranking	**CO2-Emission in Mio. t**	**Anteil in Prozent**
China	11.680,416	32,5
USA	5.275	12,6
Indien	2.411,733	6,7
Russland	1.674,228	4,7
Japan	1.061,774	3,0
Deutschland	636.876	2,0
Iran	690,241	1,9
Südkorea	621.468	1,7
Saudi-Arabien	588,814	1,5
Kanada	542,787	1,3

Tabelle 18: Rangliste der 10 Länder mit dem höchsten Anteil an CO2-Emissionen in Prozent und in Millionen Tonnen (2020) (Quelle: EU- Kommission: Fossil CO2 and GHG emissions of all world countries, 2021 report. Bezugsjahr: 20280, basierend auf der EDGAR – Emissions Database for Global Atmospheric Research (Emissionsdatenbank für die Erforschung der globalen Atmosphäre; https://edgar.jrc.ec.europa.eu/report_2021)

Bei allen Aktivitäten zum dringend notwendigen Rückgang in der CO2- Emission können wir dies nur für die gesamte Welt erreichen, wenn wir auf globaler Ebene die erforderlichen Werte zum Abbau erreichen und dieser Abbau nicht nur von einzelnen Ländern der Welt durchgeführt wird.

Allein die drei bevölkerungsreichsten Staaten der Welt, China, Indien und die USA, machen über 50 (50,5) Prozent des globalen Anteils der CO2-Emittenten aus. Auch das – bezogen auf die vorhandene Fläche – größte Land der Welt, Russland hat ebenfalls mit 4,6 Prozent im globalen Rahmen einen relativ hohen Anteil an den CO2-Emmissonen. Die genannten weltweit führenden CO2-Emittenten machen einen Anteil an den aufgeführten gesamten weltweit zehn führenden Emittenten in Höhe von 67,3 Prozent aus. Deshalb spielen besonders diese Staaten eine wesentliche Rolle beim erforderlichen notwendigen Rückgang der globalen CO2-Emission.

China als weltweit größter CO2-Emittent hat sich verpflichtet bis 2060 eine Klimaneutralität zu erreichen. Dazu bedarf es dort einer gewaltigen Zunahme der Erzeugung regenerativer Energien und der Atomenergie als fast CO2-freie Energiearten. Man hat mit einem nicht geringen Zuwachs in China bereits begonnen und gehört auch hinsichtlich der Anzahl der errichteten Anlagen an regenerativer Energie bereits zu den führenden Ländern der Welt. Der Zuwachs reicht jedoch immer noch nicht aus. Die Anzahl der errichteten Anlagen an regenerativer Energie muss noch gewaltig erhöht werden, weil China Hauptverschmutzer der Welt ist, um den Erfordernissen der Klimabelange auch im globalen Maßstab Rechnung zu tragen. China hat verstanden, was auf diesem Gebiet auf die Wirtschaft und Bevölkerung des Landes zukommt und handelt bereits zum gegenwärtigen Zeitpunkt danach in dem zugrunde gelegten Umfang.

In einem Ranking der prozentual weltweit führenden Länder bei der aus erneuerbaren Energie gewonnenen Primärenergie zum Stand 2021 ergibt sich laut Angaben von Statista folgendes Bild:

Länder mit dem weltweit höchsten Anteil an aus erneuerbaren Energien erzeugter Primärenergie		Prozentualer Anteil zum Stand 2021
1.	China	28, 4 %
2.	USA	18,7 %
3.	Brasilien	6,0 %
4.	Deutschland	5,7 %
5.	Indien	4,5 %
6.	Japan	3,3 %
7.	Vereinigtes Königreich	3,1 %
8.	Spanien	2,4 %
9.	Frankreich	1,9 %
10.	Italien	1,9 %
11.	Indonesien	1,6 %
12.	Australien	1,5 %
13.	Türkei	1,5 %
14.	Kanada	1,4 %
15.	Schweden	1,2 %
16.	Südkorea	1,1 %
17.	Niederlande	1,1 %
18.	Mexiko	1,0 %
19.	Thailand	0,8 %
20.	Polen	0,8 %
21.	Chile	0,7 %
22.	Dänemark	0,7 %
23.	Belgien	0,6 %
24.	Finnland	0,6 %
25.	Portugal	0,5 %
26.	Argentinien	0,5 %
27.	Österreich	0,4 %
28.	Philippinen	0,4 %
29.	Griechenland	0,4 %
30.	Südafrika	0,4 %

31.	Irland	0,3 %
32.	Norwegen	0,3 %
33.	Neuseeland	0,3 %
34.	Rumänien	0,3 %
35.	Taiwan	0,3 %

Tabelle 19: Anteil am Verbrauch der weltweit aus erneuerbaren Energien gewonnenen Energien nach Ländern im Jahr 2021 (https://de.statista.com/statistik/daten/studie/251882/umfrage/anteil-der-laender-am-weltweiten-energieverbrauch-aus-ee (veröffentlicht von Statista Research am 14.07.2022)

In der weltweiten Ranking-Übersicht der Anzahl der weltweit betriebsfähigen Reaktoren für die ebenfalls von der EU als nachhaltig eingestuften Energieart Kernkraft nach Ländern zum Stand 2023 ergibt sich nach Angaben von Statista folgendes Bild:

Ranking	Anzahl der im jeweiligen Land betriebenen Kernkraftwerke
USA	92
Frankreich	56
China	55
Russland	37
Japan	33
Südkorea	25
Indien	22
Kanada	19
Ukraine	15
Vereinigtes Königreich	9
Spanien	7
Belgien	6
Schweden	6
Tschechische Republik	6
Pakistan	6
Finnland	5
Slowakei	4
Ungarn	4
Schweiz	4
Deutschland	3
Argentinien	3
Taiwan	3
Vereinigte Arabische Emirate	3
Mexiko	2
Rumänien	2
Brasilien	2
Südafrika	2
Bulgarien	2
Belarus	1
Iran	1

Slowenien	1
Armenien	1
Niederlande	1
Gesamt	**438**

Tabelle 20: Anzahl der betriebsfähigen Reaktoren in Kernkraftwerken weltweit nach Ländern im Januar 2023 (https://de.wikipedia.org/wiki/Kernenergie_nach_Ländern)

Daraus ist zu ersehen, dass China auch in der Anzahl der Reaktoren für Kernkraftwerke in der Welt ebenfalls mit eine führende Rolle spielt.

Die Kohlenutzung darf dann in China in der nahen Zukunft bezüglich des global wirksamen Klimawandels keine dominierende Position mehr einnehmen, trotz dem, wie bekannt, China derzeit noch weltweit die meisten Kohlekraftwerke betreibt. Auch andere fossile Energiearten, wie Erdöl, Erdgas usw., dürfen dann, trotz dem dies derzeit immer noch der Fall ist, in China in der Zukunft schrittweise nicht mehr den Stellenwert haben, wie bisher, um den bedrohlichen Klimawandel noch stoppen zu können, da sie einen hohen CO2-Anteil aufweisen.

Man muss jedoch beachten, dass die Nutzung des Energieträgers Kohle auch wesentlich dazu beigetragen hat, dass große Teile der Bevölkerung in China aus der Armut geführt werden konnten und nunmehr einen bescheidenen Lebensstandard erworben haben. Die Kohle trägt weiterhin auch in China, wie auch in manchen anderen Ländern, z. B. Schwellenländern und noch mehr den Entwicklungsländern zu einem besseren Lebensstandard, der oft sehr gering ist oder auch mit zur Bekämpfung der Armut bzw. mit zur Beseitigung des Hungers bei. Auch diese Belange müssen dabei gesehen werden und stellen auch einen wesentlichen Grund dar, dass man die Kohle weiterhin nutzt und Kohlekraftwerke in diesen Ländern, wo dies möglich ist, u. a. in China, baut und China leider erst 2060 klimaneutral werden will und manche – vorrangig unterentwickelte – Länder der Welt bis heute keine Zielstellungen bezüglich dem Erreichen einer Klimaneutralität haben. Dass man dort erst 2060 klimaneutral werden will, hat bei aller Einsicht der bestehenden Gründe der bestehenden Ungleichheit auf der Welt erhebliche Nachteile für die globalen Erfordernisse des gesamten Planeten.

Die USA haben unter der Regierung des Demokraten Präsidenten Joe Biden das Ziel bis 2050 klimaneutral zu sein. Die Republikaner unter dem früheren Präsidenten Donald Trump sind ja mit Wirkung ab dem 04.11.2020 aus dem Pariser Klimaschutz-Abkommen ausgestiegen, und es ist bei den Zielstellungen der Republikanischen Partei in den USA davon auszugehen, dass, wenn die Republikaner bei der nächsten Präsidentenwahl in den USA den amerikanischen Präsidenten stellen sollten, für die USA kein Ziel zur Erreichung der Klimaneutralität mehr bestehen würde. Sollte dies geschehen, wäre es ein schlechtes Vorzeichen, um weltweit eine Reduzierung der CO2-Emission zu erreichen. Wenn dies der Fall sein sollte und dann so bleiben würde, dass die USA dann von der Republikanischen Partei regiert werden würde, können beim hohen aktuellen globalen Anteil der USA an den CO2-Emissionen als derzeit weltweit zweithöchster Verursacher in diesem Fall die Zielstellungen des Klimawandels zu einer weltweiten Überschreitung der Temperaturerfordernisse führen. Damit würde zur weiteren Erhitzung der Welt über durchschnittlich 2 Grad Celsius vor der industriellen Zeit im globalen Rahmen in einem hohen Maße beigetragen. Dadurch könnte wohl kaum noch diese für die gesamte Zivilisation auf diesem Planteten so wichtige globale Zielstellung erfüllt werden. In diesem Zusammenhang muss erwähnt werden, dass die USA seit einem kurzzeitigen Austritt aus dem Pariser Klimaschutz-Abkommen ab dem 04.11.2020 unter dem damaligen Präsidenten Donald Trump von den Republikanern seit dem 19.02.2021 unter ihrem aktuellen demokratischen Präsidenten Joe Biden wieder offiziell Mitglied des Pariser Klimaschutz-Abkommens sind.

Indien hat die Zielstellung, unter Beachtung seiner vorhandenen Möglichkeiten bis 2070 klimaneutral zu sein. Das muss als viel zu spät bewertet werden.

Russland wird bis 2060 die Klimaneutralität anstreben. Auch diese Zielstellung kann im globalen Rahmen bei den bedrohlichen Problemen, die vor der Menschheit stehen, ebenfalls nicht befriedigen.

Die drittgrößte Wirtschaftsmacht der Welt, Japan, hat die Zielstellung, bis zum Jahr 2050 klimaneutral zu sein

Die gesamte EU mit ihren bisher 27 Ländern ist die Verpflichtung eingegangen, bis 2050 Klimaneutralität zu erreichen.

Deutschland als Teil der EU, will die Klimaneutralität bis 2045 schaffen.

Südkorea beschließt, bis 2050 eine Klimaneutralität zu erreichen.

Trotz dem Saudi-Arabien zu den weltgrößten Erdölexporteuren zählt, hat es die Zielstellung, durch gewaltige Änderung in der Wirtschaftsstruktur des Landes bis 2060 klimaneutral zu sein. Dies wird auch für zu spät gehalten.

Kanada, das flächenmäßig zweitgrößte Land der Welt, hat die Zielstellung, durch die Entscheidung der kanadischen Regierung bis 2050 klimaneutral zu sein.

Manche andere Länder der Welt, wie Australien, Neuseeland und Brasilien beabsichtigen, die Klimaneutralität bis 2050 erreichen zu wollen.

Myanmar, Bangladesch usw. wollen wegen der Überflutungsgefahr ihrer Länder durch den Anstieg des Meeresspiegels wegen der besonderen nationalen Gefahr sogar 2030 eine Klimaneutralität für ihre Länder erzielen.

Finnland will sogar schon 2035 die Voraussetzungen zur Klimaneutralität schaffen.

Die Ukraine will trotz der gegenwärtigen kriegerischen Auseinandersetzungen am zugrunde gelegten Ziel, die Klimaneutralität bis 2045 zu erreichen, festhalten.

Auch manche anderen Länder haben sich für das Erzielen einer Klimaneutralität verpflichtet.

Die nachfolgenden Länder haben in einer Selbsterklärung mitgeteilt, dass sie bereits die Voraussetzungen für eine Klimaneutralität erfüllt haben. Dies betrifft insbesondere folgende Länder

Bhutan
Kambodscha
Myanmar
Tonga
Liberia
Madagaskar
Mali
Niger
Seychellen
Guinea
Guinea-Bissau
Guyana

usw.

Es muss eingeschätzt werden, dass nahezu alle Länder, die zum Schutz vor der möglichen erheblichen Erhöhung der Erderwärmung für unsere Zivilisation bisher Klimaneutralitätsverpflichtungen eingegangen sind, viel zu spät eine Klimaneutralität erreichen wollen.

Eigentlich müssten alle Länder der Welt sich dazu verpflichten, für ihr jeweiliges Land die Klimaneutralität bis 2035 zu erreichen, da eine recht hohe Gefahr der Überschreitung der dann wahrscheinlich nicht mehr rückgängig zu machenden Kipppunkte besteht.

Da leider wahrscheinlich die nationalen Zielstellungen von den betreffenden Ländern nicht mehr zu ändern sind, muss bei einigen Ländern eingeschätzt werden, dass bei deren bisherigen getroffenen Entscheidung in der so wichtigen Klimaangelegenheit deren nationale und wirtschaftlichen Interessen eine wesentliche Rolle gespielt haben.

In diesem Zusammenhang muss nochmals im Fazit bemerkt werden, wie wichtig die weitgehende Beseitigung der noch bestehenden sozialen und wirtschaftlichen Ungleichheit der einzelnen Länder der Welt auch für die erforderlichen globalen Maßnahmen für unseren ganzen Planeten sind. Eine Beseitigung der erheblichsten Folgen der Ungleichheit, die besonders die Länder der südlichen Hemisphäre unserer Erde betrifft, muss als wichtige und primäre Voraussetzung angesehen werden, um die dringend erforderlichen Maßnahmen und Handlungen, die bei der Klimakrise angezeigt werden, auf der notwendigen globalen Ebene noch durchführen zu können. Eine wichtige Voraussetzung, um dies Alles auf globaler Ebene durchführen zu können, stellt die Bereitstellung der notwendigen finanziellen Mittel durch die entsprechenden Regierungen bzw. Verantwortlichen der betreffenden in Frage kommenden Industriestaaten der nördlichen Hemisphäre für die jeweiligen Länder der südlichen Welt dar.

Auch unter Beachtung der bisher bestehenden erheblichen Unterschiede in der Wirtschaftskraft und im Lebensstandard auf der Welt sollte das jeweilige Land die nationalen finanziellen und wirtschaftlichen Verpflichtungen für 2025, 2030 und 2035 bereits vorlegen. Es kann als nicht ausreichend angesehen werden, wenn diese individuellen nationalen Verpflichtungen der jeweiligen Länder erst zu einem späteren Zeitpunkt, bei Eintritt dieser Länder in die landesspezifische Klimaneutralität, vorgelegt werden. Das ist wegen der bedrohlichen Klimaentwicklung notwendig, damit noch positive Handlungen für die betreffenden Länder im globalen Maßstab eingeleitet werden können.

Vom Weltklimarat der UNO bzw. von ggf. anderen in Frage kommenden verantwortlichen Gremien sollte die zu erreichende Klimaneutralität festgelegt werden und weltweit die erforderlichen finanziellen und sonstigen Voraussetzungen geschaffen werden, dass die notwendigen Ausgangsbedingungen für alle Länder unseres Globus bestehen. Es muss auch dadurch mit gesichert werden, dass ein wesentlicher Abbau der Emission des Treibhausgases CO2 und anderer schädlicher Klimagase erfolgen kann.

Es sollte möglichst dabei gesichert werden, dass bereits 2030 im globalen Rahmen eine Reduzierung der schädlichen Treibhausgase, die sich noch in der Atmosphäre befinden, um 50 Prozent erreicht werden kann. Dazu müssen die erforderlichen Voraussetzungen im umfassenden Maße geschafft werden, einschließlich der notwendigen finanziellen Ausgangsbedingungen. In den Folgejahren ist es erforderlich, dass auf Grund der bestehenden Erfordernisse ein weiterer Abbau der schädlichen Treibhausgase auf globaler Ebene erreicht werden muss.

Eine Reihe von Ländern des Südens, auch die überwiegende Anzahl der Länder Afrikas und auch manche Länder Südamerikas und einige andere Länder auf der Welt haben insbesondere aus den genannten Gründen noch keine Verpflichtungen oder Zielstellungen zur Erreichung einer Klimaneutralität bisher zugrunde gelegt. Dies kann auch damit begründet werden, da ihre Bevölkerung im besonderen Maße unter dem sehr geringen durchschnittlichen Lebensstandard leidet. Sie erwarten ebenfalls vorher mit Recht den Erhalt ausreichender Ausgleichszahlungen bzw. Entwicklungshilfe von den Ländern Europas, Nordamerikas und den in Frage kommenden betreffenden Golfstaaten. Sie gehören nicht zu den Industriestaaten der Welt und besitzen auch deshalb gegenwärtig nicht die finanziellen und wirtschaftlichen Voraussetzungen, um zu einer Reduzierung des hohen CO2-Anteil auf der Welt Einfluss zu nehmen.

Außerdem ist zu beachten, dass sie nur zu einem relativ geringen Anteil gegenüber den Industriestaaten zu den schädlichen sich in der Atmosphäre befindenden Treibhausgasen beigetragen haben.

Da mit dem Erreichen einer Klimaneutralität der Abbau von eigenen fossilen kohlehaltigen Energiearten oder mit notwendigen Importen verbunden ist, sehen sie große Probleme, dass sie die Wirtschaft ihrer Länder auch bezüglich der Forderungen der Bevölkerung ihrer Länder nicht mehr in ausreichender Form betreiben können. Sie müssen eine zum Teil völlige Veränderung ihrer Wirtschaft bei einer wegen des Klimawandels notwendigen Dekarbonisierung vornehmen.

Dazu müssen vielfältige Investitionen auf den verschiedensten Gebieten geleistet werden. deren Finanzierung viel Geld kostet. Da diese Länder die dazu notwendigen Mittel nicht haben und sie die Maßnahmen wegen des globalen Klimawandels letztlich auch, weil sie oft am meisten unter den Folgen der Klimawandels leiden müssen, selbst nicht finanzieren können, treten für diese Länder erhebliche wirtschaftliche und finanzielle Probleme ein. Im Rahmen der Zielstellungen der Dekarbonisierung wäre es dann erforderlich, dass die betreffenden Länder nicht mehr, falls sie darüber verfügen, ihre eigenen oder importierten fossilen CO2-haltigen Rohstoffe und Energiearten verwenden können. Diese Probleme treten insbesondere im Zusammenhang mit ihrer bisherigen oft als Entwicklungs- oder als Schwellenland nicht ausreichenden Wirtschaftskraft auf. Deshalb brauchen diese Länder zur Finanzierung aller dieser dann erforderlichen Maßnahmen viel Geld für die notwendigen Transformationsprozesse, die für ihr Land geeignet sind.

Insgesamt spricht man davon, wie bereits an anderer Stelle genannt wurde, aber in diesem Fazit nochmals dargelegt werden soll, dass diese in Frage kommenden Länder einen Finanzierungsbedarf von einer hohen einstelligen Billionensumme oder sogar eine zweistellige Billionensumme brauchen. Die bis jetzt dafür vorgesehenen jährlichen 100 Milliarden US-Dollar reichen deshalb in keiner Weise dafür aus, um die erforderlichen Transformationsmaßnahmen umsetzen zu können.

Diese Zahlungen wurden bisher entsprechend der Planung durch die Industrieländer nicht oder nicht rechtzeitig nach den zeitlichen Vorstellungen getätigt.

Außer dem berechtigten, bereits genannten Vorwurf, dass diese Mittel oft noch nicht bereitgestellt wurden, weil sie vielfach, wie ebenfalls in diesem Buch schon erwähnt wurde, nur auf dem Papier als Absichtsbekundung existieren, beklagen die Vertreter der Entwicklungs- bzw. Schwellenländer, dass nicht ausreichende konkrete Festlegungen über den Anteil der einzelnen Länder am Aufkommen der benötigten Mittel getroffen wurden. Ebenfalls wird berechtigt von ihnen kritisiert, dass bisher nur sehr bürokratische Regelungen bzw. Richtlinien zu einer Ausgabe der für den Klimawandel benötigten Mittel getroffen wurden.

Im Beitrag der Bertelsmann-Stiftung „Geteilte Verantwortung beim Klimaschutz. Historische aktuelle und treuhänderische Haftung in Industrie-, Schwellen- und Entwicklungsländern" von Claudia Härterich, Dr. Hauke Hartmann und Dr. Thiess Petersen vom 28.10.2021 wird u. a. auszugsweise geschrieben:

„Treibhausgasemissionen machen nicht an Ländergrenzen halt. Ihre Reduzierung erfordert daher ein international abgestimmtes Vorgehen. Bei der konkreten Ausgestaltung einer globalen Klimaschutzpolitik spielt unserer Überzeugung nach das Haftungsprinzip eine entscheidende Rolle. Ein Grundsatz einer funktionierenden Marktwirtschaft ist, dass wirtschaftliche Akteur-innen alle Kosten ihres Handelns tragen müssen.

"Wer den Nutzen hat, muss auch den Schaden tragen", brachte Walter Eucken das Haftungsprinzip, das er als eines von vier regulierenden Prinzipien des Ordoliberalismus identifizierte, auf den Punkt (Eucken 1952, 2004, 279). Werden unternehmerische Freiheit und unternehmerische Haftung entkoppelt, können negative Folgen, wie in diesem Fall Klimawandel und Umweltschäden, externalisiert, das heißt der Gesellschaft und nicht der Produzent, in oder der Verbraucher, zur Last gelegt werden. Bezogen auf den weltweiten Klimawandel lässt sich das Haftungsprinzip auf nationalstaatlicher Ebene wie folgt interpretieren. Wenn die entwickelten Industrieländer ihren gesellschaftlichen Wohlstand einer über viele Jahrzehnte betriebenen ressourcenintensiven und klimafeindlichen Produktionsweise verdanken und damit für den Großteil der bis jetzt emittierten Treibhausgase und der daraus resultierenden Schäden verantwortlich sind, müssen sie für die Beseitigung dieser Schäden aufkommen. Wenn diese historisch privilegierten Länder überdies gegenüber den meisten derzeit noch relativ schadstoffarmen produzierenden Entwicklungsländern einen Verzicht auf zukünftiges ressourcengetriebenes Wachstum fordern, dann müssen die diesen Verzicht anteilig kompensieren. Im Sinne einer historischen Haftung sind auch diese Volkswirtschaften, die primär, wenn auch nicht ausschließlich, für die Bekämpfung des Klimawandels verantwortlich sind. Im Sinne einer aktuellen Haftung sind es vor allem die Staaten mit den höchsten CO2-Emissionen pro Kopf, denen eine aktuelle Verpflichtung zur deutlichen Reduktion ihrer Schadstoffausstöße zukommt. Im Sinne einer treuhänderischen Haftung stehen die nationalen Souveräne der globalen öffentlichen Güter politisch und operativ in Verantwortung, aber in Verbindung mit der historischen Haftung sind es erneut im Wesentlichen die entwickelten Industrieländer, die finanziell in die Pflicht genommen werden müssen.

....

Anderseits gilt es festzuhalten, dass sich nur wenige Regierungen in Entwicklungs- und Schwellenländer überhaupt dazu in der Lage sehen, grüne Elemente zentral in ihre eigenen Wiederaufbaustrategien zu integrieren, so dass zum gegenwärtigen Zeitpunkt auch "grünes Wachstum" schon einen erheblichen Fortschritt gegenüber dem Status quo darstellen würde. Selbst wenn der politische Wille für Ressourcenschonung und Schadstoffreduktion – an dem es auch in zahlreichen Industrieländern mangelt – ausgeprägt vorhanden sein sollte, sehen sich gerade die Regierungen in zahlreichen Entwicklungs- und Schwellenländern mit massiven planerischen, sozialen und finanziellen Herausforderungen konfrontiert, die sich zumeist nicht allein lösen können.

....

Viele dieser Länder verfügen jedoch nicht über die finanziellen Mittel, die erforderlich sind, um emissionsärmere Technologien einzusetzen. Daher produzieren sie nach wie vor mit veralteten Technologien, die eine geringe Energieeffizienz haben und fossile Brennstoffe einsetzen, allen voran die kostengünstige Kohle (Frodel 2017, S.11). Um die globale Emissionsmenge zu reduzieren, sollten also die Industrieländer die Gelder, die sie für Emissionsverringerungen ausgeben wollen, zumindest teilweise den Entwicklungs- und Schwellenländern zur Verfügung stehen.

....

Das Zeitfenster zur Begrenzung der Erderwärmung schließt sich. Die nächsten Jahre bis 2030 sind entscheidend dafür, ob es noch gelingen wird, die globalen Klimaziele zu erreichen. Es ist eine traurige historische Tatsache, dass die Industriestaaten des Nordens (in Ost und West) jahrzehntlang ihren Wohlstand und ihr Wachstum auf billige und klimafeindliche Energieverfeuerung bauen konnten, während sich nunmehr die Umweltschäden und Klimaveränderungen besonders abträglich auf den globalen Süden auswirken. ....

Die Gründung eines Klimaklubs oder die Einführung eines ambitionierten und international möglichst weitreichenden CO2-Bepreisung können einen hilfreichen Mechanismus darstellen, um auch reformaverse Regierungen, wie die der Golfstaaten, zum Nachdenken zu bewegen. Zugleich muss verhindert werden, dass emissionsintensive Produktionsweisen in Länder mit unzureichender umweltpolitischer Regulierung verlagert werden. ....

Diese klimapolitischen Ziele erfordern in erheblichen Umfang Beratung, Technologietransfer und Finanzierung, die primär von den Industriestaaten zu tragen sein werden. Sie erfordern überdies eine sozial inklusive und nach lokalen Gegebenheiten ausdifferenzierte Maßnahmengestaltung, die bestehende Ungleichheit abbaut. So wie auf internationaler Ebene unter Berücksichtigung des historischen Verursacherprinzips und der aktuellen Verteilungsgerechtigkeit eine überproportionale Belastung gerade der armen Entwicklungsländer zu vermeiden ist, so muss verhindert werden, dass klimapolitische Maßnahmen in Entwicklungsländern regressive Wirkungen zeigen und die ärmeren Bevölkerungsschichten belasten."

Leider ist gegenwärtig immer noch festzustellen, dass manche Länder die gebotene Solidarität der erforderlichen Hilfen nicht oder nicht im ausreichenden Maße für die betreffenden Entwicklungs- bzw. Schwellenländer zeigen. Sie wollen ihren bisherigen Wohlstand weiter bewahren oder aber sogar ausbauen. Man braucht auch im Interesse der erforderlichen positiven Einflussnahme auf den Klimawandel, der sich auf globaler Ebene vollzieht und nicht nur für einzelne Länder wirkt, auch eine ausreichende finanzielle Unterstützung Europas, Nordamerikas, der Golfstaaten und mancher in Frage kommender anderer Länder Asiens. Damit würde auch dazu beigetragen, dass die notwendigen Mittel für Maßnahmen des Klimaschutzes den betreffenden Entwicklungs- und Schwellenländern zufließen können. Nur so haben sie die notwendigen Voraussetzungen, sich an den erforderlichen globalen Maßnahmen der positiven Einflussnahme auf den Klimawandel zu beteiligen.

Die bisherigen Maßnahmen und die vorgesehenen finanziellen Mittel reichen in keiner Weise für die erforderlichen Klimamaßnahmen der betreffenden Länder der südlichen Halbkugel aus. Es wird für dringend notwendig erachtet, damit eine positive Einflussnahme auf den Klimawandel bzw. dessen eingeschätzten bedrohlichsten Bestandteil, die zunehmende Erderhitzung, erfolgen kann, dass primär die notwendigen Maßnahmen zur Erreichung einer höheren Gleichheit der einzelnen Länder sehr schnell eingeleitet werden. Dazu bedarf es, wie bereits beschrieben, einer wesentlichen finanziellen Unterstützung der in Frage kommenden Länder. Erst dann bestehen die Voraussetzungen, dass in diesen Ländern die notwendigen Maßnahmen für die Spezifik des jeweiligen Entwicklungs- oder Schwellenlandes zur positiven Einflussnahme auf den Klimawandel eingeleitet werden können. Deshalb müssen die reichen Länder den armen Ländern wegen den in nicht geringerem Maß schon längere Zeit bestehenden schwerwiegenden Folgen die notwendige finanzielle Hilfe zukommen lassen. Diese unterentwickelten und Schwellenländer können sich die notwendigen Umweltmaßnahmen zur Umstrukturierung ihrer jeweiligen Wirtschaft nicht aus eigenen Mitteln leisten.

Es wird als Erfolg der entscheidenden Eindämmung der bedrohlichen Folgen der Klimakrise angesehen, wenn die führenden politischen Vertreter der G7-Staaten USA, Japan, Deutschland, Frankreich, Großbritannien, Italien und Kanada oder anderer weltweit führender Gremien sich ständig neue Begriffe, wie u. a. die Einführung eines Klimaklubs einfallen lassen. Manchmal verwenden sie auch andere Bezeichnungen für die entsprechend ihrer Auffassung erforderlichen Maßnahmen gegen die Klimakrise, lassen es aber an einer ausreichenden finanziellen und sofortigen Hilfe fehlen. Man hat zwar Maßnahmen vor, aber sie werden nach Meinung des Verfassers dieses Buches nicht im ausreichenden Maße vorbereitet und bisher unzureichend realisiert. Es war bislang immer typisch, dass die Regierenden in den reichen Ländern auf dem Papier Vieles versprachen, was sie zwar vorhatten, diese Vorhaben jedoch nicht ausreichend ausfinanziert waren. Diese nicht umgesetzten Versprechungen der betreffenden Regierenden in den reichen Ländern der Welt führte zu Unmut. Obwohl die bisherigen ausreichend waren, versprach man, dass man diese durchführt, aber sie wurden bis zum gegenwärtigen Zeitpunkt nicht ausreichend realisiert.

Diese bis jetzt zugrunde gelegte Haltung kann man sich angesichts der globalen Bedrohung durch den Klimawandel und in der wenigen nur noch zur Verfügung stehenden Zeit, die wir als Menschheit insgesamt noch zur Einflussnahme auf den Klimawandel haben, nicht mehr erlauben. So kann man auf diese Weise nicht entsprechend unserer Erfordernisse die Umweltkrise im positiven Sinne beeinflussen. Da die erforderliche Konkretheit in diesen beschriebenen Belangen zur Umsetzung der erforderlichen Maßnahmen nicht bestand, konnte auch die im November 2022 in Ägypten stattgefundene Umweltkonferenz auch keinen ausreichenden tatsächlichen Erfolg haben. Dabei wäre im Interesse aller Menschen auf unserem Globus ein Erfolg der im November 2022 stattgefundenen Klimakonferenz sehr wichtig gewesen.

Es reicht eben nicht aus, wenn in einigen führenden westlichen Industriestaaten der Nordhalbkugel, wozu auch Deutschland gehört, bestimmte Maßnahmen in ökologischer Richtung zur Einflussnahme auf die Folgen des Klimawandels durchgeführt werden. Jedoch werden die Erfordernisse nicht erfüllt, wenn diese oder ähnliche Maßnahmen, unter Beachtung der konkreten Besonderheiten und Erfordernisse dieser Länder, nicht schnell genug durchgeführt werden. Die betreffenden Entwicklungs- und Schwellenländer besitzen nicht die wirtschaftlichen Voraussetzungen dazu.

Sicherlich ist der Einfluss Deutschlands mit ca. 2 Prozent auf die hohen schädlichen Treibhausgase und damit auch auf den menschengemachten Klimawandel nicht zu unterschätzen, aber wir müssen viel globaler als bisher an dieses Problem, dass unseren gesamten Planeten betrifft, herangehen.

Immerhin tragen 98 Prozent anderer Länder auf der Welt zu diesem erheblichen Problem bei. Die wesentlichen Emittenten dieser unsäglichen Gegebenheit stellen insbesondere China, die USA, Indien, Russland, Japan und der Iran nach gegenwärtigem aktuellem Stand dar. Diese genannten Länder haben auch wegen ihrer relativ hohen Bevölkerungszahl, aber auch aus weiteren Gründen und auch wegen des unverhältnismäßigen hohen durchschnittlichen Konsums der Bevölkerung – wie für die USA und Japan zutreffend ist – an der nunmehr eingetretenen Entwicklung ihren nicht geringen Anteil.

Die USA und Japan wollen erst, wie bereits aufgeführt, 2050, Russland und China erst 2060 und Indien sogar erst 2070 die vollständige Klimaneutralität erreichen. Iran hat bis zum gegenwärtigen Zeitpunkt keinerlei Festlegungen zum Erreichen des Zeitpunktes für eine Klimaneutralität getroffen. Man muss die Zielstellungen der größten Emittenten dieser Welt von CO2 und anderen schädlichen Treibhausgasen als viel zu spät für eine noch ausreichend wirksame Einflussnahme auf die Folgen des Klimawandels und für die Erhaltung der gesamten Zivilisation auf unserer Erde aus globaler Sicht ansehen.

Leider bestehen nur diese nicht ausreichenden Ziele bei der Klimaneutralität bei den genannten Hauptemittenten und da diese Länder, wie bereits genannt, nationalen Zielstellungen für das Erreichen einer Klimaneutralität ändern und eine Nichteinmischung in ihre nationalen Klimabelange verlangen, besteht nur wenig Hoffnung auf andere Zielstellungen der betreffenden Länder in der Klimaneutralität. Dies müssen wir beachten, auch wenn die Menschheit wesentlich schneller Klimaneutralität braucht. Um den Anteil an schädlichen Treibhausgasen auf der Welt wesentlich zu reduzieren, sollten die Länder die eine Klimaneutralität vor 2050 erreichen wollen, diese Zielstellungen mindestens einhalten und nach Möglichkeit bezüglich des Zeitraums noch unterbieten. Die genannten Hauptemittenten von schädlichen Treibhausgasen sollten unbedingt vielfältige Maßnahmen einleiten, dass sie bereits vor Erreichung ihrer national festgelegten Klimaziele eine wesentliche Senkung ihres Anteils an CO2 und an anderen negativen Treibhausgasen erreichen wollen.

Auch die Entwicklungs- und Schwellenländer, die noch keine Klimaneutralitätsziele haben, und die die wirtschaftlichen und damit auch finanziellen Voraussetzungen nicht besitzen, sollten die notwendigen Maßnahmen zur Umstrukturierung ihrer Wirtschaft zu einer möglichen Klimaneutralität wesentlich vor dem Jahr 2050 einleiten. Dazu müssen jedoch von den reichsten Ländern dieser Welt bzw. von einzelnen Personen, die über sehr viel Vermögen verfügen, die notwendigen finanziellen Voraussetzungen geschaffen werden. Die einzelnen Menschen dieser reichen Länder müssen dazu ihren möglichen aktiven Beitrag leisten.

Dazu ist man bereits jetzt schon in Vorbereitung für die nächste Weltklimakonferenz, da die Klimakonferenz vom November 2022 in Sharm El-Sheikh (Ägypten) bereits stattgefundenen hat und man hier wiederum nicht ausreichende Vorbereitungsmaßnahmen eingeleitet hat und deshalb die Weltklimakonferenz in Ägypten keinen ausreichenden Erfolg gehabt hat, müssen die konkreten Festlegungen, unter Beachtung einer Zustimmung der betreffenden Entwicklungs- und Schwellenländer, getroffen und die notwendigen Vorbereitungsmaßnahmen eingeleitet werden. Leider haben die in Frage kommenden Länder dies nicht getan, und auch deshalb ist es, wie schon vor der Weltklimakonferenz eingeschätzt wurde, zum bereits genannten Scheitern bzw. zum Nichterfolg der Weltklimakonferenz von November 2022 gekommen.

Man muss deshalb unbedingt erreichen, dass erste Handlungen zur Umsetzung konkreter Projekte für die betreffenden Länder bereits ab 2024 begonnen werden können.

Als Menschheit werden wir nicht umhin kommen, auch in einem relativ geringeren Umfang als bisher CO2-haltige Produkte zu produzieren bzw. herzustellen. Jedoch sollten wir beachten, dass die Erfordernisse für das Erreichen einer Klimaneutralität, gemäß Wikipedia, eingehalten werden müssen. Diese bestehen darin, dass ein Land nur noch so viele klimaschädliche Gase produziert und speichert, dass diese Gase nicht negativ auf den Klimawandel wirken können. Die Speicherung kann insbesondere in Kohlenstoffsenken, wie Böden, Wäldern, Moore usw. erfolgen.

Der größte Anteil der bisher in die Welt geblasenen schädlichen Treibhausgase, wie u. a. auch CO2, stammt, wie bereits genannt, von den wirtschaftlich führenden Industrieländern bzw. überhaupt von den Industrieländern. Man muss bedenken, dass die bis jetzt in der Erde enthaltenen schädlichen Treibhausgase bis zu 800 bis 1000 Jahre noch in der Atmosphäre verbleiben und die betreffenden armen Länder keinen oder nur einen geringen Anteil an den sich bereits in der Atmosphäre befindenden schädlichen Treibstoffgasen haben.
Es ist als ein Gebot der Gerechtigkeit und der Solidarität anzusehen, dass man gegenüber diesen armen Ländern zur ebenfalls auch dringend notwendigen Reduzierung der Treibstoffemission nicht noch

finanzielle Ansprüche stellt oder die Aufnahme von Krediten dafür verlangt.

Die steigende Erderwärmung führt auch durch die vorhandenen Treibhausgase in der Atmosphäre zu einer globalen Gefahr für alle Menschen der ganzen Welt. Es muss als ein Gebot des moralisch richtigen Verhaltens darin bestehen, dass man diesen betreffenden Ländern des Südens nicht noch diese vorhandenen Bürden auflastet.

Das Problem des Klimawandels besteht, wie an anderer Stelle dieses Buches bereits ausgeführt, global und nicht nur für einzelne Länder und allein wegen des globalen Erfordernisses kann nicht diese im höchsten Maße ungleiche Verteilung so verbleiben. Auch aus diesem Grund und wegen der aktuellen Situation in der Treibhausgasentwicklung, verursacht durch den im erheblichen Anteil unterschiedlichen Ressourcenverbrauch der einzelnen Länder dieser Welt, haben die vorrangig im westlichen Teil der Welt liegenden hochentwickelten Industriestaaten ihren finanziellen Beitrag dazu zu leisten. Es kann nicht weiter eine solche wirtschaftliche Ungleichheit, wie bisher auf der Welt vorhanden ist, bestehen bleiben.

Man könnte, wie der Weltklimarat sagt und von Sandra Kirchner im Beitrag „Weltklimarat: „Es wird eng, aber die Menschheit kann den Klimawandel noch entschärfen“ der Deutschen Gesellschaft für die Vereinten Nationen e. V. am 08.04.2022 geschrieben wurde, beachten, dass das bereits ausgestoßene CO2, zwar unter aufwendigen Mitteln, jedoch wieder aus der Atmosphäre geholt werden muss. Sie schrieb in diesem Zusammenhang u. a.:

„Neben technischen Lösungen müssen auch die natürlichen CO2-Speicher künftig besser geschützt werden, empfiehlt der Bericht weiter. Wälder oder Moore binden große Mengen an Kohlenstoff, wenn sie im intakten Zustand sind. Deshalb sollen die Wälder weltweit vor Abholzung geschützt werden. Darüber hinaus sollen viel mehr neue Bäume gepflanzt werden, da Bäume beim Wachstum Kohlenstoff aus der Atmosphäre aufnehmen und dieses binden.

Solche Prozesse, bei denen CO2 aus der Atmosphäre geholt wird, werden in der Forschung als „negative Emission“ bezeichnet. Sie sind unverzichtbar, um den massiven CO2-Ausstoß der Menschen auszugleichen. Denn selbst in den optimistischen Klimaszenarien des Weltklimarats gelingt es zwar, das 1,5-Grad-Ziel langfristig einzuhalten, aber das Ziel wird kurzfristig gerissen. Das heißt, die Temperaturen steigen um mehr als 1,5 Grad im Vergleich zum vorindustriellen Zeitalter an, um dann durch den gezielten Einsatz von negativen Emissionen wieder zu sinken.

Die Menschheit kann den Klimawandel also nur noch begrenzen, wenn sie Wege findet, bereits ausgestoßenes CO2 wieder aus der Atmosphäre zu filtern. Aus Sicht der IPCC-Autorinnen und -Autoren müssen dabei auch Techniken zum Einsatz kommen, die noch nicht im großen Maßstab erprobt sind – wie etwa Bioenergie mit CO2-Abscheidung und Speicherung (BECCS). Dabei wird Biomasse, beispielsweise Holz, verbrannt und das dabei freiwerdende CO2 mit Filtern aufgefangen und in unterirdischen Speichern gelagert." Manche Klimaschützer warnen jedoch vor der Anwendung dieser speziellen Technik.

Im Beitrag „Wie CO2 aus der Atmosphäre entfernt werden kann“ der „Deutschen Welle“ vom 02.12.2014 von Gero Rueter wird die Dringlichkeit des schnellen Handelns dargestellt und in diesem Zusammenhang vorgeschlagen, dass CO2 zur Sicherung der Entfernung aus der Atmosphäre in die Erde gepresst werden kann. Dazu heißt es in diesem Beitrag u. a.:

„Eine weitere Möglichkeit der CO2-Reduktion ist die sogenannte CCS-Technologie (Carbon Capture and Storage). Dabei wird das CO2 aus Kraftwerken oder Industrie unter hohem Druck tief in die Erde gepresst. In ausgeförderten Erdöl- und Erdgaslagern lässt sich CO2 speichern.

Erste Erfahrungen mit dieser Technik sammelt die Erdölindustrie. Der norwegische Konzern Statoil ist Pionier auf diesem Feld. Damit die Technik der Speicherung sich weltweit durchsetzt" brauchen wir einen hohen und stabilen CO2-Preis, das ist der wichtigste Punkt", betont Kristofer Hetlan, CCS-Experte bei Statoil gegenüber der Deutschen Welle. Bei einem CO2-Preis von 40 bis 50 Euro pro Tonne hält er die Technik für durchsetzbar.

Fossile Kraftwerke mit CCS werden gegenüber erneuerbaren in der Regel nicht konkurrenzfähig sein. IPCC-Autor und CCS-Experte Prof. Manfred Fischedick will die Technik aber trotzdem weiter entwickeln.

“Aus Klimaschutzgründen können wir in eine Situation kommen, bestehende Kraftwerke nachrüsten zu müssen, um den CO2-Ausstoß einzudämmen", so Fischedick im Interview mit der Deutschen Welle.

In der „Tagesschau“ vom 05.01.2023 wird über den Habeck-Besuch in Norwegen berichtet und man das Treibhausgas CO2, ähnlich wie in Norwegen auch in Deutschland speichern könnte. Es ging in diesem Besuch von Wirtschaftsminister Habeck in Norwegen, um die Abspaltung, Verflüssigung und Speicherung von CO2.

Martin Polansky vom ARD-Studio Stockholm, der in Oslo weilt, schrieb dazu den Bericht „CO2 speichern wie Norwegen?“. Nachfolgend werden auszugsweise aus diesem Bericht einige für wichtig erachtete Belange genannt:

„Das Zementwerk von Norcem in Brevik gilt manchen als Pilotprojekt für den Klimaschutz. Die Anlage rund 150 Kilometer südwestlich von Oslo soll schon bald die besonders klimaschädliche Zementproduktion sauberer machen. Geplant ist, in Brevik ab 2024 rund die Hälfte des Kohlendioxid in dem Werk mit einem chemischen Verfahren vom restlichen Abgas abzutrennen und zu verflüssigen.

Karin Comstedt Webb vom Norcem-Mutterkonzern Heidelberg Materials nennt die CO2-Abscheidung im industriellen Maßstab ein “wichtiges Puzzleteil“, das dazu beitragen solle, die gesamte Bauindustrie in Richtung CO2–Neutralität umzubauen. ....

Norwegen gilt als ein Vorreiter in der CSS-Technologie. Das Kürzel CSS steht (wie schon genannt] für “Carbon Capture und Storage“ – also Abscheidung und anschließende Speicherung von Kohlendioxid im Untergrund. Das Zementwerk in Brevik gehört zum sogenannten „Longship“- Projekt, das von der norwegischen Regierung mit rund 1,6 Milliarden Euro gefördert wird.

Ziel ist es, bis 2024 eine ganze CSS-Kette zu schaffen und marktreif zu machen: Abscheidung von CO2 wie im Zementwerk Brevik, Transport des verflüssigten Kohlendioxids und Abspeicherung im Meeresboden vor der Küste Norwegens.

Kristin Jordal forscht zu CSS an der norwegischen SINTEF-Stiftung mit Hauptsitz in Trondheim. Sie betont, dass die Technik funktioniere: "Wir wissen, dass wir CO2 abscheiden und dann im Boden speichern können – für sehr lange Zeit. Ich glaube, es ist eine sehr nützliche Technologie, die Teil des Portfolios sein kann, mit dem wir dem Klimawandel entgegenwirken."

Dass Habeck nun am Freitag (dem 6. Januar 2023) das Norcem-Werk besichtigte, kann man als Signal verstehen. Gerade erst wurde unter Federführung des Bundeswirtschaftsministeriums ein Evaluierungsbericht zum deutschen Kohlendioxid-Speicherungsgesetz vorgelegt, in dem die Experten die CCS-Technologie positiv bewerten.

Die Bundesregierung will in diesem Jahr mit Blick auf Umsetzungsmöglichkeiten in Deutschland und Europa eine sogenannte "Carbon Management Strategie" erarbeiten. Kurzum: Die Ampel-Regierung und Habeck zeigen sich offen für dir CO2-Technologie, die von den Grünen lange Zeit vehement abgelehnt wurde.

Auch Habeck hatte sich in seiner Zeit als Landespolitiker in Schleswig-Holstein klar dagegen positioniert, als über eine mögliche CO2-Speicherung vor der deutschen Küste nachgedacht wurde. Das war vor gut zehn Jahren. ....

Bemerkenswerterweise bewertet die norwegische Umweltorganisation Bellona die CSS-Technologie dennoch positiv. Aus Sicht des Vorstandsmitgliedes Frederic Hauge braucht es auch technologische Lösungen, um den Klimaschutz voranzubringen- insbesondere in den klimaschädlichen Industriebranchen.

"Fakt ist, dass wir die CO2-Emissionen in den nächsten zehn Jahren halbieren müssen", sagt Hauge. Im Augenblick blase die Industrie fast alles in die Luft. “Wir werden die notwendige Reduktion nicht hinbekommen, ohne CO2 zu speichern.“

Allerdings: Die Technologie steckt noch in den Anfängen. Bislang gibt es vor allem Pilotprojekte, und die Kosten sind enorm. Befürworter von CSS setzen zum einen auf den industriellen Hochlauf und zum anderen auf den europäischen Emissionshandel. Der sieht vor, dass die vorgeschriebenen Zertifikate für den CO2-Ausstoß in der Industrie schrittweise immer teurer werden …………………………………………………………………………“

Damit ist auch in Deutschland ein Sinneswandel bezüglich der Anwendung der CSS-Technologie eingetreten, was auch in Anbetracht der erheblichen negativen Auswirkungen des Treibhausgases CO2 für die Umwelt für erforderlich gehalten wird.

Eine Möglichkeit, CO2 aus der Erde zu ziehen, ist auch die CSS-Technik in Verbindung mit Biomasse. Pflanzen nutzen beim Wachstum CO2, Bäume binden den Kohlenstoff (C) im Holz. Bei ihrer Verbrennung entsteht wieder CO2, das abgetrennt und in die Erde gepresst werden kann. Das Potsdam-Institut für Klimafolgenforschung sieht in dieser Technik eine begrenzte Option zur CO2-Reduktion.

Mit Wiederaufbau und Humusbildung lässt sich CO2 aus der Erde ebenfalls entziehen. Böden werden durch die Humusbildung fruchtbarer und binden langfristig CO2. Nach Einschätzung von Klima- und Energieexperte Hans-Josef Fell ist dieser natürliche Prozess jedoch zu langsam für die notwendige CO2-Reduktion. „Es würde Jahrhunderte dauern, bis wir die notwendigen Mengen aus der Atmosphäre geholt haben."

Fell wirbt für eine technologische Beschleunigung dieses natürlichen Prozesses. Bei der sogenannten hydrothermalen Karbonisierung (HTC) wird aus Pflanzenresten und Bioabfällen unter Druck Biokohle hergestellt, die anschließend in die Böden eingearbeitet werden kann. "Böden werden so sehr fruchtbar. Wüsten kann man damit wiederbegründen und erodierte Flächen renaturieren", so Fell im DW-Interview.

Erste Pilotanlagen gibt es bereits. Fell wirbt für Forschung und Förderung in diesem Sektor. Er sieht die Möglichkeit, so 200 Gigatonnen CO2 innerhalb von 30 Jahren aus der Atmosphäre zu entfernen. "Wir haben das mal durchgerechnet. Man brauchte etwa acht Millionen hydrothermische Karbonisierungsanlagen im größeren industriellen Stil. Dann könnten wir in dreißig Jahren diese Menge an CO2 aus der Atmosphäre herausholen und sicher in oberen Bodenschichten ablagern."

Das Deutsche Institut für Wirtschaftsforschung (DIW) sieht laut einer aktuellen Studie in der Biokohle ebenfalls Potential als Klimaretter. Allerdings stecke die Biokohle noch in den Anfängen. Für eine weitreichende Anwendung in der Landwirtschaft sei sie noch nicht wirtschaftlich. Die Autorinnen der Studie, Claudia Kemfert und Isabel Teichmann, sehen hier noch großen Forschungsbedarf."

Zweifellos muss noch viel zur Möglichkeit der Speicherung und Einlagerung im Boden im Rahmen der CCS-Technologie in Verbindung mit der Nutzung von Biomasse usw. geforscht werden. Man kann nicht immer wegen der Möglichkeit der negativen Beeinflussung des Grundwassers oder aus anderen Gründen, u. a. wegen nicht ausreichender Wirtschaftlichkeit, immer die bisherigen Vorbehalte, insbesondere in der Öffentlichkeit, haben, weil auch einige Grüne große Gefahrenherde dabei sehen, aber hierbei das erhebliche Problem des sehr hohen CO2-Gehalts in der Atmosphäre nicht im ausreichenden Maße beachtet haben. Manche andere Länder nutzen die CCS-Technologie, aber einige Länder versagen sich diesem notwendigen Erfordernis. Auch sollten wir als Menschheit alles erdenklich Mögliche tun, den hohen CO2-Anteil aus der Atmosphäre, der dort als schädliches Treibstoffgas lagert und unser Klima auch durch die steigende Erderhitzung negativ beeinflussen wird, zu entfernen. Dabei sollten wir dazu alle zur Verfügung stehenden Möglichkeiten nutzen, das noch von früher vorhandene CO2 zu entfernen. Das Bundeswirtschaftsministerium Deutschlands scheint sich von den bisherigen Blockaden auf diesem Gebiet erfreulicherweise wahrscheinlich zu trennen.

Auch in dieser Frage müssen wir jetzt handeln und nicht erst in 50 oder mehr Jahren und dürfen nicht in erster Linie die nicht ausreichende Wirtschaftlichkeit und Probleme, was bisher behauptet wurde, bzw. eine nicht genügende Sicherheit, die manche Länder ganz #nders sehen, als Grund für eine nicht oder nicht genügende Handlung auf diesen Gebieten ansehen.

Die Möglichkeiten der Speicherung von bereits seit längerer Zeit in unserer Atmosphäre lagerndem CO2 und anderen negativen Treibhausgasen in Verbindung mit der Biomasse sollten auch in Deutschland im erforderlichen Maße genutzt werden. Unter Nutzung der Gegebenheiten des CO2-Verbrauchs für pflanzliche Bestandteile durch die Photosynthese zur Wiederaufforstung und Humusbildung, sollte auch CO2 aus der Atmosphäre unter Berücksichtigung einer technologischen Beschleunigung dieser natürlichen Prozesse entzogen werden.

Man sollte auf der Grundlage der ersten Pilotanlagen für die Nutzung der hydrothermischen Karbonisierungsanlagen diese Anlagen auch auf internationaler Ebene nicht nur errichten, sondern auch betreiben. Die Fragen der Wirtschaftlichkeit, selbst wenn vorerst nur eine relativ geringe Tonnage an CO2 aus der Atmosphäre entfernt wird, ist dabei sekundär zu sehen. Primär ist dabei immer zu betrachten, dass Teile von bisherigem CO2 aus der Atmosphäre entfernt werden können. Selbst kleinere Mengen, die entfernt werden können, sind bereits jetzt schon wichtig, denn der noch in der Atmosphäre vorhandene CO2-Anteil kann dadurch, wenn auch vorerst im geringfügigen Maße, reduziert werden.

Da diese Möglichkeit auch für Deutschland, trotz noch vorhandener gegenteiliger Auffassungen, möglich ist, sollte sie auch für andere Länder möglich sein, und auf internationaler globaler Ebene müssten dann die dazu notwendigen Fördermittel bereitgestellt werden.

Auch alle bereits jetzt in allen Ländern der Welt möglichen Kohlenstoffsenken, wie u. a. Böden, Wälder, Moore, sollten in einem hohen Maße genutzt werden, so dass der Kohlendioxid-Anteil in der Atmosphäre entsprechend der vorhandenen Möglichkeiten der einzelnen Länder gesenkt werden kann. Dazu bedarf es in allen Ländern der Welt der notwendigen konkreten spezifischen Untersuchungen und Analysen, ob die erforderlichen Voraussetzungen für die maximale Nutzung der Bodensenkungen in diesen Ländern bestehen und ob diese noch im Interesse einer höheren CO2-Speicherung bzw. einer Reduktion des Treibhausgasanteils jeweils ausgebaut werden können. Es muss auch in diesem Ländern gesichert werden, dass die Neuanpflanzungen in den Wäldern im Interesse der Sicherung der Nachhaltigkeit über den Abholzungen der Bäume liegen. Entsprechende finanzielle Mittel für diese sicherlich zuerst durchzuführenden Maßnahmen zur CO2-Reduktion des sich noch in der Atmosphäre befindenden Bestandes an Treibhausgasen und sonstige Hilfsmaßnahmen sind auch den Entwicklungs- und Schwellenländern rechtzeitig und im ausreichenden Umfang zur Verfügung zu stellen.

Ganz wichtig ist, dass bereits jetzt in allen Ländern möglichst nicht mehr neue CO2-Treibhausgase entstehen, als durch entsprechende Maßnahmen abgebaut werden können und alles dafür getan wird, die schädlichen Treibhausgase im erheblichen Maße abzubauen. Die Zielstellung muss bereits jetzt erreicht werden, dass auf globaler Ebene das Saldo der abgebauten CO2-Treibstoffe wesentlich höher als das Saldo der neu entstehenden Treibhausgase liegt.

Die Durchführung der Energiewende wurde im internationalen Rahmen als Lösungsweg für alle vorhandener Klima- und Energieprobleme angesehen.

Diese Auffassung wurde und wird von nahezu allen Vertretern politischer Parteien in Deutschland, mit Ausnahme der AfD, so vertreten. In Deutschland wurden die Ideen der Energiewende auch besonders von führenden Umweltpolitikern von „Bündnis90/Die Grünen“, u. a. vorrangig vom Grünen-Umweltpolitiker Jürgen Trittin vertreten.

Die ab 2011 getroffene Entscheidung zum schrittweisen Abbau der Atomreaktoren in Deutschland bis zum 31.12.2022 und ebenfalls zum Abschalten der Kohlekraftwerke durch die Kohle- bzw. Strukturkommission mit der Zielstellung, das letzte Kohlekraftwerk spätestens ab 2038 vom Netz zu nehmen, hat eindeutig eine grüne Handschrift, der sich alle Parteien der Ampel-Regierung ebenfalls angeschlossen haben. Als Bestandteil der Koalitionsbeschlüsse der

Ampel-Regierung wurde als Zielstellung vereinbart, dass möglichst bereits ab 2030 das letzte Kohlekraftwerk in Deutschland vom Netz geht. Obwohl man bislang nur für Westdeutschland den vorzeitigen Ausstieg aus dem Braunkohleabbau bis 2030 als Zielstellung ausgegeben hat, wurde, wie bereits erwähnt, aber in diesem Fazit nochmals wiederholt werden soll, insbesondere von westdeutschen Delegierten des Bundesparteitags von „Bündnis 90/Die Grünen" in Bonn am 14.10.2022 gefordert, dass sich auch die ostdeutschen Braunkohlereviere am schnelleren Ausstieg aus der Braunkohle von ursprünglich 2038 auf 2030 möglichst in Form einer Selbstverpflichtung beteiligen sollen.

Selbst wenn zwischenzeitlich ausnahmsweise eine Verlängerung des Betriebs von drei Atomreaktoren in Deutschland vom 01.01.2023 bis zum 15.04.2023 wegen des Winters erfolgt ist und die drei verbliebenen Atomreaktoren danach ebenfalls stillgelegt werden sollen, kann diese nunmehr getroffene Entscheidung aus vielerlei Gründen nicht befriedigen.

Manche Teile der Bevölkerung, inzwischen der überwiegende Teil, sind der Meinung, dass wir im Interesse der Energiesicherheit alle Möglichkeiten, die wir zur Verfügung haben, nutzen sollten und nicht vorzeitig auch aus den noch verbliebenen Kernkraftwerken aussteigen bzw. sie stilllegen sollten. Die nur erfolgte Verlängerung der Nutzung von drei Atomkraftwerken bis zum 15.04.2023 wird keinesfalls als ausreichende Lösung für die notwendige Energiesicherheit gesehen. Auch aus der Kohleenergie frühzeitig, schon 2030 in Deutschland auszusteigen, ohne bis jetzt eine ausreichende Alternative für die fehlende Energie zu haben, muss auch aus gegenwärtiger Sicht als nicht im vollen Umfang gesichert gewertet werden.

Die Grünen und auch die SPD und die Linken haben immer Vorbehalte gegen einen Wiedereinstieg in die Kernenergie gehabt, da sie der Auffassung sind, dass man einmal politisch beschlossene Regelungen nicht mehr verändern sollte. Auch wird von ihnen als Begründung für ihre Haltung u. a. argumentiert, die Nutzung der Kernenergie sei nicht ausreichend sicher und das Endlagerproblem und dessen Sicherheit für die Menschen wurde bisher nach ihrer Auffassung nicht gelöst und kann nach ihrer Meinung auch nicht gelöst werden. Auch wird von ihnen zum Ausdruck gebracht, dass es sich um eine Hochrisikotechnologie handelt und man auch deshalb keinen Wiedereinstieg wegen den bestehenden Risiken durchführen könnte. Selbst wenn bei jedem Atomreaktor die Sicherheit nicht zu 100 Prozent garantiert werden kann, haben die Mehrheit der Länder der Welt, die die Kernenergie als Energieart betreiben, diese Sicherheitsbedenken auch wegen der hohen Sicherheit der zur Anwendung kommenden Atomreaktoren der höchsten Sicherheitsstufen nicht, und auch das Problem der Endlagerung hat Finnland, wie bereits beschrieben, als Beispielland sehr gut gelöst. Auch viele Energiewirtschaftler und eine nicht geringe Zahl anderer Menschen, auch viele Vertreter der Wirtschaft aus Deutschland und aus Ländern Europas und der Welt gehören dazu und können die bisher getroffene Entscheidung von Deutschland, auch in dieser angespannten Energiesicherheitslage, nicht verstehen.

Die Aktivisten der Grünen-Bewegung verlangen, dass im Interesse des Weltklimas die Umsetzung bei den regenerativen Energien noch viel schneller gehen muss und wir sehr rasch von einer Anwendung der fossilen Energiearten abkommen sollen. Diese Auffassung hegt man trotz der zweifellos nicht geringen derzeitigen praktischen Probleme und auch der Dunkelflauten sowie der bisher nicht gegebenen Grundlastfähigkeit bei der Anwendung bzw. möglichen Nutzung von Wind- und Sonnenenergie. Zwischenzeitlich wird überraschend von einigen Vertretern der Aktivisten-Bewegung sogar die Auffassung vertreten, dass man zur Erreichung des für das Klima sehr wichtigen Abbaus des Treibhausgases CO2 und der anderen schädlichen Treibhausgase unter Umständen die Kernenergie wegen ihrer kaum erfolgten CO2-Emission als Zwischenlösung zeitweilig verwenden sollte.

Damit besteht bei Manchen dieser Aktivisten eine gewisse ähnliche Auffassung zu Entscheidungen der EU zur Nutzung der Kernenergie und zum Teil zur Einordnung der Kernenergie als nachhaltige Energieart.

Sicherlich ist das Anliegen der Aktivisten-Bewegung, dass man bei allen notwendigen Prozessen zum Abbau der existenzbedrohenden Probleme unseres Klimas viel mehr vorankommen und die

Klimaneutralität auf globaler Ebene schneller erreichen muss, da sie als jüngere Generation am meisten von den Folgen des Klimawandels bedroht sind und damit zu leiden haben, mehr als zu verstehen.

Trotzdem sollte man auch die noch bestehenden erheblichen Probleme der Wind- und Sonnenenergie als Bestandteil der regenerativen Energien derzeit und die hohen Verluste dabei sehen und beachten. Die Errichtung von Windkraft- und Photovoltaikanlagen und die anderen zur Verfügung stehenden erneuerbaren Energien sind unter Berücksichtigung des gegenwärtig praktischen Standes der Speicherung und der Dunkelflaute bei Wind- und Sonnenenergie als allein nicht ausreichend für die Energiesicherheit in Deutschland anzusehen.

Doch sollten wir dabei bei allen Bemühungen, die bei der Realisierung bzw. der schnellstmöglichen Umsetzung der Anliegen der Energiewende erforderlich sind, den Blick auf die gegenwärtige vorhandene Realität richten und die Meinung des überwiegenden Teils der Bevölkerung in Deutschland auch sehen. Es sollten auch die Auffassungen mancher Wissenschaftler auf dem Gebiet der Energiewirtschaft und vieler Praktiker, von manchen Verbänden und auch Unternehmern beachtet werden. Aber auch die Auffassungen von manchen politischen Parteien, wie der CDU. der FDP und auch der AfD zu diesem Thema sollten stärker, als bisher geschehen, im Interesse der Energiesicherheit auch für Deutschland ebenfalls berücksichtigt werden.

Sie haben zur uns alle betreffenden Energiesicherheit eine zum Teil völlig andere Meinung, als die führenden Regierungsverantwortlichen der SPD und besonders von Bündnis 90/Die Grünen. Gerade auch zu Fragen der Umsetzung der Energiewende, aber auch zu damit verbundenen sozialen und auch ökonomischen Fragen bestehen erhebliche Meinungsverschiedenheiten, die nicht nur mit den gegenwärtig eingetretenen hohen Preisen zu begründen sind.

Diese können zu einer Spaltung der Gesellschaft führen. Manche Teile der Bevölkerung sind der Auffassung, wie bereits an anderer Stelle geschrieben wurde, aber nochmals zusammengefasst in der Fazitbetrachtung genannt werden soll, dass wir zur Zeit durch den deutlich, trotz Abwehrschirm, höheren Gas- sowie auch Strompreis für die benötigte Energie, die Wirkungen der Inflation, die bisher im erheblichen Maße zur Kaufkraftentwertung bzw. zu Kaufkraftverlusten beigetragen haben und noch weiter beitragen werden, diese schwerwiegenden Probleme für unsere Existenz vordergründig zu sehen haben. Dazu kommen die nach wie vor bestehenden Unsicherheiten, ob das benötigte Erdgas bzw. die Wärmeversorgung für diesen und die kommenden Winter gesichert ist. Wir müssen auch in diesem Zusammenhang beachten, dass bereits der Winter begonnen hat und nahezu 50 Prozent der deutschen Haushalte ihre Wärmeversorgung auf Erdgas-Basis sichern müssen und auch die mögliche Gefahr des Entstehens eines Dritten Weltkriegs besteht. Ein bestimmter Anteil der Menschen in Deutschland ist deshalb der Meinung, dass die Energiewende in Deutschland zur Unzeit eingeleitet wurde.

Die zweifellos bestehenden globalen Probleme und Auswirkungen des Klimawandels können allein auch aus sozialen Erfordernissen, da die genannten Umstände unmittelbar derzeit herrschen und die Bevölkerung in Deutschland zu allererst davon betroffen ist, angesichts der genannten aktuell bestehenden Probleme, gemäß den zusammengefassten Auffassungen dieses Fazits des Buches, gegenwärtig nur sekundär gesehen werden.

Durch diese erheblichen Schwierigkeiten unseres gegenwärtigen bzw. zu erwartenden Lebens auch in Deutschland betrachtet der überwiegende Teil der Menschen, entsprechend auch wie in diesem Fazit zum Ausdruck gebracht werden kann, die anderen krisenhaften Erscheinungen deshalb vorrangig vor den Problemen des Klimawandels und der sich ergebenden Umweltauswirkungen unter den derzeit vorherrschenden Gegebenheiten in Deutschland. Diese Ansicht können auch Menschen anderer Länder, insbesondere auch in der EU teilen, weil auch in den EU-Ländern aktuell ähnliche Bedingungen herrschen.

Eine nicht geringe Zahl von Menschen auf der Welt gehen, wie in dieser Zusammenfassung verdeutlicht werden kann, auch davon aus, dass die bedrohlichen Umstände der Klimakrise nicht sofort eintreten werden und auch deshalb als nachrangig gewertet werden können.

Manche Teile auch der Bevölkerung in Deutschland können den hohen Preisanstieg und die aus der Sicht Mancher nicht ausreichend risikoarme Voraussetzung für eine Energiesicherheit in Deutschland und vieles Andere in diesen Zusammenhang nicht mehr verstehen, da sie andere Energiepreise bisher gewöhnt waren, eine Versorgungsunsicherheit und in einem solchen Rahmen eingetretene inflationäre Preisentwicklung auch für Deutschland nicht kannten.

Sie können auch nicht verstehen, dass bei einem sehr hohen Preisanstieg insbesondere bei Energie, noch eine klima- bzw. umweltbedingte Preiserhöhung auch unter den gegenwärtigen Bedingungen erfolgen muss. Nicht Wenige sind der Meinung, dass diese Preiserhöhung in Deutschland auch für die zukünftigen Jahre aus diesem Grunde zeitweilig ausgesetzt werden muss.

Manche Menschen in Deutschland sind auch der Meinung, dass ihre Sorgen nicht in dem notwendigen Maße beachtet werden und die bisher bekannten aktuellen Hilfen und auch die Regelungen des Abwehrschirms für die Linderung der Bedürftigkeit der Menschen nicht ausreichend sind. Auch die gewährten Hilfsleistungen wurden nach Meinung einer nicht geringen Anzahl der Bevölkerung in Deutschland zu sehr nach dem Gießkannenprinzip verteilt. Es ist festzustellen, dass die tatsächlich Betroffenen im Ergebnis der hohen Belastungen, speziell auch bei den Energiekosten in Deutschland, trotz der nunmehr getroffenen Regelungen im Zusammenhang mit der Gas- und Strompreisbremse und auch unter Beachtung der Regelung für Hilfebedürftige weiterhin Probleme in der praktischen Umsetzung für sich und ihre Familien sehen.

Bei den genannten eingetretenen sozialen Verwerfungen und den sozialen Erfordernissen, auch unter Berücksichtigung des teilweise relativ geringen Einkommens der Bevölkerung, werten viele Menschen wegen ihren hohen Energiekosten und aus manchen anderen Gründen die Ergebnisse der Energiewende nicht als positiv.
Fast 14 Millionen Menschen, das entspricht nahezu 17 Prozent der Bevölkerung Deutschlands, müssen als arm gewertet werden und haben dadurch ein sehr geringes Einkommen, wie ebenfalls an anderer Stelle bereits aufgeführt wurde, aber in diesem Fazit nochmal genannt werden muss.

Aus diesen Gegebenheiten erfährt die Energiewende nicht die Unterstützung bei manchen Teilen der Bevölkerung, die Manche erwarteten.

Auch manche Wissenschaftler der Energiewirtschaft und anderer in diesem Zusammenhang zu sehender interdisziplinärer Bereiche sowie auch manche in der Wirtschaft tätige Menschen sehen die bisherigen Ergebnisse der Energiewende relativ skeptisch. Viele Energiewirtschaftler, die eine völlig andere Auffassung zu manchen Belangen der Energiewende haben, werden gar nicht zur Kenntnis genommen. Man beruft sich nur auf bestimmte Institute, die in ihrer Meinungsbildung erheblich ähnliche Auffassungen wie das Bundesministerium für Wirtschaft und Klima bzw. die Meinung der „Grünen“ vertreten. Bei einem ausreichenden demokratischen Verhalten muss man auch andere Energiewirtschaftler und andere Wissenschaftler hören und auch die mehrheitliche Meinung des Volkes beachten und nicht nur, davon ausgehen, dass alle die gleiche Meinung haben, nur weil die „Grünen“ so denken und die gegenwärtige Ampel-Regierung dies unterstützt. Man fühlt sich damit in seiner Meinungsbildung, wie viele andere Menschen, nicht beachtet bzw. nicht mitgenommen und vereinnahmt, wenn Manche eine ganz andere Auffassung in dieser Sache haben.

Die Ursachen dieser Skepsis, die in den Darlegungen zum Gliederungspunkt 1 und 2 bereits zum Teil, bezogen auf Windkraftanlagen, schon genannt wurden, aber im Fazit nochmals zur Verdeutlichung aufgeführt werden, sehen die betreffenden Genannten insbesondere darin:

- Betreiber von Windkraftanlagen werden auch vergütet, als wenn sie überschüssigen Strom produziert hätten, da zwischen Produktion und Verbrauch eine Synchronität erforderlich ist, trotz dem keine Realisierung der Windenergie dadurch möglich ist. Damit wird Geld aus Steuermitteln der Gesellschaft bezahlt, obwohl aus den genannten Gründen keine Leistung erfolgt. Den Betreibern bzw. Eigentümern von Windkraftanlagen wird Geld in ungeahnter Höhe zugespielt. Auch dies ist mit als eine Ursache zu sehen, dass wir so hohe Strompreise in Deutschland bezahlen müssen. Im Grunde erfolgen damit Zahlungen für keine erfolgte Leistung.

- Überschüssiger Strom aus Windenergie wird manchmal kostenlos an andere Länder, die über das europäische Stromnetz angeschlossen sind, transportiert, und manchmal erhalten diese Länder für die Abnahme überschüssigen Stroms aus Windenergie von Deutschland noch zusätzliche Vergütungen.

- Die Ursache liegt darin, weil das Stromnetz in Deutschland aus den genannten Gründen der erforderlichen Synchronität und der nicht gegebenen Grundlastfähigkeit den überschüssigen Strom nicht verarbeiten kann. Das Alles sind ebenfalls auch mit Ursachen, dass wir zu den Ländern mit den höchsten Strompreisen im Weltmaßstab gehören. Trotzdem wird uns immer wieder gesagt, dass durch die zunehmende regenerierte Energie der Strompreis in Deutschland erheblich billiger wird. Dies ist leider in der Praxis nicht so und in manchen Beiträgen – auch zum Strompreis – wird gesagt, dass man schon froh sein könnte, wenn man trotz zunehmender regenerierter Energie den Strompreis in Deutschland halten kann.

- Problem der Dunkelflaute von Wind- und Sonnenenergie, insbesondere in den Zeiten, in denen kein Wind bläst und keine Sonne scheint, der dadurch in dieser Zeit nicht möglichen Erzeugung der wesentlichen regenerativen Energiearten und der damit möglichen negativen Auswirkungen auf die Kontinuität der regenerativen Energie und der Stromversorgung in Deutschland.

- Durch die nicht gegebene Regelbarkeit bzw. nicht vorhandene Grundlastfähigkeit von Windkraft- und Photovoltaikanlagen, die praktisch bisher nicht im ausreichenden Umfang mögliche Speicherung, trotz bestehender theoretischer Möglichkeiten, können nicht geringe Verluste in der möglichen Produktion von regenerativen Energien entstehen, die ebenfalls dazu beitragen, dass kein ausreichender Wirkungsgrad erreicht werden kann.

- Pumpspeicherwerke zu einer möglichen Speicherung von regenerativen Energien sind in Deutschland in nicht ausreichender Anzahl vorhanden. Es existieren in Deutschland nur 30 Pumpspeicherwerke, obwohl alleine in Deutschland mindestens 100 Pumpspeicherwerke zur Sicherung einer Speicherung erforderlich wären. Kritisch ist anzumerken, dass es ca. 20 Jahre in Deutschland dauern würde, bis eine ausreichende Anzahl von Pumpspeicherwerken errichtet worden sind und in Deutschland selbst vorhandene Pumpspeicherwerke entweder derzeit nicht genutzt werden oder diese nicht funktionsfähig sind. Als Nachteil für eine Errichtung von weiteren Pumpspeicherwerken in Deutschland wirkt sich die nicht ausreichende Anzahl von vorhandenen Bergen bzw. Gefällen aus.

- Eine Speicherung in Großbatterieanlagen bzw. Akkumulatoren kommt wegen ihrer begrenzten Kapazität bzw. Lebensdauer, ihres hohen Preises, der beschriebenen unwirtschaftlichen Betreibung, des hohen Gewichts dieser Lade- bzw. Speichereinrichtungen und der hohen eintretenden Verluste bei der Umwandlung des Stroms für Windkraftanlagen bisher nur wenig zum Einsatz. Bei Lithium-Batterien sind jedoch die eintretenden Verluste geringer und die Speicherkapazität höher. Der Rohstoffabbau, die Produktion und der Transport wirken sich negativ auf die Öko-Bilanz dieser Batterien aus. Batterien mit wesentlich begrenzter Lagerkapazität kommen bei Solaranlagen verstärkt zum Einsatz. Sie haben jedoch den Nachteil, dass, wenn die Batterie voll aufgeladen ist, sie dann keine Speicherung mehr vornehmen können.

- Bei regenerativen Windkraftanlagen unterliegt die Stromenergie nicht geringen Schwankungen in der Frequenz. Dadurch können hochempfindliche Anlagen bzw. Aggregate, besonders auch in der Maschinenbau-Branche, nicht immer im ausreichenden Maße funktionieren, wodurch teilweise erhebliche negative wirtschaftliche Auswirkungen entstehen.

- Gemäß der „Plusminus"-Sendung vom 17.08.2022 vom „Mitteldeutschen Rundfunk" mit dem Thema „SF6 – Die schlummernde Gefahr in Windrädern" ist festzustellen, dass noch keine verbindliche EU-Verbots-Verordnung für den Nichteinsatz von Schaltkästen, die das hochgiftige Treibhausgas Schwefelhexafluorid (SF6) als Bauteil enthalten, erlassen wurde. In nahezu jedem Schaltkasten für die Errichtung von Windkraftanlagen wird SF6 noch verwendet, trotz dem es das 23-Fache des hochgiftigen Treibhausgases gegenüber dem Treibhausgas CO2 enthält. Laut offizieller Aussage gerät von diesem Klimakiller-Treibhausgas nur wenig in die Atmosphäre. Es ist jedoch eine doppelt so hohe Menge bisher in die Atmosphäre gelangt, als uns die dafür zuständigen Gremien bisher mitgeteilt haben. Es ist so viel von diesem hochgiftigen Treibhausgas bisher in die Atmosphäre gelangt, dass es so viel ist, wie der ganze innerdeutsche Flugverkehr in Deutschland verursacht. 2700 bis 3000 Jahre hat dieses hochgiftige Gas eine Halbwertzeit. Deutschland ist der größte Emittent von SF6 bei der Errichtung von Windkraftanlagen in Europa. Technisch wäre es möglich, die benötigten Schaltkästen für Windkraftanlagen ohne dieses hochgiftige Treibhausgas herzustellen. Dies würde aber die Herstellungskosten erhöhen, und allein aus Wirtschaftlichkeitsgründen hat man diese technische Möglichkeit bislang nicht genutzt. Ich finde diese immer noch praktizierte Handlung der Betreiber von Windkraftanlagen, der Hersteller dieser Schaltschränke sowie auch der EU unverantwortlich angesichts der Bedrohungen der Klimakrise und deren Folgen, dass man solche giftigen Treibhausgase noch weiter in die Atmosphäre zum Schaden Aller bläst, nur weil diese Schaltschränke wirtschaftlich sind und dabei nicht so hohe Kosten entstehen, als bei anderen Anbietern, die nicht so giftige Treibhausgase entstehen lassen. Auch dies ist wieder ein Beispiel, dass der Profit im Kapitalismus vor den erforderlichen Belangen des Umweltschutzes steht.

– Lange Jahre hat die EU keine Veränderung dieser Regelung beschlossen. Zwischenzeitlich hat die EU einen Entwurf für ein Verbot von SF6 erarbeitet. In diesem Entwurf ist ein Verbot für die Anwendung von SF6 enthalten, aber man hat hierbei wohl aus Lobby- bzw. aus Wirtschaftlichkeitsgründen für die Hersteller von SF6 relativ lange Überleitungszeiten bis zu einer nicht mehr möglichen Verarbeitung von SF6 bei der Errichtung von Windkraftanlagen bei dem zur Zeit nur erarbeiteten Entwurf zugrunde gelegt. Zum gegenwärtigen Zeitpunkt hat man gemäß meinen Informationen noch keine verbindliche Regelung auf EU-Ebene zum Verbot von SF 6 erlassen,

- Die zugelassenen Rückstände in der Errichtung von Leitungsnetzen, die eigentlich bis 2025 im vollem Umfang vorhanden sein sollen und besonders wegen der relativ günstigen Windverhältnisse die Leitungen der Netze insbesondere vom Norden und Osten Energie zum Süden und zum Westen wegen des höheren Anteils an Industriebetrieben transportieren sollen, wirken sich negativ auf die möglichen Stromnetze und das Stromnetz in Deutschland insgesamt aus. Es muss davon ausgegangen werden, da ein erheblicher Terminrückstand in Deutschland bei der Errichtung der zusätzlichen Stromnetze besteht, dass diese Errichtungen frühestens im Zeitraum 2028 bis 2030 mit den sich daraus ergebenden Konsequenzen auf die Stromversorgungen abgeschlossen werden können.

- Man beachtet trotz neuer Abstandsregelungen und Genehmigungs- und Planungsregelungen für die Errichtung von Windkraftanlagen sowie für die Errichtung von Netzen nicht ausreichend den zum Teil nicht geringen Widerstand in Teilen der Bevölkerung gegen die Errichtung von Windkraftanlagen. Trotz vieler Fortschritte in den sogenannten „Osterpaketen“ bestehen immer noch Mängel im Genehmigungs- und Planungsverfahren bei der Errichtung von Anlagen der regenerativen Energien. Trotz der Vorfahrtsregelungen für regenerative Energien sind zum einen die Verhinderungsgründe im Raumordnungsverfahren der Länder in der Zulassung gerade von Windkraftanlagen noch viel zu hoch, bzw. manche Entscheider zur Errichtung bestehen auf noch gegenteilige, wohl veraltete Bestimmungen im Raumordnungsverfahren. Die derzeit noch gültigen Baugesetze werden von den jeweiligen Bundesländern so bürokratisch ausgelegt, dass trotz der Vorfahrtregelungen für die Errichtung von regenerativen Anlagen in Deutschland diese nicht errichtet werden können oder trotz Fertigstellung wieder abgebaut werden sollen.

Damit werden Belange des uns Alle bedrohenden Klimawandels und die Aktivität von Familien und Einzelnen in dieser Richtung völlig ad absurdum gestellt. Wenn manche Bürokraten noch so viele Sonderrechte in Deutschland haben und die Tragweite der Notwendigkeit der Errichtung von regenerativen Energien sekundär gesehen werden, braucht man sich nicht zu wundern, dass viele Menschen auch aus diesem Grund nicht mehr an die Energiewende glauben. Offenbar spielt die Klimakrise bei den getroffenen Entscheidungen von bestimmten Behörden keine Rolle. Auch wegen den teilweise veralteten gesetzlichen Regelungen, die die aktuellen Erfordernisse des Klimaschutzes nicht oder nur unzureichend beachten und da diese veralteten Bestimmungen noch den absoluten Vorrang haben und somit vieles Erforderliche verhindert oder erschwert wird, haben manche Menschen die genannte Auffassung. Auch in der möglichen Zertifizierung bzw. Genehmigung bereits errichteten Photovoltaikanlagen, die im vollen Umfang schon funktionsfähig bzw. nutzbar sind, müssen Betreiber dieser Anlagen manchmal bis zu zwei Jahre nach der vollständigen Herstellung dieser Anlagen warten, bis sie zum Einsatz kommen können.

- Bei dem bisherigen Stand der Errichtung von Windkraftanlagen stehen einige Bundesländer und die Bundesrepublik Deutschland insgesamt sehr schlecht da, trotz dem zum Teil von einigen Bundesländern relativ viele Anträge zur Errichtung von Windkraftanlagen gestellt wurden. Wenn dieses nur gezeigte Tempo weiterhin zur Regel wird, brauchen wir uns nicht zu wundern, dass wir die Zielstellungen der Energiewende bezüglich der Errichtung von 80 Prozent an regenerativen Energien bis 2030 nicht erfüllen. Es ist in diesem Zusammenhang nicht zu verstehen, dass anerkannte Unternehmen, die wichtige Teile für die Herstellung von Windkraftanlagen, die Rotorblätter, produziert und langjährige Kenntnisse in der Produktion dieser Teile haben, wie das Nordex-Werk in Rostock, geschlossen werden müssen. 600 Menschen, die bislang Rotorblätter bei Nordex produziert haben, verloren dadurch ihren Arbeitsplatz. Nun sollen die Rotorblätter wohl in Indien hergestellt wurden, weil man dort diese Rotorblätter billiger produzieren kann. Man beachtet hier völlig unzureichend die langjährige Erfahrung der Arbeitskräfte in Rostock in der Herstellung von Rotorblättern. Die nunmehr entstehenden weiteren Transportwege von Indien nach Europa bzw. Deutschland und auch die dadurch wohl entstehenden längeren Fertigungszeiten in Anbetracht dessen, dass ein erheblicher Bedarf im Rahmen der Zielstellungen zur Errichtung von regenerativen Energieanlagen auch in Deutschland besteht, bleiben hierbei völlig unberücksichtigt. Die einseitigen Belange der Globalisierung, indem man die Aufträge nur Demjenigen gibt, der die geringsten Kosten hat, hat hier sicher den Ausschlag für die getroffene Entscheidung gegeben. Man kann nicht nur die Kosten bei einer diesbezüglich zu treffenden Entscheidung sehen, da man viel mehr Belange der richtigen Auswahl des Lieferers bzw. Herstellers im Sinne einer durchzuführenden Nutzwertanalyse sehen muss.

- In manchen Bundesländern, u. a. in Sachsen, haben in Raumordnungsverfahren oft Artenschutzprobleme einen wesentlich höheren Stellenwert als Belange der Errichtung von Windkraftanlagen. Dadurch, wie dies u. a. auch für das Bundesland Mecklenburg-Vorpommern lange Zeit zutraf, werden viele gestellte Anträge zur Errichtung von Windkraftanlagen nicht genehmigt oder nach zu langen Bearbeitungszeiten für eine Entscheidung ggf. genehmigt, und es vergeht dadurch eine zu lange Zeit im Raumordnungsverfahren. Auch deshalb kann nur eine relativ geringe Anzahl von Windkraftanlegen errichtet werden. Bei den Erneuerbaren Energien und beim Naturschutz gibt es noch sehr viel unterschiedliche Auffassungen, trotz dem diese Ministerien oder andere Bereiche des öffentlichen Dienstes mehrheitlich von Mitgliedern von Bündnis 90/Die Grünen vertreten werden, und die relativ geringe Anzahl von zu errichtenden Windkraftanlagen auch manchmal darin begründet ist, dass unterschiedlichen Auffassungen der Verantwortlichen für die Prüfung einer Genehmigung zur Errichtung von Windkraftanlagen gegenüber den Naturschutzverantwortlichen bestehen.

- Für die vehementen Zielstellungen in der Errichtung von Windkraftanlagen werden viele Fachkräfte benötigt. Bislang hat man diese hohe Anzahl von spezialisierten Fachkräften in völlig ungenügendem Umfang gesichert. Die in der Autoherstellung, bedingt durch die geringe Anzahl an produzierten Autos auch in Verbindung mit der Umstellung auf Elektroautos freigesetzten Arbeitskräfte reichen in keiner Weise aus, um den Bedarf an Fachkräften für die Errichtung von Windkraftanlagen zu sichern.

- Es wurde davon ausgegangen, dass es ausreichend ist, dass 2 Prozent der in Deutschland zur Verfügung stehenden Fläche für die Errichtung von Onshore-Windkraftanlagen benötigt werden. Diese ermittelte Freiflächennutzungszahl wird aber von einigen Energiewirtschaftlern als nicht ausreichend angesehen, da die 2 Prozent Flächenbedarf nur die unmittelbar für die Windkraftanlagen benötigte Fläche beinhalten. Die Fläche, die wegen den geltenden Abstandsregelungen für die Windkraftanlagen zu den betreffenden Gebäuden zu beachten ist, wurde hierbei nach Auffassung eines Energiewirtschaftlers nicht eingerechnet, obwohl sie dann nicht für andere Zwecke genutzt werden kann. Der notwendige Freiflächenbedarf würde damit nicht 2 Prozent der vorhandenen Freifläche Deutschlands betragen, sondern es wäre, wie ermittelt wurde, dann ein notwendiger Freiflächenbedarf von 5 Prozent der in Deutschland vorhandenen Freifläche erforderlich. Soviel dann benötigte Freifläche für die Errichtung von Windkraftanlagen kann dann wahrscheinlich nicht zur Verfügung gestellt werden.

- Die maximale Betreibungszeit für eine Windenergieanlage beträgt nur 20 Jahre. Auch die nicht geringen Errichtungs-, Abbau- sowie die Betreibungs- und Zinskosten bei einer vollen oder anteiligen Finanzierung der Anlage bzw. Anlagen müssen bei einer Wirtschaftlichkeitsbetrachtung der Windenergieanlage bzw. des Windparks mit beachtet werden. Bei Wirtschaftlichkeitsbetrachtungen sollte auch Berücksichtigung finden, dass Atomreaktoren eine wesentlich höhere Laufzeit haben, die üblicherweise mindestens 40 Jahre beträgt und bis zu 70 Jahren und darüber hinaus bei manchen neueren Typen der

Atomreaktoren betragen kann. Auch Photovoltaikanlagen haben eine längere maximale Nutzungszeit, die in der Regel bis zu 30 Jahren beträgt.

- Man muss auch viel mehr beachten, als bisher erfolgt und auch in den Zielstellungen der Errichtung von Windkraftanlagen bei den Festlegungen durch den Bund berücksichtigt wurde, dass die Intensität des Windstroms in den einzelnen Bundesländern sehr differenziert ist. Insbesondere in den nördlichen und den südlichen Bundesländern Deutschlands besteht ein sehr unterschiedlicher Windstrom. In den südlichen Bundesländern ist der Windstrom wesentlich geringer als in den nördlichen Bundesländern. Die Unterschiede sind bei der Bildung der Zielstellungen zur Errichtung von Windkraftanlagen, die der Bund festgelegt hat, für die einzeln Bundesländer in Deutschland unbedingt zu beachten. Die unterschiedlichen Belange des Wirkungsgrades solcher Anlagen und die sich daraus ableitenden Fragen, ob dann überhaupt eine ausreichende Wirtschaftlichkeit bei so relativ geringen Windstrom gegeben sind, müssen hierbei unbedingt beachtet werden und die notwendigen Schlussfolgerungen daraus gezogen werden.

- Die vom Bund festgelegten Zielstellungen für die einzelnen Bundesländer müssen für die vom Bund getroffenen Festlegungen für die südlichen Bundesländer aus dieser Sicht wegen diesen Gründe ggf. als fragwürdig angesehen werden.

- Um die Anzahl der geplanten Windkraftanlagen im Rahmen der Zielstellungen der erneuerbaren Energien in Deutschland unter Berücksichtigung der relativ geringen zur Verfügung stehenden Flächen einhalten zu können, will man Windkraftanlagen auch in abgeholzten Wäldern errichten, für die vielfach neue Bäume gepflanzt wurden. Auch durch diese neu gepflanzten Bäume könnte im Rahmen der Photosynthese Kohlendioxid als schädliches Treibhausgas in dem möglichen Umfang beseitigt werden. Deshalb und wegen der nicht geringen Bedeutung des Waldes aus vielen bestehenden Gründen muss auch beachtet werden, dass erheblicher Widerspruch der Bevölkerung der jeweiligen Region zwischenzeitlich gegen die vorgesehene Errichtung von Windkraftanlagen in Wäldern eingetreten ist. Auch diese Belange müssen bei der geplanten Errichtung von Windkraftanlagen an diesen Standorten berücksichtigt werden.

– Man muss auch beachten, dass die installierte Leistung bei der Nutzung von Windkraftanlagen mit nur gegenwärtigen 16 Prozent der Primärenergie durch die hohen eintretenden Verluste aufgrund der verschiedensten Probleme der nicht ausreichenden bisher praktisch möglichen Speicherung bzw. der dadurch nicht gesicherten Regelbarkeit und der Belange der Dunkelflaute relativ gering ist. Auch bei der Wasserstoff -Herstellung durch die Elektrolyse von Wasser bei der Erzeugung von grünem Wasserstoff über das Power-to-Gas-Verfahren treten nach dem Autor dieses Buches bekannten Informationen ca. 30 Prozent Verluste bei der dazu notwendigen Windenergie als Bestandteil der Erneuerbaren Energien auf. Damit sind der Wirkungsgrad und die Wirtschaftlichkeit nach derzeitigem Stand nicht besonders hoch.

– Die Errichtung von Windkraftanlagen kann gegenwärtig nicht, wie von Vielen behauptet wird, völlig CO2-neutral erfolgen. Auch für die Errichtung von Windkraftanlagen und deren erforderlichen Abriss wird Strom gebraucht, der auch derzeit oft noch aus fossilem Strom erzeugt wird.

Allein aus diesen vielen Gründen brauchen wir noch für einen längeren Zeitraum im bestimmten Umfang fossile Energie, weil diese grundlastfähig ist, so lange in der Forschung und in der praktischen Umsetzung die noch vorhandenen nicht geringen Probleme der regenerativen Energie in Deutschland nicht gelöst worden sind.

Deshalb kann die nach gegenwärtigem Stand einseitige Berücksichtigung von Wind- und Sonnenenergie als Bestandteil der regenerativen Energie nicht als Allheilmittel zur Lösung der Energiewende, wie eine nicht geringe Anzahl von Menschen in Deutschland behauptet, im ausreichenden Maße gesehen werden.

Sicherlich ist es wichtig, dass wir im Rahmen der Erfordernisse des Klimawandels und der bedrohlichen Auswirkungen für die Zivilisation sowie der Umweltfolgen relativ schnell CO2 und die anderen negativen Treibhausgase, einschließlich der noch vorhandenen Treibstoffbestände in der Atmosphäre, reduzieren müssen. Dieses Erfordernis können wir insbesondere nur erreichen, wenn wir die Dekarbonisierung global und somit im gesamten Weltmaßstab und viele andere geeignete Maßnahmen zur Reduzierung der Treibhausgasemission in diesem Umfang ebenfalls mit einleiten.

Zur Zeit können wir wegen den genannten noch vorhandenen Gründen und da wir noch nicht im ausreichende Maße die erwähnten Probleme, die noch bei den regenerativen Energien von Wind und Sonne bestehen, wie bereits dargelegt, aber nochmals verdeutlicht werden soll, nicht nur in Deutschland, sondern im globalen Maßstab noch nicht im ausreichenden Maße gelöst haben, auf die Nutzung der entsprechenden fossilen Energien nicht verzichten.

Dies liegt daran, dass wir im Interesse der Bewahrung der Energiesicherheit und des steigenden Energiebedarfs diesen Energiemix noch beachten müssen.

Wir müssen hierbei berücksichtigen, dass die Nutzung der Kohle auch als Energieart relativ preiswert und noch preisgünstiger als Erdgas als ebenfalls fossile Energieform ist und gerade Entwicklungsländer und Schwellenländer, bei denen der durchschnittliche Lebensstandard oft nicht so hoch ist, noch auf Kohle als fossile Energieart zurückgreifen müssen. Es kann davon ausgegangen werden, wie auch Prof. Dr. Ganteför meint, dass auch Indien durch die vorrangig aus wirtschaftlichen Gründen erforderliche Nutzung von fossilen Energieträgern, insbesondere der Kohle, ggf. zukünftig einen ähnlichen Weg, wie China, für den bis jetzt nicht ausreichenden Lebensstandard seiner Bevölkerung gehen kann.

Alle uns genannten Gründe, die insbesondere aus ideologischen Gegebenheiten als Argument gegen die Kernenergie als Bestandteil der fossilen Energien genannt werden, könnten bei gutem Willen alle gelöst werden, wenn man nur wollte. Bei den gegenwärtigen Strompreisen in Deutschland wird eingeschätzt, dass sich die

Anwendung der Kernenergie in einer sehr kurzen Zeit amortisieren würde und der Investitionsaufwand zum Weiterbetrieb relativ gering wäre. Es könnten somit die Voraussetzungen geschaffen werden, dass für die noch mögliche sechs Atomreaktoren die erforderlichen Stromnetzleitungen in Deutschland und damit auch aus Sicherheitsgründen Kapazitäten zur Verfügung stünden und noch eine Änderung zu den bisherigen nicht ausreichenden durchgeführten Entscheidungen erfolgen könnte. Es wäre jedoch erforderlich, dass die notwendigen Voraussetzungen zur Nutzung der Kernenergie, wozu auch die Schaffung neuer Brennstäbe und einer Reihe anderer wichtiger Faktoren gehört, noch geschaffen würden.

Man will unbedingt vorrangig von Seiten der Grünen die Verringerung der CO2-Emission über eine Preiserhöhung auf der Basis von marktwirtschaftlichen Gesichtspunkten erzwingen, beachtet dabei aber in völlig ungenügendem Maße, dass man nicht dabei mit "dem Kopf durch die Wand" gehen kann, weil man die Belastbarkeit der Bevölkerung für Preiserhöhungen, überhaupt die vorhandenen realen sozialen Verhältnisse im ungenügenden Maße dabei berücksichtigt. Große Teile der Bevölkerung in Deutschland können sich die höheren Energiepreise auch unter den nunmehr geltenden Regelungen der Gas- und Strompreisbrems auch unter den Bedingungen der weiteren erheblichen Erhöhungen der Preise von Erzeugnissen des täglichen Bedarfs durch die Inflation nicht mehr finanziell erlauben. Die nunmehr vorgesehene Bildung eines Abwehrschirms, der bis zum Jahr 2024 wirksam werden soll, wird nicht ausreichend reichen, um die erhöhten Kosten zu kompensieren.

Weil dies alles vorher nicht auf Deutschland zutraf und viele Menschen die preiswerte Energie wegen des durch Russland gegenüber Deutschland im Gegensatz zu anderen Ländern gewährten Vorzugspreisen gewöhnt waren, ergeben sich gerade auch in Ostdeutschland erhebliche Widersprüche.

Eine nicht geringe Zahl von Menschen in Deutschland konnte das bisherige Verhalten der seit Dezember 2021 in Deutschland amtierenden Ampel-Regierung nicht unbedingt verstehen. Es wurde sich dabei die Frage gestellt, warum wir Menschen in Deutschland wegen den gegenwärtigen militärischen Konflikten zwischen

Russland und der Ukraine, der stellvertretend für die verschiedenen Stile der politischen Führung dieser Länder besteht, darunter leiden müssen und auch mit dadurch solche hohen Preiserhöhungen bei den Energiepreisen erfolgen. Man sollte hierbei, wie bereits genannt, viel stärker, als dies derzeit geschieht, bedenken, dass Russland mit die meisten Rohstoffvorkommen auf der Welt als – bezogen auf die Landesfläche – größtes Land der Erde aufweist und viele andere Länder aus den verschiedensten Gründen oft als Lieferant nicht in Frage kommen. Dies ist darauf zurückzuführen, dass von den anderen Ländern ein höherer Lieferpreis verlangt wird und durch das gegebene Transportsystem und den damit notwendigen Schiffseinsatz oder wegen der weiteren Entfernung durch die wesentlich höheren Kosten ein höherer Preis entsteht. Auch Probleme einer ggf. nicht möglichen zusätzlichen Lieferung an Deutschland, wegen ggf. eintretender Transportschwierigkeiten müssen ebenfalls als Risikofaktor gesehen werden.

Als rohstoffarmes Land ist Deutschland auf solche Rohstoffimporte angewiesen. Unseren bisherigen Wohlstand haben wir, wie bereits genannt, in Deutschland auch mit den preiswerten Rohstofflieferungen und der früher immer ausreichenden Liefertreue von russischen Rohstoffen, insbesondere auch der Energie-Rohstoffe aus Russland, mit zu verdanken. Wir können uns hierbei nicht ausreichend nach unserem Wohlwollen die Rohstoff- bzw. Energielieferanten nach gehegten Vorstellungen und Wünschen aussuchen. Auch in dieser Frage müssen wir von den realen vorherrschenden Umständen ausgehen und können nicht Alles in Deutschland nur aus "rosaroter Brille" so ansehen, dass die Politik und die damit verbundenen Auffassungen immer vor ökonomischen Erfordernissen gehen müssen.

Die realen wirtschaftlichen Gegebenheiten dürfen hierbei nicht unberücksichtigt bleiben, wie sich dies Manche vorrangig aus ideologischen bzw. politischen Gründen vorstellen. Auch diese Umstände sind neben den vielen bereits genannten Gründen auch bei einer Energiewende mit zu beachten. Aber diese tatsächlich zu akzeptierenden realen Gründe spielen offenbar bei Manchen in der Verwirklichung der Energiewende in Deutschland keine ausreichende Rolle. Ein nicht geringer Teil der Bevölkerung in Deutschland sieht die gegenwärtigen Gegebenheiten in manchen Punkten völlig anders, und allein auch aus diesen Gründen haben sie erhebliche Vorbehalte gegen die derzeit unter den gegebenen realen Umständen durchgeführte Energiewende.

Manche Energiewirtschaftler in Deutschland sagen, dass die Energiewende in Deutschland nur auf dem Prinzip "Glaube und Hoffnung" basiert. Manche Fachexperten auf diesem Gebiet vertreten die Meinung, dass die Energiewende unter dem Prinzipien, wie sie gegenwärtig in Deutschland verläuft, gescheitert wäre. Manche vertreten die Auffassung, dass man spätestens durch die neue Situation des 24.02.2022 und die daraus gezogenen Schlussfolgerungen dies erkennen musste. Auch wird von Manchen im Zusammenhang mit der Energiewende die Meinung vertreten, dass die Politik der Grünen nur Träumereien zum Inhalt haben, die in der Praxis nicht ausreichend aufgehen.

Es wird auch gesagt, was im Buch schon genannt wurde, dass wir viel zu viel Angst in Deutschland bei allen diesen Fragen im Gegensatz zu den Menschen in anderen Ländern haben. Die Angst würde immer noch die Rhetorik bestimmen und dass die Grünen an dieser Angst der Bevölkerung in Deutschland erheblichen Anteil durch ihre Auffassungen haben und dies sich in vielen Verhaltensweisen und in der Grünen-Politik wegen der Manifestierung der Angst sich widerspiegelt. Prof. Dr. Gantefür spricht sogar, wie der leitende Facharzt für Innere Medizin/Psychotherapie mit dem Schwerpunkt Angsterkrankungen, Dr. Dietmar Hansch, in einem Vortrag erwähnt hat, davon, dass man im deutschsprachigen Raum und besonders auch in Deutschland Manche solch eine ängstliche Haltung haben, dass sie, obwohl sie das in den seltensten Fällen ausführen, einen „Selbstmord aus Angst vor dem Tod“ in ihrer Haltung vorziehen.

Sicherlich war sehr viel nicht in Ordnung in der realen Verwirklichung von Umweltbelangen in der früheren DDR, um es nur vorsichtig auszudrücken, aber als in der DDR aufgewachsener Mensch ist mir die besondere Angst der Menschen im Zusammenhang mit konkreten Sicherheits- und Umweltfragen in Westdeutschland und nunmehr in der wiedervereinigten Bundesrepublik Deutschland im Gegensatz zu den Menschen in der früheren DDR besonders aufgefallen. Diese gezeigte Angst in diesen Fragen hat sich nach der Wiedervereinigung

Deutschlands noch weiter verstetigt, und manche auch frühere DDR-Bürger haben dieses regelrechte Angstempfinden in diesen Angelegenheiten nunmehr mit übernommen. Dies trifft besonders auch auf junge Menschen zu, die allein vom Alter nicht oder nicht im ausreichenden Maße die DDR kennengelernt haben. Auch in vielen anderen Bereichen herrscht in Deutschland ein übergroßes Angstempfinden, dass wesentlich höher liegt als dies in anderen Ländern der Fall ist.

Auch die noch vorhandenen Vorkommen an Erdgas in Deutschland, die vorrangig in Niedersachsen und in kleinen Teilen auch in den Bundesländern Schleswig- Holstein, Thüringen und Bayern bestehen, werden als Gas nicht genutzt. Man könnte das Gas u.a. als Wärmeenergie für die Bevölkerung, für Unternehmen und sonstige Einrichtungen verwenden. Wir haben soviel Gas in Deutschland, dass es für fast 30 Jahre reichen würde, wie im „Spiegel"-Beitrag „Kann Fracking Deutschland vor dem Gasnotstand bewahren?" im Heft „Der Spiegel" 28/2022 vom 11.07.2022 von Marco Evers stand. Im genannten Beitrag wird erwähnt, dass sich die Technik zur Produktion der Gaslagerstätten sich zwischenzeitlich wesentlich verbessert hat. Obwohl das amerikanische Frackinggas, dass nahezu genauso hergestellt wird, wie ein mögliches deutsches Frackinggas, bezieht man lieber ein Frackinggas aus den USA, dass über Schiffe transportiert wird und neben den anderen Gründen für einen hohen Preis auch durch die erheblichen Transportkosten wesentlich teurer ist als ein in Deutschland hergestelltes Frackinggas. Bis jetzt galt immer als Hauptargument, das kein eigenes Erdgas in Deutschland befördert wird, dass wegen der relativ hohen Dichte und eventueller möglicher Gefahren, u. a. durch Risse, und wegen des dabei entstehenden Schmutzes deshalb dies in Deutschland nicht gemacht werden könne. In Anbetracht der gegenwärtig bestehenden Risiken in der Gasbereitstellung in Deutschland sollte jedoch das bisherige Veto ernsthaft im Rahmen einer objektiven Risikovorsorge untersucht und analysiert werden und ggf., wenn die Ergebnisse der Risikountersuchungen positiv ausfallen sollten, überdacht werden.

Diese geschilderte Auffassung, der übergroßen Angst, wird von manchen Energiewirtschaftlern in Deutschland ebenfalls als ein nicht zu verkennendes Problem für die Energiewende angesehen. Dies macht sich auch im Verhalten zu den Belangen der Kernenergie im hohen Maße bemerkbar.

Das Anliegen, dass wir unbedingt und auch schnell etwas gegen den bedrohlichen Klimawandel zur Erhaltung unserer Existenz tun müssen, muss als richtig angesehen werden. Es sind aber aus der Sicht des Verfassers dieses Buches, wie auch von manchen anderen Wissenschaftlern, die eine ähnliche Auffassung vertreten, die Belange der Energiewende zu einer regelrechten Ideologie geworden, und die Energieangelegenheiten werden zu wenig als Wissenschaft betrieben.

Eine Wissenschaft zeichnet sich durch Meinungsvielfalt sowie durch das Vorhandensein entgegengesetzter Meinungen, die auch für eine demokratische Herangehensweise typisch sind, aus. Wenn man nach der Wahrheit sucht, muss es zum wissenschaftlichen Disput kommen. Ein Disput ist dadurch gekennzeichnet, dass verschiedene wissenschaftliche Meinungen bestehen. Er sollte auch interdisziplinär durch Teilnahme von Wissenschaftlern nicht nur des eigenen Fachgebiets, sondern auch anderer Wissensgebiete, wie Soziologen, Psychologen, Ökonomen, Philosophen, Politikwissenschaftlern usw. erfolgen.

Man muss sich im Interesse der objektiven Erkenntnis davor hüten, diese komplizierten Fragen nur einseitig ideologisch zu sehen. Bei einer vorrangig ideologisch erfolgten Auffassung schließt man sich manchmal auch ohne kritisches Hinterfragen einer Meinung an, weil die jeweilige Gruppe die Meinung hat oder es sich um die Mainstream-Meinung handelt. Auf diese Weise prallen nicht, wie es eigentlich erforderlich wäre und eine Wissenschaft erforderlich macht, die verschiedenen Meinungen aufeinander mit dem Ziel, die vernünftigste bzw. objektiv gerechtfertigtste Lösung in der jeweiligen Sache zu finden. Leider sind manchmal in einer einseitig ideologisch geprägten Auffassung auch Dogmen enthalten, die davon ausgehen, dass immer und meistens die grundlegende Linie immer beibehalten werden muss. Dies trifft auch auf manche Belange der Energiewende, beispielsweise auch bezüglich einer möglichen Weiternutzung der Kernenergie als nachhaltige fossile Energieart zu. Bei der gegenwärtigen Handhabungsweise der Energiewende durch Bündnis

90/Die Grünen wird auch die soziale Komponente, dass man Menschen mitnehmen muss, zu wenig beachtet.

Man will vordergründig die Zielstellungen der erheblichen Einsparung des Ressourcenverbrauchs und einer Lenkungswirkung durch relativ hohe Preise zur Durchsetzung eines klimagerechten Verhaltens in der Bevölkerung erreichen, ohne hinreichend die wirtschaftlichen und finanziellen Möglichkeiten des überwiegenden Teils der Menschen in Deutschland zu beachten.

Auch von mir als Autor dieses Buches und unter der vorrangig globalen Beachtung aller Belange der Energiewende, deren dringende Notwendigkeit auch in diesem Buch verdeutlicht wird, kann man sich der Aussage des Experimentalphysikers Prof. Dr. Gerd Ganteför auch hierzu und auch dazu nur anschließen, dass man die Energiewende nicht nur in Berlin und Brüssel verwirklichen bzw. umsetzen kann, ohne die globale Belange hierbei zu beachten. Er sagt auch, dass die Klimakrise in erster Linie ein globales Problem ist.

Es muss auch erwähnt werden, wie dies auch die Auffassung Mancher ist, dass auch aus sozialen Gründen und – bezogen auf ihre persönliche Lage – ein Wohlstandsverlust für viele Menschen bereits eingetreten ist oder evtl. noch in höherem Maße eintreten wird. Nach Meinung Einiger ist der nunmehr eingetretene Wohlstandsverlust auch auf Fehler in der Energiewende in Deutschland mit zurückzuführen. Daraus können sich soziale Spaltungen bzw. soziale Konflikte ergeben, da manche Menschen und auch Teile der Wirtschaft die stattgefundenen Preiserhöhungen trotz Regelungen zu Preisbremsen und Entlastungspaketen oft nicht akzeptieren. Auch wird von Manchen erwähnt, dass die gegenwärtigen, besonders durch die Grünen betriebenen Aktivitäten zur Erreichung der Energiewende in vielerlei Hinsicht dem Wirtschaftsstandort Deutschland erheblichen Schaden zufügen und zu einer regelrechten Deindustrialisierung Deutschlands in Verbindung mit noch anderen gegenwärtigen Faktoren beitragen. Manche sagen auch, dass die Vielzahl der Grünen-Aktivitäten im Rahmen der Energiewende zur Unzeit bzw. viel zu früh aus globaler Sicht gekommen sind.

Eine vorzeitige Abkehr von solchen fossilen möglichen Energien, wie der Kohle, die bisher betriebene und gegebene Zielstellung Deutschlands in den Erneuerbaren Energien, führt dazu, dass man beispielsweise China oder anderen vergleichbaren Ländern in die Karten gespielt hat. Dies wird damit begründet, dass beispielsweise China erst 2060 eine vollständige Klimaneutralität, wie bereits dargelegt, erreichen will und dort auch der Abbau von Kohle als fossile Energie weiterhin betrieben und ausgebaut wird. Für andere Länder konnte damit ein Wettbewerbsvorteil bei der gegenwärtigen bzw. noch vorgesehenen Nutzung der fossilen Energieträger und damit in der quantitativen Wachstumserhöhung eintreten, da China und andere Schwellen- und besonders die Entwicklungsländer wegen ihrer relativ günstigen Preise zur Bewahrung ihres Lebensstandards oder deren Verbesserung weiterhin auf fossile Energie setzen. Auch einige westliche Länder, insbesondere auch im südasiatischen Raum, nutzen noch auch aus diesem Grund die fossilen Energiearten, insbesondere die Kohle. Damit stellen sich die Verantwortlichen für unsere gegenwärtige Klimapolitik in Deutschland in nicht ausreichendem Maße den globalen Realitäten auf dieser Welt. Auch dieser wichtige Sachverhalt muss bei den Zielstellungen für das Klima und damit auch der Energiewende, speziell auch in Deutschland, mit beachtet werden.

Der Gerechtigkeit halber muss, wie bereits an anderer Stelle erwähnt wurde, erkannt werden, dass wegen den gegenwärtigen sozialen Problemen viele Menschen die Hauptursache der eingetretenen ungünstigen Entwicklung nur in Problemen der in Deutschland unzureichend angewandten Energiewende sehen, obwohl auch die noch vorhandenen Unzulänglichkeiten sowie die nunmehr zugrunde gelegten geostrategischen Handhabungen eine wichtige Ursache der gegenwärtigen Probleme darstellen. Die aktuell derzeit vorherrschende Unzufriedenheit mancher Teile der Bevölkerung auch in Deutschland bezieht sich aber besonders auf die nach Meinung Mancher missglückten Energiewende.

Auch die zunehmende Inflation und manche politische und soziale nicht ausreichend gerechte Entscheidungen haben mit zum eingetretenen Stimmungswandel auch in Deutschland beigetragen. Als eine nicht zu unterschätzende Rolle müssen auch diese Ursachen gesehen werden, und man kann nicht alles nur auf die Energiewende schieben. Die Energiewende und deren konkrete Umsetzung in Deutschland wird aber von manchen Teilen der Bevölkerung oftmals nur als einzige Ursache der gegenwärtig eingetretenen Entwicklung in Deutschland gesehen.

Die Nutzung des grünen Wasserstoffs aus regenerierter Energie kann nicht als sofortiges Heilmittel gesehen werden. Man muss auf diesem Gebiet allein wegen den derzeit aus einer Reihe von Gründen noch vorherrschenden Gegebenheiten in der Anwendung des grünen Wasserstoffs noch viel Forschungsarbeit und mancher Verbesserungen der zur Zeit bestehenden technologischen Lösungen bzw. Anwendungen leisten.

Man muss bedenken, dass der grüne Wasserstoff, weil er das Vorhandensein ausreichender Mengen an regenerativer Energie verlangt, nur als Sekundärenergieart angesehen werden kann, weil die regenerative Energie als Primärenergie erforderlich ist, um durch die Elektrolyse von Wasser Wasserstoff erzeugen zu können und den gewonnenen Wasserstoff dann erst zu gewinnen ist.

Die Nachteile in der Anwendung des grünen Wasserstoffes bestehen u.a. noch darin:

- Es ist ein hoher Energieaufwand zur Herstellung erforderlich. Unter Beachtung der notwendigen Prozesse der Lagerung und des Transports ergibt sich noch ein sehr niedriger Wirkungsgrad.

- Noch nicht ausreichende Wirtschaftlichkeit, da die Herstellung von grünem Wasserstoff noch sehr viel kostet. Dies kann sich nur ändern, wenn genügend regenerative Energie zur Herstellung zur Verfügung steht.

- Die Speicherung und der Transport von Wasserstoff muss gegenwärtig noch als schwierig angesehen werden.

- Das derzeit noch angewandte Verfahren zur Herstellung von grünem Wasserstoff ist noch nicht ausreichend effizient, da bis zu einem Drittel der nutzbaren Energie verloren geht, da man auch nicht ausreichend die dabei gewonnene Abwärme in der praktischen Umsetzung im genügenden Umfang nutzen kann,

- Risiken beim Austritt von Wasserstoff bestehen, da Wasserstoff sich beim Austreten entzünden kann.

- Es ist auch zu beachten, dass Wasserstoff nicht auf natürlicher Basis vorkommt.

- Die Herstellung von grünem Wasserstoff ist nicht gerade umweltfreundlich.

- Der grüne Wasserstoff wird weltweit in einem noch zu geringen Umfang hergestellt. Deshalb hat er derzeit im globalen Rahmen noch nicht die Bedeutung, die er eigentlich für den Klimawandel derzeit haben müsste. Er hat sich deshalb bisher nicht international durchgesetzt, da die Energiegewinnung aus Erdöl, Erdgas, Kohle usw. viel billiger war und derzeit noch ist.

- Wasserstoff kann bei nicht richtiger Beachtung der geltenden Sicherheitsvorschriften für den Menschen auch gesundheitlichen Schaden anrichten.

- Liane Metzler bzw. eine britische Studie befürchtet dramatische Erkenntnisse, dass Wasserstoff in die Atmosphäre entweicht und die daraus entstehende mögliche Erderwärmung elf Mal schneller eintreten würde, als das Treibhausgas CO2. Deshalb kommen Diejenigen, die die Studie erstellt haben, zu der Auffassung, dass Wasserstoff ein klimaschädliches Treibhausgas wäre. Um diesen für die Menschheit sehr wichtigen Sachverhalt hinreichend zu ergründen, bedarf es sehr wichtiger und bedeutsamer Forschungsarbeit auf diesem Gebiet.

- Es bedarf eines sehr hohen Aufwands an noch zu schaffenden logistischen Investitionen bzw. der Errichtung von dazu notwendigen Anlagen und Apparaten an den für die Herstellung geeigneten Orten bzw. in den dafür geeigneten Ländern. Man muss davon ausgehen, dass wegen den besseren Bedingungen, die man gegenüber Deutschland hat, der Wasserstoff aus Importen nach Deutschland durch andere in Frage kommende Länder hergestellt wird.

usw.

Die Anwendung des Wasserstoffs kann in vielen Industriezweigen, Branchen, im Verkehr und in manchen anderen Zweigen unserer Volkswirtschaft unter Beachtung noch erforderlicher Maßnahmen in der Technologie bzw. Wissenschaft und Technik sehr wirksam genutzt werden. Die derzeit auf diesem Gebiet noch immer bestehenden Probleme, die den erforderlichen Bedarf aus dem Ausland bis 2030 erforderlich machen, wie vom Fraunhofer Institut, dem Institut für Deutsche Wirtschaft bzw. dem Wuppertaler Institut aufgeführt und durch den Informationsdienst des Instituts der Deutschen Wirtschaft Köln zum gegenwärtigen Stand der Wasserstoffnutzung – bezogen auf die Standortbelange – am 08.12.2021 veröffentlicht wurde. In einem gewissen Umfang der dabei erfolgten Erläuterung werden bestimmte Bestandteile nachfolgend auszugsweise beschrieben:

„...

Wasserstoff ist für die Energiewende unverzichtbar. Er ersetzt vor allem in der Industrie Kohle und Gas, kann aber auch in der Strom- und Wärmeerzeugung oder im Verkehr eingesetzt werden. Nachhaltig ist die Verwendung von Wasserstoff aber nur dann, wenn bei seiner Herstellung erneuerbare Energien eingesetzt werden. Und genau hier liegt das Problem – die hiesige Wasserstoffproduktion aus regenerativen Energien wird den wachsenden Bedarf bei 2030 nicht decken können:

Maximal etwa ein Sechstel des prognostizierten Bedarfs an grünem Wasserstoff kann 2030 durch die heimische Erzeugung sichergestellt werden.

Die Annahme beruht auf der nationalen Wasserstoffstrategie der vorherigen Bundesregierung, die einen maximalen Bedarf von 90 bis 110 Terrawattstunden und eine inländische Bereitstellung von 14 Terrawattstunden bis zum Jahr 2030 erwartet hat. Dass die Versorgungslücke aufgrund des enormen Bedarfs durch einen rein nationalen Aufbau der Erneuerbaren bis zu 2030 nicht zu decken sein darf, zeigt eine Modellrechnung des IW Köln. ....

Gut 5700 Windräder auf See müssten im Jahr 2030 installiert sein, damit Deutschland seinen Wasserstoffbedarf vollständig durch die Erzeugung im Inland decken könnte.

Der zusätzliche Bedarf entspricht einem Vielfachen der bisher installierten Anlagen. Auch die ambitionierten Ausbauziele der Ampelkoalition werden diese Größe nicht erreichen können - insbesondere, weil erneuerbarer Strom künftig in allen Sektoren und nicht nur zur Wasserstofferzeugung benötigt wird. So sucht die Politik bisher anderswo eine Lösung: Große Hoffnungen beruhen auf dem Import des grünen Energieträgers aus besonders wind- und sonnenreichen Regionen der Welt, in denen etwa Flächennutzungskonflikte eine geringere Rolle spielen als im dicht besiedelten Deutschland.

Die Beurteilung möglicher Partnerländer beschränkt sich jedoch häufig auf die technischen Potenziale und Kostenvorteile, aber vernachlässigt die energiewirtschaftlichen Rahmenbedingungen oder die verfügbaren Transportoptionen. ....

Marokko gilt als Vorreiter für den Ausbau erneuerbarer Energien in der Region Mittlerer Osten/Nordafrika (Mena), weshalb Deutschland im laufenden Jahr eine Wasserstoffbilanz mit dem nordafrikanischen Land vereinbart hat.

Spanien hat ebenfalls ambitionierte Pläne für den Ausbau der erneuerbaren Stromversorgung und bietet wie Marokko sehr gute Erzeugungsbedingungen für Wasserstoff.

Die Niederlande besitzen dagegen die beste Infrastruktur für Wasserstofftransporte. Mit den großen Häfen und der langjährigen Erfahrungen der in Holland ansässigen Unternehmen kann sich das Land zu einem zentralen Umschlagsplatz für Wasserstoffimporte Richtung Westeuropa entwickeln.

Chile ist aufgrund seiner Exportstrategie und der sehr großen Potentiale bei den regenerativen Energien am weitesten vorangeschritten, um größere Mengen grünen Wasserstoff liefern zu können.

Die genannten Potentiale dieser Länder sind allerdings nur eine Seite der Medaille. Denn alle vier Länder vereint ein Problem – der Ausbau der Erneuerbaren kommt auch nur dort schleppend voran. …..............“

Besonders soll nach aktuellem Stand, da Kanada auch günstige Bedingungen für die Errichtung von regenerativen Energien und andere Vorzüge mitbringt, Wasserstoff aus Kanada geliefert werden. Frühstens ab 2025 kann Wasserstoff aus Kanada an Deutschland geliefert werden. Zu berücksichtigen ist hierbei, dass Kanada zum damaligen Zeitpunkt, trotz der natürlich sehr guten Gegebenheiten auf dem Gebiet der regenerativen Energien, noch keine einzige Windkraftanlage errichtet hat. Es muss auch beachtet werden, dass einige Menschen in Kanada großen Widerstand gegen die Errichtung von Windkraftanlagen leisten.

Prof. Dr. Hörz schreibt in seinem 2018 erschienenen Buch „Ökologie, Klimawandel & Nachhaltigkeit - Herausforderungen im Überlebenskampf der Menschheit“ zur sozialen Spaltung der Gesellschaft im globalen Rahmen unter den Gesichtspunkten der Anwendung möglicher neuer Technologien u. a.:

„Die soziale Spaltung der Weltgesellschaft wird durch die Zivilisierung mit neuen Technologien noch verstärkt, da in den Genuss der höheren Lebensqualität nicht alle in gleicher Weise kommen. Hightech-Länder leben auf Kosten der anderen. Ohne Beeinträchtigung der kulturellen Eigenart ist sie schrittweise nur zu überwinden, wenn sich die Menschheit dazu durchringt, als Ergänzung zum wissenschaftlich-technischen Fortschritt als Weltzivilisation die geforderte Weltkultur mit ihren universellen Werten anzustreben. Zugleich würden sich die Lebensbedingungen mit neuen Technologien verbessern. Das entspräche als Real-Utopie dem Streben nach Freiheit, Autonomie und Gleichheit aller Menschen. Für die Profitmaximierung sind Technologien nur begrenzt als humane Werte wichtig. Staatseigentum, kann wie Privateigentum,

Korruption und Misswirtschaft fördern. Mit der geforderten qualitativ neuen Demokratie wäre die Verfügungsgewalt über Produktion- Finanz- und Informationsmittel durch alle Glieder der Gesellschaft zu sichern. Dafür sind plebiszitäre Elemente, Staatskontrolle der Märkte, Formen der lokalen und regionalen Entscheidungsbefugnisse im Rahmen humaner Vorgaben wichtig. Wie ist Akzeptanz für ökologische Maßnahmen, für Reaktionen auf den Klimawandel und für die Durchsetzung des Nachhaltigkeitsprinzip zu erreichen? Wissensvermittlung allein reicht nicht, da Anwender von Technologien nur das akzeptieren, was ihnen offensichtlichen Nutzen bringt, ihren sozialen Zielstellungen, ausgedrückt in Wertevorstellungen, entspricht und keine Gefahrenrisiken in sich birgt. Das belegen Debatten über den Ausstieg aus der Atomenergie und der Streit um den weiteren Abbau der Braunkohle. Das Abholzen von Wäldern wird international vorangetrieben, ohne an Klimaschäden zu denken. Die intensivierte Landwirtschaft mit ihren chemischen Mitteln wird weiter betrieben und nur vorsichtig eingeschränkt. Der Aufschwung der Technologieentwicklung ist mit einem Kulturverfall und einer Krise des Wissens verbunden. Beide Tendenzen bringen lösbare Probleme mit sich. Die wachsende Komplexität des Wissens zur Bewältigung, die oft der Spezialisierung untergeordnet wird. Statt humaner langfristiger Strategien dominieren kurzfristige Profitinteressen. Nutzer neuer Gestaltungsmittel sind nicht immer bereit, sich Wissen anzueignen. Statt der Schrift werden Bilder bevorzugt, wobei ausgemalte Schreckensszenarien vor allem auf Uniformierte verheerend wirken können. Komplizierte Anleitungen zur Bedienung von Artefakten missachtet mancher. Es ist die Frage zu beantworten: Wie stellen wir uns auf die kreative Entwicklung neuer Technologien und einer nutzerfreundlichen Bedienkultur ein? Bildung als Einheit von Wissensvermittlung und Charakterentwicklung im Sinne des persönlichen Verantwortungsbewusstseins kann den nutzbringenden Umgang mit neuen Technologien zur Naturgestaltung erleichtern. Bei der Lösung von Akzeptanzproblemen ist sowohl rationale Emotionalität als Erziehung der Gefühle zu beachten, als auch emotionale Rationalität als Leidenschaft bei der Problemlösung in allen Lebensbereichen. Die Suche nach Neuem in der Wissenschaft, nach der technologischen Umsetzung von Entdeckungen und Erfindungen stößt auf Skepsis von Traditionalisten und Monopolisten. Auch der Umgang mit Intrigen und Starrköpfigkeit ist zu lernen. Die der Verantwortung entsprechende moralische und rechtliche Normierung sollte die Erfolgsrisiken fördern und die Gefahrenrisiken einschränken. Recht ist Normierung von Interessen in einer bestimmten kulturellen Tradition. Es basiert auf Wertvorstellungen. Jeder Mensch, jede soziale Gruppierung, jede ethnische Einheit hat eine eigene Ideologie, in Wertvorstellungen ausgedrückt. Ein bestimmter Wertekanon ist mit einer Weltanschauung verbunden. Das führt zu einem kulturell differenzierten Herangehen an die moralische Bewertung und rechtliche Normierung der Mensch-Natur-Beziehungen. Werden die Humankriterien angelegt und die Humanangebote eingehalten? Diese Frage ist immer wieder neu und für jeden Kulturkreis spezifisch zu beantworten.

Wissenschaftlich-technische Entwicklung kann technozentriert oder humanzentriert erfolgen. Erfolgt sie allein technozentriert, dann ist das Ziel des technischen Fortschritts, Menschen durch Artefakten zu ersetzen. Nur humanorientiert führt die Effektivitätssteigerung zur Humanitätserweiterung. Technologien sind kein Selbstzweck, sondern Mittel der Menschen, um ihre natürliche, soziale, kulturelle und mentale Umwelt und sich selbst entsprechend bestimmter Zielstellungen zu gestalten. Es gibt Skepsis gegenüber humanen Forderungen an die technische Entwicklung. Manche Ökonomen sehen sie als effektivitätsmindernde Zusatzaufgaben. Sie fragen: Rechnet sich das? Erfolgt die technische Entwicklung allein technozentriert, dann kann sich der Mensch wirklich als Schmutzeffekt der vorangetriebenen Evolution erweisen, den es zu eliminieren gilt. Es gibt Horrorvisionen von der Beherrschung des Menschen durch ihre selbst geschaffene Artefakte. (Hörz, H., 2018). Erfolgt die Entwicklung neuer Technologien humanorientiert, dann dient Effektivitätssteigerung zur Humanitätserweiterung als dem Freiheitsgewinn menschlicher Individuen in allen Regionen der Welt, unabhängig von ihrer Zugehörigkeit zu bestimmten soziokulturellen Identitäten. Nanotechnologie, Biotechnologie und andere moderne Technologien sind für die Verbesserung der Lebensqualität nutzbar. Das Fazit ist: Ob wir Wissenschaft und neue Technologien für die zukünftige humane Gestaltung der Mensch-Natur-Beziehungen verantwortungsbewusst einsetzen, hängt von uns selbst ab. Entwickeln wir sie humanorientiert und messen die sozialen Zielstellungen konkreter sozialer Systeme an den Humankriterien, dann überwiegen die Erfolgs- die Gefahrenrisiken. Stürzen wir uns immer wieder in neue militärische Abenteuer, setzen den Raubbau an der Natur fort, betreiben keinen Klimaschutz, vergrößern die Kluft zwischen Arm und Reich, dann helfen uns neue Technologien nur, uns selbst zu vernichten oder in einen Zustand der Barbarei zu verfallen. Doch langfristig ist theoretischer Optimismus begründbar, denn Menschen haben sich immer wieder aus der Not, Unterdrückung, Ausbeutung und Freiheitsbeschränkungen befreit. Über den Alltagssorgen sollte es nicht aus dem Auge verloren werden, dass die strategische humane Zielstellung für Entscheidungen eine zukünftige Assoziation freier Individuen mit sozialer Gerechtigkeit und ökologisch vertraglichem Verhalten ist. Sonst geben Menschen ihre humanen Visionen auf, was sie der Hoffnung auf eine humane Zukunftsgestaltung, die möglich ist, berauben würde. Der Weg von der Utopie zur Wissenschaft ist unter neuen Bedingungen immer wieder neu zu bestreiten. Es gibt keinen Automatismus der Geschichte, der die Vision einer humanen Zukunft eintreten lässt. Ohne aktives Handeln gegen Selbstlauf wird sich die Menschheit als Gattung vernichten, da sie ihre Lebensbedingungen zerstört. Es bedarf deshalb attraktiver, anschaulicher und einsichtiger Ideale als Leitbilder humaner Zukunftsgestaltung, um dagegen zu steuern. Zur Realisierung gehören der Glaube an die Kraft der Menschen, sich dieser Aufgabe stellen zu können, die Liebe im Sinn der Solidarität derer, die aktiv für eine humane Zukunft und die Hoffnung der Motivation zum eigenen Handeln. Es sind die grundsätzlichen Fragen nach der Entwicklung der Produktivkräfte, den neuen sozialen Strukturen, den notwendigen Produktionsverhältnissen für die freie Entfaltung der Produktivkräfte zuerst zu beantworten. Davon ausgehend wäre die Kritik des Kapitalismus, die sich in vielen Schichten regt, neu zu orientieren. Er hat flexibler auf Herausforderungen der wissenschaftlich- technischen Revolution reagiert als der "reale Sozialismus." Er hat auch Verbesserungen der Lebensqualität mit sich gebracht, um den Preis der Verarmung anderer Schichten, stärkerer Unterdrückung und Ausbeutung der "dritten Welt", universaler Durchsetzung der Interessen mit militärischer Gewalt usw. Kapitalismuskritik muss einsichtig auch für diejenigen sein, die ihn ihm leben und von ihm profitieren. Sozialismus verlangt nicht einfach dumpfe Wut der Unterdrückten, die zur Barbarei führen kann, sondern gebildete Menschen mit humanen Programmen. Die Technologieentwicklung hat zur Veränderung des Charakters der Arbeit, zu neuen sozialen Strukturen geführt. Neue Technologien sind nicht das Ende der Arbeit. Es wachsen Anforderungen an Dienstleistungen, an ökologischen Tätigkeiten und an sozialer Betreuung. Menschen konnten sich, als Ergänzung der Massenproduktion, der Herstellung von Unikaten widmen. Moderne soziale Utopien sollten Arbeitszeitverkürzungen berücksichtigen, sinnvolle Tätigkeit außerhalb der bezahlten produktiven Arbeit anbieten und Vorschläge machen, wie der Reichtum gerecht zu verteilen ist. Welche Produktionsverhältnisse, also die Verfügbarkeit über die Produktionsmittel, die Beziehungen der Menschen im Arbeitsprozess und der Anteil am gesellschaftlichen Reichtum, legen den gegenwärtigen Produktivkräften keine Fesseln an und bringen sie zur freien Entfaltung nach humanen Kriterien? So sind neue Visionen mit anschaulichen, annehmbaren und realisierbaren sozialistischen Idealen denkbar. .... Begründeter Optimismus ist eine Lebenshaltung, die mit der offenen Zukunft die Trends weiterer Entwicklung untersucht, die Veränderbarkeit der Strukturen anerkannt und die humane Gestaltung der Zukunft fördert. Begründete Hoffnung basiert auf Analysen der Situation, auf der Auswertung von Erfahrungen und auf dem Glauben an die Kraft derer, die in der Lage sind und sein werden, antihumane Zustände zu beseitigen und eine humanere Gesellschaft nach Humankriterien zu gestalten. Insofern bin ich ein realistischer Optimist."

Den Ausführungen von Prof. Dr. Hörz ist aus der Sicht des Autors dieses Buches kaum etwas hinzufügen, da seine Darlegungen und Auffassungen auch von mir zu dieser Thematik geteilt werden. Er hat auch zum Ausdruck gebracht. dass der "reale Sozialismus" in der Form wie er ausgeübt wurde, nicht auf manche wichtige Herausforderungen unserer Zeit, wozu auch die Probleme des Klimawandels und der Ökologie gehören, ausreichend reagiert hat. Der Kapitalismus, so wird auch von ihm zum Ausdruck gebracht, hat sich erstaunlich flexibel gezeigt, besser auf die Herausforderungen unserer Zeit reagiert und auch eine höhere Lebensqualität bzw. einen höheren Lebensstandard für den überwiegenden Teil der Bevölkerung in Deutschland gebracht. Allerdings hat die kapitalistische Gesellschaft, selbst wenn sie sich jetzt als "Soziale Marktwirtschaft" bezeichnet, noch viele Mängel, gerade trotz "Sozialer Marktwirtschaft", insbesondere im sozialen Bereich. Man sollte bei der Gegenüberstellung der sozialen Belange nicht alles nur im Vergleich zu anderen westlichen Ländern sehen. Auch bei den früheren sozialistischen Ländern, insbesondere auch der früheren DDR, gab es manche sehr gute soziale Belange, die es in der heutigen Bundesrepublik, trotz der Bezeichnung „Soziale Marktwirtschaft“ noch heute nicht gibt. Man kann sich nicht als wiedervereinigtes Deutschland besonders herausstellen, wenn man soziale Belange besser beachtet, als manche andere auch kapitalistische Länder dieser Welt. Gerade die USA als führende Weltmacht auch in wirtschaftlicher Hinsicht und auch kapitalistisches und demokratisches Land kann gerade auch im sozialen Bereich nicht als Vorbild oder als nachahmenswertes Beispiel gelten. Sicherlich herrschte bislang auch in Deutschland beim Durchschnitt der Bevölkerung im Vergleich zur Bevölkerung in anderen Ländern der Welt ein relativ hoher Wohlstand vor. Jedoch war dieser Wohlstand bisher sehr ungleich verteilt, da nahezu, wie bereits genannt, 14 Millionen Menschen nach der in Deutschland festgelegten Armutsskala als arm gelten. Andere Menschen sind so reich und haben bisher immer mehr Vermögen bzw. auch Einkommen in Deutschland erlangt, dass die Polarität zwischen Arm und Reich immer mehr anwuchs. Es ist eine zunehmende Ungleichheit auch in Deutschland unter den vorherrschenden kapitalistischen Verhältnissen festzustellen, was sich ebenfalls sehr negativ für eine Gemeinsamkeit in der Gesellschaft auswirkt. Manche profitieren in dieser Gesellschaft in Deutschland im erheblichen Maße von ihrem hohen Einkommen. Andere Menschen haben ein sehr geringes Einkommen oder bekommen eine sehr schmale Rente oder wegen der leider immer noch bestehenden Arbeitslosigkeit oder aus anderen Gründen Entgeltersatzleistungen oder sonstige Sozialleistungen. Der bisherige Wohlstand in Deutschland ist nicht nur auf eine bisher gut gelungene Marktwirtschaft und ein Anstieg bei den Produktivkräften und deren Folgen zurückzuführen, sondern basiert auch in nicht geringem Maße auf der weiterhin anhaltenden Ausbeutung der Bevölkerung in den Entwicklungs- und auch manchen Schwellenländern und ist auch in nicht geringem Rahmen aus preiswerten Energieimporten aus Russland, unserem bisherigen Hauptlieferanten von Energie und zum Teil auch von anderen Rohstoffen verursacht worden. Auch China hat durch relativ preiswerte Importpreise ebenfalls zur Erhöhung unseres Wohlstands im wiedervereinigten Deutschland beigetragen.

Man muss auch das im Kapitalismus und damit auch in Deutschland vorherrschende System der Gesellschaft als sehr kritisch ansehen, da es sehr ungleich ist und auch auf Ausbeutung der "dritten Welt" beruht. Dies ist nicht nur für die gesamte Gesellschaft in Deutschland moralisch verwerflich anzusehen, sondern besonders auch in globaler Hinsicht. Deshalb muss eine kapitalistische Gesellschaft trotz des durchschnittlich relativ hohen Lebensstandards auch in Deutschland unter diesem Gesichtspunkt gesehen werden. Prof. Dr. Hörz hat Recht, dass man die weiter eintretende Entwicklung und deren Trends offen sehen muss und es sehr wichtig ist, dass eine humane, solidarische und gerechte Gesellschaft entstehen kann, die derzeit leider nicht in Deutschland im ausreichenden Maße vorherrscht.

Graeme Maxton, der frühere Generalsekretär des Club of Rome und Professor für Ökonomie sagt zu wirtschaftlichen Problemen unserer gegenwärtigen Zeit u. a.:

„Unser Wirtschaftssystem im Kapitalismus hat die Polarität zwischen Arm und Reich weiter erhöht. Die Ungleichheit hat, trotz dem es zwar insgesamt der Welt besser geht, weiter zugenommen. Wenn wir anders den Reichtum verteilen würden, könnte jeder Mensch gut leben. Das Narrativ des immer zu steigernden quantitativen Wirtschaftswachstums, was den Menschen immer gesagt wird, hilft uns nicht weiter und ist nicht richtig. Wir müssen unsere Postulate des ständigen quantitativen Wirtschaftswachstums ändern, denn so kann es nicht weitergehen. Das quantitative Wachstum, was sich die Grünen vorstellen, ist auch quantitatives Wachstum, und deshalb können diese Zielstellungen im gesellschaftlichen bzw. erforderlichen globalen Sinne nicht aufgehen. Unser Ressourcenverbrauch ist viel zu hoch. Auch müssen wir, wie dies schon mehrfach gesagt wurde, vor Verboten und Änderungen zu unserem bisherigen Verhalten nicht zurückschrecken. Wir brauchen einen Systemwechsel bzw. eine andere Weltordnung. Je länger wir diesbezüglich warten, um so radikaler muss dann die notwendige Umstellung erfordern, denn wenn wir weiter so handeln, werden wir noch viel schlechter leben. Deshalb müssen wir in kurzer Zeit wegen der Bedrohung durch die Klimakrise unsere Lebensweise ändern. Wenn wir weiter so leben, wie bisher, ist eine notwendige Veränderung umso schwerer möglich. Man muss es leider im Realitätssinne wahrscheinlich pessimistisch sehen, dass es uns im ausreichende Maße ggf. nicht gelingt, unsere Lebensweise zu ändern, denn manche Menschen haben nicht die richtige Einstellung bzw. Einsicht dazu.

Wir als Menschen, selbst wenn manche ihre Lebensweise ändern, können nicht im ausreichende Maße als Einzelne im positiven Sinne die Welt bzw. unseren Globus – bezogen auf die Belange des Klimawandels – beeinflussen. In erster Linie muss das Verhalten der Wirtschaft bzw. der gegenwärtigen Lenker der Wirtschaft, wie u. a. auch der Konzerne, sich wesentlich ändern. Es ist nicht richtig, dass sie große Gewinne erzielen. Unser Lebensstandard als Menschen wird nicht steigen, sondern – im Durchschnitt gesehen – zurückgehen müssen. Auch wurde von ihm festgestellt, dass der neoliberale Anteil immer mehr mit sehr negativen Folgen stieg. Die notwendige Veränderung kann nicht nach den Regeln des freien Marktes erfolgen. Wir brauchen eine stärkere Rolle des Staates. Es ist auch nach seiner Auffassung nicht richtig, wenn wir die Arbeit vorrangig besteuern und nicht im ausreichenden Maße den Ressourcenverbrauch besteuern. Zur gegenwärtigen Situation stellt er fest, dass der Papst Franziskus eine sehr positive Rolle spielt und er die Probleme dieser Welt sehr erkannt hat und alles von ihm unter Beachtung seines möglichen Einflusses versucht wird, auch angesichts der bedrohlichen Lage durch den Klimawandel eine Änderung im Verhalten zu erreichen. Nach seiner Auffassung hätten wir eher handeln müssen als Menschheit, um den Kollaps der Klimakrise zu verändern. Die Umweltbewegung, so ist die Meinung von ihm bei dem Beitrag über Youtube, den er vor einigen Jahren für das Schweizer Fernsehen führte, hat versagt. Auch wird von ihm zur Freiheit gesagt, dass wir in der Verwirklichung der Freiheit nicht so egoistisch denken sollten. Der Gedanke des Übermaßes der individuellen Freiheit wird von ihm als nicht richtig angesehen. Er ist der Meinung, dass unsere heutige Demokratie eine Scheindemokratie darstellt.“

Die meisten Aussagen von Graeme Maxton können auch von mir geteilt werden.

Im 2019 in der 1. Auflage erschienen Buch von Petra Pinzler und Andreas Sentker „Wie geht es der Erde? – Eine Bestandsaufnahme“

wird u. a. zu den gesellschaftlichen und damit im Zusammenhang stehenden Problemen der Klimakrise festgestellt:

„Immer noch sind die Bewohner der reichsten Länder, die auch zur Klimakatastrophe am meisten beitragen – und das trotz all ihrer technischen und finanziellen Überlegenheit. Die arabischen Staaten schaffen es auf Platz eins, dicht gefolgt von den USA. ....

....

Deutschland ist längst kein Champion mehr, seine Emissionen liegen weit über dem europäischen Durchschnitt. Indien taucht in der Tabelle weit unten auf. Tendenziell stimmt also auch für das Klima die Faustregel: Je reicher die Nationen sind, desto klimaschädlicher wirtschaften sie, jedenfalls mehrheitlich. Aber nicht nur zwischen, sondern auch innerhalb der Nationen korreliert der CO2-Ausstoß mit dem Einkommen. Das Umweltbundesamt, das für alle paar Jahre den Naturverbrauch der Bundesbürger berechnet, kommt immer wieder zu dem Ergebnis: Erstens lebt der Durchschnittsdeutsche nicht nur klimaschädlicher als der Durchschnittsinder. Auch in der Bundesrepublik kann man durchaus von einer CO2-Oberschicht und einem CO2-Proletariat sprechen. Die deutsche Oberschicht schadet dem Klima mehr als die Unterschicht – egal, wie grün ihr Lebensstil scheint, wie oft sie im Bio-Supermarkt einkauft und wie gut sie ihre Villen dämmt. Der Grund ist einfach: Die schiere Menge des Konsums macht die Effekte des Öko-Lifestyles einfach wett. Oder konkret: Ein Flug ins Yoga-Ressort nach Sri Lanka lässt sich mit vielen Kästen veganer Limo nicht kompensieren. Ökonomen erklären das mit dem sogenannten „rebound effect“, dem Rückschlageffekt. Der funktioniert so: Alles, was an Umweltschutz durch bessere Technik erreicht wird, wird durch mehr Konsum wieder zunichte gemacht. So werden beispielsweise die Motoren der Autos zwar immer effizienter, aber dafür die Autos immer schwerer. Was dann wiederum dazu führt, dass eben nicht weniger Sprit verbraucht wird, sondern eher mehr. Und weil sich weltweit auch noch immer mehr Leute die dicken Schlitten leisten können und das auch tun, steigt die Nachfrage nach Öl. Nur, warum ist das so, was treibt die Menschen dazu, immer dickere Autos fahren zu wollen und auch sonst nie genug zu haben? Hunger und Mangel kann es ja bei vielen nicht mehr sein. Der Schweizer Ökonom Mathias Binswanger nennt dieses kollektive Verhalten die „Tretmühle des Glücks“, und er erklärt zugleich, warum die Reichen dabei eine für die Umwelt besonders fatale Rolle spielen. In ungleichen Gesellschaften, so Binswanger, orientieren sich viele Menschen nach oben. Wenn aber die da oben immer mehr konsumieren, will es die Mittelschicht auch. Also überbieten sich die Menschen mit ihrem Besitz, mal originell, mal obszön. Binswanger nennt daher vieles, was die Menschen kaufen, „Statuskonsum“. Man kann es auch Gier nennen. Oder Kapitalismus? Schon in den sechziger Jahren des vergangenen Jahrhunderts nannte Herbert Marcus die „Weckung und Überformung“ von Bedürfnissen den wohl größten Erfolg des Kapitalismus, beschrieb den Billigkonsum der Massen als Betäubungsmittel und kritisiert zugleich, dass so vom Eigentlichen, vom „Kampf gegen Ungleichheit“ abgelenkt würde. Also auch vom kritischen Blick auf die Reichen. Nur, die ökologische Frage, die sich deswegen stellt, ist weit mehr als ein Nebenwiderspruch des Kapitalismus, sie lässt sich deswegen mit der klassischen Kapitalismuskritik auch nur unzureichend beantworten, schon weil auch der Sozialismus ja die Umwelt extrem brutal ausgebeutet hat. Offensichtlich ist allerdings, dass ökologische Krisen die bestehenden Ungerechtigkeiten in vielfacher Form verschärfen. Erstens die zwischen armen und reichen Ländern: Die Armen im Süden werden vom Klimawandel zuallererst und am härtesten getroffen. Zweitens die zwischen Armen und Reichen im Norden: Leute mit wenig Geld wohnen eher in den schlecht gedämmten Wohnungen und lauten Straßen. Und drittens die zwischen Generationen: Je mehr von der Erde heute verbraucht wird, je mehr CO2 in die Atmosphäre gelangt – desto mehr steigt die Wahrscheinlichkeit, dass die Kinder für die Folgen teuer bezahlen müssen. In der Konsequenz bedeutet das allerdings: Jede Regierung, die das Überleben ihrer Bevölkerung im Blick hat und deswegen die Umweltschäden des Produzierens und Konsumierens verringern will, muss viel genauer als bisher darüber nachdenken, wo Ökologie und Kapitalismus sich widersprechen und wo sie vielleicht doch zueinander passen. Oder konkreter: Mit welchen Mitteln eine Regierung die Natur schützen kann – ohne dass ihre Wähler rebellieren. Und wie sie den verfügbaren Teil fair auf eine wachsende Zahl an Menschen verteilt. Insofern ist die ökologische Frage dann eben doch auch eine Gerechtigkeitsfrage.

....

Das Prinzip des gerechten Verteilens lässt sich auch auf den Umgang mit dem Rest der Natur übertragen. Bundeskanzlerin (a. D.) Angela Merkel machte sich bereits 2013 (weitgehend unbemerkt) eine ähnlich einfache, aber in ihrer Wirkung ziemlich revolutionäre Idee zu eigen. Die Idee geht auf eine Bewegung zurück, die weltweit immer mehr Anhänger findet. ....
Die Klimagerechtigkeitsbewegung geht von folgender Grundidee aus: Die Menge an Klimagasen, die die Menschheit noch in die Atmosphäre lassen darf, ist begrenzt, jedenfalls wenn sie nicht will, dass es dauerhaft zu warm wird und das Wetter dauerhaft verrückt spielt. Die Wissenschaft kennt diese Menge ziemlich genau. Sie kann jeden Menschen ein CO2-Budget geben.

Angela Merkel griff diese Rechnung 2013 bei einer internationalen Konferenz in Warschau auf und sagte: „Wir wissen im Grunde, dass langfristig, wenn wir uns die Weltbevölkerung anschauen, jeder Einwohner dieser Erde etwa zwei Tonnen CO2 emittieren dürfte.“

Hätte Merkel dieses Limit in politische Praxis umgesetzt – hätte sie Deutschland längst dramatisch verändert. Derzeit ist jeder Deutsche für elf Tonnen CO2 verantwortlich pro Jahr. Nur zum Vergleich: Schon bei einem Linienflug nach New York hin und zurück werden in der Economy-Klasse etwa 5 Tonnen CO2 frei. Wenn jeder Bürger auf zwei Tonnen CO2-Budget beschränkt würde, dürfte beispielsweise selbst bei großzügiger Auslegung kein Flugzeug mehr von deutschen Flughäfen starten – oder das CO2, das dabei ausgestoßen wird, müsste an anderer Stelle eingespart werden.

Man muss dazu jedoch feststellen, was mir auch schon aufgefallen ist und durch Prof. Dr. Paech gemäß seiner Aussage in der Fernsendung des MDR vom 23.10.2022 „Wer bezahlt die Zukunft? – Der Preis der Klimakrise“ von Franziska Heinisch verdeutlicht wurde, dass wir allein schon durch eine durchschnittliche Nutzung der relativ modernen Infrastruktur in Deutschland – allein nur auf diese Belange bezogen – auf einen ökologischen Fußabdruck, der mehr als 2 Tonnen beträgt, kommen.

Marktliberale Ökonomen haben in der Vergangenheit zum Problem der Umweltzerstörung gesagt: „Der Markt wird dies schon lösen.“

Denn wenn das Angebot an Dingen begrenzt ist und die Nachfrage steigt, steigen normalerweise auch die Preise. Also verbrauchen die Menschen weniger, oder sie finden Alternativen. …...........................

…..

Folglich müsste die Verschmutzung der Atmosphäre, die Zerstörung der Umwelt, das Ausrotten der Tiere nur teuer genug werden. Leider wurde dabei übersehen, dass der Kapitalismus zwar aktuelle, aber nicht in weiter Zukunft liegende Probleme durch Preise regeln kann und das auch nur dann, wenn alles einen Eigentümer hat. ....

Der Markt ist blind, wenn es um die Luft geht, die Keinem gehört, und er ist blind, wenn es um die Bedürfnisse der nächsten Generation geht. ....“

Die weiteren Preisanstiegen, die ggf. noch erfolgen werden, können die bereits jetzt bestehenden Spaltungen der Gesellschaft in Deutschland sich noch weiter erhöhen. Die gewollte Lenkungswirkung eines geringeren Ressourcenverbrauchs wird zwar erreicht, weil im Ergebnis der sehr hohen Preisanstiege viele Menschen außer den gewollten Energieeinsparungen nur noch das Allernotwendigste kaufen oder dies noch nicht einmal entsprechend der bestehenden Erfordernisse kaufen können. Dadurch ist bei vielen Händlern ein erheblicher Umsatzrückgang eingetreten. Man kann zwar sagen, dass die Lenkungswirkung bei Energieträgern zwar dadurch geklappt hat, aber der soziale Unfrieden hat sich dadurch bei einem nicht geringen Teil der Bevölkerung in Deutschland weiter erhöht.

Die gegenwärtige grüne Politik in der kapitalistischen Welt gemäß dem Green New Deal in Nordamerika, der EU und auch in Deutschland beruht darauf, wie wir wissen, aber nochmals an dieser Stelle verdeutlicht werden soll, darin, dass die Vorstellungen der grünen Energiewende mit einer Erhöhung des quantitativen Wachstums bzw. mit einer Erhöhung des Bruttosozialprodukts einhergehen und beide Zielstellungen gemeinsam erreicht werden können. Die grüne Energiewende, wie sie in Deutschland durchgeführt wird bzw. weiter erfolgen soll, sehen viele Menschen, manche Teile der Wirtschaft und manche Forschende mit vielen

Spezialkenntnissen auf diesem Gebiet sehr skeptisch. Sie halten sie nicht für ausreichend sicher im Sinne der Erhaltung der Energiesicherheit und auch wegen der mangelnden Sozialverträglichkeit.

Viele Anforderungen, die der existenzbedrohende Klimawandel speziell auch zum Abbau des schädigenden Treibstoffgases CO2 und der anderen schädigenden Treibstoffgase im Interesse der Erhaltung der Energiesicherheit an die weitere Nutzung von bestimmten fossilen Energien stellt, können allein schon deshalb nicht in dem Maße, wie es Manche wollen, derzeit wegen den nicht genügenden Voraussetzungen erfüllt werden.

Nicht nur manche Menschen in Deutschland, sondern auch in vielen anderen Ländern der Welt glauben derzeit nicht daran, dass wir die erforderlichen Zielstellungen gegen den bedrohlichen Klimawandel und des weiteren Wohlstandsanstiegs bzw. die Bewahrung des Wohlstandes gemeinsam schaffen können. Deshalb gehen nicht geringe Teile der Bevölkerung in Deutschland und auch in vielen Ländern der Welt davon aus, dass wir die vielen Maßnahmen, die die Bewältigung der globalen Klimakrise erfordert, nur durch eine Verringerung des Konsums, die wesentliche Reduzierung des ökologischen Fußabdrucks und manche andere wichtige Erfordernisse ohne Wohlstandsverluste für uns Menschen, nicht zu bewältigen sind. Es müssen, um die Folgen des bedrohlichen Klimawandels noch meistern zu können, die Konzerne, wenn sie weiter in dieser Welt bestehen sollten, ihre bisherige Politik der Profitmaximierung gewaltig ändern, dabei nicht nur ihren eigenen Vorteil oder den Vorteil möglicher Aktionäre sehen, sondern ihr Hauptziel muss zukünftig darin bestehen, immer umweltgerecht zu produzieren bzw. ihre hergestellten Erzeugnisse zum Wohle Aller zu vertreiben. Sie müssen wesentlich sozialer, solidarischer, frei von Ausbeutungsmaximen im globalen Sinne und speziell auch, wenn diese Konzerne in Deutschland bestehen, sich im positiven Sinne ebenso gegenüber der eigenen Bevölkerung verhalten. Dies ist bei den gegenwärtigen Zielstellungen des Kapitalismus nicht ausreichend zu erreichen, da erhebliche antagonistische Widersprüche, besonders auch bezüglich der Rolle der Konzerne, bestehen.

Die Grundsätze einer echten Kreislaufwirtschaft, der langen Nutzung von Gütern bzw. Erzeugnissen, des Mietens und Leihens, sind im Interesse zur Bewältigung der Klimakrise und auch des Artensterbens baldmöglichst umzusetzen. Nicht jeder braucht immer neue Gegenstände in seinem Eigentum. Die Werterhaltung bzw. das Reparieren, das nicht mögliche Wegwerfen bzw. die Verschwendung und vielfältige andere Maßnahmen zur unbedingt notwendigen Senkung des Ressourcenverbrauchs sind schnellstmöglich einzuhalten.

Diese wichtigen Belange einer echten Kreislaufwirtschaft sollten auch Unternehmen in ihrer Tätigkeit unbedingt sichern. Deshalb können unsere materiellen Wünsche nicht in allen Belangen erfüllt werden. Manche bisher gezeigte Verhaltensweisen kann man nicht immer weiter so beibehalten, wenn dadurch gegen wichtige Erfordernisse des Klimas und der Umwelt verstoßen wird. Auch sollten wir die Freiheit nicht so individuell verstehen, dass wir zügellos und ohne Rücksicht auf Andere zu nehmen, unsere individuelle Freiheit so ausleben, dass wir den dann entstehenden Ressourcenverbrauch nicht berücksichtigen. Auch die wichtigen globalen Klima- bzw. Umwelterfordernisse müssen in diesem Zusammenhang eingehalten werden, und man darf dabei nicht gegen Grundsätze der Nachhaltigkeit bei unseren individuellen Handlungen verstoßen.

Dabei kommt man nicht umhin, unsere bisherige Lebensweise kritisch zu betrachten, in manchen Belangen in Frage zu stellen und möglichst zu verändern. Eine weitere unbedingte Erhöhung des quantitativen Wachstums und eine ständige Steigerung des Bruttosozialprodukts als Ziel unseres Wirtschaftens können wir schon aus durchschnittlicher globaler Sicht uns deshalb nicht mehr erlauben.

Es ist dabei unbedingt notwendig, dass – nochmals zur Verdeutlichung geschrieben – die Klimakrise in erster Linie als globales Problem und nicht als Problem einzelner Länder gesehen werden sollte, die die Belange des Klimawandels erfordern und die wir uns finanziell erlauben können. Auch muss man dabei beachten, dass sich viele Menschen auf der Welt unter Berücksichtigung des derzeit erreichten globalen Zustandes auch wirtschaftlich die Ergreifung der notwendigen Klimaschutzmaßnahmen noch nicht erlauben können.

Man sollte, wie im Fazit zum Ausdruck kommen sollte, auch zur Vermeidung einer weiteren Steigerung der durchschnittlichen Erhitzung der Erde unseren Ressourcenverbrauch mit der Entstehung des Treibhausgases CO2 als Menschheit gewaltig senken.

Außerdem muss ebenfalls im Fazit erwähnt werden, dass eine andere Lebensweise im Interesse des weiteren Bestehens unserer Zivilisation verkörpert werden muss, dass eine Beibehaltung der bisherigen Lebensweise zu unserem Nachteil ist und mit den Erfordernissen, die die Klimakrise an uns stellt, nicht zu vereinbaren ist.

Eine Veränderung der Lebensweise bringt auch für uns Menschen auch Vorteile mit sich, dass wir auch das Wohl aller Menschen, unserer Artgenossen, im Auge haben, viel solidarischer leben, uns viel stärker als Gemeinschaft begreifen und nicht so sehr nur unseren eigenen Vorteil bei allen unseren Handlungen sehen. Man sollte auch lernen, dass wir nicht mehr so im Übermaß immer in erster Linie individualistisch leben. Es sollte dabei immer beachtet werden, dass wir als Menschen in einem Boot sitzen und Toleranz, Humanität, Solidarität und weitgehende Gleichheit unser gegenseitiges Verhalten auszeichnen. Keiner sollte sich über der Anderen stellen. Allein in einer solchen Lebensweise könnten wir unserer Rolle als Menschen viel mehr als bisher nachkommen. Eine Erhöhung des qualitativen Wachstums wäre im Gegensatz zu den bisher immer und überall dominierenden Zielstellungen der unbedingten Steigerung des quantitativen Wachstums viel wichtiger für uns Menschen. In manchen Punkten verlangt dies auch eine Veränderung unseres bisherigen Wertekanons.

Man sollte auch stärker als bisher in unserer Rolle und in unserem Verhalten in unserer Zivilisation bedenken, dass ein uneingeschränktes quantitatives Wachstum auch den Bestand unserer Artenvielfalt sehr negativ beeinträchtigt. Dadurch kann für den Erhalt notwendiger Ökosysteme, überhaupt unserer wichtigen auch von uns Menschen gebrauchten Biodiversität, ein nicht geringes Problem eintreten.

Es muss noch mehr beachtet werden, dass es unabhängig von der gegenwärtig eingetretenen Entwicklung bei endlichen Rohstoffen zunehmend zu einer weiteren Verknappung und auch zu einer

Preissteigerung kommt. Dies müssen wir immer ins Auge fassen und davon ausgehen, dass nur wenige Länder auf der Welt im ausreichenden Umfang Rohstoffe besitzen. Russland, China und manche andere Länder besitzen gegenwärtig relativ viele Rohstoffe und fossile Energie. Diese genannten Länder haben und teilen auch nicht unsere derzeit gehandhabte Werteordnung und unser Herrschaftssystem. Deshalb muss man auch mit autokratisch geprägten Ländern zusammenarbeiten und sollten auch als wirtschaftlicher Sicht, auch als Deutschland, noch dazu als rohstoffarmes Land, froh sein, dass wir Rohstoffe geliefert bekommen können und nicht noch Vorbehalte dabei zu unserem eigenen Schaden oder Schaden für unsere Bevölkerung zeigen. Das Prinzip der friedlichen Koexistenz sollte auch in dieser Hinsicht immer unser Handeln in unserem Verhalten bestimmen. Auch sollte man hierbei noch stärker beachten, dass andere Länder auf der Welt, wie nochmals verdeutlicht werden soll, andere nationale Sitten und Gebräuche auch schon historisch bedingt aufweisen und nicht das gegenwärtig dominierende Herrschaftssystem in der westlichen Welt, der Demokratie und unsere Wertevorstellungen Ländern aufzwingen, wenn die dort lebende Bevölkerung ganz anders denkt und leben will.

Es sollten auch die Grundsätze der Toleranz beachtet werden und wir sollten so leben, wie es uns Gotthold Ephraim Lessing in seiner Ring-Parabel in „Nathan, der Weise“ aufgezeigt hat. Es ist auch zu berücksichtigen, dass wir mit unserem Verhalten in der westlichen Welt uns dominant über andere Länder stellen und dadurch auch von den Menschen in diesen Ländern bei einem solchen Verhalten nicht unbedingt Sympathien erwarten können, weil wir auch zu sehr in der westlichen Welt der Meinung sind, dass wir die Wahrheit immer gepachtet haben und immer richtig leben und unser Verhalten für alle anderen Menschen der Welt Vorbild sei. Dies ist in vielen Belangen aus der Sicht des Autors leider nicht immer der Fall. Unser gezeigtes interkulturelles Verhalten beachtet vielfach in nicht ausreichendem Maße die Lebensweise und die Sitten und Gebräuche anderer Völker auf dieser Welt.

Man muss in der westlichen Welt und auch in Deutschland stärker als bisher beachten, dass unsere derzeit gegebenen wirtschaftlichen und sozialen Verhältnisse, die sich durch erhebliche Preissteigerungen bei der Energie und durch die Inflation zeigen, trotz der bisher erfolgten Preisbremsen und Entlastungen von manchen Menschen nur schwer oder ggf. von ihrem zur Verfügung stehenden Einkommen nicht mehr bezahlt werden können.

Es reicht in dieser gegenwärtigen Lage nicht aus, wenn wir nur versuchen wollen, die Symptome des hohen Preisanstiege in einem bestimmten Maße derzeit durch Entlastungspakete bzw. durch Preisbremsen, die immer noch zu hohe Energiekosten enthalten, beeinflussen wollen, mit der Zielstellung, dass die durchschnittliche Bevölkerung in Deutschland trotzdem weiter leben kann. Wenn man aber nicht im ausreichendem Maße die Ursachen der nunmehr eingetretenen Entwicklung erkennt oder erkennen will, kann dies nicht als richtiger Weg betrachtet werden. Es müsste in vielen Punkten in Deutschland derzeit und zukünftig anders gehandelt werden, und dies spüren und erwarten viele Menschen. Besonders auch an die Menschen, die im erheblichen Maße von diesem hohen Preisdruck beeinflusst sind und kaum noch ihre Existenz fristen können, wird zu wenig gedacht. Deshalb muss man es als nicht richtig ansehen und im Fazit muss deshalb nochmals erwähnt werden, dass die Entlastungen manchmal zu sehr nach dem Gießkannenprinzip in Deutschland bisher verteilt werden und die gegenwärtige Vermögensstruktur, die durch eine zu hohe Polarität von Arm und Reich charakterisiert ist, auf diese Art und Weise weiter zementiert wird. An die armen Menschen muss immer und überall zuerst gedacht werden.

Interessant und in manchen Belangen auch alternativ zu unseren und von manchen Wissenschaftlern vertretenen Auffassungen sind manche der aktuell von Prof. Dr. Ganteför, der Physikprofessor bzw. Experimentalphysiker an der Universität Konstanz ist, vorgetragenen Meinungen anzusehen. In vielen Punkten werden manche Auffassungen, die auch der Autor dieses Buches bis jetzt hatte und in manchen Punkten noch durch Aussagen von Prof. Dr. Ganteför bekräftigt wurden, ebenfalls bestätigt.

Im Ergebnis mancher Vorträge von anderen Wissenschaftlern, die Vorträge in Symposien 2022 gehalten haben, werden auszugsweise Meinungen von ihm in Kurzform dargelegt:

- Trotz dem die Gefahr der steigenden CO2-Treibhausgase und der dadurch bestehenden Möglichkeit der erheblichen Erwärmung der Erde mit möglichen erheblichen Folgen für unsere Umwelt anerkannt wird, reicht es nach seiner Auffassung und besonders auch der Auffassung von Prof. Dr. Dr. h.c. Wolfgang Eberhardt, emeritierter Professor für Physik am Institut für Optik und Atomare Physik an der Technischen Universität (TU) Berlin und seit 2003 Ehrendoktor an der Universität Uppsala (Schweden), im Rahmen der Forschungen zu „Netto Null" nicht aus, dass wir alle auf unserem Planeten vorhandenen Treibhausgase vollständig entfernen müssen, da sich 50 Prozent der schädlichen Treibhausgase in den Senken, im Wasser bzw. in den Meeren und Seen, in der Pflanzenwelt und im Boden befinden und gespeichert werden. Dieser Teil der Treibhausgase ist damit gegenwärtig ausreichend gesichert bzw. gespeichert und braucht dann nicht entfernt zu werden. Die natürlichen Senken übernehmen zu dem genannten Anteil gegenwärtig die Speicherfunktion. Wir können durch eine Vielzahl von Maßnahmen die Speicherfunktion dieser genannten Bestandteile derzeit beeinflussen. Die natürlichen Senken stellen somit einen Abbau des Treibhausgases CO2 dar, und dieser Abbau muss beim CO2-Anteil mit berücksichtigt werden. Es wird auch vom Prof. Dr. Ganteför zum Ausdruck gebracht, dass im Sommer die Konzentration des Treibhausgases geringer als im Winter ist. Dies liegt daran, dass durch das Wachstum von Bäumen und Pflanzen und anderen Bestandteilen CO2 im Rahmen der Photosynthese durch Nutzung der Senken entfernt wird. Somit brauchen wir nur ca. 50 Prozent der schädlichen Treibhausgase auf unserem Globus entfernen, da das abfließende Treibhausgas CO2 durch eine weitere Nutzung der Senken weiter verringert.

- Von ihm wird ferner ausgesagt, dass man eine andere Auffassung zum CO2-Budget hat, da man dabei nur von einem Zuwachs der schädlichen Treibhausgase in der Erzeugung ausgeht, aber den Abfluss von CO2 durch die Senken, Wasser und Pflanzen überhaupt nicht dabei beachten würde. Deshalb ist nach seiner Auffassung, dass gegenwärtig in der bisherigen Form zugrunde gelegte CO2-Budget nicht richtig, da es den fließenden Prozess der Zunahme und des Abflusses des CO2-Treibhausgases und der anderen schädlichen Treibhausgase nicht ausreichend berücksichtigt. Durch ein Abholzen von Bäumen und durch manche andere Maßnahmen, die im bestimmten Umfang auch vermieden werden könnten, schaffen wir manchmal ungünstige Wirkungen für die im Rahmen der Photosynthese mögliche hohe Absorption und das im beträchtlichen Umfang mögliche Anwachsen der Landpflanzen.

– Er ist auch der Auffassung, dass es wegen der derzeitigen Probleme der Speicherung, der damit verbundenen notwendigen Synchronität von Erzeugung und Verbrauch und der bisher nicht möglichen Regelbarkeit und der Probleme, der nicht zu umgehenden Dunkelflaute und weiterer noch vorhandener Nachteile der Windenergie nicht richtig sein kann, dass wir nur auf Basis der Wind- und Sonnenenergie den bestehenden Energiebedarf decken können. So lange die geschilderten Probleme bestehen, brauchen wir noch weiterhin fossile Energie als notwendigen Bestandteil unserer benötigten Energie. Im Rahmen des notwendigen Rückgangs an fossiler Energie sollten wir zuallererst im global möglichen Maßstab unter Berücksichtigung der unbedingt einzuhaltenden Energiesicherheit auf Kohle im Rahmen der Decarbonisierung verzichten. Dies liegt auch daran, weil die Kohle als Energieart den höchsten CO2-Anteil ausstößt. Danach sollten wir auf Erdöl als Energieart, wenn die globalen Möglichkeiten dazu bestehen und unser Treibstoffbedarf auf andere Weise klimapolitisch gesichert werden kann, verzichten. Erdgas sollten wir noch lange als notwendige Binnenenergie bei den fossilen Energieträgern als Energieart weiter nutzen. Immerhin haben wir nach aktueller Aussage von Prof. Dr. Ganteför noch für ca. 100 Jahre Erdgas im Weltmaßstab zur Verfügung. Die Errichtung der Pipelines, wie Nordstream 1 und 2 und deren Nutzung, ohne Beachtung der gegenwärtigen militärischen Probleme, die nun zu einer anderen Haltung geführt haben, empfand er wegen der möglichen Nutzung als Energieart, auch unter Berücksichtigung des weltweit steigenden Energiebedarfs als richtig. Gas und Atomkraft müssen auch nach seiner Auffassung als klimafreundlich gewertet werden.

Kernenergie sieht er als wichtigen Faktor an, um den Klimawandel positiv zu beeinflussen. Es muss auch beachtet werden, dass auch in Europa die Sicherheitsvorschriften für die Atomreaktoren sehr hoch sind. Die weitere Betreibung durch Kernenergie im globalen Maßstab wegen deren besonderen Vorteilen, auch bezüglich ihrer ebenfalls gegebenen Grundlastfähigkeit, des Nichtbestehens von Dunkelflauten und des ganz geringen CO2-Anteils, der bei seiner Betreibung anfällt, hält er für die Belange des Klimawandels und des weiteren steigenden weltweiten Energiebedarfs ebenfalls für richtig. Deshalb ist auch er für die Weiternutzung dieser fossilen Energieart. Natürlich sollten wir ebenfalls die erneuerbaren Energien zur Betreibung nutzen und wo es sinnvoll und auch möglich ist, diese ausbauen. Er ist ebenfalls nicht der Meinung, dass wir unter Beachtung des gegenwärtigen Forschungs- und Betreibungsstands nicht allein durch erneuerbare Energien den weltweit steigenden Energiebedarf decken können und nur dieses bestehende Problem durch einen Ausbau von Wind- und Sonnenenergieanlagen lösen können. Die von ihm zugrunde gelegte Art seiner Auffassungen des Energiemixes betrachtet er als Energie „light“.

– Von ihm wird auch die Auffassung vertreten, dass durch den relativ geringen Stand der tatsächlich möglichen installierten Leistung der Windenergie wegen den bereits genannten Problemen die installierte Leistung nicht entsprechend den zugrunde gelegten Zielstellungen immer weiter anwachsen könnte. Er ist auch deshalb der Meinung, dass es nicht gut ist, dass wir in ständig ansteigendem Maße Windkraftanlagen errichten. Der entstehende hohe Stromanteil ist nicht verwertbar. Damit entsteht die zunehmende Gefahr massiver Überproduktion. Ein steigender Anteil erneuerbarer Energien ist nur noch formal richtig.

– Wir müssen dabei auch sehen, dass beispielweise die Windenergie durch errichtete Anlagen nicht kostenfrei bzw. mit sehr geringen Kosten geliefert werden kann, wie es von Manchen gesagt wird. Kosten entstehen u.a. durch:

- Kosten bzw. Erlöse der Windpark-Betreiber

- die Netzagenturen
- die Backup-Kraftwerke
- die CO2-Steuer
- das Finanzamt
- negative Strompreise (zum Beispiel, wenn Strom exportiert werden muss bzw. an die Betreiber für nicht mögliche Stromerzeugung als weiterer Erlös gezahlt werden muss)
- weitere Verluste an Stromenergie

usw.

– Dadurch wird der Preis von bestimmten erneuerbaren Energien, wie der Windenergie, so teuer, dass der Strompreis auch dadurch nicht mehr im ausreichenden Maße sozialverträglich ist und von Vielen nicht mehr bezahlt werden kann. Der auch dadurch entstehende hohe Strompreis ist moralisch verwerflich, weil er zu hohen Kosten der Grundbedürfnisse führt.

– Da der Bedarf an Primärenergie weltweit in hohem Maße anwächst, müssen wir diesen Bedarf für die Weltbevölkerung sichern und wegen der Erfordernisse des Klimawandels beachten und alles dafür tun, dass der Anteil an den giftigen Treibhausgasen nicht weiter ansteigt. Gegenwärtig steigt der Anteil der schädlichen Treibhausgase weiter an. Er steigt auch deshalb weiter an, weil man im Weltmaßstab noch sehr viel Energie auf der Basis von Kohle erzeugt und der Anteil der nicht klimagerechten Gebäudesubstanz im Weltmaßstab noch viel zu hoch ist, weil auch durch die zunehmende Asphaltierungen im Ergebnis der Urbanisierung und des weltweiten Bevölkerungszuwachses die Anzahl der verfügbaren Ackerflächen immer geringer wird.

– Trotz den Erfordernissen des Klimawandels bezüglich einer weltweit zunehmenden Dekarbonisierung baut man weiterhin Kohlekraftwerke, wie in diesem Buch schon beschrieben wurde, weil man nicht genug Reichtum in vielen Ländern hat. Kohle ist für die Menschen viel billiger, und man kann diese auch zur Sicherung des notwendigen Energiebedarfs, wenn dies möglich ist, besonders in unterentwickelten Ländern und manchen Schwellenländer nutzen.

– Der ansteigende Bevölkerungszuwachs ist nicht nur ein erhebliches Problem für die Sicherung der Nahrung, da wir immer weniger Ackerfläche auf unserem endlichen Planeten zur Verfügung haben und dieser Faktor eine sehr wichtige Angelegenheit der globalen erforderlichen Umweltpolitik ist. Mehr Menschen brauchen auch mehr Energie. In vielen Erdteilen und Ländern der Welt ist die Bevölkerung relativ stabil, wozu auch die lange Zeit verordnete Ein-Kind-Politik in China beigetragen hat. In den Ländern Afrikas südlich der Sahara ist jedoch ein sehr hoher Bevölkerungszuwachs zu verzeichnen. Durch einen höheren Lebensstandard und zunehmende Bildung muss darauf hingewirkt werden, dass die Bevölkerung sich baldmöglichst in stabilen Grenzen bewegt, denn dies muss ebenfalls als ein erhebliches Problem der Umwelt angesehen werden, da nicht geringe Schwierigkeiten gesehen werden, die steigende Anzahl an Menschen noch ernähren zu können. Die im Weltmaßstab völlig ungenügende Gleichberechtigung und die noch bestehende erhebliche Wirksamkeit des dominierenden Patriarchats wirken sich auch für die Belange der Klimakrise sehr negativ aus.

– Das gegenwärtige Vorgehen ist von Dogmen gekennzeichnet, Alles wird hierbei nur einer einzigen These unterworfen. Dabei wird die Wirtschaftlichkeit nach seiner Meinung nicht ausreichend beachtet. Es herrscht dabei das Prinzip dabei „Koste es, was es wolle.“ Wir müssen alle Dinge auch in dieser Beziehung interdisziplinär sehen. Es sollte alles neutral, objektiv und ideologiefremd gesehen werden. Als Basis muss zuallererst die Bevölkerung und deren Einstellung zugrunde gelegt werden. Der Mensch muss immer an erster Stelle dabei gesehen werden.

– Die aktuellen Maßnahmen gegen die Klimakrise müssen nahezu wirkungslos im globalen Rahmen angesehen werden. Diese gegenwärtige Klimapolitik in Deutschland wird aktuell vorrangig auf nationaler Grundlage betrieben. Die soziale Verträglichkeit der Bevölkerung in Deutschland wird nach Auffassung mancher Menschen in Deutschland dabei nicht ausreichend beachtet. Dabei können wir nicht nur Deutschland dabei sehen, sondern müssen die Klimapolitik als ein globales Erfordernis für unseren ganzen

Planeten sehen. Als ein Land können wir nichts im globalen Sinne erreichen. Wir sollten dabei für das Gemeinwohl im globalen Sinne etwas unternehmen. Es kann als größtes Kooperationsproblem der Menschheit angesehen werden, da die Klimakrise die ganze Menschheit betrifft. Dabei müssen wir beachten, dass die armen Leute auf der Welt nicht die hohen Energiepreise bezahlen können. Auch aus diesem Grund müssen sie weiterhin mögliche fossile Energiearten, wie besonders die Kohle nutzen. Wenn die Einkommensgrenze unter den üblichen Kosten liegt, haben wir keine ausreichende Freiheit für Diejenigen, die davon betroffen sind. Bisher wurden die noch sehr stark bestehende Armut, das zunehmende Bevölkerungswachstum und die technische Realisierbarkeit der vorgesehenen Maßnahmen viel zu wenig bei den Problemen des Klimawandels beachtet. Die Armut vieler Menschen, besonders auch im südlichen Bereich der Sahara, ist noch so groß, dass manche Menschen besonders auch in dieser Region unter besonderer Armut und Hunger leiden.

– Um den CO2-Anteil möglichst positiv zu beeinflussen bzw. eine CO2-Verringerung zu erreichen, sollte ein CO2-Preis in einer Besteuerung erhoben werden. Dabei sollte ein CO2-Durchschnittspreis zugrunde gelegt werden, der zu Beginn niedriger ausfallen sollte, um auch hier die Sozialverträglichkeit im ausreichenden Maße zu beachten.

– Die Demokratie wird zwar für eine bessere Herrschaftsform in der Umsetzung der Umweltpolitik gehalten. Die zunehmende Ungleichheit bzw. die Polarität auf der Welt zwischen Arm und Reich und auch die vorkommende Nichteinhaltung von Wahlversprechen durch Politiker können aber als ein ernstes Problem der Demokratie gesehen werden. Er ist auch der Auffassung, dass zunehmender Populismus der Demokratie schadet, aber durch eine steigende Bildung können wir den Populismus entgegenwirken.

– Ein Umbau der Gesellschaft wird für dringend erforderlich gehalten. Die bisher auf diesem Gebiet genannten Vorschläge, zum Beispiel, dass man nur noch einen Kredit bekommt, wenn man für das Klima was tut und auch eine mögliche Staffelung des Zinssatzes, je nachdem, wie viel man für die Umwelt getan hat, wird auch von ihm als gut gefunden, genauso wie die Umlenkung von Finanzströmen zur Erreichung eines positiven Effekts für den Klimawandel.

- Er betrachtet Verbote und Verteuerungen als keine anzustrebende Lösung. Auch nur lokale Maßnahmen betrachtet er auch nicht als mögliche Lösung. Eine Lösung kann nur auf globaler Basis erfolgen.

- Die Maßnahmen einer Preiserhöhung von Bestandteilen der Grundbedürfnisse führen seiner Auffassung nach zu einer höheren Verschuldung und werden auch nicht als sozialverträglich angesehen. Sie schränken nach seiner Auffassung die Freiheit und die Demokratie ein. Als mögliche Verteuerungen werden von ihm genannt:

  - Verteuerung der Strompreise
  - Verteuerung von Wohnraum
  - Verteuerung von Urlaubsreisen
  - Verteuerung von Lebensmitteln
  - Verteuerung von Müll

  usw.

- Nach seiner Auffassung sehen wir Vieles zu pessimistisch auf der Welt. Er vertritt auch die Meinung, dass dies auch auf manche Probleme der Klimakrise zutrifft. Wir sollten alles viel optimistischer sehen und nicht eine solche Angst haben. Die Angst ist nicht typisch für ein wissenschaftliches Vorgehen anzusehen. Auch eine zunehmende Ideologie löst die Probleme nicht. Wir müssen etwas tun, um die Folgen des Klimawandels einzudämmen. Es können auch noch andere bisher nicht bekannte Energiequellen möglicherweise gefunden werden.

- Das Ziel der Temperaturerhöhung um 1,5 Grad Celsius und auch das Ziel der maximalen Temperaturerhöhung um 2 Grad Celsius werden wir als Menschheit wohl nicht verhindern können. Deshalb müssen wir uns als Menschheit den steigenden Temperaturen anpassen und einen höheren Grad der Anpassungsfähigkeit erreichen, um die für die durchschnittliche weltweite Temperaturerhöhung notwendigen Maßnahmen und Handlungen durchzuführen und somit gegen höhere Temperaturen gewappnet zu sein.

Von der UNO werden im Rahmen ihrer „Agenda 2030“ 17 Nachhaltungsziele genannt. Der Klimawandel stellt nur eines der Nachhaltigkeitsziele dar. Man muss beachten, dass die Bekämpfung von Armut und Hunger, Gesundheit, hochwertige Bildung, Gleichberechtigung zwischen den Geschlechtern und manche andere Nachhaltungsziele (sauberes Wasser und sanitäre Anlagen, bezahlbare und saubere Energie, menschenwürdige Arbeit und Wirtschaftswachstum, Industrie, Innovation und Infrastruktur, weniger Ungleichheiten, nachhaltige Städte und Gemeinden, nachhaltiger Konsum und nachhaltige Produktion) noch einen höheren Stellenwert als die Klimakrise nach Einschätzung der UNO haben. Zu den weiteren Nachhaltigkeitszielen der UNO gehören außerdem Leben unter Wasser, Leben an Land, Frieden, Gerechtigkeit und starke Institutionen sowie Partnerschaften zur Erreichung der Ziele. Wenn Armut und Hunger nicht bezwungen werden, kann auch nicht genügend für das Klima getan werden. Auch aus moralischen Gründen sollten wir den betreffenden Ländern bzw. den Menschen, die einen sehr geringen Lebensstandard haben und deren Leben von Armut und Hunger geprägt ist, auf Augenhöhe helfen. Wir müssen alle Nachhaltigkeitsziele erfüllen, da sie auch für die Belange des Klimawandels komplex gesehen werden müssen, wenn wir als Menschheit eine echte Chance auch in der Zukunft haben wollen.

Ich sehe als Autor dieses Buches einige wenige Aspekte der Auffassungen von Prof. Dr. Ganteför nicht ganz so optimistisch, wie in diesem Buch erwähnt. Aus meiner Sicht werden die gesellschaftlichen Probleme und die Belange der Gesellschaftsordnung dabei nicht im notwendigen Maße als wichtige Faktoren bei der Klimakrise beachtet. Die sich ergebenden Wirkungen der im erheblichen Maße steigenden durchschnittlichen weltweiten Temperatur sehe ich pessimistischer als Prof. Dr. Gantefür. Aus meiner Sicht ist es nicht im ausreichenden Maße möglich, durch

Anpassungsfaktoren der Klimakrise wirkungsvoll entgegenzusteuern. Auch habe ich zum Erfordernis von Verboten, Geboten, Einschränkungen usw. eine andere Auffassung und sehe die Einhaltung von manchen dringenden Gegebenheiten auf diesem Gebiet auch unter Beachtung des nicht einsichtsvollen Verhaltens Mancher im Interesse der Bewältigung der Klimakrise für erforderlich und wegen der Notwendigkeit solchen Handelns nicht als Einschränkung der Freiheit an. Die bestehenden Risikofaktoren, dass manche real bestehende Kipppunkte mit den möglichen Folgen für unsere Zivilisation noch stärker oder eher eintreten können, werden bezüglich der möglichen Gefahren aus meiner Sicht zu wenig oder zu sehr im optimistischen Sinne dabei berücksichtigt.

In diesem Buch wurde sich deshalb auch besonders mit dem Nachhaltigkeitsfaktor des Klimawandels und der Energiewende und deren Problemen beschäftigt.

Europa sollte sich vielmehr um die Armut und den Hunger in der südlichen Sahara und um andere Länder und Regionen, in denen Armut und Hunger herrscht, kümmern. Nur dadurch können wir diesen Menschen helfen. Der Klimawandel muss nach Meinung von Prof. Dr. Ganteför noch als das sekundäre Problem gesehen werden.

Als sinnvolle Maßnahmen im Inland, um gegen den Klimawandel vorzugehen, werden von ihm u. a. gesehen:

- Gas statt Kohle
- Kernenergie, Erneuerbare Energien
- Durchführung notwendiger verkehrspolitischer Maßnahmen
- Gebäude-Isolation
- verstärkte Landnutzung
- Einsatz von neuen Bäumen und Pflanzen
- Durchführung einer sozialverträglichen CO2-Bepreisung
- EU-Taxonomie

usw.

Im Ergebnis des Gesprächs am 23.10.2022 in der ZDF-Fernsehsendung „Keine Zeit fürs Klima – Moral im Zwiespalt. Richard David Precht im Gespräch mit Luisa Neubauer“ mit dem Philosophen Prof. Dr. Richard David Precht und der deutschen Klima-Aktivistin Luisa Neubauer von „Fridays for Future“ wurde zu den Problemen des gegenwärtigen Klimawandels in Verbindung zu unseren aktuellen Zeiterscheinungen u. a. festgestellt, was nachfolgend bezogen auf einige Passagen dieses Gesprächs in Kurzform gemäß meiner Erinnerung nachfolgend dargestellt wird:

„Zur Zeit könnte es sein, dass wir eine Allgegenwart der Moral haben. In unserer gegenwärtigen Zeit haben wir weitere Krisen neben der Klimakrise, die wir alle bewältigen müssen. Luisa Neubauer teilt die Auffassung von Dr. Eckart von Hirschhausen, dass die Welt sich durch die Klimakrise im Fieber befindet. Sie ist auch der Meinung, dass die Klimakrise sich zu einer Machtfrage entwickelt hat und dass wir bei der letzten Klimakonferenz wieder nur leere Versprechungen gehört haben. Man hat immer noch nicht verstanden, dass jetzt gehandelt werden muss, um die Klimakrise noch zu bewältigen. Nach ihrer Auffassung will man zum Ausdruck bringen, dass wir mit der Klimakrise und der weiteren Erderhitzung leben müssen und keinen ausreichen Einfluss mehr geltend machen können, da andere Krisen derzeit existieren.

Entsprechend der Auffassung von Luisa Neubauer kommt darin ein Teil der Strategie zum Ausdruck, dass man damit sagen will, dass eine Unmöglichkeit besteht, gegen die Klimakrise noch wirkungsvoll vorzugehen. Man betreibt ihrer Meinung nach eine Strategie des Klimarelativismus. Sie vertritt die Auffassung, dass die derzeitigen Krisen nur manche bestehende Probleme an die Oberfläche bringen. Man braucht, so stellt sie fest, einen neuen Transformationsprozess. Gegenwärtig versucht man nach ihrer Auffassung, die wirtschaftlichen Belange oder überhaupt die Wirtschaft gegen den notwendigen Klimawandel „auszuspielen“.

Man kommt nicht umhin, so stellt sie fest, dass die Wirtschaft verändert werden muss, und man darf auch nicht vor damit einher gehenden Arbeitsplatzverlusten, bezogen auf die frühere Tätigkeit bzw. den auch erforderlichen Strukturwandel ganzer Branchen, keinen

Halt machen. Die dadurch freizusetzenden Arbeitskräfte müssen unter Berücksichtigung der Erfordernisse zur Beseitigung der Klimakrise in anderen in Frage kommenden Zweigen bzw. Branchen der Volkswirtschaft zum Einsatz kommen. Um diesen notwendigen Prozess der Transformation richtig zu bewältigen, ist es sehr wichtig, mit den Gewerkschaften rechtzeitig entsprechend der Erfordernissen zusammenzuarbeiten, um die Transformation sozialverträglich zu gestalten.

Nach Auffassung von Prof. Dr. Precht nimmt der Staat dabei eine wichtige Rolle ein, da er rechtzeitig in die Wirtschaftskreisläufe eingreifen muss. Er bringt auch zum Ausdruck, dass von Manchen in der Gesellschaft auch die Auffassung vertreten wird, dass bei unseren bestehenden aktuellen Krisen nicht die Klimakrise derzeit die wichtigste Krise darstellt und deshalb nicht vordergründig bzw. primär behandelt werden kann. Da die Marktwirtschaft staatlich reguliert werden muss, betrachten manche Menschen in unserer Gesellschaft diese Vorgehensweise als „Ökoterrorismus“.

Prof. Dr. Precht stellt in diesem Zusammenhang auch fest, dass nach Meinung Einiger die Marktwirtschaft und die Demokratie eigentlich zu langsam sind, um die Belange der Klimakrise, die schnelle Antworten und Handlungen verlangt, in dem erforderlichen Maße zu bewältigen. Er sagte auch, dass man bei den notwendigen Transformationsprozessen, die der Klimawandel erfordert, dann unbedingt die Menschen mitnehmen muss, damit sie sich mit den notwendigen Handlungen und Auswirkungen einverstanden erklären können. Nach Auffassung von Prof. Dr. Precht hat und wird die Wirtschaft, allein aus Eigennutz, es eher verstehen, dass ein nachhaltiges Wirtschaften erforderlich ist, um ihre Erzeugnisse bzw. Produkte überhaupt verkaufen zu können. Die Politik hätte diesen notwendiges Prozess noch oft nicht genügend verstanden und tritt dadurch oft noch als „Blockierer“ auf. Er brachte zum Ausdruck, dass die gegenwärtige Entwicklung auch bezüglich des dringenden Erfordernisses der Verringerung des Ressourcenverbrauchs, der sich auch mit durch die Preiserhöhungen bei der Energie ergibt, doch der DNA der „Grünen“ entspräche.

Luisa Neubauer widerspricht zum Teil dieser getroffenen Aussage, u. a. mit der Begründung, dass durch die Probleme, die wir derzeit haben und die auch dadurch mit entstanden sind, da die Erfordernisse der Demokratie regelrecht „verschlafen“ wurden, die Armen deshalb unter den sich ergebenden Nachteilen leiden müssen.

Wir sollten auch, wie Prof. Dr. Precht auch mit zum Ausdruck brachte, nicht hoffen, dass die Krisen schnell vorbei gehen. Durch die Offenlegung dieser Krisen ist es möglich, die kritischen Punkte zu erkennen und daraus die notwendigen Schlussfolgerungen zu ziehen und die Handlungen, die erforderlich sind, ableiten zu können.“

Einige dieser aufgeführten im stattgefundenen Gespräch getroffenen Aussagen können auch von mir als Verfasser dieses Buches geteilt werden. Aber zu einigen Belangen, die in diesem Gespräch bzw. in dieser Sendung genannt wurden, kann man auch zu anderen Auffassungen gelangen. Einige für wichtig erachtete Gesichtspunkte konnten in diesem relativ kurzen Gespräch auch ggf. aus diesem Grund nicht angesprochen werden, und man kann deshalb nicht unbedingt aus dem Gesprächsinhalt ableiten, warum diese für wichtig angesehenen Belange nicht angesprochen wurden. Dies betrifft insbesondere ebenfalls für wichtig erachtete Erfordernisse, wie u. a:

- Die globalen Erfordernisse des Klimawandels werden überhaupt nicht angesprochen, obwohl sie von großer Wichtigkeit sind, denn Deutschland kann durch festgelegte Maßnahmen, die zur Beseitigung der Klimakrise für erforderlich gehalten werden, nicht allein unter Beachtung der besonderen Notwendigkeit der nur auf globaler Ebene erfolgreich durchzuführen Maßnahmen, die Klimakrise aufhalten bzw. den ganzen Globus „retten“. Lokale Aktionen haben deshalb im globalen Sinne keine ausreichende Wirkung.

- Die Probleme, die der Kapitalismus als Gesellschaftsordnung zum Nachteil der Beseitigung der Klimakrise aufweist, wurden nicht angesprochen, und man muss auch dabei beachten, dass die „Grünen“ immer noch vom quantitativen Wachstum bei der Endlichkeit unseres Planeten als wichtige Zielstellung einer kapitalistischen Gesellschaft weiterhin ausgehen. Die Zielstellungen des Kapitalismus sind aus der Sicht des Verfassers dieses Buches nicht realisierbar, da es sich dabei auch um unüberbrückbare Widersprüche handelt.

- Die Sozialverträglichkeit, die besonders viele Menschen betreffenden hohen Energiepreise und auch deren Ursachen und Folgen wurden hierbei auch nicht in dem erforderlichen Maße beachtet, da sie die weitere Existenz einer nicht geringen Zahl von Menschen betrifft. Das Mitnehmen der Menschen bei den daraus sich ergebenden Problemen der hohen Preise muss als sehr wichtig angesehen werden. Das ist jedoch ein unbedingtes Erfordernis des Gelingens einer klimagerechten Energiewende. Die Menschen sehen in erster Linie die Sicherheit ihrer Existenz, die zur Zeit bei Vielen erheblich in Frage gestellt wird. Die Klimakrise wird deshalb von einer nicht geringen Anzahl von Menschen als nachgeordnete Krise angesehen.

- Die Mängel des für nicht ausreichend gehaltenen Disputs der Wissenschaftler aus verschiedenen Berufszweigen, auch solchen, die eine alternative Auffassung haben, wurden bisher nicht ausreichend beachtet. Es wurden im erfolgten Prozess der Energiewende insbesondere nur genehme Wissenschaftler nach meinen Auffassungen zur Energiewende befragt. Die Erfordernisse eines wissenschaftlichen Disputs wurden aus der Sicht des Verfassers dieses Buches nicht ausreichend berücksichtigt.

- Noch bestehende erhebliche Schwierigkeiten in der konkreten Umsetzung der Energiewende wurden nicht in ausreichender Form nach Meinung des Verfassers dieses Buches beachtet. Noch nicht in der praktischen Umsetzung gesicherte technologische Probleme bestehen weiterhin. Manche wichtige Belange der Energiesicherheit wurden bei dem nur schrittweisen möglichen Übergang von fossilen Energieträgern bisher nicht genügend erörtert.

- Die Belange der Beseitigung der schädlichen Treibhausgase, insbesondere auch von CO2, wurden bisher in der praktischen

Umsetzung der Energiewende nicht entsprechend der Erfordernisse angesprochen.

– Dazu kommen noch weitere in diesem Buch genannte Faktoren.

Ein neues Buch ist von den Autoren des Club of Rome Ende August 2022 erarbeitet worden. Joachim Wille hat im Beitrag „Club of Rome: Überlebenshilfe für den Planeten“ in der „Frankfurter Rundschau“ am 30.08.2022 geschrieben:

„Es ist noch nicht zu spät, behauptet der Thinktank „Club of Rome“, der vor 50 Jahren mit der Studie „Die Grenzen des Wachstums“ die moderne Umweltpalette anstieß. In seinem neuen Buch heißt es: „Die Weltgemeinschaft kann die globale Erwärmung noch unterhalb der Zwei- Grad-Marke stabilisieren und sich bis 2050 einem Ende der Armut annähern. Allerdings müssen dafür fünf „außergewöhnliche Kehrtwenden“ vollzogen werden, die die derzeitigen Trends unter anderem im Energie- und Finanzsektor umkehren. Vor allem müsste es auch zu einer „Umverteilung des Reichtums“ kommen. Der neue Report heißt „Earth for All: Ein Survivalguide für unseren Planeten“. Darin werden zwei Szenarien untersucht, die beide 1980 beginnen und 2100 enden. Sie tragen die Titel „Too Little Too Late“ („Zu wenig, zu spät“) sowie „Giant Leap“ („Riesensprung“) und untersuchten, wie sich die Bevölkerung, Wirtschaft, Ressourcennutzung, Umweltverschmutzung und sozialen Spannungen im 21. Jahrhunderte aufgrund der im aktuellen Jahrzehnt getroffenen Entscheidungen verändern könnten. Im ersten Szenario werden die Entwicklungen der letzten 40 Jahre fortgeschrieben. Ergebnis: Das BIP wächst vorerst weiter, die Reichen werden reicher, die Armen ärmer – mit extremer Ungleichheit und zunehmenden sozialen Spaltungen als Folge. Aufgrund politischer Spaltungen gelingt es nicht, Klima- und Umweltrisiken zu minimieren. Das Zwei-Grad-Limit aus dem Paris-Klimavertrag wird gerissen. 2100 sind rund 2,5 Grad erreicht. Rund zwei Millionen Menschen leben dann in Gebieten, die kaum bewohnbar sind. Alle Gesellschaften werden unter den Auswirkungen von extremer Hitze, Dürre, Ernteausfällen und Überschwemmungen zu leiden haben. Der Wohlstand wird abnehmen, bis 2060 um durchschnittlich 40 Prozent gegenüber den 2020 er Jahren, auch den reichen Ländern.

Das zweite Szenario „Giant Leap“ ist das Gegenmodell. Merkmale: Das Zwei-Grad-Ziel wird erreicht, die Weltbevölkerung deutlich unter 9 Milliarden Menschen stabilisiert, der Materialverbrauch reduziert. Größere Einkommensgleichheit stärkt das Soziale, das Ende extremer Armut ist bis 2050 nahezu erreicht. Das Club-of-Rome-Buch beschreibt dann die fünf Kehrtwenden, die nahezu notwendig sind und verbindet sie mit 15 politischen Empfehlungen mit dem größten Potenzial, um sie zu beschleunigen.

Die fünf Kehrtwenden sind: Erstens die Überwindung der Armut durch eine Reform des internationalen Finanzsystems, um so drei bis vier Milliarden Menschen aus der Armut zu holen. Zweitens die Verringerung der Ungleichheit, indem sichergestellt wird, dass die reichsten 10 Prozent maximal nicht mehr als 40 Prozent des Nationaleinkommens erhalten. Drittens die Stärkung der Rolle der Frauen, um bis 2050 eine vollständige Gleichberechtigung der Frauen zu erhalten. Viertens die Umstellung von fossiler Energie auf saubere Energie, um bis 2050 Netto-Null-Emissionen zu erreichen. Und fünftens die Umgestaltung der Nahrungsmittelproduktion für einen nachhaltigen Anbau und gesunde Ernährung.

Co-Autor Jørgen Randers, der auch schon an der „Grenzen“-Studie mitgearbeitet hat, kommentierte: „Wir stehen am Scheideweg.“ Das derzeitige Wirtschaftssystem werde binnen der nächsten 50 Jahre soziale Spannungen verstärken und Wohlstand verringern. „Es zeigt sich bereits heute, wie Ungleichheit nicht nur die Existenz der Menschheit, sondern auch die unseren Planeten aufs Spiel setzt.“ Sandrine Dixson–Declève, Co- Präsidentin des Club of Rome, ergänzte: „Unsere Wirtschafts- und Finanzsysteme sind kaputt, und wir erreichen ein gefährliches Maß an Ungleichheit. Wollen wir den ersten Billionär erschaffen oder funktionierende, faire demokratische Gesellschaften? Letztlich gehe es beim Earth for All-Projekt darum, gerechtere Gesellschaften hervorzubringen. Dies kommt „allen zugute“, auch den Superreichen. „Die Ideen des neuen Reports sollen dieses und nächstes Jahr in einer öffentlichen Kampagne popularisiert werden. Die Gruppe „Earth 4 All“, in der sich unter anderem Club of

Rome-Mitglieder zusammengeschlossen haben, will dazu in Veranstaltungen und Bürgerversammlungen „Menschen aller Couleur zusammenbringen, damit sie den Regierungen Empfehlungen geben können, wie der Weg zu mehr Gleichheit und weniger Polarisierung in der Gesellschaft aussehen könnte.“ Eine Earth 4 All-Umfrage habe ergeben, dass in den G20-Ländern 74 Prozent der Menschen einen Wandel der Wirtschaftssysteme befürworten würden, wenn dieser anstatt des alleinigen Fokus auf Profit und Wachstum auch die Belange der Gesundheit und Umwelt mit einbeziehen würde.“

Am 30.08.2022 wurde von verantwortlichen Mitarbeitern des Club of Rome eine Pressekonferenz in Deutschland gegeben. Einige wichtige Aussagen dieser bedeutungsvollen Pressekonferenz werden nachfolgend auszugsweise inhaltlich nicht im genauen Wortlaut genannt:

– Vor einem weltweiten Zusammenbruch durch das immer höhere Wachstum wurde bereits 1972 in „Grenzen des Wachstums“ gewarnt.

– Die Emission schädlicher Treibhausgase muss unbedingt auf Null zurückgeführt werden.

– Wir müssen das sich bereits in der Atmosphäre befindende Treibhausgas CO2 unbedingt aus der Atmosphäre herausbekommen.

– Die Gefahr des ökologischen Zusammenbruchs ist sehr hoch. Die gegenwärtige Lage ist bereits sehr schlimm.

– Wir werden verstärkt lokale Zusammenbrüche erleben, aber gegenwärtig brauchen wir noch nicht mit einer Gesamtzerstörung der Welt rechnen.

Die Kipppunkte unseres Planeten verstärken sich.

Die Gefahren für einen ökologischen Zusammenbruch nehmen zukünftig zu.

- Der Planet Erde hat sich bezüglich der Klimabelange noch schneller zum Negativen verändert, als bisher angenommen bzw. vorausgesagt.

- Wir müssen von einer fossilen Wirtschaft auf eine tatsächliche Kreislaufwirtschaft umstellen.

- Neue Energien, die kein CO2 erzeugen, müssen zunehmend eingeführt werden.

- Wir können nur durch kollektive globale Maßnahmen die Menschheit noch retten.

- Lösungen bzw. einzuleitende Maßnahmen werden für jedes Land auf der Welt unterschiedlich sein.

- Durch die Klimakrise wird nicht nur ein Rückgang des Wohlstands eintreten, sondern es könnte auch ein gesellschaftlicher Zusammenbruch wirksam werden

- Durch den durchschnittlich notwendigen erheblichen Rückgang des quantitativen Wachstums sollten wir andere wichtige Kriterien für unsere Gesellschaft sehen und andere Zielstellungen haben, als nur materielle Aspekte.

- Die Ungleichheit bzw. die Polarität zwischen Arm und Reich ist weiter angestiegen. Es muss ein Kampf gegen die Ungleichheit erfolgen und ein Ende der Armut erreicht werden.

- Es bestehen nicht nur ökologische Gesichtspunkte, sondern auch gesellschaftliche Kipppunkte. Auch durch die gesellschaftlichen Kipppunkte wird uns verdeutlicht, was wir in der Vergangenheit falsch gemacht haben.

- Geringe Einkommen sollten unbedingt erhöht werden. Wir müssen deshalb umverteilen, damit die Ungleichheit verringert werden kann.

- 70 Prozent der Probleme des Klimawandels werden durch die reichsten 10 Prozent der Gesellschaft verursacht. Die Reichsten müssen die wegen des Klimawandels global notwendigen Maßnahmen selber finanziell begleichen.

- Wenn die betreffenden Reichen nicht bezahlen, können wir unseren Planeten wahrscheinlich nicht mehr retten.

- Wir brauchen einen aktiven Staat, damit vom jeweiligen Staat auch der notwendige Einfluss auf die notwendigen Belange des Klimawandels genommen werden kann.

- Die Marktsystematik kann allein die Welt in der Klimakrise nicht retten. Die negativen Folgen der Klimakrise sind auch auf den Neoliberalismus auf der Welt mit zurückzuführen.

Der Finanzsektor muss durch höhere Steuern gestärkt werden.

Die Bürger müssen sich der notwendigen Bewegung, die zur Beseitigung der Klimakrise eingeleitet werden muss, anschließen. r.

Viele dieser im Buch des „Club of Rome" bzw. in der Pressekonferenz einiger seiner Mitglieder vom 30.08.2022 getroffenen Aussagen sind für uns sehr wichtig und sollten von uns und besonders auch von den betreffenden Verantwortlichen der einzelnen Regierungen auf dieser Welt unbedingt beachtet werden und die richtigen Schlussfolgerungen durch ein aktives verantwortungsbewusster Handeln für ein Weiterbestehen der Existenz unserer gesamten Zivilisation gezogen werden.

Der gegenwärtig auch von Deutschland gewählte Weg in der Energiewende muss wegen der Vielzahl der genannten Gründe, trotz der Notwendigkeit, eine Energiewende einleiten zu müssen, leider in manchen Punkten in Frage gestellt werden, da wichtige dabei einzuhaltende Gesichtspunkte nicht bzw. in nichtausreichender Weise bezüglich der bestehenden Komplexität aller dabei zu beachtenden Prozesse beachtet wurden.

Auch deshalb glauben auch in Deutschland viele Menschen, die von den vorgesehenen Maßnahmen in der Umsetzung der Energiewende direkt betroffen sind, wie auch die Bevölkerung und auch die Wirtschaft, nicht daran, dass eine Wohlstandserhöhung bzw. -bewahrung eintreten kann bzw. eintritt.

Viele Menschen, und auch die Vertreterinnen und Vertreter der Wirtschaft und auch anderer Verbände, Vereine bzw. sonstiger Gemeinschaften sind deshalb der Auffassung, dass sich ihre bisherige Situation verschlechtert hat und ggf. weiter noch ungünstiger gestalten wird und auch die Belange der Energiewende mit dazu beigetragen haben und diese zur Unzeit erfolgt ist.

Diese Gründe führen dazu, dass, wie geschrieben wurde, wir für die Zukunft noch offen sein müssen, wie wir uns im gegenwärtigen Herrschaftssystem gesellschaftlich, wirtschaftlich, sozial, philosophisch und ethisch bewegen werden.

Im Teil II dieses Buches sind auch zu diesen Fragen Meinungen, Aussagen und Vorschläge enthalten.

4. Danksagung

Ich möchte mich besonders für die Formatierung, umfangreiche Korrektur bezogen auf vielfältige zu erledigenden Belange und die mühevolle Arbeit, die dabei zu erledigen war, besonders bei dem Betreffenden bedanken, der diese Leistungen ausgeführt hat.

Besonderen Dank möchte ich auch Prof. Dr. Herbert Hörz aussprechen, dass ich einige Passagen zu den entsprechenden Stellen der Thematik aus seinem 2018 erstellten Buch „Ökologie, Klimawandel & Nachhaltigkeit - Herausforderungen im Überlebenskampf der Menschheit" übernehmen konnte und Prof. Dr. Hörz den von mir erarbeiteten Entwurf des Manuskripts für die Erarbeitung des Buches als anerkannter Wissenschaftsphilosoph und Umweltwissenschaftler durchgelesen hat.

Meinem Sohn André möchte ich trotz der eigetretenen regional weiten Entfernung für die Coverberechnung und das erstellte Cover danken.

Vielen Dank spreche ich auch Books on Demand Norderstedt (BoD) für die Herstellung des Buches und den Druck aus.

Mein Dank gilt besonders meiner Ehefrau, Elfriede Märtin für ihre Loyalität und auch für ihre umfangreichen und sehr zuvorkommenden Pflegeleistungen für mich.

Auch meinem anderem Sohn Oliver, der, wenn er bei uns zu Besuch sein konnte, ebenfalls sehr hilfsbereit war, auch mit für meine Bewirtung gesorgt oder andere mögliche Hilfeleistungen für mich erbracht hat.

5. Anhang

5.1. Personenregister

5.2. Quellenverzeichnis

Ahrens, Jan: „Folgen des steigenden Meeresspiegels: Überschwemmungen und Klimaflüchtlinge“ (https://web.de/magazine/wissen/natur-umwelt/steigender-meeresspiegel-staedte-2050-versinken-362-66888 vom 28.10.2021)

Artikel „Ab Januar fließt kein russisches Pipeline-Öl mehr: Das plant die Regierung, um steigende Sprit-Preise zu verhindern“ im „Business Insider Deutschland“ vom 31.12.2022 (https://www.businessinsider.de/wirtschaft/ueber-diese-drei-wege-soll-der-sprit-fuer-ostdeutschland-gesichert-werden-wenn-ab-januar-kein-russisches-oel-mehr-fliesst-c/)

Artikel „Ausbau in vielen Ländern: Die Renaissance der Kernkraft“ in der „Tagesschau“ vom 15.12.2020 (https://www.tagesschau.de/wirtschaft/boerse/renaissance-kernkraft)

Artikel „Bundesregierung verteidigt Rosneft-Entmachtung – Kritik von Kretschmer“ in der Nachrichtensendung „MDR aktuell“ vom 16.09.2022 (https://www.mdr.de/nachrichten/wirtschaft/deutschland/scholz-habeck-kretschmer-treuhandverwaltung-rosneft-schwedt-raffinerie-100.html)

Artikel „EEG-Novelle 2023 tritt in Teilen in Kraft“ („Haufe Online“ vom 08.07.2022) (https://www.haufe.de/immobilien/wirtschaft-politik/eeg-eerneuerbare-energien-gesetz_84342_559758.html)

Artikel „Energiekrise: Kritik an Ergebnissen der Bund-Länder-Runde“ vom 05.10.2022 (https://www.ndr.de/nachrichten/info/Energiekrise-Kritik-an-Ergebnissen-der-Bund-Laender-Runde,energiekrise162.html)

Artikel „Entlastungspaket – Kritik von Sozialverbänden“ im „Deutschlandfunk“ vom 04.09.2022

(https://de.knews.media/nachrichten/entlastungspaket-kritik-von-sozialverbanden)

Artikel „Ergebnisse der Weltnaturschutzkonferenz in Montreal" (https://www.naturefund.de/artikel/news/ergebnisse_des_weltnaturgipfels_in_montreal) vom 27.12.2022

Artikel „Fraktionen sprechen sich für Erhalt der PCK-Raffinerie Schwedt aus" (https://www.bundestag.de/dokumente/textarchiv/2022/kw19-de-aktuelle-stunde-schutzschirm-ostdeutschland-893970)

Artikel „Gasbremse, Wohngeld, Flüchtlinge: Das haben Bund und Länder beschlossen" (https://www1.wdr.de/nachrichten/gaspreis-deutschlandticket-mpk-bund-laender-100.html; WDR vom 02.11.2022)

Artikel „Gaspreisbremse soll rückwirkend ab Januar gelten" (n-tv vom 22.11.2022) (https://www.n-tv.de/politik/Gaspreisbremse-soll-rueckwirkend-ab-Januar-gelten-article23734066.html)

Artikel „Geplantes EU-Embargo ab 2023 – Landrätin fordert längere Belieferung von Schwedt mit russischem Öl" vom 30.08.2022 (https://www.rbb24.de/studiofrankfurt/politik/2022/08/schwedt-pck-raffinerie-wir-muessen-reden-doerk-kellner.html)

Artikel „Grüner Wasserstoff ist und bleibt Mangelware" des Informationsdienstes des Instituts der deutschen Wirtschaft Köln vom 08.12.2021 (https://www.iwd.de/artikel/gruener-wasserstoff-ist-und-bleibt-mangelware-530148/)

Artikel „Keine Zeit fürs Klima: Moral im Zwiespalt. Richard David Precht im Gespräch mit Luisa Neubauer" im ZDF vom 23.10.2022 (https://www.zdf.de/gesellschaft/precht/precht-244.html)

Artikel „Kernenergie nach Ländern" (Wikipedia vom 06.01.2023) (https://www.de.wikipedia.org/wiki/Kernenergie_nach_Ländern)

Artikel „Kernkraft-Debatte: EU-Kommission will Gas- und Atomenergie als klimafreundlich einstufen“ (Focus Online vom 01.01.2022) (https://www.focus.de/politik/kernkraft-debatte-eu-kommission-will-gas-und-atomenergie-als-umweltfreundlich-einstufen_id_33619950.html)

Artikel „Leck an Druschba-Trasse in Polen entdeckt“ in „Spiegel Online“ vom 12.10.2022 (https://www.spiegel.de/wirtschaft/leck-in-druschba-pipeline-pck-raffinerie-in-schwedt-stellt-sich-auf-weniger-oel-ein-a-f8ab7e66-e402-48c0-8ba9-d3b697fdb986)

Artikel „Neues Entlastungspaket“ in der „Tagesschau“ vom 29.08.2022 (https://www.tagesschau.de/inland/entlastungspapier-spd-101.html)

Artikel „Pariser Klimaziele in Gefahr: Diese fünf Länder planen 80 Prozent der weltweiten Kohlekraftwerks-Neubauten“ des Internationalen Wirtschaftsforums Regenerative Energien (IWR) / IWR.de GmbH, Institut für Regenerative Energien Münster (27.07.2021) (https://www.iwr.de/news/pariser-klimaziele-in-gefahr-diese-fuenf-laender-planen-80-prozent-der-weltweiten-kohlekraftwerks-neubauten-news37528)

Artikel „Scholz glaubt an Erhalt von PCK-Raffinerie – auch ohne russisches Öl“ im „Spiegel Wirtschaft“ vom 17.09.2022 (https://www.spiegel.de/wirtschaft/unternehmen/schwedt-politik-glaubt-an-erhalt-von-pck-schwedt-raffinerie-auch-ohne-russisches-oel)

Artikel „SF6 – Die schlummernde Gefahr in Windrädern“ in der vom „Mitteldeutschen Rundfunk“, einer bundesländerübergreifenden und für die ostdeutschen Bundesländer Sachsen, Sachsen-Anhalt und Thüringen zuständigen Sendeanstalt der Arbeitsgemeinschaft der öffentlich-rechtlichen Rundfunkanstalten der Bundesrepublik Deutschland“ mit Hauptsitz in Leipzig produzierten und deutschland- bzw. über Internet international ausgestrahlten „Plusminus“-Sendung vom 17.08.2022 (https://www.ardmediathek.de/video/plusminus/sf6-

die-schlummernde-gefahr-in-windraedern/daserste)

Artikel „Unser Land ist dabei, sich in eine Wüste zu verwandeln“: Forscher warnen vor Desaster, das alle übersehen“ vom 29.05.2018 (https://www.businessinsider.de/wissenschaft/forscher-warnen-vor-einem-oekologischen-desaster-das-alle-uebersehen-2018-5/)

Artikel „USA verkünden Durchbruch bei der Kernfusion“ in der „Tagesschau“ vom 13.12.2022 (https://www.tagesschau.de/wissen//kernfusion-forschung-durchbruch-101.html)

Artikel „Weil zum Strompreis: „Staat muss sofort einschreiten“ (Beitrag im NDR vom 28.08.2022) (https://www.ndr.de/nachrichten/niedersachsen/Weil-zum-Strompreis-Staat-muss-sofort-einschreiten,strompreis168.html)4

Blechner, Notker: „Was auf Gaskunden zukommt“ (Beitrag in der „Tagesschau“ vom 29.07.2022) (https://www.tagesschau.de/wirtschaft/verbraucher/gasumlage-gaspreise-wirtschaftsminister-haushalte-familien-mehrkosten-gasrechnungen-101.html)

Blenker, Christian: „Endlager um die Ecke“ („Tagesschau“ vom 03.07.2022) (https://www.tagesschau.de/ausland/europa/finnland-atomkraft-endlager-101.html)

Brennstoffemissionshandelsgesetz (DIHK-Merkblatt zum BEHG) (Stand: März 2020, 10 Seiten) (https://www.dihk.de/resource/blob/19512/8a03955209ed045fb48709 17da6a225c/dihk-merkblatt-brennstoffemissionshandelsgesetz-data.pdf)

Bücker, Till: „Wie das Gas-Einmaleins funktioniert“ („Tagesschau vom 18.11.2022) (https://www.tagesschau.de/wirtschaft/verbraucher/gaskrise-abschlusszahlung-entlastungen-101.html)

Dake, Björn: „Bundesregierung stellt Rosneft unter Treuhandverwaltung“ („Tagesschau“ vom 16.09.2022) (https://www.tagesschau.de/wirtschaft/rosneft-bundesregierung-101.html)

Definition „Bruttonationalglück“ (https://de.wikepedia.org/wiki/Bruttonationalglück)

Definition „Demokratieindex“ (https://www.wikipedia.org/wiki/Demokratieindex)

Definition „Erdüberlastungstag“ (https://www.germanwatch.org/de/overshoot)

Definition „Internationaler Naturschutz“ (https://www.wikiwand.com/de/Internationaler Naturschutz)

Definition „Ökologie“ (www.wikipedia.org/oekologie)

Definition „ökologischer Fußabdruck“ (www.wikipedia.org/oekologischer-fussabdruck)

Eckert, Werner: „COP 27 einigt sich auf Abschlusserklärung“ („Tagesschau“ vom 20.11.2022) (https://www.tagesschau.de/ausland/afrika/klimakonferenz-cop27-abschlusserklarung-klimawandel-101.html)

Eckstein, Philipp: „Experten schlagen zweistufige Entlastung vor“ („Tagesschau“ vom 10.10.2022) (https://www.tagesschau.de/inland/energiekrise-expertenkommission-101.html)

Energieeffizienz – Unverzichtbar für das Gelingen der Energiewende (https://www.bundesregierung.de/breg-de/themen/klimaschutz/energieeffizienz--1755970

Evers, Marco: „Kann Fracking Deutschland vor dem Gasnotstand bewahren?“ („Der Spiegel“ 28/2022 vom 11.07.2022);

(https://www.spiegel.de/wissenschaft/technik/erdgas-notstand-soll-deutschland-doch-fraking-betreiben-a-88781723-7bbb-4e72-afa7-3fac73964d57)

Filges, Tristan: „Wegen der Rosneft-Übernahme könnte Putin der wichtigen PCK-Raffinerie das Öl abdrehen – das wären die dramatischen Folgen für Ostdeutschland“ („Business Insider“ vom 18.09.2022) (https://www.businessinsider.de/wirtschaft/wegen-der-rosneft-uebernahme-koennte-putin-der-wichtigen-pck-raffinerie-das-oel-abdrehen-das-waeren-die-dramatischen-folgen-fuer-ostdeutschland)

G7-Gipfel in Schloss Elmau: Die Ergebnisse im Überblick (www.bundesregierung.de/breg-de/themen/klimaschutz/g7-gipfelergebnisse-2057838), veröffentlicht am 28.06.2022

Gesetz über einen nationalen Zertifikatehandel für Brennstoffemissionen (BEHG) vom 15.12.2019 (http://www.gesetze-im-internet.de/behg)

Girschick, Kirsten: „Maßnahmenpaket des Bundes: Entlastung von 65 Milliarden Euro“ („Tagesschau“ vom 04.09.2022) (https://www.tagesschau.de/inland/entlastungspaket-koalitionsausschuss-energie-versorgung-inflation-103.html)

Ha Vinh, Tho: „Glücklichsein als Staatsziel – Bhutan und das Nationalglück“ (Sendung des 4. Hörfunkprogramms des Südwestrundfunks vom 12.01.2017; https://www.swr.de/swr4/bw/programm/gluecklichsein-als-staatsziel-bhutan-und-das-bruttonationalglueck/-/id=258008/did=18777988/nid=258008/15w5tz5/index.html)

Hane, Erik: „Blackout in Deutschland – Horrorszenario oder reale Gefahr?“ (https://www.zdf.de/verbraucher/wiso/blackout-in-deutschland--reale-gefahr-100.html)

Härterich, Claudia / Hartmann, Hauke / Petersen, Thiess: „Geteilte Verantwortung beim Klimaschutz. Historische aktuelle und treuhänderische Haftung in Industrie-, Schwellen- und Entwicklungsländern" (Studie der Bertelsmann-Stiftung Gütersloh vom 28.10.2021)

Heinisch, Franziska: „Wer bezahlt die Klimakrise“ (MDR-Fernsehen vom 23.10.2022, 22:45 Uhr – Teil 2 von 3 „Der Preis der Klimakrise“) (https://www.mdr.de/tv/programm/sendung-769622.html)

Hofmann, Friederike: „ARD-DeutschlandTrend: Klare Mehrheit für längere AKW-Nutzung“ vom 04.08.2022 (https://www.tagesschau.de/inland/deutschlandtrend/deutschlandtrend-3105.html)

Holewik, Frederike / Derouaux, Carl Lando: Reservebetrieb für AKW: „Die Regierung verfälscht die Ergebnisse des Stresstests“ vom 07.09.2022“ (https://www.t-online.de/finanzen/unternehmen-verbraucher/konjunktur/id_100040928/akw-debatte-die-regierung-verfaelscht-die-ergebnisse-des-stresstests)

Kirchner, Sandra: „Weltklimarat: Es wird eng, aber die Menschheit kann den Klimawandel noch entschärfen“ (Deutsche Gesellschaft der Vereinten Nationen e. V. vom 08.04.2022)
(https:/dgvn.de/meldung/weltklimarat-es-wird-eng-aber-die-menschheit-kann-den-klimawandel-noch-entschaerfen

Kolvenbach, Marcel / Schader, Nick: „Flaute beim Windkraftausbau“, veröffentlicht am 04.07.2022;
(https://www.tagesschau.de/investigativ/swr/windkraftausbau-103.html)

Kupferschmidt, Kai: „Artensterben in Deutschland“ (https://www.zdf.de/dokumentation/zdfzeit/zdfzeit/artensteren-in-deutschland-100.html vom 26.08.2022)
Oecologie-Definition von Ernst Haeckel

Liste der Länder, die bislang aus der Atomenergie ausgestiegen sind (https://www.wikipedia.org/wiki/Atomausstieg)

Petersen, Prof. Dr. Jürgen: „Hydrogen on the Horizon – Ready, almost set, go?" (Wirtschaftsprüfungsgesellschaft Price Waterhouse Coopers Deutschland in Zusammenarbeit mit dem World Energy Coucil (WEC) und dem Electric Power Research Institute (EPRI)

Pressemitteilung 413/2022 des Statistischen Bundesamtes Wiesbaden vom 29.09.2022: „Inflationsrate im September 2022 voraussichtlich + 10,0 Prozent" (https://www.destatis.de//DE/Presse//Pressemitteilungen//2022/09/PD22_413:611.html)

Pilarski, Fred: „Testlauf aus Polen: PCK-Raffinerie Schwedt erhält erste Öllieferung aus Danzig" (https://www.rbb24.de/studiofrankfurt/wirtschaft/2022/11/erste-oellieferung-danzig-schwedt-pck-raffinerie.html) (RBB 24-Studio Frankfurt vom 09.11.2022)

Reckmann, Tobias: „Energiekonzerne müssen Übergewinne abgeben" in: „Tagesschau" vom 30.09.2022 (https://www.tagesschau.de/wirtschaft/weltwirtschaft/eu-energiepreise-gewinnabschoepfung-101-html)

Reich, Alexander / Schmeller, Raphaël: „Sonderfall BRD" („Junge Welt" vom 29.09.2022, S. 3)

Riegert, Bernd: „EU: Globaler Preisdeckel für russisches Öl" (Bericht in der „Deutschen Welle" vom 06.10.2022; (https://www.dw.com/de/eu-sanktion-globaler-preisdeckel-russland-erdöl/a-63355248)

Richter, Christoph: „Folgen des Ölembargos – Schwedt auf der Suche nach einem Plan B" (Sendebeitrag im „Deutschlandfunk" vom 04.05.2022) (https://www.deutschlandfunkkultur.de/oelraffinerie-in-schwedt-100.html)

Rueter, Gero: „Wie CO2 aus der Atmosphäre entfernt werden kann" (https://www.dw.com/de/wie-co2-aus-der-atmosphaere-entfernt-werden-kann/a-18100245 (Beitrag der „Deutschen Welle" vom 14.12.2014)

Sachseder, Simon: „Längere Hitzeperioden – Problem für Atomkraftwerke?“(BR24 vom 17.08.2022) (https://www.br.de/nachrichten/wissen/laengere-hitzeperioden-problem-fuer-atomkraftwerke,TECU39v)

Schalatek, Liane: „Kein kollektives Handeln“ (aus dem Gastkommentar: „Gebrochene Versprechen: Industriestaaten halten 100 Milliarden Dollar-Klimazusage nicht ein“ vom 26.10.2021) (https://www.boell.de/de/2021/10/26/gebrochene-versprechen-industriestaaten-halten-100-milliarden-dollar-klimazusage-nicht)

Triebel, Jan: „Grünes Licht: Kasachstan liefert mehr Öl nach Deutschland“ (German Trade & Invest (GTAI) vom 16.01.2023), https://www.gtai.de/de/trade/kasachstan/branchen/gruenes-licht-kasachstan-liefert-mehr-oel-nach-deutschland-946248)

Wille, Joachim: „Club of Rome: Überlebenshilfe für den Planeten“ („Frankfurter Rundschau“ vom 30.08.2022); (https://www.fr.de/wirtschaft/club-of-rome-ueberlebenshilfe-fuer-den-planeten-91756436.html)

5.3. Tabellenverzeichnis

5.4. Bücher

Abschlussbericht „Deutschlands Energiewende – ein Gemeinschaftswerk für die Zukunft“ Ethik-Kommission „Sichere Energieversorgung“ der Bundesrepublik Deutschland vom 30. Mai 2011

Brand, Ulrich / Wissen, Markus: „Imperiale Lebensweise: Zur Ausbeutung von Mensch und Natur im globalen Kapitalismus“ (1. Aufl., 2017), oekom-Verlag München; 204 S.

Dörre, Klaus: „Die Utopie des Sozialismus. Kompass für eine Nachhaltigkeitsrevolution“ (1. Aufl., 2021), Matthes & Seitz-Verlag Berlin; 345 S.

Götze, Susanne / Joeres, Annika: „Klima ausser Kontrolle: Fluten, Stürme, Hitze – Wie sich Deutschland schützen muss“ (1. Aufl., 2022), Piper-Verlag München; 336 S.

Götze, Susanne / Joeres Annika „Die Klimaschmutz-Lobby. Wie Politiker und Wirtschaftslenker die Zukunft unseres Planeten verkaufen“ (1. Aufl., 2020), Piper- Verlag München; 304 S.

Greenspan, Alan: „Mein Leben für die Wirtschaft: Die Autobiografie“ (1. Aufl., 2007); Campus-Verlag Frankfurt/Main, New York; 598 S.

Habeck, Robert: „Von hier an anders: Eine politische Skizze“, (1. Aufl., 2021), Kiepenheuer & Witsch-Verlag Köln; 384 S.

Hartmann, Kathrin: „Die grüne Lüge. Weltrettung als profitables Geschäftsmodell“ (1. Aufl., 2018), Verlagsgruppe Random House GmbH, Karl-Blessing-Verlag München; 240 S.

Herrmann, Ulrike: „Das Ende des Kapitalismus: Warum Wachstum und Klimaschutz nicht vereinbar sind – und wie wir in Zukunft leben werden“ (1. Aufl.., 2022); Kiepenheuer & Witsch-Verlag Köln; 352 S.

Hörz, Herbert: „Selbstorganisation sozialer Systeme – ein Verhaltensmodell zum Freiheitsgewinn“ (1. Aufl. 1993); LIT-Verlag Münster, Hamburg; in: Hörz, Herbert: „Ökologie, Klimawandel & Nachhaltigkeit. Herausforderungen im Überlebenskampf der Menschheit“ (1. Aufl., 2018); trafo-Verlagsgruppe Dr. Wolfgang Weist Berlin

Hörz, Herbert / Hörz, Helga E.: „Ist Egoismus unmoralisch? Grundzüge einer neumodernen Ethiik“, (1. Aufl., 2013); trafo-Verlagsgruppe Dr. Wolfgang Weist Berlin; 455 S.

Hörz, Herbert (1976/2015): „Mensch kontra Materie? Standpunkte des dialektischen Materialismus zur Bedeutung naturwissenschaftlicher Erkenntnisse für den Menschen“; in „Weltanschauung heute“ (Bd. 10); 1. Aufl., 1976; Deutscher Verlag der Wissenschaften Berlin

Hörz, Herbert: „Ökologie, Klimawandel & Nachhaltigkeit. Herausforderungen im Überlebenskampf der Menschheit“ (1. Aufl., 2018); trafo-Verlagsgruppe Dr. Wolfgang Weist Berlin; 205 S.

Hörz, Hebert: „Was kann Philosophie? Gedanken zu iher Wirksamkeit“ (1. Aufl., 1986); Karl-Dietz-Verlag Berlin

Hörz, Herbert: „Materialistische Dialektik – Aktuelle Denkinstrumment zur Zukunftsgestaltung (1. Aufl., 2009); trafo-Verlagsgruppe Dr. Wolfgang Weist, Berlin; 335 S.

Hörz, Herbert: „Wahrheit, Glaube und Hoffnung – Philosophie als Brücke zwischen Wissenschaft und Weltanschauung“ (1.Aufl., 2007); trafo-Verlagsgruppe Dr. Wolfgang Weist, Berlin; 476 S.

Hörz, Herbert: „Ist Marxismus noch zeitgemäß? Erfahrungen, Analyse, Standpunkte“ (1. Aufl., 2016); trafo-Verlagsgruppe Dr. Weist Berlin; 296 S.

Hörz, Herbert: „Wissenschaft als Aufklärung? Von der Postmoderne zur Neomoderne „Sitzungsberichte Leibniz-Sozietät, Jahrgang 1999,

Heft 1, Band 28 (1. Aufl. 1999); trafo-Verlagsgruppe Dr. Weist, Berlin, 86 S.

Hörz, Helga E. / Hörz, Herbert: „Frieden, Geschenk oder Aufgabe? Erfahrungen, Analysen, Aktionen „ (1. Aufl. 2020); trafo-Verlagsgruppe Dr. Wolfgang Weist, Berlin, 475 S.

Hörz, Helga E.: „Der lange Weg zur Gleichberechtigung. Die DDR und ihre Frauen"; (1. Aufl., 2010); trafo-Verlagsgruppe Berlin Dr. Wolfgang Weist, Berlin, 262 S.

Indset, Anders: „Quantenwirtschaft – Was kommt nach der Digitalisierung?" (3. Aufl. 2019); Ullstein-Buchverlage Berlin, 332 S.

Kaufmann, Stefan / Müller, Tadzio: „Grüner Kapitalismus. Krise, Klimawandel und kein Ende des Wachstums"; (1. Aufl., 2009); Karl-Dietz-Verlag Berlin; 272 S.

Kovel, Joel: „Enemy of Nature: The End of Capitalism or the End of the World? (1st ed., 2007); in: Kaufmann, Stefan / Müller, Tadzio: „Grüner Kapitalismus. Krise, Klimawandel und kein Ende des Wachstums"; (1. Aufl., 2009); Karl-Dietz-Verlag Berlin; 272 S.

Leibniz-Sozietät der Wissenschaften: Leibniz-Tag 2004 (Hörz (2004), S. 13 f. in: Hörz, Herbert: „Ökologie, Klimawandel & Nachhaltigkeit. Herausforderungen im Überlebenskampf der Menschheit" (1. Aufl., 2018); trafo-Verlagsgruppe Dr. Wolfgang Weist Berlin; 205 S.

Lessenich, Stephan: „Neben uns die Sintflut: Die Externalisierungsgesellschaft und ihr Preis"; (1. Aufl., 2016); Hanser Berlin in Carl Hanser Verlag GmbH & Co. KG; 224 S.

Nell, Edward / Semmler, Willi / Rezai, Armon: „Wirtschaftswachstum und Globale Klimaerwärmung" in: Altvater, Elmar / Brunnengräber, Achim: „Ablasshandel gegen Klimawandel?" (1. Aufl., 2008); VSA-Verlag Hamburg; S. 164 – 184; in: Kaufmann, Stefan / Müller, Tadzio: „Grüner Kapitalismus. Krise, Klimawandel und kein Ende des Wachstums"; (1. Aufl., 2009); Karl-Dietz-Verlag Berlin; 272 S.

Märtin, Heinz: „Erinnerungen an meinen Vater Walter Märtin und sein Leben in fünf Gesellschaftssystemen Deutschlands von 1918 bis 1999“ (2. Aufl., 2021); Verlag Gesellschaft, Wirtschaft und Leben Bad Doberan; 632 S.

Märtin, Heinz: „So kann es mit unserer Lebensweise nicht weitergehen. Unsere westliche Lebensweise erfordert dringend Kurskorrekturen für ein Weiterbestehen unseres Planeten Erde und für uns selbst als Menschen.; (1. Auf., 2019); Verlag für Gesellschaft, Wirtschaft und Leben Bad Doberan; 765 S.

Märtin, Heinz: „Wir müssen für die Menschheit auf unserem Planeten Vieles ändern. Bemerkungen zur gegenwärtigen Situation auf unserer Erde bezogen auf die Klimakrise und den Corona-Virus und Vorschläge zu einer Änderung des Herrschafts- und Gesellschaftssystems“; Verlag für Gesellschaft, Wirtschaft und Leben Bad Doberan (1. Aufl., 2021); 472 S.

McAfee, Andrew / Brynolfsson, Erik: „The Second Machine Age: Wie die nächste digitale Revolution unser aller Leben verändern wird“ (1. Aufl., 2014); Plassen-Verlag Kulmbach; 368 S.

Pinzler, Petra / Sentker, Andreas: „Wie geht es der Erde? Eine Bestandsaufnahme“; (1. Aufl., 2019); Komplett-Media Verlag Grünwald b. München; 288 S.

Randers, Jørgen (2014) Club of Rome: in: Hörz, Herbert: „Ökologie, Klimawandel & Nachhaltigkeit. Herausforderungen im Überlebenskampf der Menschheit“ (1. Aufl., 2018); trafo-Verlagsgruppe Dr. Wolfgang Weist Berlin

Rex, Markus: „Eingefroren am Nordpol: Das Logbuch von der „Polarstern“. Die grö0te Arktisexpedition aller Zeiten – Der Expeditionsbericht“ (1. Aufl., 2020); C. Bertelsmann München; 320 S.

Reheis, Fritz: „Wo Marx Recht hat“. (3. gegenüber der 2. Auflage unveränderte Ausgabe 2016, 1, Auflage 2011); Theiss-Verlag, Wissenschaftliche Buchgesellschaft Darmstadt, 208 S.

Rifkin, Jeremy: „Der globale Green New Deal: Warum die fossil befeuerte Zivilisation um 2028 kollabiert – und ein kühner ökonomischer Plan das Leben auf der Erde retten kann“ (1. Aufl., 2019); Campus-Verlag Frankfurt/Main; 319 S.

Rockström, Johan / Wijkman, Anders: „Bankrupting Nature: Denying Our Planetary Boundaries”; Routledge London, New York (1st ed., 2012); 206 S.

Sinn, Hans-Werner: „Die wundersame Geldvermehrung. Staatsverschuldung, Negativzinsen, Inflation“; (1. Aufl., 2021); Herder-Verlag Freiburg/Breisgau; 432 S.

Swyngedouw, Erik: „Apocalypse Forever? Post-political Populism and the Spectre of Climate Change“ (2010); in “Theory, Culture & Society 2010” (Volume 27 (2-3), S. 213 – 232; SAGE, Los Angeles, London, New Delhi, Singapore

von Dohnanyi, Klaus: „Nationale Interessen: Orientierung für deutsche und europäische Politik in Zeiten globaler Umbrüche“ (1. Aufl., 2022); Siedler-Verlag München; 240 S.

von Weizsäcker, Ernst Ulrich / Wijkman, Anders u. a.: „Wir sind dran: Was wir ändern müssen, wenn wir bleiben wollen – Club of Rome: Der große Bericht“ (1. Aufl., 2019); Pantheon-Verlag München; 394 S.

6. Über den Autor

Geburtsdatum:	12.02.1948
Geburtsort:	Friedrichroda (Kreis Gotha (Thüringen))
1962 – 1966	Abitur an der Erweiterten Oberschule (EOS) Worbis
1966 – 1969	Fachschule für Finanzwirtschaft Gotha Abschluss: Ökonom der Finanzen der Industrie, Spezialisierung: Finanzrevision
1969 – 1969	Revisionsassistent für Finanzrevision für Bau und Verkehr in Erfurt
1969 – 1970	Revisor für Finanzrevision für Industrie in Suhl
1970 – 1970	Preisprüfer / Mitarbeiter Bereich Technik in einem Zementwerk in Thüringen
1971 – 1971	Ökonom für Investitionen / Investitionsplaner in einem Zementwerk in Thüringen
1971 – 1973	Grundwehrdienst bei der Nationalen Volksarmee (NVA) in Thüringen
1973 – 1973	Investitionsplaner in einem Zementwerk in Thüringen
1973 – 1975	Fernstudium „Grundlagen für Betriebswirtschaftslehre im Bauwesen“ an der Friedrich-Schiller-Universität Jena

1973 – 1975	Abteilungsleiter Planökonomie / Stellvertretender Direktor für Ökonomie für zwei Jahre vertretungsweise in einem Zementwerk in Thüringen
1975 – 1978	Leiter für Finanzplanung in einem Zementwerk in Thüringen
1975 – 1978	Fortführung des Hochschul-Fernstudiums „Betriebswirtschaftslehre im Bauwesen“ an der Technischen Universität (TU) Dresden <u>Abschluss:</u> zuerst: Hochschul-Ingenieur - Ökonom für Betriebswirtschaftslehre im Bauwesen, Spezialisierung Betriebsplanung danach: Diplom-Ingenieurökonom für Betriebswirtschaftslehre im Bauwesen, Spezialisierung Betriebsplanung (Dipl.-Ing. Ök.)
1978 – 1978	Programmbearbeiter Datenverarbeitung in einem Zementwerk in Thüringen
1978 – 1988	Leiter der Abteilung Finanzökonomie und Preise in einem Zementwerk in Thüringen
1981 – 1986	Dozent für Meister-Ausbildung im Fach Betriebswirtschaftslehre für ein Zementwerk in Thüringen Dozent in der Facharbeiter-Ausbildung im Fach Betriebswirtschaftslehre für ein Zementwerk in Thüringen

1987 – 1987	zeitweilig Dozent in der Fachschulausbildung im Fachgebiet Gebrauchswert-Kostenanalyse an der Fachschule für Finanzwirtschaft Rodewisch im Vogtland
1988 – 1990	Wissenschaftlicher Mitarbeiter für Baumaterialienindustrie im Bereich Instandhaltung und Ausrüstung beim Ministerium für Bauwesen der DDR in Berlin
1988 – 1990	Postgraduales Studium in den Fachgebieten Grundfonds- und Investitionsökonomie an der Hochschule für Ökonomie Berlin-Karlshorst <u>Abschluss:</u> Fachökonom für Investitions- und Grundfondsökonomie
2004	Anerkennung durch das Kultusministerium Thüringen des bisherigen Studiums mit dem Abschluss Diplom-Betriebswirt (FH) <u>Abschluss:</u> Steuerbevollmächtigter
1990	Erhalt der Berufsurkunde nach erfolgreicher Prüfung mit Berechtigung der Ausübung der Tätigkeit für den Oberfinanzbereich Rostock. Wegen der späteren Nicht-Ausübung der Steuerbevollmächtigten-Tätigkeit wurde dieser Abschluss später vereist. Ab 2007 gab es lt. dem deutsch-deutschen Einigungsvertrag vom 23.08.1990 nicht mehr den Berufsabschluss „Steuerbevollmächtigter“.

1990 – 1991	Teilnahme am Ausbildungslehrgang „Steuerrecht und Betriebswirtschaft“ der FOBI GmbH – Fortbildungsinstitut für Unternehmensführung und kaufmännische und steuerberatende Berufe Berlin in Zusammenarbeit mit der INFO-Steuerseminar GmbH Düsseldorf Der Inhalt und der Umfang von 443 Unterrichtsstunden des Lehrgangs orientierte sich an der Steuerberater-Ausbildung.
1990 – 1991	Kaufmännischer Leiter in einer GmbH in der Instandhaltung in Rostock
1991 – 1992	Alleinvertretungsberechtigter Geschäftsführer bei einem Treuhand-Unternehmen für Baunebengewerbe und Instandhaltung in Rostock
1992 – 2000	Geschäftsführer Controlling in einem Instandhaltungsunternehmen in Rostock
2000 – 2003	Angestellter Dozent in der Erwachsenenqualifizierung für Betriebswirtschaftslehre, Volkswirtschaftslehre und Rechtslehre in den Bundesländern Sachsen-Anhalt und Thüringen in Sangerhausen, Aschersleben und Artern
2003 – 2017	Unternehmensberater, Coach und Dozent in der Erwachsenenqualifizierung in den Gebieten Sozialversicherung, Rechtslehre, Betriebswirtschaft und Existenzgründung im Bundesland Mecklenburg-Vorpommern

seit 2013	Betreibung eines Selbstverlags Verlag für Gesellschaft, Wirtschaft und Leben Bad Doberan
seit 2017	Unternehmensberatung auf geringfügiger Basis (gesundheitsbedingt)
<u>Bücher als Autor:</u>	„So kann es mit unserer Lebensweise nicht weitergehen. Unsere westliche Lebensweise erfordert dringend Kurskorrekturen für ein Weiterbestehen unseres Planeten und für uns selbst als Menschen“ (1. Aufl., 2019); Verlag für Gesellschaft, Wirtschaft und Leben Bad Doberan, 744 S
	„Wir müssen für die Menschheit auf unserem Planeten Vieles ändern. Bemerkungen zur gegenwärtigen Situation auf unserer Erde bezogen auf die Klimakrise und den Corona-Virus und Vorschläge zu einer Änderung des Herrschafts- und Gesellschaftssystems“ (1. Aufl., 2021); Verlag für Gesellschaft, Wirtschaft und Leben Bad Doberan, 464 S.
	„Erinnerungen an meinen Vater Walter Märtin und sein Leben in fünf Gesellschaftssystemen Deutschlands von 1918 bis 1999“ (1. Aufl., 2021); Verlag für Gesellschaft, Wirtschaft und Leben Bad Doberan, 632S
	„Über die Entwicklung des Planeten und deren Auswirkung auf die Menschheit in Vorbereitung der Energiewende (Teil I)“ (1. Aufl., November 2022); Verlag für Gesellschaft, Wirtschaft und Leben Bad Doberan, 508 S